百年卓尼实录

下册

གུང་གོའི་མི་དམངས་ཆབ་སྲིད་གྲོས་མོལ་ཚོགས་འདུ་ཅོ་ནེ་རྫོང་རྒྱུ་ལོན་ལྷན་ཁང་གིས་ བརྩིགས།

中国人民政治协商会议卓尼县委员会 编

中国文史出版社

图书在版编目（CIP）数据

百年卓尼实录/中国人民政治协商会议卓尼县委员

会编. -- 北京：中国文史出版社，2019.10

　ISBN 978-7-5205-1429-3

　Ⅰ.①百… Ⅱ.①中… Ⅲ.①卓尼县—地方史—史料

Ⅳ.①K294.24

中国版本图书馆CIP数据核字（2019）第229111号

责任编辑：徐玉霞

出版发行：中国文史出版社

网　　　址：www.chinawenshi.net

社　　　址：北京市海淀区西八里庄路69号　　邮编：100142

电　　　话：010—81136606　 81136602　 81136603（发行部）

传　　　真：010—81136655

印　　　装：北京新华印刷有限公司

经　　　销：全国新华书店

开　　　本：16开

印　　　张：81.25　　　插页：32

字　　　数：1250千字

版　　　次：2019年11月北京第1版

印　　　次：2019年11月第1次印刷

定　　　价：660.00元（上、下册）

目　录

● 城乡变迁 ●

● 社会事业 ●

● 洮砚文化 ●

● 五彩民俗 ●

● 人物风采 ●

● 历史珍档 ●

● 文苑撷英 ●

● 附　件 ●

·城乡变迁·

旧传统和新变化

—— 甘南藏族自治州卓尼县木耳乡的调查报告

谷 苞

一、40年前的一段回顾

1946年的夏天和秋天，我曾在当时卓尼杨土司的辖境内做过四个多月的一般考察和重点访问，曾经由洮河的支流大峪沟越过扎尕那山进入白龙江上游的迭部地区，然后翻越光盖山，沿卡车沟而下返回到洮河流域，行程六七百里。1986年的夏天，我又访问了卓尼县城，并在木耳乡与同来的三位同志进行了11天的社会经济调查。40年前的印象和40年后的现实，两相对比如此鲜明、强烈，是因为40年前的封建社会，在37年前就开始进入了社会主义社会。

当年杨土司的辖境，大体说来，包括今天甘南藏族自治州所属七个县中的三个县，即：卓尼县、迭部县和舟曲县的一部分。从明朝永乐十六年（1418年）些尔地受封为世袭土司，到1949年9月卓尼解放，531年间，世袭土司共20代。在漫长的年月里，土司衙门独揽着辖境内政治、军事、司法、宗教等大权，形成了一套完整的封建统治制度。土司衙门的辖境内，分为内十二丈尕、外四丈尕、四十八旗。土司衙门的三个大头目（郭哇）受土司任命分管着四十八个旗。大头目是分管各旗的军政首长，既称大头目，又称为团长。每个或几个旗由土司委派一名旗长（长宪）管理，共33名旗长，旗长为各旗军政首长，既称旗长，又称连长。在每个旗又由当地豪绅推荐一名或二三名总管，经旗长同意，报请土司同意后，发给凭证（尕书）。土司衙门的三大头目和旗长的绝大部分均出身于十二丈尕，只有很少数的旗长出身于外四丈尕。土司辖境内的土地都是属于土司所有的，土司对四十八旗内的农民和牧民，实行着兵马田制度，遇有对内对外的战争，土司即下达鸡毛文书，征调某些旗的农民、牧民，自带马匹、枪支、刀、矛、干粮等参加作战。作战中不勇敢者要受到惩处以致关入监牢，作战中伤残和死亡者却收不到任何抚卹［抚恤］①，这就是所谓的"上马为兵，下马为民"。除此之外，农民和牧民还要对土司服各种徭役（乌拉），并贡纳由历史上多年沿袭下来的一定数量的牲畜、粮食、金钱以及当地的各种土特产品。在农业区和游牧区，除少数富户外，广大农民、牧民的生活是非常困苦的，生产条件是非常落后的。那时候交通非常困难，从岷县到卓尼有一条大车路勉强可以通汽车，在土司的辖境内没有公路，一切运输全靠牲畜驮运。直到临解放前，听说土司衙门才有了一部卡车、一辆吉普车和四辆自行车，这就算是仅有的交通工具了。

当年我曾在土司衙门（虚衔为洮岷路保安司令部）所在地——十二丈尕居住过一个多月，当地的居民据说只有三十几户人家，即所谓："四大家，八小家，二十四个穷富家。"当时我在这里看的只有三个机关，一个是土司衙门，一个是卓尼设治局，一个是洮河林场。土司衙门的三个大头目也被称为团长，长住当地的33个族长也被称为连长。司令部云云，实际上并无一兵一卒，团长、连长们所率领的骑兵和步兵，全靠临战时用鸡毛文书征调，在这里政权和军权是合一的。卓尼设治局有一个局长和九名职员，任何事情都办不了，他们管不了群众，群众有事也不找他们。如果说他们还做点事的话，那就是吃喝、赌博、嫖风、打麻将。国民党反动政府设立设治局的目的，原本想取代土司的政权，改土归流。结果是在根深蒂固的土司制度面前，连一点微小的作用也起不了。卓尼设治局所编的保甲，徒有虚名，群众都不知晓。

当年的卓尼城只有两三家小杂货铺，我曾为买几包洋蜡跑过几十里外的临潭县新城。在卓尼城外的广大地区更谈不上有什么商店了。自然，人

---

①　［］号内容为编者注。下同。

们生活的需要，决定了贸易是不能缺少的。这里有三种情况，一种是相邻各县的小商贩带着布匹、茶叶、食盐、火柴、针线、小瓷碗以及其他日用品到牧区和农区换取牲畜、畜产品、药材以及其他土特产品。一种是每年秋天，农牧民特别是牧民赶着牲畜、驮着畜产品（皮、毛、酥油）、野牲皮张、药材等到邻近各县汉族与回族聚居的城镇，换取粮食、茶叶、布匹、盐等日用必需品。另一种则是临潭县等地的马帮，几十上百成群，在武装护送下，主要以枪支、子弹换鸦片，当然也附带着一些日用百货打掩护。当年我在迭部旅行时，曾几次碰到过这样的马帮。前两种贸易对藏族人民和邻近各县的各族人民都是有利的。第三种贸易的害处则是显而易见的，因为鸦片被运到甘肃境内各县和邻省后，毒害了吸鸦片者的身心健康，并使他们倾家荡产、妻离子散，而且在卓尼境内也破坏了社会安定，并为以后的变乱埋下了祸根。

卓尼的土司制度是政权、军权与宗教相结合的，也可以说是政教合一的。依照历史相沿的惯例，如果土司有两个儿子时，老土司死后，长子为土司，掌握四十八旗的军、政、司法大权；次子为僧纲，统辖卓尼禅定寺所属的108个寺院（实际上并没有这么多，《洮州厅志》载有38所寺院，较实有数少）。如果老土司只有一个儿子时，老土司死后，新土司便兼任僧纲。二十代土司属于前一种情况，十九代土司属于后一种情况。

兵马田这个封建土地制度是土司制度赖以建立和长期存在的经济基础，建立在这个封建经济基础上的政治、军事、司法、宗教等上层建筑，都是为封建经济服务的。这一套封建制度所具有的落后性和保守性，使卓尼地区长期以来形成了一个封闭型的社会，阻碍着社会发展的进程。贫穷与落后是这种政教合一的土司制度赖以长期存在的最深厚的社会根源，反过来，这种土司制度又加深了卓尼地区的贫穷与落后。正因为这样，这个地区的封建制度一直保存到了1949年9月卓尼获得解放。

二、卓尼在社会主义的道路上前进

解放37年来，卓尼县各族人民在社会主义的道路上胜利前进，取得了伟大的胜利。卓尼县是从封建社会直接进入社会主义社会的，无论在社会主义改造还是社会主义建设上，都具有特殊的复杂性和艰巨性。

在中共甘肃省委的领导下，1950年10月1日成立了卓尼自治区，直属甘肃省人民政府领导。当时的行政委员会主任以及后来的县长、副县长和部分局长都是由原土司、大头目等人担任的。在自治区下面分设有九个区，即：上叠［上迭］、下叠［下迭］、插岗、洮北、洮南、绿珠［录竹］、北山、柳林。当时各区的区长，均为原来土司衙门的旗长，副区长和区委书记都是由党委派的。区下设行政村，其村长均为原来的总管。行政村下设自然村，其村长均为原来的小头人。在未正式设区以前，九个区的工作都是以工作组的形式进行的。当时九个区的区长、自治区主委、后来的县长副县长、部分局长、行政村长、自然村长的人选，都是当年土司衙门的高级、中级与下级头目，他们都曾为土司衙门的封建制度服务。解放后，在党的统战政策与团结教育的感召下，一般说来，这些人都为党作了有益的工作，对安定社会秩序作出了贡献。今天这些人当中的绝大部分人已经去世了，仍然健在的有的被安排为省人大常委会副主任，有些人被安排为自治州和各县的政协常委或委员。这说明我们的党大公无私，对于对人民曾经做过一些好事的人，是不会忘记的。

1953年10月1日成立了甘南藏族自治区（1955年7月1日改名为甘南藏族自治州），下属七个县，即夏河、玛曲、碌曲、卓尼、迭部、舟曲与临潭。解放前的夏河县虽名之曰县，实际上为拉卜楞寺院政教合一的封建政权所管辖，建立自治州（区）后，划分为夏河、玛曲与碌曲三个县。解放前卓尼杨土司所辖的洮河流域地区一并划入了原属临潭县、会川县和岷县一部分地区，即：原临潭县小杨土司所管辖的地区、原会川县内旧属昝土司管辖的藏汉杂居的地区和原由岷县管辖的一部分藏汉杂居的地区成立了卓尼县。原卓尼杨土司所管辖上叠［迭］部六旗和下叠［迭］部八旗成立了迭部县。原杨土司所管辖的"黑番四旗"并入了西固县，改名为舟曲县。西固县原来也就是一个藏汉杂居的县。临潭县在解放前是一个汉、藏、回三族杂居的县。这样，甘南藏族自治州的辖境，除了原由拉卜楞寺与杨土司的辖境外，并入了临潭与西固两县，还并入了会川县与岷县一部分藏汉杂居的地区。这样一来，就把邻境藏汉杂居与藏、汉、回杂居的地区都并入了甘南藏族自治州，实现了以藏族为主体的民族区域自治。这样做的结果，有利于甘南藏族自治州经济文化的发展，有利于藏族内部的团结。这一点，只有在党的民族政策的光辉照耀下才有可能实现，体现了中国共产党的大公无私。在旧社会这是不可设想的，一方面藏族中的封建势力各有其世袭领地，进行着中世纪式的剥削，不愿意也不可能联合起来；另一方面国民党政府也和历代封建统治阶级一样，善于玩弄分而治之的把戏，不愿意也不可能把甘南所有的藏族聚拢起来成立一个行政单位。

我在叙述卓尼县在社会主义路上前进的情况时，穿插了上述一段话，目的是为了使读者对其历史背景有一个约略的了解，有助于读者对我们以下的叙述比较容易理解。

封建土司所有制是封建社会赖以建立的基础，不改变这种封建土司所有制，就不可能在封建土司所有制的基础上建立社会主义社会。在卓尼县，如同在迭部县、夏河县、玛曲县、碌曲县等一样，没有进行过减租反恶霸运动，也没有进行过土地改革运动。在这几个县，消灭封建土地所有制是在社会主义改造的过程中实现的，即在互助合作化运动中实现的。这是不同于国内一般地区的一个重大特点。这里就让我们以卓尼县为例，说明有关的情况。

在卓尼县，1954年开始组织互助组，由三五户人家组成，变工互助。1957年开始成立初级合作社，农具、牲畜折价入社，收入七成按劳分配，三成按入社农具、牲畜的股份分配（实际上全部分给了入股多的富户）。1958年初成立了高级农业合作社，实行按劳分配，限制富户入社。1959年，一步登天，全县实现了公社化。原来全县有6个区，此时成为6个公社。1964年将6个公社分为了16个公社。"文革"后将16个公社改为16个乡。1985年从康多乡分出了一个土族乡，现在全县共有17个乡。

解放后，土司衙门对所属四十八旗的封建特权被废除了，土司衙门属下的3个大头目（郭哇）、33个旗长（长宪）以及各旗的总管等一套封建的政治、军事制度（即所谓的兵马田制度），已经失去了作用，但是兵马田这一套封建土地制度并未完全消除。解放前历代杨土司虽然禁止私相买卖兵马田，但是各地私相买卖兵马田的事，是公开的秘密。这就形成了富有的人家占地很多，贫穷的人家占地很少。至于被称为"尕房子"或"尕房子客"的外来户，则是连一点土地也没有的。对当地的土地、山林他们是没有使用的权力的，无权分享其收益，甚至连在山林里砍一点烧火柴也必须得到总管、头人的批准。更何况在"外四丈尕"里住着土司家的二房、三房、四房等亲族，他们都拥有大量的土地。因此，我们认为在卓尼县封建土地所有制的被彻底废除，还是在实行了高级合作社和公社化以后的事。

当然，卓尼县各族人民在社会主义道路上走过的路程，并不是平坦的，有过曲折和失误，也有过一段甚至是痛苦的经历。1958年掀起的双反运动——反宗教迷信和反封建特权。曾经毁掉了一些寺院，伤害了人们的宗教情感。1959年的公社化，刮起了共产风，将各家的炊具都收去炼了钢铁，社员们被迫吃了一段时间的大锅饭，在生活上一度遭受了很大的困苦。当时谁家灶火里冒烟，就要受罚。这种错误的做法，对卓尼县的农业、牧业生产造成了很大的损失。随后，党中央及时纠正了这种在全国带有普遍性的偏差，在甘南藏族自治州，除了临潭和舟曲两个农业县外，对包括卓尼县在内的五个牧业县和半农半牧的公社，实行政社分离，乡政府管理行政工作，公社只管理生产；并恢复了自留地、自留畜。这样卓尼县的农牧业生产又得到了恢复和发展。可是人民过上好日子没有几年，又发生了史无前例的"十年浩劫"，使国民经济面临崩溃的边缘，这是全国性的；使信教群众的宗教情感受到了压抑，使宗教活动转入地下，从而宗教活动变得更盛，这是像卓尼县这样的少数民族地区所特有的。

在粉碎"四人帮"以后，特别是在党的十一届三中全会以后，由于实行了家庭承包制，实行了对外开放，对内搞活经济的政策。卓尼县的农牧业经济以及县办、乡办企业都得到了发展，人民的生产条件和生活状况空前改善了。用藏族群众的话来说，"受尽了土司制度的苦""享到了社会主义的福"。对于这一点我将在下文作简要的叙述。

中华人民共和国成立37年来，卓尼县的各族人民在社会主义的道路上胜利前进，上面所提到的一些工作上的失误和十年内乱所带来的痛苦，只能算是一段历史的插曲，人民群众是信赖中国共产党的，目光是向前看的，目前人们的注意力集中在追求更加幸福的明天。

三、卓尼县木耳乡两个村的新变化

在甘南藏族自治州首府合作镇和卓尼县城我们了解到了这样一种情况，就富裕程度和传统习俗、保守思想影响的程度而言，其顺序是：游牧区、半农半牧区、农业区。就接受新文化、新技术的程度而言，其情况又反过来了，其顺序是：农业区、半农半牧区、游牧区。当然，这两类秩序的排列都是相对而言的，我们认为大体上是符合实际的。

卓尼县是一个半农半牧的县，洮河两岸和前山地带农业的比重较大，北山地区和洮河南岸的深沟地带游牧业的比重较大。我们进行了挨户访问的木耳乡的两个村，位于洮河之滨，为大峪沟河与洮河汇合之处。多坝村在大峪沟河之西，石灰窑村在大峪沟河之东。两村共有92户，497人，其中男253人，女244人。就民族成分而言，汉族305人、藏族192人。这两个村都是汉藏杂居的村落，在92户人家中，有38户人家里有汉、藏两种民族成分。在语言上通用汉语，也使用藏语。在服饰上，男人们大致是相同的，妇女们有明显差别。在节日的宗教活动中，如旧历正月初一的春节煨桑（燃柏树枝、内撒炒面、酥油），互相祝贺新年好，吉祥如意。旧历五月祭山神（插箭节），祭过山神的神牛，不再圈养使用，祭过山神的羊由主持人共食。这一类传统的藏族节日，汉族也都是同样参加的。木耳乡的党委书记李志杰（藏族）告诉我："在卓尼县藏族与汉族杂居的地方，藏族人多的地方，汉族就变成了藏族。在汉族人多的地方，藏族就变成了汉族。"我问他，他的话包括一些什么实际内容时，他说，包括语言、服饰和宗教信仰三个内容。他说在藏族人数多、汉族人数很少的村落里，那里的汉族，都会说藏语，穿藏族服装，信仰喇嘛教。他的说法和我在40年前长途旅行中的印象是一致的。木耳乡两个村的情况，大致属于李志杰书记所说的后一类的情况，但仍然保留着非常明显的藏族的风俗习惯。

在这一段文章里，我将着重叙述两个村在解放后农业、牧业生产和生活状况方面的新变化。先从农牧业生产方面的变化说起。在畜牧业生产方面，解放前中等经济情况的人家都养马（确数人们已经记不清了），现在两个村已经没有一户人家养马了。由于全县17个乡和绝大多数的村落已经修了公路，加之藏族养马只是为了乘骑，不用于耕田，不吃马肉、不喝马奶，现在自行车已经代替了乘马。自行车不吃草料，费用较低，骑乘方便。现在两村共有自行车37辆。先前在自行车刚进入农村时人们从远道前来围观，为这个不吃草料、不用四蹄而用两个轮子走路的怪家伙而惊奇，现在已是司空见惯了。

在农业生产上，农作物的品种增加了，产量提高了。在解放前这里的农作物主要为青稞、燕麦、胡麻和黑豆。现在的农作物有小麦、青稞、洋芋、油菜、蚕豆等五种。两村的承包田共有1152.4亩，1986年的种植情况是这样的，其中，小麦225.8亩，青稞216.6亩，洋芋83.6亩，油菜66.6亩，蚕豆116.7亩。另外，在多坝村每户有自留地和饲料田0.4亩，共23.2亩。在粮食加工方面，解放前都用水磨，现在已由钢磨完全代替了。

农产品产量的提高，主要是由于普遍使用了良种、化肥并改进了农业生产工具、耕作技术的结果。以前青稞不除草，现在除一次草。现在小麦除两次草，幼苗时用锄除一次，等禾苗长高后，用手拔一次草。以前农活用木锨，现在改用铁锨、铁锄。以前拉柴、运粪、收田禾都用笨重的木轮车，现在改用了轻便的胶轮架子车，两村共有架子车112辆。以前只用人畜粪作肥料，现在掺用化肥。以前作为主要食粮的青稞，每亩播种50斤，收获只有150斤左右。现在各种粮食的亩产量都提高，现将1985年各种粮食的播种面积、平均亩产、最高亩产列表如下：

项目	播种面积（亩）	平均亩产（斤）	最高亩产（斤）
小麦	325.8	247.6	666.7
青稞	216.1	239.0	533.3
洋芋	83.6	1164.0	2857.0
油菜	66.6	117.8	375.0
蚕豆	116.7	229.8	1000.0

这两个村子在1985年由于遭受自然灾害平均亩产较低，但仍有一些人家的亩产比较高，说明增产的潜力还是很大的。这里还需要说明的是，产

量都是农民自报的，比实际产量低，由于这里的农民，多数人家都是吃回销粮的，报低产量，希望能多买一些回销粮。在木耳乡1227户人家中，1985年由县粮食局供应了回销粮70万斤，今年已供应了回销粮37万斤。

近年来，农民副业的收入有明显的增加。在木耳乡有两个供销社，仅多坝供销社去年收购药材38585元，收购毛竹与蕨菜折合人民币8158元。今年仅蕨菜一项就达10万元以上。另外还卖木柴、硬杂木作的工具把以及卖木材等收入，卖国有林中的木材本来是不合法的，我们在调查中有些农民并不讳言这一点。这几方面的收入由于零散和不全面，不能作出比较接近实际的统计。

由于生产的发展，农民的收入普遍有了增加，据乡上的调查，1985年全乡人均收入为211元。另外，国家对甘南藏族自治州还有许多特殊的照顾。如：在卓尼县免征公粮和收购余粮，每年每亩地只收购七斤油菜籽，由于价格合理，每斤0.47元，农民是乐于上交的。另外，对于贫困户国家实行了特殊照顾的政策。木耳乡于今年发放救济款6300元，分给了六户人家。国家对贫困户，还赊销布匹。1984年共赊销92000元，规定五年还清。1986年又赊销25200元，内有棉布3万尺，仍然是五年还清。我曾访问过几位由岷县山区到本乡修建房屋的泥瓦工，他们都说这里农民的生活要比岷县好得多。

对生活情况的变化，先从住房说起。两村92户人家，共有住房838间，户均9间，人均1.7间。住房是很宽敞的。40年前我曾在多坝村吕总管的家里住过一夜。那时候住房多是藏式楼房，四面筑起了很高的土墙，开门的一面不建房，大门对面和左右两厢都是两层的楼房，楼上住人，楼下圈牲畜，天井很小。当时有这样的谚语："房子大，没炕。窗子多，不亮。儿子多，和尚。"这种房子的隔墙，是用木板做的，裂缝多，不隔风。还由于在地板上不便烧炕取暖，冬季里比较寒冷。秋收后往楼上搬运粮食不方便，每天背水上楼更不方便。现在两个村子除仍保留着两所典型的藏式楼房和几处不用围墙包着的楼房外，大多数人家都住在平房里，这种平房的建筑形式，多采用正面五间房子，三明两暗，正中三间为三明，两头两间为两暗，两暗的两间房子，各接着左右两间厢房，共九间房。这种房子，光线较好，有火炕，保暖好，生活方便。夜间的照明，过去富裕的人家点菜油灯，穷人家用马尾松劈成筷子般粗一尺多的长木条或毛竹三五枝作一束点燃后照明。点马尾松照明烟太大，点毛竹照明要专人拨弄，不然就会熄灭，而且两者都不亮，夜间的生活是很不方便的。现在木耳乡所属的11个行政村中的8个村都已通了电，用电灯照明。另外三个行政村也改用煤油灯照明。我们所调查的两个自然村是用电灯照明的，有一些人家因未安上电表，还未用电灯照明。现在的夜晚妇女做饭（当地习惯牲畜归圈后晚上十点钟左右才吃晚饭），上学的小孩读书、写作业都方便多了。

饮食的习惯有了很大的改变。在从前，炒面（糌粑）是主要或唯一的主食，现在用小麦面或小麦面与青稞面混合做成的馍馍、锅饼、花卷、面条已经成为平常的主食了，炒面反成为稀见的食品。以前吃的蔬菜只有洋芋和洋根（有大而色黄的土洋根与小而白的洋洋根两种），现在已经有了白菜、菠菜、包心白、洋芋、葱、蒜、萝卜、韭菜等各种蔬菜，但各家的菜园都很小，食用的数量还不多。这里的藏、汉农民都有喝茶的习惯，过去喝熬煮过的茯茶，现在改喝用开水冲泡的细茶（云南春蕊茶和四川茶细茶）。喝茶习惯的改变，是由于经济条件改善的结果。过去只喝青稞酒，现在改喝瓶装白酒。只是许多人家的中青男子喝酒过多，既浪费了钱，又对健康有害。

衣着的变化，更是非常明显。过去男人们都穿长皮袍、短皮袄、麻布长袍和麻布裤子，没有穿棉裤的。现在早已没有人穿皮衣和麻布衣服了。现已改穿用各色棉布、涤卡、涤纶做的衣服了，许多中年、青年人穿上了中山服、西式裤，也有个别的青年人穿西服。妇女服装的变化更大，过去都穿自织的麻布与羊毛布做的衣服，也有用天水县生产的黑色土布做衣服的。现在藏族妇女一般都穿绿色或蓝色的藏式长袍、红色的背心，腰扎红色的宽带，头戴有一圈珊瑚珠的红色石榴帽，下身穿各色的裤子，脚穿自做花布鞋或买来的皮鞋、胶底鞋。儿童服装的变化尤其明显，上学的儿童上衣大多数是外地制作的西式童装，很多儿童都穿球鞋。我40年前的印象，那时衣服的颜色，白色占统治地位，皮袄和麻布衣服都是白色的，其他颜色的衣服很少。现在衣服的颜色真够得上五彩缤纷。

随着农民经济状况的改善，出现了新的社会风尚，许多农民的家中都增添了新的生活用品。在我们调查的木耳乡两个村92户人家中，共有手表27块，收音机14个，录音机9个，缝纫机13架。两个村里也有保温瓶、沙发、五斗柜等。只是由于本乡还没有差转台（转播台），收不到电视，两个村里希望买电视机的人家还没有买。在本乡卜渔村［博峪村］就有三十来部电视机。我们在两村访问中，当人们赞扬社会主义好时，一个是人们获得了做人的平等权利；一个是得到了实际的经济利益。我感觉到，农民们对这两点感受和感想，比我们这些调查人要亲切得多、深刻得多。甘南藏族自治州团委把"使用新式用品多"（包括生产工具与生活用品）作为五好家庭的五个条件之一，这是很有意义的。

这里我想再简略地谈一下乡镇企业和个体企业的情况，这是近几年才出现的新事物，正在不断地发展之中。据木耳乡人民政府1985年的统计，全乡共有两个乡镇企业，一为木材加工厂、一为黄连素厂。全年总收入365000元，纯收入204000元。全乡共有个体企业41户，其中，蕨菜加工厂一户，钢磨厂23户，经销店9户，大拖拉机搞运输的1户，手扶拖拉机搞运输3户，搞榨油机厂的1户，放映电影的2户。总收入56803元，纯收入19288元。据我们了解，个体户的实际收入远比上例数字高。1986年的乡镇企业与个体企业又有所发展，最为突出的蕨菜加工厂，由去年的1个发展到了今年的13个。其中，公办的3个，个体户办的10个。据我在6月22日的了解，全乡已收购蕨菜二百几十万斤，目前虽已接近尾声，但仍在继续收购中。仅多坝供销社一家就收购加工了65万斤，加工后远销日本。缺人才、缺乏技术是这里乡镇企业和个体企业发展缓慢的根本原因，致使自然资源的优势不能变为经济优势。

四、旧传统和新变化

在我们这个多民族的国家里，当每个民族从不同的社会历史发展阶段进入社会主义社会的时候，人们都背负着从各自的先辈们那里承袭下来的，从生产、生活到思想的一套旧传统。人们从旧社会带进新社会的旧传统，大致有两个方面：一方面是优良的传统需要发扬光大，如勤劳勇敢、敬老爱幼等；另一方面则是与社会主义社会不相适应的旧习俗、旧思想，则需要逐步地加以改变。我在西北少数民族地区有长时间的生活经历，也曾作过多次的社会调查，我深深感到旧传统的改变，相对说来，在生产技术领域里还是比较容易的，在意识形态领域里就要困难得多。旧的思想意识是一股保守势力，它对于社会主义两个文明的建设，起着消极的影响。

应该看到，解放后37年来，甘南藏族自治州的各族人民在党的领导下取得了伟大的成就，旧传统的势力已经是大大削弱了。这主要表现在：（1）拉卜楞寺院与卓尼土司政教合一的封建政治制度被废除了，寺院与土司的封建土地所有制被社会主义的农民与牧民的集体所有制所取代了，实行了以藏族为主体民族的民族区域自治，各族人民当家做主了。往日农民牧民们普遍自称为"杨家百姓"或"拉卜楞寺院百姓"。这种说法在今天已经很难听到了。如果说这种说法还有一些残存的话，那只限于在偏僻地区的少数老年人的头脑之中了。（2）社会主义建设取得了空前伟大的成就。甘南藏族自治州首府所在地的合作镇，原来是一片大草滩，现在已经建成一座拥有许多新式建筑的美丽市镇了。往日仅有三十几户居民、两三个小杂货铺的卓尼县城，而今已成为拥有几十幢楼房、商店货摊林立的新型市镇了。由于交通事业的发展，全州七个县，县县都通了班车。除两个乡外，多乡都修通了公路。解放后，商业有极大的发展，合作镇与七个县城已经成为州和县的贸易中心，在各县所属的乡也都有供销社，有的乡有几个供销社和分社，在许许多多的自然村里也有自营杂货店和饭馆等。交通和商业的发展，打破了原来基本上是自给自足的自然经济，而自给自足的经济没有例外的都是贫困的经济。工业产品的价格大幅度地降低了，畜产品和各种土特产品的价格提高了，甚至原来没有任何经济价值的蕨菜和沙棘等，也都进入了国际和国内市场。凡此种种，都增加了各族牧民农民的收入，生产条件和生活状况都得到了改善。从而许多新式家庭用品相继进入了普通牧民的帐房和农民的住房，如电视机、收录机、缝纫机、收音机、洗衣机、奶油分离机、自行车、摩托车、暖水瓶、沙发……这些都是看得见、摸得着、实实在在的物质利益。但是，在解放前，不仅一般人做梦也不会梦到这些，就是任何神仙也是算计不出来的。当然，这一切的变化，是与党中央决定每年对自治州在财政上的大量补助，以及党中央对民族地区各种优惠政策密切联系着的。（3）教育文化事业有了很大的发展。据甘南州1985年的统计：在高等教育方面有甘南师专1所，在校学生114人；中等专业学校4所，在校学生1183人；普通中学28所，在校学生15929人；小学724所，在校学生54940人。在文化方面，有广播电台一座、有线广播站93个、电影放映单位151个。州办的《甘南报》，用藏汉两种文字出版。从这些数字本身看来，也许并不能引起人们的重视。但对于解放前对甘南情况有所了解的人们来说，却是一个天大的变化。（4）甘南州是一个藏、汉、回等民族杂居的地区，解放前的几十年间，曾有过几次大规模的民族纠纷与战乱，在藏、回两个民族内部也曾经发生过多次教派间、部落间的纠纷。凡此都曾经造成生命财产的重大损失，造成了民族间与民族内部的隔阂，长时期内曾经在人们的记忆中留下过痛苦的回忆。解放后，由于党和人民政府贯彻执行了民族平等和宗教信仰自由的政策，进行了社会主义教育、民族团结教育和爱国主义教育，各族人民的政治思想觉悟普遍提高了，从而认识到了解放前民族之间和民族内部的那些纠纷和隔阂，寻根究底，都是由反动统治阶级所挑起的。在目前民族关系上最本质的特点是：以平等、团结、互助为特征的社会主义的民族关系已经形成，并且在不断发展之中，各民族共同繁荣、共同发展的新局面，日益清楚地展示在了人们的面前。

但是，我们在看到了令人振奋的新变化的同时，还应该看到旧传统的不良影响。依我想，如果旧传统的消极影响再减少一些，甘南州的社会主义建设就能够取得比现在更大的成就。这些事说来话长，此处我只想举例加以简要的论述。

宗教是能够和社会主义相适应的，宗教信徒是能够积极投身于社会主义四化建设并作出巨大贡献的。这是现实生活中存在的客观事实，人们都看得清清楚楚。广大信教群众是拥护社会主义制度和党的宗教信仰自由政策的，同时，尊重和保护宗教信仰自由是党的长期政策，这就为宗教和社会主义相适应提供了可靠的保证。信教群众对寺院支付少量的布施，这是宗教政策所允许的，但是信教群众为宗教活动花去过多的线，那就不利于改善人民的生产条件和生活状况了。去年玛曲县的阿万仓乡，用外地某大寺院修经堂需款的名义，向群众一次摊派417276元，年终前实收款达31万元。对于一个乡的群众来说这是一笔多么大的数字。今年夏河县甘加乡因修当地的寺院，寺院给当地群众每人摊200元，但仍不够用，以后还要摊派。甘加乡人民政府党委发现后曾一度进行过劝阻，但未见实效。据了解，宗教费用占该乡人均收入的五分之一以上。

在藏族聚居的游牧区和藏汉杂居的半农半牧区，迷信活动都很盛。仅就祭山神一项来说，几十户人家的自然村，每年旧历五月间要把一头牛许给山神作为神牛，并杀一只羊祭山神。这头许给山神的神牛，不再圈养，不再使用，任其在山林中遨游。如果这头神牛没有丢失或死亡，在来年还可以再次用来祭山神。如果死了或丢失了，就得另换一头牛。在我们调查过的木耳乡的多坝村，原来的神牛并未死亡也未丢失，仅因为是头老牛，今年祭山神时又另换了一头壮牛。选神牛按照传统习俗一定选上等牛。这样多坝村64户人家现在就有两头神牛。本耳乡有43个自然村，就有43头以上的神牛。甘南州共有107个乡，从低估算，就有两三千头神牛白白在山林中遨游，毫无经济效益可言，每年还得补充新的神牛，这也是一笔很大的经济损失。

在卓尼县境内的几个汉藏杂居的乡和临潭县的许多汉族聚居的乡，都有祭关公（关羽）和明代将领常遇春、胡大海等人的习俗。今年6月24日，在我们进行调查的木耳乡相邻的纳浪乡举办迎神赛会，我们曾前往参观。乡长告诉我们是祭菩萨，并说第二天洮河对岸的临潭县某乡的菩萨还要过到河这边来，为三天神会中的最高潮。我们同来的同志中有人看到了姑娘们和小伙子们对唱山歌的场面，我因忙于向乡长问东问西，只看到唱秦腔的场面。在归途中，我们看到原来安放在帐内的"菩萨"，即将被移入轿子送回庙，同来的青年跑去一看，原来是穿着锦袍红脸长须的关羽像。该乡乡长告诉我，为筹集三天神会的费用，全乡藏、汉家庭每家每人出五角钱，共约5000元。这还不包括雕刻关羽木头身子以及制作锦袍、轿子等费用。这笔钱无疑是白白浪费了。我想如果用来在乡上办一点有益人民的文教事业，该多好呀！木耳乡几年来根据群众的要求想设一个电视差转台，因需款万元无着落，一直未办成。如果用这笔钱办一个电视差转台，使该乡群众能够看到电视不就很好吗？

在我们调查过的木耳乡的两个村，不论藏族与汉族，男方在举行婚礼时一般要花费1300元至1500元。这笔费用中有很大一部分被银首饰占去了。藏族新娘佩带的阿瑙银钱，即一个大银牌和12个刻有十二属相的小银牌（也有18个的），一般需白银15两（也有需白银20两的）连同加一倍的工钱和珊瑚，约需900元（藏族姑娘出嫁时，还要头戴珊瑚串成的板玛帽，两村中现在一般都是借用的，戴假珊瑚板玛帽仅值数10元，真珊瑚板玛帽价格由七八百元至二三千元不等）。汉族新娘要佩戴银镯、银耳环、12个小头钗、一个大竖钗、两个银牌的鬓坠等，一般需白银10两，约需600元。在游牧区，藏族新娘佩戴的饰物更多，因此花在这方面的钱也就更多。我曾在合作镇的街道上打问过一串珊瑚项珠的价格，一般都说是3000元。今天上午有藏族青年妇女到我们的住处卖酸牛奶，她的颈上戴着一串珊瑚项珠，腰间系着一条镶着银牌、珊瑚珠的腰带（茶玛），腰带的右边挂着一组大银牌，上面的一个银牌为圆形，中间的一个为正方形，下面的一个为半圆形，各镶嵌着一颗大珊瑚。腰带的正前面挂着一个厚厚的长条形的银牌上镶嵌着五颗大珊瑚，银牌的末端为双钩状。我问她，她的珊瑚项链是多少钱买的，她回答说："我的这个小，便宜，1500元。"我又问她，她的带子是多少钱买的。她不愿意回答，笑笑，走开了。当时站在我旁边的和我们同来作调查的藏族同志杨士宏说，这个带子要比那串项链值钱得多。人们把辛辛苦苦得来的钱，在传统习俗的支配下，大把大把地花在并没有什么实用价值的饰物上，而广大人民急待改善的生产条件和生活状况，却没有得到相应的或明显的改善，这太可惜了。

甘南藏族自治州根据所属七个县抽样调查推算出的1985年各县人均收入，依次为：碌曲县508元，玛曲县477元，夏河县360元，迭部县308.4元，卓尼县224.6元，临潭县225元，舟曲县128.8元。人均收入多寡的顺序，是按游牧区、半农半牧区到农业区这样的顺序排列的。我们在调查访问中得知，人们花在宗教活动和传统习俗方面金钱数量的顺序，也大体上是按照着上列顺序排列的。这是一个值得深思的问题。

按照一般的情况而论，旧传统赖以长期存在的最深厚的社会根源是贫穷与落后，但是现在在社会主义制度的优越条件下，一部分牧民、农民首先富裕起来了，特别是许多牧民首先富裕起来了。如何使富裕起来的农牧民增加收入，用于改善自己的生产条件和生活状况，这需要做艰苦细致的、耐心的说服教育工作，宣传教育工作的重要性是不能够低估的。但是光靠宣传教育还是不能够完全解决问题的，还需要做许多切切实实的工作，才能够收到实际效果。譬如，甘南州的游牧区处于高寒、低温、降水量多的地区，气温在摄氏零度的天数多达290天，年降水量在600至800多毫米。据在玛曲、碌曲等县长期工作的同志对我讲，藏族牧民居住的牛毛帐房防雨和防寒的性能很差，外面一下雨，帐房就漏雨，外面雨停了，帐房里还在漏雨。夜晚牧民全家男女老少，就睡在铺着牛皮的潮湿的地上，居住的条件是很差的，生活是极其艰苦的。许多牧民的家里存放着一万到几万元的现款，但这许多钱却不能帮助他们改善居住条件。为着求得心灵上的安慰，很自然地把许多钱花在宗教活动和传统习俗上了。这里干部也曾想到过引进蒙古族牧民和哈萨克族牧民的毡房，但因这里的降水量多，毡房不适合这里的自然条件。他们也曾想到过改用地质队用的帐篷，但太笨重，牲畜驮不动，转移牧场时不方便。

前些时，有关中央领导到甘南州视察时作了许多重要指示，其中有一条指示，就是要改善甘南州牧民的居住条件。这确实是一个关系着改善牧民生活条件和保障牧民健康的重大问题。

实现社会主义的四化建设，是当前和今后一个时期内全国各族人民的共同任务。对少数民族地区来说，按照我国宪法的规定，要加速发展少数民族的经济文化。只有这样，才能逐步缩短以致将来完全消除少数民族与汉族在经济文化发展水平上的差距，消灭民族间事实上的不平等，达到各民族共同发展、共同繁荣。甘南藏族自治州确实是一块宝地，农、林、牧、矿的资源都很丰富，发展生产的潜力很大。但是要把资源优势变为经济优势，还要做许多艰巨的工作。要提高农、牧生产的技术水平，要发展教育培养和引进人才，要发展国营企业和乡镇企业，要进一步发展交通和商业，进一步打破自给自足的经济，大力发展商品经济。在甘南州进行社会经济调查的过程中，我们深深感到一些旧传统的影响仍然很深，对发展经济文化起着消极的影响。因此，在建设社会主义精神文明的过程中，通过艰苦细致的工作，逐步减少旧传统的消极影响，是一个关系重大的问题，全社会都应该给予足够的重视。

在调查过程中，甘南州和有关县、乡的同志提供了很多方便，谨此致谢。兰州大学历史系民族学研究生李晓霞、高永久两同志参加了木耳乡两个村的挨户访问。

1986 年 7 月 9 日完稿于甘南藏族自治州合作镇［合作市］

（原载于《新疆社会科学》，1986 年第 4 期）

卓尼县杓哇土族乡成立经过

格日才让　常文华

一、自然风貌和村落分布

杓哇土族位于卓尼县北约100公里的白石山腰，西邻扎尕草原和夏河佐盖多玛乡；北依白石山麓，与临夏接壤；东接临潭县冶力关镇，跟康乐、临洮邻近。附近有兰冶公路直通省会兰州。

杓哇一带四周环山，山岭纵横，南面的冶木河水自西向东流经奇峡深谷注入洮河。群山屹立，峰峦叠嶂，抬头仰望真可谓头顶一线天，眼前觅路难，漫山遍野的云杉翠柏，杂木郁郁葱葱，把雄壮美丽的山石装扮得更加壮观。西边广阔无际的扎尕草原，寒冬银光一片，春夏好似铺上了一层绿色的天然地毯。北面的白石山脉，海拔约3900千米，一年四季，雪鸡啼鸣，獐鹿驰骋。东边十里多处的常爷池（阿妈周措）由两山自然封口，积水成平湖，池水清澈见底。冬天池面结冰，形成各种奇异的花纹图案，历代文人骚客称其为"冶海冰图"，是洮州八景之一。居住在这里的杓哇部落依山傍水，平坦处户户相邻，村村相连，居住非常集中。1986年土族总人口只有500余人，全乡总面积100平方公里，有耕地4900亩。2005年，全乡总人口1733人，其中土族625人，藏族468人，汉族680人。

二、历史渊源和隶属关系

杓哇土族人自称为"杓哇绕"（即杓哇部落）。称自己的语言为"杓盖"，除此之外，再无别称。毗邻的康乐、临洮、临潭等地的汉族称杓哇人为"土户家"，当地藏族人称其为"杓哇绕"或"霍哇绕"。其实"土户家"就是"吐谷浑"的发音，而"杓哇绕"或"霍哇绕"就是"霍尔"的发音。"霍尔"就是唐代时期藏族人对吐谷浑的称呼。因而杓哇土族就是吐谷浑人的直系后裔，其原来共有三大部落，藏文史书中称为（杓纳卡松）杓哇三族。而吐谷浑是一个游牧民族，"随逐水草，庐帐为室，肉酪为粮"。西晋永嘉年间从阴山迁徙陇西，踞洮河，与羌人杂居。公元634年，唐李靖率军击败吐谷浑。公元663年，吐蕃进攻吐谷浑，占领了吐谷浑的游牧地区，其大部都归降于唐，小部因躲避战乱，隐居深山，独成一支，与当地吐蕃人（或藏族人）保持友好关系，在茫茫的历史长河中逐渐形成了今天的杓哇土族部落，该部落在漫长的发展过程中，与周边的藏族互相交流，互相影响，故其语言、信仰等方面与藏族基本上一样。

杓哇土族部落，原属卓尼土司管辖，清雍正年间，杨土司大兴佛事，向藏、土人民苛派名目繁多的贡赋，引起了土族人民的反抗。1735年，以南拉秀、路加参为首的杓哇土族进行了反抗土司剥削压迫的斗争，迫使杨土司减轻了杓哇人民的负担。解放前夕，杓哇土族，归卓尼杨土司上冶三旗（即杓哇旗、康多旗、日多玛旗）的杓哇旗下属民，由力吾、热什、的力地、江卜那、瞎地、郭加、拉叭等七个族组成，下设旗长或头人，另外土司还亲自委任"长宪"，长期居住在旗里（三四年一换，时间不定），督促旗长、头人贯彻一切杨土司军政命令。教权（即杓哇寺）也从第九代土司杨朝梁时期的1689年开始，隶属于卓尼禅定寺，成为禅定寺的108座属寺之一。杓哇土族在历史上基本丢失本民族语言，而且和当地藏族语言相近，其宗教生活也和藏族相同。

三、成立土族乡人民政府之经过

解放后，杓哇土族在党的领导下当家做主，1957年12月，北山区建立了杓哇乡人民委员会，任命石旦巴为人民委员会乡长。1965年9月1日撤销杓哇乡建制归康多乡管辖。党的十一届三中全会后，经过拨乱反正，进一步落实党的民族政策，根据杓哇土族人民的意愿，甘肃省民政厅复字〔1985〕61号文件、州民政局〔1986〕28号文件，作出了《关于恢复卓尼县杓哇土族乡的批复》和1986年3月17日州人大办公室电话通知意见，卓尼县着手进行了杓哇土族乡的建乡筹备工作。早在1986年1月6日县委根据县政府党组《关于筹建杓哇土族乡有关问题的请示报告》，专此召开县委常委会议研究决定（此件于3月20日发）：一、同意将康多乡的光尕、大庄两个村委会15个自然村和恰盖乡的上利加、下利加、尖沟、尕巴村，共19个自然村划归杓哇土族乡管辖。二、为了尽快进行筹建，成立杓哇土族乡筹备工作组，杨正（时任县人民政府副县长）任工作组组长，常元旦（时任恰盖乡党委书记）、杨建国（时任县民族宗教局副局长）两同志为工作组副组长。县劳动人事局从县委统战部、县民族宗教局、县经计委、县财政局等单位抽调三至五人为工作人员。三、筹备工作中需要研究商定的问题，由县筹备工作组召集有关部门具体讨论解决（此件于3月21日下发）。3月26日，卓尼县人民政府在下发《关于成立杓哇土族乡筹备工作组的通知》的同时以卓政发〔1986〕32号文件上报州人民政府《关于杓哇土族乡筹建中有关问题的请示报告》。报告称：杓哇土族乡的筹建工作，正在进行之中，在筹备过程中，上、下利加两个村的群众曾多次上访，对这两村由恰盖乡划出，归杓哇乡管辖有意见，考虑到历史原因和目前草山、林地等的使用现状，县人民政府认为上、下利加两村群众的意见是合理的，应该考虑，所以要求对原批复中的杓哇土族乡辖管村庄作以调整，调整的方案：

　　　　杓哇土族乡可由康多乡光尕、大庄两个村委会的十五个自然村组成，恰盖乡的上利加、下利加、尖沟、尕巴四个自然村仍归恰盖乡管辖，再不划给杓哇土族乡。

　　　　如果按省批恰盖乡的上利加、下利加、尖沟自然村划归杓哇土族乡，鉴于地理位置、草场、林地权属和管理使用等因素，可将恰盖乡的尕巴村也划归土族乡管辖，这样杓哇土族乡就管理有十五个自然村。

在上报请示和确定杓哇土族乡管辖村落范围的同时，筹备工作组对筹建过程中出现的有关问题，向县人民政府提出了《关于卓尼县杓哇土族乡解决修建经费的综合报告》。对此经1986年5月3日第八次县政府常务会议研究，于5月12日卓政批复字〔1986〕11号《对杓哇土族乡筹建当中有关问题》特作如下批复：

一、同意将政府地设在嘛呢滩，由县卫生局很快化验水质，城建局协助搞好平面图设计工作，并征求县人民政府的意见，然后专题报告县人大审批。

二、关于修建公路一事，由筹备小组动员群众先打通道路，群众报酬记清工日待后申请资金补发，修路用炸药等由工交局从其他工程中调剂无偿支援。

三、1986年集中精力先搞乡政府本身建设，关于修建兽医站，五年制寄宿学校，分销店、粮站、卫生院、派出所等单位的经费，除政府统一报告上级有关部门争取资金外，各业务部门也要向本系统上级主管部门申请拨款。

四、关于调配人员问题，由县人事局从行政部门抽调五人，供给一次调整到康多乡。

五、其他所需经费由筹备小组协同有关部门积极向上级主管部门争取投资，各有关部门对杓哇土族乡的筹建要积极协助，大力支持。

在恢复成立杓哇土族乡的筹建过程中，县城建局依据县人民政府卓政批复字〔1986〕11号《对杓哇土族乡筹建当中有关问题的批复》中的要求，于7月2日以卓城建字〔1986〕22号向县人民政府提出了《关于新建杓哇土族乡征用土地的报告》，对此县人民政府于7月5日第十三次县长办公会议研究，同意杓哇土族乡新建征用手续。在筹建过程中，为适应民族地区经济的发展和人民的生活需要，积极发展民族地区的经济、文化建设，县委、县政府决定：杓哇土族乡暂设乡人民政府、乡中心小学、乡卫生院、乡兽防站、乡邮电所等机关单位，并打通乡人民政府驻地公路——杓哇公路（4.28千米）。为了使建乡工作顺利进行，县政府在地方财政相当困难的情况下，安排了五万元修建乡人民政府。截至8月中旬左右时，除乡政府办公房工程正在紧张施工外，通乡人民政府驻地的公路也已打通便道。

1986年10月23日，朳哇土族乡的建乡筹备工作已基本就绪，经县政府研究决定：一、正式恢复卓尼县朳哇土族乡，管辖原康多乡光尕、大庄两个村委会的光尕、光尕湾、红土泉、拉叭、郭家嘴、洛巴、上洛巴、大庄、闹缠、力布湾、初路、地利山、地尕河、扎地寺、扎古等15个生产队，乡政府驻地设在大庄。二、鉴于乡第一届人民代表大会还未准备就绪，朳哇土族乡成立大会和第一届人代会不能按人大要求同时召开。根据这一实际情况，县人民政府拟定朳哇土族乡成立大会于1986年10月26日召开。10月25日，县人民政府以卓政知字〔1986〕48号文件向全县各乡镇人民政府、政府各部门、县直各单位下发《关于朳哇土族乡辖区的通知》。通知指出"根据省民政厅〔1986〕28号文件精神和县人大〔1986〕006号、州民政局〔1986〕28号文件精神和县人大〔1986〕18号关于成立朳哇土族乡的决定精神，以及我县民族居住的具体情况，决定朳哇土族乡管辖原康多乡光尕、大庄两个村委会的光尕、拉叭、红土泉、郭家嘴、洛巴、上洛巴、大庄、闹缠、力布湾、初路、地利山、地尕河、扎地寺、扎古等15个生产队。乡人民政府驻地设在大庄"。

10月26日，朝阳从白石山麓东边的莲花山背后冉冉升起，灿烂的阳光在高峰寒冷的秋日里带着温暖的气流，照耀着这世外桃源般的小山村，居住在这里的朳哇土族人民迎来了当家做主庆祝朳哇土族乡恢复成立的喜悦日子，上午11时许，正在继续施工的朳哇土族乡人民政府驻地（当时还称大庄），在副县长杨正同志的主持下，中共卓尼县委、县人民政府主要领导在鞭炮声中亲自挂牌，正式成立了甘南州人口最少的第一个少数民族乡——朳哇土族乡人民政府。莅临庆贺大会的省委副书记卢克俭同志代表省委、省政府作了口头讲话，大概意思是说："新成立朳哇土族乡是卓尼乃至甘南州的唯一一个民族自治乡，它的成立，实际上就是解放以后1957年12月新建立的朳哇乡人民委员会的恢复，但朳哇乡人民委员会于1965年9月1日撤销了，今天重新恢复和成立，是依据1984年颁布的民族区域自治法的具体落实，是朳哇土族成为一个少数民族自治乡，朳哇土族乡的成立，它有很多优惠政策，杓哇乡完全可以享受。再说杓哇乡已经修通了道路，与世隔绝的时代已经一去不复返了，这里的沙棘等植物漫山遍野，沙棘汁里的氨基酸是高营养的维生素，可以开发利用，改善人民群众的生活。杓哇土族同胞当家做主在管理本民族内部事务的同时，团结周边，搞好关系，在建设物质文明和精神文明中发挥更大的作用，杓哇乡的明天更加繁荣富强"。甘南州人民政府副州长赵振业同志代表州四大班子也作了口头讲话。中共卓尼县委书记蒙炯明同志代表县四大班子也作了口头讲话。卓尼县人大常委会主任孙维杰同志代表县人大常委会宣读了成立杓哇土族乡的决定。杓哇土族乡筹备领导小组副组长常元旦（时任恰盖乡党委书记）同志在会上作了筹备情况的汇报。杓哇土族群众为四方来客表演了土族民间文艺节目。下午2时许，莅临庆祝杓哇土族乡成立大会的省、州、县、乡来宾相继离去。

杓哇土族乡成立后，第一任土族乡党委书记常元旦（土族，杓哇地利村人），乡人民政府乡长杨建国（土族，杓哇光尕村人），副书记杨文玉（汉族，临潭八角乡人），副乡长常文华（土族，杓哇拉叭村人），乡上的12名干部中7名是杓哇土族。至此，土族人民当家做主，在中共卓尼县委的领导下开始了土族乡的建设，使土族乡开始有了翻天覆地的变化。

四、土族乡的建设时期

杓哇土族乡从1986年10月26日恢复成立至1997年8月6日举办10周年庆祝活动时的短短10年间，乡党委、政府先后在有关部门争取项目资金130万元，拓宽了通乡道路，引通了全乡70%的人畜饮水，架通了25公里的高压农电线路，续建了杓哇中心小学和洛巴、光尕两所村学，新建了乡兽医站、乡卫生院、乡供销社。在培养本民族干部方面，先后招聘了本地初高中毕业生和复转军人7名作为乡政府的干部，并争取优惠政策优先安排了本乡内的10名大中专毕业生的工作，现在杓哇土族的政治地位大大提高，有州人大代表1名，州政协委员2名，县人大代表3名，县政协委员2名。杓哇土族乡的经济建设也有了很大的发展，生活逐步得到改善。截至2005年底，全乡共有各类牲畜存栏8044头（匹、只），各类农用车120辆，汽车4

辆，摩托车50辆，大型粮油加工点4处，个体工商7户。村村通车，户户通电，家家看上了电视，20％的农户安装了"村村通"和移动电话，方便了当地群众与外界的联系，带动了当地的经济发展。杓哇土族的文化教育也有了很大的发展，不仅有小学生、中学生，还有中专生和大学生，土族的文盲率从解放初的90％以上，到1997年时，通过普初扫盲，文盲人数明显下降。全乡在校学生265人，入学率达97％。这些事实都充分说明，杓哇土族乡的人民同其他民族一样，只有在党的领导和社会主义制度下，才能从政治、经济、文化等各个方面，享受到民族平等，走上民族繁荣进步的康庄大道。

2005 年 12 月

（选自《卓尼文史资料》第八辑，中国人民政治协商会议
卓尼县委员会文史资料委员会编，2010 年 10 月）

卓尼县农牧村生产关系的变革

杨永毅

卓尼农业生产历史悠久，生产关系发生了巨大变革。明代移民充边，部分中原人迁移境内，将内地先进的耕作技术带到境内，对促进当地农业生产的发展起到积极作用。中华人民共和国成立前，境内实行封建土司土地所有制，限制和束缚社会生产力，生产技术落后，农业生产发展较为缓慢。中华人民共和国成立后，在中国共产党的领导下，生产关系发生巨大变革，并实行农田水利建设、改革耕作制度、推广优良品种等一系列有效措施，农业生产有了较快的发展。

一、中华人民共和国成立前卓尼县农牧村生产关系（1949年以前）

中华人民共和国成立前，卓尼县农牧村生产关系主要以土司所有制、寺院所有制和个体农民所有制为主。

（一）土司所有制

土司所有制分为兵马田、户世田和衙门田。

1. "兵马田"是卓尼土司制度赖以建立和存在的主要生产关系和经济基础，境内全部土地的所有权属于土司。土司实行"兵马田"，将所有的土地按所属旗或村为生产单位，分配给个体农户耕作。由于每个旗或村的土地占有面积、户数不等，所以土地分配数量亦不等，主要分布在土司辖区的四十八旗。耕种"兵马田"的农户，必须为土司提供地租和军士劳役，规定每户要有一马一枪，实行"上马为兵，下马为民"的寓兵于农的制度。耕种"兵马田"的农户从来不是土地所有者，只有生产、纳税、服役的义务，对土地没有转让更没有出卖权。遇有迁居他乡或绝户人家时，允许继承和代租，但须经旗长上报土司批准后发给尕书（执照）耕种。"兵马田地"租赋分实物、劳役、货币三项。实物缴纳粮食、农副产品、林副产品等；劳役除应调出征外，还须定期担负筑城、修路、建寺、防守隘口、卡子等。货币地租，也叫"官钱"，土司辖区迭部桑巴旗（今迭部县桑坝乡）产黄金，规定每年向土司缴纳黄金12两，无金可交者，折交白洋600块（元），多儿、阿夏等旗每户需交"官钱"200文。此外，如遇土司生辰纪念、婚丧嫁娶等大事时，需得照例拿钱送礼。

2. "户世田"是朝廷册封给土司的土地，所有权属土司。主要分布在土司衙门周围十六掌尕内部。具体由小头目负责管理。"户世田"的耕作形式，由十六掌尕农户提供剩余劳动力，每年轮耕一半，土司提供种子和肥料，农户自带工具、口粮，从运输、播种、除草、收割、打碾以至入库等全部生产流程均由他们负担和完成。生产劳动方式属集体耕作的性质，生产的粮食除提留次年种子外，余均全部上交土司粮仓，由义仓储存，以防止荒年备用；另一方面用作战争、祭祀、进贡以及土司的其他所需费用。耕种"户世田"的农户不具有任何所有权，没有产品的再分配权，以及土地的转让和买卖权，只有祖祖辈辈担负劳作的义务，而且紧紧依附在这块土地上不能外迁。此外，土司还拥有一部分自留田，也叫作"租粮田"。将这部分土地采用租佃的形式出租给十六掌尕中耕种"户世田"的农户，作为土司生存的主要生活资料。除此之外，通过大量的劳役创造剩余产品为土司提供地租，承担土司衙门的诸如传信、护卫以及挑水、做饭、饲养等其他事务性杂役，凡此种种，都属劳役地租形式。

3. "衙门田"是卓尼土司衙门所在地周围为十二掌尕，附近还有博峪力赛掌尕；木耳、杰巴山掌尕；锁藏、柳旗沟、冰角掌尕；出录、哇录掌尕，是土司的近亲及其下属百姓，称"外四掌尕"，主要担负土司"衙门田"的耕作和土司近亲的其他差役。但没有给土司交纳地租的义务。另外，土司将"衙门田"的一部分土地以份地的形式分配给农民耕种。锁藏衙门将其占有土地分为两部分，其中作为份地分配给农户（百姓）耕种的计12户，共21.6石（每石约10亩），平均每户占有1.8石，这部分土地的所有产品归农户自有。土司自营48石，而实际属锁藏衙门四老爷所有。这部分土地由西路沟12户百姓代耕，提供无偿劳役，所有收益均归锁藏衙门四老爷。除此之外，还要为锁藏衙门担负各种无偿的杂役。

此外，在卓尼土司土地所有制中还保留了一种较古老的土地制残迹，那就是所谓的"水夫田"和"香火田"。租种"水夫田"的百姓，主要担负土司衙门的日常用水。在当时共有8户，每户租地8亩，共64亩，每户提供水夫1人，轮流供水，以劳役来代替地租。租种"香火田"每户5—6亩，主要担负为土司看守坟园，负责土司在春节、清明时为其祖宗奠祭扫墓等事宜，以此劳役代替地租，所不同的是，年底土司给租种"香火田"的百姓额外付给粮食6斗，作为报酬。

（二）寺院所有制

寺院所有制土地主要指"香火地"和"尚书地"。这部分土地的来源主要是卓尼杨土司为了取得寺院对他的信任，借以达到巩固和维持他的统治地位，将所属的一部分土地连同农户献赠给寺院所有；一部分是所属农户因欠寺院高利贷债务无力偿还，将土地抵债给寺院；另一部分因天灾人祸，农户将土地送给寺院。据调查，仅禅定寺占有土地2400余亩，境内其他寺院和禅定寺属寺都占有一定数量的土地，这些土地的所有权属寺院。寺院将土地租给农户耕种，然后收取1/4或1/3的地租。

（三）个体农民所有制

随着历史的变迁和社会发展的不断推进，封建土司土地所有制中，个体农民所有制开始萌芽，并逐步得到发展。在土司统辖的属民中，逐渐形成部分特殊的农户，他们拥有少量的"祖业田"（永业田），这些小块土地的所有权属农户私有，可以自由买卖或典当。由于战争和自然灾害等，由异地迁入境内的流动人口，当时叫作"尕房子"，他们没有土地，没有林权，生活贫困，社会地位低下。他们为了生存，开垦荒地，逐渐有了土地。这种私有土地的开始存在，导致了土地自由买卖，出现了农户开始购置私有田产的现象，逐渐成为土司统治下的富裕农户。

二、中华人民共和国成立后卓尼县农牧村生产关系 （1949—1978年）

中华人民共和国成立后至改革开放以前，卓尼县农牧村生产主要以互助合作社和人民公社化为主。

（一）互助合作社

1949年10月，中华人民共和国成立，1951年3月，废除了封建土司制度。党和人民政府为了加快少数民族地区的发展，进行了全面的社会主义改造和社会主义建设，使农业生产进一步适应国民经济的发展和人民生活水平不断提高的客观形势。根据广大农民走互助合作道路的要求，1951年3月，开展互助合作化的宣传教育，引导农民组织起来，搞互助合作，发展生产。结合本地区的实际，因地制宜，采取亲帮亲、邻帮邻、工换工、以余补缺的形式将个体农户组成变工队，根据季节和农活情况组织了"农忙干，农闲散"的临时性互助组，并逐步向长期性互助组过渡和转化。至1954年，全县共组织互助组800多个，千余户。互助组的土地和其他生产资料所有权、经营权未变，仍属于一家一户的个体所有制经济。1955年2月，根据甘南工委"卓尼农区积极为互助合作创造条件，牧区贯彻'牧工牧主两利'，重点试行'不分不斗'的过渡形式，半农半牧区以牧为主，兼顾农业。办社规模'宜小不宜大'"的方针，组建农业生产合作社，迈出了个体经济走向社会主义集体经济的决定性步伐。农业合作社实行农民以土地、牲畜、农具等主要生产资料入社，并给每户社员留有一定数量的自留地。按照每个合作社由20—30户组成的原则，至1956年3月，境内新堡、柳林、洮南、洮北等4个区，在互助组的基础上，组织建立了初级农业生产合作社（简称初级农业社）27个，入社农户1017户，占4个区农业户总数的20%。至年底，全县共建立初级农业社43个，社员1854户，占全县农户总数的15%，其中民族社（藏族）2个，78户。至1957年4月，全县共建立农业生产合作社60个，社员2300余户。至1958年1月20日，全县实现了农业合作化，共建立农业生产合作社314个，14391户，占全县总户数的99.9%，其中高级农业合作社243个。高级农业生产合作社的普遍建立，标志着农业由生产资料私有制转变为社会主义公有制，完成了农业的社会主义改造，确立了社会主义劳动群众集体所有制的经济制度和生产体系。

（二）人民公社化

1958年8月27日，中共卓尼县委发出"关于在全县掀起宣传和建立人民公社的紧急通知"，要求"全县8个乡1个镇，在8月底一律实现'人民公社化'"。随之，境内录竹、北山、上迭、下迭于9月5日率先实现了人民公社化。至年底，全县共建立人民公社9个，生产大队37个，生产小队130个，共58651人，其中少数民族36677人。

在人民公社化运动中，由于缺乏经验，对经济发展的规律和当地农业经济的基本状况认识不足，在全国"大跃进"形势的作用下，急于求成，提出和制定的任务指标过高，导致浮夸风气盛行，曾一度实行了"吃饭不要钱，劳动不计报酬，出工一条龙，干活一窝蜂"的混乱局面，使农业生产和其他经济发展受到了严重损失，给人民生活带来了很大困难。

1962年1月，随着卓尼县建制的恢复，逐步纠正1958年以来"左"的错误，对国民经济提出了"调整、巩固、充实、提高"的方针。重新调整了生产关系和社队规模，下放核算单位，贯彻《农村人民公社工作条例（60条）》，对全县牧区和半农半牧区的人民公社实行政社分开，建立了乡人民政府，取消了大队，实行了以生产队为基本核算单位的两级集体所有制。

三、党的十一届三中全会以来卓尼县农牧村生产关系

1978年，党的十一届三中全会以后，党在农村的各项方针、政策得到进一步贯彻和落实，生产关系发生了历史性的转变。中共卓尼县委、县人民政府认真贯彻落实党的各项农村政策，把工作重点真正转移到经济建设方面。调整和不断充实完善了农村经济体制和农业生产关系，建立和实行家庭联产承包的生产责任制。1979年7月，全县农区普遍实行了分组作业

联产计酬的生产责任制。全县15个公社，351个生产队共划分为1075个作业组，其中农业组895个。

1980年全县实行联产计酬，超产奖励责任制的生产队有195个，作业组466个；实行大包干到作业组的生产队共113个，作业组582个；以生产队作业的168个，实行责任田大包干到户的生产队17个。

1981年，在坚持土地等基本生产资料仍属集体所有制原则下，将生产队的耕地按人口和劳动力的比例划分承包到户。随之，耕畜和农具固定到户，国家农业税征购任务、集体提留也分别分解落实到户，通过经济合同的约束保证承包任务的完成。至年底，全县453个农业队，实行大包干到户的452个，分组作业的1个。

1984年，中共中央1号文件下达后，从实际出发，更进一步明确和确立了家庭联产承包责任制，耕地承包期为15年，三荒地、小区域治理承包50年不变。

卓尼上城门嘛呢子

吴世俊[*]

上城门嘛呢子位于卡什那沟口前开阔坡地，卡什那沟深约2公里，碗口粗清泉顺沟流下，是城内群众及上城门群众、寺台子部分群众人畜饮水主要水源。

1942—1947年修水渠栽树，将水引前200米，修两层木结构，歇山式四角飞檐斗拱瓦房佛殿，佛殿内供奉有从禅定寺迎请的观世音菩萨铜像。佛殿周边为走廊，木地板，下层为木质水轮，由木水槽引泉水冲转，带动上层嘛呢经轮桶不停转动，院内殿后栽有花草树木，院墙砌筑石墙，安装有木槽，高约1.5米，水从槽流出，方便群众担水、背水、驮水、饮畜、洗衣洗菜。

1958年佛殿及建筑逐渐被毁，其原址位于现今噶吉街边，现仍遗留一棵大柳树，系原嘛呢子门前树。

1979年重修嘛呢子瓦房一大间，地址后移约150米，1980年公路改道时拆除。

1994年当地群众在现址修瓦房3间，两坡屋面。从禅定寺迎请檀木雕刻观世音菩萨佛像供于其内。

2001年重新彩绘门面。2006年将屋面机平瓦换为琉璃瓦。2013年重建为砖混佛殿及大门等。2014年修建茶房及道路。

---

* 作者系卓尼县建筑公司原总经理。

1989年，我的卓尼之行

虎玉生[*]

1989年的秋收季节，受单位派遣，我回卓尼家乡采访。这次回乡采访，历时近一个月。我骑车沿洮河顺流而下，两岸风景如画，令人心醉，而改革开放10年来的发展变化更令人欣喜。现将所见所闻，实录如下。

一

沿洮河北岸的羊肠小道，从夏河县下巴沟进入卓尼县境内，扎古录乡塔乍行政村就是我们采访的第一站。这里由于地势的原因，洮河水变得非常温情，没有一点涛声，它悄悄地绕山穿林，向东流去。7个藏族聚居的村寨零零散散分布在南北两岸，一座钢索吊桥横跨在洮河上。时值农历七月初，人们都在忙碌着各自的活儿，村里听不到喧哗，偶尔只有一两声鸡犬声。河川麦地里拔草的媳妇们，连头都不抬一下，只能看见白色的凉帽在绿浪里一漂一浮，不时有歌声伴着花香随风飘来。

谁能想到，这么个山清水秀风光好的地方，曾经却是那样的闭塞、落后。解放前这里不属于夏河拉卜楞寺管辖，也不属于卓尼的四十八旗之内，由头人杨茶化一人掌管。由于交通不便，闭塞得几乎与外界没有什么联系。1949年9月，随着卓尼和平解放，塔乍从此跨上了社会主义道路，但步履艰难，速度缓慢。据原大队主任牛牙讲，过去塔乍最让人害怕

---

* 作者系甘南人民广播电台汉语专题部原主任。现已退休。

的是没有桥。乡政府一次次调动人员修建木桥，又一次次地被洮河的大水冲走，两岸群众被河水隔离。一些村的人们，眼看着对岸地里的青稞黄得掉了穗儿，可就是过不了河，收不到手。仅有的粮食又磨不成面，牧场上的人断了干粮，买油盐也要翻山越岭跑20多公里，有的人家只过了三天年就断了炊，牲畜也少得可怜。到1978年时，每个生产队只有10来头犏牛。1981年，这里实行了包干到户，村里大搞林副业生产，多数家庭购买了犏牛和犏雌牛。第二年，政府派来工程技术人员，测量、修建塔乍钢索吊桥，群众听了喜出望外，自愿为修桥工程筹资1万多元，献的工料不在其数。吊桥建成后，解除了人们的心头之患，南北两岸畅通无阻，所有草山、耕地都得到充分利用，农业、牧业实现了双丰收。

临近傍晚，我们去尼巴村投宿。进了庄子，特别引人注目的是一些新盖的藏式楼房。村头新打的两个庄廊里，一些人还在忙碌着，从一家大门洞儿里走出一位背水桶的青年女子，可一见我们马上又折回去了。领路的青年解释说，这是当地的习俗，背着空桶见客人是不礼貌的，要避开。这家恰巧就是党支部书记知瓜牙的家，刚才那位女子就是知瓜牙的大儿媳。我们走进堂屋，只见铜锅、铜勺、铜壶占据了大半个壁橱。还是那位背水的媳妇出来招呼，她为我们泡上茶，又端来酥油、炒面，让我们自己动手吃，然后卷高袖筒，在一旁为我们割腊肉条子，手腕上的手表和腰间的银制腰带一明一闪的。知瓜牙正在为小儿子修房，很晚才回到家，他一进门就和我们一同盘着腿坐到热炕上，打开了话匣了。说起塔乍这些年的变化，他讲个不完，道个不够。他说，塔乍人热爱家乡，也有建设家乡的强烈愿望，近10年来，政策对头人心宽，说干啥就干啥。现在，全行政村有一半以上的人家盖了新房，就是个别的"五保"户、困难户，也由村里出钱出力盖了新房，多数人家买了缝纫机，村里安了电磨、榨油机，省时省劲。

塔乍比过去是有了很大的发展，但塔乍人还有更大的心愿：用老党员贡布秀的话说，就是"治山治水容易，治愚难，但我们办教育的决心已经下定了"。可不是吗，去年，他们集资5万多元，再加上政府投资，新建了两所小学的校舍，一所在河南边，一所在河北岸，都是一砖到顶的红瓦房，尤其是河北岸的教室，硬是靠全村人从山梁后面人背畜驮运来砖瓦，盖起来的。

今年，村委会针对以往有的教师不安心工作的问题，自己聘请了教师，并且与他们签订合同，一年内入学率、升学率如达到合同要求，给教师补助30元钱、20斤酥油和10斤清油。五年后，如果向外输送的学生达到规定数量，村委会出人出钱，为教师家修一座新房；达不到合同要求，就扣除补助，或另请教师。这些办法是不是合理就不去说它，但是可以肯定，如今还不十分富裕的塔乍人，舍得花大力气、下大决心来培养未来有文化、懂科学的一代新人。

二

我们站在塔乍钢索吊桥上思绪万千，藏族、汉族、回族，乘车的、骑马的，南来北往。如果没有这座桥，塔乍人与外界的距离会更远；如果没有心中的桥，结果会怎样呢？

在塔乍，我们亲身感受到改革开放10年来，塔乍人正努力跟随着时代的脚步前进，同时，在他们身上，也存在着新与旧、优点和缺点的矛盾与斗争。

尼布娄村民旦知才让，老伴早年就丢下他和两个孩子，离开了人世。前几年，两个孩子不懂事，他自己腿有残疾，放牧、种田哪样活都跟不上趟儿，父女三人屈在年久失修的黑屋里打发寒酸日子。可有那么两家人，把新房上的水槽眼、院里的水路对准了旦知才让家，这位与世无争的牧民想："要不是包产到户，我怎么能受这么多的气呀！"村委会主任完代牙看出了他的心思，三番五次地上门，直到对方理解了人家的难处，改了水路后，又来给旦知才让讲"不吃大锅饭，也是一家人"的道理，没过多久，集体出工出钱为旦知才让盖了新房。打这以后，他像换了个人，带着两个孩子早出晚归，放牛、种地啥都干，日子过得挺像样了。这事传出去以后，尼巴、什巴、日吾等五个村子先后给七八家"五保"户、困难户盖了房。

塔乍人"不吃大锅饭，也是一家人"，在这方面感受最深的是那些孤寡老人，没有劳动能力的人怎么办？尼巴村年近70岁的孤寡老人康主草承包责任田的第一年，她一棵草没锄，一镰刀没割，到秋后，庄稼变成了两口袋面立在了炕头，原来，活儿全由村里的姑娘、小伙子们包了。从那以后，她真的把尼巴村当成了自己的家，一年四季吃着藏、汉、回各家的饭，有的人家里一吃就是一月、两月，一旦有个头痛脑热，送饭、送药的就更多。

去年秋天，尼布娄、扎尕娄两村的庄稼长势喜人，人们正磨镰刀、绑架杆准备收割，突然一场冰雹降下来，两村颗粒无收，人们垂头丧气。到秋后，安果、日吾、什巴等五个村77户人家，拿出2000公斤粮食，捐给了这两村15户人家。这好比雪中送炭，给了受灾户力量和温暖。

要说旁观者清的话，我们从这些平平常常的小事中似乎看到，塔乍行政村虽然地处偏僻，但村民们心中架起了相互理解与关爱的"桥"。

三

在距离扎古录乡政府大约15里的洮可上游，有一个坐落在洮河北岸的小村庄扎古录。村庄前的河边，有个高50米的小山包，当地藏族群众称之为"群高"，意思是"凤凰蛋"。与"群高"隔河相对的阴山，藏语叫"肉巴"，意思是"乌龟"，形状也特别像，龟背上长满了郁郁葱葱的松枝，龟头一直到洮河边。凤凰和乌龟被藏民族视为吉祥物。

相传很久很久以前，洮河并不流经扎古录村。那时这一带森林茂密，百花争艳，百鸟歌唱，香草遍野。有一只五彩凤居住在这里，它正在精心孵化自己的孩子。有一天，天气晴朗，凤凰推却不过百鸟的热情邀请，腾空而起，引颈高歌，凤离窝巢被贪婪的缩头乌龟看见，萌生了偷吃凤凰蛋的想法。正当它悄悄爬到凤凰窝前伸头去吃时，洮河之神劈山而来，一道明光闪闪的大水将乌龟隔在了南岸。与此同时，凤凰从高空俯冲下来，张开巨大的翅膀搂抱自己的孩子，扎古录一带的山势便由此形成。这个故事寓意深长，蕴含着扎古录藏汉群众对家乡山水的热爱和由衷的誉美之情。

改革10年来，这里的群众生活生产都有哪些变化呢？现任党支部书记房尕保，今年50岁，在这个村委会担任了30年村干部，当我们提到这一问题时，他说：由于党的政策好，全村的藏汉族群众治穷致富的信心很强，家家户户因地制宜，起早贪黑奔好日子，因而生活水平逐年提高。特别是1986年农转牧以后，国家从政策到资金扶持牧业生产，全村牧业迅速发展起来。就扎古录一个村来说，1980年以前只18头牛，而现在有215头，家家户户都有可供挤奶、打酥油的犏雌牛。每头犏雌牛1年的产奶量，可打酥油20多公斤，单靠这一项，生活水平比以前就有大幅度提高。牧业发展快，草山显得紧张起来。村委会作出决定：除了少数的困难户可以继续发展牛群以外，其他的都限制发展，提高母畜比例。

我们在扎古录几个村庄采访中感受到：这儿的各族群众对生活前景充满了信心，有些人家的院子里种植上各色花卉，使家庭院落环境幽雅、美观。

房尕保还告诉我们：扎古录人近几年已经充分意识到经济增长和人口的关系，传统的多子多福观念已经淡化，特别是年轻人们普遍持这样的观点：不管男女，只生两个，不想多要，因此从1988年以来，全村人口基本没有增长，有两个自然村还略有减少。

四

早就听说麻路的风景好，这回我们亲眼看到了，真是名不虚传，麻路镇距离卓尼县城以西50多公里，地处洮河岸边，又是个十字路口，从北进车巴勾，从西下县城是必经之地。清澈透底的车巴河在这里汇入洮河，两河间宽阔的河川上，柏香山以它独具特色的风姿拔地而起，不远处高崖下，九眼泉里九根水柱银光闪闪。扎古录乡政府和车巴林场，还有税务、工商、邮电、银行、医院、公安等18个单位在这里，几十家个体工商户、专业户经营着饭馆、旅店、照相、放像、修理等行业。外面的人来麻路吃、住、行都不用愁。昔日这片牦牛驮子歇息的荒草滩，如今已变成了充满生气的小闹市了。

在麻路村通往车巴沟公路边，一间土屋里，整天"叮当、叮当"的声音不断，这是老铁匠李有善的铁匠铺。他今年62岁，从1955年开始在这儿打铁至今没有间断，一块块废铁一经他的手就变成一把把镰刀、斧头和锄头，乡亲们使唤起来，锋利、轻巧又耐用。人说"黑铁匠"一点儿不假，进入他的铺子，一切都是黑色的，可李铁匠很乐意干这活儿。现在，他的四个儿子分别在车巴沟、阿木去乎等地也开设了铁匠铺，继承他的祖业。

麻路镇上，一位叫王杰的年轻裁缝师很受人们欢迎。他可不是浙江的手艺人，他父亲王志兴曾是当地有名的老裁缝，王杰从小跟父亲学缝纫，18岁就能裁会缝了。那年，他高中毕业没考上学，就来到麻路当裁缝，发挥一技之长。平日里，除了接些零活外，还为尼巴、刀告等乡供销社批量加工成衣。每年的腊月，王杰的缝纫铺是最忙的，娶亲的人家要找他缝制新装，各家的娃娃们过年要穿新衣服，有的要他裁剪，有的让他缝制，实在忙不过来，王杰就动员起全家赶制，这些年里，王杰还借学校放假机会，办缝纫学习班，把技术传授给青年人，其中有的人已经当上了裁缝师。

五

缓缓流淌的洮河，出了麻路滩，怀着对沿岸青翠山色、肥沃土地的难舍难分之情，忽北忽南，左转右折，向东蜿蜒而去。

8月7日，我们告别麻路镇，离开术布桥，沿河径直东下，转过一个由南至北的大河弯，来到了卡车乡境内的阳坝古城。古城可谓三面环水，一面靠山，河川里的古城墙只剩下西头河边二三十米的楞坎，高不足2米，宽不过8米，上面长满了青草。昔日的城内，而今是阳坝村民赖以生存的耕地，种植着大面积的小麦、大豆和油菜籽。倒是那立于山头的烽火台，时至今日，依旧醒目，它与古城西墙隔河对齐，并且和山脊所筑的防护墙相连。防护墙从烽火台一直沿山脊延伸到拉扎沟口的河边。如今，防护墙已经和山脊结为一体，与烽火台一起，构成了这座古城最为明显的标志。

近几年，陆续有人来阳坝考古，当我们采访时，村民还以为也是来考古的，纷纷告诉最近在山脚下拉土时，挖出了不少成捆的古代兵器。由于在土层中埋藏年代长久，金属锈结在一起，主要有刀和弓箭。在张正明老人家里，我们看到了一些锈成石片状的东西，从断茬口可以明显看出是古代的带鞘马刀，木质的刀鞘已经炭化，刀宽约一寸，有刀刃和刀背之分。

另外还有一个生锈了的铜铆钉，梅花瓣形的铜片和变成蓝色的牛皮圈，这些可能都是当年刀鞘上的装饰物。

阳坝古城最为驰名的文物是八棱碑。据当地知情者讲，民国初年，外国洋人以传道为名在洮河沿岸搜罗文物珍宝，八棱碑落入洋人之手被送往美国。碑石原立于阳坝山嘴之巅的八角亭中间，石碑上八面刻有汉字铭文，每一面5列字，每列36字，共1362个字。铭文不仅记载着建城年月、建城缘由，而且对地貌山形有所描绘，对制碑前发生在这里的重大战事有所记述。可惜后来随着历史演变，朝代更替，古域废弃，八角亭倾塌，石碑扑地。明朝《洮州厅志》的编撰者们去记录碑文时，碑文已经少句缺字，残缺不全，使古城堡成为至今尚未真正揭开的历史谜团。

阳坝村是洮河自发源地以来流经的第一个纯汉族聚居的村落，全村24户人家中有一半是周姓。据现任生产队长的周太昌讲，周家祖籍原在南京朱家巷，清朝后期迁移到临潭旧城，清朝末年移居到阳坝，到周太昌这一辈，周家在阳坝已是五代人了。

我们在阳坝时感受到最大的特征是：这里的人们同样爱干净，讲卫生。虽然家家都养猪、养羊，但畜圈都在院墙外面，这种人畜分开的居住格局，安全又卫生。阳坝的青年男女们如今也讲究衣着打扮，服装颜色不像过去只是深红或毛蓝的单一色调，样式和色调趋向多样，鲜艳而明快。

六

洛族村坐落在卡车乡洮河北岸的一片黄土高台上，村庄右侧沟畔有一个砂石岩洞，洞里常年流淌着一股清澈的泉水，不管天旱天涝，流量不变，而且冬暖夏凉，洛族人祖辈吃着这泉水，泉水边的岩石上，有个形状酷似人体侧卧过而印出的石窝，据传说，这是当年格萨尔王征战过程中，在这儿休息睡觉而留下的影子。

这岩洞，这泉水，这睡影都给洛族村蒙上了一层神奇的色彩。老人们常说："洛族出能人，是因为有了洛族泉。"解放前，临卓两县洮河沿岸多有大脖子病和聋哑人，而洛族村却从未有过，洛族人因此而自豪，一些远路来客到了村里，必定由村里人领着到泉边游览一番。

多少年来，洛族村里确实出了些能人，年届中年的刀知九就是其中的一个能人。

1980年，当地实行了包产到户责任制，刀知九家分得了一头牛和十几亩责任田。他见多识广，出外搞副业得心应手，耕田放牧却不咋地。再说本来就广种薄收的耕地，一分下去每人平均只摊到三亩，40几户人家都扑在仅有的责任田上，到啥时候才能富起来呢？想到这些，刀知九拿了新主意，把自家大部分地转包给一位种田能手，带上媳妇、孩子来到乡政府所在地——尼干滩上，办起了第一家粮油加工坊。那时候，许多村庄没有拉电，前来磨面、榨油的农牧民排成队，夫妻俩白天黑夜地忙。有了第一笔收入，首先想到的是归还贷款，决不乱花。到了还清债的时候，本乡已经有好几处粮油加工坊，再没人为磨面、榨油排队了。看来，只靠加工粮油富起来也难。刀知九又在磨坊边搭起五间土棚，开起日杂商店，扩大了经营范围，两口子更忙乎。供销社的大商店、小卖部货色品种多，可有上下班时间，而他们夫妻店从早到夜开着，半夜来顾客，也从窗口送方便。

几年过去，洛族村的刀知九在全乡人心目中有了影响，有些藏族老乡，回、汉族兄弟学着他的样，先后办起修理铺、代销店、饭馆、理发室和旅社等，一直冷清的尼干滩一下热闹起来，成了洮河边一个新兴集镇。

七

卓尼、临潭两县洮河流域的藏族妇女，身后都梳着三根长辫子，当地俗称她们为"三格毛儿"，"三格毛儿"也就成了洮河两岸藏族妇女的通称。

洮河两岸气候温凉多雨，适宜种植青稞、小麦、大豆、豌豆和油菜。每年种庄稼，男人们只管犁地、种地，至于庄稼的管理，如清除黑燕麦、杂草的活路，那可是女人的事情。如果那个人家的庄稼地里杂草、黑燕麦除不干净，那么，这家的女人就会成为全村人议论和嘲笑的对象。夏季，常见女人们抓紧时间，在烈日炎炎下弯腰弓背地拔草。"三格毛儿"一进入成年，就会从母亲和长辈那儿得到训诫，入了婆家门，拔草锄地、背水做饭，喂猪养鸡、照看孩子，每天从家里干到地里，从地里又干到家里，很少有出远门的机会。要说外出搞副业、抛头露面什么的，那可就是男人们的事了。男人们也喜欢女人在家规规矩矩生儿育女、种庄稼。

可是，进入20世纪80年代，一切都在变。首先是男人们活跃起来，有的跑买卖，有的搞农副产品加工，有的学开车跑运输，八仙过海，各显神通。住在县城附近的一些妇女最先感受到这一时代的变化，加入了过去只属于男人们的行列。渐渐地，这种变化扩散开来。于是，在洮河两岸的县城和乡村集镇，出现了这样一幅幅画面：戴着红红的石榴帽子，两根黑穗子颤悠悠晃动在两颊，身穿毛蓝长衫的"三格毛儿"，站在自营商店的柜台里，落落大方地做起买卖来了，不再像过去那样怯生生的怕和陌生人搭话。

王翠玉，是城关镇寺台子村的一位藏族妇女，早在六年前就开始在卓尼县城街道上摆摊卖成衣，她是"三格毛儿"当中最早抛头露面的一个。跨出这一步实在不那么容易，至今她还对第一天上街做买卖记忆犹新。

1983年4月，她和丈夫选定做成衣买卖，丈夫筹集了3000元从临夏市购进一批成衣。王翠玉在丈夫的帮助下，选了一个空闲处，用两个条凳担上几块木板，衬上报纸，上面整整齐齐摆好衣服，然后又在旁边挖个小坑，栽好自制的遮阳大布伞。一切摆布好之后，丈夫干别的事情去了。留下王翠玉守着。买主来了，可王翠玉却拿着小板凳躲到五六米远的地方盯着自己的货架。如果是位熟人或年轻人，王翠玉就不露面，任人家翻看衣服。买主见无人管摊，诙谐地称摊上的衣服是让人白拿，就这样，王翠玉心里还咚咚直跳。如果顾客是远道而来的女人或老人，王翠玉才敢慢慢挪过去回答价格，卖完之后又赶紧坐回原处。这一天，她觉得时间特别长，熬到晚上收摊回家，她说再也不去受这份罪了。丈夫又是一番鼓励安慰，第二天王翠玉只好再去。以后，她慢慢地习惯了，也想通了，敢于正面回答顾客的提问并讨价还价，逐渐成为成衣买卖的行家里手，出门进货，上街摆摊成了她一人的行当。丈夫或是出外做工，或者做其他买卖，小日子越过越红火了。

1989 年 10 月

卓尼县锁藏村老人的眼泪

马光荣

2002年5月，州局按照卓尼县水务水电局的申报，给该县柳林镇锁藏村安排了一项人饮解困工程，时任县局局长的姬德明同志陪同我到锁藏村调研并搞项目设计。

当时，对于吃水艰难的锁藏村来说，能安排饮水工程确实是一件大好事、大喜事。很多群众都来围观、询问工程情况。当技术员讲了引水水源地向锁藏村自压引水时，一部分人当时就提出异议，说水源低，村庄高，行不通。特别是几位老年人，更是意见很大，他们说："现在公家胡搞呢，我活老了，只听过水往低处流，还没听过水往高处流的先例。这是劳民又伤财的做法，根本不可能。"我们也知道这里没有搞过饮水工程，对水利技术方面了解甚少，不理解是正常的。但当时要给他们完全说清楚也是很困难的。我们只能按工程设计加紧施工，以高质量、高水平的工程效益来回答群众的疑问。通过工程施工人员的艰苦努力，到8月底，工程基本完工。试水时，很多群众前来围观。当清泉水顺利通到锁藏村时，群众高兴得流出了热泪，把当时的姬德明局长赞誉为"佛爷"。

2002年10月，我带领州局水利科工作人员、姬德明局长以及技术人员按照工程建设程序到锁藏验收工程时，被锁藏村路口排成两行的村民堵在了村口。站在最前面的是四位年龄为80岁左右的老人。他们手捧雪白的哈达，端着青稞酒，流着泪迎在那里。当时，我没见过这样的场面，也没有见过这么年长的老人如此激动、泪流满面，有些不知所措。姬德明局长说："村里的老人祖祖辈辈住在河岸，吃水要下山从洮河背水。今天吃上干净清洁的自来水，全村人想都没想过，所以他们以青稞酒来表达对党的感恩之情，对你们的感谢之意。"听了姬局长的解释，当时同去的人都被深深感染了，包括我在内的很多人都流下了热泪。这个场面虽已过去12年了，但每当想起时，好像就在昨天。

（节选自马光荣《我在甘南州水务水电局工作的十六年》；

原载于陈克仁主编《西部大开发在甘南》，

甘肃文化出版社，2015年11月）

卓尼引洮工程建设情况

卢幸福　杜光绪　**口述**　　李彦平　**整理**[*]

引洮工程大概可以分为两个时期。第一时期是20世纪50年代实施的引洮工程，这是一项半途而废、劳民伤财的失败工程。1958年6月17日，只经过一个多月草草勘测，就匆匆上马的引洮工程开工建设了。在"大跃进"的历史背景下，人们拿出了一个非常宏伟的设想，整个工程将修长达1400公里的总干渠，2500公里的支渠，以灌溉甘肃中部干旱地区，改变当地干旱贫困的面貌。最终，这项工程在投入了6000万工日，耗资1.6亿元后，一无所获地停工了。

20世纪90年代初，人们再次提出了引洮工程。建设者们经过周密勘测后，拿出了全新方案，工程于2006年11月22日开工，堪称新中国成立以来甘肃省最大的发电灌溉工程。2014年，经过多年的建设，这项工程已经实现了一期通水。

至今引洮工程仍旧是甘肃最大的发电灌溉工程。在20世纪50年代，它更是一个空前浩大的工程。整个工程不仅有宏伟的设想，还有隆重的开幕式。工程于1958年6月17日正式全面动工，施工第一站是岷县古城。第一批动员的民工多达6万人，有1.2万民工参加了宏大的开幕式。集中如此多的民工在当时的确不易。至今我们在洮河沿线还能看到当年施工者留下的窑洞遗迹。

临洮海巅峡是个两山对峙的峡谷，半山腰有一片人工开凿出来的山

---

　　* 卢幸福系洮砚乡纳儿村丁尕组村民；杜光绪系洮砚乡古路坪村石门寺组村民；李彦平系卓尼县发改局干部。

崖，整整齐齐的钢钎印痕，展示当年施工艰难。引水渠道从山腰的隧洞中出来，又蜿蜒而过。这条隧洞长达180米，当时开凿如此长的隧洞无疑是个挑战。为开凿此隧道，施工者严格制定了措施，制定"四红""五定""五好"等措施。即将任务分解到个人，专人负责，专人检查。这就意味着超负荷的劳动，片刻不能放松。有一个细节，当隧道开凿到山里160米的时候，洞子里面空气非常稀薄，再加之打眼的粉尘，导致施工者出现了呼吸困难的情形。按理说，这时应该停下来，休息一段时间，或者为洞子里面鼓风。可是，条件简陋，又要赶工期，依旧坚持施工，还要确保每天的进度。这无疑就是拿命在拼。

一些老人说，引洮工程开工时，人们的心气的确很高。此时，中华人民共和国成立不久，当家做主的农民，对美好的生活充满了渴望，义无反顾地响应号召，他们带着工具，自备干粮，上了工地，充满憧憬的人们，根本没有意识到，当时根本不具备修建引洮工程的条件，更缺乏充足的物资支持。

引洮工程采用各县分段施工的办法。由于施工机械几乎没有，完全依赖于人力，肩扛手推，昼夜加班。尽管一些人认为，人力完全能攻克大山。引水渠要经过一个叫小湾梁的地方，这是榆中县负责施工的区域，命名为榆中工区。为了攻克这个山梁，人们搞了个一次性装炸药20吨的大爆破，可以说这是引洮工程最大的爆破之一。小湾梁是引洮工程的重点深劈工程，就是挖一个深沟以便让水顺利通过。要挖深沟，山梁是大敌，只能进行大爆破。大爆破的关键是深挖药室，药室就是安放炸药的洞室。药室在山梁中间，深度达32米，高1.2米，宽1.3米，长度达4米。如此大的工程量，由四个民工连续奋战了25天完成，最高一天挖洞3米。最大的难度还在于放置炸药。整个爆破要用20吨炸药，仅仅搬进洞里就要半天时间，还要按照要求码放好，如果算上其他时间，要一整天的时间。为了防潮，人们先用油纸将药室糊起来，接着把整块炸药放在四周，中间装入散药，最后用散药填满缝隙，为保险，安装3组雷管，1组2枚，架设好电线后，最后封闭药室，先用土填了3米，然后是土石混合填埋，最后用石块将洞口完全封闭。一个凌晨时分，一阵巨响，尘土冲天而起，巨大的山梁消失了。

1959年1月的天气，正是冰封大地的严寒季节，可是在高山运河进水口——岷县古城水库的陇西民工们，正在和刺骨的洮河激流战斗着，人们不分昼夜劳作。按理说北方严冬季节，室外就不能施工了。何况古城水库在青藏高原边缘，夏天都不太热，而冬天更是寒冷。没有机械，缺乏科学调度，加上由"大跃进"导致的粮食等严重匮乏，到1960年下半年，施工者普遍出现浮肿现象。1961年6月，工程不得不停工。

在引洮工地上

闫继祖　**口述**　　范学勇　**整理**[*]

引洮工程，全名叫甘肃省引洮上山水利工程，它是1958年2月中共甘肃省委第二次扩大会议研究决定，同年6月17日在定西专区岷县古城坝举行开工典礼后开始修建的。此间，为了这一福泽全省、影响全国的庞大水利工程得以具体实施，省上着手筹建了职如专区级别的引洮上山水利工程局党委和行政局机构，组成人员依据修建工程的需要，从省上行政、文化、科技等部门抽调。

我是1958年6月28日从西北民族学院图书馆抽调来的，到工程局报到后分配在党委宣传部工作。历时三年，基本参与了工程始终，对工程局机构的设置、人选的来源、组织的构成、施工的概况和工程下马后人员的分流情况，都比较清楚，印象深刻。虽然时间过去快60年了，但今天回忆起来还历历在目。

引洮上山水利工程局定址临洮县会川镇后，省上立即调配局党委和行政部门任职人员，充实各部门办事机构。第一任局党委书记兼局长由来自甘肃省水利厅的张建纲厅长担任；副书记由来自平凉军分区的魏屏藩政委担任；后来继任的书记由来自临夏州一位姓韩的同志（名字记不清了）担任；工程下马前的书记叫折永清，原是省纪律检查委员会的副书记；副局长有原定西地区专员常友仁，定西军分区副司令员高步仁等。

工程局党委下设宣传部、组织部、秘书处、资料室、工会、团委、公

＊　闫继祖系甘南藏族自治州审计局原副局长；范学勇系卓尼县柳林中学教师。

安局、检察院、法院等机构。工程局下设财务、人事、勘测设计、水利、计划、施工、运输、办公室"八大处"。工程局下属机构是引洮工程涉及县分派出的管理施工人员及民工的工局，也有党委和行政的区别。工程常务局长一般由各涉及县分派出的一名副书记或副县长担任。从古城坝到渭源长达600公里的第一期作业线上，陇西、平凉、庆阳、天水、秦安、武山、通渭、会宁、榆中、靖远、定西、渭源、临洮、岷县14个工局分段展开。各工局下设大队，大队下设中队，中队下设小队（作业组）。各工局都有宣传、技术、施工等科室。甘南州没有工局，负责支援木材、石料、肉类食品等物资的供给。临夏州在工程第一次截流前后派来一支由党团青年积极分子组成的279人的"老虎队"参战，一月后撤回。

和我一起到任的有来自兰州医学院的徐忠德，省教育厅的张本海，西北师范大学政治教研组的助教李云晋，兰州工业学校的刘培强，甘肃省高等法院的贺汉池。当时抽调定西地委宣教处的副处长石峰代理宣传部部长，后来宣传部的宣传、教育、绘画、行政和引洮报社等机构设全，宣传部长由来省委宣传部宣传组的雷健英组长担任。1959年下半年雷健英调走后，调来原省委宣传处副处长范培雄任部长。宣传组由省委宣传部的安全、孟岳云，省作协的作家兰占奎组成。行政组由徐忠德、贺汉池等组成，负责来人接待、上传下达、开介绍信等事务。绘画组由畲国刚、芦世汉、兰州师范的牛乐濂3人组成。摄影组由赵芙蓉、胡至诚2人组成。

我们教育组由我、张本海、李云晋3人组成，任务是编写《民工识字课本》。根据形势需要，准备在施工之余以夜校的形式，对广大民工进行"扫盲"教育，具体要求是：课本难度高于初级小学水平，内容涉及时事政治、工程地域及施工意义等方面。后来由于时间不一、地点零散及民工的劳动强度等影响，最终没有实现。

我们宣传部工作的主要内容有三：一是根据省委的要求和局党委的安排，做广大民工的政治思想工作；二是了解工局带队干部的工作作风；三是草拟各类文件和报告，特别是工程局党代会的报告。这些工作都是在各工局所设的宣传科的配合下进行的。记得1958年11月的一天，大雪纷飞，我在施工处长王合群的带领下到地处古城坝陇西工局的两个大队了解情况，发现有队长骂民工为"膻怂"（自甘落后的人）的脏话和偶尔有拳脚相加的现象。汇报材料如实交上去后，因内容太少，又无典型性而没有印发。

最繁忙的要算接待各种类型的文化机构，如作家团、诗社、报社、绘画、摄影、歌舞、剧团等写作和演出的机构。作家李季发表在1959年第8期《红旗》杂志中的《在高山运河工地上》一文，就是在工地上体验生活后写成的。艺术团体除在工程局驻地演出外，有的还奔赴基层工局演出。前来慰问演出的较大团体有临洮秦剧团、陇西秦剧团、定西秦剧团、甘南歌舞团，规模最大的就是1958年7月来自河南省的常香玉豫剧团，他们演出了《花木兰》等剧目，这些文艺活动都给奋战在引洮工程第一线的民工留下了深刻的印象。

通过《引洮报》的稿件内容和自己不时到工程一线的调查了解，这项工程的确艰难险峻。石门峡到九甸峡，一连18个转嘴峰、鬼门关、雪崖山、转角崖、野虎崖、玉皇峰、老虎嘴，一处比一处险恶。这段工地长42公里，渠道设在离河面高出180米的悬崖峭壁上。靖远工局的共产党员康映辉、共青团员李珍，两人各自腰拴一根长达100米的绳子从悬崖顶上吊下来，像壁虎一样贴在峭壁间。他们一人拄住钢钎，一人抡起12磅大锤轮砸。一锤砸下去，身子要在空中来回晃荡许多次才能打上第二锤。半个月后，才在悬崖上劈开一条半尺宽的小径。而这样的作业点又何止一处呢？这一时期的豪言壮语及诗歌，有代表性的被选在我们宣传部编辑、敦煌文艺出版社出版的《引洮工程诗歌选》上。至1960年4月，共出版了3期。

20万人苦干3年，先修平台，再下渠道，艰苦奋战的结果，在第一期作业线上三次截流引水都告失败，劳民伤财，损失惨重。这里有省上领导的狂热蛮干，也有技术条件的极不成熟，更有施工方案的随意改动。留到今日的只有可资修路的"平台"和"一脚踢开石门峡"的空洞标语。自1960年起，随着我国国民经济发展比例的严重失调和全省经济困难程度的不断加深，闻名全国的甘肃"大跃进"运动开始慢慢落下帷幕。

1961年4月，因其他原因，工程局开始遣散人员。我和郭晋春因身体健康原因留了下来，在省委组织部办公室做整理档案的临时工作。同年8月，我被调回西北民族学院组织部干部科工作。引洮工程下马后，工程局除专业人员调回原单位工作外，剩下的大多数干部成了当时新成立的临洮专区的班子和下属各机构工作人员。待临洮专区撤销后，大部分干部又调往甘南，充实和填补了甘南藏族自治州各部门的人才缺额。

我所亲历的九甸峡库区移民搬迁

王　忠*

提起"引洮工程",多数甘肃人都知道,特别是素有"苦瘠甲天下"的甘肃中部干旱地区老百姓更是魂牵梦萦。它凝结着几代甘肃人的梦想,凝结着历届省委、省政府的心血与担当,更凝结着甘肃中部地区百姓的渴望与企盼。

在中华人民共和国成立之初的困难时期,省上为解决甘肃中部干旱地区困难群众生产生活用水,启动实施了"引洮工程",中部干旱地区的天水、平凉、定西、兰州等地纷纷响应省委、省政府的号召,数万人在岷县古城庄严宣誓,数十万人开山凿壁,想把洮河之水引向陇中。虽然工程因当时的经济条件、技术水平等综合因素而中途停止,但看得出在当时那么艰难的岁月里,省委、省政府下决心开工建设的"引洮工程",是一项群众多么期盼的重要工程。第一次"引洮工程"虽然未能如期实现饮水夙愿,但是甘肃人民引洮河之水进陇中的梦想和追求一直没有停歇,一直在论证,一直在不间断地工作,一直在孜孜不倦地追求着,300万陇中老百姓也一直在焦急地等待着。

艰难曲折移民路　　为引清流进陇中

2002年12月,九甸峡水利枢纽及引洮供水一期工程奠基仪式在卓尼县

---

*　作者系卓尼县人大常委会主任。

藏巴哇乡燕子坪举行，使得全省人民看到了"引洮河清流，解陇中饥渴"的希望。

2006年11月22日，九甸峡水利枢纽及引洮供水一期工程开工典礼在九甸峡隆重举行，引洮工程的历史翻开了崭新的一页，陇中人民期盼半个世纪的引洮梦想从此走进了圆梦的新征程。九甸峡水利枢纽工程是引洮工程的水源工程、龙头工程，9.43亿立方米的库容需要淹没甘南、定西两地卓尼、临潭、岷县三县六乡13000多名群众的房屋耕地和生产生活资源。水库移民工作作为基础性、前瞻性、复杂性和难度最大的工作，摆在了"引洮工程"总体工作的面前。笔者时任卓尼县常务副县长，有幸参与了九甸峡水库移民动员、签约、搬迁、安置工作的全过程，其中酸甜苦辣、幸福与辛酸、艰难与曲折的滋味，在10年后的今天回忆起来，恍如昨天，记忆犹新。

故土情深难弃舍　艰苦卓绝话动迁

随着九甸峡水利枢纽工程和引洮供水一期工程的开工，"引洮工程"的号角已经吹响，移民的战鼓已经擂动。九甸峡库区移民工作在整体工程建设中的作用更加凸显，移民工作进度直接关系着水利枢纽工程的进度，关系到工程能否按期蓄水发电，关系到引水能否顺利成功。让老百姓搬离祖祖辈辈生活的地方，难上加难，库区一草一木、一事一物都牵动着老百姓的心，那是乡愁、那是记忆、那是生命的传承、那是精神的寄托、那是祖辈的魂魄，因而故土难离、家业难弃、乡情难舍、亲邻难分！但是，为了中部干旱地区300多万贫困群众的幸福和梦想、为了全省人民的梦想、为了全省人民整体脱贫致富，按照省政府的要求，州、县两级层层部署动员，县乡齐心协力，库区百姓惺惺相惜，毅然决然地、义无反顾地迈开了移民搬迁安置的步伐。

2003年7月，九甸峡库区移民工作启动，省政府出台了《甘肃省引洮工程移民安置办法》，提出移民搬迁安置的基本原则是"搬得出、稳得住、能致富"。从此，省、州、县、乡四级政府带领移民群众代表开始了安置地选址工作，从兰州秦王川到渭源县黄香台再到卓尼本县牛营寺等地，一个个方案提出，一个个又被否决，移民工作因选址问题而迟滞不前，各级领导急在脸上愁在心里，但大家共同的原则是：移民对安置地满意与否是我们工作的出发点和落脚点，再急再愁再难也要对百姓负责、为移民着想。为此，州、县从事此项工作的各级领导通过多种渠道，反复征求移民群众的意见和想法，了解到群众希望安置到自然条件较好、发展前景比较明朗、避开高海拔区域、能够相对集中安置、生产资料相对充裕的地方，对这些情况，州、县两级政府多次向省直部门都做了详尽的汇报，以供选址参考。

2005年1月，省发改委召开了九甸峡库区移民安置会议，在综合各方意见、优化各种方案的基础上，提出将九甸峡库区三县移民群众集中安置到安西县白旗堡农场及周边地区，并组织专家进行深入论证，组织三县群众代表进行实地考察。同年8月8日，省政府主持召开九甸峡库区移民安置专题会议，正式确定安西县白旗堡为九甸峡库区移民安置区。当这一决定传达到库区后，洮砚、藏巴哇两乡6个村委会16个村民小组1035户4724名群众认为，安置区地处世界风口、沙漠地区、戈壁滩上，大家都不愿意去，群众情绪不稳定，工作难度大，说服工作难上加难，但是经过县乡工作人员的艰辛工作，通过召开群众会议，上门入户，苦口婆心，反反复复地做工作，群众情绪才逐渐稳定下来，态度也发生了转变。

2006年7月22日，省政府主持召开引洮工程第六次协调领导小组会议，听取工作进展情况及移民安置有关问题的汇报，提出要精心组织，统筹安排，积极妥善地做好九甸峡库区移民工作。会后，省水利水电勘测设计院、九甸峡水利枢纽发电公司、县移民部门工作人员深入库区移民群众家中，核对移民家庭基本情况、各种实物淹没数量、补偿标准及费用、搬迁意愿等基础性工作，并为每户移民群众发放"明白卡"，让移民群众对自己家的情况一目了然、心中有数。摸底工作看似琐碎、繁杂、细微，但它关乎着老百姓的切身利益，哪怕是一点点的疏漏，都可能造成不良后果，引起移民群众对我们工作的质疑和不满。在移民实物补偿摸底和政策宣传中，让我们深深地感到肩上担子的分量，对于测算不准确有误差的地方，我们及时协调测算单位进行了纠正和更改，补偿费用计算得是否公平、公正和准确，直接关系到整个移民工作能否顺利推进，关系到水利枢纽水源地工程能否按期完工。

最令笔者难忘的一幕是发生在落实洮砚乡政府机关搬迁前期事宜。听到乡政府搬迁的消息，在整个库区就像是捅了马蜂窝一般，焦躁不安的氛围在附近村社萦绕，人心惶惶，易暴易怒。特别是洮砚乡机关迁建和洮砚大桥征地工作，在当时影响最大，最为头疼。由于原洮砚乡政府机关地处淹没线以下，按照规划必须整体后靠搬迁到原引洮工程工地平台，占用该乡挖日沟、古路沟两村200多亩土地。此时，县委派我负责两村征地工作，在丈量阶段群众还比较配合，大家都积极地参与土地丈量，感觉气氛还挺和谐融洽，可是在乡机关迁建地质勘探快要结束时，这家也不让建，那家也不给征地，提出了许许多多的违规要求。如：要求对原丈量耕地面积进行翻倍计算、提高征地补偿标准、提高青苗补偿价格、张三李四地界不清等。针对这种情况，县、乡组成工作组进村入户动员群众、讲解政策，但是无济于事，死活不给征地。在反反复复做各方面、各层级工作无效的情况下，我向县委、县政府主要领导进行了汇报，县委、县政府主要领导亲临现场，在了解实际情况后，研究决定将乡政府机关迁建到拉扎村加麻沟组石泊咯滩，并和加麻沟村群众就征地事宜、青苗补偿等进行了协商，该村群众同意在该处修建新的乡政府，县上这才邀请地质勘探单位进行地勘工作。这时候挖日沟、古路沟、古路坪、峡地、石门寺等村的群众又不干了，数百名群众到乡政府集体聚集，敲锣打鼓，夜以继日，致使乡政府无法正常开展工作，洮砚乡党委向县委汇报后，县委又指派我到洮砚乡负责做好移民思想工作，安抚移民群众，疏导移民情绪，稳定事态发展。当时由于卓尼县到洮砚乡的公路不通，接到通知后，我立即驱车冒雨绕道临潭县店子乡、陈旗乡抵达洮砚。远远看去当时洮砚大桥聚集着好几百人，他们三五成群地聚集在一起，敲打的锣鼓声响彻云霄，场面看起来十分混乱。当我抵达后，现场所有的注意力都聚焦到我这个副县长身上，群众的声音一浪高过一浪，根本听不清群众在说什么，刚要回答这个问题，那个问题又来了，根本无法正常开展工作。在简单地听取洮砚乡党委、政府主要负责人情况汇报后，我提出移民群众选出代表，县乡两级党委、政府和群众代表面对面听取意见，尽快向群众讲明政策及在加麻沟修建新的乡政府的真实原因，将事态尽快平息下去。但是当时群众抱着法不责众的心理，人人是主角，人人又不站出来说话，七嘴八舌莫衷一是，拒绝选派代表，要求县上领导直接面对移民群众进行答复。当时村级组织已经难以发挥作用，我们就和老年人谈政策、谈看法、提要求，不能失去理智进行无谓的谩骂和所谓的围攻，把妇女儿童老人放在前面，户主等家中主事的全部缩于幕后，这样无益于事情的解决，更不利于工作的开展。此事从下午3时持续到深夜12点多，最后经过苦口婆心的政策开导，最终选出11名群众代表进行了开诚布公的交流谈话，他们提出新的乡政府和机关单位按原规划修建在古路沟与挖日沟交界处的工地平台，同意按政策征用土地。我将群众的意见向县委、县政府汇报后，县上同意将在加麻沟组修建乡政府的备选方案取消，按规划进行修建，才使得这一问题得到解决，这场搬迁风波才得以平息。

2007年1月14日，省发改委副主任常正国在兰州主持召开九甸峡库区移民协调会议，专题研究引洮移民工作的各项具体任务和移民安置的有关问题，原则同意移民搬迁计划。1月28日，卓尼县在县政府招待所二楼会议室召开九甸峡库区移民搬迁安置前期工作动员大会和培训会议，县四大班子领导和抽调的100多名干部参加了会议，县委书记才让当智宣布卓尼县九甸峡库区移民搬迁工作正式启动。移民搬迁安置工作是县上最主要的工作，要求全县各级领导和广大干部，要全力支持、积极参与移民工作，要牢固树立群众意识，想移民群众所想、急移民群众所急，全力以赴、全身心地投入到九甸峡库区移民工作当中，全面完成省委、省政府和州委、州政府交给我们的重大工作任务。

县委、县政府针对卓尼县的实际情况，成立了由县委书记才让当智任组长，县人大张振国、县政府杨武、县政协杨世英任常务副组长的卓尼县九甸峡库区移民工作领导小组，县人大、县政协主要领导任藏巴哇乡、洮砚乡工作组组长，由7名副县级领导担任6个行政村工作小组组长，抽调政治素质好、工作能力强、群众工作经验丰富的64名科级干部和54名部门骨干组成16个强有力的工作组，进村入户开展移民搬迁动员和安置协议签订等工作。

当时，我作为全县分管移民工作的副县长、卓尼县九甸峡水利枢纽工程移民搬迁工作副总指挥、藏巴哇乡新堡村工作小组组长，主要担负着全县移民工作的整体协调指挥和动员搬迁工作，足迹踏遍了全县16个移民搬迁村，哪里有移民群众聚集、哪里的动员工作进展缓慢、哪里的动迁协议签订任务完不成，哪里就有我的身影，在库区16个移民村组中，只有石旗组、新堡组没有被移民群众围攻，其余的均遭到了围攻谩骂，有的村组围攻多达数十次，但是我毫无怨言，任劳任怨、心系移民、坚持原则，始终以一名移民家中成员的心态做宣传动员工作，最终取得了移民的认可和工作的圆满成功。我深深地感觉到，移民工作要比工程建设难十倍百倍，移民牵扯到千家万户的切身利益，如果工作不细不实，对政策理解不到位、不深刻、不熟不透，在执行中出现一丁点偏差，就会影响党和政府的形象，就会引发群体性事件，就会造成一系列的社会性问题，就会使移民工作受到影响，进而影响到引洮工程整体工作。

移民工作的特殊性超乎我的想象，它既牵扯到千家万户的利益，也牵扯到家庭内部成员的利益分配，还牵扯到村内、村村之间的利益，有时候家庭内部的利益冲突也会转化为对移民工作者的一种敌对态度。在当时的库区，各种矛盾像万花筒，移民工作者成了出气筒，移民群众认为所有问题的症结都是移民引起，而领导干部是这一问题的始作俑者，在村子内、农户家、道路旁、动员会等处，移民群众看到移民干部特别是领导干部都表现出异样眼光，有时候好像有深仇大恨似的，那一道道幽怨的、责怪的、无奈的，甚至是愤恨和仇视的眼光，让移民工作者受尽了委屈与责备。而移民工作就是要把这种怨恨化解，把家家的利益和意见统一起来，让方方面面、家家户户基本满意、基本接受、基本认可。因此，我将全部精力投入到移民工作当中，不敢有丝毫的懈怠。

我深深地感受到，进百家门、听百家话、知百家情、喝百家水、吃百家饭、挨百家骂是移民工作最基本的特点。有的移民群众不理解、不配合，甚至情绪激动，被谩骂、被辱骂、被围攻、被推搡，偶尔还挨两拳不是什么新鲜事。但是，不管怎么样，我从事移民工作领悟出的道理就是换位思考，始终站在移民群众的角度考虑问题，设身处地地体会民心，化解矛盾。我们的移民干部都换位思考，做到了骂不还口、打不还手，你气我、搡我我不走，政策讲解不透我不走，各种补偿不认可我不走，安置协议不签字我不走。真正做到了移民群众可以不理解我们的工作，但是我们必须理解移民群众的心情，我们的工作是难，但再难也没有老百姓背井离乡、抛亲舍友难，我们有时候不理解上级政策，不理解群众态度，但老百姓更不理解他们的未来和前途，他们迷茫、失落、无主、无助，所以他们焦躁、过激、易怒、对抗，移民群众要到完全陌生的地方去生活创业，自古就有"创业艰难百战多"的说法，群众能高高兴兴地走吗？本着这样的想法，各工作组深入到村户家中，承受着不可想象的压力来开展工作。他们组织召开各种动员会、党员会、老人会、妇女会、村干部会，宣传各项政策，释疑各种困惑，解决各种矛盾问题，真是吃尽了苦、受尽了罪。住在村子里不但要做户主的工作，更要做家庭主妇的工作；不但要做群众的工作，还要做村组干部甚至是国家工作人员的工作；老人的工作要做，孩子们的工作也得做，真正是见人就动员，逢人讲政策，有时候连自己也感觉到有点烦，如此不辞辛劳地工作，但效果并不理想，直到2007年春节，各村协议签订进展仍不均衡，动迁协议签订最好的村达到70%，平均不到30%，有的村协议签订率几乎为零，严重影响着移民搬迁进度、九甸峡水利枢纽工程2170线以下的移民搬迁、蓄水发电阶段性目标的实现。各级领导非常焦虑，其中情况最为糟糕的是洮砚乡四下川村，工作几乎毫无进展，工作组成员几乎进不了群众家门，只能在田间地头、街头巷尾、房前屋后能够找得到群众的地方做工作，而且只要领导干部进村就被围攻，什么样的脏话也能听得到，成为九甸峡库区最难啃的一块硬骨头。

洮砚乡四下川村地处九甸峡水库腹地，是完全淹没区，全村有76户371人，耕地860亩（全部为水浇地，数百亩旱地撂荒），林地上万亩，海拔2100米，各类牲畜2000多头（匹、只），是整个库区资源最丰富、气候最温和、群众最富裕、幸福指数最高的村。这里是世外桃源、人间乐土，这里的群众从来不为吃饭发愁、不为经济所困，所以移民工作难度大，群众不愿外出。当其他村组安置协议签订快要完成时，四下川村还处在进不了群众门、搭不上群众话、开不了有效会、签不了安置协议的阶段，县上领导焦急万分，驻村领导和工作组成员一筹莫展。四下川村离九甸峡水利枢纽工程坝址只有3公里，四下川村移民工作的成功与否直接关系到整个库区移民工作的成败，直接关系到2170线以下移民能否按时搬迁，九甸峡水利枢纽工程能否按期蓄水发电。为此，多次召开县委常委会会议，研究移民工作特别是四下川村的工作，县委、县政府经过再三研究，决定在抓好移民总体工作的同时，由我赴四下川村主抓移民动员和签订协议工作，以期攻克难关打开突破口。我受命进入四下川村后，才知道问题比我想象的要困难复杂得多，工作组成员基本上进不了群众家门，有的凭借和群众的私人感情或者七拐八弯攀亲戚到了群众家，但是和群众交不了心，工作依然如故，会议召开不起来，政策讲解不听，协议签订空白，村上年轻人对移民工作人员表现出绝望的情绪，娃娃们满口脏话，老人们经常找碴，年轻人白天进山深夜回来躲避工作人员。我到村上后，经过与其他县级领导共同研究，同工作组成员座谈讨论，充分了解情况，决定通过一对一、一对二的方式进户开展工作，对于特别难缠户采取多对一的方式，由领导干部带头入户开展工作，哪怕是追到深山老林也要和移民群众见面，哪怕是蹲到天亮也要见到户主，同时将库区其他工作组的成员，在确保任务基本完成后，大部分加强到四下川等工作难点村，四下川村由包括我在内的3名县级干部负责，最多时工作人员接近30人，夜以继日地开展工作，每天早上天蒙蒙亮召开会议安排工作，晚上召开汇报会汇报一天的工作进展情况，总结研究工作中出现的各种苗头性、倾向性问题，在各级领导的关怀支持下，针对存在的问题研究讨论解决办法，在移民干部的真情感化下，经过苦口婆心、任劳任怨的工作，终于感化了四下川村群众。

2008年4月底，四下川村群众全部签订了安置协议，10户群众外迁，3户投亲靠友，63户自谋职业。其间，中共甘南州委副书记、州长沙拜次力亲赴四下川村了解群众的困难，安抚移民情绪，检查指导移民工作，深深地打动了不愿搬迁的移民的心。在移民搬迁时，四下川村移民群众长跪于村中心的打碾场，表达着他们对故土的依恋和亲情的难以割舍，也在祈祷着他们的未来更加美好。

至此，卓尼历史上最大规模的移民搬迁安置协议全部签订完成，确认了安置意向、安置区房屋类型。库区1035户4724人中479户2214人签订了外迁安置协议、170户810人签订了自谋职业协议、61户237人签订了投亲靠友协议、325户1463人签订了后靠协议。

整地修房为移民　安置区内筹建忙

九甸峡水利枢纽工程库区移民安置区确定在瓜州县白旗堡，计划在135平方公里的范围内安置卓尼、临潭、岷县三县库区移民。在九甸峡库区各级政府和干部群众为了移民搬迁忙得不可开交，库区搬迁各项准备工作如火如荼进行的时候，瓜州安置区政府和迁出地政府派出的工作组也在紧张地开展各项工作，修建房屋、丈量土地、平田整地、修渠拉电，安置区内整日机器轰鸣，尘土飞扬，他们只有一个心思，那就是让移民群众按时住进新房，让他们在异地他乡感受到家的温暖与亲情。

根据移民安置规划，卓尼县移民安置在瓜州县广至乡二、三、四村，后来将二村定名为卓园村，安置了洮砚乡四下川村、结拉村、沙扎村、羊沙口村、纳儿村、藏巴哇乡包舍口村、古麻窝村151户移民和岷县60户移民900多人；三村定名为卓尼村，安置了洮砚乡卡固村、挖日沟村、古路沟村、藏巴哇乡新堡村92户移民和岷县110户移民880多人；四村定名为洮砚村，集中安置了洮砚乡杜家川、小湾、石旗村236户900多人。

卓尼县分三次向瓜州县委托修建移民住房479套，第一期委托建房347套，于2008年5月底全部搬迁入住；第二期委托建房91套，于2008年7月全部搬迁入住；第三期委托建房41套，于2008年9月全部搬迁入住，第三期委托建房主要是非外迁户改签外迁后的移民。在整个移民房屋建设过程中，有26户群众的补偿资金不足以支付最小的Ⅵ型房建设资金，针对这种情况，我多次与九甸峡公司沟通反映，由九甸峡公司为他们垫付了62万多元的差额资金，保证了移民群众一户一房，一房一户。

同时，安置区村镇公共服务机构、道路交通工程、水利设施工程、电力设施工程、广播电视工程等公共服务工程同步进行，保证了移民搬迁入住后正常的生产生活，为"搬得出、稳得住、能致富"奠定了一个良好的基础。

漫漫征程动迁路　移民千里大迁徙

要将卓尼县九甸峡库区2214名移民群众搬迁到1400千米外的瓜州县，各种问题层出不穷，各种困难超乎想象，思想压力大、精神压力大，使人食不甘味、夜不能寐。为了保障移民搬迁工作的顺利进行，按照总体工作要求，我提前安排县移民局尽早着手，制定了《卓尼县外迁移民搬迁安置工作方案》，在征求各方意见、反复讨论研究的基础上，提请县委常委会讨论通过，从安全保障、医疗卫生、饮食起居、物资拉运、人员管理、护送安排等方面都非常详细地提出了各种预案，把责任细化到每一个人、每一个环节，落实到每一个细节，对搬迁线路和过程中可能出现的问题进行预演和实地走访。鉴于移民搬迁距离远、人员多、物资多、任务重的实际，通过积极汇报，省政府协调兰州军区对移民搬迁给予大力支持，派出300多辆（次）军车，帮助卓尼县进行移民搬迁，节省了移民群众的开支，提高了组织搬迁工作的安全性，为移民顺利搬迁到瓜州县提供了重要安全保障。同时，对外迁移民在动迁前两日全部进行了人身安全保险，保期一个月。

2007年4月20日是个值得记忆的日子，县委、县政府、州移民局在洮砚乡石旗村举行了隆重的"卓尼县九甸峡库区移民动迁欢送仪式"，天空飘洒着雪花，泥泞的道路仿佛在挽留着离别的群众，四面八方前来送行的亲人乡邻们泪洒如雨，依依惜别，一声声嘱咐、一句句叮咛，让在场的每一个人肝肠寸断、泪流满面，长久紧紧地拥抱，既有号啕大哭，也有低声啜泣，我们善良可爱的老百姓舍小家、顾大家，为了陇中300万兄弟姐妹有水喝，要到遥远的河西走廊——瓜州县广至乡去进行第二次创业，在未知的世界去开创新的生活。

从4月20日洮砚乡石旗村64户群众动迁，到5月15日最后一批40户非外迁改外迁移民顺利搬迁为止，在25天时间内，全县分九批次，共外迁移民群众479户2214人，其中378名外迁学生实现了及时就近入学。我参与护送了第一、三、四、九批移民搬迁。由于县委、县政府的领导有力，全县移民干部的艰辛努力，各相关部门单位的精心配合，全县上下组织得力，工作有序，措施完善，服务到位，保障有力，实现了外迁途中安全责任事故为"零"的目标任务。

移民搬迁结束后，及时组织公安、民政、计生、卫生、残联、教育、社保、移民部门与瓜州县相关部门进行了移民档案整理交接工作。将479户外迁移民档案向瓜州县、九甸峡公司、州移民局进行了移交。

在不到一个月时间内完成如此多的外迁移民搬迁安置任务，在卓尼移民工作史上写下了浓墨重彩的一笔，移民工作得到了省委、省政府的肯定，也为省委、省政府和全省人民交上了一份满意的答卷。

在外迁移民搬迁安置过程中，特别是外迁移民搬迁安置结束后，县上的重点工作转移到了556户2510名非外迁移民群众的搬迁安置中。投亲靠友安置基本都是直系亲属为国家公职人员，搬迁问题不大。自谋职业安置有一部分移民群众无业可谋，没有正当的谋生手段，只是为了不外迁而采用的缓兵之计，他们的动迁关乎库区能否按时清理库底，按期蓄水发电。就地后靠群众及时安全地迁出库区侵蚀线，也是工作的重点所在。虽然外迁移民搬迁工作基本结束，绷紧的弦稍稍有所缓解，但是压力依旧，工作仍然千头万绪，当时最为突出的问题是洮砚乡下达勿村、丁尕村，藏巴哇乡新堡村由于淹地不淹村，群众不愿意进行搬迁，实行了就地后靠安置，房屋没有进行拆除，九甸峡公司当时决定不予兑现实物补偿款，这在库区反响特别大，移民情绪相当的不稳定，我发现这种倾向后，多次与九甸峡公司进行协调，州、县政府向省上有关部门反映问题，并与九甸峡公司签订了协议，才使得这一问题得到全面解决，九甸峡公司兑现了实物补偿款，而附属设施款停止兑现，平息了群众情绪，化解了矛盾，为移民争取了最大利益。经过近1年的艰苦细致的工作，非外迁移民搬迁安置工作全面完成。2008年8月4日，九甸峡水利枢纽建成暨首台机组投产并网，九甸峡库区移民搬迁安置工作全面完成。

后　记

九甸峡水利枢纽工程库区移民工作结束将近10年了，现在每当回忆过去的移民岁月，让人感慨万千。移民工作每推进一步，各级干部和移民工作者都要付出许多的汗水与泪水，辛劳与艰苦，压力与精力，真让人百感交集。反过来思考，有幸能参加这样一场艰苦卓绝、轰轰烈烈、百年一遇的伟大工作，是党对我们的信任，也是我们参与者之幸、人生之福、生活之眷顾。在移民工作中我们积累了做群众工作的经验、丰富了人生、品味了生活、体验了百味杂陈，可以说酸甜苦辣咸尽在其中。

现在，九甸峡库区洮砚、藏巴哇两乡原先的四下川等12个村民小组全部被水库所淹没，4个村民小组部分被淹，那里呈现出的是高峡平湖的景色，九甸峡库区在卓尼县境内有30多公里长，水库蓄水9.43亿立方米，为九甸峡水利枢纽工程发电和引洮一期供水提供了可靠保障，也让甘肃中部干旱地区群众喝上了甘甜的洮河水。

2015年8月6日，甘肃省举办了引洮一期通水暨二期开工动员大会，正式拉开引洮供水二期工程建设序幕。在此值得庆贺的日子，"引洮工程"作为甘肃人民梦寐以求的工程，党和国家关注的工程，省委、省政府确定的民生工程，因为我们的参与而全面实施，因为移民的无私付出而梦想成真。国家不会忘记、人民不会忘记、历史不会忘记卓尼县4724名移民为陇中人民幸福生活而"舍小家、顾大家"，牺牲个人利益，放弃美丽家乡，为国家建设让步，毅然决然搬离祖祖辈辈生活的故土，他们才是"引洮工程"最大的功臣，他们才是这段历史的创造者，他们才是我们引以为自豪的建设者。

近日，欣闻省委、省政府将制定九甸峡库区扶贫发展专项规划，甚觉欣慰与激动，国家不会忘记为国家重点建设做出牺牲和贡献的人民，这是国之幸、民之幸。

2017 年 4 月

引洮工程带来的库区移民

杨　彪[*]

　　我的家乡卓尼县洮砚乡下达吾村位于洮河北岸，这里正处在1958年4月开始修建的"引洮工程"引水渠线上。据父辈们说：那时工程从岷县中寨乡（现改为镇）古城村筑坝修渠开始，顺洮河经岷县中寨、堡子，卓尼县洮砚、新堡，渭源县峡城等乡。工程开始前县乡政府派工作组，进驻沿渠线村庄，搞了几个月的宣传工作。那时的政策口号是：一切都要为"引洮工程"让路，要求群众舍小家，顾大局。搞了七八个月后，修渠大军带着行李浩浩荡荡从水陆两线陆续进驻施工现场。那时集体化时代国家政策硬，不容群众提任何条件和要求，更不容提什么赔偿标准，渠线测量到哪里就拆挖到哪里。拆房群众的住宿自行解决，财产损失群众自己承担，国家没有任何赔偿和补助。当地群众的森林、树木、土地由"引洮工程"带来的民工无条件使用。"引洮工程"沿线的群众，有些人经这么一折腾，成了无家可归、寄人篱下的流浪者，好在当时实行人民公社化，小村并大村，迁徙移居现象已经见怪不怪了。

　　到了1961年，三年困难时期国家困难，曾经轰轰烈烈，声震云天的"引洮工程"在进行了三年半后无奈停工了。随后，遭受"引洮工程"之苦的人们又逐渐在废墟上开始重建家园。

　　2002年6月，搁置多年的"引洮工程"又第二次上马了。这次"引洮工程"涉及区域为卓尼、临潭、岷县三县的洮砚、藏巴哇、羊沙、石门、

*　作者系卓尼县地方志编纂办公室原主任。

陈旗、堡子、维新7个乡，15000多人。当时我在洮砚乡任乡长，根据州县政府的文件精神，要求涉及库区的乡政府一定要以库区移民利益为重，认真协助好省水利设计院登记工作，并强调各乡政府一把手亲自陪同省水利厅设计院工作组搞好这次人口、财产的登记工作。一定要做到村不漏户，户不漏一人、一物的程度。

　　登记工作先从藏巴哇乡北段的离九甸峡最近的新堡、包舍口两个村委会开始，然后是洮砚乡最北段的结拉村委会四下川自然村进行。为了使库区移民财产登记工作做细致，以免群众吃亏，我亲自带领乡上包村工作人员和村组干部进村入户，提醒群众登记财产时数目报详细，建筑物指清楚，不要漏掉任何一样。当时群众对登记工作持怀疑态度，认为工程不可能上马，前次工程施工20万人搞了三年多，结果半途而废，草草停工了，这次能不能动工还是个未知数，即使开工不知会在猴年马月。针对群众的这种认识，驻村工作人员做了耐心细致的思想工作，讲明这次和前次的情况不一样的原因，告诉群众既然政府花这么大的精力登记人口、财产，肯定会在近几年内动工的。群众在我们工作人员的再三解释下，对登记有了较明确的认识，并表示与省水利厅设计院工作组好好配合。在工作人员的提示下，群众将提前准备好的烟、茶和啤酒拿出来供设计院工作组享用。面对群众的热情态度，设计院工作组的人员很是感动。就这样，我带领洮砚乡的乡、村、组的干部陪同省水利厅设计院的工作人员完成了乡最北段四下川村至最南段石旗村在内的4个村委会14个自然村，共708户移民财产的登记工作。在登记过程中，时常与设计院工作组的人协商，给所有群众以宽松优惠的方式登记财产，为以后顺利兑现赔偿打下了基础。

　　2005年4月至12月，州移民办卢发荣主任和州县移民办的工作人员一起，多次陪省水利厅设计院的工作人员到九甸峡水库淹没区进村入户，搞房屋赔偿估价工作。并把藏巴哇乡包舍口村的几个自然村移民户房屋都进行抽样调查。为了把库区移民房屋赔偿标准争取得高一点，州县移民办的人陪同省水利厅设计院工作组的人，曾先后六次到过我家，要求省设计院工作组的人以我家的房屋状况给所有库区移民定赔偿标准。因为我家的房子修得较大，全是木结构，而且四周和地板都是本地木料装潢的，在整个库区也算是数一数二的好宅。最后在州县移民办领导的积极努力下，把移民的房屋赔偿标准从每平方米270元争取到了400元，使整个库区移民都得到了实惠。

2006年3月，九甸峡水利枢纽工程的库区移民工作进入了关键阶段。省、州、县层层召开会议，扎实安排库区移民搬迁工作。县上根据省、州政府的会议精神，对移民工作安排得也很扎实。一面抽调下乡人员，给每个村委会派有一名县级领导，每个自然村组由几名正副科级干部和一般干事组成的工作组；一面筹措修建通往每个移民村的公路。还安排了一定标准的生活补助。我与其他五个人被安排到洮砚乡纳儿村委会卡古自然村，包片领导是县政法委书记朱凤翔。我们进驻村后，首先多次召开会议，给移民群众宣传州、县政府对移民群众搬迁和安置的意见和办法，讲明四种搬迁方式：第一种是迁往瓜州；第二种是投亲靠友；第三种是自谋出路；第四种是后靠。在这四种方式中，以迁往瓜州为主，其他三种为辅。同时按户分时分段发放了三次公有和私有财产赔偿"明白卡"，并在村中显眼处张贴公布，供大家互相监督，以防假登漏记情况的出现。然后是入户给每个成年移民做面对面的思想动员工作，让大家充分认识九甸峡水利枢纽工程的伟大意义，舍弃小家，顾全大局。刚开始，移民群众对搬迁想不通，不愿意远离故土。普遍认为，在这里住得好好的，政府为什么非要搬迁，定西人干旱缺水与卓尼有啥关系。经过一段时间反复细致地做宣传思想动员工作后，大部分群众的思想认识有了大的转变，对政府修坝引水工作表示理解。随后移民工作慢慢进入了签"协议书"的阶段。

在做宣传动员的阶段，难度最大的是库区最下端藏巴哇乡包舍口村委会和洮砚乡结拉村委会。在动员搬迁的关键时刻，州政府沙拜次力州长亲临包舍口和结拉两村，面对面地给群众做思想工作，县四大班子的一把手轮流蹲点，随时掌握工作进展情况。当群众提出要求到搬迁地点去实地考察时，县政府派副县长范武德带领包舍口村的所有户主，顺次考察了兰州市秦王川、酒泉市瓜州县和藏巴哇乡与渭源县交界的"黄香沟"，结果群众对这几个地方都不满意，没答应。过了几个月，省政府打算把库区移民搬迁地定到地广人稀的河西酒泉市瓜州县。县政府又派县委副书记卢劲松和县政府副县长范武德带着本县库区乡、村、组的干部到搬迁地瓜州实地考察，途中在酒泉市区，县政府与库区村组干部签订了同意搬迁的"协议书"。至此，选定库区移民搬迁地的工作画上了句号。

2007年3月以后，移民工作的重点进入到签"协议书"和各自选择新搬迁地建房的选房型阶段。签"协议书"、选房型阶段的工作也不顺利。群众的思想情绪波动很大，有的头一天表示同意签"协议书"，第二天入户签字时又说：他还没有考虑成熟，需要和全家人再商量一下，有的还直接拒绝签字，表示不同意，甚至恶语伤人，遇到这样的事情工作组的人只能忍气吞声，不与群众争辩，等几天后又再次登门去做思想工作，一直到群众同意签字为止。经过多半年的周折，仍有极少数人不肯签字，不选房型，始终等待最后的结果。

2008年3月以后，移民工作进入到准备搬迁的关键阶段，工作组成员进一步得到加强，加紧做搬迁前的一切准备工作。为了搬迁时能统一行动，省政府得到省军区的协助，迁往瓜州的移民每户安排一辆军车，以备拉运财产。移民运送车辆，由省政府统一调配了甘南、定西、临夏三地区运输公司的大轿车。当军车到村时，极少数没签"协议书"的群众也坐不住了，主动找工作组签了"协议书"。装车前移民的房屋和机械农具都廉价卖给了周边农户。为了移民装车工作有序进行，工作组成员以分户包干、各负其责的方式做了安排。

2008年6月16日下午2点，在洮砚乡石旗村隆重举行了"卓尼县九甸峡库区移民动迁欢送仪式"。参加仪式的有县四大班子的主要领导才让当智、杨武、杨世英、王忠和州移民办主任于旻。18日下午5点多，移民们装好车，挥泪上车，离别祖祖辈辈生活的故乡和前来送行的亲戚朋友，开始起程前往瓜州。根据州、县政府的安排，所有移民工作组的成员，陪同各自分管的移民一同昼夜兼程，6月20日下午2点多顺利到达移民新居——瓜州县广至藏族乡。一下车，工作人员就帮群众卸东西，直到把东西全部搬进新居点房里为止。当时我们见到的是近处一排排水泥房、淹没脚面的干细土路、道路两面新栽的柳树和远处一眼望不到边的沙漠，真叫人心生一种凄凉的感觉。

时过境迁，2016年8月，我趁参加亲戚孩子婚礼的机会去了一趟瓜州。当年的干细土路不见了，看到的是四通八达的油路。当年栽的小柳树已长成碗口那么粗，人可以乘凉。移民家家屋里的新式家具和各种农用机械齐全，人们的精神面貌也特别好。问群众当年对老家政府的怨言还有没有时，群众笑着说："现在我们各方面的条件都比在老家时好多了，哪有怨言，感谢都来不及。"借此话题，我对卓尼移民群众说："国家兴修九甸峡水利枢纽工程，你们舍小家顾大局的牺牲精神，既给甘肃中部干旱区近300万人造了福，同时也给自己带来了幸福。"库区移民千里搬迁的伟大壮举党和政府永远铭记，将会永久性地载入甘肃史册。

2016 年 9 月

尼江搬牧纪实

格日才让

2011年6月19日，星期日。中午饭后，我在卓尼大酒店广场散步，下午1时许，县委组织部来电话通知，说在下午2点，县委三楼会议室召开一个会议，要求参加。我按期赴会，原来不是开会，而是要求前往车巴沟尼巴、江车两村开展群众工作，并自带行李和三天的口粮。

我们一行三人，即县边界办主任尕豆牙，县政府应急办公室副主任桑吉加，同乘县边界办主任尕豆牙驾驶的一辆猎豹公车，下午3时从卓尼县城起程前往尼巴，约5时就到了尼巴乡政府驻地，报到后，前往尼巴村大队部（就是现在的村委会），在此由县政府宋文洲副县长主持召开了一个临时会议。

原来尼巴村人所有的牧场，在不久前的一天晚上，突然搬迁到政府规定的禁止放牧的区域内，这给事态并不稳定的尼江局面造成了紧张氛围，为了防止事态的扩大和蔓延，政府已派许多工作人员前往该乡两村，做群众思想工作。

我们驻尼巴的工作组成员约150人，其中一部分人，分成5个小组后，约7时深入尼巴村，挨家挨户送公告，我们一组共4人，在尼巴乡一位女干部的陪同下，从村子下头往上送，到尼巴村中间的长庆桥时，60份公告全部送完，回到尼巴村大队部后，宋文洲副县长听取了各组的送公告情况和群众的反馈信息。正在这时，尼巴村的部分群众把我们刚刚送到的公告，扔回我们碰头商量的大队部院内，可能是对公告内容表示不满。

原计划决定，安排我们住在尼巴大队部过夜，但为了安全和临时有情况便于组织，改定住宿在尼巴学校。9点钟我们从尼巴大队部返迁到尼巴学校，住宿于尼巴学校的一栋楼房的二楼一房间内，同宿的有时任刀告乡乡长尕藏东主、县边界办主任尕豆牙、喀尔钦乡党委书记才巴、县政府应急办公室副主任桑吉加。

第二天上午9时多，在尼巴学校院内，由县委常委、统战部部长丹正加主持召开了工作组成员会议。要求大家：（1）工作组成员给群众分发公告（公告二）和藏文公告，给群众解释公告内容，做到公告内容家喻户晓、人人皆知。（2）在分发公告的同时，掌握群众的动态和信息。（3）工作组各成员态度和气，不要激怒群众，倾听群众的反映。10点左右，我们按昨天的分组，又前往尼巴村挨家挨户给群众再次分发公告，行至尼巴村附近时，遇到了尼巴村成群结队的中老年妇女，她们手持（2000年）22号裁决书、5·9裁决书，准备到乡政府上访诉苦。驻在尼巴乡政府的工作人员悉知这一消息后，给我们打来电话，我们折回了，并在途中与遇到的群众进行谈话，劝他们回村，但无济于事。

……

这些上访群众来时是中午11点左右，去时约下午6点，在乡政府院内办公楼门口、乡政府大门口、大门外吵吵嚷嚷了六个多小时。这些妇女中有六七十岁的老人，拄着拐棍；有三四十岁的中年妇女，怀中抱着孩子。她们中有的是尼江事件的受害者，她们大多数衣着破烂，面污不净，初来时情绪激昂，在乡政府办公大楼的门前，气势汹汹，大有冲击办公楼的架势。有的在乡政府院内的水泥混砂地上来回打滚，不顾污脏。有的哭着喊着，和劝阻的工作人员缠来缠往，你推我搡，互不理解，真是无可奈何。

到了第三天即6月22日早上，动员我们前去一线，即尼巴抛吾喽沟，搬迁尼巴村的牧场。县宗教局的一辆桑塔纳车把我们三人送到尼巴大沟抛吾喽沟口的车巴河边。由于河水上涨，加之路况不好，车辆驾驶员不敢涉水爬山，于是我们下车开始步行进抛吾喽沟，步行了5个多小时，下午6时才到了抛吾喽沟脑的一个叫央口的地方。先行的工作组干部多数是年轻的公安干警，在这里驻扎两天了，有三顶帐篷，我们后来的大都没有带什么行李，而我在尼巴乡出发时，带了一条毛毯和一片塑料布，进抛吾喽沟时，由于步行，很是累赘，县志办的年轻人杨世龙在途中帮忙，背了一段路程。半夜开始下雨且越下越大，而且风雨交加，帐篷根本不起作用，到天亮时，我俩盖的毛毯和身上的衣服全部湿透了。风大雨大，加之草滩大，海拔高，眼界宽，就近就地无取暖的柴火、牛粪，我们冻得浑身发抖，纸箱子、饮料瓶、方便面碗当燃料取暖，根本烤不干身上的衣服。雨下了一天也没有停，晚上也下个不停。有几个来自牧区的年轻干部，一夜走动没有合眼。而我钻进一辆车的后备厢里，度过了难眠的一夜，这一夜我想念着舒服的办公室和温暖的席梦思床。

第三天清早，天气晴朗，太阳公公早早地照耀着空阔的扎西央口湾，草尖上的露珠格外耀眼，就连那几辆汽车也觉得很醒目、很新鲜。远远地看见，在央口湾的西山梁上，有成群的牛羊，像白云、像云影，在山梁上向南移动，原来尼巴村在几天前突然搬迁的牧场，经过各工作组的说服，终于从另外一个央口附近的地域（县上确定的双方暂定为同时混牧区），开始向南搬迁了。我们驻在央口湾的工作组也撤回来了。第五天下午，我们一部分人员回到卓尼县城。

尼江*嬗变

杨世栋　虎元强**

　　回顾近百年来的卓尼县尼巴江车两村发展历程，最明显的特征就是以维护尼江地区的稳定为主线，如何彻底解决尼江问题、提升群众生产生活条件，为尼江地区群众创造一个和谐、安定、美好的生产生活环境，一直是历届各级党委、政府关注的一个热点问题。

　　"尼江"问题，是在信息闭塞、经济落后、法治薄弱、文化缺失的特定环境下产生的争夺草山利益的综合性、特殊性问题。"尼江"问题由来已久，情况复杂，早在解放前就存在草山矛盾纠纷。新中国成立以来多次发生纠纷，1963年人民公社时期，尼巴村和江车村产生了草山争议方面的第一份协议，首次实行了两村分牧，这样的坐牧形式一直维持到了包产到户时期。1980年8月，依据历史习惯，经两村双方谈判，产生了《卓尼县尼巴·江车草山协议书》。1983年3月，两村又一次发生了矛盾摩擦，在双方谈判的基础上，县政府批复了车巴沟草山调解委员会拟定的《尼巴·江车草山纠纷调解裁决书》。1986年8月，两村再次发生纠纷，在州、县、乡派驻工作组调查研究和开展群众工作的基础上，县人民政府作出了《关于对尼巴·江车两村草山纠纷的补充处理决定》。1987年6月，在维持1983年裁决的基础上，县委、县政府主持就两村冬春的放牧时间、牧群数量等问题达成了补充协议。1995年10月18日，以尼巴村牧场牲畜被盗和江车村个别群众盗伐林木为导火索，引发了两村群众长达8年的群体

---

　　* 尼江：卓尼县尼巴镇尼巴村、江车村两村简称为"尼江"。

　　** 作者杨世栋系尼巴乡原党委书记；虎元强系尼巴乡人民政府原乡长。

性冲突，造成人员伤亡，也就是常说的"尼江"事件。期间（1996年），县政府对此次冲突事件的人员伤亡和财产损失进行了裁决，但事态未能得到有效控制。之后，在州、县、乡组织群众、民主宗教界人士、车巴沟籍群众代表、州内民间调解组织开展大量工作的基础上，2000年5月9日县政府下达了裁决书（简称"5·9"裁决）。就在尼江两村全面执行县政府"5·9"裁决，形势趋于平稳看好的关键时刻，2001年3月31日，江车村个别不法群众在非争议区蓄意挑起事端。为了防止新的冲突事件发生，县委、县政府委托贡巴寺两位活佛分别代表两村商议产生了临时坐牧办法，两村开始分牧，分牧时限为3年，2003年农历正月初一协议到期之后按县政府"5·9"裁决执行。当时产生的《临时坐牧办法》仅仅是缓冲之计，两年后执行"5·9"裁决，但由于种种原因，采取延期的方法将《临时坐牧办法》先后延长了3轮，长达10年之久（2002年2月至2012年2月），使潜在的矛盾越积越深。就在最后一轮延长期只剩7个月的时候，于2011年6月18日，尼巴村部分群众违反州、县关于延长尼巴村与江车村坐牧年限有关问题的规定私自搬牧，发生了"6·18"违规坐牧事件。事发之后，州县党委、政府迅速反应、主动作为，坚决贯彻中央和省上领导的批示精神，在州县党委政府共同努力下，成功化解了"6·18"违规坐牧事件。2011年9月起，县委县政府向两村派驻工作组开展工作，历时近一年的时间，在调查走访、摸底调研、征求意见的基础上，于2012年5月10日报经州委常委会议批复后，作出了《卓尼县人民政府关于尼巴乡尼巴村、江车村草山纠纷问题的处理决定》。

在调处"尼江"问题漫长的征程中，历届党委、政府呕心沥血、付出了艰辛的努力，做了大量的工作，但在特定的历史环境里，双方打着草山纠纷的旗号，用过激手段相互攻击，导致历次产生的裁决、协议、办法、决定"稳得了一时稳不住长期""压得住势头压不住心头"。从而"尼江"问题愈演愈烈、久拖不决，"拖"穷了两村群众、"拖"垮了两村发展、"拖"乱了稳定秩序、"拖"累了党委政府、"拖"僵了干群关系。使之全省出名、全国挂号，成为甘南州最大的不稳定因素，引起了中央和省委省政府、州委州政府的高度重视。

尼江问题一天得不到彻底解决，不稳定事件就随时有可能发生，州委、州政府在准确把握尼江问题规律特征的基础上，审时度势，形成了"源头在草山、根子在杀戮、桎梏在裁决、祸端在枉法、问题在认识、关键在方法、本质在民心、核心在发展"的基本判断，确立了"跳出尼江看尼江、跳出草山谋发展"的新思路，打通了"就草山论草山"的死胡同，为顺利推进化解尼江问题号准了病脉、认准了方向、找准了出路。

卓尼县委、县政府勇于担当，主动作为，把彻底解决"尼江"问题视作最大的政治责任、最大的发展项目、最大的民生工程，毫不动摇地坚持"党委政府主导、发展牵引全局、各方参与配合、依靠法律政策、综合措施扶持"的总体思路，从挖根子、破难题、惠民生、治根本入手，多管齐下，多措并举，力争使"尼江"问题得到妥善有效处置。专门成立"尼江"工作组，进驻两村开展了为期将近一年的入户调查、选派谈判代表等方面的工作。前期工作按照自上而下的原则，采取进村入户、进牧点入帐篷与群众面对面座谈交流的方式，对尼江两村的干部及僧侣情况、亲属关系、牲畜数量、在外借牧户、外出务工人员、重点人员、"尼江"事件中死伤人员等11个方面的情况进行了摸底调查，建立电子档案。同时，加大对两村群众的法制宣传和思想教育力度，并通过行政、法律、宗教和民间力量，多次召开村干部会议、老年人会议和村民大会，通过沟通交流、个别谈话等形式，对选派代表事宜进行多次商议，反复征求两村各方面的意见建议，当时因两村群众对立情绪没有从根本上消除，两村群众都不愿选派群众代表，最终选派群众代表一事未能实现。为尽快扭转局面，州县于2011年12月26日召开了车巴地区社会治安大整治和法制宣传教育活动动员大会，开展了为期一年的车巴地区社会治安大整治和法制宣传教育活动。在历次县党代会、人代会、政协会上，都将"尼江"问题列为全县的头等大事进行安排部署，并在两会期间召集尼江地区的人大代表、政协委员、宗教界上层人士召开座谈会，专题研究商谈"尼江"问题。在开展大量前期工作的基础上，经报请州委、州政府同意后，于2012年5月10日，县政府依法宣布了《卓尼县人民政府关于尼巴乡尼巴村、江车村草山纠纷问题的处理决定》（以下简称《决定》）。《决定》宣布后，两村群众对决定持抵制态度，江车村干部代表在宣布会场带头闹事，群众围攻工作组驻地等恶劣行为，给《决定》执行带来了严重影响。尼巴村也先后多次到工作组或乡政府表示对《决定》有意见。鉴于处理过程中出现的诸多困难和阻力，州委、州政府在全州范围内抽调150余名尼巴、江车籍干部组成工作组，参与各自村组的群众工作。2012年7月，在州县客观评估"尼江"两村搬牧的各种风险的前提下，组织力量分成预警侦察、防范处置、情报信息、现场联络、应急支援、后勤保障、医疗救护、群众工作等8个工作组，于7月21日8时在帕吾娄、娄藏沟集结，分组开展制高点控制、瞭望警戒、巡山防控、应急处置等各项工作，完成了"尼江"夏季搬牧工作。在宣布执行《决定》后，尼江地区接连发生了"6·22""6·27""7·5""7·21""7·29"5起治安刑事案件，对处理"尼江"问题带来了严重的负面影响。县委、县政府认真研究分析，在坚守"'5·10'决定必须执行、'7·29'案件必须依法办理和坚决防止发生群体性事件，特别是防止发生重大人员死伤的恶性事件"三条底线的基础上，确立了"用密切联系群众的方式介入问题、用真诚平等的态度对待群众、用加快发展的手段推动工作"的总体工作思路，进一步靠实责任、强化措施，综合运用法律、经济、发展的手段稳步推进"尼江"工作。可以说，在中央和省委、州委领导的高度重视下，在省州两级党委的正确领导下，在各族党员干部群众、社会各族各界人士和各维稳力量的共同作用下，"尼江"问题处置取得了明显成效。

自2013年党的群众路线教育实践活动开展以来，省委高度重视，把解决"尼江"问题纳入践行群众路线的重要范畴，州上专门组织成立了以时任州委副书记俞成辉同志为组长的工作组，进一步加强对"尼江"工作的组织领导。在工作组的坚强领导下，认真总结过去工作的成功经验，不断创新思路方法，紧盯矛盾焦点，加大工作力度，以群众工作扎实推进"尼江"问题解决进程。在处置"尼江"问题的过程中，始终把两村群众作为第一依靠和根本力量，坚持"用密切联系群众的方式介入尼江问题、用换位思考的方法分析尼江问题、用真诚平等的态度对待尼江群众、用加快发展的手段推动尼江工作"，面对面理顺情绪、手拉手推心置腹、心贴心增进信任，彻底扭转了以往工作局面难以打开、干群关系两张皮的被动局面，为彻底解决"尼江"问题打下了坚实的群众基础，有力有效有序"疏导情绪、建立信任、化解积怨、落实政策、启动项目"等各项工作，真正做到了"不良情绪在手拉手的对接中逐步梳理、历史积怨在面对面的交流中逐步化解、干群关系在心连心的沟通中逐步改善、党群信任在实打实的工作中逐步建立",尼江两村群众的情绪进一步理顺,双方的敌对态势进一步缓解,群众对党委政府的信任进一步增强,干群关系进一步改善。

在解决尼江问题上,如何处置"7·29"案件,直接牵动着"尼江"两村群众最敏感的神经。针对"7·29"案件,在全力抓捕犯罪嫌疑人的同时,坚持以党的群众教育实践活动为主线,专门组织人员对犯罪嫌疑人开展了大量耐心细致的说服教育和心理疏导工作,一方面教育引导他们放弃"法不责众"的侥幸心理,放下思想包袱,顾全两村大局,勇于承担后果;另一方面,主动走进犯罪嫌疑人家中,帮助其家属解决实际困难,为犯罪嫌疑人主动投案自首解除后顾之忧。经过不懈努力,3名主要犯罪嫌疑人主动投案自首,并于2015年对3名案犯由卓尼县人民法院依法进行了判决,两村群众"杀人不用偿命、违法不必担责"的扭曲心理被坚决纠正,两村"法外之地"和"法外之人"的问题被彻底解决。

2014年10月10日,习近平总书记在新华社《国内动态清样(附页)》第362期"甘南州以群众路线推进化解持续近60年的纠纷"一文上作出重要批示:"甘南藏族自治州通过坚守共识底线、深入耐心细致做工作等举措赢得信任、树立权威,有力推进化解两个藏族村持续近60年的纠纷,是坚持和贯彻党的群众路线、认真抓好群众路线教育实践活动的生动成果,要总结其成功经验和做法,为其他地方尤其是民族地区做好群众工作提供有益参考借鉴"。俞正声、刘云山、孟建柱、赵乐际、杜青林等中央领导同志也分别作出了批示。自习近平总书记作出重要批示后,省委、省政府主要领导及省上30多个部、委、厅先后到"尼江"一线调研。州县乡三级党委、政府本着为省州负责、为老百姓负责的态度,积极配合省上相关部门单位,及时开展项目争取、衔接、协调及规划等工作,最终由省发改委和扶贫办牵头,制定出台了《甘南中部(车巴河流域)特困片区扶贫发展规划》,规划项目包括基础设施、社会民生、产业扶贫开发、人力资源、基层政权建设、生态环保、省电投帮扶项目七大类73项,总投资5.2亿元。县委、县政府认真贯彻落实省州各项决策部署,把"尼江"工作作为最大的政治任务和政治责任,摆在更加突出的位置,进一步调整工作思路、转变工作方法、强化工作举措、靠实工作责任，以敢于担当的责任、直面矛盾的勇气和更加务实的作风，因势利导、主动作为，使"尼江"工作进入了决战冲刺的关键阶段。县上及时成立了由县委书记任组长、县长任常务副组长、全县副县级以上领导干部任副组长的"尼江"工作领导小组，统筹推进中央和省州委决策部署的贯彻落实。领导小组下设了办公室和维护稳定、宣传报道、基层党建、促进发展、后勤保障、督查落实等6个专项工作小组，分别确定一名常委牵头，积极开展各项工作。同时，根据"尼江"工作需要，成立了卓尼县"尼江"工作前方办公室，由县政府主要领导负总责，县委副书记，政法委书记、统战部部长等县上领导长期驻乡开展维护稳定、群众工作、衔接协调等各项工作。全县40名县级领导干部分别联系尼巴、江车两村643户牧民群众，下沉一线、真情对接，广泛收集村情民意，认真了解群众在生产生活中的实际困难和问题，全面掌握影响社会大局稳定的言论和思想动态，引导群众从草山纠纷向谋发展奔小康转变；充分发挥前方办的职能作用，组织县直35个部门单位抽调160多名精通藏汉双语、熟悉农牧村工作的干部，在"尼江"两村全面开展以"创建一项干部包联机制、搭建一个互助发展平台、构建一套网格管理体系、全面提升基层组织战斗力、全面提升群众自管水平"为内容的"三建双提升"群众工作，使两村群众从思想上、感情上、行动上自觉拥护党委、政府的决策；积极开展死伤者家属的安抚、教育和引导工作，加强心理疏导和人文关怀，使他们真正从内心放弃复仇心理，摒弃前嫌，和睦相处。大规模培训两村农牧民群众，2015年至2018年，州县组织部、县委统战部、扶贫部门分批组织500余名尼巴、江车两村村组干部、德高望重的老年人、农牧民党员、致富带头人、入党积极分子赴华东五市、天津市等发达地区实地观摩考察，达到了开阔发展眼界、转变思想观念、提升综合素质、增强致富能力的目的，切实促进了尼江两村群众的交流融合。尼江问题归根结底是草畜矛盾问题，县委、县政府确立了以"减畜减载、转产转业，跳出尼江看尼江，跳出草山谋发展"理念为导向，把实施"减畜减载、转产转业"作为化解"尼江"问题的固本之策，将减畜转产工作作为功在当前、利在将来的民生工程，自2015年起在开展大量艰苦的测算、宣传、统计、动员等工作的基础上，对超载牲畜按40％、30％、30％分三年进行减畜，同时，依托车巴河流域项目建设，加大经济转型力度，充分利用车巴沟自然、*人文资源和临近扎尕纳的区位优势，大力发展文化旅游产业，鼓励群众积极发展牧家乐、藏家乐，先后对两村600余名有意愿的牧民群众进行了旅游从业、烹饪加工、摩托车、汽车修理、出彩工程、电气焊、妇女技能培训等经济转型技能培训，为实现转产转业提供了技术基础，拓宽就业平台，使一部分群众从牧业中走出来。通过减畜全方位地缓和了"人地矛盾"造成的"生存危机"和"草畜矛盾"引发的"生态危机"。在更大空间、更高层次实现了"跳出草山谋发展"的转型。

在省州县乡和各方面的不懈努力下，通过开展大量卓有成效的工作，"尼江"地区发生了翻天覆地的变化，解决"尼江"问题的思想认识得到了空前的统一，两村群众不良情绪得到疏导，双方积怨逐步化解，两村群众视"草山就是金饭碗"观念壁垒得到扭转；"尼江"工作实现了由"被动应付"向"主动应对"的转变、由"无序工作"向"有序推进"的转变、由"浮在面上"到"深入其中"的转变、由"情绪对立"到"信任建立"的转变；2015年"尼江"两村首次实现了20年来的共同混牧，在之后的几年里"尼江"工作成果不断得到巩固和扩大。

九甸峡库区移民工作记忆

格日才让

在洮砚乡纳儿村的日子

移民工作是卓尼县2007年的头等大事，也是县上确定的重中之重的工作。第一批参与移民工作的同志于2007年正月初五开始进驻库区移民户家中。我是第二批移民工作组成员，9月25日，县上召开了库区移民搬迁工作动员会议，州政协副主席杨桑杰、州移民局局长于旻等参加了会议，决定抽调的人员于9月26日驻村入户，可是第二天没有车辆，于是我们新抽到的纳儿自然村工作组一行4人（县防疫站副站长安玉文、县乡镇局副局长杨爱功、县乡镇局干部扎西），于第三天即9月27日乘乡镇局的一辆桑塔纳车到了指定的移民搬迁村——洮砚乡纳儿自然村。

纳儿自然村是纳儿村委会所辖的一个村民小组，离洮砚乡有10余公里。村子坐落的地理位置犹如在大象的鼻梁上，"纳儿"之名就是鼻子的意思。洮河进入石门后在这里转了340度，于是这个村庄确切地说是洮河绿带上的一块宝石，又像是一个宝岛。进入村寨的是一条单人难行的羊肠小道，略改道后，现在可以通兰驼、摩托等交通工具了，但要通5吨以上的车辆还得费劲一些。

纳儿自然村全村有40户，180余人，全部信仰藏传佛教，村中最大的是李氏、卢氏、包氏等。我们入村后住在李永平队长家中，因为队长的夫人到新疆打工采棉花去了，儿子到福建打工去了，女儿在合作上学，家中只有他一人，所以我们工作组的同志和他同住同吃。他帮我们做饭、洗锅等琐事。李永平队长三十七八岁，平时沉默寡言，是去年新当选的，但由于移民工作涉及群众的利益，村子里做移民宣传工作，大多数群众对他持怀疑态度。

原有的工作组成员宁世奎（县体委副主任）、孕豆牙（县民政局副局长）、杨峰春（县乡镇局副局长）、丁耀忠（县乡镇局干部）等在县委常委、政法委书记朱凤翔的领导下，已经搞好了房屋定型、财产统计、牲畜变卖处理等前期工作，协议也已经签好了，但搬迁的日子迫在眉睫，群情波动较大，工作稍有不慎，就有一触即发之势。

9月28日，我们召开小组会议。按户定人，以人定责。我们按各自的分工，一边宣传移民政策，一边了解搬迁户的基本情况，但大多数群众不正面配合，不是回避就是"铁将军"把门，男人们大都难以见面，而女人们啰唆最多，说补的钱少，瓜州生存环境不好，等等。虽然如此，我们还是硬着头皮，抱着骂不还口、打不还手的姿态，挨家挨户做群众的思想工作，贯彻"移得出、坐得住、逐步能致富"的方针。我所包片的是卢士胜、包建吉、孙启荣、孙福年4家，这4家共25人，其中60岁以上有两人，残疾有3人，学生有3人。另外我还包了一户名叫包福财的自谋非外迁户。9月29日下午，除卢士胜一家外，其余几户已经去了四五次，该宣传的政策、该说的话都说了，但这几户群众大多数口径一致：不乐意在新年前搬迁，要求延至2008年开春以后再议搬迁；一年里没有外出打工，没有分毫收入，要求适当解决误工补贴；群众普遍缺吃少粮，生活困难，政府要帮助群众渡过难关。我把群众的意见和困难问题积极向工作组小组长宁世奎作了反映。

村子里的男人见到的越来越少了，原来他们集体到九甸峡工地上访去了。9月30日下午3时许，县移民局紧急来电，说搬迁群众有四五百人在九甸峡工地施工现场闹事，要求工作组的人员在最短的时间内赶到闹事现场，疏散和牵引各入户村的群众。我们工作组3人，早上约10时徒步前往洮砚乡政府驻地，给我们办伙食去了。听到这个突然消息后，我们从纳儿村步行赶到洮砚乡桥头，没有交通工具，只好打听事态的进一步动向。前去的3个人打回来电话，说群众堵截了南来北往的车辆。

当时，州长沙拜次力面对面和群众进行对话，但还是原来的老政策，即库区蓄水时间不变，第一台机组发电时间不变，瓜州搬迁地点不变。上访的群众人多，一小包方便面从早上的1元到下午时已经涨到了4元，工地食堂和办公室也被上访群众占用了，群众拥挤撞破了食堂的玻璃和门窗。

纳儿工作组的3名工作人员只能掉头，回到藏巴哇乡时已夜幕降临，只好在一家旅店里过夜，而我们一行5人在洮砚乡政府时没有交通工具，就投宿在我们一位同事的朋友的宿舍里。

10月1日，乡政府附近的粮站旅店里由洮砚乡党委书记张永德主持召开了一次各工作组成员会议，参加的人员有挖日沟、卡古、纳儿、结拉等工作组的成员29人，传达了9月30日在九甸峡工地上州长沙拜次力的讲话精神，并强调了6点要求，其中一条是掌握群众动态，了解上访人员中的突出分子。我们一行7人，开完会后返回到纳儿村，继续做群众工作，群众有很大的抵触情绪。

10月3日，县长杨武同志、县委副书记高晓东同志以及洮砚乡的张永德书记、朱世荣等来到了工作组驻地，慰问了工作组的同志，杨县长强调了沙州长的讲话精神。之后，县公安局陈永明副局长等一行5人入村，开始排摸"调皮捣蛋"人员。连日来，群众的抵制情绪逐渐缓和，外出打工的人也陆续回到村寨。由于国庆节放长假，在外上学的和工作的人员也陆续回来了，村寨里来来往往的人和场院里打篮球的人也多了起来，工作组的人和群众越来越好打交道了。集体所有的房屋赔偿给群众分摊了。农牧民搬出库区，民房的价格是每平方米400元，每棵果树是20元，每口窖40元，每座坟堆500元。牛、羊等牲畜作价处理，无补偿费。纳儿村中房屋赔偿最多的是李启荣家，有两处房子10口人，共赔偿18万元。

从10月7日开始，纳儿村有些人开始砍伐自家房前屋后的果树，有些人则打听自家房屋的出售，但还有部分人仍然存在抵触情绪。村寨里有个名叫李福生的年轻人，是队长的弟弟，但和队长是两个性格的人，思想很激进，说话嗓门很高，道理也说不清，也不讲究方式方法。第二天，我们工作组研究后，把他的情况归纳为两条，一是这是他个人的私事，即漏登的三座坟堆之事，工作组应该向上反映。二是现金兑现要求，不光是李福生，整个库区移民存在现金不到位问题。我们从李福生的言谈分析研判，第二天我们和队长进行了交流和谈话。

10月10日，天气逐渐寒冷了。纳儿自然村是第二批搬迁的村寨，原定于10月16日至18日装车，每户一辆军车，载重约8吨，10月19日起程。可是10月以来，天公不作美，白天多云阴沉，夜晚夜雨绵绵，房屋漏雨时就在雨中度夜，夜变得更长，人觉得更冷。

搬迁的日子终于到了，藏巴哇乡包舍口一带的群众却避开工作组上山了，同时通往纳儿村的道路也没有修好。县委、县政府为了让移民群众度过一个愉快的兔年，决定给库区的移民户送面粉和现金，1月18日前工作组人员亲自送到移民户家中，即户均600元现金，外迁户户均4袋面粉，自谋户3袋，投亲靠友的2袋，后靠的1袋。

11月19日中午，县委书记才让当智到洮砚乡召开了第四次移民小组会议。听取了各工作组的汇报后，强调宣传口径一致，严格按政策办，有些问题在州县积极争取；2130线以下符合政策的一定要给群众解释清楚。第二天我们返回纳儿村，分别给联系对象讲11月30日前拆迁房屋的，政府将奖励5000元现金。我与包片对象自谋非外迁户包福财进行了沟通，他很想要这笔奖金，但其自谋地（投亲靠友）的女婿家在10天内难能容纳。然后我陪同扎西到自谋非外迁户孙含峰家进行了沟通，孙家的情况比包家好得多，在县城有房子，孙的丈夫在卓尼县城金融系统工作，准备于11月25日拆房。最后又到自谋非外迁户李绪云家沟通，李老系退休干部，政策清楚，无须多言，不要奖金。

此时已入冬，加之新春佳节来临，纳儿村工作组各成员商量后，决定于11月24日撤回卓尼县城，工作暂告一段落。11月26日，我在卓尼县城见到了纳儿村的队长李永平，原来他们到县上上访索要误工补贴和洮砚矿石的问题。

在洮砚乡结拉村的日子

2008年新年伊始，移民搬迁工作又提上了工作日程。3月6日，移民工作组深入群众时，在卓尼洋沙口村附近，极少数群众围攻了县委书记、县长的车辆。群众的"过激行为"，妨碍了正常的公务。

3月7日，县上要求各移民工作组一律到岗，我被调整到洮砚乡结拉自然村，中午乘县纪检委书记李耀东的车和夏光照（县人大办副主任）一同到达结拉村时，杨祺俊（县公证处负责人）、朱永华（洮砚乡计生办主任）在结拉村坚守岗位。结拉村的群众情绪反常，坚决不去瓜州县，并把刚来的工作组围在队长家中，工作组组长县委常委、纪检委书记李耀东向群众语重心长面对面地做了解释工作，但群众还是不服气，要求每户解决1000元误工补贴的生活费，坚决不去瓜州县，房屋费和其他一切补偿金全部发放到群众手中不求政府安排自行可以解决。无奈李书记向群众表示：他明天返回县城向上反映。第二天也就是2008年"三八"节，李书记返回县城去汇报，我们4人留守。中午2时，结拉村28名群众前来工作组驻地，要求工作组给他们一个明确答复，答复不了就驱逐我们离开结拉村，经结拉村村民小组组长斡旋后，延至第二天。

3月9日，我们工作组给群众分发《明白卡》让群众领会政策，明白政策。中午李耀东书记回来了，依然提出昨天的要求。很多问题李书记作了明确答复和反复解释，但群众你一言我一句，喋喋不休，李书记不厌其烦，面带微笑仍然作了反复的解释后，群众有点无地自容了，最后不了了之。

结拉村每家每户的情况千差万别，有的缺吃少粮，基本口粮成了问题，新年前送的600元温暖金和4袋面粉，部分强硬的群众没有接受，现在部分群众断粮了，所以很需要粮食，群众派代表要给他们解决这点能维持一个季度的面粉和现金。下午5点多，李书记带着工作组成员杨祺俊，前往县里争取面粉和协调现金。

这笔慰问金和面粉本应年前送到群众手中的，但群众刁难工作组，一直不肯接受，这中间工作组同志多次向群众宣传政策，反复解释，特别是3月9日李书记的宣传和解释起了很大的作用，才有了今天领慰问金和面粉的事。李书记的反复解释像镇静剂一样，起了很大的作用，群众情绪渐渐稳定，但还是有极少数的群众依然想刁难工作组。一个名叫李尕托的年轻醉汉差一点闯了大祸。有一天，这个年轻醉汉拾起一根破花柴扑向李耀东书记，差一点打破了李书记的头，幸亏李书记躲避及时没有酿成大祸。

3月11日，天蒙蒙亮时，同事告诉我，李书记一般情况下起床很早，估计一会儿就到，所以我们赶紧起床，有的劈柴，有的提水，有的生火烧茶，李书记果然就到了。工作组入驻结拉自然村5天来，李书记在结拉自然村过了3天3夜，而且是一位睡得迟、起得早的人，对工作组的每一位同志都很关心，有了他我们就放心，因为搞群众工作很麻烦特别是移民这样的事情很需要耐心和容量，不然就和群众争吵了。李书记搞群众思想工作很有经验，骂不还口，而且对骂他的人倒还热情，亲自到人家家中问寒问暖，拉家常吃便饭，说心里话，为群众着想，是一位难得的好领导。

3月12日上午，我们张贴了土地补偿方面的人口公示，首榜的人口经公示后，大多数群众争吵不休，议论纷纷，说长道短。我们工作组的人在人群中探听后，在公示第二榜时刷了其中的19人，群众才渺无声息了。下午移民局和银行方面发放赔偿款，一个自谋户寇扎布领取了现金。

3月13日，我们依然和往常一样继续在工作组驻地坚守岗位，中午10时，外出张贴了库区移民不准春耕播种的公告，下午5时，又张贴了关于护村林、三荒地和集体财产的公示。结拉村民小组共有护村林100亩，每亩管护费20元，共计20000元，全村集体财产有杨树800棵，每棵赔偿20元，共计16000元，果树500棵，每棵赔偿35元，共计17500元，庙宇一座128平方米，每平方米赔偿410元，共计52480元，以上总计87980元。国家投资的集体财产一律不予赔偿，如水渠、河堤、农电线路和桥梁等。

2014 年 8 月 26 日

（原载于陈克仁主编《西部大开发在甘南》，
甘肃文化出版社，2015 年 11 月）

水磨沟今昔

虎玉生

在临潭县旧城以南，有一条由北到南、长约十里的山沟，它的南头是位于洮河上游的卓尼县卡车乡。这里的人们习惯地叫它旧城沟，也叫水磨沟。在十里小山沟里，有一条由许多山泉、小溪汇集起来的小河，小河的两边居住着临潭、卓尼两县藏、回、汉三个民族的群众，共十几个自然村。这里原先有四十八盘小水磨，到如今只剩下最后一盘了，成了历史的见证。

今年3月的一天，笔者冒着早春的寒风，怀着美好的愿望，来到水磨沟，寻访了一个个昔日磨主的足迹。

登上旧城西面的西凤山，整个水磨沟展现在眼前，两面山包连绵不断，山下坐落着一个个村庄，炊烟四起，鸡犬相闻。一条曲曲弯弯的小河，闪着银光向南流去。据史书记载，水磨沟在古代就是洮州地区通往松潘、迭部的要道，也是边塞要地。这里说的"洮州地区"就是现在临潭、卓尼一带。水磨沟南段的羊坝古城遗址上，至今还保留着古战场的残迹。历史的长河不知经过了多少个曲折和汇合，把这些不同的民族陆续汇聚到这条沟里。为了生活，他们利用小河水的动力，修建起一盘盘小水磨，有单轮的也有双轮的，有平轮的也有立轮的，也有下雨才能转动的"天水磨"，形式各种各样，五花八门，其中人们叫作"南水磨"的，冬季不结冰，"吱扭，吱扭"，一年四季转个不停，在这么一个山沟里，原来有四十八盘小水磨转动着，真可谓名副其实的水磨沟。

笔者来到临潭县城关镇上，只见贸易货栈、国营商店、个体摊贩、农副市场、牲畜交易市场，应有尽有，大街小巷很是热闹，真不愧是洮州最先设"茶马互市"的地方。过去，在水磨沟修水磨最多的也是城关镇人，一共有32盘，其中最有名的是华家磨。在上河滩村，笔者找到了一位叫"华家阿爷"的老人。这位回族老人名叫华志兴，今年65岁，是华家磨第四代磨主，他很乐意地介绍了他家的过去和现在。

"华家阿爷"原来姓马，当了上门女婿后，改叫华志兴，在他当华家磨主的时候，拥有三盘水磨和一座油坊，全家人一年四季得围着水磨油坊转，收些"磨课"钱，取点"卡西"面，一家大小有吃有穿，生活还算不错。当地有句口头语叫作"水磨油坊刮金板，吃不完的用不完"。到了吃"大锅饭"的时候，沟里所有的水磨、油坊都收归集体所有了。这对华志兴来说，好比耍猴的丢了猴子——没戏唱了，历次的运动一来，还要当"运动员"挨整。

说到这儿，老人一摆手说："过去的事儿已经被大风刮跑了，河水冲走了，再也不提它了。如今政策对头，感谢党和政府还来不及呢！"华志兴老人说的是大实话，他的两个儿子都投身于建筑行业。大儿子马杰，是华志兴一手抚养成人的，早在20年前就爱好建筑这一行，偷着学来一些建筑技术，1977年底，他在政府的支持下，组建起城关农民工程队，由他本人担任队长；老二华国伟担任工程队第三组组长。这个工程队成立11年来，从3个组发展到10个组，技术工增加到60多人，年产值从起初的10万元增加到去年的40万元；开始时只得修建一般的平房，现在已能承建三层以上的楼房了，还先后到玛曲、碌曲、夏河、四川阿坝等地承包工程。

每年农闲季节，来工程队找活干的人多，安排不过来，马队长总是优先照顾一些困难户，让他们干活，增加收入。近两年，由马杰和华国伟带头，在学生放暑假期间，为县职业中学和几所小学义务修理门窗和桌椅板凳。去年9月，华国伟带着最小的儿子去县幼儿园，一进幼儿园大门，只见整个院子成了烂泥滩，人没法进去。回家后，他把这事告诉给哥哥马杰，第二天，兄弟俩就带着一帮自愿献工的人来到幼儿园，连续干了3天，在院子里铺上了水泥，不但没收取一分工钱，还贴进500元。县政府一位副县长听到这事后，称赞说："昔日华家磨主的后代，今日已是新型农民。"

在水磨沟磨主的后代中，临潭县术布乡阳坡庄的于辉广兄弟俩也算得上是新型农民。这一点，从他家表面摆设上就可以看出一些。于辉广家有前后两处院子，进了二道门，再走过铺满水泥的小院，就是宽敞明亮的堂屋，里外都显得很干净。堂屋里除了沙发、收录机外，墙上还挂着《甘肃日报》《致富信息报》等五六种报刊。

于辉广为了跑运输，还跟父亲闹过矛盾呢。就在他高中毕业没考上大学那会儿，村里有两户人家安上了磨面机，搞面粉加工，收益不少。一辈子磨面过来的父亲看在眼里，急在心头，打定主意要让两个儿子重操旧业，可是于辉广哪里肯干别人干过的事儿。他自作主张，带着弟弟跑运输、搞买卖。这下可把老父亲气坏了，说："你们长大了，翅膀硬了，就不听阿大的话！以后我再也不管家里的事儿了。"实际上他也管不住了，儿子们是在干着一项新的事业。

转眼几年过去了，于辉广兄弟俩走出家门，沿青藏公路跑拉萨，顺川藏公路进昌都，一年纯收入有四五千元。在西藏的昌都还设了个民族用品购销店，一个在那儿蹲点购销，一个开着自己的东风车，来往于甘、青、川和西藏之间，一面运销，一面传递信息。于老汉看着两个儿子跑上跑下，干得很起劲儿，家里的收入远远超过他当磨主的那个时候，过上了富裕生活，那满肚子的怨气早就烟消云散了。

笔者在水磨沟出了这村进那村，两天过去了，没有发现一盘旧水磨，原来的磨主们在改革开放、搞活经济的浪潮中都已经改做其他行业，各显其能去了。昔日那些腰系麻绳、满身灰白的磨主形象，慢慢从人们的心中消失了，代替他们的是一代新磨主。就说张尕宝一家吧。他家在水磨沟口的卓尼县卡车乡拉扎村，原先也和其他庄稼汉一样，一年365天每天的活动内容只有六个字：吃饭、睡觉、干活，别无其他事情可做，这些年来，这个识字不多的庄稼人，脑筋也开了窍。

就在前年，张尕宝利用扶贫贷款，又自筹了一些资金，买来自动进料式磨面机和榨油机、粉碎机，办起粮油加工作坊，用先进的设备为乡亲们磨面、榨油、粉碎饲草料，既方便了群众，也为自己拓开了致富之门。张尕宝高兴地说："如果和过去的水磨相比，我这台钢磨转两小时，一盘水磨就得转一天一夜，12盘水磨还比不过这一台钢磨呢！"朋友，请您想想，如果按水磨沟过去"水磨油坊刮金板，吃不完的用不完"的说法，张尕宝已经掌握了多少块"刮金板"呢？

现在，在水磨沟南头的卓尼县卡车乡安布族村还剩下一盘水磨。在水磨看守孟扎什的陪同下，笔者专程察看了这个历史的遗产。立在村外小河边的这磨坊也真是老旧了啊！从外面看，房顶长满了荒草，板壁又脏又黑，门槛磨损得已经快要断了。四角的柱子很粗，因年久失修，多半柱根已经腐烂了。磨房下巨大的木制轮子，在一股木槽水的冲击下，带动着那两块厚重的磨石慢悠悠地转动着，吃力地发出"吱扭——吱扭"的响声，好像为自己孤独的处境唉声叹气。那么，这盘水磨为啥能保留至今呢？孟扎什说："我们村的这盘老水磨在村外已转了47年，我也陪了它10多年。这几年，如果不是乡亲们磨麦穗儿和磨糌粑需要，早把它拆了。说实话，现在磨面机、榨油机都进了村、入了户，水磨的历史任务也完成了。"

当笔者告别安布族村时，身后又传来那盘水磨"吱扭——吱扭"的声音。噢！它是说"再见——再见"吧？水磨沟最后一盘水磨，我可能再也见不到你了！

1992 年 9 月

（原载于甘肃人民广播电台编《陇原之声》，
甘肃民族出版社，1994 年 3 月第 1 版）

西陲第一桥——卓尼木耳桥

梁崇文　杨顺程*

解放前后，在卓尼城东南五里的木耳沟口，有一座雄伟的四孔大木桥，飞架在波涛汹涌的洮河上。桥长约70米，高7米，宽5米，东西走向，桥东头建有牌坊三间，立石碑三个，记述着历次修桥的年代、所耗经费、工料及工程主要负责人员姓名，正面檐下挂一蓝底金字大木匾，上书"西陲第一桥"五个大字，里面还有几个木匾，都是临潭、新旧城一些团体和知名人士为庆贺大桥竣工而送的。桥西头修有堡楼五间，楼下一间为车马行人通道，其余都是营房，一旦需要便驻兵把守。另有平房数间，安置农家住宿，平时管理大桥。在20世纪20年代，称其为"西陲第一桥"似乎也当之无愧。

洮河由卓尼西部边境塔乍地区进入卓尼县城后将卓尼县城划成南北两片，首府卓尼城地处河北。在卓尼城附近修建桥梁，是政治、军事、文化、经济各方面的需要。但洮河流到卓尼城附近，已是中游，河水较大，且每年夏末秋初河水暴涨一次，上游又是林区，河水一涨，上游的小桥、木料（包括连根带枝的活立木）顺流而下，堵塞桥孔，是木耳桥多次被毁的主要原因。远的无法考证，仅20世纪20年代以后，木耳桥就修了好多次，耗费了大量的人力、财力。它在卓尼的政治、军事、经济、文化各方面的发展中无疑起了一定的作用，但在各种史料中未见记载，前面提到的三个石碑，现已不知去向，可谓一大憾事。最近我们到县城附近的畜泥

* 作者梁崇文系政协卓尼县委员会原主席；杨顺程系卓尼县人大退休老干部。

沟、木耳两村向老年人了解情况，访问了许多当事人和知情者，对木耳桥的前前后后，有了一个粗浅的了解。

1925年以前的木耳桥，桥址在新桥上游50米处，始建年代不详。这座桥的形式和在甘南其他地方常见的大小木桥一样，中间无墩，两面桥基都以木料块石堆砌而成，并排十余根木料为一层，层层向前延伸，到一定高度，两面距离也不远了，然后搭上桥梁，梁上横排木方，桥面较宽，可过车辆。在当时的经济、技术条件下，在洮河上架设的桥梁不会长久，三五年就要重修一次。杨积庆1902年承袭土司，到20世纪20年代已是30多岁的人了，次次修桥的苦衷已深有体会，下决心要修一座比较坚固耐用的桥梁。原桥址以下50米处，河底三两处河床岩石尖顶隐约可见，有的在冬季水小时露出水面。据传说住木耳桥附近"安息日会"某外籍人士，潜水下去作了实地考察，认为是最好的修桥基地，因此决定在此修石墩桥。修桥工程约始于1925年，从附近各旗抽调了大量民工，自带口粮，义务劳动，按期轮换。并从外地请了一批技工，所需木料从博峪沟、木耳神林采伐，柏木从卡车沟伐运，除两面桥基外，河中用块石干砌桥墩三个，一律以白灰和红胶泥勾缝。桥墩施工，也采用了土方围堰的办法，技术上负责的是一个外地人，真实姓名不详，群众给起了个绰号叫"缠干了"，就是从围堰施工中引发而来的。桥墩上架大木头作桥梁，梁上横铺三寸多厚的木方，两边以柏木方做成高大的梯形堤栏，并以铁件螺丝衔接，大致上形似解放初期的兰州铁桥和岷县野狐桥。桥东头的三间牌坊和西头的堡楼都是这次修建的，工期约两年。1926年竣工剪彩时，请戏班唱了三天戏，临潭新、旧城有些团体和知名人士来挂匾庆贺，民工和附近群众数千人参加了剪彩，盛况空前。洮河水流很急，白灰勾缝在水面以上还能凑合几年，在水下几乎没什么作用，更经不起木头、冰块碰撞。时间不长，有些桥墩已部分损坏，为了修补桥墩，保护大桥，曾责成禅定寺高僧安荣扎什从北京购买水泥，雇骆驼驮运卓尼，都是木箱加铁皮包装。但水下作业技术难度大，又缺乏技术人才，一时难以进行，又适逢1928年和1929年马仲英、四少君和马尕西顺前后两次袭扰卓尼，土司衙门闻讯后立即撤到博峪办公，并在木耳设防拦截，自动拆除桥面和部分桥梁。事态紧急，桥梁以上附着又重，稍失平衡，即自行掉入河中被水冲走。到1929年冬，刚刚建起的木耳桥已面目全非，基本上不能使用了。而从北京运来的水泥，放在博峪和禅定寺僧官衙署没有派上用场。

洮州历来是个多事之地，战乱频繁。卓尼城在洮河北岸，离临潭新城30里，离旧城40里，位于大山神和营盘山两山脚下，在军事上说，是个易攻难守之地。而洮河南岸，既有洮河天险为屏障，又有山大沟深、林木茂密、回旋余地大之利。精明的杨积庆土司，对这些定会有深刻的认识。为安全计，在修木耳桥之前，已在洮河南岸的叶儿滩修了一座衙门，其规模和城内衙门不相上下，以备紧急之时使用。与此相配套，在上河石咀即羊蹄门子又修了一座三孔木桥，规模也不算小，也能过车辆，桥墩的做法是：先以大木头做成框架，里边立上一层木头，内装石头，搭梁铺方而成，习惯上叫叶儿桥。这座桥和衙门均被马尕西顺烧毁了。到1930年，上、下两桥都不能通行了。因叶儿桥工程较小，决定先修复叶儿桥，由唐尕川吴广宗父亲负责修建，搭梁时不慎落水身亡，桥修复后三年不到又被洪水冲走。

约1933年，再次决定修复木耳桥。这次修复工程，吸取了上次失败的教训，决定就地取材，以木为笼，装石成墩，就是以六根木材，套成菱形大框，从已损坏石墩外面套下去，补装石块，这样一层一层垒起来就成桥墩，桥面上再未搞高大堤栏以减轻重量，两面压上长方以固定桥面。

1942年夏洪水冲垮了东头桥基，调附近民工修复，包世其儿子包其昌和纳尼村两个十多岁的孩子亦参加修桥，还未收工跑到古目次那岔河游泳而被淹死，尸体第二天才找到。

1948年洪水又一次冲毁西面桥墩，交通中断，当时设治局三名警察在木耳村公干不能回去，叫保长刘明德设法渡河。适时有一个临夏回族群众叫大石巴，水性很好，便和张克俊二人负责造木筏渡河。第一次强渡失败了，第二次也很危险，木筏眼看不能靠岸，有被冲进木耳桥旋涡的可能，木耳村大多数人在岸上观看，替他们捏着一把汗，张克俊父亲担心儿子安全已放声大哭。大石巴确有一手，临危不乱，他身缠拉绳，跳入水中，几下游上岸。将绳缠在一棵树上，才使木筏靠岸。这次维修由柳林镇镇长雷玉负责，从1948年开工，1949年上半年完成。

1957年部队修卓（卓尼）电（电尕寺）公路，6月开工加固木耳桥，动用了小汽艇、橡皮船和电锯。这次加固以能过汽车为标准,用钢筋、螺丝加固了桥墩,更换了部分桥梁和桥面方,工程进展很快,到9月完成了任务。柳林公社特在"飞机房"(原安息日会教堂)内表演节目,和工兵营官兵同庆木耳桥通车。1958年平叛时,军用车辆都是从木耳桥经过开往迭部一带的。

1959年又是一次洪水,先将上游一渡船冲了下来,恰好横堵在桥东第一孔,洪水不能顺利通过,危及桥梁安全,动员洮河林业局用卡车拉船,船已拉动但转眼顺水而下,汽车无力抗争,司机跳车,车被船拖入河中逐渐散架,有的部件被冲至数十里外。但洪水日夜上涨,桥也没有保住,损坏程度更为严重。这次木耳桥被水冲走后,限于财力等条件,人民政府没有立即修桥,而在古目次那和上河造渡船两处,暂时解决了交通问题。

1969年县上和洮河林业局筹集资金60多万元修水泥大桥,拿出两个方案,一是在木耳桥旧址修,投资就少一点;一是从卓尼街直跨河阴,投资比第一方案多一点。去省上汇报,省上批准采用第二方案。工程具体由洮河林业局梁富坚局长负责,从县、局抽调了一批工作人员组成指挥部。1969年6、7月开工,1970年交付使用。在吊装大梁过程中,青年技工段秀义献出了宝贵的生命。

水泥大桥建成通车已经23年了,它经受了1979年特大洪水的考验,巍然屹立在卓尼城南滚滚东去的洮河上,西陲第一桥——木耳桥也已完成了它的历史使命,而人民群众为它付出的辛勤劳动,将长期留在人们的记忆中。

(原载于《卓尼文史资料》第四辑,
政协卓尼县委员会文史资料委员会编,1993年10月)

洮河桥的变迁

王 博[*]

　　前些日子，友人从网上发来一张洮河桥的老照片，很是惊讶了一阵。因为我并不是卓尼本土人，看多了现在的钢筋水泥桥，凝视着照片上横跨洮河两岸的木桥，朴实中透出轻盈，实在不敢想象先人们是如何架起来的，况且以前的洮河水比现在还要宽、还要深。

　　惊讶之余，不禁对洮河桥产生了强烈的兴趣。查了一些资料，问了一些阅历丰富的当地人，才知道这种桥叫"伸臂木梁桥"，当地人称为"蹡（wěi）桥"。"蹡"为"撬"之意，取其桥身用杠杆原理，将成排的巨木撬在两岸的大石笼中，逐排覆压向前延伸直至两臂会合，又以木板铺设桥面而成。有的伸臂木梁桥又在两端修建了凉亭，供过往行人休息，既美观又实用。追溯这种桥的渊源，当与十六国时期吐谷浑架设的"河历"密切相关。据《沙洲记》载："吐谷浑

西陲木耳第一桥

　　* 作者时任中共卓尼县委宣传部副部长。

于河上作桥，谓之河历，长百五十步，两岸垒石作壁基，节节相次，大木纵横更相镇压，两道俱平，相去三丈，并大材巨板横次之，施构栏，甚严饰。"十六国割据混乱时期，吐谷浑部得据甘、青间，在洮河流域势力甚强，况其时洮河两岸森林茂密、古木参天，吐谷浑以木架桥，通行于洮河两岸，当不足为奇。据当地上了年纪的老人讲，直至20世纪六七十年代，在洮河及其支流上，这种木桥仍然相当普遍，是洮河两岸居民通行的主要通道。

由此可见，这种桥的历史是相当久远了，而我也不得不惊叹于先人的创造和智慧。今天我们虽不能亲睹实物，但有了先贤们留下的文字和照片赏其古风，足可慰"高山仰止，见贤思齐"之怀了。

在我关于洮河桥的有限记忆中，最惊险的莫过于"冰桥"了。每年冬至时令一过，河面上便流淌着连绵不绝、粒粒饱满的冰珠，在阳光的反射下晶莹剔透，古人谓之"洮水流珠"，是有名的古洮州八景之一。冰珠随河而下，在河道狭窄处越聚越多，凝结成冰，覆盖整个河面，便成了"冰桥"。每每看到行人踏冰而行，既好奇又担心。记得有一次与友人登山，返回时友人提出从冰桥渡河。我踌躇了一会儿，终抵不住"好奇"的诱惑，便也跟着友人踏上了冰桥。听着脚下流水淙淙，一路行来战战栗栗，好不容易过了冰桥，却也是身心俱疲。坐在河畔，遥想时人不畏艰辛，为了生计冒着生命危险履冰而行，不禁佩服他们的坚毅和勇气。

除了冰桥之外，给我印象最深的便是"放木筏"了。洮河流域是甘肃最大的天然林区之一，早在1942年便成立了洮河林场，有组织地采伐木材了。1958年，又成立了洮河林业局。由于交通极为不便，洮河水运队把砍伐的木材扎成木筏，利用洮河运至

19 世纪末 20 世纪初的卓尼木耳桥

岷县、临洮等地的贮木场，再转运至其他地方。在洮河上放木筏的大多是迫于生计外出谋生的临夏人，当地人很少从事这种危险职业。每年洮河解冻，大批木筏顺河而下，蔚为壮观。这些放筏人吃在筏上，住在岸边，风雨无阻，不时喊出几句高亢的河州花儿，顿时平添了几分艰辛与苍凉。虽然，木筏不像伸臂木桥或"冰桥"，但看着木筏在洮河上不停地穿梭，不也正像随波流动的"桥"吗？风卷云舒，岁月如梭，近半个世纪以来，这些不停穿梭的"桥"带走了数不清的木材，支援了国家的经济建设，但也导致洮河流域的森林覆盖率迅速下降，生态问题日益严重。所幸的是，1998年国家开始实施天保工程，天然林被禁止采伐，而人们的生态保护意识逐渐被唤醒，开始以另一种方式开发利用大自然赐予人类的资源，森林旅游业便在这片古老的土地上焕发出前所未有的生机。

进入20世纪20年代，洮河上开始出现了水泥桥。当时的卓尼还处在世袭土司的统治之下，但西方殖民者的触角已经伸到了这个偏远落后的土司辖区。最早进入土司辖区的是西方的冒险家，或者是所谓传播"福音"的传教士。据《卓尼县志》记载，1922年，卓尼土司杨积庆在英国牧师安献全的建议下，在洮河上修筑了三个混凝土桥墩，铺以木板为桥，并取了一个吉利的名字——靖安桥。如果用现代的眼光严格审视，我们还不能把这座桥称为"现代"意义上的桥，将它与现代工业文明联结起来的仅仅是水泥而已。但无论如何，这都值得记忆与回味，因为现代工业文明毕竟在卓尼古老的历史上留下了一鸿半爪。但是，靖安桥并没有给卓尼带来平安，1928年和1929年连续两年的战火，把卓尼古城烧得只剩下残垣断壁，这座桥也未能幸免，只剩下几个桥墩孤零零地斜立水中。解放后虽几经加固，但这座见证了现代文明曙光与战乱的桥，最终消逝在洮河汹涌的波涛之中。

历史再跨过半个世纪。1971年，洮河上终于建起了第

1971年修建的卓尼古雅洮河大桥

1971 年 11 月卓尼洮河大桥全体建桥职工合影留念

一座钢混曲拱桥，之后便有了第二座、第三座……这些不同结构的现代桥梁犹如长虹卧波，把洮河南北两岸紧紧地连在一起，结束了两岸居民靠木桥、渡船、铁索过河的历史。"一桥飞架南北，天堑变通途"，一座座桥梁结束的不仅仅是卓尼偏僻落后的历史，也架起了卓尼通向现代文明的天桥。

洮河桥，承载的是厚重历史，折射的是社会变迁，见证的是卓尼的过去、现在与未来。桥，也就因此有了生命与灵魂。

2009 年 8 月 28 日

卓尼洮砚大桥的变迁

陈克仁

  卓尼县洮砚大桥（旧桥）于1972年春天动工建设，工程历时半年，9月5日竣工通车。它的建成，不仅方便了卓尼东部三乡与县上的联系，也为临潭、卓尼和岷县北路数乡前往陇西提供了保障。据资料记载，该"桥型为钢混结构双曲拱，一孔净跨77米，全长96.47米，高15.41米，桥面宽8.18米，荷载13吨"。当时，国家为洮砚大桥建设拨款38万元，卓尼县则以民工建勤方式抽调民工300多人参加施工。

  引洮工程的再次上马，使以前横跨洮河两岸的旧洮砚大桥因为引洮工程竣工库区水位陡然上升而被淹没，给两岸群众的出行带来一定不便。为了改变两岸三县（卓尼、临潭和岷县）毗邻地区的交通状况，彻底解决两岸群众的通行困难，便有了九甸峡库区洮砚大桥的建设（简称新洮砚大桥）。该项目是九甸峡水利枢纽工程库区复建工程的重点建设项目之一，也是甘南州最大的桥梁工程。工程于2006年11月经省发改委批复，总投资1267.7

建于20世纪70年代的洮砚大桥

新落成的横跨九甸峡库区的洮砚大桥

万元，设计桥长345.6米，采用四级公路双车道标准，桥宽8米，系混凝土连续T梁直线桥，最高桥墩40米。工程由甘肃宏伟建设集团公司中标承建，甘肃恒科交通工程监理有限公司承担监理，甘南州移民局具体负责洮砚大桥的协调管理。大桥于2007年5月19日正式动工建设，经甘南州和卓尼、临潭县两县人民政府大力支持和项目所在乡镇大力配合及承建单位精心组织施工，工程已顺利完工并交付使用。

（节选自陈克仁《铁城古道话沧桑》；原载于陈克仁著《话说铁城》，甘肃文化出版社，2016年11月第1版）

旦藏村今昔

卢红梅

走进卓尼县申藏乡旦藏村，映入眼帘的是一排排整齐的房屋，一条条干净整洁的街道，一行行错落有致的行道树，伴着晨曦中袅袅升起的炊烟，还有人们忙碌的身影和幸福的笑脸……一幅美丽田园画卷徐徐展开，昔日贫穷、脏乱的村庄，如今已经实现了华丽转身。

几年前的旦藏村，是一个非常贫穷落后的村庄，农业生产滞后，特色主导产业不突出，农民收入水平低，村内道路硬化率不足20%，村集体经济基础极其薄弱，垃圾积压如山，环境卫生令人堪忧，群众精神面貌萎靡不振，"晴天一身土、雨天一身泥"，是旦藏村村民对以往村里黄土路的印象。

"近年来村里的变化非常明显，乡上组织实施的危旧房改造、易地搬迁、生态文明小康村等项目建设工作，使我们旦藏村的居住环境、产业发展、村民收入等各个方面都发生了很大变化"。一次进村入户期间，老党员武国才兴致勃勃地说。

2011年7月，卓尼县乡镇党委、政府换届，我被组织任命为申藏乡党委副书记、乡长。上任后，我与新一届领导班子成员第一时间召开党政领导班子会议，摸清底子，分析现情，制订了一套切实可行的工

2010年前的卓尼县申藏乡旦藏村面貌

作方案。针对全县后进村旦藏村的现状，我与乡上的包片领导丁宏林（因车祸去世），包村干部董文成、喜龙、周才让等得力干将几乎每天跑一趟旦藏村，通过与村"两委"班子、党员代表、"两委员一代表"、群众代表促膝交谈，耐心听取他们的意见建议，详细了解本村发展制约因素、存在的困难。近半个多月时间，我们走完了全村12个村民小组，掌握了发展的第一手资料，虽然途中各种"碰壁"，尝试了各种办法，经历了各种考验，其间的酸甜苦辣无以言表，但我和所有包村干部一起并肩作战，累并快乐着. 每当夜深人静回想当天工作的进展和收获时，从未有过的充实感与责任感冲淡了所有的疲劳。

改造后的农户房子

2012年2月，我被组织任命为申藏乡党委书记，肩上的担子又重了许多。在全力推进全乡各村建设发展的同时，我将重点还是放在旦藏村的发展上，与村"两委"班子一同抢抓政策机遇，主动沟通衔接，积极争取项目，通过半年多时间的整顿，旦藏村在工作作风、乡风文明、基层组织建设上有了明显好转。尤其是在实施易地搬迁项目过程中，让我最难忘的是牙布一组老党员孙五十八和董班么两家困难户，孙五十八儿子因病已故，老两口和10多岁的孙子一起生活，主要靠种庄稼和饲养几只羊维持生活。与孙五十八相似的董班么，属鳏寡孤独家庭，他与40来岁的未婚儿子一起过日子，经济来源仅仅依靠低保和庄稼收入，儿子好吃懒做，不务正业，家境非常贫困。在实施易地搬迁过程中，由于劳力和资金所限，这两家危房改造项目未能顺利开工，在详细了解情况后，我积极与旦藏村帮扶单位——卓尼县住建局协调联系，通过工程队将拆迁木材免费送往两家，并动员全村干部、群众帮忙为两家完成了危房改造工程。看到两位老人住上宽敞明亮的房子，当时的我幸福感满满的，作为乡上一把手，不仅要统筹全乡，而且还要顾及个别，这种获得感促使我更加坚定了工作信念。在往后的生活中，我利用下乡时机，总是给两位老人拿点家里的清油、肉品或其他生活用品，不是走形式搞慰问，只是出于对老人的挂念和放不下。现在，两位老人已离世。

近年来，我带领旦藏村"两委"班子，认真贯彻落实省州县重大决策部署，充分发挥党建引领作用，全力推进生态文明小康村建设，鼎力搞好环境卫生"革命"，积极培育富民产业，大力整合资源发展村集体经济，全村道路、饮水、用电、住房等基础设施显著改善，人民生活水平大幅度提高，村民的幸福感和获得感油然而生，村容村貌有了翻天覆地的变化。原来的"泥水"路，变成了平整的水泥路，整洁干净的村边小道两旁，农家小院错落有致，村级文化广场随时可见活动锻炼的老人孩子，党的惠农政策切切实实给全村群众带来了福利。

几年的基层工作经历，使我对乡镇工作有了更新、更深的感悟：

其一，党建示范引领作用不可少。俗话说："火车跑得快，全靠车头带。"为进一步加强村级班子建设，乡党委、政府以村级"两委"换届为契机，选优配强旦藏村村级组织力量，提升了村级班子的凝聚力、战斗力。乡村两级班子、驻村帮扶工作队不定期深入群众，听取意见、了解村情，掌握户情、剖析原因，挖掘优势、谋求发展，村级场所建设、公路硬化、活动广场、环境整治、美化亮化等各项工作全面铺开，整村推进建设成效显著，产业发展形势喜人，村级集体经济明显增加。

其二，抓好重点项目建设是关键。乡上坚持把旦藏村项目建设作为工作的重中之重，加大与上级主管部门的衔接联系、协调配合力度，在村里集中实施民房、村道、河堤、桥梁、人饮、农网、产业等项目。先后为村里争取了投资300万元的天津帮扶整村推进项目，336万元的国有土地出让转让项目，643万元的旦藏村灾后重建项目，193万元的村道硬化项目，200万元的危旧房改造项目，195万元的牙布村易地搬迁项目等，这些项目的落地和建设，切实解决了涉及群众生产、生活中的居住、水、电、路等方面存在的困难和问题。目前，旦藏村家家都喝上了健康水，保证了生产生活用电，户户都通有水泥路，住上了宽敞明亮的房子，环境较之前大有改观；村里农户电网入户达100%，移动、电信网络覆盖率100%，三年内全面建成牙布一、牙布二、余家庄、大族4个生态文明小康村。

其三，环境综合整治要抓紧。多年来，旦藏村"脏、乱、差"一直是困扰村子发展和群众生活水平提高的一大难题。2015年，村里结合村情，

新建后的村内广场

制定了《环境卫生整治村规民约》，全面清理主要道路、村民房前屋后生产生活垃圾，整治村民乱搭乱建的厕所、草房等，组织全体村民动手在村庄入口、道路两侧、村内巷道、房前屋后、村内广场空地种植花草树木，并组建环卫队，定期开展环境卫生综合整治工作，有效改善了村民生活环境。

其四，民生保障工作要做好。乡上严格按照低保兜底要求，对旦藏村贫困户进行了多次调查研究，确保不错兜、不漏兜。完善了医疗救助制度，严格落实养老保险、义务教育各项政策，全面落实各项扶贫惠农政策和救助政策；对因遭遇突发事件、意外伤害、重大疾病或其他原因导致基本生活暂时性困难的家庭，给予临时救助，帮助他们解决生活困难；多方筹措资金资助低保对象、"五保"对象、重度残疾人等缴费困难的群体，参加新型农村合作医疗和大病医疗保险。

其五，产业带动发展要跟上。发动产业带动贫困户增收致富，是脱贫攻坚的根本途径。几年来，乡上立足旦藏村实际，为发动致富能人带动贫困户参股入社获得产业收益，专门成立了旦藏农资综合发展有限责任集体经济公司，鼓励贫困户以土地流转、劳务、资金等多种方式入股，以种植药材为主，以年底分红和发放药材补助的方式带动周边贫困户增收。乡上还广泛开展群众就业培训，不断增强贫困户的就业能力，特别对家中有劳动能力、有就业意愿的贫困户积极宣传就业政策、介绍就业岗位，使他们找到了适宜的脱贫职业。

"百舸争流，奋楫者先。""千帆竞发，勇进者胜。"旦藏村级组织以时不我待的历史使命感和对群众高度负责的政治责任感，带领全村党员群众适应新常态、抢抓新机遇、谋求新发展，为全村脱贫致富做出了应有的努力。

· 社会事业 ·

卓尼教育发展述略

范学勇[*]

卓尼县教育事业从无到有、从小到大，与中华人民共和国同步，在60多年的风雨历程中，大体经历了奠基、发展和壮大三个阶段，涵盖了教育三方面的多项内容。笔者积40年一线教育之经验，30年编写校志的积累，以先辈们艰辛的教育实践和理论传承为载体，以《卓尼县志》和《甘肃省教育年鉴》为依据，以普通教育为着眼点，结合不同阶段人们的思想观念和社会现实，以及个人课堂授学和教学的切身感受，谈点对卓尼教育发展状况的粗浅认识，借以斑窥豹之途，略现卓尼教育发展的艰辛历程和丰硕成果。

一、若隐若现的起点

卓尼地区，本属古洮州辖地，历无县级建置。自明永乐年（1402）藏族头人些尔地受封为世袭土司千户后，始有政教合一统治机构，隶属于洮州卫管辖之下。明清以后，藏族经院教育繁盛，宗教文化发达，以禅定寺为龙头，出现了许多高僧大德、名垂青史之人。如曲结·谢念扎巴等七位甘丹赤巴，贤扎拜老等6位知名法台，策墨林·阿旺粗臣等4位西藏摄政。尤以清初的扎巴谢珠为最，除律精、文盛、德淳之外，由他开头主持编印的卓尼版《大藏经》，享誉国内外佛教界、藏学界。

---

* 作者系卓尼县柳林中学教师。

由于民族习性和生活方式的不同，以汉语为代表的普通类文化教育，在卓尼而言几乎为零。既无标志普通类学校教育的最基层小学，亦无标志社会教育的其他文化设施和机构，人们对于以汉语为代表的普通类文化教育——私塾乃至初级小学，只有隔岸观望。极少数处于此域而重视学校教育的家族，只有送孩子到洮州腹地汉人创办的殷氏、宋氏、范氏等学堂就读。据我堂兄范学奎回忆，1950年春播期间，他们待毕业的"临潭初级中学"学生在上卓梁火石坡学校义田辅助劳动时，在当地群众的哭泣与怒骂声中作罢。原因是，当地群众认为让秀才们下地劳动，文曲星一怒，会让乡民们当年的农业收成化为泡影的。县城附近群众的观念尚且如此，更别说偏远山区了。

民国时期，这种闭塞、落后的局面开始有所改变。在第十九代土司杨积庆的不断努力下，学校教育、社会教育都已试点式出现。

（一）学校教育

自1921年土司杨积庆将其私塾改为"卓尼初级小学"起，先后有多坝、纳浪、路巴、阿子滩等类似的村学成立。民国十八年"河湟事变"后，临潭范氏落户大族，原"范氏私塾"异地续办。1937年国民党卓尼设治局成立后，在设治局教育科的统一要求下，"范氏私塾"改称"大族小学"。同期成立或改称的还有冰崖、红崖、新堡、西尼沟、安步族、录巴寺、申藏、木耳当、朝勿、叶儿、卓逊、恰盖、上扎、石达滩、小沟、达子多、达勿、柳林等18所村学，后来，柳林、大族、阿子滩三校相继升为中心小学。

综观24所村（小）学，除恰盖外，大多都处在卓尼腹地，而广大边远的牧区依旧没有普通类村学设置。即便在已开办的上述初级小学中，在校学生人数时多时少、时有时无。柳林小学开办初期，在校学生中有一部分还是被贵族们出钱雇来顶替自家子女上学的。当时所传"春满堂，夏一半，秋零落，冬不见"的顺口溜，正是这种在校学生人数大幅变化的真实写照。

1926年，土司杨积庆曾与临潭县长彭契圣协商，由其出资1000银圆，县政府出资5000银圆，在新城联合建立一所初级中学。1928年建成不久，遇上"河湟事变"而没了下文。由于学校办学资金多由乡民、绅士捐助，来源和数量都无法确定，这种忽开忽闭式的试点教育现实，最终随国民政府的覆亡而告结束。

（二）成人教育

民国时期，卓尼的成人教育主要体现在社会教育方面，而且集中在县城一域。具体表现是土司衙门成立识字学校，禅定寺设立国文讲习所，县城街头开辟阅报栏和设立民众代笔处等事实。

20世纪20年代，土司衙门曾在卓尼城内开办过3所有助于提高其工作能力的识字学校。从1937年起，在县城街头开辟阅报栏3处，设立民众代笔点3处，一定程度上适应了县城群众的最低文化需求。

1939年3月，禅定寺宋堪布创办了"卓尼禅定寺喇嘛半日制学校"，1942年中华民国教育部接管后，改名为"甘肃卓尼喇嘛教义国文讲习所"，经费由省教育部拨助。学校实施半日制教学，学生是在寺年龄在15岁以下的喇嘛，所学课程除增授藏文外，大体与其他国民学校课程相同。办学宗旨是培养幼年喇嘛识通国文，粗具科学知识技能，成为汉藏通译人才。最后因环境特殊、招留学生困难而于1943年停办。

二、筚路蓝缕的奠基

（一）学校教育

1.小学教育

中华人民共和国成立时，拥有75557人的卓尼地区，作为新成立的县级建制正式载入史册。自1950年起，卓尼自治区行政委员会文教科根据《中国人民政治协商会议共同纲领》中规定的教育政策，对全区所辖初级小学进行改革和恢复，在原有24所初级小学基础上新增了杜家川、卡吉、大日卡、菜籽、卓洛、沙地、出路、盘园、磊族、相俄、温旗、羊化等21所，恰盖、洮砚村学改为小学部。确认教职工76人，在校学生1806人，其中少数民族学生764人，占学生总数的42%，在校学生较解放前增加了3倍多。

2. 初中教育

为改变卓尼没有初中，小学毕业生都要去临潭新城就读中学的现状，根据上级指示，于1956年8月在卓尼县初级师范学校内附设了一个初级中学班，这便是卓尼县中学教育的开端。

（二）师范教育

教师严重不足，是这一时期兴办教育的最大难点。为了解决这一难题，卓尼藏族自治区人民政府从两方面入手，一是补充一线教师；二是开办师范学校。为此，从陇西、天水等地招收了一批年富力强的教师来卓尼任教。

兴办师范学校，这是开卓尼职业教育之先河，是当时奠基卓尼普通教育最大的亮点。自1951年8月由原柳林小学校长赵文炯挂帅，筹建成立"卓尼简易师范学校"后，两易校址，三更校名，政府调拨，师生苦干，终于在国家完成社会主义改造的1956年秋，于柳林镇马莲滩新校区建成了新的"卓尼初级师范学校"。

在卓尼师范任教的老师，大部分成了卓尼教育界的领军人才。校长赵文炯，总务主任姬建鼎，率先垂范，尽职尽责，最终于1958年3月献身于卓尼的建政、平叛工作，成为光荣的革命英烈。马海涛、张我勋二位老师，以精湛的教育教学技艺赢得师生们的盛赞而久传不衰。教导主任胡云汉、李玉文，以严谨和善的管理技能、端庄秀丽的"三笔"字体（毛笔、粉笔、钢笔）为社会各界人士和师生所倾倒。刘鹤龄、李鸿才、寇学恭老师，在美术、音乐、体育方面全身心地投入，教出了一代又一代的学业继承人。语文老师段子杰，在后来的学子中几乎被捧为宗师。外语老师张永平，在俄语、英语等外语的教学方面，为卓尼打下了不可置疑的基础。

电化教育和职业技术教育尚未正式产生。

（三）成人教育

在学校教育、职业教育艰苦创业的前提下，成人教育也在起步。当时的成人教育主要体现在职工业余教育、社会教育和农村"扫盲"运动上。自1949年11月起，卓尼县人民政府连续举办了3期干部培训班，结业学生

97人，陆续补充到新生政权的各部门工作。1951年9月到1958年6月，由干部训练班逐步发展为干部业余学校。社会教育主要体现在市民文化活动的开展上。自1950年起，在县人民政府倡导下，建立了新华书店卓尼代销处，附设人民教育馆（图书馆），开设常年妇女识字班（以干部家属为主），建成市民业余学校。1953年起，在农村业余文化学习"冬学"的基础上，农民业余文化班发展成为常年民校。到1957年时，全县有农民业余文化学校38所，学员1584人，其中男953人、女631人。

综观这一时期的教育状况，以成立卓尼初级师范学校为龙头，开始由点到线，向农村、向社会多头延伸，为卓尼县的社会发展和进步奠定了坚实的基础。

三、曲折浮躁的发展

（一）学校教育

1.学前教育

1956年，卓尼县城建立了第一所幼儿园，入园儿童24人，都是干部职工子女。到了1958年，全县突击建立幼儿园178所，入园幼儿5818人；建立托儿所196所，入托婴儿1879人，有保姆139名，由于设备简陋，员工水平低下，在只发挥看管孩子作用的过程中陆续停办。

2.小学教育

（1）"大跃进"时期

全面建设开始时的1957年，卓尼全县人口已达87408人。在文教部领导下计有小学51所，在校学生3196人，全县教职工98人。1958年8月，文教部归入县委宣传部，在"苦战三昼夜，实现小学教育普及化"的口号影响下，短短半个月时间就出现了"队队有小学"的畸形发展局面。全县突击建立康多、杓哇、四下川、侯旗、阳坡、拉扎、刀告、尼巴（小学部）、沙冒后、吾固、大山等92所小学。在校学生达7341人，教职工103人。时隔不久，大多数村学便陆续停办。

（2）调整时期

1962年临潭、卓尼两县分置时，卓尼全县人口达48516人（迭部及舟曲四乡人口分出）。县人民委员会文卫科着手调整全县各级各类学校，经停办、撤销一批力不从心的小学后，才使办学水平和能力回升到1956年的程度。同时，由于精简工作过粗，致使许多骨干教师、老教师被下放、改行和外调，削弱了师资力量。1964年全县因地制宜地执行了《全日制中小学工作条例》，巩固了大扎、俄化、寺古多、斜藏、包舍口、康木车、盘桥、洛巴、下巴都、龙多、沙冒多、若龙、出纳、郭大、闹所、恰布等55所小学，在校学生2872人，设立165个教学班，拥有教职工112人。

这一时期小学教育虽然已经发展，但农村真正识字的人并不多，许多边远山区的村庄连记工、算账的会计都难以找到。因而临潭、卓尼县城附近的初高中毕业生就成了这些地区生产队会计、大队文书和民办教师的不二人选。这些人经过自己不断的努力，由此走上了脱产工作的道路。

（3）"文革"时期

"文革"期间，全县人口由55102人增长到72502人。在极"左"路线干扰下，教育战线又发生了形质不符、重政轻文的变化。县革命委员会政治部所统文教组管理全县教育工作。全县小学数量由1964年的55所发展到1976年的260所。本着"把学校办到贫下中农的热炕头"的宗旨，新增了扭子、扎古录、石山大族、多玛、柏林中心小学、完冒、青尼河、坑乍、石沟、江车、塔乍（完冒）、座车首、白土咀、角缠、岔巴、卡加、维子、上岔巴、光尕、畜大、大路石、拉尕、巴木、板藏、上利加、谷麻河、寺台子、柯别、闹站、扎卓塔、格拉、小板子、大力、那子卡、鹿角山、大古山、塔乍（麻录，今扎古录）、八什卡、上城门、纳儿、上巴都、毛家山等205所小学，在校学生发展到11645人，入学率提高到97.2%。

自1963年起，县上开始从回乡的初、高中青年中招收民办教师。到1978年改革开放前，这批总数336名的民办教师已占到教师队伍的52%，基本解决了"文革"阶段学校急剧发展而教师无从分配的社会问题。此后，因学生辍学和教师转行等许多因素的影响，大部分村学又陆续关门了。

日常教学方面，正常教学工作基本停止。1973年改文教组为文教局，继续主持全县教育工作。

3.中学教育

1958年8月，县人委在卓尼初级师范学校所设的初中班基础上，改民兵司令部为校舍，成立了卓尼初级中学。"大跃进"高潮掀起后，分别在纳浪、博峪、大族、达子多、申藏、阿子滩、新堡、洮砚8乡突击创办了8所初级中学。到1972年，全县建成普通类中学17所，除卓尼中学外，其余16所都是七年制或八年制学校。

1970年春，卓尼中学增设高中部，卓尼县第一所完全中学终于建成。当年，洮河林业局也成立九年制职工子弟学校。1976年3月，卓尼县第二中学在麻路成立。年底，改新堡八年制学校为十年一贯制学校，称"卓尼县第三中学"。1977年2月，还在阿子滩学校开设了一个为数9人的高中班，两年毕业后建制停止。

到1978年时，全县拥有"戴帽"中学19所，其中完全中学3所，十年制学校1所，八年制学校15所，在校学生达2406人，分设62个教学班，全县教职工人数为105人。

4.大学教育

1958年秋，在"大跃进"运动的推动下，"卓尼县工农业技术大学"在业已停止宗教活动的禅定寺伊犁仓囊欠内成立。校长郭永福，大学设土木工程、畜牧兽医等三个系，学制三年，印制了校徽，悬挂了校牌。只有畜牧兽医系的教学活动在复兴坪上展开了一段时间，其余两系运作不明。1959年合入临潭后，称"临潭县工农业技术大学"。1961年8月，改称"临潭工业专科学校"的这所大学并入了"临潭师范学校"。至此，卓尼无高中而有大学的教育怪象终于结束。

（二）职业教育

这一时期的职业教育依旧体现在师范教育和中学职业技术教育上，电化教育还是没有产生。

1.师范教育

"大跃进"时期的卓尼初级师范学校，遵循上级指示，无论在教学活动、招生规模及生产实践上都着实放了一把卫星。到1960年时，因国家经济困难、大量学生辍学而缩减了规模。1961年底接上级指示停办。卓尼师范在其有效的10年内共培养了10届393名毕业生，为卓尼教育事业作出了重大贡献。此后直至"文革"期间，卓尼的师范教育仍旧依托卓尼中学在不定期举行，前后三次开设了5个班进行培训，共毕业学生150人。

2.（中学）职业技术教育

中学职业技术在"大跃进"运动中孕育，在"文化大革命"运动中产生。1966年秋，卓尼中学设立"耕读班"，实行"半工半读"的职业技术教育。1975年，卓尼中学又在讲授普通文化课的同时，将高中部学生编为两个短训班（"三员短训班"及会计短训班）和四个专业班（农机班、农技班、赤脚医生班、赤脚兽医班），培养学生的职业技术能力。

（三）成人教育

为了加强对党员干部和职工的政治思想教育，1958年6月成立中共卓尼县委党校和区乡业余党校，由县委书记、区委书记和乡总支书记兼任各级党校校长职务。1969年3月，麻路"五七干校"开学。同年，县上办起了"五七干校"性质的"红专学校"。

社会教育方面，从1972年到1976年的四年时间内，累计兴办政治夜校1674班（次），受教学员达64131人，结业学员1805人。

农村"扫盲"活动也在不断开展。1958年在全县10589名青壮年劳动力中，对9887名文盲进行了扫盲教育，最终脱盲7596人。1963年起，又设立了扫盲夜校，对青壮年劳动力再次扫盲。

四、日新月异的发展壮大

1978年底召开的中共十一届三中全会，使中国社会主义现代化建设事业步入改革开放的新时期。在拥有75524人的卓尼县，教育事业蓬勃发展。无论是学校教育，还是职业教育和成人教育，都在已有发展基础上以立体式规模发展。最大的亮点是全县通过了"普初""普九"两个国家教育指标的权威验收，成立了藏族中学和柳林中学，全县教学质量大幅度提升。

（一）学校教育

新时期的学校教育主要体现在县幼儿园的再次筹建，各级中小学的调整与巩固，独立高中的兴办上。

1.学前教育

（1）改革开放初期

1983年8月，在中共卓尼县委和县政府的大力支持下，以原县文工队驻地为园址，建成了占地620平方米，拥有28间教室的卓尼县幼儿园。新的幼儿园不仅购置了适应儿童游戏的攀登架、滑梯、浪船、转亭、转椅、木马、飞机、跷跷板、自行车等设施，而且对教学目的、教学内容、讲授科目、班级编制等方面都作了明确的要求和规定。除此之外，县城小学还设了学前班，各乡镇中心小学有了"预备班"。至此，卓尼县的学前教育才算步入健康发展的正规轨道。

（2）目前的学前教育

进入21世纪，国家各项事业突飞猛进地发展，教育投资也进一步加大，单就学前教育这一项，无论是投资数量、办园规模或教学质量，都远远超过了过去所有年份的总和。截至2016年底，全县设有幼儿园42所，在园幼儿达3940人，配备幼儿教师216名。随着城乡幼儿园教学环境的进一步改善，一个具有专业园丁、优雅环境的新天地将展现在全县适龄幼儿面前。

2.小学教育

（1）改革开放初期

1977—1989年，卓尼县在原有小学的基础上又先后成立了麻路（恰盖）、麻地湾、关洛、革古、拉代、地利多、下拉地、尕巴、麻地卡、卓洛巴、桥南等11所小（村）学。至1990年底，全县拥有137所小学（其中88所完校、49所初小），409个教学班。全县8569名适龄儿童中，已入学6006人，入学率70％，巩固率89.2％，合格率87％。以藏文课为主的学校有尼巴、刀告、完冒、恰盖4所，开设藏文课的学校有43所，学生1541人。全县有教职工425人，其中高级教师88人，一级教师168人，二级教师106人，三级教师44人。

（2）实现普九期

1999年9月20日，卓尼县完成"两基"（基本普及初等义务教育、基本扫除青壮年文盲）指标，顺利通过省州两级"普初"验收。到2003年，全县有小学134所，入学率96.01％，巩固率98.53％，毕业率达100％。全县教职工人数发展到987人。

（3）当今的小学教育

跨入21世纪，县文教局改称县教育委员会，卓尼的小学教育又发生了翻天覆地的变化，具体表现是：学校数量减少了，教学质量提高了；农村学校减少了，城镇学校扩大了；家长负担减轻了，国家资助加大了。2014年时，全县小学减至77所，基本趋向是村校变成教学点，完校变成村小学。截至2016年底，全县完全小学减到26所，它们是：柳校、藏小、上卓中心、草岔沟、西尼沟、木耳中心、冰崖、七车、大族、相俄、革古、扎古录、那子卡、阿子滩、申藏、卓逊、恰盖、康多、杓哇、柳林、侯旗、恰布、柏林、石达滩、杜家川、拉扎。其余村学减为49个教学点。小学教师812名，师生比为1∶10，合格率为100％，在校学生数为9097人。达到了当今集约化、高质量发展的目标。各乡镇小学都实现了寄宿制办学。

3.中学教育

（1）初中教育

①20世纪80年代

改革开放初，全县有19所初中学校，其中完全中学3所，十年制学校1所，八年制学校15所，在校学生达2406人，62个教学班，105名教职工。1980年撤销三中高中部，撤销康多、完冒、大族、多坝、洮砚、申藏、那子卡、上卓8所学校的初中部，各校初中生划分到就近初中学校学习。1985年9月，在柳林镇洮河南岸的郭哇山北麓，建成了卓尼县藏族中学，以藏文为主，由汉藏双语类教学发展到汉英藏三语类教学。

1980年后，为了提高教师素质和解决缺门学科教师，州县人民政府和教育主管部门采取请进来（聘请外地教师）和派出去（选派年轻教师到省内外大专院校和州内师范深造）的办法弥补了中学教师的紧缺和不足。仅1980年至1985年在西北师大、西北民院、省教育学院、中央民院、无锡教育学院离职进修的教师达77人之多。1989年后，将6名藏文教师派遣到青海教育学院及民族学校进修藏语文。

②20世纪90年代

1990年底，全县有初级中学12所，其中完全中学3所，独立初中1所，八年制学校8所，在校学生达1504人。此后，随着教育形势的发展，乡下初中数量愈加减少。到2003年时，县教委又改称县教育局，全县有初级中学6所（含九年制）。2008年秋，卓尼县的初等教育顺利通过省、州两级的"普九"验收。

③当今的初中教育

进入21世纪后，卓尼的初中教育也发生了很大的变化，先是在各乡镇实行寄宿制教学，接着在县城也实行寄宿制教学，采用封闭式管理。国家的"两免一补"（免除学杂费、免除课本费、补助生活费）等教育资金的定期发放，使这一教学形式迅速地发展起来。到2004年时，全县有初级中学8所（含九年制"带帽"初中）。截至2016年底，全县共有初级中学7所，它们是：藏中初中部，卓尼一中，卡车、纳浪、藏巴哇、阿子滩、尼巴九年制学校。教师482名，其中初中243名，九年制239名。在校学生3816人，师生比1∶10，在县城就读的学生占了全体初中生的绝大多数。

在这世纪之交，卓尼在校学生中，女生入学的比例明显提高。这是半个世纪以来卓尼教育发展的可喜成果，是国家计划生育政策、"普初""普九"教育政策尽力落实的综合作用。解放初期虽有达芝芬、张木兰、雷尕曼等妇女界前辈的率先垂范，但广大农村地区人们重男轻女的思想并没有改变。直至改革开放初，乡村人还信"丫头是人家的，念书是白搭的"俗理。近年来，进入初中乃至高中的女生数量基本占到全校学生数量的一半以上。

（2）高中教育

高中教育是中学教育的高级阶段。自1970年春卓尼中学设立高中部起，卓尼地区就有了高中教育，随着新堡、阿子滩十年制学校的开办，洮河林业局职工子弟学校高中部和卓尼藏中高中部的设立，壮大了卓尼高中教育的阵容。1985年高中改学制为三年，1992年实行学业会考制度，毕业证书的发放权收归甘南州教育局。自2011年秋季起，甘肃省的高中教育实行新课程教学。

为了满足迅猛发展的高中教育教师队伍的需要，自2010年起，分配了6名本科毕业生、17名支教大学生、28名选招生到卓尼一中和卓尼藏中任教。同年秋，自从西北师大招录14名本科毕业生任教高中起，卓尼高中教师通过选招而录用成了一条定制，并逐渐地过渡到只录专硕研究生学历的程度。

2011年8月，卓尼县柳林中学在叶儿村上滩新建后，把卓尼教育的高中教学提到了一个新的历史发展水平。在校长张建炳等一班人团结带领206名教职工的拼搏工作下，新的校园内形成了新的教学氛围，经过近五年全体师生的艰辛努力，这种氛围凝成了"艰苦奋斗，自强不息"的柳中精神。仅2012年一年的毕业生数，就超过了过去10年全县高中毕业生数。仅2012—2016年五年的毕业生数（4570人），就超过过去40年全县高中毕业生数的总和（4493人）。无论教师的知识层次、年龄结构和敬业精神都达到空前的高度。宏伟的建筑，先进的设备，良好的校风，严谨的秩序，都为卓尼教育美好的未来剪了头彩。

（二）职业教育

改革开放后，卓尼的职业教育在师范、电化、（中学）职业技术三方面都有发展。师范教育间断进行，电化教育异军突起，职业技术教育多头并举。

1.师范教育

1975年，县上改"红专学校"为"卓尼县教师进修学校"，开始对全县小学教师的文化素质和教学方法进行培训。培训对象是未恢复高考前从民办教师转正而未系统接受教育理论学习的小学教师。同时对中学教师也进行了短期数理化及英语培训。截至1990年底，教师进修学校举办各类培训班18期，培训教师460人，其中包括1978年春季入校，学制三年的50名甘南师范卓尼代培班学生。

2.电化教育

（1）卫星电视教学

随着信息时代的来临，卓尼县的电化教育也步入了成人教育行列。1988年3月，柳林小学组织了拥有36名学员的卫星电视教学中师班，这便是全县成人电化教育的开始。1989年县文教局成立了电化教育工作站。到年底，全县建立藏中、柳校、卡车、尼巴、完冒、恰盖、康多、洮砚8个乡级电化教学点。至1997年，全县23个学区都建成了卫星电视教学放像点，配备电教设备23套，为各学区（校）大量录制和配发了录音、录像带。2000年，省电教馆配来25套25英寸彩电和卫星地面接收设备，各中心学校及部分乡下小学结束了利用黑白电视机看录像带的历史。

（2）网络教学

2001年教育部"明天女教师"培训计划启动后，卓尼县5名女教师赴北京参加培训，结束时带来了教育部为各自配发的一台电脑、接收器和打印机等设备，开了全县利用电脑接收电视节目的先河。2002年"世行贫三项目"为县一中和柳林小学安装了一个有23台师生机的计算机教室，从此拉开了卓尼中小学开设信息技术课的序幕。"二期义教"工程为全县配发了信息技术教育设施。

2010年，县教育局对105个卫星教学接收点、80个光盘播放点、12个多媒体、26个计算机教室的运转情况和各项制度、各项表册的建立情况进行了跟踪督查，维修调试了运转不正常的电教设备，并上报了首批60所农牧村中小学接收系统注册号码，顺利通过了省级电化教育验收工作。

3.（中学）职业技术教育

（1）20世纪80年代的职教

职业技术教育是改革开放后卓尼教师进修学校的主要教学内容之一。1984年，根据有关中等教育结构改革的文件规定和州教育局通知，县上将麻路二中更名为"卓尼县职业中学"，从高一开设畜牧兽医专业技术课。要求县一中开设医士专业班，从初中毕业生中招收38名职业班学生，学习医务课。1987年，教师进修学校改称"卓尼职业中学"（麻路职中与麻路小学合并为麻路九年制学校）后，正式担起职业技术教育的任务，先后举办了一届财会班（一年制），一届幼师班（二年制），8期裁缝班，2期家具制作班。

由于职中在设备、校舍等方面的限制，职业技术教育又分散到各初级中学以"三加一"的形式进行。到1989年，全县设立8个职业技术班，它们是：藏巴哇学区的果树栽培班；麻路九年制学校的家电维修班；尼巴学校的畜牧兽医班；纳浪、卡车学校的医疗班；洮砚学校的砚台雕刻班；还有完冒学区以种植人工牛黄为内容的早期结合班等。

（2）当今的职业技术教育

经过近10年的发展，卓尼的职业技术教育远远走出了职业教育的范畴，步入与成人教育相结合的道路。以卓尼县职业中学为标志，已成为一所集职业教育、教师继续教育、职业技术培训和电大远程开放教育为一体的综合性学校。2006年8月，县政府出台了《关于组织农村青年参加中专学历职业技术培训的实施意见》，开了联合办学的先河。县职中积极与省经委下属的8所职业院校协商沟通，开展联合办学。招收本县初中毕业生开设职业中专班，招收高中毕业生送往联办院校就读，为社会培养了一大批具有一定专业技术技能的实用人才。

（三）成人教育

改革开放后，卓尼的成人教育在职工业余教育方面，主要体现在职工岗位培训、自学考试和电大函授上；社会教育主要体现在法制教育、时事政治教育上；扫盲教育乘"普初""普九"东风，主要集中在1997—1999年、2006—2008年两个时间段进行。

1.职工业余教育

1978年起，卓尼县职工业余教育又在新形势下全面展开。1990年，全县参加各级各类职工学校和岗位培训（技术、业务）的人员多达5498人，其中工人3942人，干部1556人。参加资格培训18人，技术等级培训115人，适应性培训131人；参加高等教育学历考试39人，中等教育学历考试137人，文化基础教育（高中）103人，毕（结）业人员245人。

自1991年起，卓尼成人教育中职工业余教育由学历培训、自学考试拓宽到农牧民培训、回乡青年培训和在职职工岗位培训等多方面。到2003年底，成人大中专考试报考人数869人，录取221人；自学考试报考1842人，单科合格56人；农牧民技术培训2010人。

当今的卓尼县职业中学在做好职业教育、教师继续教育、电大远程教育的前提下，已发展成为"甘南州贫困地区劳动力输转培训基地""卓尼县职业技术培训中心""卓尼县新农村建设培训基地"，在成人职工业余教育方面迈出了很大的步伐。

2.社会教育

1988年以来，卓尼县司法局、人社局等单位组织了多次成人社会教育，从不同的层面推动卓尼县的社会教育向法制化、专业化方向发展。自1988年起，卓尼县司法局先后举行了6次在职干部普法教育，颁发了相应门类的学法合格证。自2005年起，卓尼县人社局又进行了一系列时事政治教育，它们是：以"走进甘肃"公（商）务实用英语考试为代表的多次开卷考试，自学《从自我和谐到和谐社会》《权利与义务》《自主学习与自主创新》《国学知与行》《社会管理创新基础知识》等一系列时事政治学习材料。

3.农村"扫盲"教育

1997年以来，为配合甘肃省学校教育"普初"验收工作，响应州、县《规划》和《意见》，在全县开展扫除青壮年文盲工作。到2003年底，全县参加扫盲的青壮年劳动力达22100人，脱盲17260人。为了实现"普九"验收的"两基"目标，在2006—2008年三年内，又掀起了新一轮扫盲教育。这次扫盲县上拨了专项经费，乡上进行了细致的排查登记，全县坚持"一堵二扫三提高"的方针，设立126个扫盲点，利用现代媒体和农民急需了解的科技宣传片为切入点，深受广大青壮年文盲的欢迎。至2010年底，全县脱盲3000人，使卓尼县青壮年文盲率下降到3.14%。

五、万紫千红的未来

今天，卓尼的教育已经步入跨越式发展的新时期。先进的社会制度、健全的教育体系、真切的经济社会驱使、崭新的经营理念介入、多媒体现代化手段的不断利用、高度重视的人民政府扶持，都将使卓尼的教育事业出现一个承先启后、迈向质量新高度的大好趋势。

纵向探究，卓尼的教育发生了翻天覆地的变化，无论学校教育、职业教育，还是成人教育，都已走上健康发展的道路。横向比较，虽与兄弟县市学校在形式上缩小了差距，有时甚至出现并立或超越的现象，但在文化沉淀的底蕴和教育教学经验的积累方面，依旧存在着较大的差距。别人正常发展，我们奋力拼搏，别人在百年素质基础上稳步推进，我们在新的发展层面上倾全力奋追，稍有松懈，这种固有的文化教育壕沟必然会再度加宽。无论是哪一级哪一类教育，都存在着这个切实而不可忽视的问题。

要克服上述存在的危机，政府部门必须以下列五个方面为抓手，在新的起点上重新审视教育现实，做到警钟长鸣，常抓不懈。继续实行教育开放政策，吸引广大外地师资来卓任教；继续加大教育投入，不断改善教学设施；严格遵循教育规律，努力减少行政干预；着实关心教师生活，不断提高教师待遇；从长设计教育规划，高度重视贡献人才。只有这样，我们业已取得的艰辛成果才不致有损，我们的差距才会逐渐消失，卓尼教育事业的明天才和全县其他社会事业一道，与时俱进，展现出万紫千红的未来。

卓尼师范学校的创建与发展

（1951.8—1962.4）

范学勇　杨春融[*]

第一章　学校的创立与发展

一、学校的创立与发展

卓尼地区地域辽阔，资源丰富，山清水秀，以藏族为主的各族人民世世代代在这里辛勤劳动，繁衍生息。然而由于历史的原因，这一地区的经济及文化教育，长期处于落后状态。20世纪20年代开始创办学校，在解放前的20多年中，学校最昌盛时期全县（包括迭部、舟曲）仅有初高级小学24所，教职员47人，学生1420人。1948年至1949年，蒋家王朝土崩瓦解，贪官污吏乘机搜刮勒索，物价一日三涨，学校经费月月拖欠，校舍破烂不堪，教师少而质量差，大多数是小学毕业教小学，且工资甚微，难以养家糊口，使许多学校被迫停办。到解放前夕，全县初高级小学减到20所，在校学生减到680多人，民族教育面临着严重的危机。

解放后，卓尼实行了民族区域自治，建立了自治政权，人民开始当家做主。发展民族教育，培养建设人才，尽快改变"一穷二白"的面貌，是摆在党和政府面前的当务之急。为此，自治区政府根据《共同纲领》中规定的教育政策，于1950年开始，采取了几项有力措施：一是对全县境内的

　＊　作者杨春融曾为政协卓尼县文史资料委员会主任。

小学进行了整顿和恢复；二是从陇西、武山等地招聘了一批有文化、有实际教学经验的教师来卓尼任教，有的担任了校长职务，他们为解放初的卓尼教育事业做出了极积的贡献；三是为了更多地培养师资，壮大教师队伍，加快民族教育事业发展步伐，报经甘肃省人民政府批准，于1951年秋创办了"卓尼简易师范学校"。

"卓尼简易师范学校"成立后，校长和教导主任由柳林小学的赵文炯和马海涛代理，抽调的教师有周波、张我勋、刘鹤龄和姬建鼎等四人，外加两名临时职员，便是当时"简师"全部教职工的阵容。学生入学后，除自带行李外，全部经费都由国家供给，学生所缴的只不过是2000元旧人民币（合新币贰角）的报考费（初师以后按一元收取）。

9月初正式开学，首批招进的55名学生编为一班，开始在借自柳校的一栋东西走向的教室里（址处今农行院内）上课。开设的课程及教师任课状况见下表：

1952年教师任课表：

姓　名	科　目	周节数	备　注
赵文炯	政治常识	2	代校长
马海涛	语文	6	代主任
周　波	数学	6	班主任
张我勋	动物、植物	2	任课教师
刘鹤龄	音乐、体育、美术	6	任课教师
姬建鼎	语文	6	事务主任

到1952年底，在校学生为两级两班95人。教学设施上，将另一栋平行着的教室也借用了过来。1953年2月，省政府为统拨经费而统一全省校名时，遂将学校定名为"甘肃省卓尼初级师范学校"。

1953年夏，鉴于所借校舍紧张，秋季又要招生，特别是借宿于洮河林场（今文化馆院内的几间闲置房子里）的学生难以管理等问题，征得区政府的同意，与设在木耳桥安息日会教堂（今进修学校）内的"地方干部培训学校"作了对调，遂移址于木耳桥处。此处有东西向和南北向的两排平房供师生居住，介于二者门前的"飞机房子"除"机头"处有一间作为办公室外，其余均作上课的教室用。大灶、球场和附属小学设在河沟右边。至此，学校的教学与管理才算有了像样的环境。

1953年底，在校学生123人，其中少数民族学生28人，女生2人，学生来源于本区、临潭、岷县和会川等地，学生入校后按四等制记分的形式将助学金落实到伙食费上。教职工人数也增加到11人，其中专职教师就有7人。教师的薪水在1953年前是按工资分的形式（分值的高低由市场物价决定，每分约合新人民币0.4235元）计取的。当时执行的月薪水标准是：校长225分，教育主任210分，教员195分，职员150分，工友100分。1953年币制改革后，由旧级换新级，工资额的高低按学历区分，大致状况是：中专生划为第十级，月工资63元3角6分；大专生为第九级，月工资为70元×角×分；本科生为第八级，月工资为80元8角4分。这种局面一直维持到师范改建后的中学阶段。

自1955年7月起，学校送出两届三年制毕业生后，经请示甘南藏族自治区文教科后，于1956年初将学制改为4年，并在办好师范教育的前提下，还招收了一个44人的初中班（卓尼初中生伊始）。由于学制的延长、体制的扩大，在校学生越来越多，师生住房不但紧张，而且由于年久失修出现了因塌房而压伤常联民等2名学生的恶性事故。为此，经学校申请，县人委决定在马莲滩建新学校，省文教厅也拨来了五万元人民币的建校费。经校委会研究，由李玉文、许振业和张林程负责修建工作。在许、张二人的实地勘测下，确定了东至卡什山根，西邻兽医站，南达马路，北抵楞坎的学校区域。1956年底经河南籍工匠施工的新校舍正式建成。1957年8月初，全校师生终于搬进了杨柳成荫、马兰吐芳的新校园。

新建的学校盖有土木结构的瓦房八幢，厕所一处。其分布状况见下图。东面是生活区，设有平行对开着的灶房（处北）和饭厅（处南）各一幢，紧挨灶房的西北部是操场；西面是教学区，对称建有六幢教学用房，西三幢是教室，东三幢的前排是教师办公室兼宿舍，后排是学生宿舍，中间一幢是仪器室和贮藏室（每排十间），中间的开阔地是原设计建学校礼堂用的，终因经费不足而未能如愿以偿。

附：初师校域平面图

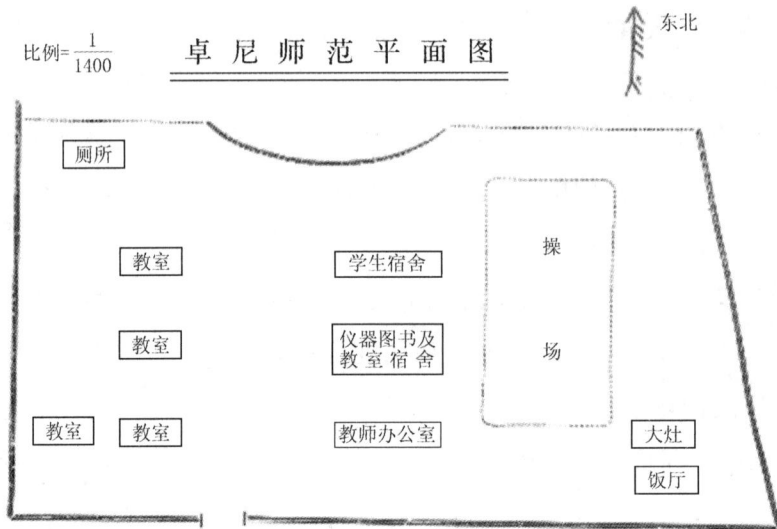

比例=$\frac{1}{1400}$ 卓 尼 师 范 平 面 图   东北

厕所

教室   学生宿舍   操

教室   仪器图书及   场
              教室宿舍

教室 教室   教师办公室   大灶

                              饭厅

二、校名沿革

卓尼初级师范学校是由教育部门主办的初等师范专业教育机构。它坐落在卓尼县柳林镇东南的马莲滩上，东北横枕卡什山，西南濒临洮河水，占地35亩，直至1962年4月转变校体时，已有10年的校史。10年之间校名演变如下：

1951年8月成立时，定名为"甘肃省卓尼简易师范学校"。

1953年2月全省统一校名时，改称为"甘肃省卓尼初级师范学校"。

1959年1月卓尼并入临潭后，改称为"甘肃省临潭师范学校"。

1962年1月两县分立后，又改称"甘肃省卓尼师范学校"。

同年4月，校名改为"卓尼县初级中学"后，师范建制停止。

第二章　全面发展的学校教学

自1957年起，学校的各项工作已步入健康发展的轨道。师资力量已趋雄厚，教学设备基本齐全，图书资料相对丰实，校风校纪日益严谨。至年底，全校已有四个年级两个类别六个班级，共280多名学生，教职工人数也由建校初的6人增加到21人。无论从校体的健全或教学事业的成就方面而言，学校都呈现出欣欣向荣的景象。

一、校体建设

1.教育机构

学校自成立起，就实行校长负责制。1952年经省文教厅批准，赵文炯正式调入"简师"任代理校长。1955年8月赵文炯调升文卫科长后，县上又指定由李玉文代行校长职务，直至1958年8月调来正式校长王双科后，李玉文才卸职专任自马海涛、胡云汉后的教导主任职务（一直到师范停止后的中学阶段）。在教育处之下，还设有教研室机构。1958年前是分科合组集体办公，组长由教育主任代理，自1958年起，才将语文、政史、数理、音体美、民族语文等五个教研室分开设立。语文组由段子杰任组长，1960年改由李贞祥任组长。数理组由张维业任组长，政史组王双科任组长。1960年改由李玉文任组长，音体美组由李鸿才任组长，民族语文组由李贞祥任组长。1960年民族语文教研组撤销。

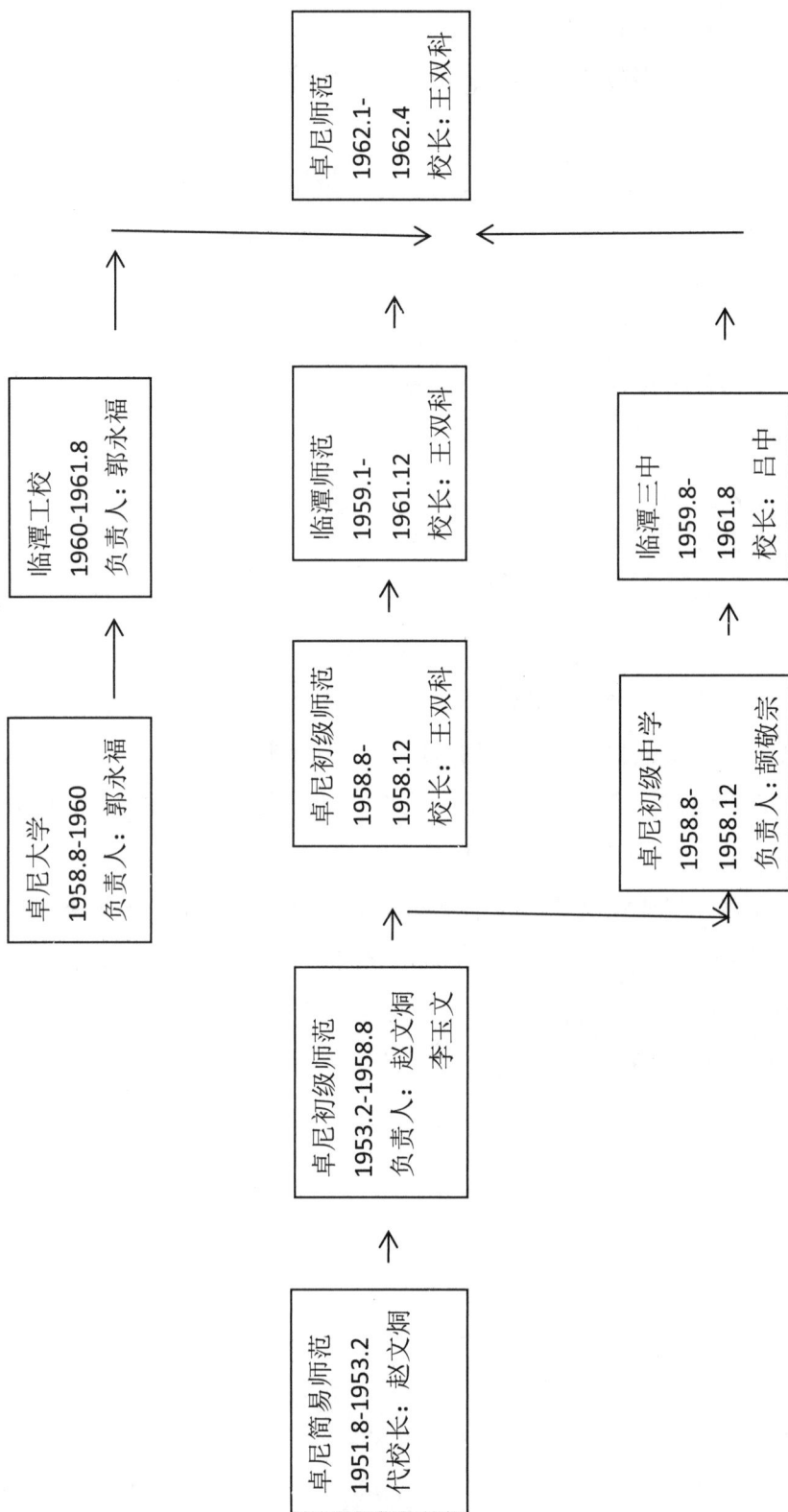

卓尼师范
1962.1-
1962.4
校长：王双科

临潭工校
1960-1961.8
负责人：郭永福

卓尼大学
1958.8-1960
负责人：郭永福

临潭师范
1959.1-
1961.12
校长：王双科

卓尼初级师范
1958.8-
1958.12
校长：王双科

临潭三中
1959.8-
1961.8
校长：吕中

卓尼初级中学
1958.8-
1958.12
负责人：颉敬宗

卓尼初级师范
1953.2-1958.8
负责人：赵文炯
李玉文

卓尼简易师范
1951.8-1953.2
代校长：赵文炯

事务处原称事务室，1955年8月前由会计兼教师的姬建鼎同志负责，本年秋由文教厅专派的张林程老师管理。1958年后，一直由王殿选代管到建制停止。总务处下设有事务室、会计室和校医室三个机构，具体负责人变迁如下：

事务室：姬建鼎—汪流珠—张林程—王殿选

会计室：姬建鼎—山生贵—王殿选

校医室：董世俊—李贞祥—王建国—李自清

附：历任校长、教育及事务主任表

机构	姓名	任职时间	籍贯	学历	职别	备注
校长室	赵文炯	1951.8—1955.8	甘肃临潭古战乡	大专	代理	无正职负责
	李玉文	1955.8—1958.8	甘肃兰州城关区	大专		
	王双科	1958.8—1961.11	河南灵宝县	大专	正职	
	吕 中	1961.11—1962.4	陕西三元城关	初中	正职	延任
教育处	马海涛	1951.8—1953.8	甘肃陇西城关区		正职	
	胡云汉	1955.8—1957.12	河南汝南王纲乡	本科	正职	
	李玉文	1958.1—1962.4	甘肃兰州城关区	大专	正职	延任
事务处	姬建鼎	1951.8—1955.8	甘肃卓尼柳林镇	中专	负责	
	张林程	1955.8—1958.8	甘肃兰州		主任	
	王殿选	1958.8—1961.8	甘肃岷县堡子乡	初师	代理	
	申景贤	1961.8—1962.4	甘肃临潭古战乡	中专	主任	延任

2.政务机构

学校成立初期尚无党支部建制，党员的组织生活是合在县级机关支部里过的。1957年成立了由李玉文负责的党小组，1958年秋季，根据县委指示，集"卓尼农业技术大学""卓尼初级中学"和"柳林小学"三单位于一体，在学校成立了由王双科任书记，李玉文、尹志民为委员的卓尼县教育系统的第一个支部（1960年后校独立建成支部）。属于支部领导下的群众组织有随校成立的"团队工作委员会"，1952年秋季成立的学生会和1959年秋成立的"教育工会"等机构，其组成状况见下表：

党支部及所属机构组成表

机构	人数	负责人	成员	任职时间	备注
党支部	4	李玉文		1957.8—1958.8	小组长
		王双科	李玉文　尹志民　颉敬宗	1958.8—1961.8	书记
		吕　中	李玉文	1961.8—1962.4	书记
团工委	3	董世俊	杨国栋　胡云汉	1951.8—1955.8	负责
	4	李玉文	杨国栋　胡云汉　乔世雄	1955.8—1959.8	书记
	3	尹志民	方汝菖　张　锋	1959.8—1962.4	团总支书记
学生会		周正刚	王德全　李俊德　蒙世隆　方忠良	1952.8—1954.7	学生会负责人称主席,成员一般由5—7人组成
		李学良	张新民　乔世雄　杨继舜　王殿选　杨寿山	1954.9—1955.7	
		王殿选	杨永清　乔世雄　曹增厚　杨继舜	1955.9—1956.7	王国良任副主席
		王殿选	王国良　程富中　李学正　乔世雄　唐作斌	1956.9—1958.7	
		程富中	李学正　张进忠　杨文蔚　张万鹏	1958.9—1959	
工会		李玉文	李宏才　寇学恭　李祯祥	1959.8—1962.8	负责人称主席

附：学校体制构成图

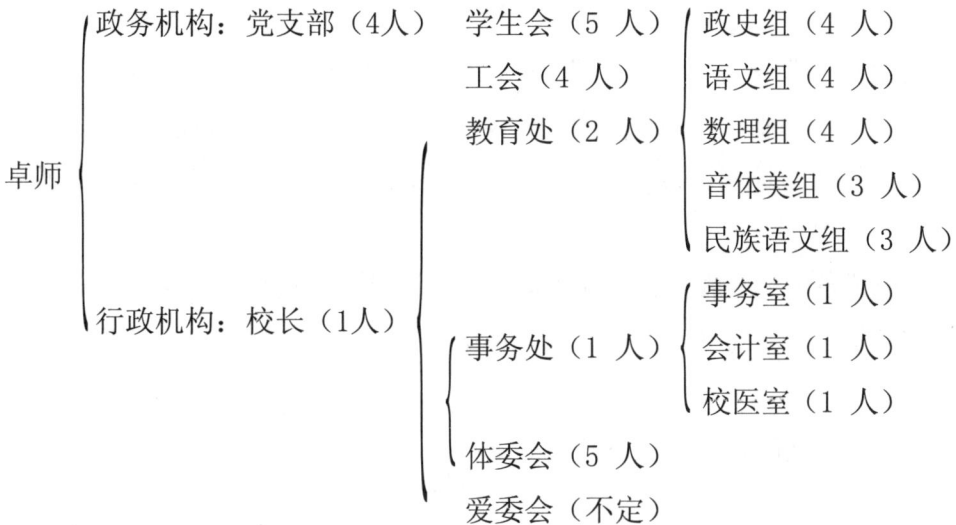

卓师
├ 政务机构：党支部（4人）
│　　学生会（5人）
│　　工会（4人）
│　　教育处（2人）
│　　　政史组（4人）
│　　　语文组（4人）
│　　　数理组（4人）
│　　　音体美组（3人）
│　　　民族语文组（3人）
└ 行政机构：校长（1人）
　　　事务处（1人）
　　　　事务室（1人）
　　　　会计室（1人）
　　　　校医室（1人）
　　　体委会（5人）
　　　爱委会（不定）

二、学校教学工作

1.教学计划的实施

学校成立初期，执行的是中央人民政府制定的"五三三"式新学制，自1956年改为四年制后，一直沿用到师范建制结束。在此学制的前提下，学校实行了相应的初师式教学计划。体现在学年编制上，实行秋季招生，秋季升级（毕业）制；体现在学科编制上，将所开的课程按如下编排程序施授：

一年级	语文	算术	自然地理	植物	
	藏文	音乐	体育	美术	
二年级	语文	代数	几何	物理	
	藏文	动物	中国历史地理	生理解剖	
	音乐	体育	美术		
三年级	文学	汉语	代数	几何	
	物理	化学	政常	世界历史	
	地理	藏文	音乐	体育	美术
四年级	文学	汉语	代数	几何	化学
	教育学	心理数	政常	语文教学法	
	藏文	算术教学法	音乐体育	美术	

为适应少数民族地区教育的需要，卓尼师范除开设一般师范应设课程外，从建校后就开设了藏语文课，到三四年级，逐渐增加藏文课的比重，并定期开展藏语会话，提高藏语言能力，为搞好民族地区的教育工作打下了坚实的基础。师范学生毕业后，在纯藏区工作，可以教授初小藏文课，并能和当地居民及学生进行日常的藏语会话，为搞好教学创造了良好条件。

无论是学校的教育行政和所属机构，或是每个教师的日常教学活动，都有学年、学期的书面工作计划和总结，有些教师的教学计划竟是用毛笔写成的。

这一时期的夏季作息时间表如下：

活动	时间	活动	时间
起床	6：50—7：00	午餐	12：00—13：30
上操	7：00—7：30	午休	13：30—15：00
早餐	7：30—8：10	第五节	15：40—16：25
第一节	8：10--8：5	第六节	16：35—17：20
第二节	9：05—9：50	课外活动	17：30—18：30
课间操	9：50—10：20	晚餐	18：30—20：30
第三节	10：20—11：05	晚自习	20：30—22：30
第四节	11：15—12：00	熄灯	22：40

2.课堂教学

学校教工在献身党的教育事业的过程中，涌现出了如许振业、胡云汉、李宏才等许多优秀教师，他们以严谨治学、宽以待人的高尚师德在课上课下影响着即将接班的师范学生。他们为上好每一门课，不惜牺牲两个假期预先备教案，周前备教具，以使所上的每节课都达到保质保量的要求。他们在遵循教育规律的前提下，大胆进行新教法的尝试。如青年教师许振业首创的"订计划，提要求、改后评讲"的作文教学法，深得学生的欢迎。他讲的《小二黑结婚》一课在校内外传为佳话，由于他在课堂教学等方面的贡献卓著，因而被县人委推荐为参加"全国中小学优秀教师代表大会"的代表。

学校除高度重视日常课堂教学外，还注重学生成绩的考核和档案装订工作，自1957年，学校每期都在评选学习及其他方面的标兵。为了将师范教育与毕业后的教学工作顺利而稳固地结合起来，学校除听取社会反应外，每级都在一定的时间内去柳林小学及前附校（木耳学校）实习（1957年前，师生都依省文教厅的安排去兰州、临夏等地参观、学习）。所有这一切办法和措施的运用，才使落后地区的办教育、抓质量的工作落实到了实处。

3.文艺活动

学校除了正常的文化课教学外，还从未放松过利用文学艺术这一直接的典型形象来教育学生和影响社会的主要环节。1957年初，以油印本的形式创办了以《卓师青年》为名的校刊。1958年秋又在前排教室右山墙上辟出了定期壁报——《文艺擂台》，从不同的侧面歌颂着党的方针政策。"大跃进"运动进入高潮期间，为了向国庆十周年献礼，制订了大放"文艺卫星"的具体计划，即在贯彻群众路线的前提下，完成达到州、省及全国水平的文艺创作任务：电影剧本2个，大型剧本和长篇小说3部，中型剧本和小说1—3部，小型剧本和小说30—50部，美术作品10件，诗歌选集（500首）2部，文艺理论1篇。

此外，文艺演出也是当时颇具特色的活动之一。1952年前后，学校以简短犀利的活报剧形式，宣传中苏友好关系，揭露美帝国主义侵略朝鲜的野心。后来，还以《梁秋燕》的艺术形象宣传过党的新婚姻法。"大跃进"过程中，还学习推出了《兄妹开荒》《夫妻识字》《十二把镰刀》等眉户剧。除了具体活动外，学校还在每期的教学计划中订出了该学期内文艺活动的内容和应达到的程度。

4.体育活动

学校刚成立时，体育课的内容由一身兼三科（音乐、体育、美术）的刘鹤龄老师自定，"两操一课"每日进行（学生做的是第一套广播体操）。从1954年起，学校实行"劳卫制"锻炼标准。1955年5月，学校组成了以赵文炯为主任委员，胡云汉、刘鹤龄、张我勋和董世俊为成员的体育运动委员会，在贯彻同年由教育部颁发的《中学体育大纲》的前提下，大力开展体育竞赛活动。当时学校建有男女篮球、排球、乒乓球、足球、体操和田径等九个代表队，利用课余时间经常坚持锻炼，在"四红"运动的促进下，学校的教工、学生两支篮球队成为卓尼地区首屈一指的强队。

1957年暑假，卓尼初师第一届体育运动会召开。同年8月，经选拔的学校代表队参加了全州中学生运动会。本年秋天，学校代表队在县直机关运动会上，集体夺得篮球、排球两项冠军，张云汉夺得象棋冠军，杨春融夺得乒乓球冠军，歹大荣取得跳高第一，张明炯取得跳远第一名，成国珍投掷铅球、铁饼和标枪都破县纪录而获得"三球大王"的称号。

1959年暑假，学校召开了第二届运动会，马怀云夺得乒乓球冠军。同年冬天，学校代表队在县直机关球类运动会上集体夺得篮球亚军，成国珍个人夺得摔跤第二名。

5.学校卫生工作

学校的卫生工作是由师生卫生保健和爱国卫生活动构成的。学校专职校医时有时无，师生的保健工作主要是由学校指定的教师去做的，如董世俊、李贞祥等。由于医疗条件差，1957年3月校内发生"流感"后，因得不到应有的重视和控制，以致蔓延到了学校几乎停课的地步。爱国卫生工作是从建校后就抓起的。1952年6月建立的以赵文炯为主任委员，由马海涛、周波、姬建鼎、周正刚、李俊德、王德权、范学典等9人组成的"学校防疫委员会"就是后来出现的爱委会的原型。此后组成人员虽有变动，但组织名称未变。1959年4月经县爱委会统一改建后，始称"爱委会"。当时在"学校防疫委员会"的领导下，学校卫生工作是分片承包打扫，各班室专人负责，定期检查评比，遇到节目时，有的甚至包段到街。

三、学校各类教学设备

学校发展到1958年前后，图书资料和教学仪器也丰富起来，体育场地和教学器材在上级的规划发放和广大师生的努力下，日臻齐全。自1957年学校定址后，上级每年都有一定数量的拨款用于购买图书和各科教学器材。据不完全统计，截至师范建制停止时，学校拥有各类藏书15000多册，教学挂图和实验仪器基本齐全。有大小两种规格的电影机和幻灯机各一台，单是用于音乐课教学的脚踏琴就有40多架。在配套购置各类乐器的前提下，学校建有一支经常用于各类文艺演出的乐队，鼓号、服装等用于仪仗和扭秧歌的器具更是完备。

用于体育教学方面的设备有，师生平出的三个篮球场、一个足球和排球场。篮球架、排球杆、足球门、乒乓球案子，单双杠、爬绳、吊环、平衡木、浪桥、平梯和平台都是在新分体育教师寇学恭的指导下，学校自制的。此外，还购置了鞍马、跳箱、各类垫子和滑冰鞋等用具。自此，学校的体育教学才得以全面展开。

四、勤工俭学

学校定址前夕，勤工俭学活动侧重于对校容校貌的整理工作，特别是新校舍建成后，在院内平整人行道、修建操场、开地种菜、圈打围墙等事成了唯一活动内容。据载，当时的围墙东西南三面共长68.3丈，是1958年7月才由学生打成的。仅此一项，就为学校节约了上级拨款341.5元。1958年起，在"大跃进"运动的背景下，学校的勤工俭学主要致力于开荒地方面，在卡什山、大操场及操场南边的马莲滩中，共开了200多亩荒地。1958年除一般耕种外，还另列出10亩土地做农场，种小麦2亩、洋芋8亩，这年仅洋芋收了8万多斤，折合人民币3200元。除了开种荒地外，还办起了动物养殖场（兔子6只、鸽子8只、鸡17只、猪12头）、文具制作场（教具、粉笔、信封纸）、绿肥、油漆、雕刻、竹器编制、木器制作、石灰、泥工和副食加工等15个小型场子，制出各种图表、器械150件，模型20种，尤以太阳灶、水车、脚踏鼓风机和风箱为最佳。这年还上山背柴四次，卖掉后收入人民币395.19元。

进入1959年后，又扩大了这项活动的规模。扩建农场35亩（其中种小麦10亩、洋芋15亩、蔬菜10亩）。设立小麦、洋芋卫星田各1亩，新建化工厂1座（周产化肥3000斤，兼制粉笔、墨水和墨汁等教学用品），筹建造纸厂1座。

第三章　师范建制的终结

　　1957年的反右运动和1958年的"大跃进"运动使教师数量锐减，教学质量猛跌，人人自危，师生的主观能动性再也不敢发挥。自1959年元旦起，卓尼并入临潭县后，学校改名为"甘肃省临潭师范学校"。

　　鉴于全县小学数目的锐减，教师人数过剩，毕业生分不出去，城镇人口又开始下放的情况，学校奉上级指示，于1961年8月停止了对师范学生的招收工作。接着，又根据县人委的指示，将临潭三中（原卓尼初中）、临潭工校（原卓尼大学）和幼儿园三单位全部合入本校，形成了以初级中学为主体兼有三个师范班的复式教育结构，原临潭三中的校长吕中同志顺利合并后在潭师工作。本年12月初，分县工作就绪，潭师首先改称"甘肃省卓尼县初级中学"。1962年4月，在上级明文批复后，学校正式启用"卓尼初级中学"的印章，卓尼初级师范学校终于结束了它为史十年的建制（此后毕业了三级）。

　　卓尼初师，开了本地区初等教育的先河，在她有史的十年时间内，为卓尼民族地区培养了十届375名师范毕业生，及时有效地解决了我县和其他兄弟县社发展小学教育、民族教育和学前教育的师资问题，培养和造就了一大批各级分类建设人才，其中许多人早已成为我州及临近诸县各级部门的领导力量，为所在地、县的经济建设发挥着很大的作用。卓尼师范不仅在我县教育史上占有极其重要的地位，而且为我县后来的中学教育奠定了雄厚的物质基础。

第四章　建校十年的成就

一、工作成就突出的毕业生

1. 走上中高级领导岗位者

姓　名	毕业时间	届　次	职　务
胡国鼎	1954年7月	第一届	政协卓尼县委员会主席
杜世昌	1955年7月	第二届	甘南州人民政府副州长
张新民	1955年7月	第二届	卓尼县检察院检察长
李学良	1955年7月	第二届	临潭县副县长
杨登元	1955年7月	第二届	临潭县法院院长
陈秉衡	1955年7月	第二届	甘南州志办副主任
杨永庆	1958年7月	第四届	临潭县人大主任
魏国民	1960年7月	第六届	临潭县纪委书记
王国平	1961年7月	第七届	临潭县委书记
卢仲勇	1961年7月	第七届	政协卓尼县委员会主席
赵永昌	1964年7月	第十届	政协甘南州委员会副主席

2. 科技战线取得中高级职称者

张俊德	1954年7月	第一届	高级医师　卓尼防疫站
苏怀礼	1954年7月	第一届	农艺师　徽县科委
方忠良	1954年7月	第一届	农艺师　卓尼县农科所
严肃敬	1954年7月	第一届	主治医师　省人民医院
刘建礼	1955年7月	第二届	主治医师　卓尼中医院

3. 教育战线获得荣誉称号者

石惠英	1958年7月	第四届	甘南州先进教师
魏效贞	1962年7月	第八届	全国小学特级教师
刘凤菊	1963年7月	第九届	全国优秀教师
雍素珍	1963年7月	第九届	甘南州优秀园丁
王爱菊	1963年7月	第九届	全国模范班主任

二、历届师范毕业生名录

第一届（三年制，共29人，1954年7月毕业）

马祖武	范学典	俞文俊	周正刚	王克强
牛耀斗	郑明俊	曹世贵	鱼生辉	王建国
曹希敏	苏怀礼	朱箴训	卢生元	严肃敬
金　章	王德全	张俊德	魏士斌	梁荣华
方振国	万骥祺	罗炳仁	王　衡	王尚武
方忠良	李志英	胡国鼎	蒙世隆	

第二届（三年制，共31人，1955年7月毕业）

陈自强	刘建礼	宋增寿	张胜年	王启贵
李宝元	同上达	杨顺程	吴占荣	李生福
阎士超	杨寿山	李学良	郭珍瑜	孙兆元
季耀珍	赵文煜	张新民	乔国器	王德仁
丁熵乾	杨世荣	丁　鹤	杜亭鹤	尹和善
朱永智	杜世昌	杨登元	汪承晏	雷耀祖
张耀奎				

第三届（四年制，共28人，1957年7月毕业）

苏　政	杨继舜	牛占彪	谈安生	奚国屏
敏思源	陈秉衡	乔世雄	胡国华	虎兴国
李希圣	奚步云	王　选	梅　肌	王国珍
樊成道	姜维新	李克昌	赵文秀	祝启云
邱德辉	路耀辉	赵文烈	卫东生	范学礼
奚昌发	张国祯	尤华芳		

第四届（共45人，1958年7月毕业）

杨永庆	王殿选	褚儒才	杨鼎选	歹大荣
周秉义	文国华	王明权	王如梅	张云汉
魏启贤	成国珍	王　文	张国灿	曹增厚
王　忠	王世琦	刘国鑫	吴琢英	李育发
马永修	吴正民	豆学祖	程孝魁	杜毓仁

阎廷勋	马育民	敏希麟	邱 岚	王德懋
石慧英	包 礼	赵国俊	何进礼	石国礼
靳 忠	王建勋	李定华	杜文尉	蒲世忠
包世荣	马安仁	杨永恒	赵文锦	乔国栋

第五届（共37人，1959年7月毕业）

夏士杰	刘永新	赵彦杰	李秉民	史尚仁
师启文	吴登煜	张生荣	王正明	宁永隆
张秀兰	宋 鼎	赵文魁	石国镛	谢安民
丁炯乾	陈国治	海起龙	孙显宗	牛万吉
张文孝	魏占鼎	杨春融	陈士俊	张映荣
王永福	包廷瑞	程富中	杜文忠	李学正
谈京生	杨文蔚	肖永清	陈树权	彭居乾
吴国藩	王文明			

第六届（共50人，1960年7月毕业）

朱雪红	李文秀	杨树德	杨月英	邱巧英
刘学义	马怀仁	孙善昌	张敬忠	朱守信
李春泰	李素琴	赵德贵	吴必高	徐文谟
杜光宪	吴必超	来玉琛	王国良	魏国民
杜树魁	宋继宗	王庭智	李英才	杨永安
马怀云	吴必遴	杨映栋	王国樑	赵绍儒
王庭元	杨进财	唐佐斌	董郁时	刘德仁
丁培元	张振声	王克胜	张炯明	徐发荣
杨 森	牛世俊	徐建功	孙学仁	张万鹏
张富生	杨鼎锡	徐守科	杨兆元	李国荣

第七届（共42人，于1961年7月毕业）

杨国俊	王国平	梁玉英	雷 耀	马明芳
沙学文	杨玉英	张殿奎	刘开元	陈文俊
李含景	蒙希圣	杨济源	马国财	孙克贤
徐廷祖	武芝生	张少簿	李维虎	马启荣
邱玉堂	卢仲雄	卢仲勇	李凤鸣	张发荣
金有库	宁 昌	刘连芳	赵启云	愈耀龙

卢文焕	王纪荣	刘振中	吴士英	王风林
张佐汉	马登弟	王全寿	李含荣	王宗文
宁荣华	陶效忠			

第八届（共55人，1962年7月毕业）

雍生珍	王巧生	苏富荣	姜世荣	党贞吉
李鹤鸣	李生兰	李希圣	安兆龙	陈婉珍
杨新民	赵怀仁	杨世新	李　秀	王俊民
张汉杰	吕一琪	文桂莲	焦香瑞	寇振邦
何　玉	杨永业	山生华	杨秀兰	杨耘程
李发春	魏效贞	阎素花	周耀文	宋乾元
陈桂珍	郑怀玉	张映明	杨志远	李发科
马永奎	李治国	宁学义	杨兰英	杨玉芳
杨慧芳	丁世荣	余运祺	冯辅民	丁　鸣
李永祥	武碧玉	李维新	徐文学	孙亚谋
杨育才	陈居荣	薛德毅	曹莲英	褚含娥

第九届（共20人，1963年7月毕业）

马登峰	胡文义	石秀梅	褚文炳	杜生荣
雍淑贞	赵永泰	林金凤	王爱菊	李占荣
刘惠兰	徐玉梅	刘风菊	宋迎香	张　玫
郑成莲	王国杰	田竹亭	李存发	徐文义

第十届（共17人，1964年7月毕业）

陈化隆	刘兰梅	唐占鳌	房全凤	李贺秋
李春景	赵永昌	魏佩风	武万英	阎士汉
阎桂芳	沙启元	李天文	辛占荣	王建功
王淑兰	李爱英			

卓尼师范师训练班（1959年入学，1960年7月毕业，学制一年，招生21人，毕业19人）

杨振华	李德龙	李绪奎	王士俊	祝志芳
齐桂枝	张贻正	赵鸿礼	王怀仁	杨学荣
张立芳	王　斌	张菊英	史贵邦	王恩祥
卜庆云	朱世荣	翟延窦	付红湖	

第五章　材料附录

一、历年教职工人数

年份	总数	专职	年份	总数	专职
1951	6	4	1957	19	14
1952	7	5	1958	14	12
1953	9	7	1959	23	21
1954	11	8	1960	25	18
1955	13	10	1961	34	16
1956	16	12	1962	34	26

二、历年拨款情况表

项目年度	总经费	工资	公务费	助学金	备注
1954	31000				分项不明
1955	35859	12470	3215	18900	
1956	103237				分项不明
1957	62196.7	18298.06	3663.17	30796.48	
1958	55428.13	13905.18	3556.67	34244.7	
1959	725403.5	12147.18	3431.47	37839.79	
1960	108609.95	21977.85	5494.47	51455.57	
1961	74409.73	31139.56	5696.64	31891.25	
1962	56474.07	34673.81	9439.2	13687.28	

三、历年各类学生数

年度	招生数	在校生	班级数	毕业生数	备注
1951	55	55	1		
1952	40	95	2		
1953	55	150	3		
1954	91	212	3	29	三年制毕业
1955	60	241	4	31	
1956	50	291	5		
1957	40	288	5	28	四年制毕业
1958	121	366	6	45	
1959	110	393	7	37	
1960	167	510	11	50	
1961		314	6	44	师范停止招生
1962		130	3	55	初师改为中学
1963		40	1	20	
1964				17	师范毕业完

（原载于《卓尼文史资料》第四辑，

政协卓尼县委员会文史资料委员会编，1993 年 10 月）

卓尼县干校简况

杨春融　胡国鼎[*]

　　1949年，中国人民解放军第一野战军挺进西北，以摧枯拉朽之力，至8月份解放了甘肃大部分地区，8月下旬解放了西北重镇兰州。9月11日国民党政府甘肃省师管区司令兼甘肃省保安副司令周祥初、120军173师师长陈叔钵、代理甘肃省第一行政督察专员公署专员兼区保安司令孙伯泉、洮岷路保安司令部司令杨复兴等率部在岷县通电起义。岷县、临潭、卓尼和平解放，各族人民摆脱了长期封建统治的枷锁，获得了新生。解放后卓尼成为岷县专区管辖的一个县，由杨培才任县长兼县委书记。1950年5月，岷县专署撤销，卓尼县改为甘肃省直属的卓尼藏族自治区，将原县委改为中共卓尼藏族自治区工作委员会，县政府改为自治区行政委员会，赵毓文任工委书记，杨复兴任行政委员会主任。

　　解放初，上级选派了部分干部来卓尼工作，但在新形势下，干部远远不能满足革命工作的需要，吸收培养干部，特别是培养少数民族干部就成为刻不容缓的首要任务。为加速少数民族干部队伍建设，根据岷县地委、专署的指示，卓尼县委、县政府责成有关部门、抽调专门人员，于1949年冬办起了卓尼县地方干部培训班，后改为干校。前后共四期，培养了140多名干部，还轮训了一批在职干部，对卓尼的各项建设事业起了积极的促进作用。

---

　　*　胡国鼎曾为政协卓尼县委员会主席。

历届干校概况

解放后，县委宣传部抽调刘欣等同志负责在极其简陋的条件下，于1949年冬办起卓尼首期干部培训班。

首期干校学员采取了自愿报名，上级组织审查批准，经过短期政治理论学习培训，结业后统一分配的办法。以后逐步采取自愿报名，由工作组或区、乡领导复查，推荐保送，干校复查的办法。当时卓尼地区有志青年踊跃报名，参加革命工作，他们中有小学及初、高中毕业的青年学生，有社会上的进步青年和小学教师，更多的是青年农牧民群众。第一期干训班招收学员30名，以旧县参议会楼上作为临时校址。学习期限为三个月，于1950年1月结业后，全部分配了工作。

第一期干校在教学上，主要学习《目前形势和我们的任务》；学习党的各项方针政策及有关文件；学习建立为人民服务，走群众路线的观点、忠诚与老实、批评与自我批评等方面的材料。学习方法上采取听报告（由县委书记杨培才等领导作报告）、读文件、谈认识，结合实际进行讨论的方式，提高政治理论及对党的政策的理解水平，加强思想道德修养，培养为人民服务的思想，走群众路线，密切联系群众，深入调查研究的工作作风，正确贯彻执行政策的能力。同时经常组织学员参加生产劳动，如拾柴、打扫卫生，开展扭秧歌，演话剧教唱新歌曲，开娱乐晚会，打篮球等文体活动，使干校学员生活生机勃勃。

1951年，干校校址正式定在卓尼木耳桥头原基督教"安息日会"教堂的群众所称的"洋人飞机房"。干校由工委宣传部直接领导管理，委派吴杰同志负责，抽调了一批管理人员，招收了第二批学员，从1951年8月开学，第二年3月结业分配。

这期干校课程安排了政治课及文化课。政治课主要学习《社会发展史》《党史》，毛主席著作《为人民服务》《纪念白求恩》《论人民民主专政》，结合当时全国形势，还学习了"土改文件""三反""五反"文件，并请工委书记赵毓文、自治区行政委员会主任杨复兴作时事、政治、法律报告。文化课以扫盲为主。

1952年清明节前（四月初），干校招收了第三批学员，清明刚过正式开课。这期招收的50多名学员中，少部分有一定文化程度，大部分来自农村牧区，文盲半文盲居多数。这期学员经过整整一年的学习，于1953年4月底结业分配到全县各区工作。1953年初，甘南地区发生马良反革命武装叛乱，人民解放军开赴藏区剿匪，需要翻译人员。当时从干校抽调杨发、魏维新、寇世雄、杨锦等同志于2月份提前结业到公安十一团（后改为内务二团）随军充任翻译，平叛结束后，于1955年调行政部门工作。

这期干校在总结前期教学经验的基础上，逐步逐年完善了教学方针和内容，改进了课程设置和教学方法。正如《中共卓尼工委宣传部1952年工作总结》中指出的："前期干部在上的课程、教育方法上有很大的错误（如给学员上社会发展简史、土改政策等），在学员思想上有很大的不良影响，不适合卓尼实际和藏族地区的宣传"，故这一期教学方针有了很大的改变，在这一期对学员程度较高的（高小程度）学习政治常识，文化低的或没文化的学员学文化，还采用了速成识字法……除政治常识外，学习民族政策，加深对民族政策的了解，为将来做好少数民族地区的工作，使藏汉同学能够打成一片，为卓尼人民服务。为融洽民族感情，干校还组织不会藏语的汉族学员学习藏语。

第三期干校学员中，有文化程度较好的，也有很大一部分是来自农村牧区的文盲半文盲，文化程度参差不齐。针对这一实际，干校调整了原培训办法，采取分班指导培训的方式。将有一定书写阅读能力的学员分为理论班（内称一组），将不识字、少识字的学员分到文化班（内称二组）进行分班学习。文化班以学文化为主（学习汉语拼音和藏文字母，施行速成识字法教学）兼学理论。理论班以学理论为主，兼学应用文，如写计划、总结、报告等，锻炼提高写作能力。分班教学提高了教学质量，收到显著成效。

课程设置上，政治理论课的内容，以《政治常识读本》上下册为主要教材，同时讲解伟大、光荣、正确的中国共产党的光辉历程及怎样做一个共产党员；共产党员八条标准；西北民族情况，民族政策；农村政治教材；革命干部的工作作风及工作态度等。并请机关首长和负责同志作关于民政、教育、治安、卫生、统计、司法、检察、农村、畜牧、金融等有关政策的报告。

加强了藏文、藏语的学习，配备了一名藏文专职教师，并不定期地请禅定寺有较高文化修养的僧人到校讲课，每天安排了一节藏文藏语课，从时间上保证了藏语文学习，平时学校号召汉族学员学藏语，藏族学员学汉语，互教互学提高会话能力，融洽了民族感情。结业时，大部分学员学会了藏文字母和简单拼音。

文化班学员经过一年的学习，基本扫除了文盲，有一定的阅读能力，学到了一定的理论知识，为以后的工作和学习打下了坚实的基础。

第三期学员结业后，从1953年6月起，卓尼干校结束了新吸收干部的培训任务，继而转入在职干部的训练，校址也从木耳桥迁到县城。

卓尼干校前后培训、新吸收干部140多名，学员们抱着为社会主义革命和建设做贡献的远大理想，步入革命阵营，紧张而愉快地度过了短暂的干校学习生活，接受了新的思想和知识，又匆匆地踏上了新的战斗岗位。多年来，在党的培育下，经过历次政治运动的磨炼和工作实践，他们成为我县干部队伍的骨干力量。他们中，部分同志被提拔为党的中高级领导干部，成为干校学员的佼佼者；少数同志在1958年的平叛斗争中惨遭叛匪杀害，为革命献出了宝贵的生命；更多的同志在平凡的岗位上，在各条战线默默无闻地工作着，起着革命的螺丝钉的作用，为社会主义革命和建设做出了应有的贡献。

干校学员组织

干校成立学员自治会。自治会由学员民主选举产生，下设文体组（组织学员的文化娱乐及体育活动）、生活组（民主管理伙食）和治安组（专管防火防盗）。在学习上也分成小组，每组10人左右，由学员选举出正副组长，负责组织学员学习，开展各项文体活动，并在学员中开展互帮互学活动，提高学习成绩。

文体活动

干校学员每天除跑早操、做课间操外，还开展打康乐球、篮球，参加体育运动等活动。文化娱乐活动也开展得很好，定期举行报告讲演会，办黑板报，开娱乐晚会；组织扭秧歌跳藏族舞蹈，教唱革命歌曲。还自排自演话剧、秦腔，深入基层宣传演出，占领农村文化阵地。如1952年在草岔沟庙演出3天，深受群众欢迎。

城关草岔沟，每年农历五月二十七日至二十九日，在常爷庙会上唱三天大戏，群众称为草岔沟庙会。一年一度的草岔沟庙会，正值农闲季节，临潭卓尼两县四路八乡群众，扶老携幼，纷纷前来浪神会。庙会期间，白天黑夜，人山人海，有开茶馆、饭馆、设点摆摊的，更多的是看戏的、唱"花儿"的，热闹非凡。干校学员自排了话剧《白毛女》，想借此机会在庙会上演出，但庙会提领、会长认为草岔沟庙是神会，是给常爷唱戏，根据历史遗留的习俗，真旦（女人）不能登台表演，恐亵渎神灵，引起常爷震怒，给四方庶民百姓降灾。当时干校、师范等单位派出代表，给他们做思想工作，进行说服教育，经过多次交涉，终于达成协议，他们同意白天唱旧戏，晚上演自编的剧目。这年的草岔沟庙会别开生面，学员组织了秧歌队，白天在庙会上扭秧歌，引来了无数看热闹的群众；晚上演出了话剧《白毛女》，地主黄世仁的恶毒残暴，杨白老的悲惨遭遇，赵大春和喜儿不畏强暴、奋起反抗的精神和共产党解救人民群众于水深火热之中等一幕幕故事情节，深深地打动了观看群众的心弦，卓尼师范学校和卓尼民兵司令部也演了话剧《血泪仇》《死羊湾》等，吸引了无数逛庙会群众，使解放初期的群众受到了一次阶级教育。

干校各项活动安排

1.每天正课三小时，讨论四小时，自学两小时。

2.每周报告时事一次。

3.办黑板报两期。

4. 每星期日晚两小时为生活检讨会，每星期二早晨两小时为小组长、学员自治会负责人联席汇报会。

干校各项制度

各期干校的主要制度有：

1. 学习：学习时间不能会客，不能迟到早退，不能谈闲打闹，讲什么学什么，用心听讲，互相了解，互相帮助，反对任何不用心学习的思想作风。

2. 生活：遵守纪律，服从组织，参加必要的体育活动。每晚讨论完毕唱15分钟歌，每日课外活动为球类、藏舞等娱乐，除星期日自由活动外其余时间不请假，不能出学校范围。

3. 卫生：讲究个人和公共卫生，每月理两次发，每月洗两次澡，室内和环境要保持一定的清洁，尽可能个人用自己的日常用具，每星期六为大扫除日。

4. 请假：轻病（如稍受凉）、小事不准假，除星期日自由活动外，其余时间都要请假，准假后还要告诉小组长。

干校生活

干校学员生活实行供给制，每年发两套单衣、一件棉大衣，伙食实行包干制。干校发扬党的自力更生、艰苦奋斗的优良传统，组织学员参加拾烧柴、种蔬菜、帮灶做饭、烧木炭等劳动，树立学员的劳动观念，同时也改善了伙食，提高了生活水平。

历届干校教职员

第一期：刘　欣　负责组织教学工作
　　　　苗守儒　负责文体活动
　　　　张谋谈　负责总务

第二期：吴　杰　总负责人兼教员

　　　　　王克勤　干校管理人员

　　　　　尹书俊　会计

第三期：吴　杰　干校负责人兼教员

　　　　　王克勤　干校负责人

　　　　　尹书俊　会计

　　　　　周星三　总务

　　　　　苗生文　藏语文教师

　　　　　杨建国　通讯员

历届干校结业学员

第一期（23名）

李天民	张振中	周亚宣	陈　皓	杨木兰	俞日梅
尹书俊	邢树义	李绍唐	陈世茂	王立仁	李庭秀
王选卿	陈宗熙	张学文	曹希吉	刘英美	李生华
赵承业	王克勤	寇寿昌	宗其荣	王永寿	

第二期（52名）

寇云英	尤风林	曹发许	杨得海	陈世英	强作仁
马登昆	范学良	李秋香	刘秀英	李尚德	方忠嫒
杨存英	奚其仁	夏耘田	张世贵	牛育林	夏钟声
杨永芬	陈大平	周月梅	魏尚仁	陈慕曾	周星三
赵先恩	安富华	乔松狱	陈　兴	魏彩青	杨继德
苟落藏	李瑞贞	乔扎西	刘耀宗	寇巧英	完玛草
丁克义	张维杰	尹天福	石桑周	周国璋	莫佛林
马兴帮	冯华明	宗其华	韩守瑞	李生华	马玉文
乔永德	周秉全	王廷杰	曹世琨		

第三期（55名）

| 李富春 | 杨　发 | 杨惠英 | 海起风 | 杨巧云 | 奚佐清 |
| 杨世英 | 杨重才 | 陈小平 | 阎俊德 | 范召财 | 寇世雄 |

白如礼	吴学文	李启荣	李志忠	王仁成	姬永福
王继述	范永珍	周学仁	侯学富	李锦秀	王阿扎
王拉目	李忠孝	安仁静	马全胜	杨 锦	蔡世明
漆全德	李 明	周维民	武光辉	白登云	白克俭
高正明	尹正义	白永祯	田志进	开建忠	魏维新
张学德	孙光耀	王 兴	杨志远	曹世昌	陈玉华
许生祥	王庭贵	吴改英	舒海德	蔡维俊	牛贡布
杨建国					

编　后

卓尼干校距今已40余年，笔者虽查阅了大量档案，但干校资料在档案中收之甚少，大部分材料和情节都是干校老学员回忆提供，综合成文。借此对这些同志的大力协助顺致谢忱。但由于年代久远，加之水平有限，文中不免有谬误和失实之处，还望知情者提出批评和修改意见。

（原载于《卓尼文史资料》第四辑，
政协卓尼县委员会文史资料委员会编，1993 年 10 月）

卓尼县柳林小学发展简史

靳芳琴*

柳林小学是革命烈士、卓尼第十九代土司杨积庆创办的，是安多藏区创办最早的小学之一，坐落于洮河之滨的卓尼县城中心。

1921年，杨积庆土司先把设在唐尕川的私塾迁到关帝庙看楼上，命名为"卓尼初级小学"，向平民开放，并责成衙门职员率先送子弟入学。当时有学生20余人，多为衙门职员子弟。接着，杨积庆又将新校址选在昔日古城堡以南、洮河北岸的麻尼滩上，坐西面东。用衙门经费修建了三幢瓦房，将学校分为前中后三院。1922年，学校竣工后，命名为卓尼第一高等小学。杨积庆土司亲任"学监"，从临潭县褚庵村请了雍尊仁先生为校长，又从临潭县东山请来宗先生和刘先生任教师（刘、宗二人其名无考）。学校经费由土司衙门负担。杨积庆责令各地头人、总管动员百姓送孩子上学。当时的学制为七年制，初小四年，高小三年。

1928年，学校设为公立卓尼柳林小学，学校还是由土司衙门掌管，经费也通过衙门拨发。1929年，学校在"河湟事变"中被马仲英带领的匪兵烧毁。灾难过后，学校无处开课，1931年迁至博峪村嘛呢子经堂内上课。

1932年，在原址上重建校舍。由于"河湟事变"造成的经济损失相当惨重，上级拨款很少，再无财力恢复原来的面貌，通过各旗、各部落募捐的经费，只修复了中院一幢瓦房。学校重建后，学生便从博峪搬回了卓尼。这时杨积庆保送到兰州师范学习的柳林小学毕业生牛应斗、常永

---

* 作者系卓尼县柳林小学校长。

第十九代卓尼土司杨积庆

华、郝贵先后毕业回到卓尼，在柳林小学任教，从此卓尼有了自己培养的教师。

1937年，杨积庆因曾接济红军，在鲁大昌策动的"博峪事变"中和其长子一同被害，政局陷入混乱，教育也一度瘫痪。同年11月，在北平蒙藏学校（大专）学习的杨生华回卓尼后被任命为"卓尼设治局第一高等小学校长"。杨生华校长在征得社会上层人士同意后，学校于1938年改名为"卓尼柳林高级小学"。杨生华任校长期间，教学质量不断提高，升学率也很高，在附近各县影响很大，邻县的很多学生也来卓尼上学。

1942年，甘肃省政府教育厅将学校改为国立学校，校名为"国立甘肃卓尼柳林高级完全小学"。学校经费由省教育厅拨发，校长也由教育厅任命。

1949年9月11日，洮岷路保安司令部命杨复兴率部起义，卓尼人民迎来了解放，在新的社会制度下，教职工愉快地投入了艰苦而繁忙的工作，他们走村串户发动学生，努力工作，提高教学质量。

1951年，省教育厅在卓尼创办了卓尼简易师范学校，因无校舍又无师资，暂附设在柳林中心学校。卓尼师范成立以后，学校还承担着师范毕业生实习的任务。

柳林小学大门　摄于2008年夏

1958年秋季，由于学校各项工作开展得扎实，完成了"中心任务"，成绩突出，主持学校工作的赵材被县委指定出席了"全国群英会"。12月，中共中央统战部领导谭震林视察了柳林中心学校，勉励教师努力工作。

1966年10月学校申报改名

为"卓尼县永红小学"。

1974年，学校改名为"卓尼县城关第一小学"。

1976年10月，随着"四人帮"的粉碎，同年秋季，赵材调回学校任校长。1978年，全国教育工作会议召开，给全校师生指明了发展的方向。从1977年到1979年，学校先后制定了各种规章制度，如《教职工工作学习制度》《小学生守则》，出台了《学生校内外活动的有关规定》，逐步恢复了"文革"中被取消的制度、措施。为了提高教学质量，教师们自发编印了《小学数学典型应用题解》，用于辅导学生学习。

1982年初，王克统调任城关一小校长，学校校名又恢复为"柳林小学"。学校在原有成绩的基础上，狠抓校风转变，努力提高教育质量，升学率居全县首位，学生的精神面貌也发生了崭新的变化。建立了符合校本实际的各项规章制度，建立健全了校长、教导主任、班主任、班辅导（科任教师）的岗位责任制，制定了《小学生守则》《学生守则补充规定》《教职工学习工作制度》《毕业制度》等，以保证教学质量的提高，还建立了学生考勤制度和考试制度。在学生中加强思想品德教育，开展"五讲四美三热爱"教育，培养学生的爱国主义情感。

从1987年6月至1988年1月，学校进行了教师职称评定工作。经过严肃、认真的考核、评审，批准小学高级教师8名，一级教师16名，二级教师3名，三级教师3名。评定工作极大地激发了教师的工作热情。

1988年7月，卓尼县城发生了泥石流，山洪挟泥石流从上卓沟直泻而下，整条街道被泥水、石杂物堵塞，校门内外乱石如山，一、二号楼下的教室宿舍泥水数尺深，中院一幢教室、五间宿舍和两间办公室成为危房，其中两间隔墙倒塌。在严重的灾害面前，师生齐心抗灾，仅用六天时间就清除了校内外的积石和泥沙。部分教师还利用业余时间把泥水污损的电器设备修好，使其继续为教学发挥作用。

1989年以来，国家加大了对教育的投入，在上级主管部门的大力支持下，学校教学条件不断改善，教师队伍逐渐壮大，学生人数逐年增加，教学质量稳步提高。同年，试行校长负责制，学校逐步落实了管理权、人事权，办学效益明显提高。12月，州教育局考核评估组对学校申报的州级教师队伍示范性学校、州级教育科研示范性学校进行了考核评估。

"六一"趣味运动会开幕式上鼓号方队表演 摄于 2016 年

1990年9月，学校被省委、省政府评为全省教育系统先进集体。同年，校少先大队部被团中央和国家少工委评为学赖宁先进大队部。1997年9月，五、六年级开设了英语课。

跨入21世纪，随着改革开放的不断深入，国家经济实力不断增强，人民生活水平显著提高，对教育的投入也逐年增加。"两基"攻坚之后，学校领导班子重新调整思路，改变办学策略，提出了"抓管理、提质量、建队伍、创一流"的发展战略。

2009年8月，按照县委、县政府对学校布局的调整，撤并了上城门小学，除个别教师调整到县一中、藏中外，大部分教师和全体学生并入柳林小学，学校的发展跨入新的阶段。

2012年2月，卓尼县委、县政府任命杨虎成为学校党支部书记，我为学校校长，王坤、王云、吴林祥为学校副校长。在上级党政部门和教育局领导的关怀支持下，建筑面积为5284.4平方米的新教学大楼知远楼竣工投入使用。2013年3月全校学生开始享受营养早餐。

柳林小学领导班子成员 摄于 2015 年 6 月

目前，学校占地面积12384平方米，建筑面积12880.4平方米。有学生2390名，教职工184名，设51个教学班，60%的教师获得过省、州、县级的学科带头人、骨干教师、优秀教师等荣誉称号。学校确立了"以人为本，全面发展"的办学宗旨，紧紧围

柳林小学新硬化的学校操场　摄于2017年

绕"以人为本，以德治校，质量立校，教研兴校，特色强校，全面育人"的办学理念，以"提高教育质量，培养合格人才，办人民满意的学校"为目标，强力推进高效课堂改革，全面提高教育质量，积极打造文明和谐的人文型、学习型、书香型校园。校园建设突出"绿化、美化、硬化、童趣化、人文化"，提出"内容育人化""设计艺术化""班级特色化""墙壁活力化"的育人创意目标。建立了9个学生社团，建有四网一站；学校有图书阅览室、录播室、心理咨询室、卫生室、课间阅览室、多功能体验馆、计算机教室等；图书室藏书45200册，电子白板达到全覆盖。

如今，学校把发展方向定位于：学校有特色、教师有特点、学生有特长，结合教学资源，大力开展了校级和班级课外综合实践活动，以及以基地为依托的特色实践活动。

90多年的风雨历程，一代代柳小人艰辛探索，学校积累了丰富的办学经验，也取得了骄人的成绩。建校至今，学校共有8206名学生顺利毕业。如今这些毕业生在社会的各行各业发挥着他们的作

柳林小学全体教职工合影　摄于2016年6月

用，还有部分特别优秀的人才在不同的岗位上默默奉献着自己的力量，为推动卓尼乃至国家经济社会的发展发挥着光和热。追求卓越，发展无限，柳林小学正以稳健的步伐走向更加光辉灿烂的明天。

我的计生情结

卢菊梅[*]

  1998年9月，我到县计划生育委员会工作。当时卓尼县的计划生育工作在全省排在倒数行列，被省委、省政府"黄牌警告"，工作非常被动，压力大，担子重。那个时候走上了"天下第一难事"的计生委主任岗位，真可谓是受命于危难之际。为了尽快扭转计生工作的落后局面，上任伊始，我将心思用在工作上，刻苦钻研计划生育业务，带领刘永和（时任业务副局长）、杨兰芳（1名女实干家）、金学文（时任统计干事）、乔义（时任县计生指导站副站长）、赵宏才（时任县计生委文书）等业务骨干深入全县17个乡镇98个村委会469个村民小组，组织干部群众召开座谈会，认真听取群众对计生工作的意见和建议。整整两个月时间，我们没有双休，没有节假，终于摸清了全县计划生育的底子，并制定了一套切实可行的工作方案，提出了"一年平茬，两年打基础，三年上台阶"的口号。

  我们的工作思路得到了县委的充分肯定，在具体工作上，时任县长杨宇宏给予我们极大的支持。所以我们一班人结合"五清一建四落实"（即清理人口底数，建立人口登记册；清理历年出生漏报，落实上户上卡；清理计划外出生，落实计划外生育费征收；清理流出已婚育龄妇女，落实管理措施；清理党员干部超生，落实党纪政纪处理）的要求，因地制宜、整章建制，坚持将落实节育手术和环孕检服务作为主要工作抓紧抓实，将环孕情服务率、检出及时率、政策外怀孕补救措施等指标分解到人。在此基

---

[*] 作者时任卓尼县计划生育委员会主任，现任政协卓尼县第十四届委员会主席。

础上积极努力，由县上制定出台了《卓尼县计划生育工作目标管理与责任追究办法（试行）》，这些措施的实行为全县计划生育的顺利开展起到了保驾护航的作用。

由于受"多子多福""传宗接代"等传统生育观念的影响和"上环后不能生育"等谣言的蛊惑，我们前脚动员上环，后脚就有游医私自摘除。当时，乡镇没有计划生育技术服务机构，全县80%以上的"四术"任务都到县城，由县计划生育服务站完成。县计生指导站副站长乔义和干部梁瑞珍、刘艳琴等都是我的主要得力助手。为了如期完成工作任务，每次下乡我都带着他（她）们。抽调这些精兵强将组成工作队，由我亲自带队分赴各乡镇开展工作，有时连续三四天回不了家，他（她）们也无怨言。工作队中由局统计专干金学文和赵宏才给我整理乡级资料，培训乡镇计生专干，并随县站技术服务人员扛着四五十斤重的小型X光机，进农户家中进行环孕情服务。

那时下乡进村特别困难，道路难走不说，食宿条件尤其简陋。下乡时我们一般住在乡政府或附近村民盖的私人招待所。为了进一步掌握乡村详细的第一手资料，我们采取封闭式的方式进行循环突击检查。1998年10月至12月整整三个多月，我们经常是"晴天一身汗，雨天一身泥"。但所有的队员能吃苦，大多时间自己做饭，有时忙了就以方便面或者白开水伴饼子充饥。晚上回不到乡镇时就住在农户家中，被子不够就盖一件军大衣或者皮袄，那混合了羊粪和陈腐酥油的农家味道，农户既热情又略显羞涩的场景令人至今难忘。队员们戏谑地称这种工作为"浪山"或体验生活！而这样的工作在我任计生委主任的那几年中每年要重复5—6次。

一次，记得那是1998年12月中旬，天下着小雪，我带着这些精兵强将组成的工作队，前往藏巴哇下乡，在返回途中，风雪交加，我们的车行到后山坡半路时，天黑了起来，可车轮胎突然爆了，幸亏驾驶员安志力手脚麻利，不然后果不堪设想，我们在风雪中打着手电筒更换轮胎时，时任县委副书记卢劲松也赶到，卢书记一看此情此景后，表扬说我的手下胜过训练有素的正规部队，此话听起来有点言过其实，但在当时，我的每一位部下确实如此，现在回想起这些细节，我真的很感激这些同志们。

县计生委承担着全县计划生育管理工作，还具体负责生育证发放、流动人口验证等具体业务；而流动人口经商、务工必须到计生委查验计划生育状况并出具相关证明后，才能办理有关证件。因此，办事群众多，业务量大，有时一来就是七八个人，办公室站满了人……在多年的工作中，我要求全体计生工作人员要对每一位来办事的群众热情服务；对来咨询政策或者上访的群众要热情接待，对于群众不理解的，我不厌其烦地解释；对危害群众切身利益的，我都亲自到基层调查了解，协调解决，从不推诿扯皮。当时县计生委只有七八个工作人员，我既是单位领导，又是具体业务办事员。在计生委工作的5年中，接待过上百个前来办证、咨询的群众，从没有因为人员少而影响工作，也没有因工作的疏忽给组织造成不好的影响。

　　身为女人，更能懂得女人的难处；来自农牧村，更能了解农牧民群众的艰辛与疾苦。农牧村医疗条件差，妇女保健意识不强，妇科病多发现象突出，许多农村妇女深受病痛的折磨。在工作中，我经常教育干部职工，时刻把群众当亲人，把已婚育龄妇女当姐妹。那几年，我将"三结合"（把计划生育工作与发展农村经济相结合，与帮助农牧民脱贫致富相结合，与建设文明幸福家庭相结合）和妇女病普查普治活动结合起来，与党员干部帮贫扶困结合起来，积极组织全县计生系统开展"人人献出一份爱心，关爱贫困母亲"的捐款活动。1998年9月至2002年9月，先后进行妇女病普查4.5万余人次，免费为患病群众提供药品价值近10万余元，使她们及时得到救治。妇女病普查普治工作由刚开始群众观望、怀疑、不理解，转变为支持、欢迎、主动要求，甚至一些不属于育龄人群的群众也纷纷要求参加普查。扎古录镇丹知草是一个"二女户"，两个孩子上学，家庭生活极度困难。我检查工作到她家时，看到这种情况心里很难受，当检查得知她患子宫肌瘤而无钱医治时，我当即给了她200元钱，协调县医院为其减免部分手术费用，并组织单位职工捐款500余元，她康复出院后专门到单位致谢，哭着说"是你给了我第二次生命"，在场的同志都感动得流下了眼泪。此后，我与丹知草结成了"对子"，多次到她家走访了解情况，给她送衣物等生活用品，鼓励她勤劳致富，好好培养孩子，把日子过好。近几年，在县、乡干部的帮助下，丹知草已摆脱了困境，女儿录毛吉考上了大学，她种的当归年收入万元以上，计划生育使她切实感受到了党和政府的温暖。

为了切实将计划生育工作做好做实，我积极向县委、县政府建言献策，成立了17个乡镇婚育学校、计划生育服务所和计划生育工作站（后改为计划生育办公室），由分管副乡长兼任工作站站长。从卫生系统抽调中级以上技术职务人员充实到乡镇服务所，大力开展了岗位大练兵活动，不断提高服务人员的业务水平，优化了服务质量，把服务所建设成了功能齐全、站容站貌整洁、服务质量上乘的优质服务所，育龄群众满意地称服务所是她们的"温馨家园"。同时，争取上级业务部门的支持，在全省范围内优先争取到南京依维柯流动服务车一辆，县服务站配备的多普勒彩超仪等医疗设备居全州第一；更新完善村计划生育工作室98个；以县站为龙头，乡所为依托，村室为主阵地的三级技术服务网络日益完善。同时狠抓"婚育新风进万家"活动，先后建成生育文化大院100多个，计划生育宣传一条街20多条，国策墙（壁）100多个，墙体标语1000多条，制作了2万多份宣传袋，使覆盖全县、均衡发展、内容全面、层次鲜明的宣传氛围逐步形成。

作为部门一把手，我总是这样要求自己：在做人上讲诚信，在做事上求实效；对同志生活中关心，工作上严格要求。面对繁重的计生工作任务，我常常亲临工作第一线，走遍了卓尼的村村寨寨、沟沟坎坎，也累了一身的病。每检查完一个乡，我都要及时汇总，按照实际情况对症下药，写出一份高质量的调研报告，给领导提供一份可供决策的数字依据，给乡镇反馈一份有价值的工作建议。在有些人眼里我是女强人，而熟悉我的人都知道我也有着丰富的感情。一年中有三分之一的时间起早贪黑穿梭于乡村之间，家庭孩子完全照料不到，我不止一次说：对于婆婆来说我不是一个好媳妇，我连"常回家看看"的时间也没有，更不用说刷刷筷子洗洗碗了；对于女儿来说，我不是一个好妈妈，孩子生病输液，我只能委托他人看护，自己却不能抽身陪伴在孩子身边……

一分耕耘，一分收获。在县委、县政府的正确领导和全委干部职工的大力支持下，计生委上下正气浓厚，心往一处想、劲往一处使，全县计划生育工作一年一个台阶，1998年底摘掉了"黄牌"，1999年基础工作得到加强，2000年如期实现"三为主"！

20世纪50年代后卓尼县藏医药的发展状况

宗喀·漾正冈布[*]

在20世纪50年代末至70年代末的20年间，藏医学在卓尼一度衰落，20世纪80年代后又有所恢复和发展。

一、藏医培训班和藏医门诊部的开设

1980年，卓尼县卫生局举办了第一期藏医药学习班，有5个公社的13名学员参加，并取得了较好的成绩。1981年1月，成立了尼巴卫生院藏医门诊部、刀告卫生院藏医门诊部及完冒沙冒藏医点。同期成立的藏医点还有申藏公社斜藏沟藏医点，有藏医士宗周和杨扎塔杰主

20 世纪 50 年代被毁的贡巴寺曼巴扎仓旧址

　＊　作者系兰州大学历史文化学院暨西北少数民族研究中心教授、博士研究生导师，兰州大学藏缅—阿尔泰民族非物质文化遗产研究所所长，美国印第安纳大学人类学系研究员。

持门诊，不过时间不长。这年10月，斜藏沟藏医点被合并到申藏卫生院，并开设藏医门诊。1981年5月，扎古录卫生院藏医门诊部正式开诊，有各类剂型藏药100余种，均系该门诊藏医亲手采、购药后炮制、加工而成。门诊部有医务人员9人，其中有藏医师3人。门诊部院内种植大黄、藏木香等药材。到1983年底，采集的藏药达200种，计1300多斤，购买的药材83种，制成的藏成药有86种。1987年7月，该藏医门诊部被撤销，其药品和医疗器械全部并入县中藏医院。

二、县中藏医院的建立

甘肃省卫生厅于1985年和1986年先后两次投资23万元，筹建卓尼县中藏医院，在柳林镇唐尕川下河滩划地4.1亩为院址。1987年7月正式开业，编制20人，医院设有中医部和藏医部。1988年开办了住院部，设病床10张，并购置了50毫安的X光机、胆结石治疗仪、手术床、产床、高压消毒锅、藏药加工粉碎机、制丸机、救护车等医疗设施。为了扩大服务范围，在临潭县城关镇和卓尼县桥南开设了藏医门诊部。①临潭藏医门诊部的建立，既方便了群众，又填补了临潭县历史上无藏医的空白。

1990年重修的贡巴寺曼巴扎仓　摄于2007年6月22日

① 《卓尼县志》第613页，卓尼县志编撰委员会编，甘肃民族出版社，1994年版。

三、县藏医院的发展状况

卓尼县共有22所医疗卫生单位，藏医医疗机构中有县藏医院1所，乡镇卫生院中有藏医门诊7所。截至2006年底，全县各级各类卫生专业技术人员251名，其中公共医疗机构中藏医人员33名，乡村医生中从事藏医药诊疗的有46名，贡巴寺曼巴扎仓从事藏医药学习、医疗的有120余名，恰盖寺僧人藏医学习班有学员40余名。在公共医疗机构藏医人员中第一学历为大专的10名，为中专的23名。主治藏医师6名，医师13名，医士11名，外聘3名。[①]

卓尼县藏医院是方圆数百里内唯一一所藏西医结合的医院，是全县藏医药继承、研究、发展及临床防病治病中心。近年来在全县卫生保健、防病治病方面发挥着积极的作用。县藏医院现设在距县城57公里的扎古录镇，2007年6月我们在卓尼调研时了解到：藏医院现有员工23人，其中藏医17人，西医3人，护士3人。藏医多毕业于甘南卫校藏医班，2003—2005年有11位获得大专学历，1位本科学历，目前尚有6名职工在高校深造，其中在读硕士研究生1名，在读本科3名，在读大专2名。[②]

就整个甘南州藏医院的发展情况而言，卓尼县藏医院建立较早，仅迟于夏河藏医院，位居第二，然而就目前的状况来说，发展相对滞后，处于倒数之列。究其原因，用旦知多吉院长的话说，主要有三方面：一是甘南没有制定自己的藏药标准，所有藏药标准都是参照中医来执行，这严重制约着藏医药的发展。就目前而言，卓尼县藏医院还没有申请一种自己的藏医药品牌和批号，不要与青海许多的县藏医院（青海藏医药的发展和商业化运作在全国来讲是最好的）比较，就是与起步较晚的迭部县藏医院也是不能比的，我们在2007年6月19日迭部调研时得知，迭部县藏医院至少有一种洁白丸在批量生产（有批号、商标），一幢造价95万元的藏药厂大楼在施工建设。二是人才流失严重，这是制约卓尼藏医院发展的关键因素。8年来，县藏医院的原来22名藏医有18名调至其他藏医院或转行，仅有4名

---

①② 有关数据由卓尼县藏医院旦知多吉院长提供，在此表示感谢。

藏医生还留守于此。县藏医院留不住人才的原因主要有二：其一是经济效益较差，待遇和其他藏医院相比，相差较大；其二是卓尼县藏医院远离县城，交通不便，职工中两地分居者居多。影响卓尼藏医院发展的第三个方面是缺乏资金，硬件设施建设远远落后于发展的需要。就目前来讲，卓尼县藏医院不像是一所县医院，而倒像一个门诊部。整个医院仅有门面房共两层上下六间，有一个小院不大，还有红瓦房10余间。与其他的县医院相比，没有门诊部大楼，没有住院部，没有办公楼，没有现代化的制剂室、制药厂（仅有手工作坊几间），更没有家属院、家属楼、急救车、单位用车……面对卓尼县藏医院的发展现状，我们感到了一种巨大的压力。藏医药要发展，首先要制定藏药自己的生产标准，研制开发自己的藏药产品，并申请自己的藏药品牌和批号，走规模经营之路。其次要提高待遇，想方设法留住自己的人才，高薪聘请外地的藏医药学专家，优惠条件招聘藏医药学毕业的优秀大学生，鼓励在职职工到高校进修、深造等。另外，有必要将县藏医院搬迁到县城，保留现有设施作为扎古录镇藏医门诊部，投入尽可能多的资金进行藏医院的硬件设施建设等。当然，一个事物蓬勃发展需要多方面的努力和协作，只要"上给政策（指制定藏医药自己的GMP标准，给予资金扶持、发展的特殊政策等），下想良策"，上下齐心，共同努力，我们坚信卓尼县的藏医药事业会逐渐发展起来的。

四、卓尼民间藏医的发展

卓尼的民间藏医具有较久的历史，有可能是随着藏传佛教的传入而传播的。

历史上，民间藏医遍布卓尼各地，大到嘉波颇章（PhoBrong）、寺院，小到部落、村庄，均有民间藏医的活动。他们自采藏药材，自制藏药，因病施医，治病救人，在解除病痛、延续生命等方面起到了一定的作用。历史上活跃在甘南著名的藏医有：扎吾曼干、古达曼巴仓、娘仓卡隆曼干、贡却慈智木、智华、谢雄曼巴、南木真嘉措、智华达吉等。他们医术高超，医德高尚，深受当地人民的欢迎。

1950—1958年，当地政府比较重视藏医药事业的发展，支持对藏医药典籍的整理、挖掘和研究，鼓励民间藏医开展医疗工作。20世纪70年代后，甘南州掀起了大办合作医疗站的热潮，把分散在各地的民间藏医吸收到合作医疗站，发挥民间藏医的优势，使合作医疗较快发展。全县大部分村建立了合作医疗站，其中办得较好的有刀告公社龙多大队合作医疗站和尼巴公社尼巴大队合作医疗站等。他们坚持自力更生，就地取材，自采自制藏药，精心为群众防病治病，赢得了当地群众的赞扬和信任。

1979年以后，卓尼各地的民间藏医更加活跃，政府对民间藏医给予了较大扶持，除有计划地选拔部分民间藏医到全民所有制的医疗单位工作外，还经常举办各种形式的藏医药学习班，不断提高民间藏医的医疗水平。在藏药材和藏成药的供应上，也尽量满足他们的需要，还通过多种途径改善他们的生活待遇。这些措施调动了民间藏医的积极性。1990年时，卓尼各地基本上达到一个大的村子就有一名民间藏医生。2006年底，乡村医生中从事藏医药诊疗的有46名。[1]在建立健全三级医疗卫生网，加强农牧区基层的医疗保健工作，恢复和发展合作医疗制度等方面，民间藏医发挥着一定的作用。

（原载于《卓尼生态文化》，甘肃民族出版社，
2007年8月第1版）

---

① 有关数据由卓尼县藏医院旦知多吉院长提供，在此表示感谢。

电影《卓尼土司》诞生记

杨 正[*]

拍摄电影《卓尼土司》是卓尼县委、县政府近年完成的一件大事，也是卓尼杨氏家族历史发展中的一件大事，受到全县百姓的关注。我作为这部影片的总顾问能够有幸参与其中，并和全体演职人员共同努力完成拍摄深感欣慰。

电影题材的形成经过

最早见诸文字关于杨土司开仓放粮接济红军的故事，是赵瀚豪同志50年代在迭部县下乡时发现的。他在迭部县达拉沟一带见到许多流落红军，也见到一些红军长征时留在石壁、土墙和门板上的标语，听当地百姓讲述杨土司开仓接济红军的情况。后来他把这些情况向甘南州委写出报告，由于20世纪50年代"左"的社会环境，在报告中加上了"杨土司出于守土自保"及"主观上保护自己，客观上支援了红军"这样的话。在80年代末期，我的家人见到了美国作家哈里森·埃文斯·索尔兹伯里写的《长征：前所未闻的故事》。在这本书中，作者讲述了经过自己考证的、杨土司开仓援助红军的故事。后来又有兰州军区军旅作家姜安同志深入达拉沟调查写出了《关乎红军命运的六天六夜》的文章。中央电视台军事部为纪念红军长征胜利五十周年，拍摄大型纪录片《长征生命的歌》。节目组采访我

---

* 作者杨正，现退休，原甘肃省政法学院公安分院党总支书记、一级警督。

父母，请我父亲讲述了我爷爷支援红军的情况。90年代初，我在甘肃政法学院党委组织部工作。为落实一位老干部参加工作时间问题，去省档案馆查阅历史档案，无意中看到临潭县难民救济委员会给国民党甘肃省政府的告状材料，状告我爷爷私通红军，为红军供应粮食等罪状，这又从反面证实了我爷爷支援红军的事实。1992年9月，我父亲正式向省委写报告，要求追认我爷爷为革命烈士。省委把我父亲的要求批转到甘南州委，甘南州委又批转到卓尼县委。1993年5月，卓尼县委组成由当时的县政府办公室主任安锦龙为组长，县委组织部副部长杨雄、县委宣传部副部长杨永福和西北民族大学教授杨士宏参加的调查组。调查组经过近一年的努力，去迭部县达拉沟走访当时七十岁以上的老人，走访了三十多位当时健在的流落红军，查阅了大量的历史档案。并且到北京走访、约见了曾经参加长征的老首长马玉槐、黄火青、杨成武等领导，在图书馆查阅到了肖华将军发表在民族团结杂志《忆红军长征在少数民族地区》的回忆文章。经过大量的调查核实，向县委、州委和省委写出了材料翔实、证据确凿、论证清晰的调查报告。报告经卓尼县委、甘南州委同意，上报省委。由省委作出决定，省民政厅发文件追认杨积庆为革命烈士。后来卓尼县委、县政府出资拍摄了《卓尼土司》和《范长江与红色土司》两部纪录片，在央视10频道、央视4频道及凤凰卫视和多个省级卫视播出，收到良好的社会反响，这一主题即刻引起各类影视作品的制片人及编导的关注。

电影《卓尼土司》产生

2012年6月20日，著名导演杨韬带领他的助手王志峰从卓尼考察回到兰州，我们第一次见面，交流非常融洽。杨导是资深导演，由他导演的电视连续剧《雪域天路》刚刚在中央电视台综合频道播出，他还导演了多部藏族题材的影视作品如《雪震》《格达活佛》《拉萨往事》等。由他执导反映杨土司支援红军的影片应当是得心应手。为了保证影片质量，杨韬导演找到了已经退休的原中央电视台副总编辑张华山。张华山自1971年进入中央电视台以来，历任经济部、影视部、国际部、总编室、文艺部、中国电视剧制作中心等十余个业务部门的负责人，一直从事电视宣传、策划、制作、审查及组织管理工作。当张华山听到杨韬介绍卓尼土司的故事梗概后深受感动，当即感慨道："过去只知道'腊子口上降神兵，百丈悬崖当云梯'，还不知道有这么多的故事。"他以一位资深影视工作和宣传工作者的敏感，以及一名老共产党员的政治责任心，随即参加到了影片的策划、运作当中，为影片的制作、拍摄付出了大量心血。

2012年11月，兰州已进入冬季。杨韬导演邀请央视张华山，宁夏电影制片厂厂长李乐、副导演张铁山再次来到卓尼。李乐是作为这部片子的编剧由杨导请来的，还请来了一位翟女士，是作为影片的投资人来考察影片情况的。由于张华山和甘肃文化厅一位负责同志一起在中宣部挂职，文化厅也很支持，解决了一辆交通工具。第二天我们就直奔卓尼。一路上我向各位来宾介绍了卓尼杨土司家族的历史，以及我所知道的卓尼民族、宗教等方面的情况。到卓尼后，卓尼县委、县政府给予热情的接待，并指定县委常委、宣传部部长王晓同志衔接、解决各类具体问题。由于影片涉及俄界会议、达拉沟和毛泽东在茨日那的故居，县委安排我们分乘三辆越野车由王晓陪同去迭部县考察。早上8点出发，回到卓尼已是晚上12点了，可见大家热情之高。经过考察，大体的故事梗概已经出来了。这次考察完成后，我们团队回到兰州，联系省委宣传部文艺处作了工作汇报，得到了宣传部文艺处的大力支持。因为没有提前立项，文艺处还是筹集了一定的经济补助。

2013年5月，杨韬导演再次和张华山、编剧李乐、张铁山副导演、铁道部宣传部的刘华，还有作曲家马丁及几个工作人员，来卓尼考察并做一些前期准备工作，就已经完成的剧本征求意见。因为剧组和前一次来的投资人意见分歧，这次请了有相当融资能力的刘华。经过考察，影片最主要的资金问题还是没有落实。我们的几次考察也得到甘南州委、州政府领导的关注，在我们返回兰州途经合作市时，州委领导听取了我们的情况汇报，州政府领导又约我到办公室了解情况，当即决定由州县为主体共同出资，拍摄电影《卓尼土司》。这是我们事前没有想到的，我把这一情况向剧组通报后大家都非常兴奋，当晚就赶回兰州，做开机前的准备工作。

2013年7月初，剧组的先期工作人员已经到了卓尼县大峪沟，开始了拍摄的前期准备工作。制片人王志峰安排了全体演职人员住宿和吃饭；造型师杨健敏虽然年事已高但工作严格认真，为剧组准备了500套红军、国民党军、藏军服装，红军军装做出后又要打补丁做旧很费功夫，但她一丝不苟做得极其仿真；美术组和置景组的艺术家和工作人员赶在开机前完成了土司官邸、水磨坊、碉堡的搭建工作，摄影组在老艺术家傅靖生的带领下走遍卓尼、迭部、岷县等地，为电影拍摄选择备用场景。

摄影指导傅靖生先生也先期到达卓尼做拍摄前的准备，傅先生是著名摄影师，他既是摄影师又做过导演还是画家，虽然年事已高，但精神矍铄，说是指导，事事亲力亲为，一丝不苟。

关于电影中一些重要情节的产生经过

我和西北民族大学杨士宏教授是7月16日到达卓尼大峪沟电影《卓尼土司》拍摄基地的。基地设在大峪沟民族风情园，这里正好可以容纳剧组近200人的食宿，还有近百人的四川绵阳艺术学院的实习学生，住在阿角沟林场招待所。我们到了以后熟悉了一下周边环境，和饰演杨土司的西藏一级演员多布杰交流了一些历史背景，加深了他对影片主要角色杨积庆的理解。7月18日，甘南州政协主席安锦龙来到大峪沟，这时杨导的影片拍摄脚本也完成了。安主席、杨教授和我，我们三个人对脚本连夜进行研究，就脚本中的人物名称、人物之间的关系、当地民俗、人物的相互称呼都根据当地实际提出了修改意见，这些意见大部分被杨韬导演所采纳。

在影片中，有一个重要情节，就是藏医为周恩来治病。据有关记载，周恩来在长征过草地时，患有阿米巴脓肿，病情十分严重，以致躺在担架上没能参加1935年9月12日召开的"俄界会议"。我为了了解我爷爷杨积庆支援红军的情况，曾经多次去"俄界会议"旧址参观考察，听讲解员讲过当地藏医为周恩来治病的情况。后来又听我父亲讲，20世纪50年代初周恩来曾经给卓尼土司来信，感谢卓尼土司给红军供粮和给什么人治病。根据这些情况，我建议导演把藏医给周恩来治病也作为一个亮点，在影片中反映出来，这也是甘南藏族人民对中国革命的重大贡献。但是当导演把这一情节写入剧本后，在国家广播电视总局重大革命历史题材办公室（简称"重大办"，下同）的审查中却没能通过，理由是："在党史中没有这样的记载。"能够查到的资料是有人回忆："周恩来在过草地时确实患了阿米巴脓肿，当时红军缺医少药，仅有的一支针剂周恩来坚持给战士用，后经毛主席批准给周恩来用了，周恩来的病也好了。"这样的答复让杨导很是为难。巧合的是，在这时经友人介绍，我认识了兰州军区总医院病理科主任刘斌教授，我向他请教了"阿米巴脓肿"的病理。他说："简单地说，阿米巴脓肿就是肝脏侵入了寄生虫引起高烧剧痛，这种病不要说20世纪30年代，就是今天也不好治，没有打一针就好的特效药。"我把刘主任关于阿米巴脓肿病理的意见和我父亲关于50年代初周总理给卓尼土司来信的情况，及时转告给杨导，而且我父亲回忆周总理来信这一情况被党史工作者赵瀚豪同志记录在他的回忆文章中，有文字资料可查。杨导掌握了这些情况，据说是五次到国家广播电视总局重大办汇报、交涉，终于说服了领导和专家同意这种说法。这一体现甘南藏族人民为中国革命作出重大贡献的历史事件，终于以电影的形式表现出来了。杨导以大胆的艺术想象力，构思了杨土司化装成大胡子藏兵，为周恩来寻医找药，还贡献出自己保存多年的珍贵藏药"左塔"，这些情节增强了电影的艺术感染力。实际上周恩来所患的"阿米巴脓肿"是过草地时得的，这种病在当地应算是多发病，所以当地藏医应该有独特的治疗办法。周恩来在9月12日还是病情危重，而到了9月18日红军到了哈达铺时，仅6天病情已大为好转了，应该是当地藏医发挥了作用。当然这一悬疑未决的公案，应该引起党史工作者和有关专家的重视，作更深入的研究和论证。

在影片中还有一个情节，就是化装成大胡子藏兵的杨土司，在为周恩来治好病，送红军启程时还给周恩来送了一匹马，这也是从一个真实的故事中提炼出来的。1936年8月14日，红四方面军攻克临潭县新城，成立了苏维埃政府，杨土司派人送去牛、羊、马匹表示祝贺。当时接受这些物品的是红四方面军联络部部长黄火青同志。1993年6月，安锦龙等几位同志到北京见到黄火青同志，他对当年的情况记忆犹新，并说他从临潭骑到延安的马就是杨土司送的。根据这些情况，杨导构思了杨土司给周恩来送马的情节，并且通过杨土司和周恩来的对话，把藏汉两个民族的兄弟关系表达得淋漓尽致。

几位著名演员对影片的贡献

《卓尼土司》电影不仅内容传奇，充满正能量，而且聚集了强大的演员阵容。我有幸在拍片的过程中结识了几位著名的影视演员，他们高尚的品德、精湛的演技、平易近人的态度，给我留下深刻印象。

多布杰是一位来自西藏的藏族演员，在剧中饰演卓尼土司杨积庆。他在开机前就来到卓尼，对卓尼的历史和社会民情作了深入地了解，这对演好卓尼土司这一角色打下坚实的基础。特别是他在表演杨土司遇害的那场戏中，天气转冷，演职人员都穿着棉大衣、羽绒服，他却在冰冷的河水中蹚走翻滚，生动表现出杨土司遇害时的悲惨壮烈。王霙、刘劲是著名的特型演员，两人从形象上酷似毛泽东、周恩来。剧中王霙饰演的毛泽东大气磅礴，指挥若定，特别是在岷山之巅朗诵《七律·长征》挥洒自如，豪情万丈。刘劲是近年多个影视剧中饰演周恩来非常成功的一位演员，他的成功不仅在于形象，更在于他在日常生活中注重学习周总理的谦虚、周密、平易近人、关心他人的高尚品格。在拍戏中他注意和导演、摄影师沟通关于周恩来生活中的各个细节，在剧中塑造了鲜活生动的周恩来的形象。张光北是深受广大观众喜爱的演员，他正忙于排练话剧《茶馆》准备赴台湾演出，由于张华山的邀请，他还是抽时间前来助演，为影片增色不少。娟子因饰演《还珠格格》中的令妃娘娘而深受广大观众喜爱，在这部剧中饰演杨土司的大太太，演得稳重、刚毅而有决断，真实再现了土司大太太杨守贞的形象。刘亭作因在《血色浪漫》《家门》《共和国1949》《全家福》等诸多影视剧中出现而被观众所熟悉，在这部剧中他饰演红军侦察员。他以机智幽默的表演，串联了剧中的主要人物和剧情并贯穿于全剧始终，特别是在剧中他用近乎声嘶力竭的呐喊表示对杨土司的感谢，淋漓尽致地表达了导演的创作意图。

在电影《卓尼土司》中，除了有明星荟萃的演员阵容，杨导还精心组织了非常敬业、团结、自觉、有纪律的工作团队，由导演、摄影、化妆、道具、录音组成的剧组团队维护导演的中心地位，执行导演的拍摄安排。在剧组中张铁山执行导演自始至终在拍摄第一线，特别是2013年7月22日7

时45分发生6.6级地震，我们的拍摄地点距离震中仅60公里，地震发生时有强烈震感，大家都惊慌地从宿舍跑出来，只有杨导没有出来。我也很惊慌，心想今天是拍不成了，过了十几分钟杨导通知，拍摄照常进行，大家立即行动，完全没有影响当天的拍摄，这只是一个多月的拍摄中的一件事。为了拍摄十几个小时不休息，甚至吃不上饭大家都没有意见。

存在的几点不足

影视作品通常被称为遗憾的艺术，《卓尼土司》这部作品是近年甘肃出现的少有的优秀作品，但是现在回头看来也有明显的缺陷应该总结和探讨。在我看来，这部片子在追求政治标准和艺术标准的同时，忽略了经济效益。主要表现在以下几个方面。

首先是对剧本缺乏充分的讨论和准备，这为高效拍摄留下隐患。例如由于准备不足等道具或落实生活习俗等问题，耽误拍摄时间的情况也时有发生，还有一些情况是因为事先论证不够，使用了大量的人力物力拍摄出来的镜头，在影片中却没有使用。例如土司女儿婚礼的那场戏，安锦龙同志看到剧本后感到不妥，卓尼藏族没有在野外举办婚礼的习俗，在婚礼上没有父亲到场也不符合情理和藏族习俗，由于没有充分讨论，戏还是拍了，动用了大量的群众演员，而在影片中没有表现出来结果都成了无效劳动。

还有一种情况，算不算问题我还拿不准，提出来和专家商榷。在电影拍摄时一位演员给我提出过"拍摄时间"和"播放时间"的比例关系问题。我觉得这也是关系到影视作品经济效益的一个重要问题。在"播放时间"一定的情况下"拍摄时间"越长经济效益就会下降，反之就会上升，导演和摄制人员往往在追求拍摄质量和艺术效果时忽视拍摄时间的长短。《卓尼土司》这部电影预计播放时间是100—120分钟，而拍摄时间从开机到拍摄完成用了大约35天，显然是长了一些。今后这应该是投资人和拍摄人员应注意的问题。

《卓尼土司》最后一个遗憾就是拍摄完成后和广大观众见面，整整拖了两年多时间，这虽然是多种因素造成的，但使得这部电影社会影响力和经济效益都打了折扣，这应该是个教训。

我的上述看法无意伤害任何人，可能引起一些人的不快，我把它讲出来是为了卓尼县在以后拍摄影视作品时能够得到借鉴。这是我的心愿。

卓尼县城的明代城墙

吴世俊

　　卓尼古城始于明嘉靖十七年（1538），是由卓尼第六代土司杨臻主持建造的。城郭筑在上卓沟河与洮河汇流处的冲积扇面上，东西跨越左纳、桃日两山，坐北朝南，呈不规则多边形。因城地形东西高、南北低，好像一只船，故称作船城。

　　城垣周长1219米，北垣东西长573米，南垣长386米，东垣南北长132米，西垣长128米。城墙大部分以黄土夯筑，极小部分以地势悬崖处从一边挖深，留出墙体。统高平均10米以上，底宽4—8米，顶宽1.7—2.5米。上有女墙，深1米，宽70厘米。城垣角处筑有马面，底部10×10米，顶部4×4米，高出垣墙体1米。城有两门，一门向北，一门向南，俗称上、下城门，门洞用条石基础，墙体用砖包砌，门洞顶砌拱形，顶设城楼，修有坡道及台阶。城门门扇用17—20厘米宽、5寸厚松木枋并成两扇，外面用铁钉固定，有3—4毫米厚，4×8寸铁板块。上城门建有瓮城门向西开（1944年修路时拆除）。下城门因1953年遭遇大洪水后拆除，上城门于1958年拆除，城门顶砖墙中镶嵌青色洮砚石板一块，上刻"永靖"二字。上下城门旁都留有水洞门。城垣主街道沿着排洪渠内从上卓沟及卡什纳沟流淌泉水从上下水洞门流过。沿街道边栽有柳树。

　　船城墙除存一小段外，其余已颓废拆除。船城距今已达480年。

卓尼喀尔钦乡寺布车村古石碑挖捞始末

雍　健

　　小时候听到见多识广的长辈们讲述：卓尼这块地方很有名气，宝物也很多，是名副其实的物华天宝、人杰地灵的风水宝地。在木耳桥洮河河底的旋涡里，有一双金鹿，当洮河河水清澈，夜阑人静的时候，这个旋涡的河水中发射出金光。据说这对金鹿被驻木耳桥头基督教堂美国传教士穿着潜水衣盗去了。1844年俄国探险家来到卓尼，在古雅川滩发现罕见的珍稀鸟——灰冠鸦雀，设法捕捉后带回俄国，制作成标本展览在俄国国家博物馆里，标本书明产地"中国卓尼"。在卓尼县喀尔钦乡的羊巴村（阳坝城）里的"八棱碑"（唐《石堡战楼颂》碑），于1919年由村民周化南[①]卖给美国传教士僖得生，运到美国后藏于纽约博物馆[②]内，很珍贵。在我幼小的心灵里则认为，羊巴村的"石碑"一定是水晶石或者钻石之类贵重材料制作而成的。许多有趣的故事和传说，充实了我幼年对美好生活无尽的向往。

　　长大后我经历了曲折坎坷的人生道路，终于到达了幸福的彼岸，首先是基层推荐让我当上了一名人民教师，经过两次进修培训，又由小教升为中学历史课教师。又经过几番周折，工作落实到卓尼县文化馆，从事着专职的文物工作，终于有机会圆了儿时憧憬在故事和传说中的梦。

　　在县文化馆工作后，我迫不及待赶赴卓尼县喀尔钦乡羊巴村（阳坝城）走村串户，登门求访有关古代石碑信息资料并做详细调查工作，从调

---

　　①②　见李振翼著：《唐石堡城方位之我见》一文，《甘南藏区古城勘考》第54—60页，甘肃民族出版社，2012年11月第1版。

查结果中得知，羊巴村（阳坝城）附近共有四通古代石碑。

第一通石碑原置于卓尼县卡车乡（现更名为喀尔钦乡）安布族村石窑洞西边的台地上，距羊巴村（阳坝城）直线距离3公里许，1978年移至甘南州博物馆院内。该石碑质地为细红砂岩，碑身高4.95米，宽1.32米，厚0.5米，碑正中托出"唐故大将军李公之碑"九个大字。

第二通石碑在羊巴村（阳坝城）斜对岸的拉扎村。据村里老者们口述："该石碑质地还是红细砂岩，碑高约五尺，宽约三尺，厚约五寸。正石镌刻着汉字碑文，树立在村下面临近洮河与村边小河相交的一块硬地边上，碑后没有坟的痕迹，明显不是墓碑。识字人讲，这通是纪念阳坝古城历史的记事碑。1953年拉扎沟发洪水把这块碑冲进洮河，再也没有看见过踪影。"

第三通石碑是唐八棱碑即《石堡战楼颂》。该碑出土于羊巴村（阳坝城）高台地上，清光绪末年出土，民国初年由村民周化南卖给美国传教士僖得生，运往美国纽约博物馆收藏。其碑亦为细红砂岩质，八棱状。碑文分八面镌刻，每面五行，每行36字，为石幢式碑刻。全文登载于《卓尼县志》第773页。

第四通石碑在距离羊巴村（阳坝城）以西3公里寺布车村的鹰嘴崖山尖上竖立着。据村里老人讲，驻羊巴村（阳坝城）的洋人传教士，买走羊巴村（阳坝城）里的八棱碑后，又发现了寺布车的石碑，仍想买走鹰嘴崖山尖屹立的这通巨碑。但鹰嘴崖山尖上地理位置非常险隘，连十分机灵的崖羊也难以涉足。洋人只能用卑劣的手段，把石碑推翻掉落崖下再做打算。谁想到石碑掉入崖底时竟飞坠落入到洮河倒叉的淤泥坑里，碑脚斜插淤泥中，碑头淹没于深水积潭里，隐约可见。石碑落入深水泥潭后，洋人还是不甘心，在当地雇用了10对耕牛，妄图从深泥潭中把石碑打捞出来，但有力使不上，当时绳索质量也很差，牛还没出力，绳就拉断，打捞工作只能罢休。

该石碑从鹰嘴崖山尖人为地飞移至深水泥潭后，无人问津沉睡了几十年。到了中华人民共和国成立后的1953年，有位军人转业的干部名叫王世昌，在卓尼县文化馆工作，他是文化馆第一任馆长，后调任洮南区任党委书记。他得知寺布车村西鹰嘴崖下的倒叉河深水泥潭里淹没着一通古石碑的消息后，非常感兴趣，尝试要进行一次打捞。便动员喀尔钦乡达子多村、录巴寺村、羊巴村的农民，每户出一名青壮年男劳力，每人带一根绳，到寺布车村集中，准备打捞石碑。那是1953年4月，洮河已解冻，三个自然村集合的有八九十人，每个人带的自制亚麻绳有长有短，有粗有细，又进行了一番绳索拧编制成一根绳后，让事先协商好的羊巴村当过水手的伊沙负责把绳拴在石碑上，然后有专人吆喝着劳动号子，八九十个人一起出力拉扯绳子，人多力量大，就是绳索质量差，大家齐出力，绳索扯断好几次，石碑纹丝不动，只好鸣金收兵。一直到了1959年，卓尼县和洮河林业局，为了便利交通和林业生产的需要，两家联合报告省政府，请求拨款修通从卓尼至麻路洮河南岸进车巴沟的公路，省政府批准，并指令省交通厅派队勘探设计并施工，到1961年底修通了简易公路。在寺布车村鹰嘴崖爆破炸切石崖的施工过程中，看到这通斜躺在深水泥潭里清晰可辨的巨碑。此事引起了洮河林业局时任领导的高度重视，准备打捞此碑，时遇当时的全国"大跃进"运动和"三年自然灾害"的影响，正逢人民生活物资匮乏，人人饿着肚子，对事无所为。洮局领导只好动用本单位的水运队工人撒拉族10人，用编制木筏的粗大麻绳拴住水中的石碑，可是这次人少力不足，只得又一次作罢了。1967年，全国经济得以恢复，卓尼至麻路这段简易公路需要拓宽改造，寺布车村的鹰嘴崖再次炸切，炸下来的石头就地推到深水泥潭里，可惜这次扩建公路就把千年石碑永久性地埋藏在深水泥潭里。

　　我于1998年在寺布车村蹲点，从以下三个方面广泛深入地做过调查。其一，该石碑为何如此珍贵？其二，该碑大小质地如何？其三，碑文属哪种碑刻、内容是什么？我有幸采访到当地尊称为于先生的遗孀牛氏老太太，她向我讲述了已故丈夫的身世和有关石碑的情况。她丈夫原先是旧城街道路商户家的后人，自幼读书，学习很好，一直读到了岷县中学毕业，回家乡后谋得县衙门秘书差事，写得一笔好字。家中老人为他在寺布车村置办了田产。后兄弟分家，他带我迁移到这里居住生活，丈夫见多识广，不知道从哪里弄到了寺布车村深水泥潭里躺淹着的石碑文字资料，是用小楷毛笔公正抄写下来的，并且对家人说："是八棱碑的姊妹碑。"丈夫早逝，抄写下来的碑文和他收藏的古书籍，在"文革"期间当作"四旧"被烧毁掉了。我又采访到本村农民辛银宝和干部强丕忠，他俩年龄相仿，1964年前后他俩都有十几岁，夏天天气炎热一起在村西边的深水潭里游泳戏水。辛银宝说："我的水性较好，有一次游到水潭中间沉石碑的地方，站在碑头上，用脚踩摸碑面上的沉泥，清楚地看见碑面钩划着火柴盒大小的方格线条，方格内刻着汉字。我没念书一个字也不认识。石碑较大，宽有五尺多，厚度为八寸到一尺，长度能看见的有三四尺，插入泥中的就不知道了，古碑形状长方体半圆形碑头，碑头离水面约一尺距离。"以上调查结果可以证明，其石碑确实存在，并不是虚无缥缈的传说。我们有责任打捞此石碑，让它重见天日，显现出所记载的事件内容，展示出其石碑上的历史事实和考古价值。因此县文化馆向上级主管部门打了报告。

省文物局对此事非常重视，批复支持地方政府进行挖掘打捞，并拨款12万元人民币。甘南州文化局接到批复后，立即与卓尼县人民政府就此事协商，决定采取州县联合挖掘的方案，并产生《关于寺布车石碑联合挖掘的会议纪要》，决定组建联合挖掘队，负责人由州文化局局长王春华和卓尼县人民政府县长徐登担任，由州文化局副局长张永生、县文化馆长李永祥及州博物馆的文物员冯建华和县文化馆的文物员雍健具体负责实施挖掘工作。

联合挖掘队于1998年3月15日赶赴寺布车蹲住开展工作，施工队由寺布车村农民辛银宝和于尕奶承担。当时寺布车鹰嘴崖下河道发生了很大变化，原先的叉河成了主流河道，而主流河道却成了沙石滩，这就对石碑淹埋位置的确定及打捞施工带来了很大难度。由于河道的改变和修公路时炸切鹰嘴崖的改变，对确定石碑淹埋方位造成了很大的错觉，只能大概定为公路边的河道里上下长15米，将河道宽定为7米，分三段进行施工。首先采取中间开花的工作方略。鹰嘴崖下这段河道水深而且湍急，河底都是巨石填堆的。面对如此严酷的工作环境，工作人员和联合挖掘队员们没有被困难吓倒，而是团结一心众志成城。炸石堵流，沙袋围堰力排艰难险阻，创造工作条件。周围的水被堵住了，围堰底部都是乱石堆，如同筛子底，你要往下挖掘，它偏要拼命地往上喷水，只有解决排水问题，才能顺利挖掘。于是从村里到鹰嘴崖下架设了约1公里的四项高压电线路，租用临潭独山子电站的10千瓦抽水泵一台，电站并派出一名电工专门负责开动水泵，表示对石碑挖掘工作的大力支持。挖掘工作可以说是始终与水做生死搏斗。口径30厘米的水管连续不断工作1个小时才能抽得围堰见底，但水泵稍有懈怠，堰底喷水就会上涌，我们的工作就得被迫停止，与水争分夺秒。经过一月多时间的劳作，终于消除掉堆积的乱石，沉积的墨黑色淤泥出现，但始终不见石碑的身影。

下一步的挖掘从哪里着手最佳，是从上段还是下段进行，确定准确位置是关键。领导小组各成员赶赴挖掘现场，聘请了附近村庄里曾经见过深水泥潭石碑的年长者开"诸葛亮"会，老者们因河道和鹰嘴崖炸切的变化，失去了认定石碑方位的标记，确定石碑方位成了最难的问题。正在领导小组难以判断定论的时候，巴木村一位姓范的老者赶到，他是曾经亲眼看见过石碑在深水泥潭斜躺着的另一个人，并且是很牵挂石碑命运的一位长者。在1967年扩修卓麻公路时，巴木村斜距寺布车隔河只有2公里。他说："石碑位置应该在已挖掘坑的上方地点。"鉴于此种情况，我们把下阶段挖掘工作放在了已挖掘坑的上方位置。历经一个多月，和前阶段一样没有挖掘成果。第三阶段若继续挖掘希望很大，但经费已经花光了，只能作罢。

现该处洮河水已引入山体隧洞，鹰嘴崖段的河床全是沙石滩，河道干涸，没有流水。目前，也有了大型挖掘机、铲车的广泛使用，这又为挖掘工作提供了强大的机械动力。在这样天赐良机时，不挖掘有历史考古价值的石碑，还等待何时？

文明花开香满城

——卓尼县创建省级文明县工作纪实

何寿增　侯文儒　后卓霞*

船城的冬天，小雪点缀充满了无限诗情画意。穿行于卓尼县城区大街小巷，道路两旁的高楼与绿树相互交会；夜幕降临时，在璀璨的灯光中，三五成群的居民们徜徉于洮砚广场、滨河路，在优美的音乐声中或翩翩起舞或随风而歌……丰富多彩的文化生活，有效提升了居民的文明程度。

齐抓共管强化文明保障

卓尼，这座集红色文化、民族历史与现代时尚于一体的甘肃南部小城，山川秀美，人文荟萃，积淀了厚重的文化底蕴。近年来，县委、县政府以提高社会文明程度和群众生活质量为核心，以县城环境整治为着力点，以提高公民素质作为落脚点，始终把创建全省文明县当作改善民生的综合工程来抓。县上成立了创建省级文明县工作领导小组，并将其纳入县委总体目标管理责任书考核范畴，层层签订责任书，将创建省级文明县的8类38项109分项具体指标进行细化、量化，把任务具体落实到有关部门单位，用制度确保文明县创建工作层层有人抓、事事有人管、项项有指标、件件有落实。

＊　作者何寿增系卓尼县党史地方志编纂办主任；侯文儒系卓尼县委宣传部干部；后卓霞系甘南州纪律检查委员会干部。

宣传教育丰富文明内涵

卓尼县从塑造城市灵魂、提高居民素质入手，在全县范围内深入开展"24字"社会主义核心价值观宣传教育实践活动，通过宣传教育、文化熏陶、示范引领、实践养成等方式，努力让社会主义核心价值观在广大群众中内化于心、外化于行。县直各单位举办了以创建文明县为主题的咨询、竞赛、问卷调查、"四下乡"等各类主题活动。全县中小学开展了全县青少年文明礼仪普及活动，大力实施未成年人思想道德教育"金种子工程"系列主题教育活动，开展以"做文明学生，创文明校园"为主题的文明习惯养成教育，各窗口行业广泛开展了"微笑服务，情满卓尼"和"文明素质提升行动""六抵制"主题活动。通过宣传教育建设，为文明县建设积淀了丰富的内涵。

激发热情营造文明氛围

通过开展农牧民运动会、农村元宵晚会、篮球运动会以及书画摄影作品展等丰富多彩的文化活动和群众自发组织的民间艺术团体活动，全面展示了卓尼多姿多彩、特色鲜明的文化魅力，营造了积极向上、团结共融的和谐氛围。2014年，评选推荐甘肃省第四届道德模范候选人1名并进入投票评选阶段；推荐评选最美甘南人物候选人4名，甘南州首届道德模范候选人4名，其中1人荣获最美甘南人物荣誉，2人荣获甘南州首届道德模范荣誉；通过群众性精神文明创评活动和主题宣传活动的开展，倡导了乡风文明，改变了陈规陋习，培养了良好的行为规范和文明习惯。

民生改善夯实文明基础

大力开展"平安卓尼"建设，严厉打击各类违法犯罪活动，加强社会治安综合治理，形成了城市片区和乡镇村组有联防、单位内部有保安、住宅楼群有看护的社会治安综合治理网络。深入实施"六五"普法活动，积极开展"法律七进"活动，为创建文明县营造了良好的法制环境。从困难群众最关心、最直接的现实需要入手，不断完善社会救助体系建设，全力促进社会公平。目前，有1691户3268人享受了城市低保，7966户27197人享受了农村低保，实现了应保尽保。2014年，全县新型农村医疗参合人数84014人，参合率99%。

环境整治树立文明形象

两年来，县上结合"城中村"改造工程，以"六化"（即城镇民族特色化、硬化、美化、亮化、绿化、净化）建设为重点，结合历史人文特点，完成67栋临街建筑的民族特色化风貌改造，修建具有独特风貌的"苫子房"商铺9栋16500多平方米。完成6.68公里道路及排水工程，极大改善了城乡交通条件，方便了群众出行，提升了城市品位。通过引导和惩治相结合的方式，积极开展"牛皮癣"清理活动，加强对乱贴乱画行为的查处力度。大力实施环境卫生"门前三包"责任制，同时增加垃圾清扫车、垃圾箱等环卫设施，建设垃圾处理场，为城乡环境卫生的持续好转提供了强有力的保障。

文化传承打造文明名片

该县把发展群众文化与卓尼特色文化相结合，打好大峪沟绿色旅游、杨土司革命纪念馆红色旅游、汉藏走廊历史文化旅游三张主牌，着力构建以绿色山水为骨架、以红色圣地为招牌、以"觉乃"（卓尼）民族民俗文化为底蕴的大旅游格局。2014年10月，卓尼洮砚文化顺利通过中国文房四宝协会评审，被命名为"中国洮砚之乡"。同时，加大文化产业项目的规划和实施，投资1.8亿元、占地80亩的卓尼洮河文化风情线建设项目被列入华夏文明传承创新区建设的重点项目，已正式开工建设。公共文化服务体系进一步健全，建成15个乡镇综合文化站，县图书馆常年为群众免费开放。近两年组织"千台大戏送农牧村"活动40多场（次），农民自发成立夕阳红、锅庄舞等群众文艺队伍2个，有力推动了城乡群众文化活动的繁荣发展。

卓尼县人民医院发展历程

魏宏平[*]

卓尼县人民医院坐落在柳林镇南滨河朱札路，始建于1950年，距今已有67年。半个多世纪来，医院经过一代又一代医务工作者的艰苦奋斗和不懈努力，从建院时仅有3名职工、1张病床，医技落后、医疗设施不完善到现在的实力雄厚、设施齐全、医疗水平领先，在医院员工不辞辛劳的付出中发展壮大，成为全县集医疗、科研、教学、预防四大功能于一体的二级甲等综合型医院。医院现占地面积27.8亩，建筑面积20000平方米，固定资产4600万元，医院年门诊量5万人次，住院人次5000人，全院职工200人，正式在编人员147人，招聘54人，其中正高级1人、副高级13人、中级25人，医院核定床位150张，实际开发床位220张，医院分设内、普外、妇、儿、中医、肛肠、脑外、骨科等科室，发挥县级医疗骨干作用，凸显公立医院公益性。

一、业务发展

（一）发展成绩

1950年建院时开设内科、外科、妇科、儿科等科室。从2008年开始，全院一班人，发奋图强，开源节流，积极开拓进取，门诊达到499人次，住院200人次，手术260人次。至2016年医院业务不断扩大，从最初的四个学科逐步增加到七个学科。2016年，门诊50000人次，住院4500人次，手术1200人次；已是建院初的几百倍。

（二）收入情况

1. 1950年建院初期，固定资产2000元，全院医师3人。

2. 1988年，固定资产38万元，全院职工43人，医院门诊总量184次，住院人次数20人。

3. 1996年，固定资产160万元，全院职工80人，医院门诊总量5662次，住院人次数786人。

4. 2000年，固定资产233万元，全院职工80人，医院门诊总量11000次，住院人次数1336人。

5. 2008年，固定资产468万元，全院职工92人，正式在编人员79人，招聘13人，医院门诊总量20000次，住院人次数2365人。

6. 2016年经过医务人员坚持不懈的努力和政府部门的大力支持，医院发展迅速，年门诊量达到历史新高度，全院职工203人，正式在编人员149人，招聘54人，其中正高级1人、副高级17人、中级2人，就诊人次达到50000人次，住院人次4500人，医院核定床位150张，实际开发床位220张。

二、业务开展

1950年建院后，在各级领导的关怀下，医院各届领导班子对医院业务的拓展和重视人才培养，从最初的阑尾切除术、疝气修补术等发展到现在的涉及脑外、胸外、妇科、骨科、介入、眼科、耳鼻喉等学科的几百种手术。1989年开展胃大部切除术、胆囊切除术。1997年全州首例股骨头置换手术、胃癌根治术、椎间盘手术、结肠癌根治术、甲状腺癌根治术、硬脑膜血肿清除术、脑室引流术、髋关节置换术、白内障超声乳化等业务开展，为当地老百姓带来了福音。

三、医院设备引进

2005年添置救护车、500ma查视机、X光机影像增强系统、电子收费系统、引进第一台黑白超，为临床诊疗提供可靠保障。2009年后医院以科技兴院为主导，全面升级医院信息管理系统，购入彩超、国产腹腔镜、痔疮治疗仪、飞利浦螺旋CT、呼吸机、高频电刀、C型臂、电子胃镜等设备。2010年，2000所县级综合医院建设项目落实，医院经县委、县政府决定改迁新址。至2012年，在县委、县政府的全力支持下，医院整体搬迁后新增设备全自动血凝分析仪、中央监护系统、麻醉机、利普刀、实验室管理系统、健康体检系统、四维彩超、12导心电图机、血凝仪、无痛分娩仪、电解质仪、120指挥调度系统、远程会诊系统、实验室管理系统、重症监护系统、负压吸引系统、医学影像远程会诊传输系统、全自动中药煎药包药机、中药熏蒸机、颈腰椎牵引机各前列腺电切镜、纤维支气管镜、乙状结肠镜、移动拍片机、DR机、麻醉机、CT远程会诊系统、数字减影造影机、除颤机、手术台、DNA扩增仪、病理诊断系统、口腔治疗台、C型投影机、进口枪针配套设施。

四、医院建设

1950年建院时医院占地面积狭小，建筑面积不足，在各届县委、县政府的领导和关怀下，1988年在原址重建行政医技楼和住院部楼，改善了医疗环境和就医环境。2000年，在院领导的努力下修建工字楼5000平方米，将医技和住院部楼连接起来，增加住院床位，方便了患者就医。2004年新建了传染病区面积2000平方米。2009年在县委、县政府的支持和医院领导多方努力下，在柳林镇朱扎路选新址修建新医院，于2012年9月9日整体搬迁，病房热水系统、中心供氧系统、病房传呼系统、全程监控系统、电子考勤系统、医院管理系统、财务管理系统、无线上网系统、互联网全面应用。在此基础上，2015年县级医院建设项目又增加医技楼建设项目，新建一栋医技楼，为卓尼县医疗事业增添新动力。

在院领导的带领下，全院职工铭记职责，努力工作，尽心尽责，正在着力打造一个让政府满意、患者放心、职工舒心的新型医院。

我所知道的卓尼一中

后会科[*]

卓尼县第一中学是1951年在原卓尼初级师范学校的基础上改建而成。60多年的风雨历程，铸就了卓尼一中今天的灿烂辉煌；60多年的上下求索，积淀了卓尼一中深厚的文化底蕴。此时，她带着历史的积淀，对未来的憧憬，开始了新的旅程。

学校现有教职工243人，专任教师210人。高级教师19人，中级教师73人；大学本科学历151人；省级骨干教师4人，州级骨干教师6人，州级学科带头人6人，县级教学新秀12人；有44个教学班，2257名学生。

校园占地面积47220平方米，校舍建筑面积为27965平方米，图书室藏

卓尼县第一中学校门　摄于 2009 年

---

* 作者系卓尼县第一中学教师。

书56632册，报刊178种，生均拥有图书25册，学校硬件设施齐全，自动化的校门，宽敞明亮的教学大楼，舒适洁净的学生公寓，标准化的仪器室、实验室，为培养学生的实践能力、创新能力提供了有力的保证。计算机教室、远程教育教室、多媒体教室，让孩子们放眼天下。校园广播系统让学校充满了生机与活力；校园监控系统的使用，促进了教师的专业化成长，同时有力保障了全校师生的安全。徜徉其中，芳草如茵，书香弥漫，时刻被浓郁的文化气息熏陶着。

历史篇

卓尼一中历史悠久，源远流长。学校于1951年9月由"甘肃省初级师范学校"改称为"卓尼县初级中学"；1968年6月成立了"卓尼中学革命委员会"；1970年春季，学校增设高中部。十一届三中全会后，正式更名为"卓尼县第一中学"，沿用至今。2011年9月，按照县委、县政府对学校结构布局调整的安排，高、初中分离，卓尼一中承担着初级中学的教育教学任务。学校历经几代人的艰苦创业，规模由小到大，设施由简陋到基本完善，教育教学质量不断提高。如今的卓尼一中，已经成为卓尼县一颗璀璨的教育明珠，她正以崭新的姿态，营造着现代教育的氛围，谱写着"人民满意的教育"的壮丽诗篇。

管理篇

以规矩定方圆，以改革谋新生，以创新求发展。

卓尼一中领导集体精诚团结、勇于开拓、锐意进取。始终秉承"高尚、勤奋、求实、创新"的校训和"崇尚一流、追求卓越、超越平凡、拒绝平庸"的办学理念，坚持"抓管理、建队伍、兴科研、正校风、求质量、创特色、谋发展"的办学思想，紧紧围绕"培养一代有理想、有道德、有理论、会实践、有学识、善创新，身心两健，全面发展的建设人才"的育人目标，坚持人本管理和制度管理的有机统一，努力创建和谐校园。致力于培养、选拔年级组、教研组、班主任、团支部、学生会等学校中层干部队伍建设,形成科学、高效的教育教学管理网络。组建了以校长为核心,校委会成员为主体的决策审议系统;以党支部为核心,教育工会、团委、妇女组、学生会为主体的民主监督系统;以办公室、教研室、政教处、教务处、总务处为核心,教研组、年级组、教学班为主体的指挥执行系统。各组织机构责任明确、各司其职,使学校管理工作更加民主、科学、高效。不断改善办学条件,提升办学品位,努力把学校创办成为甘南州一流的初级中学。

树德以正身,立品而致行。在德育工作中,学校以"两基"迎国检为契机,注重德育工作的落脚点和时效性。重视学生爱国主义教育,突出不同年龄段、不同家庭环境学生的心理健康教育,狠抓学生良好行为习惯的养成。由此树立以学生为主体的德育工作宗旨,真正体现出以人为本、因材施教的德育新模式。同时在德育教育中渗透安全教育,实现德育常抓,安全常知的有利态势,注重把安全观念镌刻进师生心灵,从而让德育工作多元化、健康化、和谐化。充分利用升旗仪式、国旗下献词、主题班会、专题讲座等多种形式的活动,培养学生高尚的人格、远大的抱负、健康的心理、顽强的意志、热爱生活的态度和求索向上的精神,使之成为会学习、会做人、会发展,德才兼备、乐于奉献的人才。扎实的德育工作,和谐的育人环境,犹如春风化雨,滋润着每个学生的心灵。促进了学校教风、学风和校风建设,提升了学校的德育工作水平。

学校重视彰显教育的人文性,着重塑造和谐统一、直观的校园文化。努力丰富德育手段,探索环境育人的新途径,拓展校园文化内涵,力争让一棵树、一堵墙都变成育人载体。利用国际禁毒日、国庆节、妇女节等重大节日,在校园内张贴宣传图片,通过触目惊心的事实直观形象地进行爱国教育、法制教育、感恩教育。充分利用橱窗、黑板报、学生书画、校园广播等载体,营造"书香校园"和"艺术校园"氛围,为形成良好的校风、学风、教风打下坚实的基础。组建了摄影、足球、篮球、跆拳道、剪纸、话剧等16个社团,每年一届的文体艺术节等活动为兴趣爱好者搭建了展示才华的平台。以"校园之声""英语天地"英汉双语校园广播等为载体,发挥环境育人的功能,陶冶学生情操,构建学生健康的人格。同时,整体优化的校园环境,使人一走进校园,就能体会到学校的特色气氛,无论是一树一花、一砖一瓦，都无不装点着学校环境育人的情愫，无不渗透着打造优秀品牌的良苦用心。

近年来，学校抓住机遇，在各级党委、政府及社会各界人士的关怀下，积极筹措资金，大规模进行学校建设，目前校舍面积增加到27965平方米，基本实现了校园绿化、硬化、亮化、美化、教育化、办公无纸化和教学信息化的目标。

教学篇

学校视教育质量为发展的生命线，认真贯彻党的教育方针，全面推进素质教育，不断更新教育理念，重视建设新型的师生关系，努力营造和谐教育氛围。在开齐开足课程的同时，全面开展高效课堂与实效课堂相结合的课堂模式，积极开展示范课、观摩课、新教师汇报课、公开课、集体备课等活动，深入开展课堂教学"全面性、主体性、活动性、实效性、科学性"的探究活动，营造愉快、宽松、开放的课堂教学气氛。使每个学生乐于投入其中，让每个学生畅所欲言，大胆交流，形成师生互动、生生互动的学习局面。

"问渠哪得清如许，为有源头活水来"。为确保教师质量的整体提升，给学校的教育教学工作打下坚实的基础，学校确立了修师德、练师能、树师表、铸师魂的师资队伍建设总体方针。积极开展校本培训，引进先进的教育教学理念，全力打造学习型、专家型的教师队伍，以达到教师整体素质飞跃式发展。

学校还注重各年级各班级教师合理配备，实行宏观调控。经常组织教师外出学习充电。近年来，先后有150多人次参加了清华大学、大连、广州、兰州等地的教研教改培训。积极与兄弟学校开展各类教研活动，聘请天水师范学院教授、甘肃农业大学教授来学校作报告，让一线教师聆听新的教学理念。通过各种培训，强化了教师队伍的业务素质，真正成为学生学习活动的组织者、引导者和参与者。青年教师是学校的希望，学校制定了青年教师培养方案，认真落实教师的"传、帮、带"制度，"以老带新，以新促老"，为他们搭建展示自己才能的平台。"班主任论坛"和

"素质教育论坛"增强了学校教育科研的氛围。如今,青年教师继承和发扬"敬业奉献"的精神,茁壮成长。

学校现有教研课题3个,已经通过甘肃省教育科学研究所鉴定,正在开题研究。在此基础上,学校以教学案例、教学反思为主要形式进行阶段性的教育总结,有90多位教师的150多篇论文在县级以上刊物发表并获奖,36名教师参加省、州优质课、说课竞赛并分别获得一、二、三等奖。浓厚的教育科研氛围,促进了教育教学质量的稳步提升。

成果篇

几十年风雨岁月,几十代园丁辛勤耕耘。卓尼一中这棵桃李树已是根深叶茂、硕果累累。自建校以来,共培养了初中52届9468名学生,高中39届4054名学生,为卓尼的经济文化及各项事业的发展做出了巨大的贡献。甘南州著名书法家阿丁先生,兰州大学著名教授、物理科学与技术学院副院长王玉华先生曾先后就读于卓尼一中。

近年来,学校在全国中学生英语、数学、物理、化学竞赛中,有342人次分别获得国家、省、州级一、二、三等奖;教师中有136人次获得优秀指导奖。

2008年以来,学校先后被州委、州政府评为"甘南州教育系统先进集体";2009年被州委、州政府评为"两基"工作先进单位,被州教育局命名为"甘南州示范性完全中学""甘南州示范性寄宿制学校""甘南州校园文化建设示范性学校""甘南州'四项工程'建设示范性学校""甘南州

卓尼县第一中学校园一角　摄于 2010 年

德育工作示范性学校"；2010年被省教育厅、省体育局评为"甘肃省贯彻落实中央七号文件和《学校体育工作条例》先进集体"，被州教育局命名为"甘南州教育科研示范性学校""甘南州实验室建设达标学校""甘南州大灶建设工程示范学校""国家农村中小学现代远程教育工程项目学校"。2011年被命名为"清华大学教育扶贫现代远程教育教学点"。2013年被州教育局命名为"甘南州语言文字规范化示范校"，被甘肃省科学技术协会命名为"甘肃省科普教育基地"。2014年被甘肃省委宣传部、省文明办、省教育厅联合授予"甘肃省首批中小学德育示范校"，被甘南州委、州政府联合授予"甘南州精神文明建设先进单位"，被省语言文字工作委员会授予"甘肃省语言文字规范化示范校"。

"三尺讲台，终岁莫问枯荣事；两袖清风，回首只闻桃李香。"卓尼一中教师以高度的敬业精神，满腔的教育热忱，谱写着教育事业的华美篇章。

"长风破浪会有时，直挂云帆济沧海。"团结务实的一中人，用自己的智慧和汗水铸就了今日的成绩。我们完全有理由相信，充满无穷活力和魅力的卓尼县第一中学，必将承载着六十载的深厚文化与历代一中人的宏伟梦想，乘风破浪，扬帆远航，驶向更加灿烂辉煌的明天！

卓尼县柳林中学成立经过

姜国钰[*]

2008年5月12日，四川汶川特大地震，波及卓尼全境，使卓尼县2所完全中学、8所九年制学校、106所小学460栋校舍受到不同程度的损坏。

卓尼县委、县政府根据灾后重建工作与学校布局调整相结合，逐步实施初、高中分离办学，初中向县城集中、小学向乡镇中心学校集中的学校布局调整的思路，确定新建一所中学——卓尼县寄宿制中学，解决县一中学生多、班额大、校舍缺的问题，实现扩大办学规模、优化教育资源配置、降低办学成本、提高教学质量的目标，从而巩固和提高"普九"成果，以达到集中办学、共享优质教育资源的目的。

学校选址在距县城西2.5公里的叶儿滩，于2009年列入重建项目，县政府安排中央重建资金2076万元。为了使该项目取得最大效益，真正确保优质教育资源共享，在重建资金2076万元的基础上，整合

新建的卓尼县柳林中学夜景　摄于2010年

＊　作者系卓尼县柳林中学教师。

中央二期寄校资金2100万元，学校占地71930平方米（约108亩），规划建设综合教学楼一幢、学生宿舍楼一幢、餐厅一幢，拟建教师公寓楼一幢，总建筑面积32055.03平方米（不包括教师公寓楼）。由兰州煤矿设计研究院进行地勘，兰州煤矿设计研究院设计，武威市金羊建筑工程公司（第五项目部）承建，定西市陇中建设监理有限责任公司监理，2009年9月开工建设。建成后服务半径内人口10万人，服务对象为全县约3000名高中生，配备约150名教师。

2011年5月，县委、县政府组建了以杜育民为书记、张建炳为校长，许光明、郝荣、王哲、袁喜平为副校长的学校领导班子，并命名为"卓尼县柳林中学"，至此，一所全新的寄宿制中学——卓尼县柳林中学正式成立。柳林中学班子成员在学校开办之前，先后对省内知名的民勤一中、永登六中、会宁一中、会宁二中、静宁一中等10所高级中学进行了考察学习，借鉴兄弟学校先进的管理经验与课改工作的先进做法，并结合本县学情建章立制，为柳林中学的成立与开办做了大量的前期准备工作，为学校的创建与发展开好了头、起好了步。

新建的卓尼县柳林中学　摄于2011年4月

同时，学校在县委、县政府及县教育主管部门的大力支持下，先后从省内外各高校引进师资130多名，并从县一中、藏中、全县各学校抽调教学骨干力量和后勤人员，奠定了良好的办学基础。2011年7月基本建成，2011年8月柳林中学正式开学，招收高一新生840名，原卓尼藏中普通类、卓尼一中高二、高三学生转入柳林中学，设有三个年级，50个教学班，在校学生2500名，教职工277人，学校实行全寄宿制管理。从此，卓尼教育史翻开了新的一页。

民族教育的春天

——卓尼藏中建设散记

杨春景

人生岁月弹指一挥间，许多往事如烟；但自己亲历的一些有意义的往事，却留下深刻印象，令人难以忘怀。

党的十一届三中全会以后，随着改革开放的不断深入，整个社会充满了生机活力。那个时期，我有目标、有追求，也有人生导师和学习榜样，可谓我人生最快乐的一段时光。自己能为卓尼藏中尽寸心、能为全州民族教育做点有益的事，怎能不为之欣慰？

一

1983年下半年，我担任卓尼县文教局副局长，深切感受到幸逢党的民族政策和改革开放的甘霖，卓尼民族教育迎来了久盼的春天。我和同事杨顺程（时任县文教局局长）、李克昌（县文教局副局长）有幸亲历和参与了卓尼藏中的酝酿和筹建。

当时，卓尼全县只有尼巴九年制学校等少数附设初中的九年制学校和一部分小学实行藏汉双语教学；而一部分乡镇接受"双语"教学的大批小学毕业生和其他初中阶段已接受过"双语"教学的初中毕业生没有升学出路，不能满足社会学习使用民族语言文字、传承民族优秀传统文化的强烈愿望，卓尼迫切需要新建一所面向全县、开设藏汉双语课程的完全中学，并在全县一批小学和九年制学校开设"双语"课程，扩大民族教育办学规模，完善民族教育结构，健全民族教育体系。

时任卓尼县人民政府县长景丹珠、副县长杨正等领导根据广大民众学习使用本民族语言文字的根本愿望，首先明确提出新办一所"双语"类完全中学的设想。当时社会上出现了两种不同意见：一种意见认为，藏族人口分布在卓尼各乡镇，多数为纯藏族聚居和纯用藏语的环境，而至今无一所学习藏语言文字的完全中学。称赞县上领导新建藏族中学的设想"反映了时代要求，体现了人民利益"。另一种意见则对创办县藏中或不感兴趣、或不予支持、或认为没有必要性，有的甚至明确反对办藏中和学习使用藏语文。

针对当时情况，景丹珠、杨正等领导人在一定范围耐心分析县情，阐明创办藏中和发展民族教育的深远意义。经过晓之以理，使有利于民族发展进步的正确主张逐步被人们所接受，进而在县领导层和业务主管部门达成了共识，终于在1984年初作出新建藏中的正式决定。作出正确抉择，解决了"一定要建"的大前提问题，尚有制定发展规划、选校址、争取资金、着手修建等一系列具体事项。到了选址环节，又出现了两种意见：一种主张以位于麻路的卓尼二中为基础，并更名为"卓尼藏中"，利用现有教育资源，根据事业发展需要逐年扩建、配备师资。另一种则主张在卓尼县城选定校址。县政府经过反复权衡，最后决定在县城建藏中。

二

我有缘亲历藏中的建设，怎能懈怠？

（一）1984年初，县政府刚作出决定办卓尼藏中，我和同事李克昌等受领导委托在叶儿滩等多处实地考察选址。经我们反复对比，初步选定古雅山脚下一块地皮（即现校址）作为校址，供县政府领导决策参考。当时我们反复考虑，仅用公路南端现藏中教学、办公区的原地皮面积太小，远远不能满足一所完全中学教学、办公、体育活动、师生生活等区域的实际用地需要。而在正式丈量地皮过程中，又增加了包括公路北端县藏小校址和藏中教师住宅楼在内的一块荒滩，将南、北两块地皮重新一并丈量划定

卓尼县藏族中学一角　摄于 2010 年 6 月

范围，并随即申报县政府，结果很快得到州、县政府的正式批复。

（二）有了学校用地，没有建校资金怎么办？不久迎来了好机遇——杨正副县长和我有幸于1984年5月参加在平凉泾川县召开的"全省基础教育资金安排会"。我们在有充分准备的基础上，会议期间分别向与会的省教育厅副厅长汪都、省计委副主任李永彬等有关领导反复汇报，反映困难恳求支持。我们的努力争取，最终得到了与会领导的理解和有力支持，最后在闭幕会上郑重宣布：为我县解决包括藏中建校资金在内的90万元教育资金。在卓尼教育史上，一次性投资90万元尚属首次。会后县政府决定从中拨出一部分资金用于修建卓尼藏中教学楼。经多方面努力和卓有成效的工作，使整个筹建工作得以顺利进行，确保于1985年如期开学。

（三）我担任卓尼县分管教育的副县长期间，针对我县大批初中毕业生面临升学无门、就业无路和未来高校生源出现危机的实际，1989—1991年连续3年主持召开县招委会议，专题研究县藏中、县一中初、高中招生问题，动之以情晓之以理耐心说服与会的县招委成员、主管部门和学校负责

卓尼县藏族中学校门　摄于 2011 年

人，并采取行政措施，协调增加县藏中、县一中初中、高中招生名额；力排阻力，责成县藏中设立以藏语文为主、单科加授汉语文的首届高中班。增加招生名额、扩大办学规模，实现有学可上，为后来的高校招生提供了生源保障，同时对提高社会学历层次和群体知识结构起到了积极作用。

（四）1990年8月，我以自己的人脉优势，诚请著名学者、西北民族学院（现西北民大）教授多识，著名学者、西北民族学院教授马进武，著名学者、西北民族学院教授高瑞和西北民族学院民族研究所副所长、副研究员杨士宏及甘南藏中专学校教师（现甘肃民族师范学院副教授）吉喜等莅临卓尼，为全县教师培训班讲学。当时能邀请这样有影响的专家学者在一个小县特别在一个中学进行为期一月的讲学活动实属不易。为了扩大影响和营造良好的文化学术氛围，我们将培训地点有意放在卓尼藏中，要求藏中教职工同全县"双语"类教师及愿意听课的其他行业的干部职工共同参加培训，聆听著名专家的讲座。为了取得良好的培训效果，我们邀请了甘南人民广播电台专业人员全程录制讲座内容，并作为教学节目内容多年反复播放，赢得社会好评。这次培训，通过聆听专家讲座并进行多方面交流，增长了藏中教师和其他学员的见识，解决了一些疑难问题，启发了自学的思路，产生了良好的社会影响。

三

藏中建校至今30余年，风雨兼程，藏中人的敬业和各方面人士的有益支持，使学校得到健康发展，已成为甘南民族教育百花园中艳丽的花朵，为卓尼经济文化发展、社会和谐进步增添了光彩。学校已培养出29届3730多名初中毕业生，26届1840名高中毕业生，其中1470多名高中毕业生升入本、专科院校。学校先后获得"国家群众体育先进单位"、省级"'两基'先进单位""甘南州校园文化建设示范校"、甘肃省"民族团结进步先进单位"、全州"平安校园建设先进学校"、全省"德育示范学校"等荣誉称号。全校60多名教师分别获得国家、省、州、县各种荣誉称号，受到表彰奖励。

通过亲历卓尼藏中创建并关注建校后的发展，使我们得到了深刻启迪：有些重要事物需要经过设想、酝酿、决策、逐步发展等过程，只有经过时空和实践的检验，才能显现事物自身的历史价值，进而被更多人所接受和认可。这就需要有志向高远的眼光、坚定不移的决心和持之以恒的毅力。

我的母校

杨晓红[*]

　　一片纯洁的沃土上，孕育着孩子们对明天的希望。他们渴望未来变成矫健雄鹰，翱翔这苍穹之上。是你，让每个孩子在人生中有了好的开始；是你，激起了孩子们对知识的渴望；是你，帮助孩子们成材，助他们飞翔。这就是我的母校——柳林小学。

　　柳林小学是革命烈士、卓尼第十九代土司杨积庆于1921年创办的。原为私塾，初名为"卓尼初级小学"，1922年改名为"卓尼第一高等小学"，1928年改名为"卓尼县柳林高级小学"，1942年改名为"甘肃省立卓尼县柳林中心小学"，1966年10月改名为"卓尼县永红小学"，1974年改名为"卓尼县城关第一小学"，1982年更名为"卓尼县柳林小学"，并沿用至今。古朴典雅的拱形校门见证着柳校悠久的历史，校门前的垂柳随风轻拂故称其为柳林小学。走进垂柳轻拂下的拱形校门，一座古典式民族特色建筑矗立于眼前，环视四周，具有民族特色和现代化气息相融合的建筑群，布局合理。漫步校园，绿树掩映，花坛中各色鲜花竞相开放，阵阵芳香沁人心脾；以绿色、红色和黄色搭配的花园色带，为师生营造了舒适、优雅的工作、学习、成长环境。

　　岁月荏苒，一晃30年过去了，小时候的梦想也得以实现，我也成了柳林小学的一名教师。站在三尺讲台上，给我的学生就像我小时候的老师那样，教他们学习、做人、爱国、爱家、爱身边的每一个人。可以说，我目

———————
　　* 作者系卓尼县柳林小学教师。

睹了母校30年的发展。

如今，学校师资雄厚，现有教职工181名，其中本科学历87人，专科学历80人。2人分别被国家教育部授予"全国优秀教师"，甘肃省委、省政府授予"省园丁"称号。有省级"骨干教师"3人、省级"青年教学能手"3人、有省级"师德标兵"1人。有州级骨干教师7人、州级"青年教学能手"12人。在校学生2388名，设51个教学班。

以前，教师、学生都没有现在这么多。现在学校有2012年秋季交付使用的新教学大楼，内设39个教学班，16个办公室，一个生活体验馆和一个多功能阅览室。5楼有可容纳300多人的大型综合会议室。院内唯一一座古建筑还完好地保存着——那就是党员活动室，它是学校富有民族特色的建筑之一，建造于1985年，面积234平方米，屋檐下那块匾额是甘肃省人大常委会副主任杨复兴生前所题。

与昔日柳小相比，今日的柳林小学拥有一流的现代化教学设施：电子白板全覆盖；有监控网、宽带网和红领巾广播站；有心理咨询室、实验室；图书阅览室、录播室、书法绘画室；电钢琴室、舞蹈室、体验馆；计算机室。为挖掘学生潜能，促进学生身心健康、全面发展，学校相继建成14个综合实践基地：科技知识实践基地2个、法治教育实践基地2个、气象知识教育实践基地1个、体能拓展实践基地2个、爱国主义教育实践基地2个、孝亲敬老教育实践基地1个、交通安全教育实践基地1个、人文教育实践基地1个、消防安全教育实践基地1个、生活体验教育实践基地1个。

校园突出"绿化、美化、硬化、童趣化、人文化"五化建设，提出"内容育人化""设计艺术化""班级特色化""墙壁活力化"的育人创意目标。如今的柳林校园既古朴典雅，又极具现代气息，处处洋溢着活泼向上的人文情趣。

那时，只记得老师一遍又一遍地教，学生一遍又一遍地学。现在，学校强力推进高效课堂改革，坚持"低起点、小步走、点改革、面推进、多交流、创高效"，为转变教师教学观念，改变课堂教学模式，以"任务单"为载体，突出学生学习的主体性，培养学生的自主学习能力，以"先学后教、合作探究、当堂达标"的教学模式，突出"预学、研讨、点拨、提升"，在检查学习效果中，体现活页作业的针对性、科学性、有效性。

师生在轻松愉悦的氛围中学到了知识，增长了见识，更拓宽了视野。

农村的大叔大婶常常这样说："现在的社会好啊！孩子读书，不仅不要钱，还给农村孩子生活费。现在的老师更辛苦，他们不仅要教孩子读书、识字，更要按时给孩子们发营养早餐。"是啊！自农村中小学义务教育阶段学生营养膳食计划工程实施以来，我校高度重视此项工作。大灶设操作间和分发间两大间，面积80平方米左右。配有和面机、压面机、蒸箱、豆浆机、操作台等各种设备。配有厨师4人，都持有健康证。供餐方式为菜谱式供餐方式，早餐种类有：牛奶、鸡蛋、豆浆、稀饭、苹果、馒头、花卷等。学校真正将孩子们的健康成长视为第一。

今天，学校积累了丰富的办学经验，也取得了骄人的成绩：学校先后荣获"全国优秀少先队集体""甘肃省教育系统先进集体""甘肃省中小学德育示范校""甘肃省关心下一代先进集体""甘肃省家长示范性学校"，甘肃省"敬老文明模范单位"，甘肃省"语言文字规范化示范性学校""全州创先争优先进基层党组织""甘南州教育系统先进集体""甘南州普及'两基'先进单位"等荣誉称号，被甘南州教育局命名为"甘南州一类学校"，甘南州教师队伍、教育科研、校园文化建设、防震减灾、科普、德育、语言文字规范化等示范性学校。

90多年风雨历程，母校并没有因年代的久远而容颜老去，而是容光焕发，更年轻更成熟，步伐更矫健。母校的今天，是一代代柳校人艰辛探索，不断进取的结果。有先辈的足迹，有晚辈的继承创新。相信柳校人都会有一颗赤子之心，将柳校精神传承，在创新中求发展，在发展中求创新，将卓尼县教育事业推向新的辉煌！

卓尼县妇幼保健站发展综述

冯　云[*]

卓尼县妇幼卫生保健站创建于1963年，时为县医院下设机构；1987年与防疫站合并为县防保中心站；1992年与防疫站分设成为专门从事妇幼保健的服务性事业单位，是一所集预防、保健、医疗、教学为一体的妇幼保健机构，主要职责是负责全县妇女儿童预防保健工作，经费由县财政全额拨款。

县妇幼卫生保健站自创建以来，始终坚持"以保健为中心、保健与临床相结合、面向基层、面向群体"的服务宗旨。由于各级政府的重视及广大人民群众的支持，在广大县、乡、村妇幼保健人员的共同努力下，严格落实《甘肃省妇女发展规划》和《甘肃省儿童发展规划》，通过加强产儿科建设、孕产妇保健、儿童保健和基层保健服务指导等，规范乡（镇）卫生院产儿科建设，通过夯实妇幼健康服务工作基础，扩展妇幼健康服务业务用房、增加产儿科床位，改善妇女儿童看病就医环境和条件；探索建立孕产妇、新生儿危急重症转诊救治机制，健全完善上下联动急救转诊绿色通道，提高了危重孕产妇和新生儿急救能力。多年来妇幼保健项目工作相继实施，如"卫VI"项目、"爱德"甘肃妇女病普查项目、"降消"项目、孕产妇住院分娩补助项目、儿童出生缺陷防治项目、预防孕产妇艾滋病/梅毒/乙肝母婴传播免费检测及阻断项目、新生儿听力和疾病筛查项目及产前筛查项目等，全县妇幼保健事业获得了前所未有的发展机遇，全县

---

*　作者系卓尼县妇幼保健站干部。

乡（镇）卫生院在妇产科、儿科及新生儿科等软、硬件建设方面取得了长足的发展。连续多年"两规划"可量化重点指标如孕产妇死亡率、新生儿死亡率、婴儿死亡率、五岁以下儿童死亡率逐年下降。连续多年荣获省综合妇幼卫生保健项目先进集体、省卫生厅"爱德"妇女病防治项目先进单位、甘南州妇幼卫生工作先进单位、甘南州医德医风建设先进集体、甘南州医疗工作先进单位、全州卫生系统"创先争优、巾帼建功"先进集体、全州农牧村卫生工作先进集体、州县文明单位、县卫生系统先进集体等荣誉。

县保健站原址在柳林镇上城门92号；2013年3月搬迁至柳林镇滨河西路50号，占地面积8960平方米。有四层医疗业务楼一幢，建筑面积3800平方米。现有妇幼保健人员44人，其中管理（兼）岗位人员2人（正职1人，副职1人）；专业技术人员总数43人，副高级5人，中级13人，初级23人，工勤技能人员3人；医师23人，护士20人，医护比1.15。取得《母婴保健技术服务合格证》的有22人。承担着全县15个乡（镇）16个卫生院和1个社区卫生中心的妇幼保健指导任务，组织全县妇幼保健工作的项目实施、技术指导、调查评估、培训带教、监督检查等工作。

门诊部：开设妇产科、婚检、妇保、儿保室、妇保室、口腔保健、发热门诊、中医科、新生儿疾病和听力筛查室、阴道镜室、产前检查室、蓝光治疗室、注射室等。

住院部：开设床位30张，设有危重儿监护病房、胎儿监护室、待产室、产房、儿科病房、妇产科病房、手术室、治疗室。

医技部：设有中心药房、检验、彩超、心电图、消毒室、供应室等科室。拥有设备：彩超、阴道镜、妇科利普刀治疗仪、液基细胞学检测仪（TCT）、麻醉机、电刀、心电监护仪、无痛人流仪、MP监测仪、血球分析仪、尿十项仪、红外乳腺诊疗仪、微波治疗仪、新生儿抢救台、新生儿暖箱、制氧机、多普勒诊断仪、兰光治疗仪等设备20多台（具）。大大提高了临床诊疗及保健服务能力。

主要开展业务：（1）婚检和出生医学证明发放。（2）孕产妇保健（孕产妇建卡，产前检查，高危妊娠筛查，住院分娩、产后访视、异常妊娠和异常分娩处理）。（3）儿童保健（新生儿访视、母乳喂养生长发育监测，计划免疫，7岁以下儿童体格检查、常见病、多发病预防，新生儿听力和疾病筛查等）。（4）妇女乳房疾病、妇科宫颈刮片（TCT）检查，阴道镜等妇科疾病的诊治。（5）生殖保健（不孕不育、性病、卫生咨询）。（6）健康教育宣传、妇幼信息统计、妇幼保健技术指导、人员培训。（7）计划生育手术（放环、取环、人流、中期引产、药流、结扎）。（8）妇产科手术（剖腹产、宫外孕、子宫、卵巢手术等）。临床服务特色：多年来坚持"以母婴保健为中心"的服务理念，在妇产科、儿科软、硬件建设方面得到了发展和提高，在抢救孕产妇妊高症、产科出血、新生儿窒息复苏、高危妊娠分娩、难产等方面积累了丰富的临床经验。

2000年，根据甘肃省"降消"项目实施方案要求，"降消"项目（降低孕产妇死亡和消除新生儿破伤风的发生）在卓尼县启动并开始实施。为确保项目的顺利实施，县保健站设"降消"项目办公室，成立"降消"项目领导小组，由主管县长任组长，财政、卫生局局长任副组长，妇联、县医院、保健站等单位负责同志为成员，以县医院、妇幼保健站妇产科、儿科业务骨干为成员组成项目技术指导小组，组织项目实施、技术指导、监督工作。"降消"项目实施十年以来，孕产妇死亡和新生儿破伤风的发生率逐年下降。

"爱德"项目（甘肃妇女病防治项目）2005年在卓尼县组织实施。县保健站设立"爱德"项目管理办公室，成立"爱德"甘肃妇女病防治项目领导小组，负责项目的组织实施、监督指导工作，项目实施期为一年。根据《爱德甘肃妇女病防治项目实施方案》总体计划要求，对县、乡（镇）保健人员进行培训，由各乡（镇）卫生院妇幼保健人员对全县15个乡（镇）开展妇女病查治工作。"爱德"甘肃妇女病防治项目的实施，极大地带动了妇女病防治，为以后妇女病普查工作奠定了基础。

2008年"儿童出生缺陷防治"项目在组织实施。卓尼县保健站制定《卓尼县出生缺陷防治办法》，在全县范围采取为育龄妇女免费普服叶酸的干预措施，全面组织实施孕前及孕早期优生健康指导，防治儿童出生缺陷，近几年新生儿出生缺陷发生率逐年下降。

2009年，甘肃省新生儿听力筛查和疾病筛查项目及预防艾滋病、梅毒和乙肝母婴阻断等重大公共卫生服务项目相继实施，产儿科服务能力得到了提高；妇幼保健事业得到了长足发展。

县保健站以项目为载体，以农村为重点，依托项目建设，改善乡（镇）卫生院产科、儿科和转诊急救的基础设施条件，总体上提高和夯实"三级妇幼网"服务基础，组织实施县妇幼保健专业人员到乡卫生院监督指导，带领和服务等工作；逐步扩大贫困孕产妇和婴幼儿的住院分娩医疗救助覆盖面，实现救助与医疗保险及新型农村合作医疗的衔接，并建立妇幼卫生稳步发展的长效机制，切实提高了广大妇女儿童的健康水平。每年组织医务人员在全县15个乡（镇）广泛开展健康教育活动，到乡（镇）开展义诊宣传活动，宣传两部法律法规、普及母婴保健知识、提倡和宣传母乳喂养的好处；每年以"服务百姓、健康行动"为主题进寺院（卓尼县禅定寺）进行慰问、体检，开展义诊宣传《母婴保健法》，通过僧侣宗教活动扩大健康教育宣传力度，在促进民族团结，维护社会稳定方面起到了积极作用。

根据《2015年甘南州妇幼健康服务工作要点》，应用《出生医学证明》信息管理系统网络直报平台，县保健站实施《出生医学证明管理实施细则》。根据省、州加强婚检工作的有关文件精神，结合卓尼县婚前医学检查实施方案，按照规定出具了婚前医学检查证明，对结婚对象进行了婚前卫生指导和婚前卫生咨询。对诊断患有严重遗传性疾病的向男女双方说明情况，提出了医学意见。

按照医药卫生体制改革相关制度要求，县保健站认真组织落实药品零差价制度，并结合工作实际查漏补缺，把质量管理纳入科室的各项工作中，进一步完善落实了以省卫生厅22项制度为主的各项制度，重点抓好医务人员"四个"排队和本站"八个"排队每月公示上墙；农村孕产妇住院分娩补助花名册每月公示上墙；住院分娩新农合报销花名册公示上墙。规范托幼机构保健服务，建立长效监督管理机制。

2015年，根据省人民政府办公厅《关于加强妇幼健康服务的意见》的要求，贯彻落实住院分娩补助政策，结合本地实际，相应制定了卓尼县孕产妇住院分娩补助实施方案、资金管理方案、项目培训及健康教育方案、孕产妇急救转诊管理方案等，在救助工作中坚持公平、公正、透明的原则，严格审批手续，加强经费监督，补助人员花名册定期向社会公示，为农村孕产妇住院分娩提供了有力的保障。为保障母婴安全，紧紧依托项目实施，加强产儿科服务能力建设，多年来县保健站采取多种形式、多种渠道，加强县、乡、村各级妇幼保健人员培训。县级医疗单位具备了处理高危孕产妇、难产的急救能力，为急救转诊网络的建设奠定了技术保证。通过反复对乡（镇）卫生院妇幼保健人员的培训，全县各乡镇均建立了孕产妇和儿童保健系统管理制度，逐步完善了"两个系统"管理和运行规范，保证妇幼保健卡、册、图、表、本的正常运转；完善了县、乡、村三级转诊急救"绿色通道"建设，提高了高危孕产妇的转诊急救能力，全县住院分娩率大幅度提高，孕产妇死亡和新生儿死亡率逐年下降。

根据《托儿所 幼儿园卫生保健管理办法》的有关规定和《卓尼县托儿所 幼儿园卫生保健工作规范》的卫生保健基本要求，县保健站进一步规范7岁以下儿童的健康管理，为儿童创造良好的生活环境，强化对托幼机构儿童卫生保健监管，监测儿童体格发育营养状况、培养健康的生活习惯，保障儿童的身心健康。

难以忘怀的尼巴学校

杨春景

尼巴学校，是我读书识字、学习文化知识的母校；也是我曾两度从事教书育人的神圣事业，开始走向社会、磨炼意志、感悟人生的起点。我怎么能忘怀呵护我、滋养我成长进步的母校呢？

感念母校的培育

1965年，我已10岁，家乡办起了学校——卓尼县尼巴学校，我才得以上小学，翌年却遇上了全面内乱的"文革"。随之取消了藏语文课，全校唯一教藏语文的丹增老师赋闲，后来他受到"文革"冲击而被打成"牛鬼蛇神"，经常挨批斗使其身体遭到严重摧残。当时全校所有课程均用汉语授课，由于我们不懂汉语，授课的教员都不懂藏语，师生之间的语言隔阂给整个教学带来了很大的障碍和困难。教师们虽然很辛苦，但实际教学效果很差，确有白费教师口舌的情况，常常骂我们是"笨蛋"。这样过了五年，1971年，我被保送到甘南师范学校接受初师教育。

光阴荏苒，转瞬间已有近五十年时间。今天我们回顾过去，遥想当年"文革"期间自己上小学的往事，以客观理性的态度去认识和看待当时的历史条件及特殊年代的一切事物。在那样的年代，教学秩序混乱，课时无保证，教学质量差，那是当时全国的普遍现象。在尼巴学校的学习，对我知识的获得以及思想感情和人生基本品格的形成，对我后来的成长进步都产生了一定影响。我感念尼巴学校——我可爱的母校。

欣慰母校的发展

党的十一届三中全会以来，随着拨乱反正和改革开放的不断深入，逐步恢复了党的民族政策，民族教育迎来了久盼的甘霖。

1979年，我随全州民族教育考察团赴四川、青海等地考察学习民族教育工作。考察结束后，我受县有关领导的委托，在全县首次民族教育工作会上介绍青海、四川等地办寄宿学校、实行藏汉双语教学、发展民族教育的成功办学经验，并提出推广先进经验、做好本县教育工作的具体意见。外出考察学习，开阔了我的视野，增长了见识，增强了做好民族教育工作的紧迫感。不久，我从县教师进修学校被调到我的母校——尼巴九年制学校工作，并委任我为学校负责人。这次我到母校工作，一种时代的良知，促使我奋发有为，增强民族责任感，专心做好本职工作。我们经过努力争取，在省州县有关方面的大力支持下，创办了全县第一所寄宿学校。随着寄宿制的开办，给在校生发放了生活费、供应了商品粮、为一部分学生提供了住宿条件。这在当时条件下起到了积极作用——解决了牧区学生进得来、留得住、学得好的问题，进一步稳定了教学秩序，提高了入学率、巩固率和教学质量。

我们依照民族政策，根据当地纯用藏语的语言环境和牧民群众的强烈愿望，对课程和教学模式进行了大胆改革，排除各种阻力和干扰，全校及全乡各校统一实行"以藏语文为主、单科加授汉语文"的教学模式，并不断探索牧区办学路子和民族教育的特殊规律，逐步提高教学质量和办学水平，为高一级学校和社会输送了一大批毕业生。

1982年，时任全国人大常委会副委员长班禅大师视察卓尼车巴地区时，我以激动的心情，穿过人群走到大师面前，向大师敬献哈达并面呈用藏汉两文写成的尼巴学校简介和汇报材料。班禅大师欣然接受了我们真诚的心愿——亲手接过哈达和文字材料，露出了慈祥的微笑，并亲切地招手致意，大师的热情给了我莫大的幸福感，成为我辛勤工作、努力进取、奋发有为的精神力量。我和全校几百名师生及当地数千各界人士聚精会神地聆听班禅大师的亲切教诲："繁荣少数民族经济文化，消除民族间事实上的不平等，最有远见的办法就是要从发展民族教育、培养人才做起。你们要把孩子送到学校受教育、学知识，要继承和弘扬藏族优秀传统文化；加强藏语文教学和使用，同时实施汉语文和自然科学教育，提高我们民族的科学文化水平，使我们的民族跻身于先进民族行列……"在视察期间，班禅大师的经师佳雅活佛和时任省人大常委会副主任杨复兴、省政府副省长黄正清、省政协副主席嘉木样受班禅大师委托莅临尼巴学校视察，慰问学校师生并捐赠数千元，勉励学校师生和当地群众奋发努力。这是对民族教育和整个民族事业寄予的厚望，我们深受巨大鼓舞，使我们以更大的干劲和百倍的信心投入培养民族人才的神圣事业。

班禅大师的亲切关怀和高瞻远瞩的教诲，如久盼的甘霖滋润着卓尼车巴、滋润着甘南、滋润着雪域大地。

时任州政协副主席、甘南民族学校名誉校长的毛兰木老师，于1988年视察卓尼县尼巴学校，作为学者和书法家的他触景生情地为学校欣然题词，留下珍贵墨宝，勉励学校更有作为。毛兰木老师不顾劳累、不嫌这里住宿条件差，很有兴致地在这里待了两天时间。到学校周围村寨走访牧民家庭，了解民情民俗；在学校听取情况介绍，同教职工座谈交流，同学生见面交谈，全面了解教学情况。在全校师生、乡机关职工及当地牧民参加的近千人大会上，毛兰木老师满怀深情地说："你们这里自然环境优美，有茂密的森林、绿色的牧草，有清澈的河流、干净的空气；学校周围有几个纯藏族聚居的大村寨，这里民族成分纯、村寨大、坐落集中，这在整个藏区都是绝无仅有的。""这里生态环境美，而且有勤劳智慧的牧民、有聪明的藏族少年儿童，在这里办学，传承民族优秀文化，实现民族进步，前景一定会美好……"毛兰木老师以学者深邃的眼光，分析和概括我们家乡的人文地理特点和发展优势，这是对我们家乡的美好预言和未来寄予的厚望，给了家乡以顿悟般的勉励和启迪。28年后的今天，家乡的人们还在念及这一难以忘怀的往事，成为激励人们奋进的巨大力量。

1996年7月，我拜访著名学者赛仓教授，虚心请教有关问题，并恳请赛仓教授担任卓尼县尼巴九年制学校名誉校长，赛仓教授愉快答应了我的请求。不久，我和时任卓尼县人民政府县长助理的杨勇同志拜访赛仓教授，并面呈卓尼县人民政府的聘书。赛仓教授欣然接受聘书，使我和更多的家乡人如愿以偿，欣喜不已，奔走相告。1998年仲夏的一天，赛仓教授不辞艰辛，亲自赴卓尼县尼巴学校视察指导工作。在全校师生大会上，赛仓教授发表了热情洋溢的讲话，他鼓励教师要以发展民族教育为己任，大力培养兼通藏汉两文和德才兼备的优秀学生，为办成全县乃至全州一流学校而不懈努力。在尼巴学校视察期间，赛仓教授同师生和附近农牧民及县乡负责人亲切交谈，热情鼓励农牧民搞好生产、改善生活，动员他们送自己的子女到学校学习科学文化知识，将来为家乡和社会发展作贡献。对学校和县乡领导就如何支持民族教育发展提出了具体要求。赛仓教授还为尼巴学校捐资捐物，表达了对发展民族教育事业的一片盛情，使家乡民众深受鼓舞。

尼巴学校也受到著名学者马进武（巴锐桑杰）教授的亲切关怀。1990年8月，马老师在卓尼县城为全县教师培训班进行为期一月的讲学活动后，专程到交通不便的尼巴学校视察，与师生交流。1994年，马老师不辞辛劳莅临尼巴学校专程参加30周年校庆活动，发表热情的讲话，殷切希望学校不断进取，更有作为，给全校师生和参加校庆活动的来宾及当地牧民留下了美好的印象。

在班禅大师、赛仓教授和著名学者毛兰木老师等社会名家的亲切关怀及各方面的共同努力下，尼巴学校倾心发展民族教育、培养民族人才、传承民族优秀文化、提高社会学历层次和群体知识结构、促进社会文明进步，为民族发展增添了光彩，曾多次被评为州、县先进学校受到表彰，作为先进单位代表，先后在全州民族教育工作会议、全州教育系统"双先"会、五省区藏族教育研讨会上交流教学成果和办学经验。尼巴学校以民族教育的有益实践回应了社会关切。

祝福母校更美好

几十年来，尼巴学校经过艰难探索，不断发展进步，今天，正在积极奋进，励志教书育人，为谱写民族教育新篇章而不懈努力。我们能看到浓厚的民族文化氛围，能深切地感受到积极进取、奋力前行、勃勃生机的精神力量，使人深感欣慰。

尼巴学校，是我可爱的母校，回想你的过去，看看你的现在，展望你的将来，叫我怎么能不感念！我衷心祝福尼巴学校和整个民族文化教育更加有为，衷心祝福我们神圣的事业更加繁荣发展，衷心祝福我们的民族更加和谐进步！

藏王故里　洮砚之乡——卓尼

马永寿

洮河欢歌庆盛世，松涛吟唱数风流。卓尼——藏王故里、洮砚之乡、雪域明珠、西部热土，正以勃勃生机展示10万各族儿女励精图治、自强不息的精神风貌和与时俱进、开拓创新的时代风采。

卓尼位于甘南藏族自治州南部，在5419.68平方公里的土地上，生活着以藏族为主的10万勤劳朴实的各族人民。境内地域辽阔，历史悠久，风景秀丽，物产丰饶，人杰地灵。有广袤无垠的天然草原，郁郁葱葱的浩瀚森林，纵横奔流的一河九沟，储量丰富的矿产资源以及令人神往的自然景观和独特的人文景观构筑成卓尼经济发展的五大资源优势，将卓尼点缀得犹如镶嵌在洮河玉带上的一颗璀璨夺目的绿宝石，使这片神奇、迷人的土地充满了勃勃生机与希望。

在波澜壮阔的历史长河中，卓尼这块沃土上曾不断涌现出一个个民族精英，他们组成一幅硕长的画卷，惶惶然展现在世人面前。尤甚者为开创西藏策墨林传承制度的藏王策墨林一世至四世都出生在卓尼，他们为西藏地方噶厦政府的发展和与中央王朝的联系起到了重大作用，故卓尼历有藏王故里之美誉。

一世策墨林·阿旺楚臣1721年出生于今卓尼县洮砚乡下达勿村。7岁入榻多寺（闫家寺），15岁入卓尼大寺修习，33岁赴藏入色拉寺攻读，38岁时取得首名拉仁巴学位。1764年赴任北京雍和宫堪布，后晋衔"堪布诺门汗"。1777年西藏第穆摄政诺门汗逝世，八世达赖年幼不能主政，乾隆皇帝命其进藏署理西藏政教。其就任摄政后，因治理有方，迅即获得西藏各界支持。八世达赖亲政，乾隆仍命其主持商上事务，以协助达赖理政。1786年被召进京供职。1790年为了保持西藏地方安全，乾隆复派他进藏协理政务。1791年圆寂于色拉寺，享年71岁。因他曾任西藏地方政府摄政，人皆称其为"藏王"。卓尼原籍有藏王坟，至今尚存。

二世策墨林·阿旺羌贝慈臣嘉措，1792年出生于卓尼城内杨土司下属头人造勒沙家族，1795年被西藏噶厦认定为噶勒丹锡呼图克图萨玛第巴克什之转世灵童，清政府准其承袭。5岁在卓尼禅定寺坐床，入显宗哲学院修习。15岁入藏，入色拉寺麦扎仓研习，后取得拉仁巴学位。1817年西藏摄政王逝世，嘉庆帝命其继任摄政。在藏摄政的26年中，管主持十世、十一世达赖灵童的选定，并身兼三职（噶丹赤哇、摄政王、达赖经师），因办事妥当，使西藏地方诸臻安静，屡获清廷赏识和嘉奖。琦善任驻藏大臣后，因与其不和被参奏，1844年被道光皇帝贬黜，发配黑龙江安置，引起拉萨各寺喇嘛群情激愤，后经多方恳求，咸丰皇帝下谕赦罪。1850年布衣还乡，广作法事，足迹遍布佐格等地。终年约在同治初年。

三世策墨林·阿旺罗桑丹贝坚参，1858年出生于卓尼县城唐尕川。1879年进藏，取得拉仁巴学位，曾任噶丹寺第86任赤哇，颇受西藏各界上层人士赞许。1906年10月清政府下敕书，赏"代理达赖喇嘛罗卜藏坚参诺门汗名号"。其在任期间曾为抵抗英军和川军的入侵西藏做了大量的工作。因他前后两次摄政8年处理藏务，赏赐呼图封号，并赐田庄数处。1919年在色拉寺圆寂，享年61岁。

四世策墨林·阿旺土登凯珠格勒嘉措，1921年出生于今卓尼县柳林镇畜盖族村。4岁时被卓尼禅定寺选为伊犁仓活佛的转世灵童。1932年进藏，1944年取得第一名拉仁巴学位，1945年取得俄仁巴学位。1947年受"热振事变"株连，噶厦政府下令让其"去藏南雅龙反省"。在被贬流放期间，听到忠于祖国，坚持统一的热振活佛被害的消息，他大呼"噶厦不公，要为热振报仇雪恨"。1948年2月这位才华横溢的策墨林突然暴死在雅龙行宫，年仅27岁。

中华瑰宝绿石砚——洮砚，是我国三大名砚（端砚、洮砚、歙砚）之一，有"洮州石贵双照壁，端州歙州无此色"之誉。其石料称洮绿，又称鹦哥石，它出产于卓尼县洮砚乡的喇嘛崖，该地山崖险峻，道路崎岖，三面环水，水势激险，取材十分不易，洮石属泥盘系中变质细泥页岩，结构细密，且含多种金属粒子石质莹润如玉，叩之无声，呵之出水珠，洮砚以色彩翠雅丽、石质细腻润清、石表带黄膘者为上品，故有"洮砚贵如何，黄膘带绿波"之称，洮砚以它发墨快而不损毫，保湿利笔，书写流利，储水不耗，历寒不冰，涩不留笔，滑不拒墨，挥洒自如，风雅尽赋等特点。卓尼是洮砚的唯一正宗产地。

洮砚的名贵一在于石质，二在于它雕刻精细，独具风格，有：镂空悬雕，多为龙凤松鹤，旧时称为宫廷砚，此外还有人物山水，梅兰竹菊，花鸟草虫等表现方式，古朴典雅，粗犷豪放等特点，堪称民间艺术的瑰宝，因此，1995年文化部将卓尼县洮砚乡命名为中国民间艺术之乡，2002年卓尼县洮砚乡被文化部载入《中国民间艺术之乡概览》一书。

洮砚自北宋时就得到文人名士的充分肯定和极高的评价，留下了不少赞颂它的名篇佳作。《洞天清禄集》载："除端、歙二石外，唯洮河绿石，北方最贵重，绿如蓝，润如玉，发墨不减端溪下岩。得之为无价之宝。"宋代文豪苏轼、黄庭坚等，以洮砚为题，赋铭咏诗赞叹不已："洗之砺，发金铁，琢而泓，坚密泽。""洮河绿石含风漪，能淬笔锋利如锥。"当代书法大师赵朴初先生亦赞洮砚"风漪分得洮州绿，坚似青铜润如玉。古人万里意殷勤，胜我荒斋九年蓄。西北东南辟砚田，精工方欲夺前贤，看教墨海翻澜处，喷薄风雷大千"。这些咏赞叹，不但奠定了洮砚的名砚地位，也给我国的文坛书苑增添了光彩，留下了许多脍炙人口的佳话。

洮砚，目前在全国范围内形成一种独特的卓尼洮砚文化现象，天津电视台摄制的专题片《洮砚故里是藏乡》曾轰动全国。甘肃省文化厅副厅长卢鸿志针对九甸峡工程对洮砚产地带来的威胁发出指示：洮砚要"抢救第一，保护得力，开发利用合理，形成系列产品"。

卓尼县境内的明代边墙

雍　健

　　2008年全国第三次文物普查时，我在县文化馆工作，是文物普查小组的成员之一，所以有机会对卓尼境内的明代边墙做过详细的实地勘察。

　　明长城本是明朝政府为防御北方游牧民族的入侵而修建的屏障，该工程于明嘉靖九年（1530）开始修筑。起自于洮州，连接河州与藏区交界处的二十四关，逾黄河与祁连山相衔接，长达千余里。其凭山堑壕，逢沟筑墙，设有隘口暗门十余处，蜿蜒曲折，气吞山河。

　　卓尼县境内的明代边墙，西南起自于阿子滩乡达架口，濒临洮河北岸的玉古自然村的东山顶上，筑有一座烽燧墩（只有残留痕迹），沿达架沟西山山梁向北挖有壕堑（壕沟年代已久，风吹雨淋已填平，只留下壕堑痕迹）至那子卡村的山头上筑有一座烽燧墩，与玉古村东山顶上的烽燧墩遥遥相望。继续向北至达架村东口岔沟处筑有一道3米厚，3—5米高低的长墙，把山岔沟堵死，只设有一道暗门，当地人习惯上称"达架吾格"或"达架暗门"。整个边墙的建筑形式基本类同，沿山开沟挖壕，逢沟筑墙堵路，设置暗门。离此暗门较近的达架扎那山顶端有一烽火墩，当地人称"顶"。壕堑达架沟卓洛巴，尼寺，上、下脑布那村对面的山梁，在脑布那村东山顶上又筑有一座烽燧墩，偏东北继续延伸到达甘布塔村，又设一暗门，现临合公路穿越而过。这里是山沟地形，自然筑有边墙设有关卡，翻过甘布塔东山，经板藏沟关洛村西的日冰松山顶上筑有一座烽燧墩，这个烽燧墩规模较小，但能看到脑布那村对面山尖的墩，又能望见阿子滩大东山顶上的土墩。经过申藏、俄藏沟底筑有边墙，并设有暗门，当地群众称"关洛吾格"或"关洛暗门"。壕堑越过关洛村东山梁，边墙延伸至申藏乡斜藏沟的木耳当村北方空旷的平坦地带时，筑有一座驻军的城郭，当地群众称"布斯"，规模较大，约1000平方米。离此城郭较近的申藏乡俄藏村附近，是洮州（卓尼）有名的四大暗门之一——"俄藏暗门"，暗门外是牧区，暗门内是农区。边墙壕堑沿山梁上伸至恰盖日班玛（莲花山）草山铁占山神山，据传当年壕堑铁占山神山时，下了铁冰雹，打死了人，所以从铁占山背后又开始壕堑到临潭八角乡八角村为止，依北山山梁东伸至恰盖乡土桥村西约1里的隘口筑墙设卡，是有名的土桥暗门。并在北面大山的半山腰凸兀咀处筑有一座烽燧墩与西南大山梁上筑的土墩互为遥望，土桥墩北面大山地势陡峭，山顶上就是扎尕梁，当年我们普查组一行也没有发现壕堑的痕迹，洮州卓尼境内整个边墙长300多公里，共设置四大暗门（达架暗门、俄藏暗门、土桥暗门、甘布塔暗门或关洛暗门属于同一条沟的暗门）、六座烽燧墩和一座驻兵营郭，是明朝政府在洮州的边界线，也是当时草原游牧民族和山川农耕民族的分水岭。

明朝为何要修筑这样宏伟的边墙，其原因及目的是什么呢？查找志书便知一二。《卓尼县志》（大事记·明朝段）载："明太祖洪武二年（1369）洮州归明（洮州泛指卓尼、临潭），明遣陕西行省员外郎许允德招谕吐蕃十八族、大石门、铁城、洮州、岷州等处。""洪武四年（1371）置洮州军民千户所，属河洲卫。但归而不服，又有西蕃攻扰明境区。"志载："洪武十一年（1378）西蕃攻洮州，以沐英为征西大将

卓尼阿子滩乡达架暗门遗址

卓尼阿子滩乡甘布塔暗门遗址

军，率蓝玉等进兵攻取朵甘，降其万户。""洪武十二年（1379）洮州十八族番酋三副使汪舒朵儿只瘿嗉子、乌都儿及阿卜商等叛，据纳邻七站之地，命征西将军沐英等讨伐，沐英率兵至洮州故城，番酋三副使率众遁去，官兵追击，获石州叛逃土官阿昌，七站土官失纳等斩首。随之修筑洮州新城，征西将军沐英等征番三副使获胜，擒瘿嗉子等班师。""洪武二十八年（1395）朱元璋子秦王朱樉，陕西都督平羌将军宁

卓尼申藏乡俄藏暗门遗址

卓尼恰盖乡土桥暗门遗址

正讨平洮州打渔沟（今卓尼大峪沟）举事番民。"明成化五年（1469）巡抚陕西右都督御史马文升奏："洮岷二州密迩番族，寇入之路颇多，而寨隘空阔，难以防御。请于缘边番人出没之地修筑寨隘及军民屯堡，修堡寨50余所。""明成化十一年（1475）陕西洮州卫奏送番人，驼笼（地名，今纳浪小板子村）等族217人，也而古（地名，今纳浪大板子村）等族208人，纳浪等族258人，贡马及方物违例冒滥，然既来不可拒，宜以常例给赐。""明弘治九年（1496）洮州番族复起事反明，卫指挥汪钊、同知后成功协剿办番民从降。""明弘治十八年（1505）洮州番族起事兵备道叶琪率岷州守备刘虢前往讨平。""明嘉靖九年（1530）陕西洮岷等处番夷若笼，板尔等族屡拥众入犯。王琼、刘文等率兵自固原进兵洮、岷。遣人开示祸福。洮州东路木舍等3族，西路答路什等13族，岷州西宁沟等15族皆听服。岷州西路若笼、板尔等15族及拉吉等5族恃险不服，乃分兵先攻若笼、板尔2族，覆其巢。拉吉等族震慑乞降，自是洮岷安宁。"

从《卓尼县志》（大事记·明朝段）载选下来的以上文字记载不难看出，明朝廷对洮、岷二州番民采用济伐相兼的策略，同时花费了很长的时间和大量的人力物力及精力，才使得洮岷二州安宁下来。紧接着明朝廷考虑到为了长久稳固的中原统治，防患于未然，防御西域边陲吐蕃族强大的军事力量东略袭扰，决定修筑边墙像北方万里长城一样，堵截来自青海、四川、甘肃远至内蒙古等地的西北少数民族入侵，这就是修筑明边墙的真实目的所在。

卓尼县城的关帝庙

吴世俊

卓尼县城现有的关帝庙是卓尼唯一关帝庙，位于柳林镇寺台子禅定寺前面路口边，修建于1942年，历经70余年，现有山门、院子、三间佛殿、木屋架两坡瓦屋面、前檐木桩、斗拱等，其他建筑均已拆完。

2006年重塑过关公像，翻修过瓦屋面，佛殿至今已破旧，屋面漏水。

据说，卓尼第十二代土司夫人（仁钦华宗）及十三代土司出外时，关公显灵，便将关公从四川地界请来，在当时下城门外西边开辟场地（现邮政局及粮站家属区地点），历时几十年修关帝庙，一进三院，修前殿、主殿、后殿及偏殿、两廊等，直到最后修山门，塑关公等诸多神像，土司领四十八旗十二掌孖众多群众供奉关公，院内广栽花草树木，并在关帝庙门前建碑亭一座、三面镶石碑、用青砖包砌，碑顶四面坡，碑文不详。

1929年卓尼遭遇匪患，关帝庙被严重破坏（唯一所剩山门到"文革"时拆完，山门为三间，四面双层飞檐斗拱，山门顶梁上的修建日期是道光十七年，即1838年）。1929年被毁后，暂时无力恢复，将关公作为伽蓝护法被请到禅定寺大门楼顶供奉。

1942年，寺院高僧大德及杨土司，委托寺台子有名望之士马全仁参议先生主持召集信众于现在地点修建佛殿（现存顶梁日期为中华民国三十一年，即1942年），梁上书名洮岷路保安司令杨复兴、设治局长刘修月。

除佛殿外，并修居住房及一排仓廒，作为义仓储备粮食用以赈灾，院子内栽树种花。每年农历正月初八、正月十五、五月十三日举行法会，供奉香火鼎盛。

忆卓尼的舞台（戏台）

吴世俊

解放前后，卓尼的舞台（戏台）变化如下：

1.解放前县城中心有一座五戒寺（又称吾杰庙，疑为莲花师庙），门前水渠上修一宽木桥，临街石块台阶，八根木柱、两边木栏杆。顶为歇山式四坡水瓦顶，桥面铺有木地板，木桥平时走人，演出时作为戏台，人在街道上观看，多次演出秦腔。本木桥（戏台）也是县城唯一戏台，毁于1953年山洪。

2.1950年中央访问团带领中国京剧二团来少数民族地区访问，县上在寺台子禅定寺门前寺滩临时搭建大戏台（全部用木头）供中央访问团宣传、讲话和演出。寺滩观众人山人海。

3.1951年在县社（现在柳林宾馆和菜市场位置，场子大，可容纳上万观众）修建土木结构戏台，全国人民慰问解放军代表团在此演出讲话。后不断有文艺演出、放电影等，并有陕西红昇社秦剧团来卓演出，以及当地秦剧团、外来剧团演出，照明用汽灯。当时场地简称县联社。

4.1956年修大礼堂，砖木结构跨度大，两坡瓦顶，有观众厅（可容1200名观众），木条椅、舞台、化妆室、电力灯光、音响配置，作为开会、文艺演出等。1984年拆除。

5.党的十一届三中全会后，县上在原来柳树林里的县文化馆院内（现在信用联社地址）修一砖木结构戏台，木地板、两坡瓦屋顶，作秦腔及文艺演出、开会用，特别是恢复了物资交流会以后演出更广泛。

6.卓尼一中操场1981年修砖结构舞台，作为体育竞赛、文艺演出、开会等用，2010年由于修建家属楼拆除。

7.1984年，县上修正规电影院，跨度21米，砖木结构、两坡瓦顶，内设灯光，大舞台、化妆室、观众厅及坡度安装钢木椅，能容纳1200多人，用作放电影、文艺演出、开会等。

8.2012年，县上在电影院原址修建钢筋混凝土框架式现代化多功能影院，有球场、舞台、艺术厅、观众大厅，先进的音响及电力照明，用作开会、文艺演出、放电影、展览等。

· 洮砚文化 ·

甘肃洮砚志

韩军一[*]

摘　要

甘肃省图书馆珍藏的韩军一先生手抄本《甘肃洮砚志》，是有史以来第一部关于洮砚的专著，该书内容翔实，史料丰富，考据精审，论述客观，对宣传介绍和研究洮砚具有很高的学术价值。特附于后，以供参考。

序一　丁序

丙寅冬，予始获识韩子军一于春明。其人笃交而嗜古，雅爱重之。丁卯春，交既稔，昕夕过从，殆无虚日。乃出其所著《甘肃洮砚志》属余检校，且为序以弁其首。余既受而卒读之，见其考据精审，访采周详，窃自叹异：向虽缔交于韩子，而所以知韩子者，尚未尽也。

谨按石之以砚名者，曰端曰歙。洮石之质，介乎端歙，而其名则远逊，夷考其故，不禁慨然。凡物产于舟车交经之区，则其名易彰，而播易远。产于梯航难及之乡，则其名不彰，而播不速，物因有幸有不幸欤！陇上鄙处西北，关山险阻，而彼洮石之绿沉泽腻天然胎孕者，实不幸产于斯土，则其名不若端与歙之彰，其播之不若端与歙之远且速，自不待论，此

---

* 韩军一（1895—1977），祖籍河南开封，曾任甘肃省文史研究馆馆员，著有《甘肃洮砚志》《洮砚小记》，撰写过《介绍五泉山名胜古刹和一般情况》《梨园花光》《龙尾秋谷》《黄河铁桥》等文史资料。

洮石之一厄也。虽然，龙泉之剑，不能长埋于丰城，卞和之璞，不能久委于荆山，天之生材，必有其用，而况洮石之绿沉泽腻天然胎孕者，足为文房之至宝，足供秘阁之清玩者哉。用是虽产于陇上，前贤颇已歌咏，唯断章遗句，终不敌端与歙之专书记载，故虽有耽嗜砚石者，言及洮石之音声色泽，终属茫然。遂使市者以赝冒真，而洮之实不见，购者以赝为真，而洮之名不振，职此之故，虽有超类轶伦之质，竟不能与端歙之石争短长于文房。此洮石之又一厄也。之二厄者，石不克自谋，必待有心人出，为之代谋焉。此韩子军一所以有洮砚志之作也。嗟呼，鼙鼓之声不绝，砚田之岁将荒，趋时者流，竞欲投笔以逐中原之鹿，独韩子军一，硁硁于此，乐之不疲，诚有心人哉。或曰：西施、太真，不待揄扬而后美，洮石而信美者，有目共见，何以志为！余曰：不然，使西施、太真从无人揄扬之者，则亦如空谷之佳人，随草木以零落已耳。安能供凭吊于千秋，留声容于万世。今之洮石，苻罗之西施，宏农之太真也。不揄扬之，其何以膺妙选。然则韩子此书之作，非苟焉而已也。此书也出，将见洮石之绿沉泽腻天然胎孕者，从此身价飞以腾，而端歙有不足贵；流播远且速，为端歙所不能进，负贩者无以售其奸，收藏者无所致其惑，为文房之至宝，供秘阁之清玩，俾洮石千有余年之厄运，一旦挽回，宁非世间一大快事耶！虽然，物之产于陇上，其名湮减不彰者，岂第洮河之石，安能尽得有心人如韩子者，一一为之志，而使其名得彰于当世也哉。因慨然书此，以为之序。

中华民国十六年三月武威丁旭载序于宣南之秋水寓庐

序二　孙序

乙丑仲夏，遇韩子军一于京师。予与军一总角缔交，苔岑结契，陇中一别，忽忽已十五年矣。予学既不修，德亦未进，性难随俗，独醒弥忧。适遭意外，避地全身，沉冤在抱，良友欣逢，刻烛论文，煮茗话旧，军一出其所著《甘肃洮砚志》，屑任检校之役，且以弁言为责。时方竞异，君乃抱残。文献将绝，顽石奚重！予频年奔走，学殖荒落。君主作，既不足见重于人，仆之文，复不克发抒伟抱，其亦可以已乎！虽然，焦桐和璞，无识斯悲，结绿青萍，得名乃著。沉国粹有将表之忧，金石多沉埋之感，吾辈躬逢其会，当思振兴之方，洮砚虽古，已见称，而流行至今未广。采取有临渊之惧，考据乏寿世之书。重以视同禁脔，稀若凤毛，若不公诸当世，何以企图传播。近顷日本文人后藤石农，复有展览名砚之会，益增吾人不克自谋之羞。则军一是书之作，不特结同志翰墨之缘，亦所以扬吾国文化之光，予虽不敏，又何能辞！

是为序。

乙丑秋梁溪孙金范识

叙　意

石之可为砚者，有广东端州石，安徽歙溪石及甘肃洮州绿石。甘肃旧属之宁夏及阶州，亦皆产砚。《明一统志》："成县黄蜃洞中有砚石，其色青黄，其形夭矫若蜃然。"而名驰今古受人品藻者，厥唯洮河之绿石。端砚歙砚，代有通人著述。约如《文房肆谱》，宋苏易简撰。其卷三为砚谱。《砚史》，宋米芾撰。海岳精翰墨……日以砚相亲。此史，于端歙石辨解甚详。所论用品、性品、样品，皆从亲历所得，非揣摩臆度之作。《端溪砚谱》，旧题，宋叶樾撰。论石性、石色、石眼、石病及砚价、形制。《歙砚图谱》，宋唐积撰。

书分十门，为采发、石坑、攻取、品目、修斫、名状、石病、道路、匠手、攻器，所记悉备。

后来各家撰谱，皆以此推衍之。《砚笺》，宋高似孙撰。记端砚、歙砚、诸品砚。《砚谱》，宋李之彦撰。李一字东谷，浙江永嘉人。并著《东谷所见》，记古砚故事。《歙砚记》《辨歙砚说》，未著撰人名氏。记石之出产、品类、形制、纹晕等条。《春风堂随笔》一卷，附《歙砚志》一篇，明陆深撰。专记歙砚。《砚录》，清曹溶撰。为端溪砚石而作。分山川、神埋、采凿、品类、别种、辨讹、鉴戒等七门。于采砚、造砚、试砚，叙述备详。录后附朱竹垞说砚。凡此砚谱著录及宋明清以来诗人之咏端咏歙者，流布广远，不可悉举，历代名家，莫不争相传睹。至洮河绿石砚，亦文房所珍，而为上述各家所略。书既简，说亦阙，尚未闻有知洮砚者考其品状，记其出处，发其殊胜，归入砚史，实亦艺林中之一缺事也。纵有见于题咏可以诒示吾人者，亦不过佚闻散言，出之于诗词杂说间，讴吟所发，考征未周，抑且讹误迭见，各自不同，未足为鉴。即洮州旧州志，亦只单词片语，略而未详，世之有心洮砚者，仍未可究知洮砚之实，此固予之所为绻绻往来，于胸中者数十年而竟至不能忘者。民国十年，予初识卓尼杨子余（名积庆，卓尼土司兼洮岷路保安司令）先生于河州，每与语及此意，彼此尚有同感。

盖产石之区，舟车难及，虽有珍珉，其美莫彰。吾人若不附志以行，则久将无考，必亦随诸寻常瓦石零落湮灭已耳。殆民国十三年予再以参事挂名河州镇守使署，小驻未久，曾遍访故家，或就阅坊肆间，凡洮砚之经属意者，心窃识之。河州、洮州、临洮，均相毗近，贩砚小商，往来不乏，而求其石之绿沉，镌工形制无失者，并未数数觏也。未几即返汴梁省母，旋复寄迹首都，虽时形困顿，而好砚如故，于故宫及各图书馆辄过往无虚。耳目所接，见闻较多，有自备遗忘者，虽微文碎义，罔不随得随记，笔之于书。洮砚之志，至此已粗具考订。然犹虑稽之未详，尚未及产地身亲考察，殊非可草草即以完篇。吾友丁旭载、孙润生两人，时方在京，遂以此将成而未成之手稿，请为题序，以弁诸首。其序中关情予之所志，并勉予奋笔之意，具殷切之至。民国二十三年，余自太原第五军参谋辞职回甘，尘装甫卸，即以暂编秘书随同邓宝珊军长查办双岔寺土官与唐隆郭哇争双岔大林案（双岔与唐隆，在临潭西南。郭哇为头人之通称）。因是多年企望，方得一过洮西。逢子余先生，复促予洮砚志之作。然职司所系，未能逗留。又后三年予再至洮州，于是从平日所道于口者，而得亲至喇嘛崖石窟中周历考察矣。此行赖党、冯二君，致之以力，有足匡古人所论之失者。而宋明以来，稽古采今，探原竟委，循实向考之者，又适可置予为第一次先驱者。昔人书中知而未确者，至此乃不能眩疑于我而谬误于词矣。是年流连于洮城，奄忽数月，洮砚之志，至是始得延续成篇。一己夙愿，乃克以偿。惜子余先生，已归道山，怅触中怀，不能自已。适近乡民间有良砚工，党明正姚万福二君，辄来就予索阅砚图，因与推论取石、琢磨、削划诸法，并出示手边端歙诸谱，任自选拣描画。党姚治砚图样，悉有旧摹本，而犹喜命予能为绘制新样。乃举宋人王安石玉堂新样绿石砚为其略述梗概：所谓新样者，不外从旧谱中新出之样。花样不必趋于习俗所欲，亦不可泥陷于古板样本。只须窥仿谱录图意，兼抚古砚制作法式，此为造砚者之所本。至形模思意，不必其定在于拔俗，而雕奏之力，则必不可失诸名家之榘。宋陈师道谢惠端砚诗有"琢为时样供翰墨，十袭包藏百金贵"句，谓制作必从时宜，质文所以迭用也。玉堂新样，为砚之佳，虽未可睹，必其意趣超逸，能不囿于常格，斯为世人所争传矣。二君为予琢出之砚，虽非新鲜，亦不着流俗市气。予得借砚田之磨炼，思于灌溉自修之中，能作出长养克己与努力为学之功夫耳。予于离洮之后，自民国二十六年起即从朱子桥先生逐岁办赈，辗转天水、徽县、两当间，设立赈济委员会抗日战地运送配置难民站。救赈事务，运配往来，已匆无暇晷，对于砚石之好，卒不如往日之脋心寻索矣。窃所谓志者，乃记事之通称。与史之有褒贬者，本为两途。洮砚志，记洮砚之事，应本其事而直书以记之。予以砚缺考述，凡散见于他书可以备见闻，资引用者，并力搜罗，褒损悉入，名为洮砚志，乃亦洮砚小史。夹叙带写，系以史实，事鄙亦登，取其实，不取其文，凡有事可相证，或需连类并及，而言又有所妨者，则别为附注或小注誊于行间。

如入原书之注，则标出原注二字。若有注词较整或转为繁碎者，则另述于每节之后。容亦有于记载之外，观风徵俗，兼及得失而私立语论者。因此，既不能拘于通常史，志之例，则务求阅者易于参互寻原，一览而得。不为臆说，不待复绎他书为准。此志之旨，义取于是。

而编排取决与文字芜漫之处，自亦无一可惬。视之为方物类杂记，或变体缀杂之砚志，都无不可。大抵导游杂志之作，不难于博采，而难于徵实。此志，足迹所涉，见闻所及，一书名，一人名，一地名，一事一物，都实而未虚。如其有沿误与疵缪之处，尤望鉴阅者匡正之。

洮　州

洮州为古代先民弯弓跃马之战区。宋明间于此用兵尤多。如在迭州之北拉家寺、纳郎寨等地，古城故垒，今犹若可见。清置洮州厅。民国复之，改称临潭县（韩注：县西南古儿站，有古洮阳故城。东汉时，羌攻临洮，马防救之，诸羌退据洮阳）。东西广一百三十里，南北袤一百五十里。东接岷县，西南界洮岷路巡防司令部所辖藏民区。距兰州省会四百五十里。中古以前，为禹贡雍州城。秦汉为诸戎地。晋为吐谷浑所据，筑旧洮城。后周武帝逐吐谷浑，置洮阳郡。唐初为洮州，后改为临洮郡，李晟出大胜关，至临洮破吐蕃即此地也。唐改郡后领县一，曰临潭。唐末复陷吐蕃，宋大观间收复，改称洮州。自秦汉，迄金元，其间废置无常。明洪武初，隶河州卫，置洮州军民千户所守之，专以防番。自番民内附后，遂为西番门户。西控藏番，东蔽湟陇，极边防之重镇。

今汉藏交通，畅达无阻，临潭新旧两城，迄为买卖牛马商务会辏之要市焉。

洮　水

洮水一名巴尔西河。源出临潭县西南之西倾山，径县南东流，蜒婉曲折入岷县，又北出临洮县西南境。盘束山中数百里，沿途容纳小河流二十余道，如宗丹河、末邦河、东峪河、红道峪诸水皆汇之。然后始径临洮城南，又西北入皋兰县境，合湟水注于黄河。水之上源，在夏河县极南边境外思牧地，名漒川，出口即名洮河。又《沙州记》：洮水出漒台山，漒台山即西倾也。故洮水亦兼有漒川之名。以其西接黄沙，又谓之沙漒。又《水经注》：洮水与蜀白水俱出西倾山。洮水东北流经吐谷浑中，又东北经狄道，又北至枹罕，而入于河。蜀汉姜维与魏将郭淮，夏侯霸战于洮西。洮西即此洮河之西也。洮河于严冬之季，因地高流疾，珠大如冬青子，累累相积，尽满河际，故俗谓珠子凌。又名麻浮洮水，又称洮水流珠。为洮州八景之一。诚亦山川风物之佳话也。

【韩注】洮阳八景中，亦有洮水流珠。今临洮县古称洮阳，清为狄道州。州志所载：洮水一名恒水。洮阳俗称小西天。冬月水流冰珠云云。王维新咏洮水流珠五言诗：冬月河流急，浮波珠粒粒。不劳象罔求，自有鲛人泣。（《记事珠》云：鲛人之泪圆者成明珠，长者成玉筋）又有吴松崖先生所赋长句：流澌寒月溅崇巅，化作明珠颗颗圆。笑杀鲛人空泣泪，摩尼光射小西天。诗见《临川阁集咏》。予自游至斯土者，如珠如珞之粒粒，身亲古人所咏者而阙见之矣。

土　司

洮州土司官杨积庆，又字子余。于清光绪二十八年承袭世袭指挥佥事兼护国禅师。民国十年，以土官兼任南路游击司令，归河州镇总兵官管领。民国十二年为河州南路巡防军统领，民国十七年，晋为洮岷路保安司令，直隶甘肃省政府。民国二十六年，杨复兴袭土官职，仍兼洮岷路保安司令。日行常务，由原参谋长杨一俊签行摄代。历年承理土务，安定藏区，选拔民兵，尚属尽力。所管地方为四十八旗，共计五百二十族。洮砚崖石，现仍归卓尼土司官衙门管理，禁人毋得私取。卓尼族名，又以名其地，天然风景，亦最瑰美。出卓尼南门，山翠水绿，颇足娱目。南门外路旁，有地甚广，植红柳数万棵，为土官杨子余向所力殖者。

其地旧有三句俚谚，至今沿诵其言。谚曰：车巴沟犏牛，拉力沟木头，卓尼族丫头。车巴沟所产犏牛，骨力殊异于常。拉力沟产松木，坚实不裂，结疤少。在卓尼西南边角，沟逶长约一百二十里，木材盛，多油松，山岭嶙峻。土官喇嘛，禁止砍伐。卓尼女，什九得山水自然之胜。其地葱郁清旷之气，使人陶然自乐，居之久，固甚有益于其聪慧也。旧谚虽俚俗，已可想见其地风土之美，至今，恒供人以为美谈。喇嘛崖石头，亦卓尼名产，连属即可凑成四语矣。藏文马尾松曰卓尼，卓尼于永乐六年依马尾松树建寺，即以卓尼名其寺，名其地，又名其族。

石　窟

洮砚石窟，向有多处，如喇嘛崖附近石壁，青龙山连界诸山，水城右边邻接山中，皆有佳苗，各能觅得治砚之石。石之优恶，并不止于一窟一孔。然开发最早，石质清润可贵者，唯喇嘛崖老石窟资用为著。喇嘛崖老窟，自宋代已采其石，石之清标，多在他山之上。故晁无咎有洮之厓铭。今洞口高七尺余，洞广长七丈八尺，洞深一丈五尺。居喇嘛崖山之腰，洞外边际，崖如峭壁，势极峻拔。上至山巅五十多丈，下与洮水亦三十丈余。乔松周遍山坡，一望密茂，高下无垠际，皆桢干材也。且产麻黄、大黄、党参、甘草诸药。自远瞩望，三峰峙立，屹然若喇嘛僧帽，故曰喇嘛崖。从旧窟北行，转小湾角，三四十步，有新窟两处，取石未久，洞亦不广。洞前崖边，平置紫石两大条，饶可为制砚用材。旧窟之旁，立有石刻喇嘛爷神碑。凡持有洮岷路巡防司令部官文朵书来此取石者，得先与常住纳儿之包总管接洽妥帖，然后由总管通知达窝土民，方可如期持器来打石头。打石之前，必先照旧例宰羊一只，祭祀喇嘛爷，采石者诚以求之，则神将相之，土人启之，石乃兴发。如是所取之石，当不至过于粗枯，而且不至击碎击裂，不成坯材。（韩按：古祭歌有：实发实秀，实坚实好）否则岂止不得佳石，有时且可出现黄蛇及石块坠落，创损人体诸患。予尝考，中国厥初，祭郊祭社，祀神祀祖，所产生的原因和目的：在原始任何祭祀中，都曾联系到生产与社会生活方面的盈利目的。也犹如《国语·鲁语》所说："祀及天之三辰，所以瞻仰也。及地之五行，所以生殖也。及九州名山川泽，所以出财用也。非是，不在祭典。"乃不难看出，在此酬祭"地畔神，喇嘛爷"者，正是因为喇嘛崖出产财物，通过祭祀乃可得到"神致庇祐"，而取出优质石产，并消灭有害于人的自然现象。这个，当然不是迷信不可知之神权，而是由于人对生产一面的一种希望念头。高尔基曾经明晰说过："古代劳动者们渴望减轻自己的劳动，增强他们的生产率，防御四脚和两脚的敌人。以及用语言的力量，魔术和咒语的手段以控制自发的害人的自然现象……"这就更可想到，我国古代民族，对劳动确具有一种自信的概念和收获增多的乐观力量，以战胜有害于人的自然灾害。所谓喇嘛爷者，自当是那一生产低落时代的虚妄产物。我们今天来到此处，自然不能听信这一块虚妄的石刻神碑，而是通过这块石刻，着重能看到前人在神话时代中的荒诞遗留。石刻上称云为喇嘛爷，是荒幻，是故神其说，都不合乎在大自然中一切存在的物理。在中国许多文史诗篇中，都不能寻到任何神的理论信据。特写及此。

又据达窝土民言："现今屡次打石，无论新坑旧窟，皆找不出佳石。佳石渐将竭矣。"早年旧窟外沿，偶出紫石一块，今并取竭。紫石细腻，较绿石软滑，尚有前人弃置之紫石道旁砾砾皆是，拾之即见其滑腻也。从旧窟北上，行三十余步有紫石露出地石，今人或不知，尚未经凿发耳。洮人称紫石为红石。其色淡者，如桦木皮，色深者，若银红鸽子。又与贺兰紫砚石色相似。言洮砚者知其为绿石，而不知其有紫石也。距喇嘛崖约二里，有山名水泉湾，亦产绿石，佳者秀嫩不亚崖石。具有白膘，为他山之石所无。唯山势崭峨，高不可攀，冬季皆冰，春夏方能取其石，复次为纳儿石，又名新山石，又名水城右边石，有绿紫二色。其色绿者，石性坚粗，而多斑类。间有佳晶，略与崖石仿佛。再次为哈古族石，其石色青白，然较青龙山所产者稍佳。再次为青龙山石，其石粗糙如砖，且多斑疵，则又下于哈古之石矣。再次则青龙山附近之上下巴都亦产石，与青龙山石、圆诸山石质良窳，另于下文详述，于此仅言大略，不多赘。青龙山、水泉湾、水城右边诸石材，虽相距远近不同，然与喇嘛崖脉路悠通，故诸山所出之石，大致颇有所似，今洮城坊市中所售之洮砚，率多哈古、纳儿、青龙山劣石制成。不善熟视，乍难辨认，价唯求昂，沽测赝此，甚有贬于洮砚之声容矣。又有古儿站石及压马石，亦可制砚。古儿站在旧城西南十里，其石摩之光细，向作砥硎用。因其采取甚便，常有以之作砚者。压马石，俗称本山石，产于新城北门外五里之党家沟。数年前本地小学校生，皆用此石作砚。质粗性硬，故发墨迅厉，有蓝色者为佳，紫红色者次之。今洮州砚工取此石，作上光石使用。上光石者，为刺切砚坯过程中由粗磨已成，而更以此石再加细工磨之使其光泽耳。

途 程

喇嘛崖，在临潭新城东北，距城九十余里。有两路可通：一路由城至石门口渡洮河，经过岷县属地哇儿沟，再入临潭属之下石门峡，交甾土司官及杨土司官地界，再经拉布什旗境，通丁尕族、哈古族、纳儿族，历重峡而至喇嘛崖；另一路：由新城出东门，行十里尕家滩，经红土坡，山行四里，至千马杓，过李歧山，行六里至马营河，过庙儿山，行十里，至黑石嘴，其南山松林荫翳，举目可见。行五里至大沟门。又五里至王家坟，其南山亦有大松林。又五里至巴街。又五里，至草厂门口。又五里至边墙河。又五里至中寨、王旗集。又五里至陈旗口。沿洮河西，崖行一里至五旗船渡。于此过河后，沿岸北行五里至东石旗，又四里至杜家川，又四里至小湾，又二里至轱辘沟口，又三里至岷县属地之哇儿沟。经石门峡，此处两壁峭立，中夹洮水，路皆石磴，不敢下瞰，县志称为"石门金锁"，洮州八景之中，山巅水际，斯最胜矣。自是已入沓杨家土民境。行八里至丁尕族，又三里至哈古族，又五里至纳儿族。自石门峡至纳儿族之路，大都峻坡畏途，昼鲜人行，唯鸟鹊翩集，喧聒不绝。颇有人知之亦嚣嚣，人不知也嚣嚣，于意自适之概。其中群山苍翠，松柏随处而有，虽老而青，虽寒而绿，质植不同，出山尽堪为栋梁大材。时见崖下洮泓绿绕，缥碧异常，维时予游，正为隆冬，麻浮洮河，若珠若粒，予徜徉其间，未可久遛，然寸晷间，烦虑顿失。以视世之劳心于势利所治之场者胁其肩，谄而笑，曲意承迎，其相去之远为何如哉！于是复移首暂驻，旷尽层峦，空山岭寂，置身其间，爽然狷洁，飘然欲仙矣。盖仙境原去人不远，人自不觉，遂谓神仙天台，隔弱水三千。舍此而求长生不死，岂不失之。导予游者，冯儒庵及砚工党明正二君，上下山水，日昃而暖，促步陟登，倚马远眺，耳畔忽闻引吭歌声，悠扬殊可悦耳，极目视云，遥见山林中有二藏女，披白色长褐，递相转手其樵薪于路旁，长辫缓步，且行且歌，以为抵暮待归状。此殆藏民妇女力作任勤之习性。凡驱牛、牧羊、力农、樵采、纺车、汲瓮、刀砧、杵臼皆其主务。俯仰掇拾，事无大小，悉以委之。然其重重负重已不恶其劳矣。藏女体态，一般皆瑰健，此二女丰姿，则尤修美也。不多时，已抵纳儿。洮河经过纳儿族，环其境而围绕之，适成冂字形，故纳儿有水抱城庄之名。居其中者，山送青未，水将绿绕，清幽沉寂，无半点尘迹可入眼睫，避世于此，又毋胜过长安富家多矣。自新城往返取崖石者，夜必止宿于纳儿，予等乃投憩卢总管家。女主人特烹鲜河鱼款予。其法至易，以菜油煎熟，蘸盐末食之，风味隽永，雅恣馋吻。女主人，是北京旗籍，又以罂粟籽油做家常饼，其香不逊芝麻油，款客亲炙，得再餍足。次日频行，纳绅孙禹臣，具食相邀，供予等早餐。复以冰鱼数尾，及砚材多方见遗。两家嘉惠，铭感固尝在胸臆间也。饭时，孙、卢家人旨出接待，昨于林中所见二女，由此始知为孙、卢两君家之少妇也。由纳儿起程，经过水城右边，路旁弃置之石有绿色者，有紫色者，随手掇取，辄成砚材。再顺洮河前进，山径曲折，垒石当路，行人甚少。但见山际寒松苍茂，林木相属不绝。有土人方析薪破木，另于山足下筑窑聚火，将以燃烧木炭者。自纳儿起，经过几曲罗圈水湾，共八里而至喇嘛崖。其崖石壁削立，崖半凿劈一仄径，崖径盘绕于空际，缘崖迤步陟而上，石窟即在径侧。凭高临流而俯视，洮河盘行萦旋，尽在履舄之下。此间危耸万状，趋步自当小心。予今兹来此，倘非致心者察崖畔蕴藏之砚材，何可冒此惊心之险，而轻试于是哉。他山之石，迄无采取之禁。唯喇嘛崖石，由洮岷路巡防司令部派人保护，非经土司证明许可，无论何人皆不得随便入窟凿取一石，即洮州砚工，亦不能任己之欲，擅自崖上挞石也。由喇嘛崖向东北行二里，至达窝。达窝产松，诸山蔚然。闻此间有一佛刹，佛像雕塑，出自名手，予乃前住观看。薄暮候僧至，启门入寺，见佛堂中央以金粟如来坐像为主，高一丈许，颜面服装，全躯金色晃煜，衣纹栩然生动，在佛教艺术上来论，洵美且都。比归舍，啜麦面条饭两盂，具足餍饫人意。食讫，复就主人所问者，签述一二。达窝森林繁茂，草深，畜牧甚丰饶，而童稚皆失村塾。劳力妇女，被人踏践，亦罔然少所知识。应尽先办起简易小学或识字练习，民绅官商，尽可通力合作普及小学教育。尤不当漠视藏族儿童，驯至要也。否则，徒言开发，莫切实际，在宗教统制束之缚之之下，从喇嘛僧传习经文，迄今不改，势不能改变生活不足与现在之蔽塞如故。据谈卓尼拔海为若干英里，甚不确实。在六百年前，山上山下，沿洮河起，建有颇多寺院，但予于途中经过各地，都未能看到有小学设备，寺宇空房，何不可改立小学。予尝参稽通鉴及中国民族史，在唐开元十九年之世，尚资吐蕃以《春秋》《礼记》诸诗书。而今藏民氏族，所止之所，不设学校，达窝子女，自必逐渐向下颓废，成为愚蠢之民。所以谈到人口者，信矣，犹未繁衍也。共言移晷，乃就寂。古人桦皮卷蜡，可以代烛（蜡质在皮，干则自卷），所谓桦烛。予向闻之书中，今于达窝始见。陆放翁《剑南诗钞雪夜感旧》诗曰："江月亭前桦烛香，龙门阁上驮声长。乱山古驿经三折，小市孤城宿两当。晚岁犹思事鞍马，当时那信老耕桑。绿沉重锁俱尘委，雪洒寒灯泪数行。"诗中所谓桦烛，即桦皮所卷之烛，燃之确有香气发散，即桦烛香也。陇中风物之美，早经采入放翁诗句中矣。绿沉重锁句，亦暗然指洮城事物也。又，土民以油松木本（松木树油根），劈为细条棒，燃火照明，曰"松亮子"，皆所罕见，故述之。达窝中年女藏民，多于晓起出外担水，平明景色，似亦寻常，而每家皆在朝爽中取水于溪边，乃表明山中生活，亦洁然安恬也。专供打石之土民，即居于是。自洮州新城至喇嘛崖者，此为必由之路程。

再说，自兰州至喇嘛崖，其里程为由兰州至临洮，在临洮易车乘马，出临洮南门，经烧瓦窑、烟坊堡、白塔、店子街，行四十里至陈家嘴。又八里至高家窑，又二里至候家坪，又五里至刘家铺。再前经姬家磨、高家楼、魏家河，共二十里而至高石崖。这二十里地旷人稀少。再前经过官山，行二十五里至杨家大庄。沿途有匪害，防劫。再经磨下滩，入磨沟峡。峡山青苍对峙，峡中松多茂密，在横嶂绝壁间，倚险而生。于此纵目观赏，心旷神怡，疆可以寄傲。在两峰夹谷中行十里，然后出峡口向西行，至鸦儿括，又七里至柳林，又五里至宗石。由宗石入久奠峡。久奠峡，又名九甸峡。峡中壁立千仞，初无路径可寻，缘绝壁旁凿石眼，架木为栈道数处，以通人行。惜官府不问，护持无人，古道日益颓毁，不禁为之痛唏。不为国办事，设官尸其位，何善于民！凡至此者，青杉迎面，放览不暇，在悬崖绝壁中，冬时松柏，蠡然千章。

独路径倾仄，愈转愈曲，惊心骇目，不敢苟有仆隳。洮水至此，为两山所约，窅冥而深，几可一跃而通。沿石徐步缓行，一步陡绝一步，其石上万松与洮水之频荡，喧静不同，耳目清奇。予徘徊其间，久而方去。出九甸峡，经苦麻窝而达包佘口。宗石至包佘口凡二十里。包佘口又名包舍口，亦曰宝石口。由包舍口沿洮河边进行，紧迫水际，路旁盈溢，荆榛丛聚，道途为之梗塞，夏秋水涨被淹没，尤不易行。共三十里至达窝。由达窝向西南，仍顺洮河行二里，而至喇嘛崖焉。喇嘛崖山脊背后，为青龙山，但在深山迭岩中，无从可以穿越。闻其路程，须于石门口渡河后，逾山越谷，行若干里，入轱辘沟，沿山转向北行，约二十里，乃至其处。此外，水泉湾与喇嘛崖相毗连。纳儿附近，即水城右边。哈古之路，则同如以上所述。

采　取

喇嘛崖向为杨土司官所辖，据说自有土官后，禁闭乃严密。相传崖上初无路径可通，取石者，乘船至崖下，以土枪轰击，石落船上，载之以还。然此处之石，皆为波涛所冲，风雨摧挫，粗暴顽恶，不足以言砚材。

其远处者，水流疾急，船不可到，所以旧制洮砚，多无佳石。如是说者，殆闻者未确，讹以传误之言也。盖予亲至喇嘛崖下，曾见水流奋迅，中多石碛，行舟误触，可立遭破沉，安得石落船上，从容载之以出也。但耳尝闻木商运木者，偶以甚少木料编成小木筏或短木排，可从崖下放运。然亦无土枪轰击之事。此崖之石，近代以来，亦只本管土司官随时可采，常人则不得往取。或有行人，经过喇嘛崖，仅可撷拾一二弃在道旁之碎石。若自携斧凿，自行锤击者，至须提防为人窥见。否则土人守护，示禁有责，但闻有声，立即赶来阻扰。戒人窃自椎敲。纵有窃者，忽遽间，不遑细择，甚难获得佳石。夏秋间，禁止尤其严。盖俗传山高隆峻，石不有语，山岂无灵，且石窟中有毒蛇，色黄，长四尺余，不时出现。若不以时取石，或无故而加斧凿。神将立有遣谪，辄降冰雹为灾，数十里地方咸受其害云。此自系藏族先民长期以来对自然显现、神秘流传之说法也。今者，欲需石几多，先期向洮岷路或卓尼土司衙门，征取同意后，由土官牒知驻纳儿总管，总管奉到上意，当为索石者料量采掘。任何人取石至喇嘛崖后，必循旧规，具绵羊一只祭祷山神及喇嘛爷碑前，并以祭肉随地分饷土民，借以酬其锤凿之劳。采取时间，宜在秋后，或为春仲，若在严冬时，石方经冻，不受斧凿，易为破碎。又谓夏秋间，洮水暴涨，佳石即取不得。或又谓崖底有石，质润美。然洮水至此，急流如箭，波浪激崖而转，不可至也。必待冬令水落时，偶有所得，则津润无比。此语或似近是，与真实则又不为然。凡冬气水落，在崖下得石，大抵皆为窟内劣石弃诸河中者。抑知古人所云，亦只耳鉴，而未曾目及也。盖喇嘛崖僻处山陬，非当孔道，不与世通，鲜有人至，传言之讹，良有以也。况产石洞窟，在喇嘛崖山之中腰，距水面高三十余丈，水之涨落，与在洞窟取石，高下羌不相及也。喇嘛崖石窟，旧有一处，向时犹浅，今已渐深，洞中砚材，乃夹生于青粗石间，另成一脉，循脉而掘，延续不绝，故愈入愈深。砚脉既为青石所夹，有厚重如磐，不可摇曳者。采取之法：宜先将外层粗粝劈剥净尽，俟佳石出露，再视其重迭比次，纹络肌理，然后运用小凿解截，使成为大小各适用之砚材。往者划去粗粝，尝倾至崖下，摈于河水，人或不察，误以为石在临洮大河深水之底者，或即此欤！挞石用具，多为达窝土民家中所有，亦未拘定何器，但能令石断裂，如长短刀凿及大铁锤、小铁斧、铁錾、草畚等，皆可为助力破石应持用具。然若持之笨重，锤之迅厉，石为猛力急骤震动，虽已脱解，往往尽成摧毁断裂之迹痕。偌大一石，去其破裂，琢成砚形，已所得无几，故谚有曰：十个石头九不全。谓及取石粗犷所致。稳妥方法，唯有多备尖锐小钢利凿，先将石之周匝镌为解槽，槽须深陷，然后徐徐启劈，不可使猛解猛脱，则肌理之间，自少裂痕矣。石未治时，砚工恒用小铁锤敲数响，有无裂缝，闻扣声即知。若已切劙成砚者，须将砚入浸水中，片时，然后取出觇视，凡有裂痕处，其缝间着水不干，如是觇验，最显而易见。对此裂缝，亦复有髹饰方法：取黄蜡少许，溶化注之，则浑然含蓄，不外露痕迹矣。砚工谓之"灌蜡"。

石　品

熟悉洮石者，莫不称赞喇嘛崖旧窟中所产石为第一。其石嫩，其色绿，朗润清华，略无片瑕。如握之稍久，掌中水滋，按之温润，呵之成液，真文明之璞，圭璋之质，未可与水泉、青龙诸山石并语而称者也。此窟所产砚石，其材质亦不能尽居上品，粗涩者充盈其间，举凡皆是。清润者不过十之二三，固寥落无其几。盖璞中砚材，久已不易多得矣。窟之近旁，崖之左右，可供研摩刻削为砚者，皆有之。然大都为风日所曝，顽粗干枯，不堪做砚材。水泉湾石，虽其石较逊于喇嘛崖，然润丽之质，常有不减于崖石者，亦上品也。水城右边石，有莹致可爱者，有坚粗枯燥者，有遍满黑类者，有色如砖灰者，中下品也。哈古及青龙山石，虽亦灵秀之脉，然石质粗糙，多有斑玷，色虽绿而不洁，终鲜润理，石之下品矣。有乡人故将劣石染作绿色，伪以取胜于人者，购者或未辨识，便以其赝误为真矣。其染法略述于下文。

纹　色

喇嘛崖砚材，俗称绿歌石，以细润蕴藉，明净而绿者为上品，前已言之。而石皮有黄膘者，尤为珍异，不可多得。黄膘与黄霞不同。黄霞者，石上有黑色麻点，恒常可见。黄膘乃膏之所凝，肥饶若脂，其状斑蚀如虫喵。或斑驳如松皮之鳞片。或黄色光泽，厚凝如松脂。皆可贵。治其石为砚，曰黄膘砚。此为洮人共所欣赏，视为洮砚石之玫美者，故向有黄膘绿砚之称。尝考端溪下岩旧坑石，亦有黄膘，然皆追琢去膘，方得砚材，非若洮石之膘以为可贵也。此外，水泉湾砚石有带白膘者，亦颇美观。崖石之纹理佳者，如薄云散开，缥缈天际。或花纹微细，隐约浮出。或有水波莹回，似川流一脉；或色沉绿，通体纯洁无痕，莹润可观；或水气浮津，金星点缀，石嫩如膏，按之温软而不滑者。凡此数类，皆津润涓洁。绿颜如茵，虽暑之盛至，储水犹不耗，发墨庶乎有光。墨沉所积，细密而薄，拨之随手脱落。石有脉络者则不佳。脉络大抵为白色、青色、铁黑色、灰白色。又或为红线细丝，穿贯石中；或红色脉络斜亘石面，若红丝数缕，皆为石疵。近年哈古及青龙山所产砚石，坚粗如砖，灰黯不绿，铁黑斑类，黝然成片，色纹之劣，俱不足取。乡人往往用此类劣石，以绿颜料轻搽淡染，冒称绿歌石。又或以灰灰条、青蒿、牛鼻子草等物，用手搓出鲜液，染石为绿者。凡经着色清染之石，倘试以水，其色乃褪，真伪不难立见。砚工在洮砚制成之后，既无裂痕，亦辄融蜡涂封，使光莹可观，与石颇为得宜。唯蜡不当热用。曹溶砚录云："最可恨者，先用烈火炙砚，令极热，然后敷蜡其上，则先融后凝，浑然无迹。石本德水，今乃火攻，芳润之性，十损其五，未审于砚何补。"及炽砚敷蜡，不得不忌。若关中多秦汉砖瓦砚，"土平成质，陶乎成器"之陶灶、陶泓，不得不涂治以蜡，然后始浑朴可观也。予又见，今洮砚制成后，辄用菜油附抹于石面，取其动目，明洁可爱，而不宜于发墨，亦非所适也。洮石中，坚粗者，尝发现石结，最难削去。石结，犹木之结疤，去之不可，钻之弥坚，砚工谓为"硬筋"，凿刃逢之，辄为所崩，故石结较石脉络更有碍于刻削也。金星者稀少，只偶见。

音　声

洮石品上者，扣之清越铿亮，有玉振之声。着水磨墨，相恋不舍，但觉细腻，不闻磨声。上品石砚，亦可从其音声中辨其异同而判别其出产于何处。顾非久验，莫能辨。须用上等精制香墨，注凉水研磨。不可恣用恶墨，或粗制锭子墨。不唯损砚，而摩擦发声，宜忌之。

斫　工

唐宋时，洮砚雕斫匠思冥奥，多尽其妙。故可为文房雅器。予与古贡砚及故宫所藏旧砚，接目甚众。要皆中规中矩，不苟不梳略，尝亦不期而有笔牍未可能毕其事而书录之者，概可见，古砚工之斫一砚，必有如此而力臻其极，执艺高下，良有以也。洮砚制裁，良工所传，久患无者，已荒远莫知人所归往。今闻清同治年有李大爷者，为洮州新城药王庙住持，琢石治砚，富有巧思。后久于其事，学之者，乃尊为能手。所以至今推为治砚之宗匠。其后又有李郁香、王式彦诸人，继执其艺，既师心而能法古，亦标新而自述其能，传至今日，乃有新城东南沟姚万福，党家沟党明正，扁都台子汪同泰，下扁都董家、石家，此地砚工众多，不及备详。又下川杜家、王家，皆务农而并为砚工者，农事有间，琢砚数枚，逢营入城，挟以求售，或为肆贾收贮，待有善价，而再售出。秋冬无农事，才能打石治砚。若春夏力稽陇亩，则屡月难成一砚矣。

【韩注】洮州新城，旧历每月一日、十一日、廿一日为营期。商贾货物，藏汉农民，数十里内，皆于是日聚集于市，即曰逢营。于农村经济，相关实切。惜治理不善，无济于民。河南、河北两省，谓之赶集，或曰逢集，广东、广西称为墟市，云贵、湖南、四川，则曰赶场。郎葆辰《黔中杂咏》有"荒寨夜深闻犬吠，有人踏月赶场还"句。甘肃武都、文县及陕西宁羌一带，亦曰赶场。盖地接川边，有用蜀语也。甘肃陇东各县及临洮等地，亦称逢集。如苏家集、马家集，以其地有集市，因而得名。唯洮州、岷县等地，与他县不同，不称集场，而曰逢营。盖宋明屯垦时期，迁内地人民实边洮岷，其人民集居之地曰营，每逢集日，贸易聚于营地，因曰逢营，至今犹沿用此语也。近倾，洮州新城南后街，将有右文堂洮砚庄之设，主人姓傅，代人做砚，砚式雅驯，不徇庸俗。往来觅砚者，可称其便。向者，洮州土司官杨子余氏，谋艺术之改善，曾觅名工砚匠在卓尼衙内，亲自督工监作，并由其考图谱，定式容，留青纯，去枯恶，或盂方，或盘圆，或象物赋形，一时颇不乏佳制。今砚工姚万福及党明正，昔从李郁香学技多年，不但传授师承，且能妙随其用而不废于材，选石追琢，多成其章，亦杰出之匠才也。

仇　直

洮砚买卖所聚之处为营，雅俗由人选择，索直多寡，价至不一，可以自由索价，也可自由偿仇。石幽式雅者，银币十之七八元。干枯劣品充盈营肆者，索值亦不下三四元。大小高下，随价仇直，各论等次不同。予阅肆见一砚，山水树木，楼宇桥禽，人物顾盼相接，无不尽妙，石质似精洁可观，在一个集场中独异于众，贾人索直四十元。观者有许以十数元者，贾终默然，未始以为动。行常来说，仇直标格，颇不易估测耳。高价格者，亦恒有之，就予所知，大率不过如此。蚤年土司官署命工镂制者，大都以饷"贵人"，从未受直。今者老农穷乏，觅石琢砚，陈集市中价售者，类多庸工粗糙，石质黯黝不洁，真赏家指为粗顽，曾不是求。然，数寸片石，最少谐价三四元，然后方得到手。

式　样

洮石授工，大抵因材取式。其式有：石外缘略铲削，不论方圆，而中心墨堂隆起，作圆形，为底盖相扣合之墨池者，砚工统名曰"石形带盖"。其盖外面，用凸铲法，浮雕麒麟、梅花鹿、风喈瑞草、渔樵人物、月中姮娥、叶公好龙、二十四孝图。此不过熟于样谱，所传极尽雕云镂月之能，转不若一云一月乃见淳朴，各砚工手中所依样本，泰半陈故相因，复欠洁矩。虽有方圆中式，面錾法多忽失古砚器局。此外见于象物者，有凤宇、瓢瓜、荷叶、瓶花、钟鼎、斧钺、云龙、鱼水、犀象、瓦脊、风田、桃蟹、琴笏多有产制之法。至规而画圆，矩以作方，不施饰雕，亦多有之。再重言"石形带盖"。石形带盖颇见出名，为洮砚传世悠久，发端最早名称，特异于各地制砚式法。端、歙、贺兰，少有此风格，盖就石形裁成，另配补相适石盖，合成有底有盖中心圆起之圆池研，不亏损周边原材，不抛失天然黄膘，斯为可贵，亦洮人之所好。然砚工磋劘，皆惯用薄浅石材为之,殊非造砚所宜。又有端方一石,就其中间之隆起,刻成园池,池上有盖,池外水环之,如辟雍之圆顶方宇,周以环水者,谓之辟雍砚。至天然卵形,不尽琢磨,只划石而成石子砚者,未之有也,斫砚之石,自宜厚而重,不宜薄而浅。厚则崇质,浅则荡漾,凭案浮动。式样似宜于多仿古制,或常看常参均旧谱录,但亦勿涂泥。袁少修尝出家藏黄莘田、井田砚,咐予鉴定。玉田商李振明出示一枚吴门顾二娘砚,皆端凝浑实,纯淳无华,无雕镂之纷纭。吾人仿古谱者,宁求悃悃款款朴以敦,不必纤纤细细,刻羽雕叶以见巧。若求其慧,反见其拙,失之则远矣。

砚 展

民国十四年九月,有旅次北京,日本大学文学教授后藤石农者,邀约在京知名人周养庵、杨诵庄、林白水、许卓然及诸士行,于东城大和俱乐部,举行"古今名砚展览会"。予被邵飘萍先生来邀,即携洮砚数方,同往陈列。在这日展览,颇受称赞。别有他人洮石砚数枚,代远工精,不似近制,至可珍贵。标签书"陕西洮砚"。砚石展览,向甚少经见,此则,自有其一时兴会之所致耳。亦概然可见,我国文物,久为识者所赏,搜陈之砚,又多是宋唐名人手迹,素有砚石之好者,借砚展大观,得尽其一一数之,博览多矣。洮砚与端歙砚,在近今为第一次媲美于此,或受识者之面誉,或为止步而摩挲,洮砚之名,由是愈彰,洮石之砚,亦自无疑为陇中文物之名产矣。唯端石,贵在有眼,洮石乃所不及。端石眼有阴阳、死活、晕多、晕少者,有青、绿、黄各色相间者,洮石则全无此种特色。即有一二圆点,亦属纹理成之斑漪,不能形成眼状。然洮石绿质黄章、秀而多姿、津润之材,直将竞美于端石。若并与歙石同媲,则洮石玙琪之可珍,又胜过东方歙石之美者多矣。砚展会,兼列图、史备资考,有日文书一卷,书面签"砚の粟"三字,书内叙及洮州,洮河产绿石,可以作砚云。

（选自《洮砚的鉴别与欣赏》,王玉明著,
甘肃人民美术出版社,2014 年 7 月第 1 版）

甘肃洮砚史话

谢润甫

洮砚石产于甘肃省洮河流域中下游，旧日汉、藏两族交错地带，即卓尼的"喇嘛崖"。地在洮河东岸，从"洮州厅"北区的石门沟地方对岸斜望，相距不及十里，但因管辖关系，在前清时代，凡来作洮州厅的官儿，需要砚材，必得具正式公文向杨土司索取。在杨土司方面，虽然对于这种要求，认为是对上级官府的正常供应（前清的洮州厅带着"抚番府"的官衔，管理辖境的汉、藏、回几种民族，杨土司世职的官阶"指挥使司金事"，虽然比洮州厅高，但须受他的管理），但因有这样沿袭下来的一种手续，就形成非洮州厅的正式公文，就不能采取的习惯。他们自己，根本没有用处，所以在1920年以前很长的历史时期，除非由在洮州做官的人带出一点，还有被雇用的采石工人，在替官府采取的时候，私下夹带一些之外，再没有采取的机会，这是一方面；其次，喇嘛崖产砚石的地方，在洮河河床，是河底的水成岩（有说并非产于水底），平时水大，河岸陡峻，无法施工，必须在冬春水涸，河床大部呈露，才能施工，逼水西移，加以采掘，工费并不太大，但由于民族忌讳较多，产量总是有限的。

洮砚石的特点，除过宋、金人所已知道的色泽和"能淬笔锋"之外，还有重要的两点：第一，因为是水成岩，天然润泽，能保持墨汁，不易干涸；第二，好的砚材，发墨很快，有的端砚还赶不上，在这一点上，有人说："竖的石槎发墨快，横的就差一点。"其实，一样的槎子，发墨快慢不同的例子，我见到的不止一两个，所以主要还在于它的质料。

质料的好坏，有没有衡量的标准呢？有的。好石料有鹦鹉眼，和端砚的鸲鹆眼一样,越多越好;有浓厚的黄色石皮,叫作"黄膘",和端砚的"蕉叶白"一样,越厚越好;此外还有小点金星,满洒面上的,也为人们所珍视,但比之以上两点,不甚重要。在制作上,"眼"和"膘"能安排在惹人注目的地方,标志显然,而"金星"就没有这种便利,不过没有"眼"和"膘"的时候,"金星"也是难得的了。因为它不是别处所产的象绿石所具有的,比如米南宫的《砚史》里,就有"陇西绿石",而宁夏贺兰山砚石也有绿的,就是"喇嘛崖"附近河岸边上的岩石,绿色的也不少,所以这个标准,还是具有一定价值的。这些好石料被陆续发现,才使得洮砚的质料后来居上,比之端砚,没有愧色;但这还不是已尽其奇,更奇的是它在1920年以后,出现了一种紫、绿相间的东西,一层鹦鹉绿,一层羊肝紫,凝合在一起,这就使得制作的名工高手,大有"意匠经营惨淡中"的用武余地了。这种紫、绿相间的砚材,以我所见,只有宁夏贺兰山有过,若不是真正的自己见到而且收藏过的话,绝不会相信这是洮石。这是推翻了"洮州绿石"的旧观念的事。本世纪以前的赏鉴、收藏家们,是绝对想象不到的,因而也就有专用紫石层仿作端砚的事。以地域关系,西北不容易得到端砚,"物以稀为贵",自然就会发现以洮充端的东西,不过洮石的紫色,比端石浅得多,见过端砚多的人,很容易分辨出来,而且这种东西,以小而薄的为多,稍微大一点,厚一点,就是紫、绿相间,不能剥离了。所以这种东西,毕竟为数不多,无关大体,但对以洮充端的东西赏鉴、收藏的人们,不可不予注意。

以上是洮砚石的历史和质料的大致情况,现在再来谈谈制作上今昔朴拙和雕饰的不同现象。

《宣和砚谱》和《西清古鉴》里的砚式,抗日战争前,故宫博物院曾印为日历的图案,普遍发行过。收在里边的,有365种之多,大体不外方、圆、长方、椭圆几种基本形状,雕琢的花样,虽然是雅素大方,但总是古朴、简单,作为实际应用的东西,自然是很够条件了。若果在应用之外,更进一步而要求有艺术上的加工的话,那就"后来居上",旧谱实在有点逊色了。主要在形状方面,后来突破了以前方、圆、长方、椭圆的范围,而是尽量利用砚材的自然形状,可以琢为什么物象的,就琢为什么物象,山、川、云、物、禽、鱼、鸟、兽、花、果、竹、木……总之,那块砚材，能雕成什么最合适的东西，又能把主要的特点，如"鹦鹉眼""黄膘"等安排在最显著的地方，那就是"匠心独运"的高手。这种设计，每每要经过很长的时间，所以制成的成品，在当地几十年前，已经以硬币几十元论价，而且是常常供不应求的。设计是一方面，还有刀刻的笔触，也和篆刻家一样，有苍老、峭拔，活泼、生动种种的不同，虽有好设计而刻法嫩、弱，表现得无力，也只是普遍应市的东西，一般的只卖几块钱，石料大的，也不得超过十多元。因为这类东西，在洮州一般识点字的人，从小时上学，自己就弄上一块砚石去琢磨、刻画，成了一种家庭副业。在以前的集市上，纷纷兜售，过客随时可以购得，在当地算不得什么名贵的东西。现在就我所见到的名工李生祥（已亡故，1920—1930年期间，在临潭县新城药王庙工作，人都叫"李师"），所制的好砚谈一下：

残荷叶型：利用不甚圆的砚材，和边上的黄膘，制为残荷叶型，黄膘恰好作为荷叶边上苍黄的部分，看上去真像一枝残荷叶，没有人工雕凿的痕迹。

湖山型：一块不规则的砚材，一边很厚且具丘陵状的石齿，一边却薄得不相配称，若作一般的方、圆、长方、椭圆等形，真是一块废料，他却把丘陵状的石齿，随其形势，琢为平远、陡峻的坡陀、峰峦；把薄而低的一边，琢为湖水，于是湖上有了山，山下有了水，湖心有个眼，恰如月映波心，好像是有意地布置起来的一局小湖山，哪里知道它是无用的废材呢！

葡萄串型：利用像一串葡萄的紫、绿相间的不规则砚材，把紫的雕为葡萄，绿的雕为叶子，砚池占着大头的叶面上，在不磨墨的时候，就活像带叶的葡萄。

缺月型：只是一块半圆的砚材，但却有两个眼，他就把它琢为缺月形而使两个眼作为两个小星，和缺月相映衬，觉得缺月反比满月更有意味。

秋海棠叶型：秋海棠叶式，是把不规则的砚材，琢为秋海棠叶形的砚，加工不多，而形象生动，陈在案上，映照得周围的事物，好像都有生气了。

这里是随便举了几个受人欣赏的作品。他的作品是多种多样的，除了他自己匠心独运的作品以外，也有照顾客的喜爱，依旧日砚谱式样制作的，有盖的刻瓦当文，博古图种种，但很少如他人刻八仙、三星图等人物细致图案，也不愿意作普通方、圆、长方，尤其有盖的东西。我曾问过他：为什么不做这两类东西？他说："细致人物费工多而不易生动，也没有运用匠心的地方；至于方、圆、长方等有盖的东西，实际上是费工最多，费料也特别多，比如上面举的几种砚型里，这些料全没有用，但在顾客看来，好像费的工料都一样，哪里知道其中的难易呢？而且这些零碎材料里，每每带着'眼'和'膘'，整块的里头未必一定有，若不随材赋型，加以采用，那就有用的材料，没有多少了。我是宁愿多费点脑筋，少费点腕力，把无用的废材化为有用，作出一件得意的东西来，顾客看着喜爱，我精神上也是一种鼓励。"

他的话虽则这样说，实际上，他是具有艺术天才而又有深刻修养的，每当他的作品出来，别人就跟着仿造，但没有一个人能赶上他的。他的东西好像天然生成，不见人力，别人雕的就满面刀痕，叫人觉得很不自然。

这是过去几十年的话了，解放前找他的作品，已经不容易，现在就更难找到了。但这一段史话，至今还是洮砚历史上大可怀念的。

1964 年稿

（选自《甘肃文史资料文库》第七卷，
甘肃省政协文史资料和学习委员会编，2001 年）

洮砚史话

郝进贤

砚，是"文房四宝"之一，为过去知识分子日常使用的工具，也有人爱好收藏，作为陈设，所以流传较为普遍。

从出土文物来看，砚的质料，有用铁铜铸造的，也有陶瓷烧制的。汉代已有石砚，宋朝就普遍采用石料。祖国地大物博，砚石产地亦广，国内流传的砚石不下数十种。经过千余年的实践，由诗、书、画各名家的使用评察，以广东端溪的紫石、安徽歙州的青石、甘肃洮河的绿石为最优，称为"端、歙、洮"三大名砚，也有把绿石列为第二位称之为"端、洮、歙"的。

关于端、歙二砚，各有专书论记，这里不多赘叙。对于洮砚的历史评价，说明它的特点，以及对洮砚产品制作工艺诸方面，特加收集，介绍如下：

一、洮砚生产概述

洮砚出在甘肃省临潭县（旧称洮州），金代著名诗人元好问（字遗山）题郭唐臣藏《山谷石砚诗》小序里所说："砚有铭云，王将军为国开临洮，有司岁馈可会者六百巨万，其于中国得用者此砚材也"。可知是在宋神宗熙宁六年（1073年）王韶开熙河（今临洮及临潭临夏一带地区），才得到这种绿石作为砚材的，到现在有近千年的历史了。再以黄庭坚（山谷）"久闻岷石鸭头绿"的诗句来推断，既称"久闻"，或者还会早一些。

洮砚的特点是，石质坚细莹润，发墨生光，磨好的墨贮于砚中，砚盖湿润成珠，月余不涸，还不变质，尤其经久研磨不退乏，石色碧绿中含有条纹，形如变化万端的云霞，美妙异常。

石料产在洮河中游的卓尼县（原属洮州）属洮砚公社纳儿大队的喇嘛岩（亦称拉马岩），地势陡峭，三面环水，激流悬崖，人不易到，且为少数民族地区，藏民语言隔阂，采取石料甚难，影响生产。在国民党反动派统治时期，政治不稳，延至解放前夕，几至人亡艺绝。

解放后，由于中国共产党和人民政府的大力提倡和扶持，恢复了洮砚生产。1964年春季，甘肃省手工业管理局在兰州地区举办了一次规模较大的全省工艺美术展览，展出了旧藏洮砚，及临潭县手工业联社新制的洮砚，博得与会的领导以及广大群众的喜爱。遂派人去产地实地考察，并从临潭县扁都公社选拔制砚艺人，设置试产小组，于1965年夏季试产出300多方新洮砚，曾在北京、广州、西安、兰州等地展出，受到欢迎。又在甘肃省工艺美术厂成立了洮砚生产车间，扩大生产，远销到日本、港澳等地，得到好评。"文革"期间，省工艺美术厂被撤销，全部工作人员改行转业，洮砚停产。1973年，省工艺美术厂虽然恢复，但生产活力不正常，洮砚产品也弄得不生不死，摇摇欲坠。

粉碎了"四人帮"，省工艺美术厂重整旗鼓，加强洮砚生产，在党的十一届三中全会精神鼓舞下，加强研究与设计，以及对艺徒的培训，以期提高质量，多产多销。

二、洮砚文献集锦

历史流传对洮砚的记载，散见各书。现汇集整理，以供参考。

（一）撰著类

宋：赵希鹄著《洞天清禄集》古砚辨："除端歙二石外，唯洮河绿石，北方最贵重，绿如蓝，润如玉，发墨不减端溪下岩。然在临洮大河深水之底，非人力所致；为无价之宝，耆旧相传，只知有洮砚，然目所未睹，今有绿石砚名为洮者，多是黎石之表，或长沙谷山石，黎石润而光，不发墨，堪作砥砺耳。"（按：赵希鹄，是北宋时著名鉴赏家，对金石考证确切，后人依此传述者甚广）

宋·米芾著《砚史》："通远军觅石砚，石理涩可砺刃，绿色如朝衣，深者赤可爱，小波间有黑小点，土人谓之'湔墨点'有紧甚者甚奇妙，而硬者与墨斗，漫甚者渗墨无光，其中者甚佳。洮河绿石，自朝廷开熙河始为中国有。亦有赤紫石色斑为砚，发墨过于绿者，而不匀净。又有黑者，戎人以大砺刀而铁色光肥。亦可作砚而坚不发墨。"（按：通远军，今之陇西县）

宋·陈槱著《负暄野录》："砚以端溪为最，次则洮河，又次则古歙……金星之质最顽，不甚用。洮石今亦少，歙之祁门有一种淡绿色石，而理细。土人以之为假洮石，但性极躁，故为贱耳。"（按：陈氏评论洮砚，已指出宋时就有以别种绿石假冒洮河绿石的）

明·高濂著《燕闲清赏笔》论砚："洮河绿石，色微蓝，其润如玉，发墨不减端溪下岩，出陕西，河深可难得也。今名洮者，俱黎石之表，乃长沙山谷中，光不发墨。……余所见砚有进方，皆名砚也。不能一一类记。举其可宝者言之。如端溪天生七星砚，绿端石砚，唐澄泥八角大砚，未央宫砖头砚，洮河绿石砚……此皆极少而精妙者；图其形体，供海内鉴古家赏之……此洮河绿石也，光细如玉，如少差异；性不及玉之坚耳。色如新绿，葱翠可爱，以之方碧，碧沉而深，以之方菜，菜淡而不艳，真砚中宝也。"（按：明时，陕甘未分，统称陕西省）

清·《西清砚谱》旧洮石黄标砚说："砚高三寸二分，宽一寸七分许。厚一寸，临洮石质，极细腻，面背俱黄色，中层微绿，颇类松花石，砚面刻为佛手钳形，近蒂处为墨池，右上方缀小佛手，钳枝叶掩映，左则镌赞四十二字，右则镌识语六十字，下有周惕二字，款俱楷书。复手椭圆中镌御题铭一首，楷书钤宝。一曰比德·匣盖镌是铭，隶书钤宝，一曰郎润查惠。周惕，吴县人，本朝康熙年间由翰林改官知县，是砚曾经收藏，堪备谱中逸品。"

"旧洮石黄标砚北图乾隆铭：临洮绿石，有黄其标，似松似玉，珍以年遥。比之旧端，郊寒岛瘦。聊备一品，图在史右，乾隆戊戌季夏月御铭。"

"此临洮绿石之黄标也，标有浅浮于面者多，若斯深厚少。古砚铭有曰玉，砚殆即是。温如蒸栗，故乎为玉兮，因宝之。特载赞于左：灿黄香于须弥兮，掌管城之万顷。含绿叶于昆岗兮，掬西江之千波，拈兮，笑兮，嗅兮，磨兮，清心禅梦，灵招指手。"

清：姚际恒撰《好古堂家藏书记》："端溪石出于唐，柳公权云：端州有溪曰端溪其有赤、白、黄色点者谓之鸲鹆眼。歙龙尾石出于南唐。谱云：即石为，大者不过四五寸，就其材也，此石在北宋时已极贵，洮河石出于宋，在陕西临洮府，谱云：出于大河深水中，取之尤难，予见好事者作砚谱，多搏搜寻石以相矜尚；然无过此三种石，足尽砚之能事矣，何必他哉。"

"……洮河石砚淡绿色，黯黯中如秋水，锋芒锐利，四面刊花，池中一姜，背镌八分书洮河之珍四字……"

清：张廷济著《清仪阁所藏古器物文》："宋文绣院洮河石砚，洮石八骏砚。廷济按：石产洮河水中，泅水取之极不易，此宋时文绣院藏砚，尤是稀有珍品，嘉庆二十六年嘉善鲍拙安置得。"

"洮河石砚，宋时琢者，类皆镂刻人物，海盐钱祚溪翁本诚、旧有梵隆僧写经砚，又余于平湖得一宋制砚皆然，盖西方之人琢手如是，与歙粤石不同也。"

"右宋少府文绣院洮河石砚，纵五寸四分，横三寸二分，厚一寸三分，面绿阔三分，细刻花纹。唯磨墨处无华，近池处细刻楼阁，有蓬莱二八分小字。四面则波浪中刻鱼龙水族形，底窝深八分，上半作树叶一片，八分字二行，一行略大，曰洮河之珍，一行略小，曰文绣院藏宝。刻画奇浅，几不可拓。"

《宋史职官志》："文绣院掌綦绣供乘舆服御，则此盖官家宣采之品。符书征赋中不知费许脂膏矣，先是丙子九月三日海盐黄椒升都事锡蕃携宋制端溪砚，面之右角，亦有文绣院藏宝五字，分书极古雅。以值太贵不能得，今获此品，令人不复思下岩宝璞矣。光道四年甲申二月。"

"得文绣院洮河石砚不数月。又得此于吴兴书贾。房师邢佺先生家居阶州，近巩昌。为余言，曾渡临洮，未获片石，因奉此为先生六十寿，盖嘉庆戊宣冬日事也。"

清·光绪《洮州厅志》："洮砚石出喇嘛崖，在厅治东北距城九十里。其道由城至石门口渡洮河，经岷地洼几沟……纳儿族。路径千折陡险。其崖西洮水磴道盘空。崖半凿一径。缘崖而过，其石即于径侧凿坑取之……崔底、石美。然洮水至此，驰浪激崖而转，不可至也。又山既险，神亦灵，秋夏间凿取之，辄降冰雹，灾及数十里焉。"

洮州民谣："洮砚贵如何？黄标带绿波。"

"文信国砚，文信国绿端蝉腹砚，修广各三寸。受墨处微凹，底圆而凸，像蝉腹。沿左边至顶，刻谢皋羽铭：'……洮河石，碧于血，千年不死苌宏骨'款识'皋羽'二字。"

"六砚斋。李竹懒以六砚名斋。六砚者，其一林宗砚剉。一角，谓其有完德而巾垫也，其二婺砚。其三洮河石砚。其四卵石砚。其五唐砚。其六唐砚。"

（二）诗铭类

宋·黄庭坚著《山谷文集》："以团茶洮州绿石砚赠无咎、文潜：'洮州绿石含风漪，能淬笔锋利如锥，请书元祐开皇极，第入思齐访落诗'。"

刘晦叔评洮河绿石砚："久闻岷右鸭头绿，可磨桂溪龙文刀，莫嫌文吏不知式，要试饱霜秋兔毫。"

宋·晁补之和山谷诗："洮州石贵双赵璧，汉水鸭头无此色。"

宋·张文潜诗："洮河之石利剑矛，磨刀日解十二牛，千年肤地困沙砾，一日见宝来中州。黄子文章妙天下，独驾八马森幢旒。平生墨笔万金值，奇煤利翰盈匣收。谁持此砚参几案，风澜近手寒生秋。抱持投我弃不惜，副以请诗帛加壁。明窗试墨吐秀润，端州歙州无此色。"

宋·苏轼《洮砚铭》："洗之砺，发金铁。琢而泓，坚密译。郡洮岷，至中国。弃于剑，参笔墨。岁丙寅，斗南北。归于者，黄鲁直。"

宋·晁以道《研铭》："唯矩也有隅。唯深也有漪，策勋于文书。唯重也不及侧，唯温也文明之泽，君子以媲德。石在临洮其所以来远矣。璞而求之，成园器者鲜矣。藏器待时，勿抵勿退，勿抵勿坠，勿盗勿诲。"

宋·杨性相诗："但见临州琢蛾绿，焉用歙溪眉子为。"

宋·谢幼槃诗："老松收烟琢玄玉，可试洮州鸭头绿。"

金·元好问题郭唐臣藏山谷洮石砚诗："久闻鹦鹉能化石，不数鸊鶙为莹刀。县官岁费六百万，才得此砚来临洮。玄云肤寸天下遍，壁水直上文星高。辞翰今谁江夏笔，三钱无用试鸡毛。"

金·冯廷登诗："鹦鹉州前抱石归，琢来犹自带青辉。芸窗尽日无人到，坐看元云吐翠微。"

金·雷渊诗："缇囊深复有仓州，文石春融翠欲流。"

元·陆友仁《砚北杂志》："云生洮中化完玉，肤理缜润色正绿：宝而用之吴郡陆。"

清·钱谦益《洮河石砚歌》为刘君作兼呈中丞祖舜："君不见本朝舆图轶秦汉，洮河今为国西岸。肃慎楛矢恒来庭，丁零牛羊可并案。洮河之研玉比坚，踰羌绝塞来幽燕。广厦细旃曾贮此，枹罕西倾为眼前。白山小奴游魂久，传烽渐近登津口。高丽茧纸阻职贡，鼍矶岛石烦戎守。老夫捧砚自踟蹰，拂拭还君三叹余。岂知飞檄磨崖手，牍背相随狱吏书。"

三、现代评跋

赵朴初，酬应中逸赠洮河绿漪石砚诗："风漪分得砚州绿，坚似青铜润如玉，故人万里意殷勤，胜我荒斋九年蓄。西北东南辟砚田，精工方欲夺前贤。看教墨海翻澜处，喷薄风雷震大千。"

沈同衡《洮砚赞》："洮砚声名大，佳评谱载文。品同端歙贵，价并楚荆尊。久矣盛传颂，奈何罕见存。宋耆叹未睹，近世敢妄论。奇事今偏伙，捷声忽远闻。千年悲绝迹，此日喜归魂。合浦还珍宝，东山起异军。果然绿映浪，胜比紫堆云。挺挺刚无敌，漪漪条有纹。明莹水切块，细润玉雕盆。轻叩听清响，微呵滴水痕。研来密粘滞，磨去黑氤氲。蜡真如熨贴，锋芒不乏蕴。陶象承祖钵，郢匠运神斤。新可推陈出，情须阶级分。铁穿究为底，砖鉴欲寻根。恶岁休夸免，墨池焉怕浑。应知字画妙，都靠农工勤，胎夺书生气，身投劳动君。砚田纵使好，方夺费耕耘。"

刘雪樵题："色绿而嫩，质润而细，发墨宜笔，文房之助。唯洮州之名产，与石寿而永固。"

单孝天题："坚似青铜润如玉，洮水含濡映天绿。莫谓砚池无风波，黑云白雨工翻覆。日出烟收天宇清，磨研声和东方曲。"

吕郁哉《洮砚铭》："绿到鹦鹉坚似铁，染不黑，穿不破。砚兮人兮！既康且乐！"

张思温《洮水红石砚歌》："洮水红石閟岩阿，湍流激荡山嵯峨。斫之为砚果如何？麝煤浮光利堪磨。学士诗传含绿漪，民谣黄标带绿波，千载未尝见此石，一朝选出洮之河。拉马崖前几度过，扁都巧匠共切磋。临池多士鬟皤皤，抚石称善乎屡摩，古言岁费六百万，今输扶桑千方多。迩来作者偶蹉跎，墨客重洋争相罗。倘得黄庭换白鹅，大字为君写擘窠。重叱河伯起灵鼍，伐石勿负我作歌。"

（原载于《甘肃文史精粹》第四册）

古诗赞洮砚

王会绍

一

洮砚与端砚、歙砚齐名，称为中国三大名砚。洮砚石材产于岷县至卓尼县的洮河峡谷地带。

洮砚的开发始于唐代。唐代书法家柳公权在《论砚》中写道："蓄砚以青州为第一，绛州次之，后始重端、歙、临洮。"据报道，安徽曾出现一方唐代箕斗形洮河砚。

北宋鉴赏家赵希鹄《洞天清禄集》载："除端、歙二石外，唯洮河绿石，北方最贵重。绿如蓝，润如玉，发墨不减端溪下岩。然石在临洮大河深水之底，非人力所致，得之为无价之宝。"洮石因山陡水急，采掘难，得之不易，诚为名贵。

北宋神宗熙宁年间，通远军知军事王韶开通照河路，使现今洮、岷一带重归中原王朝管辖。在王韶帐下不乏博古之才士，洮河绿石砚得以贡献京城。诗人黄庭坚有洮石砚铭曰："王将军为国开临洮，有习岁馈，所会者六百万于其中，国得用者此砚材也。"后金朝诗人元好问赋之曰："县官岁费六百万，才得此砚来临洮。"可知洮砚显赫于宫廷官府书房之中。

宋哲宗元祐初年，书法"宋四家"之一黄庭坚在京任中书舍人，从友人刘晦叔处得到几方洮砚。他高兴地吟了一首《刘晦叔许洮河绿石砚》的七言绝句：

久闻岷石鸭头绿，可磨桂溪龙文刀。

莫嫌文吏不知武，要试饱霜秋兔毫。

黄庭坚将洮砚转赠苏轼、张耒、晁补之诸人，他有一首《以团茶洮州绿石砚赠无咎文潜》的古诗，第三段写赠张耒的洮砚：

赠君洮州绿石含风漪，能淬笔锋利如锥。

张耒以黄庭坚诗原韵写了一首《鲁直惠洮河绿石砚冰壶次韵》回赠，诗云：

谁持此砚参案几，风澜近手寒生秋。

明窗试墨吐秀润，端溪歙州无此色。

补之和诗道：

洮河石贵双赵璧，汉水鸭头无此色。

苏轼得赠砚，在砚上刻《鲁直所惠洮河石砚铭》："洗之砺，发金铁。琢而泓，坚密泽。郡洮岷，至中国。弃矛剑，参笔墨。岁丙寅，斗南北。归予者，黄鲁直。"

洮砚还有色如玫瑰红的，书法家米芾所著《砚史》中称为"洮河赤紫石"，色泽可与端溪肝色石媲美。

宋高宗绍兴四年（1134年），洮、岷二州纳入金朝版图，洮砚传入北方。金朝诗人冯延登作《洮石砚》诗："鹦鹉洲前抱石归，琢来犹自带清辉。芸窗竟日无人到，坐看闲云吐翠微。"雷渊也写《洮石砚》七绝："缇囊深复有洮州，丈室春深翠欲流。退笔成丘竟何益，乘时直欲砺吴钩。"

南宋民族英雄文天祥，生前曾用过一袖珍洮砚，边面刻有文天祥幕府咨议参军谢翱的题记和砚铭，叙文天祥得砚经历，铭文曰："洮河石，碧于血，千年不死苌宏骨。"此砚至清朝为学者袁枚收藏。据梁绍壬《两般秋雨庵随笔》载："清乾隆五十二年（1787年），杭州一渔翁在临平湖捕鱼，网得此砚，名士王仲瞿以番钱二十元得之，转赠袁枚。袁枚爱不释手，制紫檀木砚匣，召诗友各赋一章，撰小记刻于匣盖。"

清康熙十三年（1674年），思想家黄宗羲得陇右任职的故人赠洮砚一方，作七言古诗《史滨若惠洮石砚》，诗中称洮砚为"寒山云"，"金星雪浪魂暗惊，恍惚喷沫声相闻"，其品质应在端、歙二砚之上，对洮砚做了极高的评价。清代乾隆皇帝收藏洮砚于御书房，在黄标砚题铭："临洮绿石，有黄其标，似松似玉，珍以年遥。"

<h1 style="text-align:center">二</h1>

近日，翻出两张咏洮砚诗书法的照片，欣读之余，想起1985年我与杨德禄同志到北京向刘叶秋、周振甫两位编审求写咏洮砚诗的情景。这两首诗，在名人赏洮砚的文章中也未见到，觉得很有必要予以披露，增添洮砚的文艺色彩。

那年秋季，甘肃日报社所属的《少年文史报》计划出一套"少年文史报丛书"。我大学读书时曾在《人民日报》实习，著名编辑崔奇指导过我。这时，崔老师已退下来在人民日报出版社编书。此前在一次新闻界会议上，《人民日报》一位负责人曾答应牵头帮助《甘肃日报》联系出版社办理出书事宜。这次，派我与《少年文史报》编辑杨德禄一起去落实。我们顺利地联系到了出版社，又拜访冰心、臧克家、杨伯峻、顾学颉、雪祁等名家，请他们题书名、写序言。拜访中华书局编审刘叶秋、周振甫时，带上洮砚表示对他们应邀当《少年文史报》一次征文比赛顾问的谢意。他们用手抚摩洮砚，对我国三大名砚之一的洮砚，倍加称誉，我们乘机转达甘肃工艺美术厂的要求，恳请写几句赞词。他们高兴地应承，约我们过日去取。刘、周二老对我国古诗了如指掌，自然深知宋朝以来黄庭坚、张耒、冯延登、黄宗羲等都曾作诗盛赞洮砚，兴之所至，自然也写赞颂，并饱蘸浓墨将真情挥洒于宣纸。这就是我们取到的两幅书法，后转至有关工艺厂。

刘叶秋，我国辞书学、笔记小说和楹联学研究专家，《辞源》主编之一。主要著作有《中国古代的字典》《类书简说》《古典小说论丛》《历代笔记概述》《魏晋南北朝小说》《孔尚任诗与〈桃花扇〉》等十余种。这首赞洮砚诗曰："久闻碧石出洮河，照眼晶莹耀绿波。大几明窗闲点笔，老夫书兴藉君多。"附记："甘肃工艺美术厂所制洮砚质坚色碧，临池之上品也。"书法滋润厚重。

周振甫，著名编审，我国文章学、古典文学的研究专家。主要著作有《中国修辞学史》《中国文章学史》《周易译注》《文章例话》《小说例话》《文学风格例话》《诗词例话》等，总字数约为800万字。这首《题洮砚》诗曰："洮河深水产名砚，绿石春融翠欲流。坚似青铜润如玉，文房清玩物中尤。"书法文雅清秀。

（原载于《甘肃文史》2003 年第 2 期；转自《甘肃文史精粹》，甘肃省文史馆编，甘肃人民出版社，2009 年 11 月第 1 版）

洮砚的历史与传承

王玉明*

　　中华文化源远流长，文房四宝是传播文化之工具，笔墨纸砚四者，唯有砚最为耐久，供后人之珍爱观赏及研究。在历史的长河中，随着砚的制作和雕琢水平的不断进步和提高，砚石种类的多层发展，文化艺术的定向融入，使砚集雕刻、绘画、书法、篆刻于一身，传承了中国各个时期文化，具有独特的地方民族风格和传统艺术，"传万古而不朽，历劫难而如常，留千年而永存"，是华夏艺术殿堂中一朵绚丽夺目的奇葩。

　　砚的出现，根据文献记载和现代考古发现，可以追溯到新石器时代。宋代苏易简《砚谱》载："皇帝得玉一纽，治为墨海，其上篆文曰'帝鸿氏之砚'。"1979年在陕西临潼姜寨原始社会遗址发现了一个带盖的石质研磨器，还配有研磨棒和几块黑色的颜料，可谓砚的雏形。皇帝时代，距今大约5500年。姜寨遗址处于仰韶文化初期的文化层面，距今也有5000年了。在仰韶文化时期，人们已经开始研磨、使用矿物颜料，在各种陶器上勾画图形和文字，这就不难证明，当时使用研磨器已经较为成熟了。

　　砚的用途，众所周知，是用来研墨的。以其材质分类，有石砚、砖瓦砚、陶瓷砚、金属、木砚等。诸砚中，石砚最佳。其原因是石砚较其他诸砚有不渗水、不损笔、不耗墨的优点。陶瓷砚不发墨，且损笔；砖瓦砚渗水耗墨，研磨的墨汁中夹杂有砖瓦灰粒，直接影响墨的光洁度。铁砚用久

---

　　* 作者系卓尼县洮砚工艺有限公司董事长。国家级非物质文化遗产洮砚省级传承人、甘肃省工艺美术大师。卓尼县"十大杰出青年"，甘南藏族自治州"甘南州优秀人才"，"甘肃省创业先进个人"。

后光滑如镜，越用越不发墨，且留残墨极易使砚生锈，墨亦腐败，奇臭难闻。只有石砚克以上众家之短，扬己之长。当然，石砚也非尽善尽美，它由于存在刻砚石料石质的差别，品级又有高下之分。除洮砚外，较有名气的还有产于广东肇庆的端砚；产于安徽歙县的歙砚；产于山东青州的红丝砚；产于宁夏的贺兰砚；产于四川攀枝花的苴却砚；产于山西绛州的澄泥砚等。我国许多省市均有出产砚石，有记载的砚石品种达200余种。事实上，这些只是全国性的著名砚种以及地方名砚，还有一些就地取材、只限于本地使用的砚石，材质不佳，也没有名气，并不在统计之列。在中国历史上，曾有三大名砚、四大名砚之说，现在也有十大名砚相继出现。唐代著名书法家柳公权在《论砚》中说："蓄砚以青州第一，绛州次之。后重端、歙、洮，及好事者用未央宫铜雀台瓦，然皆不及端，而歙次之。"这似乎已将"名砚"地位确立了。终究其他砚在品级上有些差距，不能与端、洮、歙、红丝相提并论了。

砚石多产于山中，其中不少临近江河、溪流，有的矿脉一直延伸到江河水面之下。宋代赵希鹄《洞天清录》记载："除端、歙二石外，唯洮河绿石，北方最贵重，绿如蓝，润如玉，发墨不减端溪下岩。然石在临洮大河深水之底，非人力所致，得之为无价之宝"。由于砚石多产于山中，不仅开采艰难，即便是把采得的砚石运回来，也十分不易。喇嘛崖、水泉湾等洮河石的主要砚窟，都是位于高山、悬崖上，山势险峻，十分陡峭。把砚石运出来，需要走很远的山路，而且崎岖难行，有些地方的坡度竟达七八十度，脚下则是大大小小的碎石，就连行走都十分不易，石工们还要背负着沉重的砚石，其危险程度可想而知，曾经在采石中发生过几起伤亡事故。有过一篇文章，题目是"洮砚挣命出山"。应该讲，这样的说法并不夸张。

在四大名砚中，洮砚是非常独特的。这种生长在西北高山之下、大河之畔的石头颜色犹如洮水一般绿中泛蓝，石纹就像洮河的水波，粗者汹涌澎湃，细者一片涟漪。洮砚在宋代传入中原后，由于质地的优异和美丽的纹色，深受文人墨客的喜爱，位列四大名砚之一。但由于产地遥远、历史上经常与内地隔绝、产量不大、开采不易等各种客观原因，知名度不够高，真正使用过的人也不多，不能不说是一件令人十分遗憾的事情。元好问《赋泽人郭唐臣所藏山谷洮石砚》中有这样的诗句："旧闻鹦鹉曾化石，不数鸐鹏能莹刀，县官岁费六百万，才得此砚来临洮。"写出了洮河石进入中原的不易。

洮砚石料出产于我国甘肃省甘南藏族自治州卓尼县的洮砚乡境内的洮河流域区内，位于东经104°45′北纬35°08′，因此地历史上属洮州管辖，石料濒临洮河水，故称洮砚。从卓尼县洮砚乡洮砚石产地喇嘛崖、水泉湾起至藏巴哇乡境内的卡布鹰子嘴，直线长25公里，宽约2.5公里的崖、峰、谷、壑的深处储藏着举世闻名的洮砚石料矿，储藏总面积约40平方公里，因之，洮砚石矿一脉数亩，以卓尼县洮砚乡洮河水东岸的喇嘛崖底石料为最佳，此崖峭壁耸立，崖底洮水急流，垂直高度500余米，东、北、西与土坪相接，唯南面岩石裸露可采，旧时在此处编伐等会枯水期才靠近掘坑采石。现在开采的矿点和已经勘察的矿体露头有：喇嘛崖、水泉湾、霜甘（双杆）、卡古直沟、青岭山（青龙山）砚瓦石嘴、圈滩沟等处。这一带平均海拔2400米以上，年降水量400毫升。洮河从洮砚乡入境，经过石旗村、杜家川村、小湾村、挖日沟村、丁尕村、卡古村、纳儿村、下达勿村。从藏巴哇乡出镜，流经距离长48.4公里。库区蓄水期间宽约5000米，深约300米。洮砚产地周边环境山林叠嶂，沟谷纵横，土地肥沃，植被覆盖良好，水利、林产、矿产资源丰富，风景优美。当地有许多名胜古迹，是旅游胜地。

洮砚的起源和发展

洮砚的开采历史可以上溯至公元1300年前，始于唐、盛于宋，至今不衰。洮砚与广东的端砚，安徽的歙砚齐名。在中国砚文化史上曾有三大名砚和四大名砚之说。四大名砚指广东肇庆市东南烂柯山麓端溪水一带的端砚，江西上饶婺源龙尾山溪的歙砚，卓尼喇嘛崖一带的洮砚，山西绛县的澄泥砚。三大名砚指的是用天然石料雕刻的前三种名砚，不包括陶冶而成的澄泥砚。

洮砚经历了1300多年的岁月，不仅帝王将相推崇，文人雅士喜欢，而且平民百姓也爱不释手。藏砚品砚，以砚会友，绵延不绝。2008年卓尼县被国家文化部授予"中国民间文化艺术之乡"，洮砚制作技艺被文化部列入"国家级非物质文化遗产名录"，2014年得到了"中国洮砚之乡——卓尼"的荣誉称号。

千百年来，流传下来许多赞誉洮砚的诗词与评价，佐证了洮砚的历史地位。唐代著名书法家、中书舍人、翰林书诏学士、太子太保柳公权在其《论砚》写道："蓄砚以青州为第一，绛州次之，后始重端、歙、临洮（今指甘肃卓尼一带）。"这是迄今所见在著述中对洮砚的最早评价。上海博物馆现存一方洮砚，经鉴定为唐代珍品。可见在当时洮砚已享有同端、歙砚齐名的地位。

洮砚石产地位于甘肃省甘南藏族自治州卓尼县洮砚乡的喇嘛崖、水泉湾一带。就岩石分类是水成岩的一种，又名灰绿岩。北宋著名鉴赏家赵希鹄《洞天清录集·古砚辨》中说："除端、歙二石外，唯洮河绿石，北方最贵重，绿如蓝，润如玉，发墨不减端溪下岩，然石在大河深水之底，非人力所致，得之为无价之宝。"当代书法大师赵朴初赞洮砚："风漪分得洮州绿，坚似青铜润如玉。"洮砚石质坚细莹润，发墨快不损毫；墨贮于砚中，冠盖成珠，月余不涸，亦不变质；保湿利笔，纹理如丝。绿色是洮砚石料的主色，有墨绿、碧绿、辉绿、翠绿、淡绿、灰绿等色相。墨绿亦分深浅两种浓度，深者近于黑色。最上品为绿漪石，俗称"鸭头绿"，其次为辉绿的"鹦哥绿"，淡绿色的"柳叶青"。带黄标者更为名贵，有"洮砚贵如何，黄标带绿波"之说。另外，洮河紫石、瓜皮黄石等同属砚石珍品。

（一）洮砚始于唐代

洮砚始于何时，众说纷纭，一度曾引起热论。在引洮工程水库蓄水时，淹没洮砚乡之前出土了一方早期黑色的古砚，经过许多专家鉴定为汉代以前的研墨器。

从照片不难看出，它只是一方"尝得石，不加斧凿为砚"的原始砚石片，据此可以证明，洮砚的使用要比唐代早得多。

但是，从唐代已经出现的许多歌咏、赞美和论述洮砚的诗文来看，洮砚的开采与造型至迟到唐代已经形成，可以看出当时洮砚与人们的密切关

汉代以前的研磨器

系以及在文化艺术中地位。

唐柳公权《论砚》："蓄砚以青州第一，绛州次之，后始重端、歙、临洮。"

《钦定四库全书砚谱提要》说："考洮砚，始见李贺诗。"李贺，字长吉，唐代诗人，福昌（今河南宜阳）人。祖籍陇西，自称"陇西长吉"。

屏风曲

李 贺

蝶栖石竹银交关，水凝绿鸭琉璃钱。

团回六曲抱膏兰，将鬟镜上掷金蝉。

沉香火暖茱萸烟，酒觥缩带新承欢。

月风吹露屏外寒，城上乌啼楚女眠。

可见洮砚在唐代已经广泛流传。经过相当多人的使用，经反复实践才赢得"中国四大名砚"的声誉。为此，"洮砚石，始于唐"是有根据的。2002年12月6日，《甘肃日报》发表了王如实的《洮砚历史有望改写——唐代箕斗型洮砚现身沪上》一文，使唐代洮砚现身世上。上海博物馆著名文物鉴赏家蔡国声先生认为，"这方箕斗砚是唐五代以前的洮河砚"。

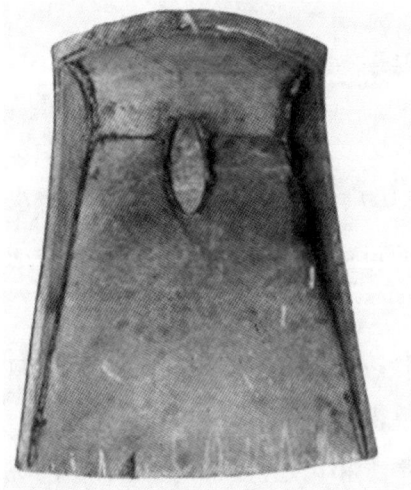

箕斗形砚

蔡国声先生认为"洮砚的历史应该改写了"。洮砚应该与端砚、歙砚一样产于唐代，而不是宋代。

初唐的洮砚，砚面上一般无纹饰，砚的形制也比较简单，式样不多，但到了中唐之后，洮砚也和其他艺术品一样不断演变和发展，具体反映在砚形、砚式的不断增加，使洮砚开始从纯文房用品演变为实用与观赏相结合的实用工艺品了。

隋唐时期石砚的形制，大体以箕形、方形为多，并已从三足变为多足。这也许由于那时人们习惯席地而坐的缘故。到了唐代中叶，桌椅的制作较为普遍，人们摆脱了席地而坐的习惯，石砚乃至文房诸用品自然被置于台上。因而砚"足"似有点多余，即使有足的亦相对地缩短了。

（二）宋代的洮砚

到了宋代，洮砚已经进入到宫廷，雕刻非常精美，图案大多数以人物为主。洮河石雕兰亭修契图、洮河石蓬莱山砚、洮河石应真渡海图砚均为故宫博物院藏。

文人墨客除了用洮砚研墨，还喜爱鉴赏洮砚、馈赠洮砚、收藏以及研究洮砚。不少人为洮砚著书立说，如苏易简的《文房四谱》、欧阳修的《砚谱》、唐询的《砚录》、苏轼的《东坡志林》。如米芾在《砚史》中评价洮砚："通远军觅石砚，石理涩可砺刃，绿色如朝衣，深者亦可爱。久则水波间有墨点，土人谓之'湔墨'（湔作溅）。有紫石，甚奇妙，而考者与墨斗，而慢其者惨墨。无光其中者甚佳，在洮河绿石自朝廷开熙河

宋洮河石兰亭修契图砚（故宫博物院藏）

宋洮河石应真渡海图砚（故宫博物院藏）

始为中国有。"

北宋黄庭坚有："洮河绿石含风漪，能淬笔锋利如锥。请书元祐开皇极，第八思齐访落诗。"有关赞美洮砚的诗文、砚铭更是举不胜举。到了宋代末期洮砚的生产量非常小了，到元朝更是到了极为稀少的程度，更显得珍贵无比。

（三）明代的洮砚

明朝"六砚斋主"官至太仆少卿，素有"博物君子"之称的李日华《佳砚一方千金难易》赞洮砚道，"千波所淘，万沙作辗。霜斫无声，与云有湁"。其中湁字为水气温润，呵气可出水珠之意。同代著名诗人吴景旭对洮砚的研究达到又一高峰。他在《宫辞——西溪丛语》《辨砚诗》中列"青州石一、洮河石二、端溪石三、歙州石四。"有诗赞道："延英引对绿衣郎，红砚宣毫各好床。天子下帘亲自问，宫人手里过茶汤。"

明·十八罗汉砚（天津艺术博物馆藏）

明代的洮砚，由于社会上鉴赏砚（特别是洮砚）以及藏砚之风甚盛，砚工们为了迎合文人雅士的品位，于是在设计乃至雕刻方面要求有所突破。纵观明代的洮砚，无论从设计的独具匠心，从造型的古雅大方，以及从雕刻的精致细腻，确实远远超过前代。明代洮砚的砚形仍保留着大方厚重的风格，但砚形、砚式却趋向于多样化。它起着承上启下的作用：继承和发展了唐宋以来的形制，而又在此基础上发扬和创新，创造了更多的形式，如蛋形、自然形、桃形、各式杂形、平板（有称砚板，即砚石一块，加磨平，加工成长方形、方形、蛋形或椭圆形……）等。平板砚不常用于研磨，而多是供于洮砚鉴赏家、收藏家、爱砚家的鉴赏、品评。

明代洮砚的纹饰题材十分广泛，诸如花鸟、鱼虫、走兽、山水、人物等。不少优质水下砚石被开采出来。"故有佳石工精"之说，在雕刻方面非常讲究，当时大抵一般以浮雕为主，辅以高浮雕和镂空雕。所雕刻的物象生动，形神兼备，线条简练，活泼流畅，浑厚而富于变化。加之洮砚带盖，实用大方、美观，别具一格。

（四）清代的洮砚

清朝特别是"康乾盛世"是中国文化的一个大总结时期，在这个时期，自然对洮砚的挚爱达到了新的境界。

清代甘肃兵备道沈青崖视洮砚为终身伴侣，"肤如蕉叶嫩，波纹宝墨林，从今怀寸璧，助我老来吟。"张鉴则以诗赞洮砚为举国之首，"我闻德寿日写经，一百九砚同繁星。采来宁向洮河绿，琢出浑似端溪青。"清初三大师之一的史学家黄宗羲特作七律喻洮砚为"寒山云""开皇极"。认为洮砚品质远在端歙二砚之上。

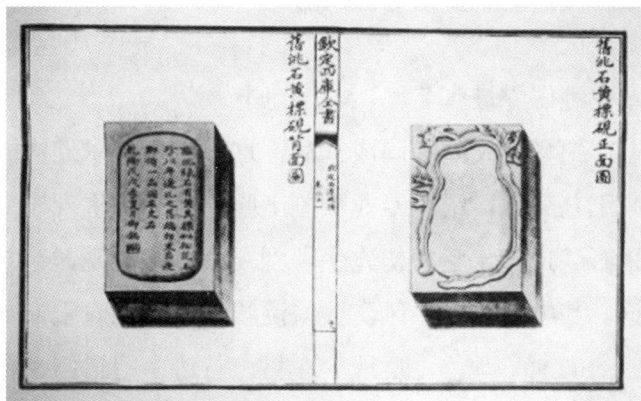

他有两句诗称："金星碧浪魂暗惊，恍惚喷沫声相闻。"乾隆帝更有诗赞曰："临洮绿石，有黄其标，钦定《四库全书》视洮砚为国宝似松花玉，珍以平逢。"他十分看重洮砚的品质，珍爱有加，他钦定的《四库全书》视洮砚为国宝。

（五）现代洮砚

到了民国，屡见有诗赞洮砚，现摘录二首邑人的作品，知其对洮砚的研究之深。

"鹦鹉佳色自洮来，压倒端溪生面开。取出绿波犹带水，女娲留得补天才。"

"洮砚质如何？黄膘带绿波。终日水还在，隔宿墨犹活。"

王式彦的人物洮砚

民国后期，洮砚雕刻已经形成三大流派：王氏（王玉明祖父王式彦）原临潭县扁都乡下川村人，后定居在洮砚乡韩家湾村。1894年至1972年，王式彦的人物洮砚在当地很有名气，透空、半圆雕、高浮雕合盖技法已经流传，基本普及。

徐氏（徐登贤父亲）洮砚乡石门寺人，他的龙砚有栩栩如生，呼之欲出的感觉；包氏（包含文、包树吉父亲）的花草在洮砚界最有名气。

中华人民共和国成立后，这一宝贵艺术迎来了春天。从1964年起，甘肃工艺美术厂组织专业雕刻工匠，建起了洮砚车间，重新前往喇嘛崖修路采石。1965年赵朴初先生得到友人所赠洮砚，亲自书写两首赞美洮砚的诗词。其中一首有"风漪分得洮州绿，坚似青铜润如玉。"一句话点明了洮砚的产地、颜色、质地。在另一首诗中写道："何年生成石一方，近似生寒须映窗。一潭净水碧如玉，借得春风写春风。"他还十分重视洮砚的开发利用，并题字"洮砚"二字。

自1983年以来，洮砚的生产发展迅速，卓尼县和其所属的洮砚乡都先后成立了洮砚工艺厂，用洮砚石料生产以砚台为主的各类民族工艺品。洮砚乡政府所在地挖日沟附近的村寨，从事洮砚雕刻的个体砚工队伍迅速成长壮大。当时从事洮砚制作的藏族砚工500余人，参与石料和砚台贩运者近百人，洮砚石料及砚台生产盛况空前。目前从事洮砚制作队伍3000多人，形成了各自的流派。马玉忠"龙砚"流派、王玉明"王氏人物砚"、卢保云"卢师的花草"、乔尕红"乔师的牡丹"、马万荣"造型"，等等。

现在只有王氏（王式彦）人物砚系列综合了其他流派继续传承。王式彦把手艺传给了徒弟赵连合，岷县维新乡人，号名"桶桶匠"。

赵连合传授了李茂棣（非物质文化遗产国家级传承人），在当时只有口传，也没有留下什么资料，而李茂棣掌握了人物山水、龙凤花鸟等，本人为李茂棣老师的弟子，同门师兄弟还有包新生、卢克功、李学斌等。本人在改革开放期间带出了一大批洮砚雕刻制作的年轻人，其中有李俊清、张忠平、汪忠玉、马万荣、马玉忠、王红孝、唐燕军等。

洮砚技艺的传承与保护

——记王玉明对洮砚石的钟情

马万荣[*]

洮砚开采历史可以上溯至1300年前的唐代之前，盛于宋。洮砚与端砚、歙砚齐名。在中国砚台历史上曾有"三大名砚"和"四大名砚"之说。三大名砚是指天然石料雕刻的三种石砚：即广东古端州（今肇庆）的端砚，安徽古歙州（今黄山）的歙砚，甘肃古洮州（今卓尼）的洮砚。四大名砚是在端砚、歙砚、洮砚三大天然石砚的基础上，加上河南古虢州（今三门峡）的澄泥砚而言。

洮砚石材的产地是甘肃省卓尼县洮砚乡喇嘛崖一带的洮河岸边。砚石的石种为水成岩，又名灰绿岩。北宋著名鉴赏家赵希鹄《洞天清录集·古砚辨》中说："除端、歙二石外，唯洮河绿石，北方最贵重，绿如蓝，润如玉，发墨不减端溪下岩，然石在大河深水之底，非人力所致，得之为无价之宝。"当代书法大师赵朴初赞洮砚："风漪分得洮州绿，坚似青铜润如玉。"洮砚石质坚细莹润，发墨快不损毫；墨贮于砚中，冠盖成珠，月余不涸，亦不变质；保湿利笔，纹理如丝。绿色是洮砚石料的主色，有墨绿、碧绿、辉绿、翠绿、淡绿、灰绿等色相。墨绿亦分深浅两种浓度，深者近于黑色。最上品为绿漪石，俗称"鸭头绿"，其次为辉绿的"鹦哥绿"，淡绿色的"柳叶青"。敷有黄标的砚石更为名贵，有"洮砚贵如何，

* 作者系卓尼县洮砚传习基地州级传承人。

黄标带绿波"的行家俚话。另外，洮河紫石、瓜皮黄石等砚石均为珍品。

　　洮砚问世历经1300多年岁月，不仅受到帝王将相推崇，文人雅士喜欢，而且平民百姓也爱不释手。藏砚品砚，以砚会友，绵延不绝。洮砚2006年入选《国家非物质文化遗产名录》。

　　王玉明的洮砚传承，受家族熏陶而致。王玉明的爷爷王式彦是清代的制砚名家，出生在临潭县扁都乡下川村，师从王道士学习棺材绘画、寺庙佛像雕塑以及洮砚制作技艺。至民国时期定居到洮砚乡韩家湾，制作洮砚及雕制佛像，带出了岷县维新乡的桶桶匠名师赵师。后来洮砚人民公社在砚石产地纳儿村兴办洮砚加工厂，聘请赵师做指导，国家级非遗传承人李茂棣是其中的学员。

　　1983年卓尼县成立洮砚工艺厂，聘请李茂棣任技术厂长，王玉明成了李茂棣的得意门生。李茂棣传授给王玉明人物、龙凤、花鸟及山水的雕刻技法。由于王玉明多年学习打下的坚实雕刻基础，很快成为这个厂的车间主任和雕砚技术员，并带出了20多名洮砚弟子。1991年王玉明到西北师范大学制作洮砚兼修美术专业，系统掌握了绘画理论和人物雕刻要素。于此又培养了26名砚雕徒弟，还参与设计制作了香港回归礼品砚《画龙点睛》。2001年卓尼县将洮砚工艺厂改制为公司，王玉明被聘回来，担任技术总指导兼副经理。2005年王玉明创办了自己的洮砚作坊，带徒雕刻洮砚。2008年，他在被甘肃省文化厅授予"洮砚制作技艺传承人"的同时，创办了洮砚制作技艺传习所。王玉明从事洮砚制作技艺传承已有30多个年头，带出徒弟共60多人，其中中国工美行业艺术大师1人，甘肃省工艺美术大师6人，甘肃省传承人1人，甘南州传承人2人，优秀工作者2人，洮砚雕刻"十佳青年"2人。

　　2008年九甸峡水利工程建设，砚石主要产地"喇嘛崖"坑口淹没水下，造成砚石紧缺的局面。在喇嘛崖矿坑即将淹没之际，王玉明和卢锁忠等人利用高线拉索方法，抢采出两吨左右"鸭头绿"砚石。

　　王玉明像他爷爷一样一生以刻砚为业，为了收集爷爷的存世作品，花5年时间在岷县堡子乡的一个山村里征集到一方。此砚自然形双砚，水池里雕刻一只卧鹿，砚盖雕刻一读书男童，半圆雕技法，雕工精细，惟妙惟肖，找回了一方人物砚范例。用两年时间在会川县征集一方明代方形洮砚，传统雕刻手法，砚面雕有佛手图案，找回了明代洮砚风格摹本。2007年又在洮砚乡四下川村征集到了出土的汉代以前的椭圆形"研磨器"，长20厘米，宽16厘米，厚3厘米，没有雕琢的痕迹，只留下研磨造成的凹池，前后边沿有碰撞遗留的残缺，经天津博物馆馆员蔡鸿茹、北京的古砚收藏家阎家宪初步鉴定为汉代研磨器，由此可将洮砚始制年代推至汉代。

当2008年洮砚列入《国家非物质文化遗产名录》之时，王玉明便发起并注册成立了卓尼县洮砚协会，每两年编辑出版《洮砚协会会刊》，收集整理洮砚工匠作品资料存档，已发行三期。他编辑出版了《洮砚的鉴别和欣赏》一书，由甘肃美术出版社出版发行，在《甘肃日报》发表了《亦真亦幻的洮砚仕女》，在《甘肃科技报》发表了《洮砚的制作流程》《洮砚也有石眼》等文章，对洮砚非物质文化遗产的抢救与保护起到积极作用。

洮砚矿区全景

现代田园西清砚谱

洮砚矿地考察记

祁殿臣[*]

又是一个秋高气爽的清晨，吉普车离开坐落在洮河岸畔的卓尼县城，沿岷（县）合（作）公路向东进发，经过古洮州的治所新城后，离开干线公路，驶入了新整修的县乡简易公路。待翻越有名的后山坡，前后经过两小时的颠簸，我们又来到了洮河岸边。一座钢筋混凝土单孔大桥醒目地骑跨在洮水背上，它将东西两岸的哇儿沟村和石门沟村连在一起。这座大桥建成于1972年，因所处洮砚石料产地而命名曰"洮砚大桥"。沿桥东哇儿沟村顺洮水向北就进入了石门峡。

石门峡两岸石壁峭立，两山之间相距不过五六十米。洮水在其间虽然左曲右回，但因上下峡口的水流落差不大，所以，十余里峡内，水流平缓，水面如镜。相传大禹治水时，这里石山封闭，水路壅塞，一片汪洋，引来引去，洪水就是排不出去，惹得大禹性起，挥起开山大斧，将北面堵住水路的石山一斧劈为两爿，大水才从中缓缓地、弯弯曲曲地向北流去。当地还传说鲁班爷也曾经从此地经过，见山石高大，沟谷狭窄，水路不畅，大禹王劈开的山口太窄小，就用手扳着石崖顶端，用脚蹬着峡门，浑身一使劲，用无边的法力推开了峡门。据说在原来峡口的石崖两边，一面有鲁班的手指印，一面在石崖的腰部印有他深深的脚印。还说他在峡内找了一片洮砚石料作磨石，刚准备离开时，峡内波涛汹涌喧嚣，震耳欲聋，很是烦人，就将一把凿子丢到河心，霎时河水变得哑然无声，形成了

　＊　作者系甘南州地方史志办公室退休干部。

洮河上一道最温顺、最安详的石峡……后来，人们在峡门上拉了一道铁索，往来牵引渡船，此地也就成了西通洮州，南抵岷州，东达阶（州）、文（县），北接狄（道）、会（川）的交通要道。《洮州厅志》中曾载有清代洮州名士陈钟秀咏石门峡的诗句："谁劈石门踞上游，边陲万古作襟喉。任它纵有千斤锁，难禁洮河日夜流。"书中还记载说康熙访贤也途经此地，曾御赐此处"石门金锁一把，铁门闩一个"。

吉普车沿简易公路盘旋于洮水东岸的崇山峻岭间，俯视滔滔河水，仰望巍巍峰巅，不禁令人神思飞扬：这就是洮砚石的故乡吗？常言道，大海流珠，深山藏宝，不是没有道理的。遐想间，随着两声清脆的喇叭声，车已停在丁尕村中。

1958年初，甘肃省动用全省人力、物力、财力，投入举世闻名的"引洮上山"水利工程中。主渠道入水口从岷县境内的古城修筑拦河大坝，渠线沿洮河东岸的群山峻岭逶迤北上。计划引洮河水直到定西、平凉、庆阳等中部干旱地区，解决那些地方的人畜饮水及发电、灌溉等困难。洮砚石料的老坑矿点，正处渠线脚下，当然不能幸免。今天，当你还想一睹石门峡口的鲁班庙、石壁上的脚手印、峡内葱葱郁郁的松柏、红柳、山杨、野丁香等昔日的俊秀风姿，已成梦幻。当年的景致已荡然无存，整个工程创面上别说树木，就是草皮植被也没有恢复，虽说时已30余年，至今仍是满目疮痍。唯一的变化和发展就是道路大为改观，过去的崎岖小路已无从寻找。当年引洮工程的渠线工地，当地人称为"平台"，已成为天然的公路路基。自1972年洮砚大桥落成的同时，洮砚乡人民就修成了这条分别可以从古路沟村、哇儿沟村跨上平台，直至上、下达窝，全长20余公里的乡间公路，结束了当地人民祖祖辈辈步行背驮的历史。当年仅靠背篼背运的洮砚石料，如今不仅坐上了自行车、架子车、手扶四轮拖拉机、大卡车，有时还有幸坐坐小吉普车呢！这条平平展展代替了过去蜿蜒小路的平台呢，也用它宽厚的背脊，默默地承受着、偿还着、忏悔着因自己的过失带给大自然和人类的创伤，祈求人们的宽恕。

丁尕村庄原来坐落在渠线脚下的一块台地上，村址被工程埋没后，曾一度迁往四下川等村暂住。工程下马后，他们舍不得这块祖先留下的风水宝地，在离原址不远的平台上重建家园。现在的公路正好从村中穿过，路两旁的一幢幢藏式板屋别具风格，排列整齐，俨然一条整洁的街道。谁会想到：三十年前引水上山者们憧憬游船航行的渠道中央，今天却奔驰着北京吉普，变迁为村寨道路。世事沧桑若此，令人感叹不已！

当我们正在打量村庄，想找几个老年人询问当地对洮砚的有关传闻时，不少小孩已将车团团围定，这里瞧瞧，那里摸摸，嘴里还喊道："买砚瓦来了！"——此地称砚台为砚瓦，或许是一种最古老、最传统的称谓了。有几个小孩边喊叫边往家里跑，看样子是要告诉大人取"货"吧。我们挺纳闷：他们从哪儿断定我们要买"砚瓦"呢？原来是此地尽管通汽车，但经过的车辆极少，不管是本地车或者外地车，凡路过此地的司机或乘客定要买几方砚台带回去转手赚点小钱或馈赠亲友。所以孩子们一听车响，且停在村中就认为是"买砚瓦的来了"。这大概就是靠山吃山，靠水吃水，"靠砚吃砚"的传统产销观念吧！近年来，这里的民间制砚业发展较快，几乎家家有人学着刻砚。当然，工艺粗糙，构图简陋，无甚精品也应在情理之中。我们自然无意去买他们的砚瓦，只是借机询问了些洮砚矿藏、采石、刻砚方面的信息后继续驱车前行。

驱车北行约五里，便来到洮砚石料矿带的边缘——卡古村。"卡古"为藏语音译，意为"阳坡里的村寨"。村子东头有一条沟，称为直沟，也称作卡古沟。沿沟有一条小溪，溪水清澈见底，从卡古村边直流入洮河。小溪源头有一个只有十余户人家的小山寨，名曰喀日山。从卡古直沟沿小溪到喀日山山寨，其间多处出现洮砚石料矿的露头，靠近沟口的两处，过去曾被采掘过。从采石剖面的痕迹和附近遗弃的碎石观察，石质虽然比较粗糙，但与我们所带的标本属同类石料，因露天原因，风化严重，石质级别在中、下等之间。这儿的石料通常称为卡古直沟石，石色稍带青灰，杂质含量较大，只能选作袖珍砚和单片砚的原料。

离开卡古村不到五百米，已望见水抱城庄——纳儿村。纳儿村坐落在一个被洮河南、西、北三面环绕的半岛顶端，全村也不过四五十户人家。这里风景秀丽，环境怡人，曾被旧洮州选入"八景"之内，咏为"水抱城庄"，又简称"水城"。纳儿亦是藏语音译，意为三面环水，地势呈脖子状延伸于河水中的"半岛"。在村北靠近平台边的岩石中，有洮砚石料矿的露头，且长期被人采掘，石料被称为"水城右边石"。纳儿石的质理仅次于喇嘛崖石和水泉湾石，比起卡古直沟石和青岭山石则娇嫩细润得多。我们从早已废弃的石坑边捡了几片碎石观察，倒也翠绿雅丽，堪为制砚之材。

纳儿村是土著老噢什部落首领和土司管辖时老噢什旗总管驻地。自明、清以来，洮砚石料矿产就属土司所有，前来取石者都要持土司的"尕书"为执照，经纳儿村总管的验证，通知达吾村民后方可取石。取石返回时，也要在纳儿村对照实物验证后才能放行。当时的纳儿村犹如洮砚石料矿区的海关、税防。在这里小憩的两个小时中，我们倾听了几位老人的回忆、介绍，获取了许多有关洮砚矿产的口碑资料。

在纳儿村北约一公里处，有一秀峰称苟巴崖，崖脚处有一浅沟叫水泉湾，沟中数眼清泉溢涌，泉水从石崖上流下，如小瀑布下滴。水泉湾石料虽属半露天，但奇怪的是毫无风化现象，可能是泉水常年滋润保护的结果吧。当我们爬到崖下，就听见一阵叮叮当当的斧凿声，爬上崖一看，正好有两个采石人在忙乎，他俩边工作边向我们介绍了一些采石的简单工序和日常使用的工具及鉴别石料的方法。约有一个小时光景，那位一直很少说话的采石工已凿下像砖头薄厚、机瓦大小的一块石料来。我将这块颜色翠绿，且带着厚厚一层白玉膘的石料拿在手中掂了掂，有十斤上下，我摩挲着，端详着，深深感叹：这细嫩可爱的珍宝哪是什么石头，它简直就是大块的绿玉呀！

从水泉湾前行约一公里，即是久享盛名的洮砚石料圣地喇嘛崖。喇嘛崖是三峰鼎立中的一座，原来的峭壁连接于主峰处已被引洮工程的平台切断，在其脖子上架了一条公路。平台顶端是残破的主峰，西边即是半爿伤痕累累的喇嘛崖，平台脚下是引洮工地的石沙溜坡。当年采石老坑和洞口的"喇嘛爷"已被埋没，现今只有一条蜿蜒小路沿沙坡弯弯曲曲地通向五六十米高下的半崖，此处近年来又被人们掘开数处新坑。我们将车停放在平台公路上，沿沙坡小路小心翼翼地来至一处洞口。洞口宽约八十厘米，高约一米五六，仅容一个人低头弯腰行走。我们几个打着手电筒鱼贯而入，洞内阴暗潮湿，脚下碎石砾砾，洞内的支护设施虽说不太坚固，但我看到头顶上那稍显倾斜、犹如钢筋混凝土浇筑成一整块的板页岩层时，悬吊起的心又放回了肚里。我们虽然打着手电筒，但洞内的能见度仍然很低，只隐约看到一层颜色稍显翠绿的岩石，紧紧地镶嵌在整个岩层中间，被采石者掘出一道像壁橱式的深槽。当我们的米尺放到二十五米的刻度时，才来到洞子最里边采石的掌子面上，这里正巧有纳儿村的三位村民在采石。他们一个掌钎，一个轮锤，在掌子面上打炮眼。我们发问，不是说洞子里不能放炮，怕震碎石料吗，怎么还打炮眼？他们说放小炮不碍事，何况炮眼打在石料周围的岩石上，是不会震碎石料的，更不会震垮洞顶。听他们这么一解释，我们也觉得有道理。这些村民在采石时用来照明的设施仅是几个用小药瓶自制的煤油灯，由于洞里洮砚石料的水分含量大，湿度高，潮湿的水雾弥漫，致使煤油灯的亮光更是微弱得可怜。我们一时适应不了洞内的光线，看不清楚矿石在岩层中的结构，只利用闪光灯拍了两张掌子面的照片，随手捡了两块碎石后就遗憾地钻出了洞口。那几个采石工也随后走出了洞子，准备吃午饭休息。出洞后四五分钟，我隐约听见几声沉闷的炮响，原来他们出洞时点着了炮。我还想再进去看看，再拍几张照片，采石工们劝说洞内的炸药硝烟要等一个多小时才能消散，所以只好作罢。在洞口旁边的半崖上，采石工们用树枝搭了一个小凉棚，是他们烧茶吃午饭小憩的地方。在他们的盛情邀请下，我们一边聊天，一边询问采石情况，和他们共进了一顿别有风味的野餐。

随后，我们又分别看了其他的几个洞窟，因当时无人采石，也未敢贸然进去，只好又爬上了平台公路。乘车赴当日考察的终点站——达吾村宿营扎寨了。

达吾分上、下两村，坐落在喇嘛崖北的一条山沟中。位于沟口靠近洮河的是下达吾，在半沟中依山而居的是上达吾，两村相距约两公里。引洮工程的渠线正好从两村之中下达吾村的头顶处经过，整个村庄位居平台之下，受灾较重，上达吾远离渠线，未被触动，是沿线保留得最为完整的村庄之一，依山傍水，至今仍保持着古老淳朴的藏族山寨风韵。上、下达吾的藏语分别称为"达吾雅古"和"达吾玛古"。这两个村有个奇特的现象：上达吾的村民均为卢姓；而下达吾的村民则全是杨姓，仅有一户姓卢的还是从上达吾迁来的。下达吾的另一与众不同处是历史上曾经出过一位藏王——策墨林。常言道，一人得道，鸡犬升天。下达吾人自此身价倍增，打从明、清时起，就连他们的杨土司也对他们刮目相待了。

　　西藏第十二任藏王即摄政甘丹喜热图诺门汗——策墨林岔道尔赤哇阿旺楚臣，就是在藏历铁牛年（1721年，清康熙六十年）出生于下达吾村的，因他出家后曾在龙元山岔道尔寺为僧，后任该寺赤哇而被称其为岔道尔赤哇阿旺楚臣。进藏前曾以卓识出众而任北京雍和宫额尔德尼诺门汗，主持该寺讲经传法。清乾隆四十二年（1777年）四月，奉命携敕书等御赐物赴藏继任西藏摄政王——第穆呼图克图，并于次年兼任噶丹寺第六十一任赤哇。乾隆五十一年（1786年），岔道尔赤哇阿旺楚臣再次受诏赴京，领衔处理安排京城雍和宫的佛事活动。时值四年，于乾隆五十五年再次受遣到西藏，仍以"噶勒丹锡呼图萨玛第巴克什"身份摄政，"帮同达赖喇嘛办事"。但他的权力更大，"凡事须由他酌定，加盖其亲用钤记后，再用达赖喇嘛印信"（见《清代藏王辑要》）。乾隆五十六年（1791年）五月，"噶勒丹锡呼图萨玛第巴克什在藏患病圆寂"，享年71岁。在中国的藏族历史上出了这样一位政教名人，连我们也为其故乡——达吾村民而感到骄傲，但说实话，目前更让我们骄傲的却是珍藏于此地的稀世珍宝——洮砚石料！

　　当晚，我们投宿在下达吾村一户"藏王的后裔"家中，我们在与房主人——一位虽年过古稀但仍很健谈的老大爷的闲聊中，发现他对洮砚石料表情淡漠，言辞不甚热情，他大概还不甚明了洮砚石料及砚台的真正价值，屡屡转换话题，津津乐道于他们祖祖辈辈引以为豪的藏王策墨林，给我们讲了许多有关藏王的传说。当我问到村中有多少人会刻砚台时，这位房东居然说："我们达吾人只采石，不刻砚！"好像刻砚的生计非常下贱似的。确乎如此，等我们了解后才知道，上、下达吾的村民自清代承担采石任务以来，极少有人学着雕刻砚台，他们不知道，这普通的石料就是雕刻中国历史上自唐宋以来驰名的三大名砚——洮砚的原料。数百年来，他们仅以数十分之一或数百分之一的价格去出卖石料，却不愿通过加工获得大于原料价值数十甚至成百倍的收入，不愿去揣摩钻研、精心雕琢这国宝级的珍品，真正令人百思不得其解。听说最近一两年来，村中有些青年已在学刻砚台，有些在搞收购贩运，市场销售观念已在初步更新，愿此风迅速改变千百年来的"吃亏"陋习。

　　早在杨土司统治时期，达吾的村民就是洮砚矿的义务采石工，不论谁来采石，都离不开他们的辛勤剥凿和冒险的劳作，而换取的代价，仅仅是享受一块石客献给"喇嘛爷"那只绵羊的祭肉罢了。今天看来，采石卖钱较之当年已是一大飞跃，初学刻砚则是更上一层楼了。

为了探明整个洮砚石料矿带的其他露头，我们决定沿着当年采石工们背石的山路弃车步行考察。好心的房东派其年近五旬的长子给我们带路，从达吾村进沟，越青岭山直达藏巴哇乡、柏林乡境内，继续查找洮砚矿带的延伸部分，而让吉普车绕道大山的另一边——圈滩沟口接我们。

次日清晨，我们一行四人轻装上阵，从下达吾村进沟，沿东南方向行进，约三里之遥，至一岔沟口，有一沟伸向正东，叫中沟，是洮砚石料矿的北边缘。据向导说，这条沟距圈滩沟最近，沟内有两三处石料矿的露头，沟内别无岔路，可直达圈滩沟脑。我们兵分两路，两个伙伴进此沟；我和向导继续前行，顺着一条称作白杨沟的岔道进沟，向导指着南麓的山梁说，翻过这个梁，后面就是卡古直沟，也有矿带露头。照这样说来，白杨沟的南麓就是洮砚石料矿带的南边缘了。

白杨沟深约十里，沟谷走向也是正东，走向与它北边的中沟几乎平行。两条沟像一个"="号，从南北两边夹着洮砚石料矿带向东延伸，夹在中间的地形则是一座东西走向的山岭。中沟的沟脑称炭笼牙豁，白杨沟的沟脑则正是青岭山顶峰旁边的砚瓦石嘴。我俩边谈边走，在北坡的石崖上先后发现了四五处洮砚石料矿的露头，各处的石质相差无几。我们将每处的石料都砸了一块做标本，并对露头处做了详细的记录。直至日头偏西，我们才爬上了砚瓦石嘴，而从中沟爬上炭笼牙豁的两位伙伴已在山梁上等候多时了，从他俩所捡的石块和各露头的记录情况判断，石质好像稍强些。那边的露头大多在阴山一边，灌木丛植被覆盖厚，很难发现。通过两边的资料对比，更加证实了当地民间的口碑资料：洮砚石料矿呈一带状分布，即从洮河东岸起，向正东方向延伸。由于石料喜水畏火的天然特性，所以靠近洮河者埋藏较深，避光背风处的石质胜于距水较远、埋藏较浅，甚至露天向阳处的石质。

在山梁歇息片刻后，我们乘着黄昏的余晖，越过青岭山沿藏巴哇乡境内的圈滩沟顺沟而出，经过一片森林迹地，向导告诉我们：这里原来尽是像麻秆一样茂密的原始森林，遮天蔽日不见天色，人称"黑旮旯"，可就在这两年工夫被剃成了光头。这儿属于三不管地区，你争我抢，乱砍滥伐，生是把个"黑旮旯"开发成了个"亮旮旯"！我眼望这一片白生生的树桩，心中不知从哪儿冒出一句叹息：真是败家容易创业难啊！

在圈滩沟内不足五里的地段，我们又连续发现了三处矿石露头，因天色已昏黑不辨方物，未来得及做进一步的勘察对比，只带了几片样石就匆匆出沟。当我们风尘仆仆、精疲力竭地赶到林场的苗圃地边时，路边已停放着我们的吉普车，机器毕竟胜人力多矣！

当晚，我们赶到柏林乡属地下巴都村（距圈滩沟口十五里）投宿，晚上据此地村民介绍，村西的阿刀沟、崖沟等处都有类似于圈滩沟的那种石料，数处还有以石料命名的小地名：砚瓦崖、砚石梁、砚瓦嘴等。他们还提供：在他们的村子背后，有一条山梁直通藏巴哇乡属地的卡布村鹰子嘴，石崖上有砚石料，曾经有外地人来这里采过石料，不知作何用途云云。在这方圆十几公里的地域，虽然分布着石料矿产，他们也知道这种石料可制作砚台，但奇怪的是本地却无采石琢砚的历史传承，仅有几家用此石作砥砺，他们还争先恐后地抱来让我们鉴别证实，经过与标本对比，确实与洮砚石料为同一矿种，石质成分看来也差别不大，只是石色稍带灰绿，质理稍显粗糙而已。

次日，我们在结束考察返回县城之前，登上村西的小山梁，极目远眺，峰峦叠嶂，绵绵亘亘，遥遥可望昨日攀登的青岭山峰巅。我仿佛听到那沉睡在这山中的、举世闻名的洮砚石料矿在呼唤，在等待，等待我们的进一步开发利用，以它的圭璋之质引起海内外的瞩目。

2017 年 7 月

（原载于《甘南文史资料》第 21 辑，陈克仁主编，
中国文史出版社，2018 年 11 月）

洮砚雕刻技术之我见

王 惠[*]

在中国砚文化史上，曾有三大名砚和四大名砚之说。四大名砚指广东省肇庆市东南烂柯山麓端溪水一带的端砚，江西省上饶市婺源县与安徽省黄山市歙县交界处龙尾山（罗纹山）的歙砚，卓尼喇嘛崖一带的洮砚，山西绛县的澄泥砚。澄泥砚陶冶而成，说三大名砚指的是前三种用天然石料雕刻的名砚而言。

所谓名砚者，就其实用价值而论，必须具备下墨快、既发墨又不损笔毫这三大优点。毋庸置疑，这四大名砚都具备这些优点。除非进行科学的对比试验，光凭人们的感觉，很难准确地排出这四大名砚的座次来，到目前为止，怕无人也无法更无须进行这种试验。但在中国的砚文化史上，之所以对这四大名砚有高下之分，我们认为，历来只怕是从观赏的角度来评论的。澄泥砚的观赏价值不能与其他三大名砚相提并论，三大名砚它在外，四大名砚它在最后，这是无可非议的。端砚砚石具有极名贵的"鱼脑冻""青花""蕉叶白"石品，砚工们雕刻时稍一利用，便可以产生妙不可言的观赏效果，因此，端砚被推为首，早成定论，其他两大石砚只有"退居二线"了，这也是理所当然的。"洮砚贵如何，黄膘带绿波。"与歙砚砚石相比较，洮砚砚石又天生"黄膘"和"绿波"的丽质，本该稳居第二；歙砚砚石天然花纹碎小，便次之。但是由于历来洮砚的雕刻技术普遍不高，生产量尤其是精工生产量远远赶不上歙砚，因此才出现了对洮、

---

* 作者系洮河林业局职工。

歙两砚评价不一的现象。偶得一方精制洮砚的人认为洮砚在歙砚之上，得差者以不如歙砚，出现这种现象是很自然的。

我们认为，要想使洮砚夺取"银牌"的殊荣，就得在雕刻技术上狠下功夫。

第一，必须在造型设计上大做文章

洮砚的造型和其他名砚一样，同样经历了由简单到复杂的发展过程。它由"尝得石，不加斧凿为砚"的原始砚石片、单砚，发展成为由底盖两部分组成的合砚造型。这种由底盖两部分组成的合砚，洮砚砚工称其为"石形带盖"。所谓"石形"，是指洮砚的造型是因石造势的不规矩形，并且有向自由多变的自然形演变的无目的趋势。

这是因为洮砚石料分层夹在其他岩石之间，且黏着较牢，有用层厚度薄，采掘出的石料多呈片状不规则多边形。若将这样的石料切割成规矩形，石料废弃就多，利用率低。所制作出来的砚台也相应地小，墨池也自然不大。

又从观赏角度讲，规矩形给人有一种古板的感觉，不像自然形能诱发观赏者的形象思维，从而产生对石砚更高层次的品藻，以及反复把玩。因此洮砚的造型发展是正确的，"石形带盖"的造型设计是科学的，但还必须在以下两方面大加开拓。

首先，对具有"绿波"的石料，尤其是那些明晰"绿波"的石料，在造型设计时要随波造型，使绿波曲线与砚外形相一致、相统一，使其和谐流畅、相得益彰。

其次，要注意"黄膘"的取舍。洮砚石黄膘，其实是浸染或附着在洮砚石上的其他岩石，有铁锈红、橘红、浅黄、米黄、金黄、紫、白、黑、褐等颜色，与石料形成强烈的对比色，被历代砚工珍视，如果利用精巧，便可产生妙不可言的艺术效果。但保留黄膘不能过多，要在巧字上下功夫，对一些无观赏价值、对造型有影响的黄膘，要毫不留情地去掉，不能因"膘"害型。

第二，要尽量加大墨池

谁都知道，砚台是实用工艺品，它毕竟是用来磨墨的用具，不单纯是观赏艺术品。近年来，洮砚出现了砚池缩小装饰图案增大的趋势，这是本末倒置的做法。有些砚工误认为如今都用墨汁书画，没有人再用砚台磨墨，因此墨池无须那么大。如果如此，名砚的说法也就不存在了，或者将会有更多的名砚。这是对砚台的使用价值不甚了解的具体表现。

在尽量加大墨池的同时，还要注意对墨池所加的"盖"的设计进行改进。洮砚带盖，这是洮砚的一大特色，带盖不只是为防止耗墨而加的，它还具有整洁和增大装饰面积，进一步增强艺术效果的作用。但历来砚盖的形态与墨池相"表里"，即池方盖方，池圆盖圆。从池盖易扣合考虑，采用方圆两种形式是可以理解的，这是因为方圆能规矩，池盖易吻合，其他形式扣合难度高。但砚盖外形采用大凸面上再雕以浅浮雕和高浮雕的设计不够理想。应该改变这一设计，不论砚池和盖的"子扣"是什么形状，要尽量使砚外形与砚台成为一个整体，努力达到从外观上看是一件完整的艺术品。

第三，装饰图案的设计要有诗情画意，要深邃有意境

鉴于传统的龙云凤图案经过几代砚工的努力，雕刻技术已达到了炉火纯青的地步，因此我们在保留传统图案的同时，要"注入新鲜血液"，要借鉴国画的构图技巧，漫画的立意，使其脱掉俗气。要创作出疏密有度、简洁明快、以小见大的创新图案，力争达到虽然是花鸟鱼虫、人物山水，但是百看不厌、爱不释手的艺术品。

近年来，有个别的砚工试图标新立异，制作出两三层透雕作品，但由于文化艺术修养不够，图案杂乱烦琐不说，断损部分较多。又由于洮砚砚石硬度不够，有些细部即使雕刻时完好无损，在运输、使用时也很容易断裂。断损部分虽然可以粘接补填，但难达到天衣无缝的程度，且粘接补填的部分时间一长就会开裂脱落。而一方砚台又要经过几代人的收藏和频繁

使用的考验，不坚固耐用行吗？这就要求尽量减少透雕部分，从表面看细腻，实际很结实。在细部要少用刀，决不允许出现断损现象。要牢记，粘接补填是石砚雕刻之大忌。

一件洮砚作品，往往是透雕、高浮雕、浅浮雕并举，因此还要特别注意三种技法的灵活运用，使三者融会贯通，相互间能够很好衔接，过渡自然，要如玉雕、牙雕一般，雕刻不留刀斧痕，该打磨的地方一定要打磨出光泽。

雕刻是实践性很强的造型艺术，难以述诸文字，恰好我们的文字表达功夫不足，因此写出后觉得与我们的意愿相差甚远。但是能够起到抛砖引玉的作用，我就心满意足了。天地间的大美蕴藏于事物本身，我们在雕刻实践中牢记这一点，让我们携手求索，开拓洮砚艺术的大美吧！

（连载于《甘南纵横》1997 年 5 月 20—21 日）

洮河绿石俏神州

——卓尼县洮砚乡村民制砚贩砚见闻

薛业鸣*

这几年，古老的洮砚熠出新彩，一下子走俏起来。

不久前，笔者专程前往洮河岸边，采访了卓尼县洮砚乡采石、制砚和贩砚的人们。

洮砚是我国的三大名砚之一，又称"洮河绿石砚""洮州石砚"，其石料产地在卓尼县洮砚乡。它"绿如蓝，润如玉，坚似青铜"，在北宋之后，深得历代文人墨客的厚爱，视为文房至宝，有较高的使用欣赏价值和收藏价值。过去，当地人受传统观念和自给自足经济思想的束缚，洮砚只当作馈赠礼品，改革开放的大潮有力地将洮砚推向了市场，洮砚的开采、加工也有了空前发展。

在峡地村，笔者访问了今年49岁多的民间艺人李茂棣。他告诉我，早在1982年，他率先操起旧业，招收了20多名学徒，在自己家里授艺制砚。此后，徒弟带徒弟，使雕刻加工洮砚的人迅速扩展到全乡，现在农闲季节制砚人已达1500多人。古路坪村几乎家家户户都以雕砚为副业，笔者随便走访了几户农家，家家都有人伏案制砚，凿石声不绝于耳。据了解，仅洮砚乡每年制作的砚台就有2万台左右。值得一提的是，中青年砚工张建材、李茂棣、包述吉、李学斌等人精雕细刻，制出一批考究绝美的洮砚精

---

* 作者系《甘肃日报》记者。

品，被国家和海内外富豪以高价收购珍藏，为古老的洮砚增添了新彩，扩大了声誉。在张建材和李茂棣家中，笔者有幸目睹了几方精工刻就的洮砚，不由为其巧夺天工而赞叹不已。

随着雕刻加工洮砚的人数的增多，一些人专门从事石料开采。纳儿村的藏族农民杨连生、杨八旦等人组织起的采石队，遇到流畅石脉，一天可开采出上千公斤的石料。他们告诉笔者，上等石料每公斤可卖4元钱。在前年，采石人李绪文等从喇嘛崖的自宋代起就已开采石料的"宋洞"内开出一块"绿石王"，长1.2米，宽0.9米，重达300公斤，为百年罕见之珍品，被省上某艺术品公司高价购走。

最早从事贩运洮砚的人是上达吾村的藏族牧民杨国栋。1984年，他往兰州运送石料时，随身带了几方砚台在省城试销，结果脱手异常顺利，收入颇丰。于是，他便开始专门从事洮砚的贩运和销售。他上西安、跑北京、闯深圳，一方石料好、工艺精的上等砚台可卖两三千元。最近，他与西北师大联手开办起洮砚艺术商社，把生意做出了国门。现在洮砚乡贩运推销砚台的人数逾百人，就连附近临潭、岷县、漳县的村民也收购贩运洮砚。在洮砚乡通往山外的公路上，笔者不时遇到贩砚的人们，装满砚台的小四轮欢快地在蜿蜒的山路上奔驰……

近年来，随着人们对工艺品欣赏能力的提高以及"收藏热"的兴起，具备欣赏和收藏双重特征的洮砚也备受人们的青睐，其行情连年上攀，售价翻了几番。若是一方石质考究、工艺细致、出自制砚名家之手的砚台，售价令人咋舌。在卓尼县城，笔者巧遇几位专程前来购砚的陇西人，买到的几方砚台，石料、工艺均属一般，八寸见方，购价都在400元以上。

（原载于《甘南报》1993年5月22日第二版）

洮河砚与"金疙瘩"

生活在卓尼，就无不为卓尼这一片山水所感动，无不为这一片山水所蕴含的人文历史所濡染。美丽的洮河就是伴我长大，看我成长的见证。她曲折有致，蜿蜒跌宕，奔流不羁。把一片片草原、一片片森林、一片片田园，滋育得碧绿如茵，丰茂峥嵘，硕果累累。那一段洮水流珠的传说，那一曲石媳妇的传说，那一串喇嘛崖的传说，那一个九甸峡的传说……个个家喻户晓，人人耳熟能详。这些传说，在我记忆的天空里，把一个涓涓不息的洮河，渲染得风姿绰约，神奇壮观。

如果说洮河是一条彩色的丝线，那么串缀在这条丝线上的自然生态、历史风物以及人文景观，就是洮河文化最深远、最璀璨、最具地域风情的精彩篇章。这些篇章里最有代表性的就是传承千百年，经久不衰，永远闪耀着艺术光华的砚苑奇葩——洮河绿石砚。

洮砚的开采及雕琢历史距今已有1800多年。它的雕刻形式经历了由新石器时代的研磨器，汉代的平板砚，唐代的箕斗砚，宋元明时期的单砚，直到清代的双砚。其技艺的发展也经历了线条勾勒、浅浮雕、高浮雕、镂空透雕到圆雕的过程。其雕刻内容有花草虫鱼、龙凤、神话传说、寓言故事、名著传奇等等。其发展历史漫长，技艺的传承久远。由于历史的原因，许多雕砚艺人淹没在历史的长河中了，唯有的就是当代的雕砚艺人。在洮砚界，老一代雕刻家虽然成为凤毛麟角，但优秀的后继者依然层出不穷。

* 作者系卓尼县教育局退休教师。

一

洮河源自碌曲，曲曲折折经过合作、临潭、卓尼，一路向东蜿蜒而去，却在岷县仿佛忘记了什么难以割舍的情和爱，忽然北折向西，一头涌进卓尼县洮砚乡的崇山峻岭，激起一路的波峰浪谷，形成许多奇峡险滩，把这里的高山峻岭和田园平畴滋润得苍翠葱茏，鸟语花香。这样，洮河尽在卓尼的流程就有174公里。

洮砚乡因洮砚而得名，洮砚也因洮河而绿润碧翠。生活在这里的人们，祖祖辈辈靠山吃山、靠水吃水。人们在经营有限的土地种植的同时，把精力全放在了洮砚的开采、雕刻和贩运上。其中一部分人家从事打石头（当地人把采石头称作打石头），一部分人家从事铲石头（当地人把雕刻洮砚称作铲石头），还有一部分人家从事洮砚的贩卖，总之是各尽其能，辛辛苦苦挣得养家糊口的资本。久而久之，在洮砚的发展和传承过程中，涌现出了一名为洮砚艺术而无私奉献的雕刻艺术家，他就是"金疙瘩"。

"金疙瘩"是他的别名，他的真名叫李茂棣，生于1945年，12岁就失去了父亲。我听说"金疙瘩"的名字很早，但就是与李茂棣对不上号。认识他是2011年的事，当时县上有人提议，要拍摄一部有关宣传洮砚的电视纪录片，因此，我便去洮砚峡地村采访这位声名显赫的雕砚大师。其实我一直不喜欢叫他李师，叫李师感觉有点太平庸、太一般，不够尊重，不够礼貌。也不叫什么大师，总觉得"大师"不顺口，往往会和某些邪教道会的大师混为一谈。因此，我就喜欢叫他李爷，通俗而亲切。当时我就问他这个"金疙瘩"的来历。他说，"金疙瘩"这个名字是他父亲起的，说他是属鸡的，是公鸡，公鸡在叫鸣的时候是这样叫的："咯咯——哒"，"咯咯——哒"。感觉这个"咯咯哒"其实就是"金疙瘩"，而且这个名字具有含金量，叫起来也很顺口，于是一直沿用至今。时间长了，外地人只知道卓尼峡地村有一个著名的洮砚雕刻家叫"金疙瘩"，却不知道其人的真实姓名。然而李茂棣自己却不以为然，认为就因为这个"金疙瘩"的名字，这辈子害苦了他，人人都认为他是一块金疙瘩，都思谋着剥一块、挖一块，把他这一辈子剥得平平庸庸，挖得贫困潦倒，使他一辈子没有抬起头来。

金疙瘩是当地洮砚雕刻老一辈艺人中最有文化素质的一位，而且脑子灵，点子多，富于创造性。1958年的"引洮工程"就在他家门口实施，这一浩大的工程，使17万陇原儿女高呼着"水不上山不回家"的豪言壮语，决心要把洮河水引到董志塬。工程计划从岷县古城水库引水，通过通渭县的华家岭，到庆阳地区的董志塬，水渠干渠（包括支渠）全长近4000公里，覆盖23个县市，可谓一项宏伟工程。那时候的金疙瘩已是临潭一中的一名初中学生，是一名共青团员，又是学校的学生会主席。他对外界的事情虽然没有放在心上，也不清楚洮河边炮火连天的热闹场面的真正意义，更不知道这热闹场面背后所隐含的悲惨故事；但他清楚，这项工程于1961年6月下马后，喇嘛崖崖底下的几个洮砚石老坑被工程堆积的石沙掩埋了，从那里已经取不出上好的崖（当地人读作ai）石（亦称"窝子石"）了。就在这一年，他考入了临潭一中的高中，然而仅仅不到一年的时间，他的家里由于缺少劳动力，已经无力供给他继续读书，只好辍学了。之后，他一边学习雕刻洮砚，一边开始学习摄影，置办了相机和洗相用具，到处跟集、赶庙会，足迹遍及卓尼、临潭、岷县的村村寨寨，历时10余年，为自己、为家里起到了填补救济的作用。在此期间，他在临潭总寨村照相时，遇到了一位胡姓人家的姑娘，便与之一见钟情，几经交往，终于结为连理。这一段时光对他来说是很愉快、很浪漫的青春岁月。

二

有了家，就有了安宁，就有了安居乐业的根基，就有了足以使一个男人挑起家庭生活重担的远大理想和出人头地的自我追求。几亩薄田用不了多少劳力，但也无法满足生活的需求。于是，金疙瘩就别无选择地从事了雕刻砚台这一祖辈传承的绝活，只是由于父亲去世时，他年仅12岁，传授的技艺也非常有限，这就需要他加倍的努力。

"文化大革命"期间，正当他青春年少，广大农村掀起了一个大干苦干，与河争地，让高山低头，让河水让路，兴修农田基本建设的新高潮。接踵而至的就是彻底扫除一切牛鬼蛇神，反对投机倒把，大割"资本主义尾巴"。在这种形势下，洮砚雕刻这一主要产业被迫停止，同时没收了一部分砚工的生产工具、烧毁了图样，导致人民生活日趋贫穷困苦，使世代相传的洮砚雕刻工艺几乎断了传承。

此时的金疙瘩也和他人一样，全心全意地投入到大干苦干的行列，与天斗，与地斗，与阶级敌人斗。但他万万没有想到的是，在他毫无防备的情况下，成了村里的专政对象。原因是人们听说他卖洮砚存了2万元，说这是资产阶级行为，脑子里装满了资产阶级思想，要割掉资本主义的尾巴。批斗中将他的胳膊打成了四截，使他痛苦不堪。过了一段时间后，上级有言，说金疙瘩的家庭是中农成分，是共产党争取的对象，于是，批斗了一阵子也就不了了之。

洮砚的发展，举步维艰。此起彼伏的洮砚厂，使金疙瘩这样的雕砚能手也无所适从，经常处于颠沛流离的状态，生活不保，怀才不遇，浪费了宝贵的青春年华，把大量的时间花费在漫无目的的奔波中。

1964年5月，洮砚乡创建了纳儿洮砚生产合作社，属民办公助企业，由甘肃省工艺美术社直接扶持创办，并派员驻点现场指导。全社共有徒工7人，技工3人，最盛时技工达21人，金疙瘩就是其中一员。这时的生产经营由社队管理，产品由省工艺美术社包销。生产的主要产品是深受日本等东南亚国家和地区欢迎的袖珍单砚。产品的款式、规格由省工艺美术社确定。起初未设专门生产车间，只在洮砚石料产地办了一个民间加工点，厂内仅进行包装、销售业务。"文化大革命"开始后，传统图案受到冲击，现代图案又不受欢迎，再加出口销路滞塞，人们对洮砚的生产热情一度冷却，沉默了近乎三年。1970年起，国家又对民间工艺美术产业重视起来，洮砚被定为甘肃省工艺美术厂的重点产品，这样洮砚车间扩大了生产规模，在原有技工的基础上，又从洮砚产地民间招收了数名砚工。这个工艺美术社前后存在了四年半。1983年9月，在卓尼县创建了洮砚工艺厂，聘用了当时已负有盛名的洮砚名师"金疙瘩"为技术骨干，招收民间具有一定刻砚基础的技工10人，徒工30人。次年，于县城洮河南岸选定厂址，当年建成了占地6400平方米的新厂房。

在此期间，金疙瘩一边在厂里雕刻洮砚，一边给学徒们传授雕刻技艺，为当地培养了一批又一批洮砚雕刻人才。然而金疙瘩不甘寂寞，由于当时洮砚厂在管理经营上的不规范，生产不景气，使他无法安心工作。于是，他于1985年受聘于甘肃省军区，为部队培养"军地两用人才"，历时三年。他说，这段时间是他最愉快的时候，每天进出军区，都有专车接送，每次进出都有哨兵给他敬礼。1987年，甘肃省军区司令部为他颁发了"艺绝德高"的匾牌。同年回到洮砚厂后，他发现该厂的发展急需一定的资金投入。于是，为了扩展洮砚销路，又带领一名徒弟前往敦煌推销洮砚。在那里，他首先结识了时任敦煌书画院院长的李振甫。李院长为他提供了住宿，并赠送给他自己创作的书画作品和敦煌雕塑作品，还将他带去的所有砚台予以收购。这次的敦煌之行为洮砚厂获得了一万多元的经济收入。

三

由于体制不健全，管理不规范，洮砚厂终究树倒猢狲散。金疙瘩一气之下，连自己的行李都扔在了那里，只身而去。

离开洮砚厂后，就一心一意在家里刻砚、授徒。他深知文化的重要，可自己的家乡没有学校，孩子们从小就无学可上。他觉得，要刻好一方砚台，没有深厚的文化底蕴是不行的，一味地依葫芦画瓢是没有出路的。于是，他决意在峡地村修建一所学校，这所学校由村里提供校址，他个人筹资创办。该校于1989年建成，并由儿媳担任学校民办教师。从此，峡地村的上空飘扬着鲜艳的五星红旗，山谷里响彻着琅琅的读书声。

五年后，县上来领导肯定了办学的好处，并答应解决儿媳民办转公办。为此，金疙瘩感谢不尽，当即给那位领导送了6000元，予以提前酬谢。然而，当这位领导远走高飞时也没有兑现当时的承诺。为此，儿子气成了病，落下了残疾，金疙瘩也只有怨天尤人。其实，在金疙瘩的生活里，被人坑蒙拐骗的事举不胜举，常常会有一些无良记者，或是某单位利欲熏心的蹩脚领导，打着推销洮砚、宣传洮砚的旗号，不知从金疙瘩那里拿走了多少砚台，使这位雕砚艺术家成了刻砚机器，没有机会振兴家业。

待在家里，他每天感觉见天天不宽，见地地无路。这种守株待兔的生活只是裤腿里尿尿——热一会儿。1990年，他又一次决定去西安推销洮砚。他知道西安是十三朝古都，那里有很深的文化底蕴，更有数不尽的书画人才，作为三大名砚的洮砚，自古就在那里有一席之地。当时他带了100方砚台。这是一次艰难的行程，原因是他没有坐过火车，不知道托运货物的程序，就从站外花几块钱雇了一个人，让他把砚台背运到了火车上。可是乘务人员发现后，问他是什么东西，他谎称是磨刀石，乘务员打开一看果然是石头，就罚他10元。过了一会，又有一名乘务员过来罚他10元。如此三番地折腾使他不知所措。可就在此时，一名长者对他说："你这样一次次受罚划不来，我带你去办理托运手续，办了手续就不会再罚了。"他顺从了他的提议，随他去了，给了这个人15元的手续费，可等他向开票员要票时，开票员又向他要15元钱，说那个人他不认识。如此三番地折腾，使他花掉了五六十元。不管怎样，他还是把这些砚台生背硬扯地运到了西安，在市里又几经周折，终于将带去的砚台出售完了。

这些时间，村里刻砚台的人并不多，他们看好的是山上的木头，不费时日而且见效快。他们对金疙瘩说，你一块砚台要刻多少时间，刻好了也无非只能卖5块或10块钱，而我们一根柱子30元，一天能背两根柱子，你看哪个划算？金疙瘩沉默不语。

在洮砚乡至藏巴哇乡的洮河北岸，自古以来就分布着茂密的森林，但经过20世纪50年代的大炼钢铁、六七十年代的乱砍滥伐，甚至到了2000年的时候依然有人偷伐。这一带人除去田间劳作外，有雕刻技艺的就从事洮砚的雕刻，有采石经验的就开采石料，有贩卖经验的就从事洮砚的贩卖，有其他工匠技能的就出门打工，唯有那些既没有文化，又没有一技之长的人，看着山梁上的那几棵树想办法。2003年，我去洮砚卡古村了解一个名叫卢勇的孤儿的家境，他家姊妹三个，父母早逝，都在上小学，因家境贫寒，难以完成义务教育。了解后，时任卓尼县副县长的杨文信决定资助她们姊妹三人完成初等义务教育。就是这一次，我在卡古村遇到了一个年轻人，他家的院子里竖立着几十根马尾松把子橼，砍伐来的橼子上还连着没有砍完的松叶闪着绿茵茵的光。当时我就问他，你这也太残忍了吧。他说：就是就是，我剁树的时候就像剁我儿子一样心疼，可是，如果我不剁，眼看就被别人剁完了，到时候我就会啥也得不到。我哭笑不得，也只有沉默不语。

四

和金疙瘩交流，总感觉他的生命里有许多听不完的故事，有许多或是催人泪下，或是令人抱打不平，或是令人义愤填膺的不平遭遇。

就这样一个人，还被拘留过。那是在他去临洮贩卖洮砚的时候发生的事。那次，他带去了50余方砚台，晚上租住在一家小旅馆。住下后，便和他的朋友喝酒，不一会该店老板干涉他不让喝酒，进屋后要赶他出门，并将几块砚台推到地上摔坏了。金疙瘩非常气愤，坚持要让他赔，这个店老板原也不好惹，随后叫来了他的五个弟兄要教训他，金疙瘩一边让人去报警，一边就用带去的砚台自卫，虽然摔坏了几方砚台，但这些人也不敢轻举妄动。正在双方相持不下时，警察来了，并将他带到了派出所，拘留了一夜后放他出来，去旅馆一看，那些砚台早被店家收拾得一干二净，而且一问三不知，只好空手而回。

过了几年，他又去临洮推销洮砚，这次他带去了两箱子30余方砚台。在临洮，就有兰州航天公司的人和他取得了联系，计划由公司投资70万元，让他在临洮办一个洮砚厂。可由于种种原因，最终投资项目泡汤了，而且带到临洮的砚台也下落不明。金疙瘩一气之下找了一个算命先生去算了一卦，算命先生说，你这一辈子前面走，后面跟着一连串的贼，使你不得发财。他深信不疑。

其实他很豁达，也很仗义；他很朴实，也很平易近人。他身上有许许多多令人敬仰，值得人学习的优秀品德。他学过《周易》，他看过许多古典文学名著，他的作品所反映的主题离不开中国古老的文化。和他攀谈，你提到哪里他就会说到哪里，有理有据，滔滔不绝。他是一个多才多艺的人，唱的一嗓子好秦腔，又会编唱当地民歌。既是一名普普通通的农民，又是一名技艺高超的艺术家；既是一位德高望重的老者，又是一位诲人不倦的良师，一个和蔼可亲的朋友。

五

作为洮砚雕刻艺术专家的金疙瘩，曾参加了《东方醒狮》巨石砚的制作，该砚获得了中国文房四宝协会颁发的《国之宝》证书。2002年，他制作了《九龙腾飞砚》，被团中央收藏，并由何光第先生为该砚题写了"九龙腾飞砚"的条幅。2006年，他制作的《鸟语花香砚》获得了甘肃省工艺美术百花奖。2008年，参加了《"5·12"汶川地震纪念砚》的设计与制作，尤其是他的巨型作品《八仙过海砚》《四大美女砚》等，是洮砚界不可多得的珍品。此时的金疙瘩已是一名享誉省内外的艺术大家，他设计与雕刻的作品出神入化，多姿多彩，慕名而来的收藏家、书画家、军地领导络绎不绝，门庭若市。

2008年，金疙瘩被国家文化部命名为国家级非物质文化遗产——洮砚制作技艺传承人，系甘肃省工艺美术大师。

金疙瘩热心于洮砚雕刻艺术，甘愿牺牲自己的利益而授徒。几十年来，金疙瘩先后培养门徒多达200多人，为洮砚文化的传播，为雕刻技艺的传承，起到了举足轻重的作用，使洮砚地区的民间制砚业得到了蓬勃发展。2013年，中文国际频道《走遍中国》栏目《访洮砚之乡》电视纪录片对他进行了重点介绍。2014年9月，在几位洮砚专家的提议下，在徒弟们的要求下，在卓尼大酒店举办了一次声势浩大的师徒会，会上大家一致尊奉李茂棣先生为洮砚艺术一代宗师。

他是一条河，曲折蜿蜒，跌宕不羁；他是一本书，百读不厌，回味无穷。他是一块锤不扁、砸不烂的金疙瘩，铮铮骨节，浩然正气，一生清贫，一世磊落，即使零落尘埃，依然金光灿灿。

洮砚赋

李德全

洮河出绿石，产于卓尼县。藏于喇嘛崖，雕之成洮砚。溯西倾余脉以迂回兮，陟石门金锁之天堑。援喇嘛悬崖之嵯峨兮，涉洮水长河之潋滟。千锤万凿以斧斤之考，辟阻探奇以冥幽之险。然石沉大河之底，隐现乎罅隙之间。唯兹石之珍玮，藏之愈艰。盖世之奇伟瑰怪者，或藏于山，隐于林。或沉于水，混于沙，世人莫之闻也。洮河绿石，开凿汉唐，享誉古今，稀世之珍哉！

洮砚贵何，黄膘绿波。厥名鸭头绿，翠碧而润泽。砚质最坚腻，纹理舒婆娑。摛洮水之雕饰以涌波痕，流黄膘之辉采以曜光华。如汇百溪之涓流，似绕千山之云岚。厚蕴山崖之气脉，深浸岩泉之柔涟。采阴纳阳，咀华含英。色清朗以光辉，润温玉而津生。历寒不冰，贮墨不耗。涩不留笔，滑而不燥。呵之凝珠，抚之渗水；从今往古，得之如宝。列案牍墨轩，藏曹仓杜库；居文房艺斋，启文明初肇。

自宋至今，历久弥珍。静观纹理，自然传神。犹似涓涓清泉，飞花溅玉；忽如大河奔涌，拍岸惊魂。更有能工巧匠，镂空悬雕，擷颖图新。弘博瑰玮，精美绝伦。或若龙飞凤舞，嫦娥奔月；黛玉葬花，寻梅踏雪。或为神话传说，琴棋书画；神州大地，华夏河岳。出神入化，不拘一格。静若翠竹凝清兮，幽泉汩汩于空谷；动若长风破浪兮，波澜浩浩乎排空。洮河砚石，如诗如画；千姿百态，万种风情。若乃碧荷田田以含露，翠柳依依而滴清。竹影摇风以月华似水，风刀霜剑兮遒劲苍松。楚楚动人，神形兼备；妙笔神韵，画龙点睛。神龙昂首兮腾冲霄汉，鸿鹄振翮兮翱翔九天。长城万里兮锦绣中华，日月同辉兮如画江山。

　　智者临砚以抒怀，仁者赏墨而励志。泼墨以绘八骏图，挥毫而书赤壁赋。墨轩清以著春秋，文房静而抒胸臆。华夏文明五千年，洮砚翰墨留青史。

　　　　　　　　　　　　（收录于《卓尼县政区概览》，2011 年 3 月 12 日）

· 五彩民俗 ·

卓尼的"巴郎"舞

罗 乐[*]

每年春节，卓尼新堡乡、拉扎乡、洮砚乡一带藏族群众就跳起"巴郎"来。"巴郎"是藏语，译成汉语，便是镶着把子的鼓。

从正月初三开始，晚上在村子当中的场上就燃起熊熊大火，全村男女老幼都来围在大火周围。这时会跳"巴郎"舞的人都拿起"巴郎"，站成一列，由领头的人一提起曲头，大家便举起"巴郎"，很整齐地一边摇，一边跳，一边唱。一种曲调一种跳法。曲调和跳法有十几种，除祭神的以外，大多是互相祝贺各家大小健康平安，祝贺新年愉快，祝贺五谷丰登，祝贺六畜兴旺，祝贺风调雨顺、国泰民安。

"巴郎"舞不分男女老少，会跳的人都可以跳，一般是男女分成两班，轮换着跳。歌曲都是问答句。问答的内容大都是庄稼行里的事，如什么时候种田，什么时候锄草放水，种田是怎么个姿势，锄草放水是怎么个姿势。从积肥、运肥到春种夏耕、秋收入库都要问答到，尽情地歌唱劳动的幸福和伟大。曲词有的是自古编好的，有的是随机应变，由跳的人边唱边跳边编的。

"巴郎"舞跟着年景转，年景好的一年，"巴郎"舞跳得比较兴盛。自去年以来，又逐渐兴盛起来，特别今年，有的村里几乎家家户户都制作一把"巴郎"，跳得很热闹。

（摘自甘南报社编散文集《芳草地》第 19 页，1963 年 3 月 16 日）

---

* 作者系甘南日报社原总编。

卓尼"阿迦·善巴"简介

姬振中　蒙世昌[*]

　　卓尼县位于甘肃省东南部，甘南藏族自治州南部，地处黄土高原向青藏高原的过渡带，长江流域和黄河流域的交汇处，农耕文化和游牧文化的接合部，是中原地区通往藏区的门户，是连接西南的通道。全县总面积5419.68平方公里，海拔在2000—4972米之间，境内山川纵横，河流密布，黄河上游的主支流洮河流经卓尼174公里。县辖11镇4乡，有3个社区、98个村委会、469个村民小组，总人口10.61万人，生活着藏、汉、回、土、满、苗等10多个民族，其中藏族人口占全县总人口的63%。

卓尼县藏族姑娘正在演绎"阿迦"

　　卓尼历史悠久，自古以来就以少数民族为主体。夏、商、周时期，卓尼地区属雍州所辖，为古羌人居住地。唐代，随着吐蕃民族的逐渐东扩，这里成了吐蕃军队的根据地。1418年（明永乐

　　* 作者姬振中系卓尼县人大常委会副主任；蒙世昌系中共卓尼县委宣传部副部长。

十六年），西藏藏王赤热巴巾派征税大臣噶益西达尔吉的长子些尔地为土管指挥佥事，管理部分番族部落。1509年（明正德四年）些尔地玄孙旺秀进京晋见皇帝，赐姓名为杨洪，仍袭职土管指挥佥事，在卓尼设置军民千户所，准其世袭，隶属洮州卫。由于些尔地在卓尼建立政权的同时，也带来了西藏藏王宫廷文化以及西藏拉萨地区的很多民俗风情。至此，卓尼境内各部落经过长期通化、融合，从语言、服饰、民俗、民情、民风诸多方面形成了既有地域特色文化，又有多元文化内涵，还有独特民族风情的特有民族——卓尼三格毛藏族。"阿迦·善巴"就是在这种历史背景下产生并广为流传在卓尼藏族地区独具特色的古老民间说唱艺术，独特的赞歌文化。

"阿迦（藏语，即古老民歌）·善巴（藏语，歌唱宇宙形成和物种起源）"是卓尼藏族群众在举办婚礼、祭祀、庆典活动中举行的一种古老歌舞，它经久不衰自成体系，贯穿于卓尼藏族群众生产生活的各个方面，是卓尼藏族民间民俗文化的最重要组成部分。其内容涉及宇宙形成、物种起源、人文地理、社会历史、民族宗教、民间故事、民族关系、藏族格言和即兴而作的藏族民歌等。主要讲述认识生存环境、纪实耕猎生活、志记婚姻节庆、传述部族来历，它以地域为基础，以实物为载体，在一定程度上体现了藏族先民猎耕生产、生活的真实写照，更是反映了唐蕃联姻和藏族人民婚姻衍传的永恒主题。"阿迦·善巴"表演形式各不相同，内容丰富多彩。"阿迦"的表现形式类似于歌舞表演，在演唱的同时配有简单的舞蹈动作，"善巴"的表现形式则主要是说唱。虽然表现形式不同，但相辅相成，具有共同的主题。"阿迦·善巴"的曲调有60多种，旋律奇特，节奏自由舒缓，娓娓动听，整个曲调充满着喜庆和谐的韵味。"阿迦·善巴"的演唱形式多样，按照不同场合、不同的仪式，或独舞独唱，或领唱众和，或说唱结合，或双方对答，或自问自答。表演形式有两男两女、两男两男、两女两女、五男五男对唱等，灵活多样，生动活泼。

"阿迦·善巴"是一种群体性、群众性的藏民族文化结晶，它已成为汇聚卓尼历史文明发祥演绎的渊源，传承发展卓尼文化的灵魂。既反映了卓尼几千年的发展变迁，又承载着卓尼人民对未来美好生活的憧憬和向往，是一笔宝贵的物质和精神财富。

卓尼民歌初探

闹尕东主*

光阴荏苒，不知不觉中工作了十几年。虽然以副主编的身份编了一些书，但也没有太大的价值，也不值得炫耀；值得一提的是通过搜索、挖掘和整理，对卓尼民间文学及民歌有了认识，当前编纂出《卓尼民歌》一书的初稿，一旦经费落实，即可出版发行。

民间歌谣是民间文学中可以歌唱和吟诵的韵文作品，是反映民众生活、表现民众思想感情和愿望的诗歌形式。民间歌谣是人民群众最早的语言艺术之一，算得上是民间文学的鼻祖或乳娘，在整个民族文化发展史上占有极其重要的地位。

被誉为"歌舞海洋"的卓尼县，不仅广泛分布流传着品类繁多的藏族及其他民族的民间歌舞，而且也广泛分布流传着品种繁多的藏族民间说唱艺术。

卓尼的先民们创作出了极其丰富灿烂的地方民族文化，并使之在整个藏民族文化中占有重要的地位。卓尼的藏族民间说唱艺术，同其他门类的文化艺术形式一样，带着非常强烈的藏民族意识和非常鲜明的地方民族特征。

藏传佛教在藏民族中长期形成的宗教信仰，决定了它必然在藏民族文化中占有极其重要的地位，也使藏民族文化有着非常浓烈的藏传佛教色彩。

---

* 作者系卓尼县党史地方志办公室副主任科员。

卓尼民间说唱艺术的各种形式也毫无例外。无论是在藏传佛教兴起时期，还是形成之后产生的说唱形式，大多与藏传佛教保持着密切的联系，在不同层次上，不同程度地保留着藏传佛教的宗教成分。这些形式或表演的方式是宗教性的，或说唱的内容是宗教性的，或说唱音乐来自宗教寺院，或从寺院传到民间，或其功能作用是宗教性的。在发展过程中，大多数曲种受藏传佛教的直接作用，逐渐演变成为与它们的原始风貌全然不同的形式。

藏族是卓尼的主要民族，人口占全县的71.24%，所以卓尼的民歌也以藏语民歌为主。境内的藏族鲁体民歌初形成于6世纪左右。早期的鲁体民歌每首句数不等，一般有三、五、六句直至十多句的。每句音节相等，多为六至十一节。

卓尼民歌的歌种非常丰富，有反映朴实真挚的爱情生活的"拉伊"；有节庆宴席中演唱的，风格粗犷豪迈的"勒"；有集会中狂欢喜庆的"嘎儿"；有婚礼仪式中演唱的婚礼歌"阿迦""善巴"；有赞美卓尼杨土司的"东"；还有生产活动中演唱的劳动号子"巴热"等。这些民歌，歌词几乎都是一首三段，每段二、三、四句不等，其中第一、二段比兴，第三段切意。歌词极富想象力，主体部分组句大多具有藏族格言风格，哲理性强。语言运用除具有本民族语言特色外，还运用了许多文学性很强的比喻、排比、拟人、夸张等修辞手法。每首歌几乎都是一首优美的诗歌，具有很高的艺术水平。

"善巴"和"阿迦"用于藏族婚礼、庆典仪式中。"善巴"说唱为主，有时简单的清唱、大部分以说为主；"阿迦"类似表演唱形式，既可清唱、领唱众合，又可配以固定的舞蹈动作边舞边唱。歌词内容非常丰富，文学体裁也颇有风格；有《宇宙的形成（创世说）》《夏美》《龙布嘎儿》《乌龟说》《大鹏说》《甥舅歌》《箭说》，等等。

"拉伊"，意为情歌，属于藏族鲁体民歌范畴，在歌词内容上广泛地涉及了藏族人民爱情生活。

"巴热"，意为劳动号子。当地广大藏族人民在长年的劳动生活中创造了种类繁多的劳动号子，干什么，唱什么。

卓尼藏歌四环的曲调，古老的歌词，表达着藏族先民们对宇宙起源、动物、风、火、水、土等的原始认识。

还有省级非物质文化遗产土族民歌，表现出藏、土融合的痕迹，其情歌称为"卡西"，酒歌称为"鲁西"，舞曲称为"嘎儿"。所有歌词均用藏语演唱，仅在部分曲调上保留了本民族的独特风格。

卡西，属情歌，按当地风俗，要在远离村寨的野外演唱，以倾诉爱慕之情为主要内容。演唱形式有独唱和对唱，歌词格式与拉伊相近，每首三段，第一段起兴，二、三段表意，每段两句或四句。

鲁西，流行于土族的所有村寨，可在一切节日庆典的酒宴上演唱，歌词为哲理性颇深的格言。

《卓尼民歌》（藏汉两文）一书的出版发行，不仅可以为卓尼民歌的继承发展奠定坚实基础，而且可以进一步促进卓尼民歌的挖掘、保护和研究，为弘扬地方民族文化，促进社会文明进步起到积极的推动作用。

古朴实用的卓尼藏族民居

何寿增　吴继荣*

人类日常生活中最基本的莫过于衣、食、住、行这几个方面，在这些生存文化中，居住与吃饭、穿衣同等重要。民居不但要住人，而且承担着祭祀、婚姻、财产分配、权利继承、家庭义务和社会职能等多种任务，它寄托着人们的幸福意识、人生希望和生命安全感。然而，地理环境、气候条件的不同，卓尼各地民居也有一定的差别。苫子房是卓尼洮河南岸大峪沟、拉力沟民居主要的建筑风格，在卓尼藏族民居中具有广泛代表性。苫子房跟汉族民居很接近，宽大而气派，是地道的木结构房屋。它的正房五间修筑在土台子上，左、右两侧各有三间厢房，比正房稍低一些。正房的对面有同样间数的南房，南房正中间为大门，其余两侧用来圈养牲畜、储藏柴草农具。卓尼完冒一带藏区，到处可以看到一种外墙利用卵石、块石和土坯砌筑的房屋，这种房屋叫作碉房。碉房类似于小型楼房，室内有雕刻、插画，简朴而美观。这种碉房的特别之处就在于"外不见木、内不见土"。在半农半牧区见到的木土结构的楼房或土平房院落多呈不规则形，楼顶住人，楼底圈牲口，藏语称作"切木囊"，这是藏族民居与四四方方的汉族民居的最大差别之一。"切木囊"是内屋大多分为两大间，一间是锅灶，一间是住房，锅灶跟暖炕紧紧相连——"连锅炕"，只要一生火，既烧茶煮饭，又烧炕取暖，是名副其实的一举两得。在扎尕草原、沙冒沟草原美丽的夏天，牧区群众逐水草而放牧，帐房就成为牧民游牧的居室。

* 作者何寿增系卓尼县党史地方志编纂办主任；吴继荣系政协卓尼县第十四届委员会委员、工作委员会主任。

卓尼藏族的帐房分为两类，一类是黑牛毛帐篷，它是用牛毛捻成粗毛线，土法织成毛毯状再拼缀在一起，质料结实，遮雨御寒性能好。有一种永久性的帐房，四周用草皮垒成短墙，或把晒干的牛粪饼沿帐篷垒成墙壁，既借以储干，又可以堵风。但不管是哪一种帐房，虽然很简单，但牧人心里却有着深深的情结。著名歌手腾格尔在《蒙古人》中唱道："洁白的毡房炊烟升起，我出生在牧人家里，辽阔的草原，是哺育我成长的摇篮。"这深情的歌声，不知牵动了多少牧人的心灵。

（原载于《甘肃日报》，2007 年 8 月 8 日）

卓尼车巴沟的插箭节仪轨琐记

仁青肖[*]

　　我的家乡车巴沟，位于卓尼县城西北部，距离县城60余公里。沟内的两个乡和沟口的一个镇，习惯上合称为车巴三乡，人口不足两万，几乎全是本土藏族，是卓尼县比较典型的半农半牧地区之一。插箭造山神是这里的主要民俗活动之一。

　　每年农历二月十一日开始至八月十五日间，车巴沟各村大小不等的插"箭"活动接连不断，当地人把这种插有木箭的鄂博称为"拉泽"，意思是山神。这种插箭仪式，随着时间的推移逐渐形成了当地民间的一项重要活动。

　　拉泽的用途多种多样，有的成了两个部落间的地理分界标志。祭祀拉泽的目的各不一样，或为部落的平安、家族的繁衍，或为求得财富、消除灾难，或为五谷丰登、六畜旺盛，或为前途广阔、飞黄腾达，或都兼而有之。在每年农历六月十九日，车巴沟的每户出1个男丁，去尼巴沟沟脑，为全沟最大的山神"阿尼华尔干"进行插箭祭祀仪式。

　　祭祀"拉泽"的主要内容是维修拉泽、插新神箭、树风马旗和煨桑火祭等，这种祭祀活动一般是部落或村子的集体行为，后来举行拉泽仪式祭拜山神的日子逐渐演变为人们世俗的节日，称为插箭节，也称为"拉泽节"或"攒山神节"，其实质是祭山神会。

　　村庄和部落用以插箭祭拜山神的拉泽，是按严格的宗教仪轨进行选址

---

　　* 作者系卓尼县刀告乡藏传佛教寺庙办公室副主任。

修造的。拉泽的择址，是经过村民会议讨论决定后，选派村子里三代人以上男丁兴旺，并且属相为虎，全身没有伤口，相貌富态伟岸的三人至五人，到村子管辖的各高山胜地，取土石水木，经由黄教高僧或宁玛派咒师担任主持，根据地理风水原理选定的。拉泽由地下和地上两部分构成，地下部分有一个伏藏盒，藏语称"待尔贡"，盒内装有各种金银珠宝和锦缎丝绸，周边置有宝瓶，藏语称"奔巴"。"待尔贡"和"奔巴"上苫盖柏树枝、白羊毛，祭祀时要撒上酸奶和牛奶。

拉泽的核心中柱木，藏语称"索西"，必须是柏树木。采伐柏树的地点，若是车巴沟下沟人，一般选择在地名十分吉利的林间，车巴沟及其附近的人一般采伐柏树的地点就在刀告乡龙多村委会龙纳自然村的扎西娄和贡巴村委会英加山自然村的诺吾娄林间，而采伐的人必须保持身体清净，不带秽气，一年内没有接触过死人尸体的人才有资格参加采伐活动。

砍伐时必须在此木的生长时朝东的一侧做一记号，然后削成四方体，用黄缎缠裹，高僧以此标记要在它的东南西北四方写上不同的祈祷语，做一系列的宗教法事活动。同时要求参加这一活动的主要执事者不但要保持洁净，而且要戴寺院特制的黄色布制口罩，以免口气污染所有宗教用品的纯净。

中柱置于宝箱顶部的中央，其四边有四根小木杆支撑，首先有高僧象征性地将白哈达、黄锦缎、白羊毛缠缚在其上，然后由其他人员加以固定。这时高僧在帐篷内颂经，进行祈祷。

中柱周围放置内装有金银珠宝、青稞、大米、麦子之类的宝瓶，以及柏树枝和白羊毛等物，上部插有人工制造的饰有木片箭羽木箭、白羊毛、柏树枝、哈达、经幡等。其宗教含义

是求得村庄或者部落的平安、家族的繁衍、求得财富、消除灾难，求得农牧业兴旺发达。

进行这一活动时，始终有三个属虎的年轻汉子分别手持长箭、短刀和弯弓周旋在拉泽周围，意示箭、短刀和弯弓是奉献给拉泽神器。拉泽的主箭，藏语称"玛达"（是指某一村庄或部落集体制造的母箭）立起前，严禁妇女出现在这一圣洁庄严的场所。

车巴沟人共同插箭祭拜的山神，是位于尼巴大沟甘川交界的阿尼华尔干山神。他是一位年轻英俊、雄健威武、已修证八地的地方保护神，头戴白毡帽，帽筒饰有红缨。肤色洁白如朗月，双耳戴圆环，上唇八字黑胡，下颌长白须；身穿黄、绛二色相间的长袍，领袖赤红；右手高举长矛，左手于胸前托一神鼠，鼠口含蓝色如意宝；腰佩长刀，背夸弓箭筒；骑一头四蹄伸展、怒目如炽的青色牦牛，朝右方疾突猛跃。

祭祀阿尼华尔干山神的盛会在农历六月十九日左右举行，祭山神时需插长箭。长箭8—9尺，上端系上彩绸或彩带，象征箭杆。箭羽是由长2—3尺，宽3寸的薄木板制成，木板上绘有红、黄、蓝、绿等五色云图，分四层，最上层是日月，日月连着莲花，中间是狮子、海螺、法器、菱形符号等，最下层是蓝色的海浪。箭的顶端用羊毛线拴上一束

松枝。插箭的是由男性各执其中一杆，到时指定地点集中，然后将箭杆和箭羽插成一簇，上缠嘛呢经幡，下部以石块固定，周围以木栅、荆棘丛防护，并扯缠白毛线网罩。据说箭羽上的红色代表太阳，绿色代表草原森林，黄色代表厚土大地。

六月十九日当旭日东升时，插箭仪式在村长或护田员"拉加罗"的欢呼声中开始，第一道程序是煨桑，在祭坛上堆放柏枝、糌粑、酥油以及不同形状的"多玛"等供品，用火将其点燃，最后向祭品上洒净水，以此献祭神灵。

在献祭的过程中，每一个人都呼诵神的名号，向神求助，祈呼所有的神使自己前途广阔。第二道程序是向长空扬撒纸风马。扬撒时高呼"龙达叶拉觉"，让所有的神灵协助自己，使自己心想事成。之后插箭仪式正式开始，每个人双手高擎自己的木箭按顺时针方向缓缓绕煨桑台一圈，然后绕插箭堆三圈，之后才把箭插进堆集里，人们再一次狂呼战神的英名，欢叫"拉加罗"，按顺时针方向围绕插箭堆转圈，有马的骑着马围绕插箭堆狂驰，给山神助威添胆，有枪的举枪向空中鸣放，表示自己诛伏邪魔恶敌，整个仪式达到高潮。

由于车巴沟阿尼华尔干山神，远在尼巴大沟沟脑的甘川交界处，交通不便。1890年左右，由第一世喇嘛噶饶仓请来阿尼华尔干山诸神，在贡巴寺附近的英加山桥头，亲自进行了安神开光和祭祀箭插仪式。每年农历二月十一日，刀告乡僧俗同日进行插箭仪式，僧先俗后，而位于甘川交界的阿尼华尔干山神，则于每年农历六月十九日祭祀，每三年举行一次维修插箭仪式。

车巴沟的插箭节，带有浓郁的古代部落祭祀神灵的遗风，并成为具有一定规模和地方性特征的民族文化。此项活动具有独特的文化积淀和人文内涵，从一个侧面展现了宗教文化源远流长的发展历史，宗教信仰对民俗形成的巨大作用，展现了人类渴望与大自然和睦相处的美好愿望，是藏族民众以崇高的信念和虔诚的心灵，向自然万物表达的一份纯真之情和真诚之爱。

甘肃省卓尼县杓哇土族民风民俗

李占忠

　　杓哇土族乡在甘肃省甘南藏族自治州卓尼县北部，距县城柳林镇近100公里，以境内有杓哇寺而得名。西面是扎尕草原和夏河县美武乡，北靠白石山麓与临夏县接壤，东依临潭冶力关。面积100平方公里，2002年底总人口1751人，其中土族640人，占总人口的36％。境内山高壑深，白石山高达2800多米，森林茂密；冶木河穿境而过，波涛翻滚。草木葳蕤，植被完好，山上遍生云杉、柏、松等乔木和多种灌木，有雪鸡、獐子、狍子、岩羊等野生动物。东边的常爷池是"洮州八景"之一，由两山自然封口，积水成湖，池水清澈透底，每到冬季，池水结冰，形成图案奇异的冰级，世称"冶海冰图"。

　　据《卓尼县志》记载，明代以前，杓哇地区尚未纳入行政管辖区。清康熙十五年至二十年（1676—1681年），卓尼第九代土司杨朝梁依仗武力和朝廷的支持，一面尽力扩展地盘，一面整顿管理内务，建立健全基层组织，依明代屯军的编制，设旗为地方基层机构，相当于今天的乡镇。不够设旗的地方仍称什尕或族，均派头人管辖。今杓哇乡等地被其所据，杓哇乡属上冶三旗中的杓哇旗和北山四族管辖的一部分。康熙三十五年（1696年）起，杨土司下属44旗，杓哇旗属"口外十二旗"。康熙四十八年（1707年），第十一代土司杨汝松领兵平息了西固（今舟曲县）山后武坪24部黑番抵抗清政府的"反叛"，朝廷将所收复的地盘赐予土司管辖，划分为4旗：阳山、阴山、铁坝、代巴，惯称"黑番四旗"。杨土司辖区为48旗、16掌尕、642族。杓哇旗下辖9族：力吾族、拉什族、的力族、术录族、江卜那族、瞎的族、郭加族、拉畦族、公哈族。民国二十六年（1937年）"改土归流"，废除土司制度。废除旧的旗制和长宪（旗长）、总管、头目等名称，任命了乡镇长。因遭抵制，编制工作拖至10年至10年后的民国三十六年（1947年）才完成，朾哇乡属北山乡。

中华人民共和国成立后，至1953年全县建政工作完成，共有9个区域，相当于区级的工作组，14个乡级政权。今朾哇乡属北山区（该区当时无乡级政权），直到1957年才成立朾哇乡。1958年成立人民公社，全县9个公社，朾哇属恰盖公社。1958年12月20日，国务院决定撤销卓尼县建制，原卓尼大部分辖地归于临潭县；一部分与舟曲县合并称龙迭县，朾哇属临潭县北山公社管辖。1962年1月恢复卓尼县建制，全县设1镇20乡，朾哇乡为其中之一。1965年，卓尼县对乡镇进行调整，朾哇、康多合并为康多乡，1968年改乡为公社，1983年恢复乡级政府，但行政区划未变。1986年，分康多乡内原朾哇辖地成立朾哇土族乡，下辖光尕、大庄两个村民委员会、15个村民小组，其中光尕村辖光尕湾、光尕、拉巴、红土泉、郭家咀、洛巴、上洛巴7个村民小组，大庄村辖扎占、扎的寺、地尕河、立布湾、山路、大庄、闹缠、地利山8个村民小组，乡政府驻朾哇寺。至2002年，村村修通了公路，有11个村民小组通上了自来水，全部村民小组达到通电、通邮；乡有小学3所，在校学生242名；乡卫生院1所，医疗人员5名。朾哇属半农半牧地区，2002年农牧业总产值178万元，人均纯收入1125元。

朾哇土族的语言

朾哇土族自称为"朾哇绕"，即朾哇部落，称自己的语言为"勺盖"。跟其相邻的康乐、临潭等地的汉族称朾哇土族为"土户家"；牧区藏族多数称其为"朾哇绕"，少数人称"好哇绕"，《安多政教史》（汉译本）上则称"雪哇"，这都是音译过程中的变音。

朾哇乡土族原来有自己的语言，属阿尔泰语系蒙古语族，但后来逐渐失传。现在他们所操的语言，当地称其为"朾哇土语"，基本上使用的是汉藏语系藏缅语族藏语支的安多方言，与邻近的康多、恰盖地区共操本地的"北山语"，与当地藏语有细微的差别。杓哇的土族精通汉语，族内交往时用杓哇土语，对外则用汉语和藏语。

杓哇的搭板房

和其他土族地居民不同的是杓哇土族居住的搭板房，另具特色。院落建筑层次分明，自下而上呈台阶式，院子较小，或只有狭长条的小天井，大多只有个过厅，作为正厅与牲畜棚圈间的通道，整个院落由正厅和土房两大部分组成。

正厅外部由土墙于周围圈廊，外形略呈正方形，住房部地基稍高，坐北向阳，干燥暖和。其他部分作畜圈用。正厅为搭板屋顶，它是一种瓦房式的两檐出水屋顶，是在房顶另加高了一层。在桁条上搭板3—5层，再在上面横压数行，压上石块，以防被风吹落。屋面既不压土，也不抹泥。这一层并不住人，除留一门外，周围用细长的灌木或柳条编制围圈，内可存放秸秆等易腐烂、怕潮湿的物品。正厅的四周房全部为木结构，以木板作墙，在板墙内装嵌壁橱，使房间里宽敞整洁。正厅的正面是油漆得明亮的八脚躺柜，用作存放粮食面粉之类。和其他土族地区正好相反，杓哇土族的正厅里没有炕或床，不作为卧房，而是用作灶房和客厅，正卧室则为厢房。

杓哇土族服饰

杓哇土族男子的服饰基本跟藏族一样，冬穿皮袄、"插日"（用羔皮做成的藏服），夏穿"日拉"（布做的藏服）或"抽拉"（氆氇衫）。只是鞋有别于藏族，他们除穿藏靴外，还穿一种叫"沙亥"的麻布鞋，平底白帮，黑线锁梁，鞋腰长五寸许，用白布做成。

杓哇土族妇女的服饰既不同于藏族，也不同于汉族，和青海互助等县的土族服饰也有很大差异，特别是青年妇女的服饰，显示出一种古老的特征。她们头戴名为"谢豆"的九颗铜花，每个重约七钱，铜花凸面上嵌有十几个圆形图案，分别插在"香早"上。"香早"作用似发夹，银质，上缠着羊毛或头发，可依头形弯曲，用来插铜花。顶髻处还有一个形似汉族妇女梳妆使用的簪子，银质，重约一两，叫"谢豆勾勾"。头发不扎小辫，从两鬓角过耳轮萦绕于头后，由名曰"章噶"的银质圆盘形饰品总理，其直径约三寸，重半两，正面刻有花鸟图案，贴于头后，出嫁时的包头（拉西）用来缠在头上，从脑门处向后绕一圈再绕回打结于前，她们把这种头称为"凤凰头"。

杓哇妇女耳戴名叫"阿主"的银制耳坠，一面镶有两个小手指头肚大小的珊瑚。另有一名曰"扯坚"的耳饰，银质，一头弯曲，一头有拇指肚大小的银泡，直杆长约七寸，重约四两，因银质过重，耳垂不能承受，一般挂于耳轮之上，有银泡的一头直垂胸前。项上戴有似乎是项链的银质"铁绳"，有四棱或六棱的，以贫富而异，其两端带有纹形银环，直径二寸许，各重约一两，垂于胸前。

杓哇妇女的服饰，内有衬衣，外着名曰"扎西"的长衫，两侧有衩口。节日礼服沿边压有二指或三指多宽的水獭皮或"十样锦"氆氇，前后衣襟实为两大片，用一布带分别系于两腋下。袖口外翻五寸余，这五寸之上另缝有红布。领上缝着长方形银板，面有花纹，名叫"板钮"（卓尼藏族也有），公母扣分别缝在领的一头，公扣乃一珊瑚，套进母扣就起到钮子的作用，美观大方。

"扎西"之外又套一件叫"达吾"的无袖长衫，上半身恰似坎肩，下半身从前襟正分为两半，将两角拉起分别压在腰带之上。杓哇人称裤子曰"拐"，女裤两筒边镶着五寸多红布。脚穿平底、长腰（红色）、青面满帮花布鞋，名曰"沙亥"，两帮用各色丝线绣有牡丹花、花草、蝴蝶等，也因妇女们各自的手艺而异。上年纪者一般无花，或花色较素，衣服的颜色也因年龄而变。

杓哇土族民间文艺

杓哇土族能歌善舞，每逢佳节都要唱歌跳舞，在婚嫁大喜的日子里尤为突出。形式特别隆重而富于民族特色的当首推巴郎舞（称"尕日"）和换帽子舞。这两种歌舞的共同特点是场面热烈，唱词朴素自然。铜箫吹奏也是杓哇土族古老的民间艺术。此外，心灵手巧的杓哇土族女子的刺绣手艺在当地也是十分有名的。

（一）巴郎舞

巴郎舞（也称尕日），是流传在卓尼县朽哇土族中的一种舞蹈。时间是在正月初八前后，由一个村庄或邻近几个村庄组成一个巴郎舞队，先从本村开始，然后应邀到各村进行表演，直到正月十五结束。巴郎舞队一到村口，男女老幼即在村口煨起桑，走出村来敬酒迎接。巴郎舞队排开队形手摇巴郎鼓，扭动腰身，一步一摇鼓，三步一转圈，在铜锣的指挥下边歌边舞，大幅度跳跃着行进。进村前，先唱开头吉祥曲段，到场上后唱四句开场迎神曲，接着尽情地又扭又跳，巴郎鼓摇得震天响，灯笼耍成一条龙。演员们忽聚忽散，打着尖锐的口哨，并且绕着火堆向场地的左方向跑三圈，再转换队形朝右方向跑三圈，如此反复多次，才恢复原队形，以"站在场中往上看，天上昼夜有什么？"为开头转入唱正曲。唱时动作幅度减小，腰身在原地徐徐扭动，巴郎鼓轻响，红灯笼轻摇。这时，巴郎舞队分列两排，如果女队员多则男女分列，两队间相互问答，或一人问一人答，或一人问众人答，也可众问众答。问："太阳是空中的什么？月亮是空中的什么？繁星是空中的什么？"答："太阳是空中的秤杆，月亮是空中的烧饼，繁星是摊晒在空中的籽种。"每段唱完后，便摇鼓摆灯，变换队形，且舞且歌，绕场旋转，反复唱过门曲衬词"代昌代昌兰给交"。约需两小时方能唱完正曲，才算告一段落。临别出门前，演员们唱答谢歌，感谢主人家的热情接待，并即景赞颂主人家的院落、房子、板墙、热炕、门窗及各种家具摆设。村庄的乡亲们则手捧青稞酒敬酒送行。

（二）换帽子

换帽子舞是流行在卓尼朽哇一带的一种土族舞蹈。一般在喜庆节日或酒会上在室内表演，边舞边唱：

> 换一次帽子唱一次歌，
> 不唱巴拉柔没人听。
> 先向尊贵的客人鞠上深深一躬，

让我唱一支欢乐的歌。

让我舞动左面的肩膀吧，

也让我舞动右面的肩膀。

……

每唱完一段歌词后，互相换帽子。舞蹈动作诙谐风趣。歌词内容大多是祝福性的，格式上伸缩也很大，每首四段，每段六句、七句、八句不等。演唱时根据词的句数任意反复中间曲调乐句。换帽子舞曲的旋律进行也很有特色，几乎每个乐句中间都有停顿拍，旋律常作下四度小跳，情绪幽默活泼。

（三）铜箫

杓哇土族除能歌善舞外，相传以前很多人还能吹一手漂亮的铜箫。现在只有少部分中老年妇女会吹。箫一般是铜制的，也并不是逢节必吹，而是在春雷响过，草木发芽，万物复苏的时候，一些妇女便在温暖的春风中吹起铜箫，曲调悠扬动听，音色清脆悦耳。曲调中表达了人们对生命的热爱和对世间万物的依恋。传说这时的箫声能帮助草木复苏，冬眠的动物尽快苏醒，各种动物趁着春天的美好时光繁衍后代，使之兴旺。

（四）刺绣工艺

土族女子擅长刺绣，男女青年色彩鲜艳的衣饰中，最显著的是刺绣。领子上绣神仙被，胸前绣五瓣梅、太极图，兜兜上绣牡丹、荷花，达博带子上绣"富贵不断头"，枕头上绣喜鹊探梅等，袜溜跟上绣石榴、菊花等，鞋面上绣彩色云子、莲花、梅花、拐子花、常春藤等，就连烟袋、钱包上也绣着各种花鸟图案。

杓哇土族婚俗

男方家选中女方家的姑娘做媳妇，先请媒人带一瓶酒，12个白面蒸馍去求婚。倘若女方家将礼物收下，并将瓶中酒换成青稞或小麦，瓶口拴上白羊毛让媒人带回，这就表示女方已答应了这门亲事。定亲后再选吉日，请媒人到女方家商议彩礼、嫁妆和娶亲的日子。

娶亲那天，新郎不去女方家迎娶，只有媒人带上服饰、礼物，牵上新娘乘骑的马（禁忌骟马和骡子）前去迎娶。媒人到女方家大门口时，帮厨的妇女们提水桶站在门楼上向他泼水逗笑，讨要喜钱，而后放人。媒人在女方众亲戚面前清点、交代所带来的婚衣、首饰、礼物，然后让新娘穿戴起来，媒人唱起祝福新婚的歌。接着是女方家以酒肉饭菜招待媒人，饮酒、唱歌、跳舞，直到午后才请新娘起程。新娘临出家门时，向家神磕头告别，再戴上用哈达做的包头，由送亲妇人（杓哇土话称"巴绕"，巴绕要求是"全吉"的人，即未丧丈夫、未过二婚，有子女又未夭折过，且品行端正）搀扶退出家门。前边由父亲或其他长辈诵着经文或六字真言缓缓前行，表示辟邪开路。母亲用擀面杖顶住锅台，表示在压灶神，怕灶神跟女儿一同走了。新娘退到门外后由哥哥抱起，从马的右侧送上马背。

新娘出门上马的时候，本村同龄姑娘和媳妇们唱着如泣如诉的送亲歌《巴傲》，并拽住坐马，依依不舍。《巴傲》的歌词大意是表示留恋和祝福，奉劝新娘要孝顺公婆，勤俭持家，祝愿夫妻和睦，白头偕老。陪送新娘到婆家做客的亲戚一般是8—12人，也可以再多一些。

新娘子离开娘家时不能走正街大路，必须绕道从偏僻处出村，直到婆家门前下马。陪送的亲戚为表示对男方家的尊重在村口早早下马，牵马步行至门口。大门口男方家有一人扬撒青稞引导新娘先进灶房，铺一条毡让新娘坐在上面，由主持人向灶神祝告完毕后，进入洞房。认为灶神乃一家之首，应先向灶神报知家中添人增口。

女方家陪送新娘的亲戚是男方家最尊贵的客人，受到盛情款待。客人的座次按辈分大小、年岁长幼排列。宴请中宾主双方饮酒唱歌，对唱祝福歌《道东交》，临别时主人家还要给送亲客人赠送"送喜钱"，"送喜钱"的多少要按辈分而定。

翌日，送亲的客人返回时新娘随同一起返回娘家，改日再由父亲或者母亲送回婆家。然后，新郎、新娘才去拜访双方的亲戚，拜谢媒人。

杓哇土族葬俗

人殁后遗体尚未僵硬前，脱去衣服，用腰带捆绑成端坐的姿势，再用黑色棉布裹好，安放在正厅中。前面摆放桌案，供奉馒头和盛满粮食的小斗，点起长明灯和香烛。亲属们烧"往生金钱"。直系亲属前来吊丧时，孝子都要陪伴来人在灵前痛哭。前来吊丧的人须带馍馍或半扇猪肉等祭品，在灵前供祭品、烧纸钱、磕头。同时请杓哇寺的僧人诵经超度亡灵，亡人家中要给寺院供饭。请阴阳先生或风水先生看坟脉、定坟向、算定出殡时间，请木匠做盛殓的轿子（坐式棺）。轿子外表多绘有"龙串云""海水朝阳"等图案。一般在家停尸三天，也有七天的。出殡前，由孝子将死者盛殓于轿子内，亲戚和村邻们抬起灵轿前往坟地。传说过去抬送死者时在途中还要唱送葬歌，现已失传。男性孝子跟在灵轿后面磕头烧香，女性只能送出家门，不能前往墓地。灵轿抬到墓地后，放入事先挖好的墓穴中，孝子们磕头致谢后便回家去，送葬的村邻们在灵轿周围堆放干柴，将轿子和遗体一同焚化。两天后去捡骨灰，用木锨将骨灰堆好，不掩埋，任风吹雨淋自然消失，所用木锨不带回家中，立放在堆放骨灰的地方。出殡后，男孝子一年内不理发剃须，女孝子一年内不洗梳头发，也不穿鲜艳衣服。

杓哇土族的宗教信仰

藏传佛教是杓哇土族的主要宗教信仰。杓哇土族乡境内的杓哇寺是他们供奉的主要寺院，此外还有杓哇寺的属寺康多寺、多玛寺。杓哇寺又名"杓哇克珠林"（藏语意为"杓哇贤哲洲"），清康熙二十四年（1685年）由甘、青藏区有名的高僧杓哇仁波切洛桑南杰巴在卓尼玛尔仓部落头目坚赞仁钦奉献的寺址上主持修建的。

杓哇仁波切于明崇祯四年（1631年）出生，成年后前往西藏，在达赖喇嘛座前受近圆戒，赐名洛桑南杰巴，在色拉寺结扎仓钻研显密经论。他生性善良，循规蹈矩，刻苦认真，无论冬夏，从不间断，受到大家的好评和尊重。遵照达赖喇嘛"到麦多地区建立伽蓝，要把圣教之事放在心上"的教令，杓哇仁波切于39岁时返回家乡，55岁时修建了该寺。在此之前，他还在康熙十五年（1676年）修建了康多寺，康熙二十二年（1683年）修建了多巴寺。据说这三座寺院是仿照西藏三大寺而建的。康熙四十三年（1704年），杓哇仁波切洛桑南杰巴在白石崖与云曲不远的静修房内圆寂，享年74岁。

杓哇仁波切圆寂后，他的侄子文布然见巴洛桑曲培成为杓哇寺寺主。文布然见巴洛桑曲培生于康熙元年（1662年），13岁出家并受沙弥戒，21岁赴西藏色拉寺结扎仓学习显乘经论7年，又入下密院学习密咒，成为显密皆通的格西。31岁返回家乡，侍奉于杓哇仁波切的座前。杓哇仁波切圆寂后，他在热哇寺主持举行盛大的超荐法事，并为杓哇仁波切的法体修建了菩提宝塔。后来，热哇寺衰落下去，他把灵塔迎请到杓哇寺，作为主要依止圣物。灵塔的内藏中，据说有杓哇仁波切赴西藏途中为商人们烧茶的罗锅。

这座寺院的主要依止圣物有卡仲乃丹巴的灵骨——上有许多佛塔，第二世达赖喇嘛所赐的银制宝塔，第五世达赖喇嘛像（据说是五世达赖喇嘛亲自赐给杓哇仁波切的），具有加持力的噶当灵塔，翁隆喇嘛修建的八如来宝塔，由清凉寒林之黑石雕成的怙主像，觉加阿阇黎的本尊十一面石像，戒康夏仲曲嘉措所造的马头明王画卷，怙主殿中有用宗喀巴鼻血绘制的吉祥天母画卷，还有从西藏萨迦买来的面具等。

杓哇寺的佛事活动有四时期供、隆天禁食斋戒、玛尼弹丸修供会、藏历十二月二十九日的抛施食祭食，有按卓尼大寺规程举行的法舞以及抛掷施食等。杓哇寺和康多寺还有称为听命的具祥金刚玛沁法舞。藏历三月有7天的时轮修供会，秋季则有毗卢遮那佛的修供会。

寺东有杓哇仁波切洛桑南杰巴和文布然见巴洛桑曲培的两座囊谦。寺院附近有卡加的萨尕尔静修院布尕曲培林，恰合尔更桑华的静修院三木丹林。寺东北隅有东科尔元丹嘉措认定的玛合索玛神的魂海所在的勺阿妈周措（常冶池，亦即常爷池）。

从前，杓哇寺属色拉寺九座子寺之一和哲蚌寺十八子寺之一，规模很大，建筑宏伟，僧众很多。中华人民共和国成立后，在历次政治运动中遭到毁坏。1982年经上级部门批准恢复开放，兴建了一座小经堂和几间玛尼房，由尕藏洛哲护持，有僧人20余人。

除藏传佛教外，朹哇土族同时还信奉巫师（称"师公子"或"交"）。此外各家还有家神，并且把明朝开国功臣常遇春奉为神灵，称为"常爷"，设祠祭拜。把临潭县冶力关北白石山麓的冶海称为"常爷池"（即上文所说的"勺阿妈周措"），每逢吉日特别是每年农历五月初五，人们都前来朝池，把钱币及五谷粮食投入池中，祭奠"常爷"。

（在政协工作多年，又与政协文史资料工作有缘，经常到少数民族聚居地调研。作为一个土族人，多次到卓尼县朹哇土族乡走访，了解当地土族历史文化、民风民俗、生活变迁等方面与天祝土族之异同。现就我了解的情况如实记录。）

（原载于《土族百年实录》，全国政协文史和学习委员会、青海省政协学习和文史委员会编，中国文史出版社，2015年6月）

杓哇土户家年节习俗琐谈

曾维群

卓尼县杓哇乡的土户家，因其人口稀少（目前仅有500多人），居住地域狭窄（仅有八个自然村），被夹峙在广大的藏族（卓尼、夏河等县）和汉族地域（临潭县等），尤其是因其和藏族、汉族通婚的结果，其过年过节的习俗已同时融入了当地汉族和藏族的风俗习惯。但是，由于其居住地域封闭狭窄，八个自然村均散落在山高沟深、交通不便的白石山麓坡谷地带，历来过着半农半牧、自给自足的小农经济生活，同外界的经济、文化、思想交流又相对较弱，加之本民族的语言习惯、生活习惯及民族自尊心理等因素，所以，他们还是保留了一些土族特有的古旧民族习俗。经一些专家研究，他们和青海各地的广大土族在语言、服饰、习俗上都存在差异。因此，在一些论文中，索性称他们为"杓哇人"。

杓哇土户家和汉族共同的节日有：农历二月二日炒豆子吃，祝愿农事顺利。五月初五日端阳节喝自制的青稞烧缸酒、吃甜醅、醪糟及用肉和洋芋丝、胡萝卜丝做馅的菜包子等，门头不插柳。六月初一日至初六日，参加莲花山"花儿会"，也参与对歌，唱土族、藏族、汉族的"花儿"，已婚女人则一定要去"娘娘顶"，烧香拜佛求儿女。当然，现在土户家也实行计划生育，一对夫妻最好一个，最多两个。现在的土户家妇女朝拜"娘娘顶"，大约只是为了求儿女平安、无灾无病之意吧。

杓哇土户家不过中秋节。

和藏族同俗且最隆重的是在农历七月中下旬，庄稼收割以前，合家、合族或合村都到离村庄外不远的山坡、山嘴或山头去"支巴嘎"野餐；扎下一顶或数顶帐房，宰牛又宰羊，提前酿好了大量的青稞烧缸酒；酒量如海的，嫌烧缸度数低不过瘾，还从供销社买来瓶装酒，掺兑着喝。还炸制了油圈子、油馓子、油饼，大铜壶里熬奶茶，最近几年也买罐头、糖果、西瓜。本村本族的说唱家们，这时则尽情尽兴地说唱着本民族或藏族一些传统故事、叙事诗、酒曲等。真可谓大吃大喝、豪歌漫舞。这几年经济搞活了，也从康多乡、冶力关乡请来小型放映机电影队来山头、山嘴、山梁包场放电影。自然界的松风明月里，繁星碧空下，武打片、反特片、现代生活片、改革片、古装戏曲片、外国片，一晚放几部，打破时空界限，融古今中外、惊险风雅于一夜，够神秘够趣味的了。"支巴嘎"的欢乐要延续七天至十天。这和夏河及各地藏族"香浪节"的习俗相仿。

春节，是汉族及一些信奉佛教且使用农历干支纪年的少数民族一年中最隆重的节日。按照杓哇土户家的习俗，"年头正月最吉利"，但在年及年前年后的过法上，他们却有另外一些讲究。比如，汉族是腊月二十三日祭灶神，土户家是腊月二十四日祭灶神；汉族是腊月初八日吃"蒸子饭"，而土户家则正月十五日吃"蒸子饭"。"蒸子饭"的做法，因年景、家庭、原料而大同小异，大多都是石磨磨碎或石杵砸碎的青稞、小麦（不是磨成面粉）、米粒，配以熏腊肉或羊肉、牛肉、粉条、红枣、花生米、核桃仁、葡萄干等做成的混合饭。

祭灶神的讲究也不同：他们仍是从冶力关或康乐附近集市上买一张灶神爷的木刻像，在灶神牌位前祭献的大蒸馍也有定数：无闰月的一年献12个，有闰月的一年献13个。

除夕之夜，在各门扇（大门、耳门）及面柜上都贴一张黄表，把写有符语记号的正方形黄表对折成等腰三角形，折缝处擦上浆糊粘在各门上框，然后，在门缝处插香焚燃，这叫作"表练塞闹"，大约是求福辟邪之意。除夕夜，还要给贴有灶神爷牌位的灶头奉献一个小木匣，这个小木匣无盖，里面装上粮食，麦稞豆均可；然后以连在一起的每三根香为一束，插在匣中粮食上，共插三束。其中一束从中腰破开一点缝，缝中夹一丝棉花或白羊毛。三束香烛均不点燃。然后又在匣中粮食上再放油馓子、油饼、油条等，这些祭品均要油炸过的，共放三样。是夜，并给牛、马喂小豆、青稞等精饲料，给狗喂白面馍，以示慰劳。

家中当年有丧事戴孝的一年，除夕之夜不贴"表练塞闹"，但给灶神还是要献供的。

这个风俗表示了杓哇土户家在对灶神的敬畏之情上，和以农为主的汉族是一样的。

大年初一日拂晓，全家酣睡时，由家中一位主事老人悄悄起床接灶神。他在家中正庭点起油灯，在院子中心和大门外煨桑火、放鞭炮。打开大门后又用大蒜抹门扇、门框，随后抹各种门和偏门的门扇、门框。天亮后奉行上述议节的老人最先登上木楼，听最先传到耳中的是什么叫声。最希望听到的叫声是牛叫、羊叫、鸡叫、狗叫，则表示年景如意，六畜兴旺。若是喜鹊的叫声，则满心欢喜，表示这一年有喜有利；若是麻雀叫，则表示家庭内部有争吵矛盾等麻烦事。因土户家旧俗不兴分家，怕把"福气"分散了彼此都不吉利；所以过去几乎家家都是由老人执掌家政，儿孙大团结，四代同堂，十几口人的家庭是很平常的。所以正月初一清早登木楼的老人很忌讳听见麻雀叫。现在这种几十口人的大家庭则很少，子女成亲后分家另过已是正常事，树大分枝，合情合理。另外最忌讳听到的就是乌鸦叫，表示这一年家庭成员有病有灾。若正月初一清早听到乌鸦叫，这年这家的木楼正庭檐下必须挂一面圆镜辟邪，大约是照清妖气，不得隐形进家近身的祈愿吧。同时还要在院廊板墙上张挂寺院的护符。

杓哇土户家和藏族一样，崇信佛教。过去，每家都有到本地杓哇寺出家的僧人。依佛教之说，由于出家人的苦心修行，拜佛诵经，才会保佑杓哇人百事如意，吉祥平安。因此，正月初一日的首要大事，就是去杓哇寺为家中或亲戚中出家修行的僧人拜年。初二日、初三日、初四日才给亲戚、丈人家拜年。

从正月初八日开始，至正月十五日，各村的嘎尔队即献歌献舞。在村中的大场上点燃大火，嘎尔队即围着火堆歌舞。这是杓哇土户家特有的秧歌庆祝形式。队员们一手持短把羊皮巴郎鼓，一手提红灯笼，所以又称红灯巴郎鼓舞，嘎尔队边唱边舞，唱词中把太阳巧喻为掌握、驱赶春夏秋冬四时交替的"天上的缰绳"；以月亮巧喻圆而又黄的烙饼；以星星巧喻庄稼丰收后的"磨物"（粮食）。唱词很长，很讲究排比、押韵，音节整齐等。红灯巴郎鼓舞是杓哇土户家宝贵的民间音乐舞蹈及民间文学遗产，有一定研究价值。已引起不少专家学者和音乐舞蹈工作者的重视。在演唱嘎尔前后还要耍狮子，但不耍龙。队员们口吹响亮的口哨，舞动红灯，摇响羊皮巴郎鼓，"嘎尔爸"手敲金锣，领歌领舞，其动作腾挪有力，气氛欢悦激动。这是杓哇土户家敬天祭地的一种形式。为了禳灾灭祸，各村还互请互邀嘎尔队。一位家住杓哇乡地尕河自然村，现已60多岁，跳了半辈子嘎尔的"嘎尔爸"尼盖才郎说："唱嘎尔是当年庄稼好，耍狮子是当年畜牧好。"可以想见，跳嘎尔的人和看嘎尔的人们的心灵都是虔诚的，决不同于一般行乐时的凑热闹。

正月十五日晚饭后，家中还须举行一个隆重的仪式，就是把各门及面柜上张贴的"表练塞闹"揭下来烧掉，同时把给灶神前奉献的三色粮食斗（匣）里插的三束香撤下来烧掉。家中无论老幼，只选男性一人举行这个仪式。首先，在院子中心燃起一堆香柏木的大火，执行人朝火堆毕恭毕敬地磕三个响头，就将揭下来的"表练塞闹"和"三色斗"里撤下来的三束香烛投入柏香火中。这时，全家人在院、房中恭敬肃立，只有孩子们急不可耐，因为只有举行完这个仪式，全家人才能出门去杓哇寺院，观看由僧民们抬着杓哇寺院信奉的马王爷、骡子天王、白马爷的纸具像，在寺院经堂前的空地上载歌载舞；并观看造型精美逼真、色彩艳丽异常的酥油花。同时参加寺院僧众的诵经祈祷仪式。

除了如上这些节目，属于杓哇土户家特有的节日或欢庆仪式还有每年农历三月十五日在杓哇寺院举行的面具舞，扮跳寺院保护神白马爷。当然最隆重的还要数农历五月二十五日至二十七日为常爷池（冶海）的神灵常爷举行的神会了。这是根据一个美丽的传说而流传下来的风俗：很早很早以前，属于杓哇部落的拉巴常姓老夫妇生有一个极丑陋的女儿，长到十五六岁时，满脸淌脓，秃头秃脑的。谁知却被游历路过此地的东海龙王的小王子看上了。王子托梦常爸，要借他的一对老犏牛和犁杠用一用。一连三夜，夜夜如此。每天清早，常爸看见自家的老犏牛浑身大汗淋漓，犁尖也磨秃了，心中十分诧异。第四天，常家老阿姨（土户家语，阿妈、阿姨同称阿姨）上山打猪草，听见白石山头有一个雷鸣般的声音问她："阿姨，山开了没有？山开了没有？"常家阿姨吓破了胆，站站兢兢答应了一声"开了……"就听见山呼海啸般的声响，眼前出现一个绿波荡漾的海子。当天，常家丫头（下文称常丫）跪请双亲，说自己长大了要出嫁。老两口以为她又犯了傻病，就想由着她的性儿闹去；没有提亲说媒的人，你出嫁到天上还是海底去。从此，常家丫头在自己的小木楼里开始了"坐嫁"，不出门，也不吃饭喝水。老阿姨偷偷去瞧，只见她从头顶取下疮壳子，顿时雪面乌丝，光彩照人。老阿姨被惊呆了。

七天坐嫁期满，借犁的少年在梦中向双亲求婚。少年、常丫双双跪下磕头后辞去。双亲梦醒，急奔常丫住房，已是人去楼空。双亲寻到海子边，只见常丫的一对花鞋漂在水上，顿时凄绝欲以身殉，遂双双投海。倏然睁眼，却已置身在琼楼玉宫，少年、常丫侍奉甚周。听其诉来，原来王子羡常丫美貌，欲结万年姻缘，遂借了牛、铧，犁通了海眼，偷来东海水，自成小天地。又奉请老龙王恩准他镇守此地，保境安民，疏通云雨。双亲听后大喜，居三日乃出，人世已三年。故事传开去，海子遂称为常爷池。常丫被称为常大爷，姑爷被称为常爷。杓哇人所居各村落就当然成为常大爷的娘家，常姑爷的丈人家了。每逢农历五月二十五日常丫出嫁后该回门转娘家的这天，杓哇人就敲锣打鼓，又吹铜箫，用彩轿去常爷池边剌沟大庙里把二位神像，抬到拉巴村，方圆几十里的土、藏、汉族百姓都去拉巴进香朝佛。在拉巴梁上还要举行赛马敬神仪式。届时，杓哇人无论男女老幼，皆盛装艳服彩饰，去拉巴梁神会。各地的小商贩也闻风而动，翻山越岭到拉巴梁摆摊设点，凉面凉粉煮醪糟，针线花布小百货，韭菜大葱酥糖果，还有三教九流、五花八门耍把戏、卖膏药的，争先恐后纷纷来赚拜佛人的钱。二十六日把佛爷抬到大庄，二十七日抬到出录庙；小商贩们也跟着佛爷转移，把朝佛人兜里剩下的几个钱不算计完就决不罢休。这时，杓哇人各村的"排子"（即村长）都要日夜轮流到出录庙去守神灵。一直要守到农历六月初一，才把二位常爷抬回冶力关次沟大庙唱大戏。这时恰值庄稼出穗灌浆季节，人们农闲无事，又是自己部族的神灵"省亲"回门转娘家，所以杓哇人每家除了留下守门的，几乎家家倾巢出动，村庄都成了无人村。这可以算杓哇人一年中除春节外最隆重的庆典活动了。

常丫因成了神，尊之为常大爷，姑爷只好屈居第二，又不好称常二爷，只好仍称常爷。抬佛爷时，常大爷的神灵塑像彩轿走在前，常姑爷的彩轿走在后。看来，即使偏僻乡村里，人一旦成了神，男尊女卑的界线就自然打破了。不过，杓哇人的这种排位法却多少有点实用主义的味道。

杓哇土户家每逢年节神会，男女老幼都要穿戴一新、银饰熠熠。其穿戴法很奇特。妇女们一般外罩"达袄"。这是一种用大红或紫红色布做面，蓝布夹里的无袖长披衫，前后襟片仅在肩部缝连，罩在蓝色长布袍外边。无论男女腰间都系一条红色或绿色的腰带，显得干练窈窕。妇女们都穿黑裤，但在裤脚处缝缀大红布边，年轻妇女宽约四指多，老年妇女窄仅二指。妇女的首饰、佩饰主要有"章嘎""谢豆""那娄""车介"、班钮、手镯、戒指等。男子佩饰主要是"考昌"、戒指。梳妆时，已婚妇女们把发辫盘结在头顶，后脑部的发辫上平铺着银质圆形的"章嘎"；绕头顶一圈是别在羊毛护圈上的铜制泡钉状"谢豆"。"谢豆"每组九颗或八颗。耳饰有银质的"那娄"，像两个大大的问号。"问号"的弯钩穿过耳环挂在缠于头部的银丝链上。银丝链上还挂着垂吊于胸前两侧的圆形银饰"车介"。衣领处缝着银质的班钮。同时还佩戴银手镯、银戒指等。新嫁娘在新婚一月内回娘家、走亲戚或遇喜庆节日出头露面时，要佩戴十颗"谢豆"，"那娄"问号的弯钩要穿过耳环倒垂下来，用以区别身份，表示她是刚过门的新媳妇儿。杓哇土户家男人们除了佩戴银戒指，主要头饰就是斜佩在左额角的银质"考昌"。所有这些饰物的造型、花纹、图案都很精美。大多银质饰物表面都镶嵌着大小不等的红珊瑚，价值很高。

杓哇土户家有自己的语言，属藏语系。出于交往需要，一般中青年人都能熟练使用土、藏、汉三种语言，几乎都是出色的翻译。他们与藏、汉族均通婚，但多属入赘招婿。一般在农历腊月嫁娶。新娘在出嫁前一月要行坐嫁仪式，洗沐减食，令体态白净苗条。新娘出门时唱《哭嫁歌》，其词调委婉哀伤，对娘家留恋惜别。婚礼过程中有赛马、泼水仪式。双方聘请的说唱家对唱"勺嘞"（杓哇酒歌）、"汤嘎买"（筵席曲）等。客人告别时，主人敬酒，并在客人额头抹炒面祝福。

据有关专家考证，他们是唐末吐谷浑覆国时散居深山的残部，在长期的历史变迁中，和藏族融合而繁衍的后裔。从他们的语言、习俗里，人们可以追溯、想象、考察历史上吐谷浑部落的风采。

（选自《格桑花》，1987 年第 4 期）

卓尼的百年藏寨子

吴继荣　　何寿增

　　沿卓尼县城河阴溯洮河而上，经高原水乡名镇麻路，入江迭公路穿秀色如画的车巴沟，行程八十多公里便到了赫赫有名的卓尼百年藏寨——尼巴村。

　　尼巴是藏语，顾名思义是阳坡的意思，村寨背北面南，依山而建，清澈的车巴河顺山脚逶迤而过，寨前几行排列有序的嘛呢旗在朔风中索索飘动。村头三三两两的老人围着嘛呢房转经。一字排开的几十个大型经筒，咯吱咯吱的声音令人心无杂念。眼前山坡上层层叠叠、密密麻麻地坐落着近三百户人家。一律平顶土木结构的房子，每一家都有连成一体的很多间房，错落有致地层叠着，构成一座座藏式"别墅"。晾晒粮食的木架和许许多多飘扬的嘛呢旗点缀在村寨间，构成了一道道亮丽的风景线。随便走进一户人家，步入堂屋，你就会发现屋顶有二至三个小天窗，正面是镶有唐卡和佛像的经堂，侧面是食宿一并的连锅炕，四壁是老得发紫的松木板墙。透过几缕从天窗射进的亮光，屋内越显得肃穆、安详、古朴、宽宏，真可谓"外不见木，内不见土"。这些建筑已有上百年的历史，建筑格调迥异，且保存非常完整。这个村住户超过300户2500多人口，全属藏族。至今仍保留着浓郁的古色古香的气息，其规模和气势颇为壮观。在阳光照耀下，反射着金黄色的光芒与墨绿色的阴影，色彩浓重而神秘，其景色仿佛是一幅浓墨重彩的油画。

　　走进村寨的"转经房"，十几个大型经筒震撼人心。用牛皮绳和牛皮带牵引转轴，经筒转起来，如开动重型机械，发出"呼隆呼隆"的沉闷响声。拉动皮条，越转越快，几乎拉出一身汗来。转经房周围挂满了写着经文的牛头骨，用白色或黄色的哈达缠绕。房檐下，"磕长头"的地板一尘不染，木板已经被磨出了深深的凹槽。

这里生活着百岁老人，最长寿的曾经活到114岁；这里有独特的婚俗，寨民与西欧国家有婚娶关系，就有尼巴姑娘远嫁法国的美谈。出嫁的姑娘只住一天就回娘家，要在娘家住满三年。其间，丈夫可以到妻子家来。三年内生的孩子，是要慈悲地留给女方家的。女儿走了，孩子得留下来。这样的婚俗，有些母系氏族社会的遗迹，但是格外温暖。这里堪称安多第一村，有了它，地处青藏高原一隅的藏王故里便精神焕发，比平素多了点内涵，多了点深度，一个古老的游牧民族寻访到了不屈的历史和艰难的岁月，一方文化产业有了丰厚的土壤和巨大的潜力空间。

（原载于《甘肃日报》，2007 年 8 月 15 日）

磊族，一个古老的民俗文化村

李德全

卓尼历史悠久，早在远古时代就有先民繁衍生息在这片土地上。秦汉时期，羌戎部落定居于洮河流域，尤其以卡车沟附近洮河两岸为中心的卡车三部落（卡车沟部落、朱札部落、朱盖部落），是藏区半农半牧产业最集中、最具代表性的区域。至唐代，随着吐蕃民族的逐渐东徙，这里成了吐蕃军队的根据地，羌族部落成为其属部。吐蕃政权崩溃后，许多戍边军队依附羌族部落，形成民族融合。明初，朱元璋认为洮州"西控番戎，东蔽湟陇，自汉唐以来，备边之要地也"。因此，明洪武十二年（1379年），明廷在洮州设置了洮州卫，命沐英等人于"东笼山南川，度地势筑城戍守"。其所率江淮一带（南京、徐州、凤阳、盱眙）的屯军将士和随部西迁的百姓，也在洮河流域安家落户。随后，西藏藏王赤热巴巾派往安多地区征税大臣噶·益西达尔吉的长子些尔地率部来到卓尼，建立了政权，同时也带来了藏王宫廷文化及雪域大本营的民俗风情。至此，卓尼境内洮河流域各部落，经过长期定居、同化、融合，使这一带的藏民族从生产劳动、语言服饰、风俗民情等诸方面，形成了卓尼藏族——三格毛，这个既丰富又有多元独特文化的藏民族支系。

喀尔钦乡的磊族村，便是三格毛这个具有民族特色的聚居地，民风淳朴，民俗独特，丰厚的民俗文化保留相对完整，而且在不断地传承和发展。

磊族村背依青山，面对莽林。一条洮河从这里缓缓流过，万古不息；他们的祖先从草原深处跋涉而来，择地势而居。这里又是英雄史诗——

《格萨尔王》产生和流传的地方，深远而传奇，流芳万世。

　　这是一个古老的村庄，面对着起伏的苍山，势如凤凰展翅，吉庆祥瑞；背倚峻峭的龙脉青山，形如龙庭之宝座，稳如泰山；村前一条碧绿的洮河环绕着，犹如帝王玉带缠腰，威武霸气；而雄峙的东南山岳则如鲲鹏垂翼，气势如虹。这是一个缭绕着佛光彩虹，一个流淌着神泉圣水，一个传承着跑马射箭，一个演唱着善巴、舞蹈着阿迦的三格毛藏族村寨。一处风水宝地，一处集山川灵秀、人文民俗、神话传说于一处，不断演绎着英雄史诗的古老村寨。

一

　　在这里，每当农历正月初八，磊族村村民们便隆重而热烈地举行民俗文化活动，以示对山川神灵的敬畏，对民族英雄格萨尔王的纪念，对本民族源远流长的文化命脉的传承和发扬光大。节日里要拜谒玛吉拉仲佛洞，祭祀神泉圣水，围转菩提灵塔，举行跑马射箭以及彻夜歌唱善巴，纵情舞蹈阿迦等活动。活动期间，全体村民兴高采烈，热闹非凡。

　　在磊族村西北面山坳的悬崖上，有一天然石洞，名曰"阿热扎窟（藏语）"，意为彩虹缭绕的洞窟。洞深约6米，宽约5米，高达9米。相传这里就是藏区著名空行母玛吉拉仲修行成佛处。玛吉拉仲（1049—1144年），是藏传佛教"后弘期"出现的一位杰出的女密宗大师，出生在西藏山南的措美地方。她自幼聪颖，13岁时母亲去世，随姐姐东措仁钦本在格西阿东座前修习《般若波罗蜜多》。16岁时，在格西札巴座前修习广、中、略三品《般若波罗蜜多》。20岁时，她遇见以获得新旧密宗大成就著称的交顿巴索南喇嘛，在他座前授受"甚深三昧四灌顶""大加持灌顶"和"幻化灌顶"等。其后，玛吉拉仲修习了大量的藏传佛教经典。34岁后，离开家庭，再次剃度出家，削发为尼，并拜谒其尊师索南喇嘛和喇嘛扎巴，从索南喇嘛授受"帕姆成就五神灌顶"。之后，赴定日再度拜见帕丹巴桑杰，授受灌顶和多种深湛秘诀与修持法。并依帕丹巴桑杰授记，用坚韧的生命和执着的毅力游历108座雪山后，云游来到卓尼，便住进这个岩洞，苦行修持。于藏历第二绕迥之木鼠年（1144年）圆寂，享年95岁。

她是藏族出家女性中的优秀代表，是藏传佛教界的一代女领袖，被后人奉为智慧空行母的化身，被藏区人们亲切地称作"尊母"或"伟大母亲"。她在藏传佛教史上享有举足轻重的地位，是藏族历史上一位享有崇高威望的女密宗师。她创立了藏传佛教觉域派。她的教法弘扬广大，播及整个藏区乃至印度、尼泊尔等国。

二

在磊族村西北角的山沟里，有一处高深宽敞的天然窑洞，窑洞里常年流淌着一汪清澈甘甜的泉水，四季丰沛，千年不涸。当地人称此泉为"格萨尔神泉"。磊族村在每年一度的跑马射箭活动中，首先要祭祀这个神泉圣水。

关于这个神泉，还有一个离奇的传说。相传当年格萨尔王北上征战黑魔途经此地，由于长途奔袭，饥渴难耐。忽然，他的坐骑扬鬃嘶鸣，奋起双蹄，踏向悬崖，顷刻间轰然一声，眼前豁然开朗，呈现出一个宽敞的窑洞，从窑洞里流淌出一股清澈的山泉。于是，格萨尔便在这里饮马歇息。夜幕降临，格萨尔便将战马拴在窑洞前的石桩上，自己躺在了泉眼上方的石窝里。第二天，格萨尔王深感神清气爽，精神振奋。他的战马更是英武雄壮，四蹄生风。沐着晨风，迎着朝阳，格萨尔和他的坐骑人马合一，风驰电掣，继续冲锋在驱魔除妖的战场上。

此后，磊族村的人们为了纪念格萨尔王，将此泉奉为神泉，每年祭祀供奉，祈求吉祥安宁，护佑一方。如今，在神泉右上方，有一个酷似人睡过的石窝，传说就是当年格萨尔王睡过的地方。洞口的右侧有一石桩，是格萨尔王拴马的地方，洞前有一块石头，上面留有格萨尔王的坐骑踏泉时留下的蹄印。从此以后，凡是前来观光膜拜的信众，一定要畅饮这清凉甘甜的神泉圣水，一定要躺一回格萨尔王睡过的石窝。而且传说在神泉右侧的石壁上，有缘人还会看见时隐时现的佛祖六字真言。更神奇的是，倘若一旦泼上泉水，那六字真言更显得清晰可见。多少年来，尽管被风吹日晒，石壁风化了一层又一层，但六字真言依然隐现在斑驳的石壁上。

三

　　磊族村的跑马射箭历史悠久，至今已有900多年。按照传统仪式，跑马射箭开始之前，首先要煨桑转灵塔。这座灵塔名为大菩提塔，塔内供奉的是释迦牟尼佛，四臂观音，以及千手观音。全村的男女老幼，均围着灵塔转，为自己、为家乡的幸福平安祈祷许愿，渴望通过转灵塔清除尘世的私心杂念，给自己一个清明而充满希望的未来。人们围转在佛塔周围，煨桑、磕头、撒路马，鸣枪放炮，转锅庄。同时那些即将参加跑马射箭的勇士们，更希望得到佛塔圣灵的保佑，给自己一种勇气和力量，在驱魔除妖的征战中箭箭精准，马到成功。

　　跑马射箭是该活动的重头戏。磊族村人认为，跑马射箭是本民族与生俱来的活动，是祖先们游牧草原、抵御外敌、征服自然的基本技能。通过跑马射箭，会强壮人们的身体素质，增强人们的竞技技能，提高人们的民族自强性，更是对古代民族英雄精神的传承和发扬。

　　在这一项活动中，包含了诸多内容。为了传承古老的活动仪式，使这一活动名正言顺，更为了使这一活动顺利进行，一切吉祥如意，依照传统习俗，特邀了卓尼县柳林镇草岔沟庙的三位山神代表，作为常爷（常遇春）和他的印官与令官的化身，为这一活动坐镇并发号施令；有当地磊族山神的化身；有卡车沟知知寺院和康木车寺院的僧侣，他们诵经祈福，安神弘法。并有神医师徒的化身，他们反穿皮袄，手持钢刀、挥舞着铁链和枷锁，跳法舞，念咒语，驱邪除鬼，救死扶伤。为当地身患疾病的人们驱邪治病，以保平安。这些被邀请的人们在这一活动中，以最尊贵、最特殊的身份各司其职，受人尊敬。

　　跑马射箭活动的第一天进行射箭。由村里年轻力壮的勇士们，全副武装，争相拉弓射箭，展示他们的英勇神武。活动的第二天进行跑马。一队年轻力壮的男人跨上骏马，背上弓箭，挥舞着长矛和大刀，像古时候的格萨尔王一样，策马扬鞭，驰骋疆场，征战黑魔。经过跑马出征，勇士们个个争先恐后，英勇不屈，终于战胜了"黑魔"（格萨尔王征战过的黑魔），赢得了战争，收获了财富而凯旋。这时，所有的人将为英雄们的凯旋而举行隆重的欢迎仪式，载歌载舞，欢欣无比。

　　活动进行到晚上时，为感谢神灵，庆祝跑马射箭的顺利圆满，村里的老一辈及中年男人们唱起了善巴，年轻的妇女们跳起了阿迦。

四

　　流传于卓尼洮河两岸半农半牧藏区的"善巴"（藏语，即歌唱宇宙的形成和物种的起源）和"阿迦"（藏语，即古老的民歌），是卓尼三格毛藏族在举行婚礼、祭祀、庆典活动时举行的一种演唱和舞蹈活动。它既是卓尼三格毛藏族独具特色的民间歌舞，更是卓尼藏族经久不衰的民族艺术。它自成体系，贯穿于各项活动。其中"善巴"的表现形式是演唱，"阿迦"则类似于表演，在演唱的同时配以简单的舞蹈。

　　在磊族村一年一度的跑马射箭活动中，"善巴"和"阿迦"的演唱尤为重要。这一演唱贯穿在整个活动的几个重要场面。演唱的主要内容有颂扬天地神佛无量功德的祝词，有优美神奇的神话传说，有反映历史事件的叙事诗和英雄史诗，有富有哲理的藏族格言，以及即兴而作的藏族民歌等。这两种表演形式的存在是相辅相成的，它们有共同的主题，尤其在进行跑马射箭这一活动中，演唱主题与具体场合紧密结合，或歌唱开天辟地，或歌唱山川神灵，或歌唱《格萨尔王传》，或歌唱幸福美满的生活……演唱者或是独唱独舞，或是领唱众合，或是说唱结合，或是双方对答。主要有赞颂神佛的《代知》，有欢迎亲朋好友的《祝福歌》《敬酒歌》《敬饭歌》《敬茶歌》等，表演形式灵活多样，生动活泼。

　　"跑马射箭"是磊族村经久不衰的民间文化，是磊族村生生不息、源远流长的文化命脉。因此，保护它，发掘它，将会是这一濒临消失的民族文化得以传承的有效途径。为此，唯愿这一民间文化艺术奇葩，枝繁叶茂，芬芳千秋。

2017 年 4 月 14 日

·人物风采·

我走过的路

卢克俭[*]

　　我走过了一条具有历史性大变化的路。小时候的事大多都忘记了，但有件事给我印象很深。记得1935年的一天，我父亲不在家，家里只有我和我母亲，村上来了不少穿土黄色衣服的人，他们把煮熟的两碗大豆送给我和我母亲吃，态度很和善，我和我母亲很受感动。走后，人们说这是"红军"。这是我第一次听到"红军"这个名字。事过60多年了，天翻地覆，换了人间。现在的我，已在省级干部岗位上工作了近20年了（任中共甘肃省委常委一年多，任省委副书记9年多，任省人大主任9年，中间有段交叉任职）。这个变化，我连做梦也没有想到。

　　我出生的卓尼县洮砚乡，大小有9个纯藏民居住的村庄，村名前后都有不同的变化，按现在的叫法有：上达勿（原藏族村名叫德欧甫，下同）、下达勿（德欧斗）、耐里（耐瑞）、卡古（卡屋）、丁尕（今尕）、卡儿山（卡儿拉）、界拉（尖热）、沙扎里（章才）、加麻沟（则热），前8个村相距1—5里，后1个村即加麻沟，距前8个村的最近距离是20里。解放前，几个村的隶属关系也不一样，前8个村实行土司制，属卓尼杨土司管；后一个村即加麻沟村实行保甲制，抗日战争前属岷县管，抗日战争胜利后，设立了会川县，属会川管；甘南藏族自治州成立后，这里又划归卓尼县管。这9个村与上述3个县城的距离都在120里以上，全是徒步行走。这些村的群众，过去在本村或村际之间都说的是藏话，与汉民交

　　*　作者系甘肃省人大常委会原主任。

往中都用的是汉话，有不少汉民也能听懂甚至会说藏话。所以，这里的藏汉民之间基本上没有语言隔阂。这些村的藏族群众与周围的汉民群众一样，都耕田务农。畜牧业虽有一点，但占的比例不大。生产力低下，二牛抬杠，粗放经营，广种薄收，自然经济。麦穗脱粒，全用牛拉碌碡碾，或用连枷打。运输全靠人背、牲畜驮。地势稍有平缓的村庄，偶尔见到牛拉车，但都是有点手艺的木工粗制的非常简陋的大轱辘木车。如往地里运粪，一车粪能顶得上10个人用背斗背的数量。运输能力很低，平缓地面少，受限制和风险很大。生产、生活用具中，买的或自制的粗笨的木器多，铁制的少，犁地的铧是最必需因而最被爱惜的铁器。喜欢铜器和瓷器，但有的人家很少，有些吃饭用的瓷碗，补了又补，钉了又钉。商品交换只在偶尔间发生，如群众把积蓄的鸡蛋或猪鬃从串乡串村的货郎担那里换点针线或火柴等。因为是林区，住的房子都还可以，全是木头盖起的平房；生活条件好的，盖两层楼房，室内全是板装，外有土墙包起来，讲究"内不见土，外不见木"。说到服装，男的和附近汉民一样，全是汉装。妇女出嫁的全是三个辫子，未出嫁的姑娘是两个辫子，辫形也不一样。妇女的服装全是长袍（或长衫）坎肩，腰里系一个宽布腰带。几个藏民村办婚事、丧葬等风俗全一样，迎送新娘都有特殊礼仪。几个藏民村之间通婚多，亲戚多，感情很融洽。实行火葬，尸体火化后把骨灰埋在坟里。这里的藏民有不少独特的地方，其历史渊源考究的人少，说清楚的人也不多。由于旧社会的黑暗统治，阶级压迫、民族压迫都很厉害，群众中缺吃少穿的人很多，出门乞讨的人也不少见。尤其藏族群众，被欺凌、被污辱、被敲诈勒索的更严重。在我的记忆中，国民党保长借口我家未交什么款，就关押我父亲，手攥着我母亲的辫子打我母亲，想起这些事真叫人心酸。文化教育更落后，旧社会这里周围几十里内除了有几所"以庙为校"的私塾学校外，没有一所完小。识汉字的人太少了，每年临过春节时很难找到写对联的人，由此带来识汉字者欺骗不识汉字者的奇事不少。比如张王两家互相买卖房屋和房地基，两家都不识字，中间由于买方王家给请来写契约的人付的钱少了，结果写契约的人就把已写好的"上卖房屋、下卖地基"的契文，在"下"字左下旁加了一撇，成了"上卖房屋、不卖地基"。过了几年写契约的人就唆使张家逼王家拆房要地基。这类的故事很多，传得也很广，影响很大。

我家就在前面说到的9个纯藏民村中的加麻沟村。我听父亲说，我爷爷外出讨饭没有回来。我二爷是喇嘛，外出念经，后住守在一个寺庙里。我父亲开始也跟着我二爷当和尚念经，我伯父过乞讨生活死后，眼看我家就要断根了，于是我二爷就让我父亲还俗回家，又用他念经积蓄的一点钱帮助我父亲成了家。等我长到8岁时，父亲就送我到离家1里多的一个私塾上学。要求不高，只希望我识些汉字，看住家里的文书，免受人欺骗。这个私塾学校在一个庙里，有一个长方形的院子，东端是庙，里面有一个泥塑的神像，门常锁着。西端是戏台，每年六月初六庙会唱戏用。南北两面是土围墙，北边靠墙修有几间土房，除看守庙的人住外，就是请来教书的一位老先生住用，这就是我们的学校。没有教室，没有课堂，没桌没凳，只有10多个学生。墙根、墙拐角和戏台沿上就是我们每天读书的地方，膝盖就是桌子，伴随我们的除了毛笔、砚台和书以外，就是泥土。按老师规定的任务，天天熟读书，逐个顺序熟背书（背对老师、背对书本背诵书）。学生背书背不下去，老师就在该学生手心打板子，这是经常发生的事。我在这里先读了《三字经》《百家姓》《千字文》《弟子规》等，又读完了四书《幼学琼林》。死读书，读死书，全未开讲，囫囵吞枣。后来父亲又赶着毛驴，驮着面粉，从途中背着砍到的干柴，送我到120里外的会川县城上完小四年级，一日三餐，全由自己做。到了中学，学数理化，学英语，又读了不少古文，直到1949年解放。

1950年1月8日是我走进新生活的日子。这天我突然接到中共会川县裕民区区委书记的一封信，要我到区上帮助收粮。经父母亲同意，这天我就到了区里。这时我才知道，区委书记之所以写信是经我在区上工作的同学向区委书记介绍推荐。区上同志们说，书记知道我在语言、文字方面有一定表达能力，故安排我做区委宣传委员（也有叫宣传科长的）。给我发了一套灰色的棉衣服，又给了一支步枪，我就这样进入了干部队伍。接着就忙着下乡做当时的中心工作，如学习宣传政策，做建立健全基层政权、维护社会治安、催交公粮、催交军鞋，直到后来的动员群众参军、抗美援朝、减租反霸、土改等工作。一因自己对党的方针政策了解太少，二因工作任务的需要，自己对学习抓得较紧。这里值得一提的是，有一天我在区上捡到一本宣传马克思主义的通俗读物，其中讲到，私有制发展的结果必然两极分化，一极是财富的积累，堆积如山；另一极是贫穷的积累，也堆积如山。两极又不能互相离开，少数财富所有者必须由多数贫穷者供养，多数贫穷者为使自己生存还得受少数财富占有者的压迫和剥削。这种社会财产的不公，发展到一定程度，必然为一些有识之士所认识，产生一种新的革命的思想，唤起众多贫穷者爆发革命，推翻维护少数财富占有者的政治统治，剥夺者被剥夺土地，实行公有制，建设社会主义和共产主义新世界等等道理，我读得入了迷。自己从农村土地慢慢集中于少数地主手中、多数农民慢慢走向赤贫的事例来想，越读越爱读，越读思想越开窍。推想，既然农村是这样，城市等其他生产领域生产资料的占有也会这样，全社会、全国，乃至全世界都会是这样。这个思想一涉入，自己对共产党、对共产党的政策理解更易更深。可以这样说，从此以后我在学习时的发言，包括我下乡给群众做宣传，我思考问题、分析问题、写材料等，总和这个思想联系在一起。我认为，这是我新的世界观产生的萌芽和基础，对我后来的发展直到现在起了很大的作用。

　　过了半年多，会川县裕民区和中寨区合并了。我在县上参加会议，填一份干部登记表时，县委宣传部部长发现我不是共产党员，于是就批评我们区委书记说："你们怎么把不是共产党员的人安排做区党委宣传委员。"接着就把我安排做区委青年主任（也有叫区团委书记的）。当时发展团员都要经区青年主任批，但我这时也不是团员。记得一天区委书记突然把我叫去说："你现在已经是团员了。"这个时间就成了我至今填写的入团时间。上述未入党就做区党委委员的事，未入团就审批团员的事，1954年我在甘肃日报社整党试点中（当时我已是党员）就取证搞清了，组织上做了澄清历史的结论。我在会川参加完3期土改（每期我都任工作组长），当时国家正转入经济建设时期，组织上就送我到中共甘肃省委党校学习。乡里人第一次进省城，一切都是新的，新旧冲撞，笑话多，故事多，见识多，收获不小。在校学员都分别安排住若干个大房间，每人一个木板简易床。我到得晚，夜里到宿舍只剩下挨门的一张木床，床顶上一盏灯。我睡下就琢磨这盏灯，估计这就是我以前听人说的"电灯"，但弄不清这灯是怎么添油、开关的，想不清就入睡了。早上醒来时，同房近10

个人除我以外都起床了，灯还亮着，我为了弄清这个灯的秘密，就有意迟起床，暗暗观察着。我看到，最后有位学员去了一下门背后，接着有个声响，灯就灭了。等室内剩我一人时，我就到了门背后看，发现墙上吊着一条绳子，我大胆拉了一下绳，灯就亮了，再拉一下，灯就灭了。清楚了，乡下人没丢什么人就知道电灯怎么开关。后来遇到这类事不少，如坐电梯、打电话等等，除个别的事经求教别人才能掌握外，多数都是在自己勤观察、勤学习中掌握和弄清的。因刚解放不久，当时发展党团员控制得很严，学校讲，在这期学员中（约1000人），首批只发展2%的党员。我当时是班上的团委书记，虽申请入党，但自觉希望不大。加上为办墙报的事，我和班党支部组织委员吵过一次嘴，这就更没有希望了。结果呢？我首批就入党了，介绍我入党的两个汉族党员中，一位就是曾和我吵了嘴的党支部组织委员。这件事对我教育很大，这里不仅反映了我与这位党支部组织委员之间思想修养上的差距，也反映了我当时在民族问题上的偏见。这在我入学后要求调换宿舍的问题上也有反映。因我是少数民族，刚入学时班上就把我和回族学员安排住在同一宿舍，因解放前我受错误宣传的影响，对回民从心理上有些疑虑，我就向班上提出，要和汉族学员住在一起。后来，房子没有调，思想观念不断更新，我和回民学员之间关系处得很好，亲如兄弟。

从省委党校毕业后不久，我就被分配到《甘肃日报》做编辑和记者工作。这一段对我在政治上、写作能力上的提高不小。在报社党组织的关怀教育下，我几乎年年被评为报社机关和省级机关的优秀党员。1956年组织上分配我到甘南工作，先在甘南报社当副总编辑，后任中共甘南州委副秘书长、州委书记处候补书记。1958年，我27岁，记得有一天，州委书记处几位同志给正在甘南检查工作的省委书记张仲良汇报工作，张书记问我是不是叫卢克俭，我说是，他就让我坐在他身旁，摸着我的头，鼓励我好好工作。我对党的关心很受感动。后来，毛主席在《工作方法六十条》中要求党内要培养一批秀才。为贯彻这一精神，中共中央组织部、宣传部和中央党校（当时叫中央高级党校）三家联合发文招生，全国一年只招120人，学制四年，前两年是基础课，后两年是专业课。条件就是要有一定的文化程度和写作能力，并做过几年县级以上党的领导工作。三家派人下来考察，大体合格后就集中在中央党校考试，不及格的要退下来。我被录取后就开始了中央党校的学习生活。

入学那年是1960年，我们的班名就叫"六〇班"。基础课先学"三史"，即世界通史、中国通史、国际共产主义运动史。接着就从读马克思、恩格斯、列宁的基本著作起，直读到斯大林、毛泽东的代表著作。经本人报名、学校征求本单位领导意见后分专业。我选的是哲学专业。基础课、专业课学完，加上政治运动，用了5年。这5年除读书外，还按规定每两周交一篇论文。学习生活是紧张而艰苦的，尤其这一段是国家困难时期，吃饭就比较紧张。但又是很幸运的，和工作单位一样，一切待遇不变，党给了我这么长一段时间的学习机会是难得的。在学习中，我除按进度要求学完每段规定的读书任务外，还做了很多笔记、卡片和索引，基本上掌握了马克思主义的"门牌号数"。有些难读的书，如《资本论》一卷的价值形态部分，在读不懂的地方就打个问号，准备请教老师。还用红、蓝两种笔在重点地方画道道，做眉批。教师讲到不同版本的译文，我们就按老师用的版本译文改了自己用的书中的译文。

在党校学习近5年毕业后，原则是统一分配，首先征求本人意见，再征求本人入学前单位的意见，最后分配我回了甘肃。省委开始分配我到省哲学社会科学研究所，我考虑自己被提拔得早，又离开工作岗位学习了这么多年的理论，就要求到基层去锻炼，具体提出到某公社（当时没有乡）去任个副职。这样比较便于活动，又能有更多的时间调查研究。最后省委让我先参加社教，社教完，正逢天祝藏族自治县换届，于是就分配我到天祝县，任副书记兼县长。不几个月，"文化大革命"就开始了。有人揭发我是"杨献珍（中央党校副校长、马克思主义哲学家）'学术权威'的徒弟"，不久抄了我的家，发现在我学习过的大量马、恩、列、斯和毛泽东的著作上有我在页面空白处写的眉批，在重点处用红蓝笔画的杠杠等，于是就以此为据，说成是"篡改马列主义经典著作"。先是军管，后是群管，前后6年时间，残酷打击，九死一生，家人也不能幸免，受到很大冲击，历尽了磨难。后随着形势的变化，直到1972年初，才以没有问题做了结论，宣布"平反"。之后，又分配我去修水库、办党校，在一个千人的企业里做领导工作。党的十一届三中全会刚结束，省委就通知我到省委党校任副校长。

在"文化大革命"那段艰苦卓绝的日子里，我的妻子马璨，始终与我风雨同舟，患难与共，她比往常更多地关心我，给我很大的鼓励和支持，使我增添了信心和力量。至今，她和我已共同走过了40多年的漫漫人生路，我们相濡以沫，勤奋前进，一起为党和人民的事业不懈努力。

我到党校后，主管教学工作。这期间，在省委书记宋平的主持下，党校连续办了好几期讨论真理标准问题的学习班，后又让我参加了在北京召开的全国理论务虚会。这中间，我就如何评价毛泽东同志，如何解放思想、实事求是、从实际出发贯彻党的思想路线方面写过不少文章，也主编过这方面的书，努力宣传了马克思主义的唯物论和辩证法。1983年，我就进了省委班子。1993年，我被选为省八届人大常委会主任，5年后，又连任省九届人大常委会主任，直到现在。上述在我身上所发生的变化，真是天翻地覆。

我是非常孝敬父母亲的。在会川上学时，那儿常销售兰州五泉山所产的水烟，我每学期回家时，总是用学习中节省的钱给我父亲买上一些水烟，走100多里背到家里，又把地埂子上生长的蒿秆折上几捆放在家里，给我父亲点烟用。我回到家，总是给母亲用热水洗个脚，给她梳梳头。尽管这算不了什么，但我觉得心里好受一些，因为我父母亲辛辛苦苦养育了我。我更热爱共产党，她给了我新的生活，给了我新的思想，使我成长为国家干部。所以我身上的一切好的东西、进步的东西，是我父母亲给的，更是党和人民给的，我只有好好工作，才能对得起他们。

2001年3月于兰州

（原文为《思辨集》序言，卢克俭著，甘肃人民出版社，
2002年1月第1版）

追求真理　心系人民

——忆杨复兴同志

卢克俭

　　杨复兴同志离开我们已经两年了，他那忠于党的事业、关心民族发展、勤政廉洁、平易近人、谦虚好学的高贵品格，以及不屈于苦难的精神和毅力，使我们久久难以忘怀。

　　复兴同志于1929年10月18日出生于甘南卓尼一个藏族世袭土司家庭，父亲杨积庆为卓尼第十九代世袭土司，洮岷路保安司令。1935年、1936年，由中国共产党领导的中国工农红军北上抗日，翻雪山，过草地，曾两次路过杨土司辖区。在非常困难的情况下，杨积庆及当地藏族群众暗中接济红军，开仓放粮，抢修栈道，为红军突破国民党反动军队封锁的天险腊子口防线，走出甘南，北上抗日，做出了重大的贡献。1937年秋，国民党地方军阀以杨积庆"私通红军"罪策划了"博峪事变"，杨积庆及家人七口惨遭杀害，年仅8岁的杨复兴幸免于难。"博峪事变"激起了卓尼各族民众的强烈愤慨，自发集兵，在短短的70天之内挫败了哗变。在各界民众的压力下，国民党甘肃省政府为了稳定人心，即任命杨复兴承袭父职，为卓尼第二十代土司，洮岷路保安司令，少将衔。在中国革命即将取得胜利的时候，杨复兴同志顺应历史潮流，率部起义。

　　中华人民共和国成立后，复兴同志到西北革命大学第三部学习，认真学习了马列主义、毛泽东思想和党的一系列民族政策，使他很受教育，思想进步很快。在学习期间，加入了中国共产主义青年团。回到卓尼后，他积极参加家乡的基层革命政权建设，任卓尼民兵司令部司令员兼卓尼县县长。1950年，着手撤销土司制遗留的旧的管理机构，出任卓尼藏族自治区行政委员会主任，建立了地方区、乡两级人民政权，彻底改革土司制度，带头废除封建等级制和封建特权。1953年起，他又历任甘南藏族自治州副州长、甘南军分区副司令员、西北军政委员会民族委员会委员。1955年被授予中国人民解放军大校军衔。1956年12月加入中国共产党。1960年担任甘肃省民族事务委员会副主任。1963年当选为中共甘南州委委员。1966年"文革"开始后，在"左"的路线下受到不公正待遇，停职审查，并遣送到红旗山"五七干校"劳动。1973年恢复工作后，担任西北民族学院副院长。当时，西北民族学院刚刚恢复，百废待兴。复兴同志和院领导一班人组织职工整修校园，设法调回被遣散的教职人员，他还亲自到民族地区招收学生，为学院恢复正常的教学秩序做出了积极的努力。1974年，他在一次带领学生到农村劳动的时候，突患脑血栓，但他以坚强的毅力与疾病抗争，坚持锻炼，常年不懈，终于使将近病残的身体得到了恢复。粉碎"四人帮"以后，复兴同志焕发出极大的政治热情和充沛的工作精力。1981年，当选为甘肃省第五届人大常委会副主任兼民族委员会主任，并任省人大常委会党组成员。1983年后，继续当选为甘肃省第六、第七届人大常委会副主任及党组成员。1993年，任甘肃省第八届人大常委会咨询员。

杨复兴同志是我党培养的少数民族高级领导干部，对党和人民的事业无限忠诚，在省内外特别是藏族群众中有很高的威望。他参加革命后，以旺盛的革命激情，追求真理，认真学习马列主义、毛泽东思想，积极改造主观世界，社会主义的理想和信念非常坚定，在思想上、政治上始终与党中央保持高度一致，表现了一个共产党员的党性原则和崇高品质。他始终坚持个人利益服从党和人民的利益，顾全大局，谦虚谨慎，团结同志，广泛联系群众，维护民主集中制原则，工作认真负责，作风求真务实。他经常坚持开展批评与自我批评，廉洁奉公，生活俭朴，保持和发扬了党的优良传统。他经常以自己的特殊身份和威望，向广大藏族干部群众宣传党的民族政策，号召大家自觉维护和加强民族团结，积极维护社会稳定，维护祖国统一。他特别重视民族教育事业和民族地区干部的成长，经常不辞劳苦，深入农村牧区视察民族教育工作，帮助解决实际问题，为发展民族教育，培养少数民族人才做了大量的卓有成效的工作。

我和复兴同志是同乡，他长我几岁。虽然我俩的出身不同，但都是党培养起来的少数民族领导干部，在长期的革命工作中我们的友情不断加深。我深深感到，复兴同志出生在封建世袭土司家庭和复杂的社会环境中，他所处的时代是一个新旧社会交替的时代，在阶级矛盾、民族矛盾异常复杂的情况下，能够坚定不移地跟共产党走，是很不容易的。我们经常在一起交流思想，交换意见，深切体会到没有共产党就没有中华人民共和国，也就没有我们的今天，我们的一切都是党和人民给的。所以，我们必须竭尽全力为党和人民的事业工作，为民族地区的振兴和发展努力。我俩既是同乡、同志，又是同事。复兴同志在省人大担任领导期间，对我的工作非常支持，也给了我很多的帮助。他经常深入基层，就全省的政治、经济、文化、教育、民族宗教等方面的重大问题进行视察和调查研究，了解民情，集中民意，积极向省委、省人大、省政府提出意见和建议，为推进我省的民主法制建设，特别是为促进少数民族地区的经济建设和社会进步做出了重大贡献。

复兴同志还是第一、二、三届全国人大代表，第八、九届全国政协委员，甘肃省第一、二、三、五、六、七、八届人大代表，省第一、二、三届人民委员会委员，省革命委员会委员。他的夫人达芝芬同志也出生于一个特殊家庭，但思想进步很快，现任省政协常委。他们夫妇对子女的教育和要求很严格，子女们都在不同的岗位上取得了优异的成绩。

复兴同志重病之际，组织上对他的病情十分关心，及时送到北京全力以赴救治。复兴同志很重感情，我前去探望时，他紧紧地握住我的手说了很多话，并感谢组织和社会各界对他的关怀。复兴同志的离去，使我党失去了一位好党员、一位很好的少数民族领导干部；也使我失去了一位好同志、好朋友。他忠于党、忠于人民的高尚品格；勤勤恳恳、兢兢业业、坚持真理、光明磊落的作风；关心群众，全心全意为人民服务的精神，将永远激励我们为党的事业、为甘肃的经济建设和社会进步而努力奋斗。

（原载于《甘肃日报》，2002 年 4 月）

注：本文选自原甘肃省人大常委会主任卢克俭同志的《肝胆颂》一书，原中共甘肃省委书记宋照肃同志为此书作序，他在序中说："杨复兴同志出生于世袭土司家庭，但他坚定不移地跟共产党走，最终成长为我们党的高级领导干部，在革命和建设中做出的贡献功不可没。"

（原载于《岁月铸忠诚——杨复兴同志纪念文集》，
甘南州委党史研究室等编，中国文史出版社，2010年6月第1版）

卓尼土司杨积庆父子的传奇人生

杨士宏[*]

甘肃省甘南藏族自治州卓尼，在明朝以前为洮州厅所属。洮州厅系禹贡雍州域。秦汉以来为诸戎之地，晋以后被鲜卑族吐谷浑人占据。到了后周武帝驱逐吐谷浑，而收复洮州，属洮阳郡，继而立为洮州。隋朝初，郡被废除。唐代称洮州或临洮郡，属陇右道，唐末陷于吐蕃。宋熙宁五年以后建制多有变革，后仍以临洮城为洮州，然部分土地仍为吐蕃占据。元符二年州又失于吐蕃。大观二年收复仍旧为洮州，建炎后又陷于金，金袭宋制，元袭金制，洮州州治未改，隶属理蕃院吐蕃诸宣慰司。1418—1949年辖于卓尼土司千户所，属陕西都司洮州卫军民指挥使司和甘肃省洮岷路保安司令部，沿袭20代，经过了3个朝代的兴衰更替。而土司政权则在改朝换代的社会变革中随历史潮流而动，反映出较强的社会适应性和应变能力。

杨土司先祖来自松赞干布时代的吐蕃大臣噶益西达尔吉，是噶氏家族东迁到甘青一带的后裔。到13世纪元朝时，才由名为些尔地、傲地的兄弟二人，为寻找适宜发展的地方，来到卓尼定居下来，并在1418年些尔地以功授予世袭指挥佥事兼武德将军，出任卓尼大寺（禅定寺前身）寺主。这时的些尔地已是集族权、神权、政权于一身的世袭土司和教主了。

1508年，明武宗正德三年，第五代土司旺秀被明朝皇帝赐姓为杨，旺秀之名更为洪。从杨洪起，历代土司皆有汉名，体现了藏汉文化的融

* 作者系西北民族大学教授、学报编辑部总编。

入关系。

卓尼土司顺应时代的发展，由元而明、由明而清、由清而民国、由民国直至解放，历时600余年。卓尼土司信仰藏传佛教，建修禅定寺，成为拉卜楞前安多区最大寺院。就其刻《甘珠尔》《丹珠尔》大藏经而言，在全藏区，上可追溯纳塘寺，下可媲美德格土司的刻经事业。

第十九代土司杨积庆（罗桑丹增·南杰道吉）识时务，知大体，明辨是非，后因鲁大昌挑动其内部变乱而遇难。究其原因，主要是为中国工农红军开仓、让道北上抗日所致。我们知道，当年红军爬雪山、过草地、缺衣少粮，北上已到最艰险的阶段。卓尼土司没有执行国民党的指令，不但不阻击红军，而且开仓救济红军，使红军有力量突破天险腊子口，为红军完成战略转移作出了应有的贡献。杨积庆之后，改土归流既成事实，其子杨复兴任洮岷路保安司令。1949年9月11日，杨复兴率部起义，投身中国人民的解放事业上，结束了卓尼土司600余年的封建统治。

卓尼土司延续到杨积庆时，时局发生了很大的变化，辛亥革命的影响时时在冲击着封建社会遗留的东西，人民在觉醒，一场新的革命，一场伟大的民族解放运动正在孕育。但在这场伟大的暴风雨来临之前，阶级矛盾、民族矛盾愈演愈烈，军阀混战、地方割据的情形日益严重。处在这样复杂的社会变革之中，如何正确地把握形势的发展，是保存自己的关键。

杨积庆生于1889年，天资聪颖，从小好学。于1902年以侄孙的身份破例承袭了土司之位，并兼护国禅师。

在第十八代土司杨作霖时，清政府企图将卓尼土司"改土归流"，但终因地广势重，鞭长莫及而罢休。

到杨积庆时其势力虽然受到多方抑制，但仍然有48旗的辖地，东至岷州归安里交界60里；南至西固四川松潘龙安交界400余里；西至洮州户口六哨交界130里；北至洮州作盖交界110里，共属520族、11599户。

部土兵2000名，内马兵500名，步兵1500名。原设守备1员、千总2员、把总4员、外委7员，把守暗门5座，隘口25处。

杨积庆虽然拥有较大的地盘和一定的地方武装，然而20世纪20年代的中国，到处是军阀混战，社会千疮百孔，杨积庆正是处在这样的一个社会环境的夹层中。对于一个地方少数民族地方首领，他不可避免地会受到甘肃地方军阀及其他方面的压榨勒索，加之当时甘肃南部民族情况异常复杂，往往使民族矛盾与宗教问题纠缠在一起，在这样复杂的环境当中，对于一个存在了600多年的土司政权，如何维持土司体统的安全在考验着年轻土司杨积庆的智慧。

在杨积庆短暂的一生中遇到了很多有影响的人和事，鲁大昌、约瑟夫·洛克、范长江则是对其人生影响最大者。

一、70多年前杨积庆遭遇的人和事

（一）地方军阀鲁大昌与土司杨积庆的恩怨

1925年5月，刘郁芬任甘肃省主席。甘肃各地镇守使、统领互相串联，想联合反对刘郁芬。临洮统领宋有才联络卓尼统领杨积庆，共同出兵兰州，宋有才部属团长鲁大昌为先驱部队，杨积庆部属支队长杨锡龄率藏兵千余人出兵到临、康两县交界的莲花山山麓，解鞍牧马，坐观成败。鲁大昌领兵到关山与刘郁芬部属倪旅长接火，鲁大昌败逃岷县。倪旅长在追鲁途中，遇见杨锡龄，问到此何事？杨锡龄随机应答"我们到此迎接旅长"。倪旅长非常高兴，并要杨锡龄领兵共同追剿鲁大昌，这时杨锡龄左右为难。他与鲁大昌本为同谋盟军，既然事情没有败露，则将错就错。鲁大昌已在关山吃了败仗，但同盟兄弟不能倒戈。因此杨锡龄星夜轻骑赶到卓尼，向土司杨积庆报告了详细情况。杨即派房科郝应隆、王国昌二人到岷县见了鲁大昌，并转告鲁"杨统领派我们来通知团长，倪旅长大军将到，迫我藏兵共同消灭你，我们都是一家人如何能打，急来请教如何是好"。鲁说："好！我在此已无法久居，你们卓尼把功劳挣了，我走。"鲁大昌的回答虽然很简单，但从他的口气中可分析出他已觉察到了什么。他虽然要走，但走得不痛快，既失落又沮丧，从此杨鲁间结下了不解之冤。鲁大昌当即撤退，由哈达铺、宕昌入川。杨锡龄率领藏骑2000余，虚张声势，沿洮河南下，到野狐桥。鲁大昌所留一个连将桥烧毁，鸣枪数声而逃。杨锡龄取得岷县，……向倪宣称"旗开得胜，岷县告捷"。倪旅长当即宣奖杨锡龄马到成功，并电告省主席刘郁芬，对土司杨积庆，支队长杨锡龄传令嘉奖。鲁大昌从此入川，一走五年。

1928年、1929年两年，洮州大旱，民不聊生，社会动荡。杨积庆意识到作为一方藏族的头领，因装备低劣，无力保护地方和人民生命财产的安全，故派部属刘德胜连长下四川购制枪支。不意在成都见到因反对刘郁芬通缉在案的鲁大昌。刘德胜与鲁大昌在交谈中，得知鲁要回甘肃，但不敢只身前来。刘德胜写信给杨积庆，杨复函让刘德胜护送前来。到卓尼后被接待在距博峪衙门不远的禾托寺居住。杨锡龄劝杨积庆，说鲁大昌有野心，不宜收留。杨积庆未听劝告，并于当天拿上礼物，骑马到禾托寺见了鲁大昌。

鲁大昌回甘后，重整旗鼓，招兵买马，收容强暴，策动叛变。因鲁大昌与夏河县保安大队长李和义是河州同乡，遂到夏河煽动李等近百人反叛，之后又到岷县、漳县一带扩大队伍。在这种情况下，杨仍以诚相待，将投诚自己的漳县景平娃部百余人全交鲁大昌。鲁则认为大旗已拉起，时机已成熟，则自编自命为"国民革命军第二集团军第七方面军陇西路总司令"。

1930年，甘肃省主席刘郁芬被冯玉祥调离甘肃，临潭县在任县长崔某是刘的深交，刘走后靠山即倒，不敢继续任职，将县印交给杨积庆，弃职东下。对临潭县县长这把交椅杨积庆和鲁大昌都很看重，各有打算。鲁派李和义向杨积庆要县印，并领兵驻扎临潭新堡，以武力威胁杨积庆。李随带4人，到博峪衙门逼杨积庆交出县印，被杨拒绝。此时鲁大昌与杨积庆之间的矛盾开始表面化、白热化了。

李和义走后第二天就领兵攻打羊化桥、秋古卡、多坝等地，紧逼博峪衙门十余里。杨锡龄以杨积庆的名义调集卓尼口里口外兵三四千人，亲自带领常备兵一个连，由禾托寺截击，营长姬从周领兵沿洮河东下，两面夹击，李和义败退。由此，鲁大昌对杨锡龄怀恨在心。1934年8—9月间，杨锡龄和连长孙显攻，书记官李钟秀、卫士惠相敬等去兰州办理公务，在归途中，夜宿临洮辛甸。是晚被鲁大昌住辛甸部袭击缴械，将杨锡龄一行5人杀于洮河岸边，并宣称被杀者均系"土匪"。杨积庆闻报后，深恶痛绝，杀其心腹，如砍手足，遂申诉省政府查办。自此杨、鲁之间的矛盾，从底下摩擦升级为命价官司，多年的矛盾一时得以充分暴露。

（二）一个西方科考学者眼中的杨积庆

卓尼土司历来重视教育，注重藏汉文化的学习。1922年，杨积庆筹划资金在柳林镇创办了卓尼柳林小学。过去都是在土司衙门设立私塾，请名师专门培养土司的继承人和贵族子弟。辛亥革命以后，尤其在"五四"新文化运动的推动下，教育开始在民众中普及。土司积庆为了提高本民族的文化素质以及为自己培养人才，在创办柳林小学的同时还创办了卓尼喇嘛教义国文讲习所。离柳林小学很近的禅定寺除正常的宗教活动外，则是学习本民族文化的重要场所。这样柳林小学与禅定寺形成了藏汉文化的两个教育中心，对本地区文化教育的发展奠定了基础，起到了促进作用。

杨积庆虽然是僻居一隅的封建世袭土司，但他不仅重视现代教育，而且对中西方先进文化均持积极吸纳的态度。1924年冬天，美国著名植物学、语言学和人类学家，被称为纳西学之父约瑟夫·洛克（Joseph Charles Francis Rock，1884—1962）的考察队伍离开云南前往甘肃省，终点是阿尼玛卿山。在此之前洛克和很多人一样，对卓尼一无所知，其目的只是为阿诺德植物园寻找稀有植物。其间，为实现寻梦的理想来到卓尼——一个被历代藏族土司统治的地区。在这里，洛克扎下了大本营，一住就是两年，并对卓尼的植物、历史、宗教和文化形态及其对卓尼土司杨积庆本人的印象作了较为全面、精准的历史记录与描写。

约瑟夫·洛克于1920年受聘于美国农业部，去缅甸、暹罗和印度的阿萨尔邦寻找一种据说可以治麻风病的植物——大风子。这是洛克第一次的远东之行，这次旅行之后，洛克随即受到美国国家地理学会的赞助，来到彩云之南的中国云南省调查自然史，并在丽江结识了日后陪他到西北考察的纳西族人。1924年夏，洛克来到哈佛大学阿诺德植物园，与植物园主任撒金特教授商洽去中国西北，特别是阿尼玛卿山脉和祁连山脉的植物学考察，得到首肯和支持，开始了为其三年的考察计划。

1925年初，洛克致函撒金特教授，告诉他进入甘肃境内的愉悦心情，认为这里是未开化之地，是能去的最安全的地方，这里只有部落民，没有兵匪，是最野蛮的地区，也是最安全的地方。

然而，洛克的这次西北之行充满了变数。中国东部的吴佩孚、张作霖、冯玉祥正在北京角力。在西部，云南唐继尧正在大规模的扩充实力，四川的地方势力杨森、刘成勋、刘湘正在互相厮杀，不可开交。时局混乱，匪盗横行，经济萧条，费用昂贵。在这样的情况下，他和纳西族仆从组成一支临时探险队，从云南丽江白沙大本营出发，经由四川到达甘肃碧口、武都、岷县，溯洮河而上来到卓尼这片山美、水美的卓尼土司王国。

洛克把卓尼确定为他这次考察行程的目的地之一，是因为卓尼位于青藏高原边缘，是进山藏区和汉地的门户所在，西进南下都得经过卓尼。再者，洛克也探听到卓尼是杨土司辖区。当时，在战乱和盗贼肆虐的中国，卓尼是相对比较安全的，而且卓尼的气候对于过冬和储藏标本有着很好的条件。

洛克于1925年4月23日抵达卓尼土司的政治中心柳林镇，该镇是一处不大的村庄，有400户人家，大约2000人口。根据洛克当时的回忆，他到达卓尼的当天受到第十九代土司杨积庆的欢迎，土司"努力摆设了一桌中西合璧的酒宴，但是，结果并不理想。饭菜吃的正热闹时，他让人端上已经化了的冰激凌（酸奶——作者注），那味道只会让人想起廉价的牙膏。更有甚者，和冰激凌一起上的还有黏糊糊的鱿鱼角……那可是罐装的。接着上来的一道菜是海带和看上去脏兮兮的一堆猪肉，一只绿头苍蝇嗡嗡叫着，在桌子上来回飞舞。在座的一位汉人竟用他的筷子夹住了这只苍蝇，然后又用同样的筷子从一只不干净的碗里给我夹菜，我实在尝不出那菜的味道来。上来的还有啤酒——一种日本风味的贮藏啤酒——却用银制小酒杯装着，这种小酒杯是本该用来盛装白酒的。啤酒和冰激凌，还有蝠鳐鱼竟然会一道端上来供客人享用。谢天谢地，杨土司招待的这一餐会终于结束了。我实在没胃口吃那些难以下咽的东西，但出于礼貌，还是硬着头皮咽下一些。"看得出洛克打从心底里对土司的热情款待并未领情，但是从另一方面表现出土司对时尚文化的追求。

实际上，早于洛克来卓尼藏区的外国人，无论是传教士还是考察家，都受到了友善的对待。对洛克则善待有加，卓尼藏人还亲切地称他为"才巴罗"。

因为洛克是一位学识很高、兴趣广泛的科学工作者。土司杨积庆对他研究的植物学、动植物标本制作、摄影均有浓厚的兴趣。他虽然承袭了

500多年来的家族传统，但对外面的世界充满好奇和渴望，洛克的到来对于杨积庆无疑是一个了解外界的好机会，多少意味着通向外界的窗口又打开了一扇。

洛克也开始慢慢翻开了卓尼这部大书，了解这个坐落在青藏高原东北缘的过去和现在。

在洛克的眼中，第一次见面时，土司他才30多岁。"在卓尼，唯有杨土司衣着整洁，他平时穿着汉式的绸衣，而逢年过节，他就穿藏装，头戴狐狸皮帽子，足蹬时尚的前头上翘的毛靴，还系着一根色彩鲜艳的腰带。"

卓尼杨土司是带着他真正走进卓尼的人，杨积庆是洛克笔下描述的轮廓最为清晰的一个人，也是洛克在卓尼生活中观察最为细致的一个人。在洛克的心目中，这个独立于外界，有着自己的领地、军队、法律，甚至掌握着至高无上政教权力的土司杨积庆是他观察卓尼的又一个方向和高度。

在洛克眼中，"虽然杨土司倾向于汉式生活的方式，但是在他的心目中，政教合一的体统是不可动摇的。卓尼大寺因土司家族的大力支持而得到发展；卓尼土司政权因卓尼大寺在精神文化层面的支持而得到巩固。卓尼大寺在七百余年的发展中和土司家族唇齿相依相存。"

洛克看到当时中国时局动荡不安，但杨土司经营下的卓尼像一个激流中的孤岛，有着置身事外，相对稳定的社会环境。因此，他有了把卓尼当作他考察大本营的想法。

洛克在卓尼受到杨土司的特别关照，就其居所安排两处。一处是禅定寺内的策墨林拉章（官邸）；一处是寺院僧官衙门内的一方清静的小院内，里面培植了牡丹、丁香以及各式各样的花草，非常安逸。土司尽其所能帮助洛克在工作和生活上的困难，赋予他出入土司管辖的各个部门、领地的权力。加之洛克精通汉语，便于与土司进行深度交流，以及深入了解土司制度和这种制度之下民众的生活。

土司本人爱好摄影，所以他在洛克科考闲暇之际，经常有意识地为其安排拍摄活动，还要求喇嘛们帮忙协助。还不时带洛克参加卓尼大寺以及其他土司、寺院的宗教活动和节日仪式。特别在一些不允许外人进入的宗教仪式场合，安排洛克最佳位置，使得他获得别人难以获得的镜头和资料。借此条件，洛克从最基本的开始，学习和了解藏传佛教的基本内容，于1928年将其所见所闻撰文《生活在卓尼喇嘛寺》发表在美国《国家地理》杂志上，第一次向西方世界介绍了中国西北这片古老的土地上发生的一切。至于土司在老百姓心目当中地位如何？在洛克的文稿中没有详细交代，但作为一个受过现代教育和秉持基督精神的西方学者，他在手稿中把杨积庆当作一个受中国皇帝封邑的君主，而且是一位易于接受新生事物、拥有一座微型水电站和短程有线电话的开明的君主。

洛克继续在卓尼生活着，继续着他和卓尼杨土司的交往。有一天，他发现了一件价值连城，杨家刻印的《甘珠尔》和《丹珠尔》，也叫卓尼版大藏经。洛克应美国国会图书馆阿伯特博士之托，购买了一套卓尼版大藏经带回美国。

就在洛克离开卓尼的第二年，禅定寺遭到两次兵乱的战火，著名的《甘珠尔》《丹珠尔》印经版随着这座古刹化为灰烬。洛克带回去的大藏经馆藏在美国国会图书馆，也是今天我们能看到的最完整的卓尼版大藏经。

（三）《大公报》记者范长江与杨积庆的交往

范长江（1909－1970），原名希天，四川内江人，新闻记者、编辑。民国时期《大公报》著名通讯记者，后转向共产党阵营，中华人民共和国成立后曾担任《解放日报》社长、新闻总署副署长、《人民日报》社长、国家科委副主任、全国科协副主席兼党组书记等职。1970年不幸去世，享年71岁。

1935年7月起，范长江以《大公报》旅行记者的名义从成都出发开始采访，一匹马，一杆枪，一支笔，往往是前边打仗，先生则随后采访。这时，中国工农红军正在进行二万五千里长征。由于国民党的新闻封锁，红军的情况很少为一般读者所了解。红军北上对整个中国政治动向的影响，成为范长江当时注意的中心问题之一。另外，范长江预测，一旦抗日战争全面展开，沿海一带必不可久守，抗战的大后方肯定在西北、西南一带，而荒僻的西北地区的现状却很少为人所知。因此，有必要对这些地方进行考察和研究，让读者更多地知道西北和西南的情况。

这次旅行考察，历时10个月，行程6000余里，足迹遍及四川、陕西、青海、甘肃、内蒙古等五省区，历尽艰辛采写了大量的旅行通讯，陆续寄回天津在《大公报》发表，第一次在全国性的大报上，真实地报道红军长征的行迹和西北近况，揭露了西北地区当权者的种种弊政，把西北的政治、经济、军事、文化和民族等问题展现在读者面前，字里行间对于西北民众悲惨生活给予了深切的同情。尤其是国统区的读者，第一次听说红军长征二万五千里，闻所未闻，叹为观止。其中有客观记述红军长征过程以及动向的《岷山南北剿匪军事之现势》等名篇，并结集出版了经典之作《中国的西北角》，其中我们看到范长江已经开始使用"红军"这样的字眼了。

1934年10月至1935年10月，中央红军离开江西苏区经过长途跋涉来到甘肃、陕西地区时，收集到一些报纸，发现以长江署名的文章，在还未长征前即判断红军可能要放弃江西苏区实行战略转移，分析了红军为什么要离开根据地进行转移，并对红军长征过程和下一步的动向作出了估计而感到很惊讶，对他的政治敏锐性和过人才华赞叹不已。

今天，当我们在卓尼土司纪念馆展厅的一张旧照片上看到身着长衫，与土司杨积庆等人坐在草地上那沉稳干练的神态，与我们联想的26岁时的书生形象相差甚远。

照片上的范长江正在采访卓尼第十九代年轻土司杨积庆。当时，范长江对杨土司的评价是"生于安乐，无奋发有为之雄图"。然而谁会想到几个月之后，杨土司竟然冒着杀身之祸，为长征途中疲惫缺粮的红军修复栈道，开仓放粮。我们在卓尼土司纪念馆里凝望着这张发黄的瞬间记忆，百思不得其解是什么原因促使了杨积庆思想的转变。透过复杂的史料和历史细节，我们发现范长江、杨积庆在短暂的交往中，忧国忧民的共同担当拉近了两人的距离，有时彻夜长谈，有时沉思于山间草甸。此时的范长江还没有和毛泽东在延安凤凰山发生那一夜改变先生一生的长谈；也许是范长江和杨积庆的那次会谈，历史在瞬间发生了微妙的变化。

这里我们用范长江先生对杨积庆的评价为小结，"他虽未迈出卓尼一步，但每天都看全国各大小报纸，及时地掌握国内外形势，他在上海、天津等地设有商行，常有书信、货物来往。他的思想激进，易于接受新生事物，推广先进技术和文化，嗜好摄影，还在卓尼首次架设电话，组装500瓦发电机。"当然，任何生物的变化都离不开内外因条件的相互影响，透过这段文字我们可以读懂杨积庆的胸怀与心志。

二、济粮让道遭杀身之祸

1935年9月，党中央和毛泽东、周恩来、彭德怀等率领的中国工农红军第一方面军一、三团和中央军委直属纵队共8000余人，穿过草地，沿包座河进入迭部俄界村。到俄界后因连降大雨，加之达拉沟深谷峡，只有谷底唯一的一条道路通向沟口，然栈道桥梁破坏严重，大队人马难以通行，部队决定在此休整。

红军入甘后，国民党反动派为了阻止红军北上抗日，甘肃军阀鲁大昌奉蒋介石和甘肃朱绍良的指令，在岷县、腊子口、西固等地布下重兵，修筑工事，并命卓尼土司杨积庆截击红军，企图不让红军走出迭部沟。

红军将要从毛尔盖到甘境杨积庆辖区迭部沟的消息早有所闻。1935年农历六月的一天，下迭仓官杨景华，派心腹来博峪衙门给杨积庆送信，来者把信交给副官赵希云，赵即刻呈送杨积庆。杨拆阅后觉得事关重大，会见了来人，并嘱咐他们当晚返回，无论如何将回信交给杨景华，不能耽误。将二人送走后，"已是夜里12点左右，吴国屏到了房科，书记官张志平还没有睡。当吴一进门，张志平就问'事情办完了吗？这事不能外传。'吴问'旦子（杨景华）来信说的啥'？张说'红军已到四川的秋季、召藏一带，可能来迭部，请司令怎么办。司令看了信当时就烧了。我执笔他口示，写了回信。指示旦子如果红军来了，不要堵击，开仓避之……'"。

红军在迭部达拉沟俄界休整期间，于11、12日召开了中央政治局会议，即著名的"俄界会议"。会后，"红军沿达拉沟继续前进。9月14日，红军到达下迭最大的寺院旺藏寺，除先头部队外，大部队和中央机关都驻在这里"。为攻下腊子口这个具有战略意义的关隘，毛泽东同志在这里明确指出"北上抗日很重要，一定要突破腊子口……"

"9月15日，司令部命令红军第二师为前卫，第四团为先头部队，向岷州前进，3天急行军，夺取腊子口。第四团由旺藏出发，越白龙江的独木桥，经九龙峡直抵麻牙寺，一支小部队佯攻代古寺，大部队急入然尕沟。”“红军到后，杨景华按照杨积庆的指示，将曹日仓的麦粮暗中开放接济了过境红军。当时这个仓设两个仓库（曹日仓、崔谷仓），共装小麦四五十万斤。红军走后，一个仓库内的粮食全部吃用完，另一个仓库里用去了多半。红军总政治部在仓板上写下了‘此仓内粮是杨土司庄家粮，希望各单位节约用粮’等，还在仓内留下了江西苏维埃纸币两捆，支付粮款。”

张国焘南下失败后，红四方面军与红二、六军团于1936年7月初在甘孜会师，将二、六军团改编为红二方面军，“在党中央和朱德、刘伯承、任弼时、贺龙等同志以及四方面军广大指战员的坚决斗争下，迫使张国焘取消了伪中央、同意北上。以朱德、徐向前、董振堂分左、中、右三路向甘肃进军。8月1日出草地，到达包座地区，8月5日向甘南藏区进发……沿一方面军的路线打通腊子口”。二郎山战役后，攻下岷县城，沿洮河南岸西上向洮州方向前进。红二方面军进入洮境杨土司辖区，从西尼沟经过纳浪羊化渡洮河到临潭新堡。接着顺利地占领了新城，接管了国民党临潭县政府。宣传党的政策，宣传“抗日反蒋”。

杨积庆看到红军严明的纪律和民族宗教政策，亲拟书信，派吴国屏和手枪队班长麻丑哥带马两匹，肥羊几只，连夜到新城红军指挥部表示慰问。红军在临潭先后往了一月有余，然而从不进驻山上插嘛呢经幡的杨土司辖区。杨积庆虽受委于甘肃省绥靖主任朱绍良在迭部、卓尼辖区内堵击红军的指令，只是仅限于表面的应付。当毛主席率领的红军第一方面军从俄界进入迭部境内，除一些小股土匪骚扰红军外，土司番兵则撤离远避。正面遇上红军者，空放几枪躲进森林，使我红军一方面军顺利地出了达拉沟，进驻了土司迭部辖区的腹地旺藏寺。在没有反动派武力干扰的条件下，红军安全地在此作了休整，同时曹日仓官杨景华受土司暗示，开仓接济红军，使经历千辛万苦、爬雪山过草地、吃草根、熬皮带的红军从给养上得到很大的补充，为红军攻破鲁大昌“天险腊子口”防线提供了物质条件，在战略上起到了减少军事耗费，集中精力强攻腊子口的作用。因此，有人说“曹日仓是中国工农红军长征途中的加油站”。杨土司对过境红军让道济粮是不争的事实。迭部是杨土司所辖的一个藏族地区，根据当时红军所处的困境及党的民族宗教政策，红军是不会强行开仓而引起不必要的冲突。根据红军总政治部当时为后续部队在仓板上的留言的用词及语气分析，在"希望节约"的内涵中，有感谢的寓意。如果以反富打霸，济贫济饿的精神，启用土司的粮食是符合这一口号的，没有必要写上这是"杨土司庄家粮，希望各单位节约用粮"的告示。

杨积庆未堵截过境红军，暗中开仓济粮，在中国革命史上自有评论。然鲁大昌惨遭失败，他将失败的仇恨全部发泄在杨积庆身上，旧冤新仇同时爆发，遂向朱绍良指控杨积庆"阳奉阴违，不但不遵命堵击，反开仓供粮，私通红军"。鲁大昌想吞并卓尼，企图从政治上告倒杨积庆，借此实现他蓄谋已久的野心。他为了致杨积庆于死地，不择手段。卓尼安息会美籍教师舒雅哥与杨积庆关系友好，往来频繁。鲁大昌抓住安息会修卓尼木耳桥时，被群众拔掉测绘坐标一事，则妄加造谣说"杨积庆私售国土、有汉奸嫌疑"。

另外，还罗列了一条罪名，因禅定寺麻当、加当、德哇三位活佛素来与内蒙古、东北等地在宗教上是喇嘛与施主的关系，并在热河、镶黄旗等地有该寺"囊欠"（讲经堂）。而这三位活佛本是杨土司政教合一制度的产物，在整体上受卓尼禅定寺杨家世袭僧纲的管辖，关系理应密切。然鲁大昌为了达到他的目的，说杨积庆"通过麻当与伪满私通，勾结日本，图谋不轨"。

鲁大昌则以堵击红军有功，得胡宗南的嘉奖，并使得他的土匪武装成为胡宗南西北地区的一支反共力量，代号为国民党中央陆军一六五师。而杨积庆则变成了"罪人"，受到朱绍良的谴责和查处。当时杨积庆也很担心，后两条虽然是妄加之罪，但给红军让道济粮是事实。一旦被查出将要降临的是杀头和灭族之灾，这样正合鲁大昌之意。他召集秘书长杨一俊、一团队郝应隆、三团长杨英商议对策。推举三团长杨英出面与前来查办的朱绍良副官班鑫交涉。班鑫是个贪财之徒，杨英在会面的当夜就给住在后花园的班副官"喂"上了金条。第二天土司杨积庆与其正面交锋，备"洮砚一台，麝香两颗，藏红花半两，狐皮两张"等敬见礼，求班在其主子处多言好事。受贿的班鑫则满口答应，"一定办到"。班回省府不久，朱绍良调离甘肃去南京。对于"杨积庆私通红军"之事就不了了之，鲁大昌企图致杨家于死地的梦再次破灭。然而他并不想就此罢休，又开始策划更为险恶的阴谋，准备将他杀人的匕首，插进杨家的心腹，派营长窦得海率队夜间潜入司令衙署博峪，煽动杨下属团长姬从周、方秉义等内讧。

1937年8月26日爆发了"博峪事变"，杀害了杨积庆。事变的主要因素除鲁大昌操纵外，还有该部第三团团长杨英特宠揽权，遇事骄矜，被杨积庆信任等。

1929年鲁大昌从四川潜返甘肃时，初来乍到，受到杨的接待，住禾托寺时杨英投其所好，为鲁选择女色，从此二人搭档。鲁成气候之后，为报杨英帮他寻花问柳之情，遂"委派杨英为临潭县公安局局长"。

杨积庆的第一团团长杨锡龄在辛甸被害后，"杨积庆让杨英辞去了临潭公安局局长职务，任命为第三团团长。杨英任团长后，与副官赵希云结为同伙，骄横跋扈，恃宠妄为，引起姬从周等人的不满"。1937年5月间"该部书记方秉义，因奸拐某故健将之子媳，被杨发觉，拟置重典，事泄，方潜逃省垣。"方"与王鼎（曾任过杨积庆的参谋，居省城），陡子明（曾任该部团长）交往甚密。陡在任团长时，手下某营长率兵住石门沟，军纪不严，有奸淫掳掠事情，当地群众向省府控告。省府责令鲁大昌严加查办，这正符合鲁大昌借机削弱杨家势力的心愿。鲁便指派临潭公安局局长杨英将陡子明杀在县城街道。不久杨积庆把杨英提升为团长，陡家误认为是杨积庆借刀杀人"。陡子明是临潭县绅士李识音的舅父，"因此，方、王、陡、李对杨积庆积怨更深，便在兰州积极策划倒杨活动"。这一行动"对姬从周、郝应隆来说则诛锄杨英及二三亲信，时姬已饱受杨英排挤，头脑简单，遂被利用"。适"鲁大昌由庐山受训回兰，方等前往勾结。鲁大昌以往与杨极不相容，上年杨氏容共产党过境犯岷，更招仇视。且卓尼临迩岷县，岂容他人酣睡，并涎其富有，遂为所动。方等接洽之后，遂于8月20日先后返卓，鲁大昌返防后两三日，此事变即发生矣"。

在筹划事变的过程中，姬从周、郝应隆只知其一，不知其二，想排除异己，积极策划，暗作布置。他们本来只有不多几个警卫兵，准备临时放出监犯，杀了杨英、赵希云，嫁祸于人。但万没想到鲁大昌从中做鬼，鲁部团长窦德海以一营兵力，在博峪隔岸的新堡暗作策应，为姬从周的起事押宝，并派便衣队由方秉义带领，"于8月24日晚，潜入博峪。见了姬从周，方秉义突然向姬从周说'现在不是只杀了杨英了事，鲁师长已奉中央和省上命令，派窦团长帮助你消灭土司。事如成功，他保你当卓尼司令，不然事情败露，你如跑了，土司先杀你的家小，如逃到兰州，省上也要治你的罪'"。姬从周在方的引诱和威胁下，遂召集下属党翼，布置兵力，架设机枪，责任到人，分头绑架。

土司随身带有小队20余人，每十天半月·换班。"于8月26日晚2时许，受姬、方指挥，全数哗变，在杨及其长子杨琨卧房窗口各安置机关枪一架扫射，杨从后窗突出，越墙避入博峪沟内，以为某方袭击，尚未料及部下叛变，遂遣随从陈五十一传达命令。"陈五十一进入衙门院内，没看见姬从周，看到人们乘乱抢东西。陈一见眼红，乘机捞了些金银、大烟等物，拿出来偷偷埋在野外地边，然后二次进衙门，取上杨积庆的衣服、药品、鞋子从博峪街上走来，遇姬方营长何建奎，被方等发觉司令所在。当时天将黎明，"连长郑秉钧率领排长张玉成、牛齐、刘宝柱、杜佐堂、曹世虎以及士兵100人左右，赶到磨坊将杨包围"，开枪射击，杨在还击中受伤，手枪膛发热卡壳，无法还击。对方听到枪声已止，先用乱石投击，试探虚实，"最后一枪中肋而死。同时遇难者有长子杨琨、长媳、女孙、使女2人，杨英团长及卫兵2人。日出前，窦德海部便衣队10余人赶至，已在杨被杀之后。时方等对于尚存的妻妾、幼子仍不甘心，经某部率便衣队长官张某威吓劝阻，始及保全。事后该逆等将杨之眷属送博峪下2里许之力赛（杨氏别墅）加以监视"。

事变后的第三天，即8月28日，姬等在李识音、王鼎、方秉义的授意下组织了"卓尼临时维持委员会"。姬被推为主席委员，"何建奎、方秉义、李识音、王鼎、安国瑞、李富才、王焕英等为委员。下设军事、交际、秘书、总务4股。推选李识音、杨一俊二绅士玩弄笔墨，编造罗织杨积庆私通红军的罪状"。"印发通告，历述杨氏罪状五端，分送各方。署名者姬从周、郝应隆等22人，并出布告，谓奉中央密令处决杨氏。"

事变时，姬等意欲诛锄杨之亲信副官赵希云，因派去杀赵者与其平素来往密切，故意鸣枪，使赵脱险逃出。赵孤身逃到术麻滩安绪嗣家准备再作计议，姬等得知，即派安国瑞带10多人前去追杀。赵又逃往北山。这时逃到卓逊小杨土司家的司令部大堂副官杨汝风也积极设法与北山土官杨麻周取得联系。因北山曼麻四旗在四十八旗中数兵力最强，善骑、善战，装备精良。本旗土官杨麻周在其所属旗下最有威信，一呼百应，容易调动。恰遇赵希云逃到北山，二人向杨麻周说明情由，请他发藏兵消灭叛逆——"维委会"。"但番民服从政府之念甚深，因逆等布告有奉中央密令等字样，未敢发动。泊后闻省政府派田委员查办此案，始明真相"。

杨麻周在赵希云、杨汝风的鼓动下"立即派人分头到上冶、迭当、北来达架、桑旺盆地、日扎卡俄等旗调集民兵。"随后杨麻周、杨汝风率北山民兵由流顺沟直下，于9月27日天明到卓尼，"先到方、安、姬3家，杀此3人，方等3人闻风早逃，就将安之弟安国祥击毙"，这时杨才孕、麻力娃率领的包吾什、塔纳、巴弄小术布、朱札等旗的民兵两三千人沿洮河到达卓尼，经商议派土桥土官杨旺杰、杨才孕、麻力娃领兵过木耳直捣博峪。杨汝风等率兵从河阳堵截窦德海团的增援。两路包抄，姬从周等负隅顽抗。杨才孕率部攻打到力赛僧官行署，将杨积庆遗孀大夫人、二夫人、杨琨的二夫人以及8岁的杨复兴等营救出，护送到禅定寺。当日下午，姬从周从博峪撤退到多坝石灰窑，卓尼得报后"即派麻力娃、杨才孕等选精兵几百人去多坝灭姬从周，到力赛受窦德海部阻击，故绕道进大峪沟，越禾托寺山断姬退路，在拉鸡坡（言大将犯地名）将姬从周击毙。方秉义率残部投靠窦德海。"一场想当司令的美梦就这样很快结束了。

杨复兴（班玛旺秀），是杨积庆的次子。博峪事变发生，杨积庆遇难时，他年仅8岁。事变的那天晚上，杨复兴和父亲同卧一室，半夜枪声乍起，惊醒了梦中的复兴，但他年龄幼小，不知发生了什么事，便翻身滚在被床下，又呼呼入睡了。这时杨积庆也不明事情的真相，在忙乱中顾不上其他，只身从后窗突围。

"衙门内枪声停止后，以鲁部宋连长为首的人持手电进土司卧室，不见杨积庆其人，便争抢财物。这时，刚从牢里出来的赛图家阿古（喇嘛）看到睡在坑上的孕少爷杨复兴，不假思索地背上往门外跑，陈长毛紧跟其后，在博峪街上碰见杨积庆随身警卫陈五十一，陈告知杨积庆的情况，二人便将杨复兴背到杨积庆处，杨积庆让陈长毛把孩子背到后沟三十里窝铺处"，才幸免于难。卓尼事变发生后，"土司夫人上告到省，1937年9

月，甘肃省代主席贺耀祖将此事转呈国民党中央。农历八月十一日派国民党中央委员田昆山查办卓尼事件。田来临潭坐观事态发展"。

土司遗孀杨守贞听到省政府已派人到达临潭，"由赵希云陪同，随带卫兵，前往临潭向田委员喊冤告状，要求惩办叛乱祸首姬从周、方秉义等人，为老司令报仇，要求由二少爷继承司令"。

过了两三天，田昆山、贾大均（秘书、随田办案的主要成员）和临潭县长薛达到卓尼。赵希云、杨汝风、杨麻周等率领寺院喇嘛和各旗总管、头人以及藏兵几百人，在临卓交界的上卓梁夹道欢迎。各旗总管、头人一见田昆山，声泪俱下，喊冤哭诉，田昆山点头还礼，安慰同归……田昆山答应："报道省府惩办祸首姬从周、方秉义。二少爷年幼，继承司令的问题，一并报请省府，听候指示。"

"省政府及时批准了田昆山提请处理事变的意见。允许杨积庆次子继承洮岷路保安司令，并选派适当参谋为辅佐人，土司改为设治局，通过保安司令部办理地方交通、教育、医药卫生等事宜。"

田昆山到卓尼后，已故土司之二夫人又先后几次见了田委员，田决定由杨积庆的次子班玛旺秀继承司令，复兴杨家十九代世袭土司的大业，于是，班玛旺秀起名杨复兴。

接着田昆山在禅定寺大经堂院主持召开了原任土司衙门总管、头人、藏兵及僧俗群众参加的万人大会，宣布了国民党甘肃省政府的决定："根据卓尼广大群众的请求，经省政府批准：一、任命杨复兴为洮岷路保安司令，原杨积庆的秘书长杨一俊为参谋长；二、土司改为设治局，由临潭县长薛达兼任卓尼设治局局长；三、任命民兵第一团团长杨汝风、第二团团长赵希云、第三团团长杨景华。"田昆山代表省政府宣布的这一决定，立即引起了鲁大昌的反应。鲁为煽动博峪事变策应作保的窦德海部并未撤离临潭新堡，当事变平息，省府决定年仅8岁的积庆次子杨复兴任洮岷路保安司令时，鲁大昌企图灭杨吞并岷县以西洮州地区的野心未能实现。为了不让杨复兴顺利继承司令，他不择手段，在窦德海一个团的基础上，又增加一个旅的兵力驻扎在离卓尼只有二十几里的新城，给卓尼施加压力，并造谣田昆山"处理该案，受贿几万"。威胁田昆山收回成命，迫使杨家将统治500余年的广大番区拱手让给他来统治。田昆山意识到事态的严重性，若不迅速离开卓尼，怕大劫难逃。为了避人耳目，逃出重围，割须伪装掩饰特征，由"鲁部倾向田的张国桢副官领20名士兵，连夜送其返回禅定寺"。次日在200余骑藏兵的护送下绕道夏河途经河州才抵兰州。

博峪事变的处理就这样草草了事。代表国民党甘肃省政府的田昆山仓皇逃往兰州。事件的善后处理并不尽善尽美。然而，国民党的统治机构乘杨氏世袭统治之危直接安插在500余年来世代由杨家统治的卓尼藏区，借机削弱地方势力。

田昆山的逃走，只是为了个人的安危。8岁的洮岷路保安司令杨复兴的统治仍受鲁大昌和姬从周残余的直接威胁，民心波动，军心不安。几位忠诚的部下为了维护杨家的地方政权，不忍心面对众叛亲离和奸臣当道的局面而辞职离去。积庆遗孀守贞夫人继承了先辈李氏太太的风范，扶持8岁的次子班玛旺秀复兴杨家族业。在这种情况下，为了回避与鲁大昌发生正面冲突，再伤藏兵元气，给人民带来灾难，在北山头人杨麻周撤离卓尼之际，杨守贞即带领家小，包括杨复兴，携印前去北山两月有余。因北山旗下杨麻周部的兵力是卓尼48旗中最强者，所以鲁大昌未敢涉足一步。但是，这样下去也不是道理，虽说在本土辖区，仍不免落个流亡在外的名声，使民心不安甚至有导致权力架空之危险。杨守贞等估计时局，左右权衡，认为再去卓尼不会有什么危险。

鲁大昌暗中捣鬼置杨积庆于死地，假借藏民要革命，打倒封建世袭统治的名义，制造博峪事变，当然不受国民党的追究。

然而新继任的复兴政权，虽说是妇辈当家，但年幼的杨复兴毕竟是国民党甘肃省政府委任的洮岷路保安司令。鲁大昌想再度威胁卓尼，性质就有所不同了，只好收回独霸洮西的奢望。

由于种种原因，流亡了两个多月的杨复兴一行再返卓尼，暂以禅定寺僧纲衙墅为营，设立洮岷路保安司令部及办事机构。从此土司衙门再次迁到了卓尼簇（城关镇）。随着时代的变化，几百年来惯称的"土司衙门"也随之变为"司令部"，与同时成立的国民党卓尼设治局分庭抗礼。但是，刚刚插足于卓尼藏区的国民党"设治局"与杨司令相比，则门庭冷落，大小事由竟无人问津，而杨复兴的统治则不失其民族的凝聚性和土司统治在卓尼藏区的长期影响，各种事宜仍由集政权、族权与神权一身的杨氏处理。但是，由于洮岷路保安司令杨复兴涉世未深，权力分散，一些握有实际兵力的土官头人则目中无人，妄自行动。

1942年，卓尼北山旗下与夏河美武发生草山纠纷，土官杨麻周认为是美武黄迎哥从中作梗，想除掉黄迎哥，和美武土官杨步云之间的事情就好解决。遂派人前去刺黄，不幸冤家路窄，中途与杨步云相遭遇，黄见势不妙，掉头逃跑，杨步云持枪射击，被麻周部下击毙，致使事态扩大。事后杨步云子杨世杰为父报仇，将此事逐级上告。"国民党岷县专署，甘肃省政府、省府会饬岷县专署查办。岷县贡专员派保安大队金大队长领兵3个连，由岷县出发，经过恼素沟到恰盖沟攻打北山，杨世杰领美武藏兵由美武打到角缠村"，企图两面夹击，惩罚北山群众，问罪杨麻周。但是腐败无能的国民党地方官员，用剿抚的办法去解决民间的械斗，并与诉讼者共同攻打被告，这样愚蠢的行动和处理事件的态度，使本应解决的问题未得解决，反而引起了更大的流血事件。由于处理事件的方式不当，将一般的民事纠纷上升为与政府对抗的矛盾，触及统治阶级的利益，引起了国民党地方政府的重视。"卓尼设治局、临潭县政府、岷县专员公署分报甘肃省政府。甘肃省政府特派省保安处长吉章简及官员马元凤随带卫士数人，前来卓尼查处。"

当时，洮岷路保安司令杨复兴前去迭部搞禁烟未回，部务由其师傅夏玉田等处理。吉章简到卓尼后夏玉田以礼相待，在交谈中吉仍然表露出对北山要以武力剿办的想法，此时夏也开诚布公地讲了自己的看法，应"以抚代剿，不然一遍再反，地方糜烂，后方不安。"在夏玉田等的周旋应对下，最后与吉章简等达成协议，决定"北山出乘马15匹，步枪15支，由卓尼司令部负责赔偿，抚恤金白洋1000元，一次付清"。

通过这次事件，北山的藏族群众虽然赔钱拿款，但从另一个侧面看透了国民党军腐败无能，不堪一击。从而助长了他们处处与国民党作对的志气。

草山纠纷引起的一系列事件，给北山人民在经济上带来了沉重的负担，适逢当年甘肃遭遇大旱，洮州一带旱情更为严重，庄稼歉收，加之国民党政府的层层盘剥和苛捐杂税，农民群众衣不蔽体，食不果腹，逼得走投无路。在国民党催粮、逼款、抓丁、抢掠的压榨下农民起义终于爆发了。

卓尼上冶旗水磨川寺活佛怀来仓·贡却卓增，俗称肋巴佛（1916年农历九月二十一日生于青海民和县马营红花寺）联合康多、杓哇的7个部落，组成号称"草登草哇"，带领当地群众与国民党抗丁、抗粮。

1942年，肋巴佛率领的"草登草哇"已发展壮大，响应势力已扩展到临夏、临洮等地。他看到条件已经成熟，提出"官逼哩，民反哩，家家门上钉板哩"（钉门牌）的口号。积极准备，约定于1943年农历二月二日起义。

1943年，王仲甲、马福善等率领临洮回、汉人民打出"官逼民反，不得不反，若要不反，免粮免款"的口号，揭竿而起。

接着肋巴佛与王仲甲、马福善的两路义军相会合，于农历二月二十三日在冶力关以祭常爷池为名，祭旗誓师。举国闻名的甘南民变从此势如破竹，占领了临潭新城，向岷县发起进攻，辗转临洮、武都等陇南各地，以摧枯拉朽之势，使得国民党甘肃省政府大为震惊。

起义大军在临潭新城镇压了伪县长徐文英及邮电局长之后，全军东下，直指岷县。随即岷县专署派保安二团张团长带160余人，驻防临潭，代理临潭县长。国民党岷县专员胡受谦与中央军骑兵二十五团团长戴效戎，率领两连200多人，从岷县出发，当天下午到临潭新城。到临潭后由胡受谦召集了临卓两地国民党要员参加的紧急军事会议。卓尼方面参加会议的有设治局局长刘修月，洮岷路保安司令部参谋长杨一俊等。胡受谦责问他们"肋巴佛是你们卓尼那里的？"杨一俊等见势不妙，话中有话，矢口否认。最后也没有查到谁的头上，只好罢休。

肋巴佛等领导的农民起义失败以后，于1943年6月转移到卓尼县北山、夏河、和政等地暗中活动。在卓尼北山活动期间派人与北山旗土官杨家周取得联系，并鼓动宣传："国民党军队杀我番民，毁我寺院田庄，硬性撤除卓尼土司制度，挟持尕司令（指年幼的杨复兴司令），将我番民不当人看待，希望你们率部起来，和我们一起打击国民党军队。"此时，杨麻周已接到洮岷路保安司令部参谋杨一俊的口谕"关于肋、马（马福善）、王（王仲甲）等，只要不扰乱我卓尼地方，可劝其他往，或暗送出边界，切莫杀害"。杨麻周并未完全按口谕执行，决心随同肋巴佛与国民党周旋到底。

"1945年11月9日肋巴佛去渭源找陇右地下游击队。1946年2月与毛得功接上了头，参加了陇右地下武装斗争。1947年春由牙含章、高君健介绍加入中国共产党。同年4月，陇右党组织决定肋巴佛和牙含章一同去陇东向甘肃工委汇报工作，然后送肋巴佛去延安学习。途经平凉安国镇时，由于车祸不幸遇难，时年31岁。"

紧接着随胡受谦而来的是甘肃省主席谷正伦报请第八战区司令长官朱绍良，调两个军的兵力来镇压农民起义。"第三军军长周体仁的十二师师长吕纪周亲率部分人马来卓尼北山清乡"，来势十分凶猛。但是当清乡的先头部队一进入恰盖沟即受到藏兵的迎头痛击。在地形不熟，军情不明的情况下，第三军二十团陶团长一团只有暂时驻扎在北山康多寺院按兵不动，采取传令地方头领，将他们作为人质来牵制藏民反抗的手段。吕纪周电令洮岷路保安司令部派人来康多寺处理藏兵打死3名官军的问题。洮岷路保安司令部应电立即派参谋杨一俊、头目杨俊等前往。杨一俊等人到达北山与陶团长同住上冶康多寺院，所要处理的问题还未达成协议，后事又起。北山土官杨麻周和杨才尕暗中活动，打算秘密派兵前往卓尼接来司令，想"挟天子以令诸侯"，把卓尼地区的向心力移到北山。调动卓尼四十八旗与国民党清乡团抵抗到底。同时，杨才尕又在暗中组成40人的敢死队，夜踏陶营，杀死营长、连长各一人，排长二人，死伤士兵100多人，劫走机枪两挺，然后乘夜色全部逃脱。枪声停止，陶团长派人叫卓尼洮岷路保安司令部的营长杨赛告。杨带卫士一人前来，刚行至陶部门口，被陶部警卫举枪连同随从一起打死。第二天天蒙蒙亮，陶团长派兵包围了杨一俊一行人的住所。杨一俊、杨国华等在梦中就擒。

杨一俊被抓之际，周体仁部李世龙率一师人马连夜向北山开来，残酷地镇压北山藏民，并派人四处捉拿杨麻周、杨才尕二人。但才尕自脱身后，杳无音信。国民党政府只好以通缉的名义，悬案待办。

就在杨才尕领兵夜踏国民党周体仁军营的当天，杨麻周按照事先的密议，率藏骑四五百人去卓尼接司令杨复兴。在这种情况，十几岁的杨复兴司令进退为难，母亲杨守贞也拿不定主意，部下也众说不一，麻周只好等待最后的决定。在优柔寡断之际，国民党岷县专员公署和保安司令部已派兵控制了卓尼洮岷路保安司令部和禅定寺，要求逮捕杨麻周。但怕麻周抵抗拒捕，再次引起流血事件；也怕将事态闹大，不堪收拾。因此，经国民党岷县专员兼保安司令胡受谦部中校参谋刘济清与驻防卓尼的骑兵二十五团团长戴效荣周密策划，他们知道麻周对卓尼司令非常忠诚，只要司令和大太太杨守贞的安全受到威胁，他是不敢轻举妄动的。于是决定由"刘济清领戴团第三连赵连长的30人逮捕麻周，其余3个排包围司令部（临时设在禅定寺僧官衙门）。另外派了6个士兵，4个守住杨复兴住楼，阻止上下通行。刘济清左右手各持手枪，闯进杨守贞住房说：'大太太事情不妙，上边有令让你交出杨麻周，不交不成。'杨守贞声泪俱下，不愿交出。军需处长赵应忠进来对杨守贞说：'太太呀！你再不要护麻周，你交给我，你看外边的情况很紧张，队伍周围包围的满满的。'杨守贞不得已，打发身旁的手枪队长梁国藩将情况通知杨麻周。麻周得知司令和大太太的处境非常危险，自己一辈子忠于杨家，不能将杨家断送到自己手里，这次来卓尼陷入重围还不是为了接司令去北山，保护司令的安全。在置刃于项的危急关头，麻周说：'好！只要把我们司令啥都不做的话，把我抓去愿咋办都成，杀了就杀了'。挺身而出，束手就擒"。面临卓尼杨家的又一场灾难就这样幸免了。

第二天，"第三军军长周体仁从临潭到达卓尼，住禅定寺木耳当囊钦戴团长的团部，召集刘修月、戴效戎研究如何处理北山问题，并提出剿抚兼用。决定将原打仗中缴回的枪支财物除外，由北山再交出乘马500匹，枪500支，罚白洋100000元，限期一月交清。北山地区小，人口少，出了枪马，出不起白洋。限期一月罚款未能按期交出，周体仁命令再罚白洋50000元。还不交，继续罚款，逼得群众没有办法，将自养牛羊出售筹款"。

周体仁在处理北山事件中搜刮民财，敲诈勒索，捞足稻草，欣然而去。临行前将洮岷路保安司令部参谋长杨一俊从北山解到卓尼同麻周一同押送到省保安司令部。杨一俊到兰后由第八战区宣判死刑枪毙，麻周判刑3年，刑满释放。连长宗其秀被周军枪杀于冶力关，头目杨俊被解到新城枪杀，北山藏兵营长上冶寺主吾鲁喇嘛被就地处决。一些非造成事件的要职人员如杨国华、李培林等则大难不死，不几日就释放了。

　　北山事件的发生，对甘肃省国民党地方政权是一次很大的冲击，两次兵败北山，同在洮岷路保安司令杨复兴的辖区。他们虽然在两次事件的过程中大发其财，但对杨复兴的迁怒和怀疑程度则逐步升级。相反卓尼北山藏民群众在甘南农民暴动的影响下对国民党统治的抵抗情绪也越来越高。加之两次罚款引起当地群众的共愤，群情激昂，怒不可遏。国民党政府为了排除杨复兴司令从中策功的可能，决定整编卓尼洮岷路保安司令部。

　　农历九月间，岷县专员胡受谦，保四团团长吉猛到卓尼，整编洮岷路保安司令部。任命设治局长兼洮岷路保安司令部副司令，在卓尼司令部安下了心腹，企图以此来监视和制约卓尼司令部的行动。这种掺沙子的办法使卓尼杨氏几百年来的族权统治发生动摇。另外，撤销了原来司令部下设的8大处，改并为秘书、副官、军需3个室，1个警卫连，压缩部设机构，降低机构级别。

　　民团的人事变动也比较大。因北山事件杨麻周陷于囹圄，司令心腹杨一俊等被镇压，原任团长杨汝风等愤然离去。

　　任命安绪嗣为第一团团长，雷兆祥为第二团团长，杨景华为第三团团长。

　　整编后，决定卓尼司令部与设治局合署办公。"设治局在衙门东楼，司令部在西楼"，平分秋色。卓尼杨土司政教合一的制度自此已进入"改土归流"之初。

　　国民党政府为了便于统治人民，便于派丁、摊粮、催款；为了控制和掌握人民群众的一举一动，在全国大部分地区自抗战后实行"保甲"制。"改区为乡，村为保；十户为甲，百户为保。乡设乡长、村设村长、保设保长，甲设甲长"。北山事件的连续发生，引起国民党政府对这一地区的重视，乘卓尼百姓偿命赔款，民困政危之际，强行改编洮岷路保安司令部，削弱杨氏在卓尼地区的统治权力。为了将卓尼全盘掌控在国民党手中，命令卓尼建立保甲制度，改土归流。首先在卓尼所属的柳林、洮南、洮北建立了保甲。随之洮州地区的卓逊杨土司，资堡眷土司等也改土归流，建立同仁乡卓逊公署。

　　在卓尼附近的柳林、洮南、洮北一带实行保甲之后，于1944年3月，卓尼设治局将手伸到了以往司令部也觉得鞭长莫及的黑番四旗。派原黑番四旗"长宪"赵国璋为插岗乡长，建设科科长赵文耀为副乡长，户籍主任寇德昌随从正副乡长前往插岗编制保甲，遭到插岗群众的坚决反对和武力抵抗。赵国障等到达插岗后，首先在阴山旗，上河角儿村、古当村、插岗村逐户钉门牌，每个门牌收伪法币伍角。在阴山子母舟村钉门牌时，藏民群众提出交牌费可以，但不让钉门牌。为此互不相让，形成僵局。当地群众先让一步，宰羊献酒，请求免编保甲，但赵、寇等人寸步不让，激起民愤。阳山群众操起武器与其对抗，阴山、博峪河、铁巴等旗的群众也纷纷响应。一场公开反对编保与国民党统治为敌的群众运动形成了。全旗群众联合起来，组成有300余人的武装队伍，持枪赶跑了来编保甲的乡长赵国璋。赵等连夜跑到武都专署，通过专员丁玺电告岷县专署和甘肃省政府。岷县专署专员张仰文闻后立即领保安二团赶到武都陈家坝会同赵国璋、赵文耀、寇德昌等率兵直扑插岗力竹村，企图武力编制保甲，遭到上千藏兵的还击。在撤兵途中又遭埋伏，这突如其来的打击使保安队丢盔弃甲。专员张仰文在逃跑时被藏兵火枪打掉了帽子，险些脑袋搬家，狼狈不堪。责令卓尼设治局，训斥局长刘修月。

刘修月接到上司张仰文的责令和训斥后，无计可施，即派人报告在迭部禁烟的洮岷路保安司令杨复兴和参谋刘济清。杨复兴闻悉插岗之事，在电尕接见了插岗4旗派来的三位代表，对插岗事件作了详细了解，询问了事件发生的整个过程。复兴再三考虑，自己身为洮岷路保安司令，辖区内发生与国民党政府冲撞之事，不能置之不理。于是派"勤务郑冬至成一人前往插岗了解情况"。冬至成回来将所了解的情况作了汇报，知事态已经扩大。因此，杨复兴派参谋长刘济清与书记官吴国屏代表洮岷路保安司令部前往插岗处理善后。

刘济清与吴国屏到插岗后，受到群众礼节性的欢迎，后即派人去武都陈家坝告诉张仰文。张仰文那口难咽的气还未下肚，气势汹汹地又率保二团重返力竹沟，准备当着洮岷路保安司令部代表刘济清和吴国屏的面给藏兵点颜色看看，以雪前耻。刘济清对张仰文分析了当时的处境，保安大队虽然人多势众，武器精良，但藏兵熟悉地形，北山事件前车可鉴。事情如果闹大，如何向省府交代。如果不与藏兵发生冲突，有杨复兴的代表在此，事情可和平解决。

经过刘济清的一番分析和忠告，张仰文最后提出六个条件：（1）交出肇事祸首；（2）接受编制保甲；（3）成立乡公所；（4）修通只母舟的公路；（5）开办学校；（6）罚款认错。刘济清回来后，将详情告诉吴国屏，吴国屏带警卫一人前往卡子村见了各旗总管，告诫各旗总管头人，要面对现实，绝不能打仗，一旦事情闹大，将要给司令带来麻烦。你们这次把事情闹坏了，司令很担心。同时，吴国屏向各旗总管头人讲了张仰文提出的六个条件，总管及群众代表只答应罚款一条，其余都不接受，又出现了僵局。双方都处于戒备状态，互相威胁，但谁也不敢动谁。这时张仰文问吴国屏有什么好办法，尽快了结这一事情。吴国屏说"为了后防安全，地方不要糜烂，可否按照北山事件的处理办法转剿为抚，请专员考虑"。张仰文又征求刘济清的意见，刘济清说"六个条件，藏民只答应罚款，让赔情道歉，专员把人赢了就算了"。之后达成赔款15万元（伪法币）的协议。10万元是开拔费，5万元给张专员赔马。国民党想在卓尼辖区黑番4旗编制保甲的行动在当地藏族群众的坚决抵制下，以失败告终。但那些国民党地方官员又一次发了横材。

国民党设治局在卓尼设立后，国民党岷县公署和卓尼设治局都想在卓尼土司的头上动土。经过北山事件和插岗的反保甲事件，岷县专员公署和卓尼设治局事实上成了监视洮岷路保安司令部的两只眼睛，因此卓尼保安司令部的行动受到多方限制。那些惯于"刮地皮"的专署和设治局的国民党地痞，动不动向杨复兴施加压力，对藏民群众敲诈勒索。仅两次事件逼藏民群众赔款二三十万元，加上各种名目繁多的税收、摊款，逼得群众变卖家产，穷困至极；层层盘剥，种种压力，使杨复兴的保安司令部陷于困境，处处受谴责，动辄要赔款赔情，日子很不好过。为此杨复兴部下杨景华、雷兆祥等纷纷建议，要寻求一条不受人欺负的出路，必须壮大自己的武装力量。要达到势均力敌的目的，首先要有大量的积蓄。"时国民党甘肃省保安司令部为充实地方武装，加强反共力量，发出'自卫特捐'的命令，卓尼借机也发起自己特捐"的活动。

1946年春，杨复兴专为特捐召开了卓尼党政机关团体负责人座谈会，会议由参谋长杨生华主持，杨复兴讲了特捐的目的与用途，与会者表示拥护，达成协议，并成立了自卫特捐委员会。"主任委员杨复兴，副主任委员杨生华、委员雷兆祥、杨景华等。经半年时间，捐集白洋2万余元"。用1.2万块白洋从甘肃省保安司令部购进步枪200支，子弹30000发，其余8000余元作为杨复兴晋见蒋介石的盘费及礼品。

至于杨复兴为什么不惜代价去晋见蒋介石，这一举动的目的很明显。他虽然冠有洮岷路保安司令的头衔，但从他的实力来看，在国民党政界、军界和官场中只是一个徒有虚名的"流外"官，处处受到歧视和限制。因此，他如同历代土司去京朝贡觐见皇帝一样，以卓尼48旗藏族人民代表的名义去晋见蒋介石。目的在于抬高身价，以此来牵制和减少国民党各级地方政府对他的各种压力和敲诈。

1947年春，杨复兴、杨生华等一行六七人先到兰州见了省主席郭寄峤，向郭讲了要去南京晋见蒋介石的打算。郭寄峤不同意，说："现在刚还都南京不久，委员长很忙……"借口阻挠前往。杨复兴、姚天骥、杨生华等人共同商量疏通办法，说情送礼，找到省府秘书长丁宜中，说："受藏民群众委托，不好回去，不能接见，我们去南京参观一遍，以增长见识。"经丁宜中从中斡旋，郭寄峤才同意杨复兴、杨生华、姚天骥等去南京参观。并以郭寄峤的名义给南京蒙藏委员会写了予以关照的介绍信。

杨复兴等人在兰州住了10余天，适逢夏河县藏语翻译员吴振刚、黑错寺院锁藏佛也到兰州。他们要求随同杨复兴等人一起去南京参观，经共同研究协商后，遂以"卓尼48旗，30多寺院代表团"的名义去南京。到南京后蒙藏委员会会长徐世英接见了杨复兴一行。杨复兴等向徐提出了晋见蒋介石的要求，徐将此意转报国民政府，让杨等听候消息。在此期间遇到一位主办《国际新闻》通讯的甘肃籍老乡罗伟，借乡党之光在《国际新闻》头版头条披露了"甘肃藏族领袖世袭土司——洮岷路保安司令杨复兴一行莅京"的消息。并帮助杨复兴会见了于右任、邵力子、田昆山等国民党元老及要人；又在南京介寿堂帮杨举行了记者招待会；在民国日报西北文艺副刊发表了题为"安多藏区卓尼之现状"的文章。杨复兴初露才华，从五个方面精辟地阐述了卓尼的现状与未来，以便达到宣传卓尼，引起政府重视的目的。

就在徐世英积极疏通的同时，蒋介石见到报上的消息，便很快同意接见了杨复兴一行。

8月中旬，蒋介石在官邸接见了杨复兴、杨生华，随同前往的有姚天骥、锁藏佛、吴振刚。杨复兴向蒋介石介绍了卓尼的一些情况，最后提出上陆军大学深造的要求。蒋介石看到年仅17岁，仪表堂堂、举止大方、谈吐流利的杨复兴，说："可以考虑，待后决定。"

杨复兴晋见蒋介石后，返回兰州回拜了主席郭寄峤，然后转赴卓尼。从此，那些地方官吏、乡绅，包括岷县专署的上下级官员对杨复兴刮目相看，毕恭毕敬。

1947年冬，国民政府国防部电调杨复兴赴南京陆军大学将官班受训。接电后保安司令部开会研究，在杨复兴司令受训期间，部务由雷兆祥、杨景华二人代理。一切办妥之后由驻兰办事处处长姚天骥、部属杨国华陪伴，由兰州飞往南京陆大报到。

1948年，国民党召开代表大会，当时在陆大受训的杨复兴被选为国大代表出席了大会，同时洮岷路保安司令部参谋长杨生华当选为国民党立法委员，住在南京的介寿堂与杨复兴朝夕相处，情同手足。

1949年初，杨复兴从陆大毕业，授予洮岷路少将保安司令之职衔。在毕业典礼上蒋介石接见了全体毕业学员。

杨复兴毕业返兰后又拜访了国民党党、政、军各界在兰州的一些巨头。雷兆祥、杨景华得悉司令归来的消息后，调动各旗人马，组成千余人的青年藏民骑兵仪仗队前往岷县远迎。当杨复兴途经岷县时，受到岷县专员孙阳升的热情欢迎，并设宴洗尘。杨复兴陆大毕业，衣锦还乡，在洮岷两州影响很大，沿途受到各族群众的迎送。到卓尼后，当地的一些绅士、教长、名人等也纷纷前来祝贺。

杨复兴到卓尼后，首先整顿军务，举办卓尼军官训练班。训练班在洮、岷、卓尼三县（局）招收藏汉族学员60名，受训4个月。毕业后，大部分学员被分配到新成立的特务营担任排长或司务长职务。特务营辖3个连共300多人，均系民兵中抽调的义务兵，规定一年一换。随着军事力量的壮大，装备问题接踵而来，于是又向西北军政长官公署副长官兼西安绥靖公署主任胡宗南、甘肃省主席郭寄峤伸手，先后通过各种渠道搞到步枪300多支，子弹30000余发，守土自保。

1949年6月，马步芳被提升为西北军政长官。然而担心被马步芳统治的杨复兴，正好下属于他。马步芳一就职，杨复兴也随大流学着甘肃各地的国民党高级军政要员向"长官"献了晋见礼，表示祝贺。

1949年下半年，中国人民解放军以排山倒海之势挺进西北，所向披靡。甘肃国民党军政各界人心惶惶，各级官员何去何从，都在拨着自己的小算盘。

同年7月，国民党陇南行署主任赵龙文从武都发来急电，令杨复兴率部撤离卓尼，退守迭部，以作后图。"杨复兴当即召集参谋长杨生华、民兵团长雷兆祥、杨景华、赵国璋进行商讨研究，最后取得一致的意见。认为中国人民解放军长驱挺进……国民党美式装备的数百万军队，都被一一击溃。我们区区武力，进行抵抗，犹如以卵击石，自取灭亡"。

杨复兴等对人民解放军的了解和认识是有其思想基础的。当年红军过境，宣传民族平等团结，军纪严明，用东西付钱，对民族地区的政务、宗教秋毫无犯。据说红军从岷县折到临潭休整期间，对藏民聚居的卓尼地方则未涉一步。还有老司令积庆在红军过迭部沟时让道济粮，使红军顺利通过深山恶水的迭部。"今天共产党解放军如此强大，受到全国人民的拥护……估计解放军来了，不会对我们藏民为难的。根据以上分析，我们决定不去迭部，解放军来了准备迎接，投诚。"

于是，在表面上为了应付赵龙文，复电说："正在设法准备撤退迭部。"暗中却积极活动，想法和共产党取得联系。是年8月，"一野第一兵团司令员王震率部经过临洮向临夏进军时，派军部政工人员刘玉华和会川土司赵天乙秘密来卓，在卓尼木耳村会见了杨生华。尔后杨生华奉杨复兴的指示，夜晚在柳林碉堡内同刘、赵进行密谈。赵天乙指着刘玉华说：'这是我的侄儿，给我做伴来的，现在快要解放，你们怎样打算？'杨和赵天乙本来熟识，就开门见山地回答：'我们卓尼和你们一样，都是土司所辖的藏族地区，只要解放军不妨碍土司地位，不侵犯藏民的权益，保障我们的安全，我们就投降。我们的老土司当年给红军暗中供粮，我们卓尼历史上没和红军打过仗，也没有抓捕关押过流落红军，现在还有流落红军在司令部当兵，我们也没有在卓尼发现过共产党。今天，更不敢和解放军作对'。"刘玉华说了这番谈话，已经掌握了杨复兴的动机和倾向，这才亮明自己是共产党员，并讲明来意，直言告诉杨生华，是受党派遣前来策动起义的。随即拿出王震司令员给杨复兴和杨生华的亲笔信和解放军进军布告。同时，在交谈中向杨等宣传了党的民族政策和对起义人员的宽大政策。提出让杨复兴和杨生华前往临夏商量起义事宜。但由于当时条件还不成熟，临夏就没有去成。在此以前卓尼已与共产党地下组织取得联系，党组织第一次来卓联系起义者，由雷兆祥团长接头接待。事后派专人送到岷县，被岷县国民党特务机构发现疑迹，责令临潭县国民党党部处理。并给雷兆祥加码，不是杨复兴的正面保护险些被捕。

"9月3日，第一野战军彭德怀司令员，派军代表任谦同志赴岷动员帮助国民党省保安司令部副司令周祥初起义。任谦同志到岷以甥舅关系和周祥初商量，决定联合洮岷路保安司令杨复兴一同起义。即于9月5日派陆聚贤同志带上王震、任谦和周祥初的信，由杨子华、王克仁领到卓尼，7日上午会见了杨复兴，杨即答复：'我们已决定起义，至于时间问题，请任代表、周司令决定'。陆聚贤等返岷向任谦同志汇报后，就起义的具体时间问题，于9日又派地下党员康君实同志来卓，同杨复兴、杨生华面谈。最后约定于9月11日起义。

起义时间确定后，司令杨复兴，参谋长杨生华，团长杨景华、雷兆祥、赵国璋以及参谋张志平、副官陈世昌、禅定寺头目乔都盖等10余人前往岷县。11日在箭营校场召开大会，宣布正式起义。会上首先宣读了起义通电，然后任谦同志以军代表的身份，宣讲了人民解放军的性质、宗旨和任务。根据一野首长指示，将驻岷旧部改编为人民解放军西北独立第一军。洮岷路保安司令部暂改为西北人民武装。"

12日，向中国人民解放军第一野战军总部发出通电，电文如下：

彭副总司令，张、赵副司令员：

　　任谦代表到岷后，洮岷党政极为兴奋，在9月11日举行起义，加入人民解放军，今后誓愿站在人民立场，服从中共中央毛主席、朱总司令与西北军政诸首长的领导，根据人民解放军宣言所载之各项基本政策，整编部队为人民军队，打倒美帝国主义，肃清反动残余，以期早日成立全国统一的民主联合政府，为民族独立、民主自由、民主幸福及全国人民的彻底解放而忠诚奋斗，实现新民主主义，完成全国人民之愿望，兹当起义之初，部队改编待命之时，特电奉告，并盼指导。

　　甘肃省保安副司令兼师管司令周祥初率一七三师，甘保二团、五团，师管区直属一、二大队，补训第四团，省骑兵大队，第一行政区保安大队暨代理第一区专员兼保安司令孙伯泉，洮岷路保安司令杨复兴等全体官兵同叩。

9 月 12 日

　　一野总部接到起义通电，对周祥初等弃暗投明的举动表示欢迎，并以彭副总司令，张宗逊、赵寿山副司令员的名义复电祝贺：

　　　申文电欣悉。当此胡、马匪军面临最后覆灭，西北人民接近全部解放之际，你等率领起义，加入人民行列，前途光明，殊堪庆贺。

彭德怀　张宗逊　赵寿山　申寒

　　周祥初等率部起义，对即将灭亡，顽固抵抗的胡、马匪帮是沉重的一击；给那些向人民靠拢的国民党要职人员做出了榜样。他们的这一举动受到党和人民的欢迎和赞扬。

　　9月15日《甘肃日报》发表了题为"接受八项和平条件，周祥初等陇南起义，通电彭副总司令接受民主改编"的消息："（西北前线14日电）前国民党甘肃省保安副司令兼师管区司令周祥初，代理第一区专员兼第一区保安司令孙伯泉及洮（州）岷（县）路保安司令杨复兴等接受毛主席八项和平条件及国内和平方案，于本月11日在陇南岷县驻地率部举行光荣起义，岷县即告解放，并通电人民解放军彭副总司令及第一野战军张、赵副司令员，待命接受民主改编，为争取我国解放战争彻底胜利和建设新民主主义的中华人民共和国而忠诚奋斗。彭副总司令，张、赵副司令当即复电，表示庆贺与欢迎。"

　　杨复兴同周祥初起义后，经改编，周祥初部为中国人民解放军西北独立第一军，周任军长，杨复兴任卓尼民兵司令部司令员。当整编接管工作结束以后，周祥初部并归六二军。岷县设立专员公署，杨复兴为岷县专区卓尼民兵司令部司令员兼县长。

1950年，岷县专署撤销后，卓尼成立甘肃省直辖藏族自治区，杨复兴担任自治区行政委员会主任。着手撤销旧的管理机构，建立了地方区、乡两级基层人民政权，彻底改革世袭土司制度，带头废除封建等级制和封建特权。1953年起，历任甘南藏族自治州副州长、甘南军分区副司令员、西北军政委员会民族委员会委员。1955年，被授予中国人民解放军大校军衔。1956年12月加入中国共产党。1958年，甘南发生了反革命武装叛乱，杨复兴同志不顾个人安危深入叛乱地区做了大量的思想宣传和政治工作，为迅速平定叛乱做出了积极的贡献。1960年，任甘肃省民族事务委员会副主任。1963年，当选为中共甘南藏族自治州州委委员。1966年"文革"开始后，受到不公正待遇，停职审查。1969年12月至1973年2月，任西北民族学院副院长，其间采取一系列措施，为恢复学院的正常教学秩序做出了努力。1981年，当选为甘肃省第五届人民代表大会常务委员会副主任兼民族委员会主任，并任省人大常委会党组成员。1983年后，当选为甘肃省第六、七届人民代表大会常务委员会副主任并任党组成员。1993年，任甘肃省第八届人民代表大会常务委员会咨询员。

杨复兴同志还是第一、二、三届全国人民代表大会代表，第八、九届全国政协委员会委员，甘肃省第一、二、三、五、六、七、八届人民代表大会代表，甘肃省第一、二、三届人民委员会委员，省革命委员会委员。

杨复兴同志在参加革命工作后，坚定社会主义的理想和信念，始终保持着旺盛的革命精神，追求真理，毫不动摇，实事求是，言行一致。在思想上、政治上始终同党中央保持高度一致，表现了一个共产党员的党性原则和崇高品质。

杨复兴同志对党、对人民无限忠诚。他坚决拥护党的十一届三中全会以来的路线、方针和政策，认真学习马列主义、毛泽东思想和邓小平理论。坚持党的基本路线，坚持改革开放，坚持四项基本原则，并能在工作实践中积极贯彻执行。

杨复兴同志是民族上层人士，在我省藏族群众中有很高的威望。他经常以自己的特殊身份和威望，向广大藏族干部群众宣传党的民族政策，号召大家自觉维护和加强民族团结，积极维护社会安全，维护祖国统一。他特别重视发展民族教育事业，不辞辛苦，经常深入农牧区视察民族教育工作，帮助解决实际问题，为培养少数民族人才做了大量的、卓有成效的工作。

在省人大常委会担任领导期间，他经常深入基层，就全省政治、经济、文化、民族宗教等方面的重大问题进行视察和调查研究，了解民情，集中民意，积极向省委、省政府提出意见和建议，为推进我省的民主政治建设和法制建设，特别是为促进少数民族地区经济建设和社会进步，做出了重要贡献。

杨复兴同志工作认真负责，作风求真务实。他始终坚持个人利益服从党和人民的利益，顾全大局，谦虚谨慎，团结同志，广泛联系群众，积极听取群众意见，维护民主集中制原则。他积极开展批评与自我批评，爱护并关心民族干部的成长，廉洁奉公，生活俭朴，对自己的亲属和身边工作人员要求严格，保持和发扬了党的优良传统和作风。

杨复兴同志因病医治无效，于2001年1月1日15时10分在北京协和医院病逝，享年71岁。他的逝世是我们党的损失，使我们失去了一位好党员、一位很好的少数民族领导干部，我们深感悲痛。我们要学习他忠于党、忠于人民的高尚品格；学习他勤勤恳恳、兢兢业业、坚持真理、光明磊落的作风；学习他关心群众，走群众路线，全心全意为人民服务的革命精神。

在杨复兴同志逝世后，胡锦涛同志发来唁电，表示沉痛哀悼和对亲属的慰问，中共中央组织部、统战部、金融工委、全国人大常委会有关委员会、全国政协办公厅、国家民委、人事部、中共甘肃省委、甘肃省人大常委会、甘肃省政府、甘肃省政协、甘肃省纪律检查委员会、省高级人民法院、省人民检察院以及省直有关部门、甘南藏族自治州和卓尼县的领导以不同的方式表示沉痛哀悼和对家属的慰问。

杨复兴逝世后，组织和家庭根据本人生前遗愿和家乡人民的要求，决定将遗体接回故里卓尼安葬。

原甘肃文史馆馆长杨生华先生为悼念复兴同志逝世撰写挽联高度概括了他的一生：

幼遭横祸历尽艰辛维护地方秩序民族生存恪尽职守，

审时度势迎接解放拥戴社会主义忠党爱国夫复何憾。

参考文献：

1.卓尼政协文史委员会：《卓尼文史资料》一、二集。

2.［美］斯蒂芬妮·萨顿：《苦行孤旅——约瑟夫·F.洛克传》，李若虹译，上海辞书出版社，2013年12月。

3.原载于《中国档案报·档案大观》2007年11月2日二版

4.杨士宏：《卓尼杨土司传略》，四川民族出版社，1990年4月。

5.杨士宏：《从土司到公仆》，1999年12月。

我所了解的杨复兴副主任

杨士宏

　　我家乡的人们喜欢怀古念旧，寻根问祖。在我童年的记忆中，每当天阴下雨、农闲时节、逢年过节、家中来客或在漫长的冬夜，没有电视，没有娱乐，大人们总是不厌其烦，津津乐道给我们讲的最多的故事是关于卓尼杨家和杨司令（习惯称呼）的传说。尤其在"文化大革命"期间，看到老一辈党的领导人一个个被打倒。这时，老人们念叨最多和最担心的是杨复兴主任的安全与健康。道听途说很多，有的说曾见到杨司令赶着毛驴随群众进山为生产队拾柴；有的说在某某地方劳动改造时，司令每天早晨起得很早，一大早就为贫下中农房东挑水、积肥……总之，关于杨司令其人其事的故事听得很多，在我的记忆中影响很深。这对我们出生在偏远山区，没有见过大世面的人来说，他就是我们幼小心灵中崇拜的偶像。

　　真正见到杨司令，是在我上大学以后。1978年3月，我考入当时的西北民族学院学习，入校的当天就有同乡校友告诉我，杨司令就在民族学院任副院长。在我熟悉了学习和生活环境之后，怀着渴望又胆怯的心情，冒昧到府上拜见了杨复兴司令。我以家中老人的身份和名字讲清与自己的关系，并做自我介绍。当时的杨副主任身患重疾，行动和语言表达都受到一定的影响，但从他的表情我可以感觉到一种久违的亲情，对过去已发生的一切彼此心照不宣。从此，我们渐渐地结下了深厚忘年的友谊，多有往来，有时还陪他外出考察。

　　要说能在西北民族学院见到杨复兴副主任，还得从20世纪70年代初期说起。

1973年初春，万物复兴，百废待兴。在周恩来总理的关怀下，国务院科教组正式发文通知：经国务院批准，同意恢复西北民族学院……

7月12日，中共甘肃省委任命苏克勤同志为中共西北民族学院党委书记，王亦农任副书记；杨复兴、李清如为委员。同时任命苏克勤兼任西北民族学院革命委员会主任，王亦农、杨复兴任副主任。至此，停止工作七年有余的杨复兴副主任，重新走上了工作岗位，积极配合院党政的总体工作，对破坏得满目疮痍的西北民族学院的复办重建，做了大量而卓有成效的工作。在校期间，他将政治上恢复自由、恢复工作的喜悦变为经常深入教学、食堂、宿舍、工地等第一线，为党的民族教育事业尽职尽责、忘我工作的动力。当时西北民族学院的恢复和重建工作非常繁重，本已积劳成疾的身体，加之在一次带领学生下乡"开门办学"的实践活动中，因受潮加感冒，未得到及时治疗而引发中风，导致半身瘫痪。

1976年10月，随着"四人帮"反党集团的覆灭，对杨复兴副主任各种不公正的待遇也到此画上了句号。特别是1978年12月召开了党的十一届三中全会，在会议精神的鼓舞和鞭策下，他的心情更为开朗，精神更加振奋。他将组织落实政策补发的工资全部交为党费，并以顽强的毅力战胜了病魔的缠绕，从轮椅上奇迹般地站了起来，走上了新的工作岗位。

1981年1月，杨复兴调任甘肃省人大常委会副主任兼民族委员会主任职务，并任省人大党组成员。他利用自己特殊的身份和威望，经常向广大藏族群众宣传党的民族政策，号召大家自觉维护和加强民族团结，积极维护社会稳定，维护祖国统一。他利用工作之便，经常深入基层了解群众的生产生活；了解党的民族宗教政策的执行与落实情况；了解农牧民群众对改革开放，发展建设的迫切要求。曾多次出面协调解决了甘南部分牧区长达几十年未能解决的草山纠纷。

1983年以后，杨复兴连选为甘肃省第六、第七届人民代表大会常务委员会副主任、党组成员。其间，他经常拖着病体深入基层。记得是在1985年的10月17日那天，杨复兴副主任被邀请前往卓尼车巴沟贡巴寺参加大经堂落成典礼，这是我第一次随司令出行。甘南的10月天气已经很冷，到合作天上开始飘起小雪，当车行至卓尼境内，出康木车村不到两里时，因积雪覆盖了便道的路面，在城市开惯车的司机师傅难辨高低，不小心车陷在了雪壕中。无奈，我和司令秘书只好踏着五寸多厚的积雪到康木车村求援。这时，天近掌灯时分，村头巷尾行人稀少。我们只好用藏汉两语，轮番呼叫着司令的车子陷到雪中了，请帮帮忙。人们听到呼叫，放下即将到口的晚饭，冒雪纷纷走向街头，一个，两个，三个……一时聚居了四十余人。热情的群众连拉带抬，不一会儿就将车拖了出来。谢过群众，我们继续赶路，雪越下越大，在车灯的照射下非常刺眼，找不到路。幸好遇见一位磨完面回家的老乡，在他的指点下很快到了麻路洮河渡口，吼破了嗓子，对岸的艄公才慢悠悠地摆来渡船。折腾了一路，到贡巴寺时快24点了。接着，司令与著名民族统战人士、甘南州政协副主席热旦加措活佛和当地各级领导、群众代表亲切交谈，并交换了寺院大经堂落成典礼的有关事宜。第二天，典礼如期进行，这是党的民族宗教政策得到落实，二十余年来的第一次宗教性大型庆典，也是二十年来群众与日夜思念的杨复兴主任的首次见面。不大的会场人山人海，人们沉浸在改革开放和党的民族宗教政策得以落实的喜悦之中。

第三天，我们在百余马队的簇拥下，在飞舞的哈达中，一步一回头地离开了车巴沟直奔陇南、天水等地进行调研。杨复兴主任平易近人，生活俭朴。外出考察，轻车简从，不向下面打招呼。途中的安排也不提前告知秘书。若遇到村落学校，则可能随时叫停，到群众家拉拉家常，吃颗洋芋；到学校了解情况，喝杯清茶。杨复兴副主任跑遍了甘南、陇南、陇东、河西等少数民族及贫困地区；就全省的政治、经济、文化、教育、民族宗教等方面的重大问题进行视察和调查研究。了解民情，集中民意，及时向省委、省人大、省政府反映所了解到的基层实情，还提出了有关民族地区资源保护、能源开发、生态环境等方面的许多建设性的建议。为推进我省的民主法制建设，特别是为促进少数民族地区的经济建设和社会进步做出了重大贡献。他特别重视和关心民族教育事业和民族地区干部的成长，经常不辞劳苦，深入农村牧区视察民族教育工作，帮助解决实际问题，为发展民族教育，培养少数民族人才做了卓有成效的工作。

1989年应十世班禅大师的邀请首次进藏，参加了班禅五至九世灵塔的开光典礼。在藏期间，得到时任西藏自治区党委书记胡锦涛、党委副书记热地等领导的热情接待。

　　1992年偕同夫人达芝芬、长子杨正、甘南州原人大常委会副主任杨积德等二次进藏，参观拜谒了西藏著名的三大寺、藏王墓及西藏第一座王宫——雍布拉岗。

　　在西藏考察期间得到了时任西藏自治区常务副书记、人大常委会主任热地，副主任朗杰、郑英等领导的热情接待，并派专机送到成都。

　　1996年再进西藏。6月24日杨副主任在秘书鲁太科和我的陪同下从成都双流机场乘飞机再到拉萨。飞机到贡嘎机场降落，有自治区人大常委会副秘书长杨新龙等到机场迎接。到拉萨后，下榻自治区政府招待所，人大常委会副主任郑英等来看望。下午5时，自治区常务副书记、人大主任热地来问好。

　　翌日，9时许，自治区人大常委会副主任朗杰前来看望，朋友相见话题很多。下午6时半，热地主任在自治区统战部宾馆设宴邀请杨复兴一行。参加宴会的有自治区人大常委会副主任马光华（回族）、郑英、杨新龙副秘书长和卓尼籍老乡李启荣。席间宾主频频举杯，气氛祥和。

　　6月27日下午3时半，在自治区人大三楼会议室召开座谈会。议题是：了解民族立法及执行。会议由郑英副主任主持，马光华副主任、杨副秘书长详细介绍了自治区的行政区划、土地面积、人口、民族、宗教、教育、卫生、农牧、工商企业、矿产资源、法制建设及影响发展的诸种制约因素。之后，又去西藏的"西双版纳"林芝地区，考察了林业资源及开发情况，还到米林县南峪珞巴民族乡，走访了珞巴族群众美茹家。

　　7月4日，结束了在拉萨的考察活动，从贡嘎机场乘机到成都，住四川省委组织部招待所。第二天，四川省政协副主席杨岭多吉在成都饭店私人宴请杨复兴，应邀出席宴会的有四川省委书记、著名藏族老红军天宝先生，省人大常委会副主任罗通达等领导同志。他们是党和国家培养的第一代藏族领导干部，从他们身上可以看到待人厚道、作风纯朴、聪明睿智的民族精神。

　　杨复兴副主任不但时常牵挂着少数民族和贫困地区的发展，也时常惦记着老领导、老同志、老同事的生活与健康。1999年，又是一个10月，杨副主任要我陪他到陇东的平凉、庆阳等地考察。在庆阳他看望了部分曾在甘南工作的老同志、老同事，从庆阳转道陕西西安。在西安拜访了孙作宾、常黎夫以及他的入团介绍人范明等领导。返回兰州时，我们越秦岭经甘肃的两当、礼县、徽县到天水，先后十余天才到兰州。一路上杨副主任感慨很多，他告诉我，来年或再后一些时间，还想去新疆、四川西康等少数民族地区参观考察……

缅怀我的父亲杨复兴

杨　正

时间使人们对许多事物都在记忆中模糊了、淡忘了，然而有些事情随着时间的流逝，却在我们的头脑里印象更加清晰，认识更为深刻。我的父亲杨复兴，离我们而去已经五年了，但他的音容笑貌却时常浮现在我的脑海里，他的形象在我的记忆中变得越发清晰，对他的理解甚至较之他老人家在世时更为深刻。

一、跟共产党走，是我父亲最重要的政治抉择

我的父亲于1929年10月出生在甘肃省卓尼县一个封建土司家庭，在我父亲出生的那个年代里，整个中国到处都是战乱频发，民不聊生，即使在一个穷乡僻壤的卓尼也是战火连年。1928年，临夏军阀马仲英被国民军赵席聘部击败后，窜至卓尼，在洮河北岸烧杀抢掠数日，经过卓尼时，将具有600年历史的卓尼禅定寺大经堂、佛殿，具有极高历史文物价值的卓尼大藏经付之一炬，尽悉焚毁。1929年，临潭马尕喜顺率数千人入侵卓尼，又一次烧杀抢掠，后被我爷爷杨积庆率部击退。1930年前后，甘肃军阀鲁大昌割据临洮、岷县一带，对卓尼地盘久蓄吞并之心，先后采用拉拢、收买、军事进攻、暗杀等手段企图达到占据卓尼地区的目的。1930年，鲁大昌派一旅长率部进攻卓尼，被我爷爷部下杨锡龄率部击退。1932年，我爷爷部下团长杨锡龄到兰州办事返回途中，鲁大昌命其部下在临洮辛店劫杀，一行数十人同时遇难，尽掠其马匹行装，弃尸洮河。我爷爷闻讯后电

请省政府惩办凶手。但在那个年代，哪有公理？这样的惨案也是一拖再拖，不了了之。1935年8月至1936年7月间，红军一方面军和红军二、四方面军长征路过卓尼，我爷爷在红军政策的感召下，开仓济粮支援红军北上抗日，在红军过后，我爷爷又妥善安置了几百名流落在卓尼地区的红军战士，为中国革命做出了贡献，这也引起了军阀鲁大昌的忌恨。1937年农历七月，鲁大昌通过收买我爷爷的部属，里应外合用突然袭击的手段将我爷爷一家7口人杀害。由于事变发生在卓尼县一个叫作"博峪"的村子，所以当地群众把这次事变称为"博峪事变"。这些战乱和事变在我父亲的内心留下了沉重的生活阴影，这也成为我父亲以后走上革命道路的重要思想基础。

我父亲坚定地跟共产党走的另一个思想基础是他对人民群众有着深厚的感情，在他的一生中同卓尼群众有着千丝万缕的血肉联系，可以说没有卓尼群众就没有我父亲也就没有杨氏家族的延续和繁衍，我父亲一生受着卓尼人民的尊敬和爱戴，他也对卓尼人民有着非常深厚的感情，这种感情既有历史的渊源又是亲身的感受。

卓尼土司制度延续530多年，世袭20代，土司世袭制度不受改朝换代的影响，这在中国历史上都是少见的。土司既是行政上的最高统治者，又是宗教上的精神领袖，还是藏民族的代言人，在经济上也是基本生产资料（土地、草山、林地等）的所有者，再加上交通闭塞，与外界很少往来，使土司制度深深扎根于当地，得到辖区藏族的信任和拥护，也形成了土司家族与当地群众世代相传的天然的感情联系。在1937年的"博峪事变"中，我父亲又一次亲身感受了这种联系。当时我父亲还是一个刚刚8岁的孩子，事变发生时他还在睡觉，是当时从监牢里跑出来的一名叫塞图的藏族群众，看到还在熟睡的父亲，冒着危险背着父亲逃离险境。事变发生后，卓尼街道聚集了上万藏族群众，群情激愤，举行暴动，为老土司报仇，藏兵与叛军相持半月后将主要匪首击毙，又经过省上特派员的调停，同意我父亲继任土司，事件才得以平息。在这次事件中我父亲也受到了强烈的感情震撼，增强了他对卓尼群众的感情。

我父亲经过了解放前无数战乱和国民党时期的民族压迫欺辱的困扰，又看到了卓尼群众的感情和力量，1949年9月，他毅然率部起义投身革命，实现了他人生最重要的一次政治抉择。随着共产党领导的革命事业在卓尼的发展，我父亲也真正看到了光明和希望。

1949年11月，我父亲被安排到西北军政委员会边学习边工作，在那里受到了彭德怀、贺龙、习仲勋等老一辈革命家直接的关心和教育，我父亲经常谈起他和我的母亲到彭老总家做客，受到彭总和他夫人热情接待的往事，使他念念不忘。1950年夏天，那天天气很热，贺龙同志身着一件白色衬衣，袖口和衣领都有些发毛，他鼓励我父亲投身革命，为人民服务，贺龙同志的教导和他朴素的穿着给我父亲留下深刻的印象。在西北军政委员会工作期间，由范明同志介绍，我父亲加入了中国新民主主义青年团，入团以后我父亲十分珍视自己的政治使命，回到卓尼以后，他自己虽然在行政上是卓尼县长，但他经常到县团委以一个普通团员的身份，要求团组织给他分配工作任务，主动积极参加团组织的各项活动。

解放初期的卓尼百废待兴，全新的工作环境，全新的工作要求，唤起了我父亲极大的工作热情，为了建立和巩固新政权，以他特殊的身份和他在藏族群众中的影响力，到基层开展工作，动员群众参加革命，教育群众革除陋习。他还带领工作队，深入偏僻山区，铲除罂粟，查禁鸦片，特别是在解放初期，在解放军军力不足的情况下，马步芳残部马良股匪窜入甘南境内，我父亲带领民兵司令部的干部战士参加追剿土匪的战斗，保卫了一方平安，消灭了这一伙残余土匪。

在长期的革命工作中，我父亲不断加深了对党的认识，向党组织提出了自己的入党要求。党组织也不断对我父亲进行培养和教育，在1956年我父亲终于实现了他的入党愿望，实现了他做出政治抉择后的最高的政治理想，这更坚定了他跟共产党走的决心。

二、公平正直、光明磊落、联系群众、平易近人是我父亲的最高尚的人格品质

我的父亲在政治上坚定地跟共产党走，在生活上他的为人一贯表现为公平正直、光明磊落，尤其是在经历了多次政治风浪之后，他的这种人格品质表现得更为突出，他的很多老同事在这方面给了他很高的评价。

在"反右"运动、反封建斗争和"文革"运动中我父亲虽然经受了许多磨难，但也锻炼出了他公平正直、光明磊落的人格品质，在历次运动中，无论形势多么险恶，不管内心受多大压力，他没有为了保全自己去陷害同志，也没有写过一份讨好造反派的揭发材料。他的这一人格品质深受人们的尊敬，也给我们子女留下很深的影响。

我父亲另一方面的人格品质就是他非常注意联系群众，待人诚恳，平易近人。在他几十年的工作中，无论是身居领导岗位，还是身处逆境，他对周围的人都是以诚相待。在他的朋友中，有搞"四清"运动时结识的老农，有人民浴池的修脚工，有下乡时在路边结识的农民，也有卓尼牧区深爱他的牧民，这些人和他保持着长期的友谊，常来常往，关系非常融洽。

三、父亲的言行是留给我们最宝贵的精神财富

父亲一生特别关心家乡的建设，关心家乡人民的生活，尤其是中共十一届三中全会以后，我父亲没有思想顾虑，几乎每年都要回家乡看看，他特别关心贫困群众的生活，关心家乡的教育事业。卓尼柳林小学，是我爷爷在藏区创办的第一所汉语学校，我父亲非常关心这所学校的发展，他多次捐资帮助学校解决学校发展中的困难。他还特别关心家乡的林业保护工作，他在担任第八届、第九届全国政协委员期间，在政协会上多次提出议案，提请国家加强黄河上游及洮河流域、大夏河流域的天然林保护工作。在父亲的影响下，我们子女也很关心家乡的发展，经常回家乡看看，为家乡做一些力所能及的工作。

实事求是、敢于直言是我父亲为人的又一优秀品质，给我印象最深的是在1983年，班禅副委员长视察甘南。那是"文革"以后班禅副委员长第一次视察甘南藏区，当地群众对委员长表达了非常高的欢迎热情，按照藏区的习俗，欢迎这样尊贵的活佛时，群众会尽其所有向活佛供奉布施，在甘南的几个牧区县群众敬奉了很多布施。在将要视察卓尼、临潭、迭部、舟曲几个县时，那天早上，我陪父亲去看望班禅副委员长，在一番寒暄以后，我父亲向班禅副委员长介绍，这几个县由于以农业生产为主，加之气候条件差，群众生活很困难。后来我父亲又给县领导讲，要给群众做工

作，在敬奉布施时要量力而行，不要影响群众生活。班禅副委员长很重视我父亲说的情况，他在几个县视察后，把当地群众的布施都留给地方政府作为发展地方教育事业的基金。

我父亲为人淡泊名利，从不向组织提出分外的要求。我曾记得在1980年前后，省上考虑要一名藏族干部进省人大常委会领导班子，当时有许多我父亲的老领导和老同事极力推荐我父亲进人大常委会，并到家里来劝说父亲多参加社会活动，但我父亲并没有为大家的劝说所动，还是在家休养。一天突然通知，当时担任甘肃省委书记的宋平同志要见我父亲，我陪着父亲在西北民院礼堂一间会议室见到了宋平同志，当宋平书记问及我父亲身体情况时，我父亲实事求是地讲了他的病情，说他的记忆力差，不能坚持日常工作。其实大家都知道这是宋平书记在亲自考察大家推荐进入人大的人选，但我父亲还是实事求是地讲了自己的情况。联想现在一些人为了自己的提拔，托关系，走门路，甚至不惜花钱买官，我父亲的为人真是淡泊名利，光明磊落。

父亲在平时的生活中不仅严格要求自己也严格要求家人，他从来没有利用自己的地位和影响，为子女谋取提升职务或其他利益。我们兄妹7人，除了小妹是高中毕业考上大学以外，其他都到农村接受过插队劳动锻炼，小弟中学毕业时，父亲已经在西北民院担任副院长，但他还是让他去农村插队劳动锻炼。当时我们对父亲的要求有些不理解，现在回想起来这样的安排，对我们的成长是很有好处的。

父亲去世已经五年了，父亲的品质，父亲的为人，经常引起我深深的思念。父亲像一本书，让我永远读不够，学不完。

2005 年 1 月

（原载于《岁月铸忠诚——杨复兴同志纪念文集》，甘南州委党史研究室等编，中国文史出版社，2010 年 6 月第 1 版）

我给杨复兴副主任当秘书

鲁太科[*]

    1991年初，经原甘南藏族自治州军分区司令员尕布藏推荐，单位确定我给甘肃省人大常委会副主任杨复兴（以下称杨副主任）当专职秘书，直到杨副主任去世的近十年时间里，他谦和的态度、务实的作风、豁达的胸怀、顽强的意志深深地感染着我。至今，陪杨副主任一起外出考察、下乡调研的情景仍一幕一幕出现在我的眼前，脑海中经常出现杨主任的音容笑貌，多次在梦中仍和杨副主任在一起，给杨副主任当秘书的经历，在我心灵中印上了深深的烙印。

    杨副主任是共产党的高级领导干部，又是藏族地区影响广泛的少数民族上层人士。我在任秘书的时间里，随杨副主任走遍了甘南藏族

杨复兴副主任（右）与秘书鲁太科（左）

---

    * 作者系甘肃省人大常委会退休干部。

杨复兴副主任（中间着便装者）和舟曲县博峪乡群众在一起，右二为秘书鲁太科

自治州卓尼县、迭部县、舟曲县的全部乡镇和村寨。每到一地，都受到当地群众高规格的迎接和爱戴，庞大的马队在十里之外列队迎候，威武的骑士穿戴藏服盛装，脚蹬马靴，斜跨猎枪；寺院的僧侣们夹道相迎，吹着近10米的长号，敲着法鼓，撑着华盖护送杨副主任前行。路两旁香炉桑烟缭绕，龙达迎风飞扬，当地无数群众手捧哈达鞠躬迎候，藏族老阿婆手摇嘛呢诵经祈祷。山坡上、树林旁、草地上到处是等候的群众，大人们抱着小孩，年轻人搀扶着老人，整个村寨基本上是全家出动，几百里之外牧场的牧民也专程赶回来参加这一重大盛会，村寨中、草原上一派节日的景象。当杨副主任一到目的地，各族群众便蜂拥而上，将杨副主任围得里三层，外三层，争相目睹杨副主任的到来，满脸显露着期待的表情，并期望得到摸顶授记，得不到摸顶授记则不肯离去。这样盛大和庄重的场面，使初当秘书的我感到惊讶，后来这种场面见得多了，也就习惯了，也使得我对杨副主任的敬仰和尊重油然而生，更增加了我当秘书的责任感。在近十年的秘书工作中，杨副主任对共产党的坚定信念，对家乡人民的热爱和深厚感情使我难以忘怀，铭记在心。

一、呼吁保护甘南林业生态

　　森林是甘南各族人民赖以生存的重要资源，由于多年的不断砍伐使该地区林业资源遭到了严重破坏，生态逐年恶化，泥石流、洪水等自然灾害多有发生。几十年间被砍伐的木材用汽车川流不息地外运，洮河放筏，加之地方上马驮、牛拉、人扛等盗伐活动不断，有的山头已基本上"剃了光头"，而且砍伐的程度愈演愈烈。1993年我随杨副主任去舟曲县弓子石乡调研，该乡已无一棵松树，因土地面积有限，地里只能种一些玉米和洋芋，群众连基本的生活做饭用柴都没有，没办法只有上山拔草根当柴烧，由于山高坡陡，几十年来从山上摔死的达十人之多。我们去了一户群众家，家里的男人是在去年捡烧柴拔草根时从山上跌落摔死了，家里的口粮只有堆放在墙角的一点洋芋，做饭缺少柴火，更不要说冬季取暖。杨副主任看了特别心酸，将身上仅有的几十元钱留了下来，并嘱咐县上陪同的人大常委会主任李边玛、政协主席全尼西要关心此类家庭。

　　甘南林业生态的保护一直是杨副主任心中的牵挂。在甘肃省人民代表大会第八届二次会议甘南小组会议上，杨副主任首先发言大声疾呼："甘南的森林已到了毁灭的边缘，如不立即阻止并采取保护措施，我们这一代人将会成为历史的罪人。"出于对森林资源破坏现状的痛心，发言时因过于激动而发生休克近半小时。当时参加会议的有省人大常委会卢克俭主任，甘南州委郝洪涛书记、杨镇刚州长和甘南代

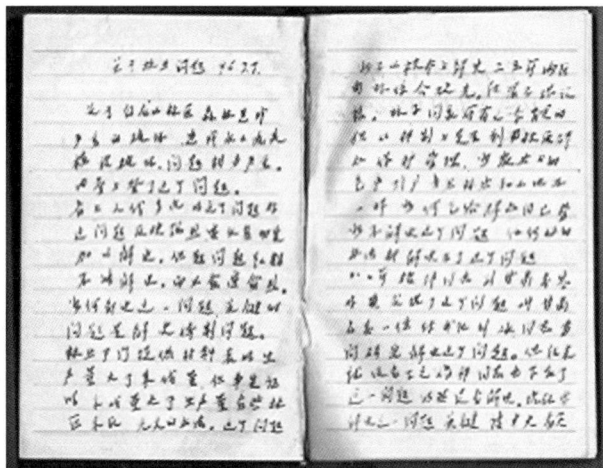

杨复兴副主任在全国政协会议上的发言稿手稿

表团全体成员。杨主任对甘南人民的强烈责任心使参会所有人都非常感动和钦佩。会议第二天杨副主任夫人达芝芬阿姨、胞弟杨丹珠和甘南州人大常委会副主任杨积德考虑杨副主任身体情况，劝说在家休息，但他还是坚持要参加会议，上午便带上我去解放军代表团向参加会议的省委书记阎海旺汇报此事，在解放军代表团的会议桌上讲了他在甘南团发言的内容。大会结束后，又和我一起专门去青年农场省领导家属院找了省长孙英同志，反映了甘南林业资源遭受严重破坏的情况。杨副主任对森林禁伐、林权体制改革的建议和思路比国务院制定的森林禁伐、林权改革条例还要早几年。杨副主任对甘南森林的保护在多次会议和适当的场合不断呼吁，胡耀邦总书记到甘南视察时他亲自汇报了甘南的林业情况。1996年在全国政协小组会议上，杨副主任专门就森林保护和林权改革进行了发言，同时提交了"关于甘南林业生态保护"的议案。

二、关心家乡的教育事业

杨副主任每到一地，首先去的是学校，看望的是教师。召开群众大会首先强调要摆脱贫穷，必须重视教育，没有知识的民族是落后的民族，没

杨复兴副主任和卓尼县柳林小学全体教职工和学生代表合影

有学问办任何事情都很难成功，家里再穷也不能不让娃娃上学，只有有了知识才能发展，我们藏区落后主要就是教育落后的原因。1992年9月、1993年5月，曾两次让我专程将他去甘南时群众布施的一些钱和自己积攒的13000多元送到卓尼县柳林小学，当时学校召开了有县委书记雷和平、县长徐登参加的捐赠大会。书记、县长讲话表示感谢；学生代表发言："一定不辜负杨爷爷的期望，努力学习，争取获得优异成绩，报效家乡。"

卓尼藏族中学教学设备落后，学校宿舍条件很差，杨副主任积极和省上有关单位联系，为该校捐赠了几台电视和英语教学无线设备，并从省财政厅申请了3万元作为该校补助，用以改善教学和住宿条件。

三、维护民族地区的安定团结

甘南地区畜牧业经济所占比例较高，矿产资源分布较广。改革开放以来，畜牧业发展迅速，草山纠纷随之增多。卓尼县车巴沟江车村和尼巴村为草山争斗得很激烈，多年枪械打斗伤亡近20多人，两村代表各自多次来兰州到杨副主任家控诉告状。我收到两村告状控诉信多达十几封，杨副主任了解情况后很痛心。1997年专门去了卓尼，当时两村的纠纷打斗正处于焦灼状态，杨副主任执意要去车巴沟进行调解，县上领导为了安全一再劝说，但还是在县委书记卓玛加、县人大常委会主任康尔寿的陪同和公安人员的保护下去了车巴沟。当天在刀告乡召开了两村代表和村干部、乡领导参加的座谈会。会上杨副主任进行了耐心的劝说，强调不能再打斗下去，坚决不能枪械伤人，这样做，伤害的还是我们自己的百姓，损害的还是我们群众自己的利益，有事情、有纠纷只要坐下来协商，总有办法解决，要相信政府，坚决不能将事态继续扩大。甘南州卓尼县康多乡围子村与临夏州和政县村民在矿山纠纷中打死了围子村一名村民，当时围子村已集合上百藏族群众准备与和政县村民大打一场，在杨副主任的劝说下，事态再未扩大，最终得以协商解决。

杨副主任大到重视维护民族地区的安定团结，小到关心各家的家庭和睦。卓尼县恰盖乡村民尕东加家庭常年闹矛盾、不团结。其弟不管家庭生活，不劳动、不放牧，整天在外喝酒闲逛，经常打骂老婆、孩子，为此事尕东加专门来兰州求杨副主任教育其弟。杨副主任在去卓尼调研时专门去了尕东加家里，对其弟进行了耐心的说服教育，其弟跪在地上给杨副主任承认了错误，保证以后改邪归正，不再犯错。杨副主任的特殊身份在调解甘南草山及其他纠纷、促进地区安定团结、家庭和睦中起到了重要的作用。

四、杨复兴副主任最后的日子

1999年8月初，杨副主任由长子杨正、孙女杨倬珑陪同和我一起去甘南，在甘南州府合作召开了有州委书记罗笑虎、州人大常委会主任丹正嘉参加的《关于修建卓尼杨积庆烈士陵园》的协商会。杨正介绍了正在修建的情况后，罗笑虎书记首先表示："修建杨积庆烈士陵园不仅是个人的事，而且是甘南地区藏族人民的事，杨积庆在当时情况下能够支援红军开仓放粮的精神是很可贵的，杨积庆对中国革命是有贡献的，家里人提出这样的要求不过分，我们州上和各县都有责任支援，建成后对后代也是个教育基地。"丹正嘉主任讲话说："卓尼的历史就是杨家的历史，杨土司在藏区是很有影响的，修建方案由卓尼县制定好后应尽快报省民政厅审批，争取省上资金扶持。"参加会议的其他领导同志都表示赞同。

在卓尼县招待所居住几天后的一天早上，刚起床，杨副主任突然叫我赶快去他的房间，说："我的眼睛怎么模模糊糊看不清楚，时隐时现。"当天我们就赶快去了卓尼县人民医院眼科检查，结果未查出原因。然后回到兰州，到甘肃省人民医院眼科也未查出原因（其实主要病因是眼底动脉硬化）。隔了大概十几天，杨副主任突然感觉左大腿疼痛，去了兰州军区总医院、省人民医院检查，医院只是考虑骨头问题，未查出病症根源。两天后左脚开始发紫，而且向上发展很快，疼痛也越来越厉害。达芝芬阿姨赶快和北京协和医院的亲戚齐续敦（协和医院器材处处长）联系。于9月16日中午12时30分，在达芝芬阿姨、长子杨正、三儿媳宋文芳、省人民医院一名护士长和我的陪同下乘飞机去了北京。一到北京协和医院，等候的齐处长及达芝芬阿姨六妹达锐、妹夫王年等已预约备好了病床，主治医生一看症状立即确诊为腿部主动脉血栓堵塞，必须立即手术，下午3

杨复兴副主任（中间）1999年8月最后一次去卓尼在大峪沟三角石前留影（右二为甘南州人大主任安锦龙；左二为卓尼县人大原主任康尔寿；左一为省高级法院纪检组长杨永福）

时就进了手术室，下午5时手术完毕。

在漫长的康复过程中，杨副主任一直顽强地与病魔作斗争，从未看到有十分痛苦的样子，积极地配合各种治疗，还不时与陪员和前来探望的人谈笑风生。曾几次对我说："小鲁，我觉得我的腿还在，等康复出院了我还可以继续工作，我要跨世纪。"甚至让我联系好上海装假肢的工厂，我和杨副主任四儿子杨达还专门联系了准备出院后进行康复的医院。住院期间全国政协副主席齐续春，原甘肃省委书记、时任中国人民银行副行长阎海旺，甘肃省人大常委会主任卢克俭，时任甘肃省委组织部部长王安顺，甘肃省人大常委会原副主任王道义，甘南州人大常委会副主任杨积德专程到医院探望。甘南藏族自治州州委副书记沙拜次力代表甘南州四大班子、卓尼县县长杨宇宏代表卓尼县四大班子专程到北京探望，卓尼县禅定寺也派代表到北京看望杨副主任。由于杨副主任年事已高，加之手术面大，给康复带来很大难度，伤口迟迟不能愈合。2000年1月1日14时左右，病房里只有我和四子杨达守候，杨副主任突然出现呼吸困难，大口喘气已非常难受，且面色通红。医生紧急将杨副主任转往急救室进行抢救，15时10分杨副主任永远离开了我们。1月2日，由甘南州夏河县县长杨晓南主持，在协和医院举行了简单的吊唁仪式，参加吊唁的有北京高级佛学院活佛、在京的亲朋好友以及甘肃省政府驻京办的同志等。

按规定，在北京去世的遗体不能出京，由于杨副主任的特殊身份，报甘肃省委同意，经中组部、民政部特批，1月3日，在子女、孙子及驻京办、甘南州四大班子、卓尼县四大班子代表的护送下，灵车从协和医院出发，经王府井、长安街、天安门广场、河北省、山西省、陕西省一路将遗体送回甘肃甘南卓尼老家。1月4日，经过兰州榆中和平镇时短暂停留，由甘肃省人大常委会主任卢克俭主持，举行了简单的追悼会。参加追悼会的有甘肃省人大常委会干部职工和在兰州的甘南籍干部、学生200多人。然后继续向卓尼老家前行，在通往甘南的道路上，甘南州委书记罗笑虎、州长贡保甲带领州四大班子成员在土门关等候迎送直至卓尼，沿途200余里，无数各族群众在路两旁手持哈达默迎灵车，迎送的240多台车辆排成长龙。从上卓梁至卓尼县城10余里，有全县各行各业的干部群众及学生，依次排列在路两旁手捧哈达等待迎候，所有机关单位停止了办公举行悼念，全县沉寂在沉痛的气氛当中，停止一切娱乐活动。灵堂设在县政府招待所二楼大会议室内，甘南州各县和各族群众前来吊唁络绎不绝，卓尼各寺院僧侣轮流诵经祈祷，时任中共中央政治局常委、国家副主席胡锦涛送了花圈。卓尼的老人们讲，这样的葬礼是卓尼历史上最庄重的一次，以后也不可能再有了。

五、两件未完成的遗憾事情

　　杨副主任的一生是辉煌的一生，不平凡的一生，也是曲折的一生。他曾多次与西北民族大学卓尼籍藏学专家杨士宏商量，想写一份自传，暂定名为《我的前半生》，根据我的笔记记录，提纲为：（一）家庭背景；（二）博峪事件；（三）8岁继任卓尼土司、洮岷路保安司令；（四）19岁国民党南京陆军大学受训，授少将司令军衔；（五）内蒙古阿拉善成亲；（六）反对保甲制度的斗争；（七）1949年率部起义前后；（八）当选中华人民共和国全国人民代表大会一、二、三届代表，西北军政委员会民族委员会委员；（九）加入中国共产党的过程及思想变化；（十）24岁任甘南藏族自治州副州长、军分区副司令员并授大校军衔；（十一）1958年反封建斗争；（十二）迭部禁鸦片及任甘南剿匪副总指挥；（十三）文化大革命期间；（十四）和疾病作斗争；（十五）当选五、六、七届甘肃省人大常委会副主任兼民族委员会主任，八、九届全国政治协商会议委员。

　　杨副主任曾三次去西藏，参加了五世至九世班禅灵塔开光典礼，拜谒了布达拉宫、大昭寺、小昭寺、扎什伦布寺、哲蚌寺、罗布林卡、雍布拉康、藏王坟等。他有个心愿，想在有生之年带上我和西北民族大学杨士宏教授，从新疆经阿里藏北草原乘车进藏，经川藏公路到甘孜藏区考察，因为他没有去过藏北和康区两地。

　　两件事终因身体原因未能如愿，实为遗憾。

　　后有西北民族大学杨士宏教授赋诗一首：

> 洮水东去永不返，船行不待岸上人，
> 岷山作证情未憾，天蓝地绿慰忠魂。

风雨同舟五十年

——怀念复兴同志

达芝芬*

时间如流水，转眼到2005年了，复兴同志离开我已整整五年。五年之中，我每时每刻都在怀念着他。

2000年1月1日15时10分，与我风雨同舟五十年的复兴同志在北京协和医院永远离开了我们。当时我如雷轰顶，不知所措，脑中一片空白，无法接受这一残酷的事实。站在我面前的中共甘肃省委组织部部长王安顺同志安慰我，才使我逐渐控制住了自己的感情。

复兴出身于藏族封建土司家庭，8岁时就承袭父业，成为世袭卓尼第二十代土司。在党的影响教育下，1949年人民解放军进军大西北，9月11日，他毅然率部起义，从此走上了革命道路。我同复兴早在1948年时就在兰州相识。他是藏族，我是蒙古族，不同的民族，相隔千里，却是我俩的缘分把我们的一生紧紧地联系到了一起。我父亲内蒙古阿拉善旗亲王达理札雅

1955年，被中央军委授大校军衔的杨复兴

* 作者系杨复兴同志夫人，曾任甘肃省妇联副主任、甘肃省政协常委。

率部起义前，从收音机里听到复兴起义的消息，高兴地说："这孩子行，走在我前面了。"我父亲是1949年9月23日率部起义。1950年2月，杨复兴来到阿拉善旗，我们举行了结婚典礼。我们的婚事办得很隆重，阿旗的党政领导很重视，我父亲非常满意和高兴。婚后，我随他回卓尼。路经兰州时，省委书记张德生热情接待，赠送我们一对钢笔向我们祝贺，并鼓励我们说："你俩的结合是民族团结的象征，今后在民族团结进步方面要作表率，共同进步。"习仲勋、王世泰等同志都分别接见了我们。西北军区联络部部长范明同志还介绍复兴加入了中国新民主主义青年团。后来我们又去了西安，受到彭德怀司令员热情接见。彭总关心地对我们说："你们年轻，党很需要你们，一定要听党的话。"领导人的接见对我们鼓舞很大。回卓尼后，复兴对工作更加积极主动，我也参加了工作。以后我们每次到兰州开会，邓宝珊主席都打电话叫我们去他家做客，鼓励我们积极向上，努力学习和工作。他们对我们的关心和希望，我们永记心间。

　　我和复兴是不同的民族，出身于不同的家庭，虽然是民族上层，但生活环境却不同。复兴的父亲杨积庆是革命烈士，红军长征时曾为红军让道，开仓济粮，1937年被敌人杀害。复兴8岁时继承卓尼土司，14岁当了保安司令。而我也是在封建家庭长大的，受的是封建礼教的熏陶。那时，我看不惯他的官僚作风，他看不惯我的小姐作风。但从领导的多次接见和谆谆教诲，我们都自觉地改正自己的缺点和毛病，在50年的漫长岁月中，一直是相濡以沫，心心相印。我们的家庭生活美满幸福，和睦团结，我很满足。这一切都是同党的领导对我们的教育，以及老一辈对我们的关心分不开的。

　　复兴同志长期担任地方领导工作，在党的领导下，工作、学习都很积极，在

年轻时的杨复兴与达芝芬

各个时期，都是按党的教导认真工作的。据我所知，从基层政权建设，维护社会安定，加强民族团结，恢复和发展农牧业生产等方面，他都积极参加，以身作则。他经常深入基层，了解并帮助群众解决疾苦，深受群众爱戴。他的思想品德和工作成绩，人所共知，备受称赞。1954年9月，他当选第一届全国人民代表大会代表。我的外祖父爱新觉罗·载涛，我的父亲达理札雅也被选为代表，他们祖孙三代，分别代表满、蒙、藏不同民族和北京、内蒙古、甘肃不同地区参加这么重要的大会，欢聚一堂，被传为佳话。之后，第二届、第三届他们都当选为全国人大代表。他工作更加积极向上，1956年光荣地加入中国共产党。1965年他被抽去参加社教。"文化大革命"中他受到冲击，被管制，前后五年我们未见面。1969年，他被下放省"五七干校"劳动，两个孩子分别到延安农村和河西农建师插队劳动，我带着五个孩子到甘南"五七干校"劳动，那时我们的生活极为困难。我要求组织调我到省"五七干校"，组织批准后，我带着孩子搬家到徽县红旗山"五七干校"，分别五年的我们总算团圆了。我们租住农民家的房子，平时都在干校过集体生活，周末全家可以团聚一次，在农民家他非常关心农村的生产和农民生活，常和房东拉家常，相处融洽。1973年复兴恢复了工作，担任西北民族学院副院长。他热心民族教育，忘我地工作，特别关心少数民族学生的生活。从西藏来的学生，由于气候不适应，生活不习惯，经常闹病，他每天晚上都专门去看望，给他们送去奶粉、白糖和煮好的羊肉、羊汤等营养品。有个学生出麻疹，他把我给孩子们买的葡萄干拿去给学生们泡水喝，当时这些都是不好买的东西。1976年10月，随着"四人帮"反党集团的覆灭，对复兴的各种不公正待遇到此画上了句号。特别是1978年12月召开的党的十一届三中全会，在会议精神的鼓舞和鞭策下，他的心情更为开朗，精神更为振奋。他把组织落实政策补发给他的工资全部交为党费，并战胜病魔，走上新的工作岗位。1981年，他担任省人大常委会副主任兼民侨委主任。他经常深入基层，帮助群众解决实际问题。特别是经过耐心细致的协调，解决了卓尼与夏河部分乡村交界地段长达70多年未能解决的草山纠纷。他非常关心民族地区的教育，经常给基层干部讲要重视教育，耐心说服群众要送孩子上学。每次回家乡他总是要拿出部分积蓄资助学校。他珍视民族团结，尊重各民族的宗教信仰和风俗习惯，在甘南时他特别注意和汉族、回族等其他各民族的关系，他有很多不同民族的朋友，其中有干部，有宗教人士，还有很多普通群众，堪称为人民服务的好公仆。

复兴一生总是严格要求自己，对党忠心耿耿。他把卓尼的房子、家产全部贡献出来，这对我们的子女起到了言传身教的作用。我们的七个子女都能在工作上、学习上积极响应党的号召。小女儿高中毕业后直接考入中国人民大学。其他几个孩子在"文化大革命"中受歧视，不能参军，不能当工人，但他们都响应党的号召，上山下乡，认真劳动锻炼，刻苦学习。1977年恢复高考时，五个孩子考上大学，一个考上中专，并且都入了党。我现在虽已年过古稀，但由于组织上的关心，子女孝敬，生活得很幸福。

我和复兴相知相爱，共同生活50年，有说不完的事，道不完的情，许多故事我至今也历历在目，永不忘怀。对于我们的婚姻，有人写了一副对联："迭山翠柏望大漠，洮水流珠映贺兰。"我觉得，这两句话道出了我们爱情的美好和奇缘。

这里我特别提及的是，在中共甘肃省委、省政府领导同志的直接关心下，甘肃省民政厅以"民优复字〔1994〕30号"文件，正式追认我们的父亲杨积庆为"革命烈士"，这是对他老人家在1935年、1936年两次开仓放粮、支援红军义举的赞赏。全国政协副主席杨成武将军专门题写了"杨积庆烈士之墓"的碑铭。凡此种种，对我们全家，都是最大的鼓舞。复兴同志去世后，安葬在卓尼烈士陵园他父亲的身旁。原甘肃省文史馆馆长、甘南藏族自治州政府秘书长、著名藏族书画家杨生华老先生写的挽联，是对复兴一生事业的概括：幼遭横祸历尽艰辛维护地方秩序民族生存恪尽职守，审时度势迎接解放拥戴社会主义忠党爱国夫复何憾。

十一届三中全会后杨复兴和达芝芬在卓尼故居合影

省人大原常委吴辰同志为悼念复兴写的一首词，我抄录如下，作为我这篇怀念文章的结尾：

　　　滚滚寒流来势猛，
　　　一星坠地心惊。
　　　著名藏族上层卿，
　　　虚心谦让，
　　　大德是忠诚。
　　　有幸归尊曾率领，
　　　近邻亲爱真情。
　　　子为名士父峥嵘，
　　　大节有殊荣。

平易近人的杨复兴

杨　彪

改革开放后的1987年农历七月，时任甘南州委书记的杨应忠（我的亲伯父），利用下乡检查工作的机会，陪同时任甘肃省人大常委会副主任的杨复兴同志及他的夫人达芝芬，第一次深入洮砚乡纳儿大队下达吾自然村。来下达吾村的主要原因是，下达吾是过去卓尼县境内有名的三个地方（觉乃多、达子多、德吾多）之一，并且是藏王、洮砚（洮砚石产地）、莎姆舞和三格毛服饰四种文化集一村的独特地方。陪同的有县上领导杨正县长和几位副书记、副县长，还有乡政府的几位领导。

那时大队支部书记是我父亲杨应东，一接到乡政府的电话，就忙着准备下乡一行人的吃住。那时，改革开放已经八九年了，群众的宗教信仰也自由了，群众听到省人大常委会副主任杨复兴要来村的消息时，心情特别激动，都向我父亲提出建议：要求在村里以传统方式举行煨桑、献哈达、磕头、摸顶的迎接仪式。特别是五六十岁以上的老人，呼声更强烈，其理由是：因为过去我们老百姓想见自己的土司，即使徒步走到卓尼，无可靠熟人引荐也是不可能的。现在改革开放了，党的政策允许群众宗教信仰自由，杨土司第一次亲自到村里来，这是千载难逢的好机会，所以大家搞个欢迎仪式是在情理当中的。当时我父亲就对群众说："大家的心情我能理解，但这不是单方面的事，首先必须用电话向杨土司汇报请示后，征得杨土司的同意后才行，我们不能擅自行动，否则事与愿违，引起土司的不高兴，从而无形中改变了土司这次下乡的本意。"我父亲用电话向随同杨副主任下乡的州、县领导汇报了群众的愿望，最后杨副主任本人的意见是：

"我这次下乡的目的是体察民情，了解群众生产、生活情况，而不是带着宗教色彩接受百姓朝拜来的。"遵照杨土司的意愿，村里就没有搞迎接仪式，只有大队和生产队的干部在村口迎接等待。

那时，我是本村小学的教师，临时负责给他们一行端茶倒水。杨复兴副主任一行到村的时间比较早，吃了些便饭就带领一行人走田间地头，查看庄稼长势，了解群众劳动和生产情况。因一起来的人多，大家吃饭统一在我家，晚上住宿分散到几家。那时的领导干部和一般工作人员工作作风很朴实，深入到群众家里问寒问暖，真正与群众同吃同住。不像现在的干部，下乡走马观花，当日往返式的检查工作，根本谈不上进入百姓家了解吃住行。晚饭后，因杨复兴副主任年纪较大，身体状况不太好，就住在我家。在我家，杨副主任听取了县、乡、大队、生产队四级负责人的工作情况汇报，其余干部都分别入户到群众家了解吃住实际情况。杨副主任听完汇报后，对在座的人员语重心长地说："你们都是党和百姓精心挑选的人，言行始终要为百姓的利益着想，决不能干违背党和百姓利益的事。反之，党和百姓对你们会失去信心，不抱希望，甚至会叫你们让板凳，换位置。"然后主动和大家一起拉家常，话今昔。当得知我爷爷杨世奎是一位"建社"（现在的村委，那时称公社）后第一任支部书记（1957年至1967年），在藏王坟果园守果园时，当即表态："明天我一定要去藏王坟果园拜访老支书。"

第二天，早饭后，杨复兴副主任和夫人达芝芬、我伯父、杨正、我父亲、州县的秘书一起去了我爷爷承包的藏王坟苹果园（苹果园是1975—1976年由我爷爷带领全大队十几位老汉修建的），其他工作人员回了单位。杨副主任一行到苹果园见了我爷爷就像见了多年没见的老朋友，抓住双手说："老支书你辛苦了，我们大家看你来了。"我爷爷激动地说："土司爷，你老人家从那么远的兰州来到这山沟里，那才叫辛苦呢。"寒暄一阵后，没有休息就进了果园观看苹果长势。当走到果园中心藏王坟地时，他以尊敬的姿态默立了三分钟后就对随行的人说："260多年前德高望重的藏王策墨林一世，是一位爱国爱教的佛教大师，是过去和现在佛教界值得尊敬和学习的榜样。"从果园出来，在果园的麦场上摆起简易桌凳，摆放上我爷爷摘来的早熟苹果，他们在吃苹果的同时，拉家常、论社会，从国民党谈到共产党，从旧社会谈到新社会，二人越说越投机，越说话越多。谈到高兴时，杨复兴副主任提议要和我爷爷一起留念合影，于是杨副主任、达芝芬、我爷爷三人在藏王坟果园麦场一起合了影。下午4点多钟，杨副主任拉住我爷爷的手依依不舍地说："老支书，如果明年我的身体好的话，我一定来看你。"

1988年农历九月，杨复兴副主任和夫人达芝芬二人在我伯父杨应忠和杨复兴副主任长子杨正的陪同下，以私人的身份第二次来到下达吾。这次杨副主任和我伯父提前商量好，允许群众搞一次小型的迎接仪式。组织这次迎接仪式的是我父亲和小队的几个队长。大家听到杨副主任又要来下达吾，并且同意群众的朝拜时，心情无比激动，像过年一样高兴。因为这是纳儿大队有史以来第一次搞这样的活动，所以大家都很热心，一致认为杨副主任既是共产党的高级领导干部，又是过去掌管卓尼地域的土司，在百忙中不顾劳累再次来我们这交通不便的山沟里，真是不容易，这充分说明杨副主任心目中始终牵挂着他的百姓。我们大家无论如何也要把这次迎接仪式搞好，决不能让杨副主任失望。参加这次迎接仪式的是全大队群众，身体好的来到下达吾村参加迎接仪式，年老体弱的就在杨副主任车辆必经村庄的道路两旁煨桑跪候，准备在杨副主任路过时磕头献哈达。杨副主任一行车辆到下达吾村口，大家燃放鞭炮敲击钹鼓，手捧哈达跪在道旁。杨副主任见大家对他如此虔诚，感动地打开车窗频频向大家招手点头。随后在藏王策墨林一世诵经堂，给各方闻讯赶来朝拜的群众进行摸顶。

接着，全村人聚集在策墨林一世诵经堂院里，摆上桌凳，端来各自提前准备好的烟酒糖茶、馍馍肉菜，与杨副主任一起享用。为了打破大家的拘束局面，杨副主任用餐前对大家风趣地说："我对大家的热情接待和盛情款待表示衷心感谢，大家没有得到过我的一点关怀帮助，我却得到了大家如此高规格的礼仪，真是受之有愧，在这里我真诚希望大家好好听党和政府的话，团结一心、和睦相处、勤劳致富，为实现自己的幸福生活努力奋斗。你们要把我看成大家的一员，不要拘束，放松心情，畅所欲言。"热烈的掌声之后，大家便轻松自然地用餐。

晚上大家破例为杨副主任一行举办了一场跳莎姆舞（巴郎舞只有在正月初二至正月十七跳）会。大家跳得很认真，杨副主任一行看得也特别开心。他高兴地说："以前只听说我们'乐吾什'（过去洮砚乡达吾周围的八九个自然村和石门乡的石拉路周围的几个自然村统称'乐吾什'）有一种独特的鼓舞叫莎姆，但从没看过，今日一见果真不错，甚是好看。"最后，杨副主任、达芝芬、我伯父、杨正等一行和大家一起手拉手围着篝火跳了一阵圆圈舞。

看罢舞后，杨副主任兴意未退，到家后和我爷爷亲切地交谈。他俩从旧社会谈起，一直到中华人民共和国成立、成立人民公社、"大跃进"、三年困难时期、"文化大革命"、改革开放。谈到深夜12点半才休息。

第二天早饭后，在杨副主任的提议下分别和我家长辈们、村中老人一起留了影。回去时，全村群众都到村口热情欢送。杨副主任看到此情此景，拉着我爷爷的手激动地说："我去过不少地方，唯有你们这里的群众淳朴善良、热情好客，给我留下了美好的印象，假如身体允许的话，以后我还要来看望大家。"

四世策墨林·阿旺土登凯珠格勒嘉措

格日才让

四世策墨林·阿旺土登凯珠格勒嘉措（1921—1948年），乳名姜央奴卜，出生于卓尼县奋盖族村。

1924年，禅定寺通过藏传佛教仪轨程序选定为伊犁仓乾隆旦巴活佛的转世灵童，未及坐床，又被十三世达赖土登嘉措确定为三世策墨林·阿旺罗桑丹白坚参的转世灵童，取法名阿旺土登凯珠格勒嘉措（简称凯珠嘉措），并赐给敕书、印章，准袭策墨林摄政王衔号。遂被迎请到禅定寺策墨林拉章"谢珠林"居住。1925年10月25日，在西藏策墨林拉章襄佐穷珠拉和卓尼禅定寺策墨林拉章襄佐桑拜丹珠主持下举行了坐床典礼，便拜博峪拉仁巴、禅定寺法台罗桑丹增为师，开始上参尼扎仓（显宗哲学院）学习经文。

1929年，卓尼禅定寺毁于兵燹，年幼的凯珠嘉措在经师罗桑丹增等10多名喇嘛的陪同下，开始了近两年的云游生涯。先后在卓尼禾托寺、旗布寺，上、下迭部的许多寺院，四川藏区、临潭岔道寺等处游历。应车巴沟贡巴寺喇嘛噶绕活佛之邀，前往贡巴寺参加《摄类学》立宗答辩，因其才思敏捷，对答如流，获"神童"之誉。此后，住卓尼录竹寺。

1931年10月，西藏色拉寺策墨林拉章襄佐穷珠拉等一行7人为专使，迎请凯珠嘉措赴藏习经，被卓尼土司杨积庆以昌盛本地佛教为由而拒绝。穷珠拉等便暗中四处活动，设法贿通土司府塔乍头目，于1932年以有施主邀请去诵经为由，将凯珠嘉措及其随员诱往今夏河唐之吉力罗哇，并告知被邀诵经，随员不宜庞大，让卓尼随员就地等候，由西藏来的人陪同，偕同前往西藏。途经青海塔尔寺觐见九世班禅却吉尼玛，于4月抵达拉萨。后又拜见十三世达赖喇嘛，然后潜心修习。1944年1月，在拉萨三大寺2万多僧人聚集的传昭大法会立宗考试答辩中取得第一名拉仁巴学位，又代表三大寺僧众向十三世达赖喇嘛献词，名震三寺，并受到达赖喇嘛的赏识和称赞。

1945年，凯珠嘉措考入密宗上续部学院进修密宗，于第二年通过答辩，成绩优异，但被确定为第二名拉仁巴学位。此事激起了他的强烈愤慨，认为不公，屈冤人才，决定拒绝供饭，以示抗议。时逢"热振事变"发生，凯珠嘉措愤慨异常，弃寺而走，表示对当局之不满。为此，1947年噶厦政府下令让凯珠嘉措"去藏南雅龙反省，二年不准归藏"。在被贬流放期间，凯珠嘉措听到热振被害的消息后，暴跳如雷，气愤难当，大喊："噶厦不公，要为热振报仇雪恨！"1948年2月17日，这位年轻有为、才华横溢的四世策墨林·阿旺土登凯珠格勒嘉措突然暴毙在雅龙昌珠行宫，年仅27岁。

回忆肋巴佛

姬天雄[*] **口述**　　格日才让　**整理**

1942年7月，我与肋巴佛的部下白云山联系，加入肋巴佛起义队伍。当时，白云山住在卓尼县扎古录村。

白云山是冶力关人，我们俩放马时相识。白云山说："肋巴佛看到了国民党对穷苦人民的剥削压迫非常残忍，要武装贫困人民起来反抗，你参加不参加？"我说："一定要参加。"于是，我们两人在山梁上磕了头，结拜成了兄弟。后来白云山化装成货郎子来扎古录，在录珠沟两次给我通知说："佛爷算卦感到形势不太好，到夏河拉卜楞寺大佛爷跟前算卦也不太好，因事情不好，佛爷说你暂时不要闹，你临夏亦有家，万一在藏区落不了脚，要你保佛爷到临夏。"不久就起义了，我也知道情况，就转入临夏石佛寺，宣传肋巴佛起义的目的，也探听起义的情况。后起义失败，我开始寻找肋巴佛，终于在夏河沙沟寺找到。因为我太年轻，找到肋巴佛时他不认识我，所以我就去找白云山，没有找到。待我转回到原地时，肋巴佛被夏河保安队追走了，我就四处寻找。待回到和政松鸣岩时，才见到白云山，还有我哥姬风云、陈道人等。他们也都在寻找肋巴佛，而据传肋巴佛为了联系共产党去了宁夏。

我们没有联系到肋巴佛，就回到和政陈土司家（肋巴佛的老家），在陈土司家的后院草房中找到了肋巴佛，随后把他请到松鸣岩寺，与联系起义的人们会合。大家一见到肋巴佛，起义的信心提高了百倍，于是不分昼

---

　　* 姬天雄系当年与肋巴佛一同起义的人员。

夜，奔向四周串联。跟随肋巴佛起义的贫困农牧民非常多，肋巴佛和我也结拜了生死兄弟，发了誓，他为兄，我为弟；后又在菩萨大殿中与陈道人、桑文斌、孔海洲、段子义、白云山、姬风雄等结拜为八大兄弟，大家同在菩萨大殿内拜佛，商定起义计划，决定在民国三十六年二月二日这一天，分四路军集结松鸣岩，打向陕北投靠共产党。陈道人是我们的秘书，他说："北方孔家大寺编了一个军，司令马玉令、副司令孔海洲，秘书桑文斌。他们是红枪会，听佛爷的命令，另编一个军，这是我们准备和敌混战肉搏的后续队伍。"我又联系了贡巴、门娄、腰科的藏族，也联系了夏河的吕彦虎。当时的一路起义力量主要分布在和政、永靖一带，夏河的藏民另起一路，各路的旗号按红、黄、白、蓝方式编。到同年腊月初，因内部出叛徒，自卫队搜山，我和肋巴佛转藏到他老家后院的草房中。后来有探子将信息报告给自卫队，自卫队派人来围抓我和肋巴佛，我俩在枪中装好子弹，准备好了我的七星剑，决心要与自卫队拼死搏斗。自卫队的人围到天黑时，我俩就冲出去了，钻进了树林，自卫队扑了空。晚上我俩找到了自己的队伍，转至和政周刘家、韩三百家。第二天，由赵元弟、赵元壁带路，我保护肋巴佛到渭源赵元家，见到李喇嘛和夏尚忠，我俩在此加入陇右地下党。不久，我们在赵元家与牙含章、杨友柏、夏尚忠、万良才、赵元、王得录、毛得功、兰玉贵等点香结拜了革命的十大兄弟。佛爷让我算一卦，也有人问我需要几年时间我们能坐西安的洋楼？我鼓励大家说："三年能成功坐上洋楼。"从此，我和他们一起参加地下党的斗争。肋巴佛对我说："我是什么你也就是什么，同我一样。"

民国三十七年正月二十左右，雪下得很厚，肋巴佛脱下自己脚上的驼毛袜子，取出随身戴的护身符给了我，让我外出一趟。后来我们一同到地下活动，在松鸣岩他给我讲起义后给卓尼杨土司带来不幸，姬团害了他的干父杨积庆，以后要给杨家报仇。不久肋巴佛离开赵元家，到卓尼北山去了。后来让人捎话让我带上尕张到卓尼给杨大妈报信，转告佛爷开展地下斗争，回来了来看你。同时也给藏区的起义者送信说二月二起义推迟，等命令再动。我带尕张到旧城（今临潭县）时，我哥和赵元壁先到，他们是陈道人打发来的。我听说大哥给杨大妈报信去，随后我们便转移到迭当什、扎古录。迭当什的总管知道我是肋巴佛的人，就带人来追抓，但在扎古录没有抓到我和尕张。据说那次如果抓到的话就将我们抛到洮河。送当什总管估计我们要去临夏，他们便派人堵住临夏的要道。我到加茂贡找赵三连，让他通知贡巴、牙考、门娄的藏民，说佛爷开展地下斗争，二月二先别起事，等佛爷的命令。随后我们又从岷县转回。岷县的多纳、闾井地方有国民党的军马场，军马场内有我同乡的女婿，名叫张二哇，我就与他联系，里应外合就想截取军马场的枪支弹药。为了军马场我派张二哇拿着佛爷的护身符到渭源给佛爷报信，结果等了一个月不见音信，打发的张二哇也找不到，时至今日我还不知道此人的下落。

我回到和政和临夏后，继续发展起义人员，宣传起义工作，等候肋巴佛的消息。到了10月临夏又出了叛徒，出卖了几位同志，临夏的陈道人、祁连副，渭源的赵元等同志先后被国民党逮捕了。我听到消息去看陈道人时，他已经被国民党保安队打得浑身是血，晕死过去，我心中像刀绞。于是我组织几人准备要用枪杆子作对。但地方的几名老人劝说让忍一下，鲁莽行动婆娘娃娃会受罪的。陈道人受了种种酷刑，没有交出一名同志，还不断痛骂叛徒和国民党保安队。到1949年解放后剿匪时，我在打土匪的红麻山合家岭碰到久别的夏尚忠。这也是我们的最后一次见面，从此再没有见到夏尚忠，也没有听到肋巴佛去世的消息。

1987 年 10 月

肋巴佛：从活佛到共产党员

卢菊梅

肋巴佛（1916—1947年），藏族，祖籍夏河拉卜楞镇，出生于青海省民和县红花寺。父洛藏与李良存婚后，改名为康西山。西山先生有四男两女六个孩子，肋巴佛排行老三。1920年，全家逃荒到甘肃省积石山县吹麻滩。1922年8月，肋巴佛的父亲被积石山县吹麻滩地主祁衣拉布迫害致死。

1923年3月，母亲带上两个儿子，前往导河（今临夏市）镇守使衙门告状。七岁的肋巴佛怒目而视，直立不跪。镇守使裴建准喝令衙役们威逼他下跪，母亲怕惹祸，忙替儿子解释说："大老爷，他是个哑巴。"镇守使大声喝道："哑巴也要给我跪下！"话音刚落，只听肋巴佛厉声斥道："你给我跪下！"镇守使见"哑巴"突然说话了，问道："你……你是什么人？"肋巴佛脱口回答道："我是活佛！"此时，适值和政县松鸣岩寺的一群僧人，正在到处寻找该寺十七世怀来仓活佛圆寂后的转世灵童，听到"哑巴说话""活佛出世了"的传说后，径直来到母子三人住的小店，随后便认定这个孩子就是十八世怀来仓活佛。1923年4月27日，由河州镇守使裴建准作主，派专人将年仅七岁的他送往松鸣岩寺剃度，坐床当了十八世怀来仓活佛。裴建准趁此机会便了却了这桩"公案"，令祁依拉布送回了洛藏的两个女儿，并给洛藏赔了命价。肋巴佛全家人搬迁到松鸣岩附近的斯大沟村。相传第一世怀来仓活佛出生时，其母难产，是割开肋巴骨取出胎儿的，故有肋巴佛的称谓。

肋巴佛坐床后，被送到卓尼康多寺（亦称水磨川寺）学经。卓尼北山三寺寺主扎贡巴活佛给他取名金巴嘉木措。肋巴佛在康多寺学经期间，家庭屡遭变故：母亲投河自尽，大哥殿祥因保护过两名红军被马步芳部队残杀。于是，肋巴佛发下誓言："男儿报仇，十年不晚！"从此广交社会义士，与临洮王仲甲、毛可让、肖焕章，广河马福善等结为好友。

1940年，肋巴佛在卓尼县康多、杓哇一带秘密串联贫苦牧民，成立了"草登草哇"（七部落组织），抗粮抗税，开始了反抗斗争。

1943年1月26日，肋巴佛派年旦增（人称年辣椒）赴临洮苟家滩，参加了王仲甲主持的秘密会议，决定在清明节发动全面起义。2月21日，肋巴佛在冶力关邢家庄召集骨干作了起义部署。3月22日，冶力关祁邦等人缴了冶海乡长赵虎臣的乘马，惊动了临潭县国民党政府官员。肋巴佛闻讯后，决定提前起义。他以朝拜"常爷池"为名，赶赴冶力关。28日，义军在冶力关泉滩召开誓师大会，推选肋巴佛为总司令，任效周为司令，汪鼎臣、王万一为副司令，李士俊为参谋长，下编三个团。大会宣布起义的宗旨是："抗日反蒋，反对国民党，接洽共产党！"提出"天灾人祸，饥民遍地，官逼民反，不得不反，若要不反，免粮免款"的口号。29日凌晨，肋巴佛率领300多名骑兵打先锋，直捣新城，杀死县长徐文英、国民党县党部书记赵延栋和邮政局长苟克俭等五名罪恶极大的贪官；命年辣椒等人打开监狱，释放了全部囚犯。接着又开仓分粮，救济贫苦农牧民。各路农民纷纷响应，队伍迅速壮大到4000多人。义军在石拉路、大桥关宿营进行整顿后，进军岷县。

当先头部队行至冷地口时，与奉命前来镇压的胡受谦保安大队发生了遭遇战，义军伤亡惨重。危急关头，肋巴佛率领后续部队赶到并布置疑兵，组织敢死队击溃敌军。4月19日，肋巴佛参加王仲甲在皋兰县南乡马坡召开的军事会议，成立了"甘南农民抗日自卫队"，公推王仲甲为总指挥，下设十路司令，肋巴佛任洮岷路藏兵司令。随后，义军挥师武都，策应国民党驻武都骑兵营长张英杰起义。5月18日，义军在岷县荼埠峪冲破了当地保安队的据堡拦击。5月23日，肋巴佛率兵救援在武山县滩歌镇被围的义军姚登甲、吴建威等部，并获全胜。6月17日，各路义军在武都草川崖西井村召开会师大会，推举张英杰为总司令，王仲甲为副司令，刘鸣为参谋长，全部义军整编为3个路军和1个藏兵师。肋巴佛任藏兵师师长。

会后，由于义军意见不一，内部不和，再加武器给养不足，在与国民党50个团的兵力作战中屡屡失利，最后转入地下活动。

1943年8月，在肋巴佛等义军首领的策划下，卓尼北山土官杨麻周指令杨才尕带领40余名藏族青壮年，夜袭国民党第三军周体仁部二十团的一个营，杀死营长一名、连长两名及士兵百余名。同时，愤怒的藏族群众自发组织，打死、打伤周体仁的警卫部队300多人。此事后来被称为"北山事件"。事件后，鉴于敌我力量悬殊，难以公开进行武装活动，肋巴佛解散了临卓义军骨干，只带着石塔义离开卓尼康多，转赴夏河县宣传革命真理，伺机再起。

1944年1月13日，由于叛徒才巴合加布的告密，肋巴佛被夏河保安队包围在俄旦寺内。他在石塔义、高乃的掩护下冲出保安队的围困，前往宁夏投奔好友范新民，隐迹两年。

1946年5月中旬，肋巴佛回到和政县，打发侄儿康克选等五人去渭源联系。1947年1月3日，肋巴佛在渭源由夏尚忠、李喇嘛两人介绍，与中共陇右工委领导人高健君、万良才、牙含章、毛得功、杨友柏等人会面。5月，由高健君、牙含章二人介绍，肋巴佛光荣地加入了中国共产党。6月，肋巴佛提出去延安学习的要求，党组织同意了肋巴佛的请求，并决定让他随牙含章一起赴延安。他俩步行到华家岭，然后又转乘了一辆去平凉的军车，不料在行至平凉三十里墩时，汽车翻车，牙含章受重伤，肋巴佛不幸遇难，年仅31岁。

宋堪布·洛藏丹贝坚赞

王星星*

宋堪布（1869—？），藏名擦多扎爱堪布·洛藏丹贝坚赞，出生于临潭石门乡占旗河村，是卓尼禅定寺第十八任僧纲（又称堪布）罗桑丹增陈勒加措（又名杨丹珠）呼图克图的经师。

宋堪布幼时被选为临潭侯家寺僧正，为卓尼五僧纲之一；后留学西藏，获得格西学位（藏语音译，意为"善知识"），曾担任西藏三大寺之一的色拉寺堪布。回原籍后，任卓尼禅定寺、侯家寺、阎家寺总压床（当地汉语俗称，藏语谓之赤哇，一般称法台），兼理岷县花当寺、董家寺、将家寺、东寺及会川纳路寺、牛营寺、上下扎什寺、九尕寺等十余寺的佛事活动，还担任中国蒙藏护国禅师都督、中国边疆问题研究会副主任、甘肃省参议员等职务，曾赴内蒙古地区进行讲学及佛事活动多年。

1937年，他被卓尼民众推举，代表卓尼僧俗赴南京，晋见国民政府委员长蒋中正。4月16日，国民政府授予卓尼禅定寺僧纲杨丹珠"辅教普觉禅师呼图克图"封号及封册印信。

1937年农历七月"博峪事变"后，杨丹珠年幼，僧俗共举宋堪布代行卓尼宗教事务，并兼任杨丹珠经师。宋堪布治理教务，整饬僧律，寺规寺貌焕然一新。置镀金大型弥勒佛像供于大经堂舍利塔殿。在他的努力下，1939年3月在禅定寺创设半日制喇嘛小学，学习汉文汉语和现代新鲜知识。1942年7月，学校改称为卓尼喇嘛教义国文讲习所。1943年甘南农民

---

　*　作者系卓尼县杨土司革命纪念馆干部。

起义中，他将自己的侄儿、侄孙、义孙等推荐给肋巴佛，参加起义军，有力地支持了农民起义活动。

卓尼土司家族的三代传奇

范东升[*]

很早以前读《中国的西北角》，就注意到其中有一小节，题目是"杨土司与西道堂"，记述了父亲长江先生1935年8月与甘南卓尼土司杨积庆会面的经过，文中对杨土司的描述栩栩如生，留下了深刻印象。不久前在汕头大学我突然接到杨正先生打来的电话，希望约我见面。

杨先生正是杨积庆土司的孙子。恰好我已定于2011年8月1日参加兰州大学召开的范长江研究学术研讨会，于是与杨正先生约定在兰州见面。随后我们如约在兰大会场上首次相见。听到卓尼土司家族的传奇故事，引起我极大的兴趣，这实际上也是甘南藏区乃至大西北百年变迁史的一个缩影。

因此我接受了杨先生的提议，于次日率汕大"重走中国西北角"采访组，随其前往甘南地区，访问长江先生与杨土司会面之地——卓尼寺。

早上8时30分从兰州出发南下，《中国的西北角》一书中的种种描写顿时变得鲜活起来了。甘南地区海拔较高，有"小西藏"之称，地貌多样，山岭中林木繁茂，高原上牦牛成群，田野里青稞飘香。可以看出沿途的道路经过修缮，但不少路段仍然起伏崎岖，途中还需沿狭窄的盘山路，翻越多座海拔在3500米上下的山岭。午时在临潭县冶力关镇用餐，直到当日下午4时许，我们一行人方抵达卓尼县。

经过一天翻山越岭的跋涉，我此时已感觉相当疲惫，但杨正先生却始

* 作者系汕头大学长江新闻与传播学院代院长。

终精神矍铄，看来毫无倦意。我知道他曾在卓尼县当过多年县长，曾在这一条条颠簸不平的山岭上无数次辛勤奔波，久经磨炼，直到今天他仍然心系卓尼频繁往返，因此对这里每一条沟沟坎坎必烂熟于心，自当如履平地了。

据《中国的西北角》记载，长江先生与杨土司是在1935年8月20日会见的，会面的地点是在洮河南岸的"博峪村"，即现今之博峪村。历经时代变迁，杨土司当时的土司衙门（亦即保安司令部）及其私宅所在地已被拆毁，该遗址院落由杨正先生捐出，已改建为一所庭舍漂亮的希望小学。当年的遗迹仅留下四围的土墙和后院仅存的一棵大树。

杨土司：开仓济粮助红军

卓尼藏区政教合一的世袭土司制度起源于明永乐十六年（1418年）。明正德三年（1508年），第五代土司旺秀进京朝见明武宗，赐姓杨，自此历代土司沿用汉姓。杨积庆是管辖卓尼的第19代土司，有"卓尼王"之称。

从长江先生的描述可以看出，杨土司是藏区一个少见的"摩登人物"，他聪明过人，幼习汉书，接受汉文化濡染；虽足未出甘肃境，但经常读报，对国内政局和中日关系事件，知之甚详；对国民党官员惯于愚弄欺压藏人的做法亦深为不满。

此外杨土司喜好接待前来卓尼的外国考察家和传教士等，这些交往也扩大了杨土司的眼界。事实上，红军在长征路上遇到的少数民族部落首领中，就其政治眼光、个人素质与思想倾向而言，杨土司这样的优秀人物应属凤毛麟角。

红军当时正艰苦转战于川北一带，处境十分困难，去向未明。长江先生在有关红军长征军事形势的分析中指出，对红军最有利的出路，是"以甘肃西南境之夏河、临潭、岷县、西固为目标，进入洮河与大夏河流域"，因这一带有充足的粮食和其他资源可作补充，"设洮夏两河如被突破""则中国之国际与国内局势，将发生根本影响"。并断言"此种重大的军事变化，最多不出一个月之内，即将具体表现"。

随后的历史果然证实了他的判断的准确性：红军在9月12日突入甘南迭部地区，踏入杨土司的领地，并召开了著名的“俄界会议”，确定了红军应坚持向北进军的战略，在川陕甘建立根据地。而进入藏区的红军此时处于生死存亡的关键时刻，实际上许多红军战士久经鏖战，备受煎熬，衣食无着，已经饥疲欲倒。杨土司对红军态度如何决断，无疑会在很大程度上影响红军北上行动的成败。

我从杨正先生的介绍中了解到，杨土司在红军过境时，非但没有命令藏兵阻击拦截，反而在红军17日攻打腊子口之前，密令调走守卫其自家粮仓崔谷仓的士兵，有意地给红军开放了这个存有二三十万斤粮食的粮仓。

15日红军到达崔谷仓时，顺利取出这批宝贵的粮食，从而得以修整补充。杨土司的义举对中央红军突破腊子口，最终胜利进入陕北根据地，起到了雪中送炭的作用。

1936年8月5日，当红二、红四方面军也进入卓尼地界时，杨土司同样打开粮仓给予了配合支援。

对于红军过境后流落在卓尼藏区的200余名红军战士，杨土司出以仁义之手，给予搭救和安置。在当时国共内战正在激烈进行，杨土司这样做无疑是冒着极大的政治风险的。

杨先生介绍说，就在红军过境后不久，当地军阀鲁大昌向上司状告杨土司“私通共匪”等一系列“罪行”，并于8月26日晚，勾结杨土司手下一名团长作内应，发动叛乱冲入土司衙门抢劫杀人，杨积庆土司及长子杨琨、长媳、孙女等家人一起遇害，只有8岁的次子杨复兴藏在棉被里未被发现而幸免于难。

杨积庆土司之子杨复兴就是杨正先生的父亲。根据杨成武、肖华、黄火青等老红军提供的有关亲笔证明材料并经民政部正式调查认定，杨积庆土司后被追认为“革命烈士”。

杨司令：率部起义获新生

卓尼的传奇故事仍在继续。杨复兴在8岁时继任了第二十代卓尼土司，后被任命为洮岷路保安司令部司令。1949年毕业于国民党南京陆军大学将官班，授予少将军衔。

这位新一代的土司与他的父亲一样深明大义，杨复兴在1949年9月11日果断率部和平起义，并于1950年宣布废除历经明朝、清朝和民国三个朝代，延续二十代，长达532年的卓尼土司制度。

此后他历任卓尼县县长、甘南藏族自治州副州长、甘南军分区副司令员、西北军政委员会民族委员等，直至担任全国政协委员。1956年12月，杨复兴加入中国共产党，作为一个旧时代的土司和原国民党少将，这种特殊政治待遇是十分罕见的。

在1958年卓尼部分地区发生叛乱时，杨复兴不顾个人安危深入群众中做了大量说服工作，为平息藏区的叛乱做出了重大和独特的贡献。杨复兴先生于2000年因病去世，归葬在卓尼县城内杨土司家族的墓地。

机缘巧合的是，长江先生1936年5月中旬到达阿拉善旗定远营（今内蒙古阿拉善左旗巴彦浩特镇），还采访了阿拉善旗达理扎雅亲王，与他深入探讨了民族关系问题，写下了《踏破了贺兰山缺》《满洲人的治蒙政策》等名篇。在长江先生笔下，达理扎雅亲王与杨土司有不少相似之处：见识广阔，思想开明，深受汉文化濡染。

而这位蒙古族亲王后来也与藏族土司杨复兴先生一样，在1949年9月率部和平起义。达理扎雅亲王先后担任宁夏省政府副主席、巴音浩特蒙古自治州州长和甘肃省政府副主席、内蒙古自治区副主席兼巴彦淖尔盟盟长和阿拉善旗旗长等职。

达理扎雅亲王与光绪皇帝之弟爱新觉罗·载涛的次女金允诚结为伉俪，生有六女一子。在1950年2月，杨复兴先生赴定远营迎娶了阿拉善旗达理扎雅亲王的二女儿达芝芬女士，《中国的西北角》中长江先生采访过的蒙藏两位边塞杰出领袖的后人遂结为连理。

杨县长：呕心沥血兴卓尼

1951年，杨复兴先生的长子杨正在卓尼出生。1958年，由于藏区局势出现动荡，杨正随母亲来到北京住在外祖父家，并一直在北京读小学和初中。1966年爆发的"文革"动乱，再次残酷地改变了杨土司家族和杨正本人的命运。他的外祖父达理扎雅亲王被"红卫兵"押回内蒙古"批斗"，1968年11月在巴盟被迫害致死。

杨正与所有同龄人一样，不得不离开校园，1969年1月作为知识青年，来到陕西延安插队落户。三年后他又调回兰州，先后做过泥瓦工、车工和教师。1977年恢复高考以后，杨正考上了甘肃师范大学政治系。

作为王公贵族的后裔，杨正在校期间学习最多、最认真的却是《资本论》和《马克思恩格斯全集》，他还大量研读了亚当斯密、李嘉图等西方经济学家的著作。这一阶段学习的积淀，为他日后在基层从政奠定了坚实的理论知识的基础。1981年杨正返回卓尼做中学老师。

1983年，32岁的杨正被提拔为副县长，三年后他当上了卓尼县县长，在家乡一共工作了六年时光。他随后调回兰州，在甘肃政法学院任组织部部长、公安分院党总支书记等职。

虽然卓尼的土司制度时代已经终结，杨正与承袭土司之职的父辈截然不同，他是以中共党员的身份得到提拔而担任卓尼县父母官的，但是，在卓尼这块古老而神奇的土地上，在杨正头上似乎仍然环绕着的前辈的荣耀与威望的光环，直到今天，杨正先生始终在卓尼群众中受到极大的尊重。人们都亲切地称呼他"杨县长"，他出现在卓尼，到处受到最高的礼遇。在每个会面的场合，书记、县长、寺院主持等皆出面接待陪同，都会按照藏族的礼节，向尊敬的老县长及来宾们献上最珍贵的礼物——哈达。杨正先生也会按照本地的习惯和群众的要求，为孩子们摸顶赐福。

杨正先生作风勤奋而质朴，性格坦诚而直率。他身着摄影记者的黄色背心，一路上不知疲倦地四处奔波。与一般人的想象大不相同，在杨正身上继承了其祖父与父亲的睿智、高尚、亲民与仁义，却毫无王孙贵胄的骄横、奢华与傲慢。虽然少不了应酬的场合，但这位王公子弟拒绝社会上及现今官场的恶习，不嗜烟酒，不讲排场，不求享乐，卓尼人很了解老县长的脾气，在对他的行程安排中，除了工作就是工作。

长江先生在《中国的西北角》中曾经深刻地揭露和尖锐地抨击了1930年西北地区官场贪渎和政治黑暗。在与杨正先生的交谈中，我们共同关心的一个话题是当今社会崇拜金钱、迷恋权力等腐败现象。杨正先生忧虑地告诉我，虽然与《中国的西北角》的时代相比，西北今天的经济发展已不可同日而语，但由于缺乏制约监督机制，如今官场的腐败却难以遏制，日益严重，甚至到了明码标价卖官鬻爵的地步，花了钱买到官位的人，必然要千方百计赚回来。他认为这种风气如果发展下去，必然会带来群众的强烈不满和干群对立，这是对社会稳定和和谐发展的最大隐忧。

与杨正先生相处几日，深深感受到他对家乡的由衷热爱和对民生的深切关怀。他当年在卓尼执政时跑遍了这里的每一片土地，千方百计发展经济，呕心沥血改善人民生活。他对老百姓的疾苦冷暖感同身受，他说政府必须让群众得到实惠，承诺的事就一定要做到，绝不能讲空话。有一次为了及时兑现修路民工的工薪，他带上一名秘书亲自押送装有几十万元现金的麻袋，乘吉普车攀山越岭，赶赴工地给民工现场发薪。如今杨先生已经退休了，但仍然念念不忘一件事，就是利用卓尼尚未开发的丰富旅游资源发展经济，从而彻底改变家乡的落后面貌。

杨正先生学识广博，思维敏锐，谈吐犀利，富于洞见，一路上与他交谈获益甚多。他对长江先生十分尊敬与怀念，对《中国的西北角》一书中有关卓尼土司的内容有深入的研究，甚至可以背诵相关的语句。对百年以来在卓尼以及全国发生的曲折复杂的历史过程，有明晰透彻的判断与认识。在他看来，无论是对杨积庆土司还是对长江先生的评价，都必须真正尊重和理解历史，客观公正地评价历史人物。

他坚决反对某些人以"学术研究"为名，以今天的政治话语和极"左"的标准苛求强加于历史人物。他还一针见血地说，所谓"范长江去西北采访红军长征是歪打正着"等说法是十足的废话。他认为，杨积庆土司与记者范长江身份不同，他们在中国历史上那个极为特殊和关键的时刻，机缘会聚彼此相见，随后又各自以不同的方式，对中国革命和国家与民族利益做出了重要贡献，他们的事迹将永世流芳。

2011 年 10 月

草原雄鹰王旦增

马登泰*

　　王旦增（1934—1959年），藏族，出生于卓尼县康多乡一个贫苦牧民家庭。1953年2月参加工作，7月加入中国新民主主义青年团；1956年加入中国共产党。历任卓尼县团委宣传干事，团州委宣传部部长、副书记等职。他自幼父母双亡，家境贫寒，从少年起就给牧主放牧。

　　1953年2月参加工作后，他怀着对党无限的忠诚，认真学习，积极工作，吃苦耐劳，无私无畏。因他精通藏汉两种语言，所以经常陪同领导，深入乡村，走访牧区帐圈和山乡村寨，向广大农牧民群众翻译、宣传党的各项方针政策，受到藏族群众的好评，并得到了州委领导的信任，作为重点培养的少数民族青年干部之一。

　　1958年春，甘南局部地区发生了武装叛乱。王旦增积极加入平叛斗争中，为解放军担任翻译。他随军跋山涉水，风餐露宿，不分昼夜地追歼逃匪。每次战斗前夕，他都不顾生命危险，冒着枪林弹雨，在前沿阵地上对叛匪喊话，争取说服受蒙骗的牧民群众，瓦解敌人。同时又与解放军指战员并肩战斗，冲锋陷阵，勇猛杀敌。在鏖战之余，他又当起战士们的勤务员，给他们捡柴、拾牛粪、做饭、喂马、站岗放哨，事事都争着干。因此，他两次受到解放军首长的嘉奖；1959年10月，被省政府命名为"民兵模范"。

　　1959年11月，王旦增欣然接受州委的安排部署，带领州工作组前往玛曲县参加整社工作。12月26日，他在齐哈玛公社不幸被叛匪杀害，年仅25岁。

---

　　* 作者系政协卓尼县第十四届委员会副主席。

碧血洒故土　功铭垂千秋

——杨景华传略

中共卓尼县委党史办

　　杨景华，藏族，字子才，藏名叫高照丹增。1909年出生在甘南藏区的卓尼城内。1933年春被卓尼土司、洮岷路保安司令杨积庆任命为尖尼旗（现迭部县境内）旗长（亦称长宪）。1935年6月调任卓尼车巴沟旗旗长。1936年4月被任命为洮岷路保安司令部第二团副团长。1937年7月又擢升为第三团团长。1949年9月11日，随卓尼土司杨复兴在岷县起义，被解放军收编。解放后历任卓尼自治区（县级）人民行政委员会第一科科长、行政委员会第二副主任、卓尼县副县长等职。1958年3月18日，在卓尼县车巴沟尼巴村被土匪杀害，时年49岁。

一

　　杨景华祖籍系今迭部县尼傲乡尖尼沟苏鲁卡村人。父亲杨锡龄在卓尼十九代土司杨积庆衙门任大头目兼民兵团长，1932年被反动军阀鲁大昌暗杀于临洮辛甸。其两个弟弟杨生华、杨国华均在土司衙门供职，解放后参加了工作。杨景华从7岁起读私塾，12岁在卓尼高级小学（柳林小学前身）念书，17岁时被派往夏河美武学医。20岁时聘请汉、藏教师在恰盖下拉地进修汉、藏语文。后因其父被害，在家主持家务和从事农业生产。青少年时，杨景华虽然栖身名门望族，但并非游手好闲的纨绔子弟。因他的父亲幼年时家境贫寒，受尽人间苦难，故对子女要求十分严格。杨景华在读书时，常穿旧布衣，吃杂粮粗饭。每日放学后，就给家里背草、拾粪、放牛、饮马、劈柴等。天黑饭后，才在父亲的严厉监督下，点灯做功课。每逢卓尼的大型集会，还要端着小木盘，上面放一些大蒜和木制衣扣，在人群中穿梭叫卖。数年过后，由于父亲的严格管教，杨景华的学业长进很大，成了一位品学兼优的正直青年，特别是锻炼出了一身强壮的体魄，也养成了他热爱劳动，生活俭朴，不怕苦，不怕累，又尊老爱幼，乐于助人的好习惯。邻里们夸奖说："杨家老大真有出息！"

由于杨景华身材魁梧，膂力过人，为人谦和，敦厚老实，又酷爱军事，所以深受杨土司的赏识。1933年春，他被任命为尖尼旗的旗长，其主要职责是：平时征粮收款，调解民事纠纷，办理土司下达的一切行政事务。战时挎枪上马，率领当地藏族民兵，抗击来犯之敌。1935年6月，杨景华被调任卓尼车巴沟旗旗长。9月初，红一方面军长征途经下迭地区时，杨景华奉杨土司之命，率藏兵在花干山驻防，没有迈出今卓尼县疆土。他忠实地执行了杨土司"守土自保"的政策，从未和红军发生任何军事冲突，实际上为红一方面军过境让开了方便之道。鉴于杨景华忠于职守，能秉公办事，1936年4月被杨土司提升为洮岷路保安司令部第二团副团长兼下迭八旗仓官。是年8月，红二、红四方面军长征经过今迭部县境内后，他奉命赴迭部收粮，并遵照杨积庆土司的指示，召集数十名流落红军在下迭地区挖金，没有出现过一起迫害红军的事件，后分别让当地藏民收养了这些男女红军青年。同时还收集了许多红军的钞票（数目不详），保存到解放后，于1950年上交给县政府，赢得了组织上"有政治眼光"的评价。

1937年农历七月，卓尼"博峪事变"后，杨复兴继任洮岷路保安司令，杨景华被提升为第三团团长，仍兼下迭八旗仓官。从1941年春后，杨景华协助杨复兴进行禁种和查铲大烟及调处有关纠纷的活动，曾先后六下迭部，为人民办了许多有益的事情，很受群众的拥护。

二

1949年7月，解放军挺进大西北，势如破竹，所向披靡，国民党在甘肃的统治即将土崩瓦解。当时，驻守武都的国民党陇南绥靖行署主任兼甘肃省政府主席赵文龙，曾电令洮岷路保安司令杨复兴撤兵至山大沟深的迭部地区，与解放军抗衡。在这重大的转折关头，杨景华洞察时务，认识明确，态度明朗，坚决反对撤兵迭部，积极主张和支持杨复兴率部投靠解放军。8月初，解放军一野一兵团司令员王震派遣军部政工人员刘育华，由会川土司赵天乙带路，秘密来到卓尼策动起义。在卓尼司令部的全体官佐讨论起义事宜时，杨景华不仅完全赞同起义，而且暗中保护刘的安全，并在事后亲自派员护送刘育华至夏河县拉卜楞镇。9月4日，甘肃省军管会副主任任谦派周祥初的军法官陆聚贤携带王震、任谦和周祥初给杨复兴的联名信，经临潭来到卓尼。奉杨复兴之命，杨景华对陆来去奉迎作陪，直到安全送走，态度诚恳，善始善终。9月10日，杨景华同诸官员随杨复兴赴岷县参加了11日的通电起义，被解放军收编。

解放后，杨景华认真学习党的各项方针政策和革命理论，下决心改造旧思想。起初，他由于受国民党的反动宣传较深，对共产党在思想上持怀疑态度。经过他孜孜不倦地学习党的政策和读了《社会发展简史》后，使他的思想觉悟有了很大转变，特别是他亲眼看到从老区来的干部杨培才、杨培发等同志，能充分发扬民主，热爱藏族人民，尊重藏族干部，勤勤恳恳地为老百姓办事的优良作风后，与旧社会国民党政府的官员相比，深受感动，认识发生了根本变化。从此，他更加努力地学习，自觉自愿地进行思想改造，并坚决服从组织分配，多次赴上、下迭和卓尼辖属的边远山区，宣传党的方针政策，认真开展群众工作，都出色地完成了组织交给他的任务。在1950年底的鉴定中，组织上给他以"政治觉悟高，工作认真，能吃苦耐劳；学习积极，联系群众普遍；互帮互爱精神好，待人忠诚老实"的评价。1953年，杨景华荣获全县学习模范的奖励。

三

　　1950年10月1日卓尼自治区成立后，杨景华担任人民行政委员会第一科科长，主管民政工作。1952年7月，在卓尼自治区召开的一届四次各族各界人民代表会议上，他被选为人民行政委员会委员。在1953年3月至7月的甘、青、川三省交界藏区的剿匪中，杨景华参加了甘南藏区剿匪工作团的工作，一方面随军做群众和后方支前工作，另一方面深入各地驻军阵地和营房，慰问人民子弟兵和伤病员。1953年冬，他被卓尼民兵司令部授予"剿匪有功"的锦旗一面。1953年下半年，杨景华参加了中国人民第三届赴朝慰问团，1954年春回来后，他深入甘南各驻军和机关单位，向各族人民和解放军指战员宣传志愿军在朝鲜英勇作战的事迹，畅谈自己的深刻感受和体会，坚持向人民群众进行生动的国际主义和爱国主义教育。1954年夏，当甘南藏区掀起轰轰烈烈的铲烟禁毒运动后，担任卓尼自治区人民行政委员会第二副主任的杨景华，更是一马当先，积极带头，率领由50多名干部组成的工作组，分赴下迭、插岗、铁坝等地，深入各村寨，调查了解情况，宣传群众，动员种植烟毒的村民自动铲除大烟。在短期内，全自治区很快铲除了烟苗，真正做到了"彻底根除，一苗不留"，创造了卓尼首次成功禁烟的历史。

　　1955年5月，杨景华在卓尼县一届一次人代会上，被选为卓尼县副县长。长期以来，由于杨景华对革命理论学习抓得非常紧，所以他的思想进步很快。每逢下乡时，他常带着革命导师的书籍，一有余暇就读，还写了许多笔记和心得体会。他干起工作来，总是身先士卒，吃苦在前，享受在后，给干部们树立了一个严于律己的良好榜样。他无论走到哪里，都能深入基层，广泛联系群众，关心人民疾苦，关怀和爱护周围同志，互助互爱精神很强。杨景华为人和蔼可亲，忠厚老实，平易近人，从不摆官架子，称得上深受藏族群众信赖的好干部、好领导。他非常热爱劳动，每当闲时，不是给骡马钉掌或梳洗刷毛，就是劈柴、整地、修树种花。他的身躯虽然魁梧、高大，但动作十分敏捷。他坚持黎明早起，生火煮饭，劈柴、烤馍、担水、扫院，十分勤快。长期以来，养成了一种酷爱劳动的好习惯。

四

杨景华虽然是卓尼的民族上层人士，拥有比较优裕的生活条件，但他一生不吸烟，不喝酒，不信邪。有一次，他的妻子得了病求他请喇嘛念经。杨笑着拿出一张白纸，用铅笔很快画出人体的内脏结构图，耐心地给妻子讲解什么是骨骼、脉道、消化、造血等系统，通俗易懂，深入浅出，用科学的道理说服了妻子，从此再不提请喇嘛念经的事了。

1958年初，当甘南藏区掀起合作化高潮之际，在卓尼县车巴沟地区出现了一些反对合作化，不走社会主义道路的谣言。县委和县政府考虑到，杨景华在车巴沟的群众中有很高的威信，决定派他和县委常委赵生鹏等10多名同志，去车巴沟和区乡干部一起宣传党的政策，做群众工作。其间，杨景华置个人安危而不顾，挺身而出，反复劝说受蒙蔽的群众，揭露坏人的闹事阴谋，稳住了人心。但于1958年3月18日晚，不幸被匪徒暗杀在尼巴村。不久，杀人凶犯被我公安部队搜捕归案，判处死刑。杨景华牺牲后，县政府召开了规模很大的追悼会，有数千名各族群众参加了吊唁、追悼活动。省、州党政军领导及各界著名人士都送来了挽幛、挽联、花圈等，中共甘肃省委和省政府发来唁电，称颂"杨景华烈士是人民忠实的儿子"！

杨景华烈士，为党和人民的事业，已光荣牺牲32年了，但他为革命献身，为人民鞠躬尽瘁的精神，将永远弘扬。他的不朽功绩永载卓尼史册！

（根据杨雄提供部分资料撰稿）

（选自《甘南党史资料》第三辑，中共甘南州委党史资料征集办公室）

学识渊博的阿旺却增活佛

杨 彪

我是卓尼县洮砚乡下达吾村人，在我刚参加工作的1980年前后，村里的老人们经常谈论我们村去世的阿旺却增活佛。

阿旺却增（1895—1958年），又名杨锦佛，男，藏族，卓尼县洮砚乡下达吾村人，出生于耶日哇（上阳坡）家，兄弟五人中排行老三，当地人称他"阿内古希爷"（活佛转世之意），精通藏、汉、蒙三种文字。

阿旺却增三岁时被认定为恰盖寺小族（藏地名：热给纳）村洛桑丹珠（阿内故希）活佛转世灵童，到恰盖寺举行坐床仪式后就拜该寺高僧桑杰加措赤哇为经师，学习佛学经文。阿旺却增不仅长相富态，聪明好学，而且有过目不忘、传耳能记的天赋。别人十天半月背诵的经文，他只用一天时间就背诵如流，全寺的僧侣都称他为神童。16岁的阿旺却增入卓尼禅定寺继续深造学习到20岁。在卓尼禅定寺学经期间，他十分珍惜博览群书的大好学习机会，钻研了"古藏文"《词藻》《文学》和《天文历算》等学科。五世嘉木样大师曾经说："阿旺却增人很聪明，时轮历算和汉历两种算法都非常熟练……"在22岁授高僧学位答辩时，得到了禅定寺有史以来最年轻、最优秀的多仁巴格西荣誉。之后他在禅定寺一面讲经弘法，一面发挥"古藏文"《词藻》《文学》特长，帮杨土司整理家谱和拟写土司与西藏政府之间的来往书信。24岁至26岁返回恰盖寺，开始讲经传法，修正有误差的经文，并补充修订了以前不完善的僧纪寺规。在他的努力下，恰盖寺的僧纪寺规得到了不断完善。27岁在家乡信教群众的再三邀请下，利用多半年的时间在达吾（道都）藏王寺给信教群众讲经传法，并校正了寺里《甘珠尔》《丹珠尔》两部大藏经和其他经卷的个别误差字词。1923年2月至1924年9月，阿旺却增不定期地在禅定寺和恰盖寺讲经弘法。

1925年5月，第九世班禅洛桑·曲吉尼玛从整个藏区推荐选拔了一批年轻优秀、精通藏汉经文的高僧去内地讲经传法，阿旺却增成为卓尼杨土司管辖内唯一被选中的高僧。选中后，他不负杨土司和卓尼父老乡亲的厚望，跟随第九世班禅洛桑·曲吉尼玛先后到北京雍和宫、南京、上海、苏州、杭州等地用汉语讲经传法，聆听人数超过百万人。所到之处的听众无不称奇，都说：一个藏族喇嘛能用这样精通流利的汉语讲经传法真是前所未闻。上海《大公报》头版曾刊登文章《杨锦佛大喇嘛在沪讲经传法，百万信徒聆听指引》。之后，杨锦佛在南京、苏杭、上海等地名声大噪，被信教群众称为大喇嘛杨锦佛。中国佛教协会会长赵朴初先生生前曾聆听过他的教诲，因念其学识渊博、道德高尚，多次打听他的住所，到北京雍和宫后经常用书信联系，互相交流佛学知识。

杨锦佛在江南讲经的突出表现，赢得了第十世班禅大师的高度赞赏和信任。班禅大师到北京后，就让杨锦佛留在雍和宫主持宫里的宗教事务，同时给周围信教群众讲经传法。为了让更多的信教群众听到佛法受到教诲，杨锦佛利用雍和宫宗教事务和宫外讲经传法的空间，不怕长途艰难跋涉，到佛教信徒众多的内蒙古地区弘佛传法，施展自己的才华，实现自己广泛弘扬佛法的愿望。他的足迹踏遍了内蒙古大部分佛教寺院，他的经声传到了内蒙古大部分信教群众耳朵里，只要是聆听他讲经的人都知道杨锦佛这个名字。他为了验证自己擅长的"天文历算"知识，准确地推算出了某年某月某日某时出现日食，并且于半个月前在他曾经讲过经的地方贴出了公告。到了日食的那一天，他推算的时间和日食的时间分秒不差。从此，杨锦佛在内蒙古信教群众心中的地位更高了，声誉更大了，把他看作真正的活佛。内蒙古信徒们为了表达对活佛的敬意，献活畜贡品，据说所献贡品聚满了整整一条沟。杨锦佛把全部活畜变卖后，一半捐赠给了当地几座寺院，作为寺院维修扩建费用，另一半购买成佛像，用驼队驮到卓尼，捐赠给了禅定寺。

1947年，北京、内蒙古和全国其他地方一样，战事吃紧，杨锦佛惜别了他曾经生活十几年的北京和内蒙古，又回到了久别的故乡——卓尼。到卓尼后，杨土司非常欢迎他的到来，让禅定寺"僧官"组织禅定寺僧众到寺门外迎接，恰盖寺也以高规格的礼仪再次接待了他，并重新修缮了他的囊欠。从此，他精心致力于家乡的佛事活动，经常奔走在禅定寺、恰盖寺、闫家寺（擦道寺）之间，先后担任过这三座寺院的法台，把几十年所学到的知识毫不保留地传授给了家乡的信教群众。因他在佛教界知识渊博，影响很大，并且爱国爱教，得到了党和政府的赏识和信任。1957年，在政协卓尼委员会第二届委员会第一次会议上被选为秘书长。在担任秘书长期间，他尽职尽责，忘我工作，在搞好政协本职工作的同时，积极为卓尼北山片区的社会稳定贡献着力量。1958年，反封建政治运动开始后，他受到了牵连被捕入狱，并于同年12月在卓尼监狱去世，享年63岁。他的囊欠虽然在1958年和1966年两次政治运动中被拆毁，但囊欠地址至今还完整地保留着。党的十一届三中全会后的1981年，阿旺却增活佛的冤假错案得以平反。

高凤西和他的《五凤苑汉藏字典》

格日才让

    高凤西（1892—1942），字竹岗，藏名钦饶加措，号碧云山人，生于临潭县羊化村（今属卓尼县纳浪乡），三岁丧父，由寡母含辛茹苦抚养长大。母亲期望他能金榜题名、跻身官场，不料时运不佳，乡试三场，竟都名落孙山。为家庭生计所迫，高凤西去临潭旧城开药铺，以行医为业。1913年因给卓尼土司杨积庆看病，在交往当中甚得杨积庆的器重，便聘为自己的汉文老师，同时也为长子杨琨的开笔先生。从此，他在洮岷路保安司令部掌管文书达十年之久。其间他向杨积庆建议，将杨积庆自办的私塾改为新学制学校。杨积庆斟酌后，采纳了高凤西的建议，于1921年改建了卓尼高等小学即现在的柳林小学，并任命高凤西为第一任校长。他利用闲暇，拜禅定寺高僧俞希喇嘛为师，钻研藏文，博览大藏经《甘珠尔》及《丹珠尔》等经卷，请外国传教士宋牧师教授英文，成为卓尼学习钻研"三语"（汉语、藏语、英语）第一人。后因事与杨积庆意见分歧，遂辞去司令部文书之职，仍返旧城从事药铺营生。1929年"河湟事变"爆发，兵荒马乱，民不聊生，高凤西只得关闭药辅，返回羊化，开始了他著述译文、编纂字典的生涯。

    从1929年开始，高凤西先生以《四体文鉴》及英人达氏、应氏所作《英藏字典》和青海杨质夫所著《藏汉小字典》为范体，广搜《大藏经》之字辞，于1938年编写成《五凤苑汉藏字典》《辞类集成》等。书稿完成后，他向国民党南京政府军委会、教育部、甘肃省政府及教育等部门呈文，要求将他编纂的著作予以印制，但未得到任何反映。

著名史学家顾颉刚考察西北时，专程到新城会见了高凤西，并为其稿写了序言。消息一传开，影响颇大。国民政府军事委员会行营第二厅厅长叶元龙、副厅长汪东得到手稿，批示甘肃省政府办理。省政府又批转临潭县"查近年来研究西藏文字者，日渐增加，每苦无适当辞典以资料考，详核高凤西所呈《汉藏字典》《辞类集成》样张，编制既系统，注解亦甚详明，可供研究藏文之参考……请临潭县出版……"但由于种种原因，各级政府将书稿束置公案，未能公诸于世。高凤西为了却夙愿，走亲访友，东拼西凑筹措了一部分资金，命长子高维遐赴内地购买了一套石印机和一些纸张，一面印刷自己的著作，一面对外经营还账。1941年7月，由顾颉刚推荐经国民政府教育部审查批准，在临潭新城维遐印刷局出版发行。百余套石印的《五凤苑汉藏字典》终于印刷出来了，但未能大量发行，也未能还清借款。第二年，他含恨离世。

《五凤苑汉藏字典》共计十二卷，卷首扉页有叶维熙（字寓尘，藏名尕藏南照）先生汉藏文题字。这部字典虽然印刷发行数量有限，但受到学界肯定和重视，在社会上影响很大。它有几个特点：一、它是最早的藏文同音字典，它把藏文元音分为十二部，每一部编为一卷，每卷又分若干章。二、它是以卓尼语言为基础拼写的，为我们今天研究卓尼土语（方言）提供了一把钥匙。三、它是以藏文元音为序，用当时使用的注音符号和国际上通用的拉丁文注音，汉藏文对照，收单词两万三千多条，给初学藏语文的中外人士提供了极大方便。四、图文并茂，诗意盎然。

高凤西一生坎坷，才华绝世。他在贫病交加的情况下，孜孜奋斗，自强不息，以坚强的毅力，战胜种种困难，编成汉藏对照同音字典，在"沟通汉藏文化、调和汉藏感情"方面做出了卓越贡献。

一心为民的热旦加措活佛

丹正嘉[*]

随着时间的推移，许多事、许多人在人们的记忆里逐渐淡漠了，甚至消失在时间的长河里。但有些事、有些人是永远也忘却不了的，有一位朴素善良、和蔼可亲的老人的音容时常出现在我的脑海之中。他就是省政协六届、七届常委，甘南州政协副主席，拉卜楞寺第四世热旦加措·尕藏图丹嘉措活佛。他是我一生最敬佩的活佛之一。他圆寂已十来年了，但他一生为党为人民无私奉献、鞠躬尽瘁的事迹仍在鼓励着我们前进。

我与热旦加措活佛是1982年接待十世班禅大师时相识的，当时他是接待班禅班子成员，我是负责安全保卫的负责人。十世班禅大师在甘南近一个月的视察活动中，我们可以说是朝夕相处。那次接待工作中，他对我们印象最深的一件事是，当班禅大师视察拉卜楞寺和卓尼车巴沟贡巴寺时，他代表当地僧俗群众在欢迎大会上致辞，他未带稿子，出口成章，从容不迫，这是我第一次听到如此精彩的致辞。后来，他被选为州政协副主席和省政协常委。之后，我们见面就多一点，我几次去过他的囊欠，他还几次请我到沙冒草原游玩，使我进一步加深了对这位活佛的了解，增进了友谊。四世热旦加措活佛之所以在宗教界和人民群众中享有崇高的威望，是他的爱国爱教爱人民的事迹及纯正善良、胸怀坦荡和助人为乐的品德所赢

＊ 作者系政协甘肃省第九届委员会常委、民族和宗教委员会副主任，曾任政协甘南州委员会主席。

得的。

热旦加措活佛于1909年春诞生于碌曲县玛日则岔村，1911年被认定为四世热旦加措·尕藏图丹嘉措，他勤奋好学，19岁就学完般若级课程，后来还赴西藏扎什伦布等寺求法深造，因精通佛理，先后在美武新寺、旧寺、多合寺、齐哈玛寺、阿坝郭莽寺、博拉寺、西仓寺、拉卜楞寺，时轮学院、上继部学院、下继部学院任法台。他严守戒律、严管寺院、振兴佛法、广行善事，受到信教僧众的爱戴。

热旦加措活佛的一生是与我们党肝胆相照、荣辱与共、风雨同舟的一生，是同中国共产党多年患难的挚友。早在1935年红军长征路过甘南时，时任寺院法台的他，深明大义，冒着国民党"通匪"罪名的风险，派人给红军送去炒面、酥油、麝香等物资，表达了藏族同胞对红军的深情厚谊，在当时形势下，主动支援红军，实在是难能可贵的。解放后，他始终如一地与党肝胆相照、荣辱与共，与人民同呼吸、共命运，始终拥护党的民族宗教政策，积极支持党的各项方针政策，积极支持社会变革，积极维护民族团结、社会稳定，为党做了大量工作。如1952年在甘南剿马良股匪期间，他积极协助政府和部队做了大量工作，为肃清马良股匪发挥了作用，受到了州县党政的表扬和奖励。又如，1958年，藏区发生叛乱，组织上派他赴卓尼、临潭等地作平息工作，他不分昼夜、不辞辛苦，跋山涉水，深入乡村牧区群众当中，千方百计地宣传党的民族政策，阐明是非利害，阻止了一些村庄的叛乱。他还深入被要挟的参叛的群众之中说服受骗上当的群众迅速放下武器回家劳动，在平息叛乱中发挥了作用，为减轻群众的生命财产发挥了作用。不幸的是，这位平叛中劝回数百名参叛群众、缴回武器数百件的活佛也被当作叛匪头子被捕入狱。所幸的是第二年判别时得到平反。虽然蒙受了不白之冤，但他始终没有动摇热爱党、拥护社会主义的赤诚之心，积极为党工作。在平息车巴沟1962年"4·29"事件中，他深入群众做当事人的工作，防止了事态的扩大。特别是1961—1963年，活佛在配合政府和部队到迭部、碌曲、卓尼等地争取散匪期间，他多次跋山涉水、翻山越岭，风餐露宿，因多日骑马，他的下身严重溃烂，但他仍然坚持工作，一直坚持到争降工作完成为止。

在无法无天的"文革"中，热旦加措活佛又被戴上"叛乱头目"的罪名，遭受多次残暴毒打、游街批斗之后，遣送到最边远偏僻的江车村劳动改造，遭受如此大的蒙冤，他毫无怨言很坦然，积极参加劳动，认真看护集体庄稼，还积极为村里办好事，他卖掉自己的几件衣物等筹措资金给村里拉了电线，通了电，给村里购置了小型拖拉机、缝纫机等，后来还捐款给江车村筹建了卫生所，解决了群众看病难的问题。

党的十一届三中全会以后，热旦加措活佛的冤假错案也得到了平反，恢复了县政协副主席之职，后当选为甘南州政协副主席，省政协常委、全国政协委员、全国佛协理事等。另外，在历年调解甘南草原纠纷中发挥了特殊的作用，这是他突出贡献之一。他在甘南好多大寺当过法台，有很高的威望，广泛的群众基础，好多纠纷双方当事群众都信任他，愿意请他担当调解人的角色，他参与了州内数十起很棘手的草场纠纷的调处。经他调解的纠纷大部分得到了公正合理的解决，使双方群众安居乐业、团结友好，特别是他在生命的最后几年里，仍然不顾个人的体弱多病，为调处纠纷，亲临草场牧区，苦口婆心地做双方工作，真是"呕心沥血""鞠躬尽瘁"。为维护牧区稳定、建设和谐社会做出了贡献。

扶持民族教育事业，也是热旦活佛突出的事迹之一。他一生积极促进自己民族的进步，把民族教育事业当作促进民族进步的切入点，经常深入农村牧区，动员群众送子女入学。我与他见面，谈得最多的是民族教育。

谦逊和蔼，平易近人，生活俭朴是热旦加措活佛一生的特点。热旦加措活佛位居拉卜楞寺的大堪布佛位，卓尼贡巴寺第二位活佛，沙冒寺寺主，佛教造诣很深，可以说是赫赫有名的，但他常说的一句话就是"我不是什么大活佛，是党和国家给了我很高的地位"。他生活也很俭朴，晚年他的佛事活动和社会活动相当多，但他从不向单位要求，外出也是轻车从简，从不张扬，他是不驻会的副主席，州上开会他可以住招待所，但他每次都住自己的办公室，节省单位开销。在任州政协副主席期间，尽管他体弱多病，但从来没有报销过医疗费，在生命最后的1994年下半年，病重住院，他也不让单位承担住院费。我们几次看望他，问他有啥要求，他坚持不要花国家的钱，不要派人照顾，一再坚持不开追悼会，一切按宗教仪规从简办丧。

热旦加措活佛圆寂后，州政协和拉卜楞寺举行了隆重的葬礼，全州十余座寺为活佛诵经并供奉其灵塔，这么多寺院诵经祈祷一位活佛，可见他是多么受僧俗群众所爱戴。

我们怀念热旦加措活佛，目的就是学习他爱党爱国爱教，学习他爱人民、爱自己的民族。他一生慈善为本，他的所作所为，归根结底，都是为当地百姓干点事，都为民族的进步、社会的稳定、人民的幸福，不论做宣传党的民族政策，动员群众送子女上学，支持办学校、卫生所，还是调处社会纠纷，支持寺院开展以寺养寺等都是为了民众福祉。按照佛教的说法，每个人只要认真修炼，都可以成佛，热旦加措活佛是一位真正成佛的活佛，是一位高尚的人，纯粹的人，有利于人民的人。

（选自《风雨同舟 60 年》，政协甘肃省委员会编，2009 年 8 月）

第四世热旦加措·尕藏图丹加措活佛

杨卫东* 格日才让

第四世热旦加措·尕藏图丹加措（1907—1989年），生于碌曲县西仓乡则岔村。1911年，由拉卜楞寺院寺主四世嘉木样嘎藏图丹旺秀主持认定为热旦加措活佛转世灵童，遂在赛勒仓活佛尊前落发出家，被迎往拉卜楞寺举行坐床庆典。

1915年在著名佛学高僧拉科·久美成勒加措尊前受沙弥戒，并拜学者嘎藏郎道为师开始学习经典。经过多年刻苦研修，依次完成摄类学、因明学、般若学、中观学、俱舍学、戒律学等必修课程，并在拉科·久美成勒加措、贡唐仓·嘉样丹贝尼玛等大德尊前学习了各种灌顶、教敕、随许等，从而系统修毕显密教法，获得了广博的佛学知识。

1928年，在拉科·久美成勒加措座前受比丘戒。同年，佐盖美武信教群众向拉卜楞寺请求派一位品学兼优、德高望重的法台，嘉木样大师选派他为佐盖噶萨尔寺法台。他的前往，使该寺教学水平空前提高。此后，先后出任夏河佐盖噶尔宁寺、多合尔寺、玛曲齐哈玛寺、四川阿坝郭莽寺、卓尼贡巴寺的法台，主持修建卓尼沙冒扎西群科林寺，特别是在出任玛曲齐哈玛寺的首任法台期间，大师以身作则，为建立健全该寺各项法规制度起了奠基人的作用。

1945年夏，他去西藏朝拜哲蚌寺、噶丹寺、色拉寺、扎什伦布寺圣迹。1946年返抵拉卜楞寺后，根据嘉木样大师的旨意，先后在夏河博拉

---

* 杨卫东系政协卓尼县委员会教科文体卫委原主任。

寺、拉卜楞寺时轮学院、碌曲西仓噶尔萨寺、拉卜楞寺上续部学院和喜金刚学院、卓尼禅定寺等担任法台。1956年作为全国少数民族参观团成员到北京参观，返回后，就任甘南州政协副秘书长，积极参政议政。1958年10月反封建运动中蒙冤入狱，翌年1月平反释放后，被选为州政协常委，1962年任政协卓尼县委员会副主席，1968年至1977年在卓尼县尼巴乡江车村参加生产劳动。

党的十一届三中全会以后，热旦加措·尕藏图丹加措开始重新参加工作，任政协卓尼委员会副主席。1980年至1984年在卓尼禅定寺任大法台。1981年至1994年任政协甘南州委员会副主席、州佛协副会长、卓尼县佛协会长。1987年任全国政协第五届委员会委员。1984年任全国佛协会理事、甘肃省佛协会副会长。曾任卓尼县、甘南州、甘肃省人民代表大会代表等职。

热旦加措·尕藏图丹加措大师是一位学识渊博、德高望重的爱国宗教界上层人士，也是一位与我党患难与共的忠诚朋友。早在1936年，中国工农红军挥师北上，途经甘南草原时，他选派自己的亲信随侍娘其合加等两个僧侣，冒着生命危险，暗中驮运两驮糌粑、一驮酥油、四克麝香、一张狐皮及自己积攒的300枚银圆和一条哈达，以表藏族同胞支援红军的心情。红军送给他的红旗和收条，他冒着危险，一直珍藏到解放。

1950年，中共西北局、甘肃省委及州、县党政领导同志多次看望他、慰问他，高度称赞他是"雪里送炭的真君子"；毛主席、周总理以及郭沫若同志先后馈赠给他唐卡、金笔、茶杯等物，他极为感激。1956年"五一"节，他作为全国民族参观团成员到北京观礼，受到了贺龙、陈毅、刘伯承等党和国家领导人的亲切接见。贺龙元帅感谢他对共产党的信任和支持，称他是"老朋友"。陈毅元帅也向他赠送了白绸、棉布等礼物。

1953年，中国人民解放军进军甘南藏区清剿马良股匪。他利用自己的特殊身份主动协助部队开展工作，受到甘南军分区和中共卓尼工（县）委的表彰。1956年，他为维护民族团结，昼夜操劳，奔走甘南各地，积极宣传党的政策；1958年反封建斗争中，他协助人民政府为安定甘南社会秩序做了许多有益的工作。

在"十年浩劫"中，他遭受极"左"路线的迫害，蒙受了不白之冤，身心受到摧残，但他始终没有动摇爱党、拥护社会主义的赤诚之心。党的十一届三中全会以后，他重新获得了应有的荣誉和尊重。他不顾年迈体弱，仍四处奔波，热情宣传中央的各项方针政策，宣传党的民族、宗教和统战政策，强调祖国统一，民族团结的重要性，积极协助地方政府调解民事及草山纠纷，为甘南的社会稳定做出了卓越贡献。为扶持民族教育事业，他拿出自己多年的积蓄，捐款办学，补贴当地农牧区的公益设施建设，救济生活困难的农牧民，创办民间文艺表演团，丰富边远山区牧民的精神生活。他用自己的医术免费治疗了无数病人。他在宗教界和藏汉族同胞中享有较高的威信。为发展民族教育事业，他亲自深入群众，动员儿童入学，并兼任尼巴学校名誉校长，给10多所乡村小学多次捐资，为培养民族地区各类人才做出了重要的贡献。他为牧民健康着想，协助政府大力宣传推进儿童计划免疫工作的好处，收到很好的效果。他为减轻信教群众的经济负担，大力倡导寺院开展"以寺养寺"活动，并向13所寺院捐款。他坚持爱国爱教，走宗教与社会主义社会相适应的道路，带头领导寺院开展普法教育，提高广大僧侣遵纪守法的思想觉悟。为支持乡镇企业和发展乡村的医疗卫生事业，他多次捐款。

热旦加措·尕藏图丹加措活佛因病于1989年12月21日14时30分在夏河拉卜楞寺圆寂，享年85岁。其遗体按宗教仪规火化后，分别在玛曲齐哈玛寺、卓尼车巴沟贡巴寺和沙冒寺置灵塔供人朝拜。

草原的女儿

吴春刚　訾晓辉

1988年6月25日。

这是草原上一个沉重的日子。

这一天，因一场意外的交通事故，身负重伤的甘肃省甘南藏族自治州妇联主任雷尕曼，经抢救无效，猝然长逝。

噩耗，在州府合作不胫而走，并迅速传向省城兰州，传向遥远的北京……

追悼会上。

"雷尕曼是我州参加工作较早的一位优秀的少数民族妇女干部，她勤奋好学，刻苦钻研，由一个家庭妇女走上了革命道路。在36年的革命历程中，主要从事妇女工作。积累了丰富的工作经验，德高望重，深受全州各族干部群众的尊敬和爱戴，为全州妇幼事业做出了卓著的贡献……"

深沉的悼词，一字一句落在人们心上，唤起了人们无限的思念和哀悼，也把人们的思绪引向遥远的过去。

黄土地上，一个默默无闻的童养媳，倔强地拭去泪水，她追寻着中华人民共和国明媚的春光，踏着岁月的风雪，执着地走来。她走进了和她一样翻了身的姐妹们的队伍；她又以一个共产党员的忠诚与追求，走在了这支队伍的最前列。

在她身后，一行漫长的奋斗者的足迹，正清晰地延伸开来。

靠自己的奋斗，开辟新的生活，做生活的强者

卓尼县柳林镇，像一颗椭圆形的玛瑙，嵌在这奇山秀水的翠绿中。清澈得水晶似的洮河水，宛如一条青纱带，轻轻扎在了玛瑙中间，把杨柳环绕的柳林镇分成了南北两半。

1932年9月的一天，柳林镇一户姓雷的普通藏族农民家庭里，传出了阵阵婴儿啼哭声。为生活所困的父母又是愁又是喜，为降临人世的女婴取了个亲昵的名字"雷尕曼"。

雷尕曼8岁的那年，父亲离世。小尕曼从小就帮助母亲干活，艰辛的生活，磨炼了她吃苦耐劳的意志。

雷尕曼15岁那年，阿妈含泪送她出嫁。雷尕曼出嫁时哭得好伤心，可阿妈能有什么办法呢，旧中国妇女的命运就是如此。

婆家人多劳少，雷尕曼一过门，就成为家中的主要劳力，用柔嫩的肩膀，担起了生活的重荷。

一年四季，雷尕曼风里来，雨里去，披星戴月，忙里忙外，打柴、出粪、播种、收割、打碾，从春到秋。慢慢习惯了这一切的她并无怨言，以为这就是自己的本分，她把对生活的希望，寄托在家庭、丈夫和孩子身上。

一晃，8年过去了。那是1952年的一天，丈夫严肃地对她说道："我要到很远的地方去，这样会把你的青春耽误了，我们离婚吧！"

什么？离婚？一声晴天霹雳，把雷尕曼打闷了。

……

幻想破灭了，雷尕曼伤心地回到了娘家。

母亲暗暗流泪，一边诅咒不公的命运，一边张罗着给女儿找新的婆家。

长期被繁重家务和劳动束缚在地头和锅灶间，思想近乎麻木的雷尕曼，这时终于有了一个喘息的机会。当她把视线投向以往狭小的生活圈子以外的世界时，第一次惊奇地发现：天地间发生了多么巨大的变化！

"解放区的天是明朗的天，解放区的人民好喜欢……"

欢快的歌声引诱她不止一次地走上街头。最使她钦慕和神往的，是那些身着"列宁服"，留着齐耳短发，英姿飒爽出入于机关和街巷的女干部们。

"她们多么幸福啊"！雷尕曼打心眼里羡慕这些获得翻身解放，平等地和男人们一起当家做主的女同胞们，她甚至梦见自己剪着短发、身着"列宁服"，扬眉吐气地走在大街上。

雷尕曼没想到，所期待和梦寐以求的，会那么快地来到。

1953年夏季的一天，几个一起长大的姐妹们一窝蜂似地闯进家中，动员她一起去参加革命工作。雷尕曼的心扑通通地像跳出胸膛似的，高兴地不知干什么好。在哥哥的劝说下，母亲终于同意了女儿的要求。雷尕曼恋恋不舍地吻别1岁的儿子，走出了生她养她的家。

明媚而灿烂的阳光，照在起伏的原野上。几朵白云下，一辆奔驰着的马车载着一伙姑娘连同她们的五彩憧憬，从卓尼奔向遥远的夏河县城。

像一只出笼的鸟儿，坐在马车前沿的雷尕曼时而东张西望，时而抚摸着背后垂着的三股又粗又长的长辫，抚弄着扎在腰间的漂亮的绸带。她心里燃烧着一团炙热的火，兴奋得难以自已。她向女伴问了这个，又问那个，新鲜的话题就像脚下延伸着的车辙。

经过5天的长途颠簸，雷尕曼和伙伴们到了拉卜楞——甘南干部学校妇女班。

老师、同学们的热情接待，团结奋进的校园气氛，使一路上还在担忧不识字、干不了工作的雷尕曼的满腹顾虑，顿时烟消云散。

"旧社会，不公平，重男子，轻女人……"雷尕曼一字一顿地念着，一边心想书上写的是多么真实啊。中午，学员们按作息时间进入了梦乡，而她在教室里一遍遍地背诵《识字课本》上的课文。晚上，在昏暗的清油灯下，她模仿老师的笔画，用小木棍一笔一画地写生字。写完了，又和伙伴们看着报纸互相考，她把整个课本从头到尾全背了下来。

经过三个月的紧张学习，雷尕曼摘掉了文盲的帽子，由一名童养媳一跃而成为国家干部，开始了革命的人生道路。

深深植根于大地的怀抱，用汗水浇灌美好的春天

1954年冬，是一个滴水成冰的季节。寒风裹挟着雪花，狂暴地吹打着大地。

在通往卓尼北山区的山路上，雷尕曼迎着扑面而来的风雪，身背公文包，正一步一步地走着，根据党组织的安排，雷尕曼告别了刚熟悉的县粮站收购员工作，来到北山区负责妇女工作。

怀着对党和人民的一片赤子之心，在短短的时间里，雷尕曼不分昼夜地走村串户，开展调查研究，发动群众。北山区的村寨分布稀散，雷尕曼爬遍了每一座有人家的山头，凭着扎实、朴素的工作作风，很快打开了工作局面。

不久，全州妇女代表大会在夏河召开。雷尕曼作为卓尼县的妇女先进个人将要上台发言，这是她第一次在大众广庭之下发言，尽管州妇联主任达芝芬特地为她拟好了发言稿，但她仍紧张得浑身直冒汗。当看到姐妹们信任和鼓励的目光时，雷尕曼很快镇定下来，大胆走上讲台开始发言。发言结束时，迎接她的是满场热烈的掌声，使她备受鼓舞。下来后她给姐妹们壮胆鼓气说："就要这么闯！人前头多发几次言，心就不慌了。"

1956年4月，雷尕曼光荣地加入了中国共产党，一个过去忍气吞声的童养媳，在党的培养教育下，成了一个生机勃勃的共产主义战士。

1957年夏天，在杨复兴副州长的率领下，雷尕曼和同志们一起，带着宿营的帐篷，来到卓尼县完冒乡，建立了全州第一个牧业合作社。雷尕曼以饱满的工作热情忘我地工作。她既是工作队员，又是"伙头军"；晚上，不是帮着放电影，就是组织人员举办文艺晚会，忙得不亦乐乎。

有一天，一处牛棚突然起火，为抢救烈焰围困着的牛犊，雷尕曼一次次钻进火里，帽子衣服上起了火，她都不知道。当同志们赞扬她时，她笑着说："董存瑞为革命牺牲了生命，我的帽子衣服有什么舍不得的！"杨复兴副州长事后总称她"我们活泼、勇敢的雷尕曼同志"。

为了深入宣传党的各项方针政策，雷尕曼住在一户老阿婆家，为老阿婆担水、扫院、打酥油、熬曲拉，像亲儿女一样。乐得老人家整日笑呵呵

的，逢人就夸她是共产党派来的好女儿。

"是谁帮咱们翻了身，是亲人解放军……"

雷尕曼和伙伴们哼着歌，在牧民群众中开展工作。工作组像军人那样，严格执行《三大纪律八项注意》，同当地群众结下了鱼水深情。

为了适应牧区工作，雷尕曼开始学习骑牦牛。当她又一次从滚圆的牦牛背上摔落到河沟里时，伙伴们笑了，牧民们笑了，她也忍不住捂着肚子笑起来。青春的欢歌笑语响过沉寂的草原。

花儿沐浴着阳光春雨吐露芬芳

像草原上初绽的花沐浴着阳光春雨，青春时代的雷尕曼是在党的培养和关怀下成长起来的。党像一盏指路明灯，为她指明了前进的方向。为了进一步在理论上充实和武装自己，雷尕曼一边积极参加革命实践活动，一边如饥似渴地攻读马列主义理论书籍。

在繁忙而紧张的工作之余，雷尕曼认真研读了毛主席的《实践论》《矛盾论》《论人民民主专政》《论联合政府》以及《共产党宣言》《刘胡兰》等大量理论书籍和青年读物，从中学习和掌握马克思主义的基本理论，汲取智慧，从英雄人物身上寻找力量，在实践中锻炼自己。

雷尕曼泼辣的性格，饱满充沛的精力，朴实的工作作风，赢得了上级领导和同志们的信任和尊敬。

1955年，雷尕曼任卓尼县妇联主任。

1959年，任舟曲县副县长，成为自治州第一位藏族女县长。

1962年，调任卓尼县副县长。

1964年，任自治州妇联副主任，后任主任。

马克思这样说过："如果我们选择了最能为人类福利而劳动的职业，我们就不会为它的重负所压倒。"雷尕曼正是这样，自担任妇女工作领导职务起，便以妇女的解放和利益为己任，不断开拓着妇女工作的新局面。

1972年，雷尕曼组织主持召开了卓尼县车巴沟全州妇女工作现场会。

当时的车巴沟十分闭塞，解放20余年了，还有许多人不知汽车啥模样，不知百里外的县城属于哪个朝代。

　　雷尕曼带领各级干部，一头扎进许多人闻而却步的车巴沟，组织宣传干事、记者和骨干力量，迅速成立了文艺宣传队、篮球队，红红火火的文体活动，像一块磁铁，吸引了车巴沟众多的牧民群众，现场会开得别开生面。

　　很快，车巴沟第一次有了妇女干部。妇女工作现场会不仅宣传了党的方针、政策，建立健全了妇联机构，提高了妇女的社会地位，也极大地推动了其他各项工作。从那以后，从荒僻的车巴沟走出了一批又一批的干部。雷尕曼在江车林区骑马赶路时，被野兔惊扰的奔马摔伤，落了个腰痛的病根，一直未能治愈。

　　1975年的夏天，烈日当空，天空没有一丝云彩，黄土地上热气袭人。就在这样的三伏酷暑里，雷尕曼带着卓尼县妇联的同志，深入洮砚乡，培训邻近三个乡的妇女干部。

　　培训班一结束，她又开展调查研究。她拄着拐杖带领大家到杜家川、结拉、达吾等大队了解妇女生产、生活情况，以及"四期"保护和男女同工同酬的落实情况，每天步行四五十里，走到哪就歇到哪。

　　到新堡乡后，妇女干事名叫周菊兰，30多岁，兰州市榆中县人，是个中专生。雷尕曼一边亲切地询问她是否适应这儿的工作环境，一边语重心长地对乡上和一起来的同志们说："知识分子在山区工作不容易。"要大家从多方面关心支持周菊兰的工作和生活。

　　到包舍口村，房东家被褥紧缺，雷尕曼和另外两名同志三人合盖一床被。为了减轻群众负担，特意让乡亲们做酸菜洋芋面。群众说："雷主任就像自家人，没有一点官样子。"

　　一天到侯旗村时正遇着倾盆大雨，雷尕曼走进一户姓侯的人家。一进门就看见一位患重病的老阿婆躺在铺着一张破席的炕上，她鼻子一酸，顾不上抹一把沿头发而流淌的雨水，就坐在炕沿上，拉着老阿婆的手问长问短，一再叮咛要老人家及时看病，保重身体，感动得老阿婆不知说什么好。

　　到柏林乡的那天，已是暮色沉沉，雷尕曼顾不上休息，在石达滩召开了支部书记、大队长会议，反复强调妇女工作的重要性，讲如何加强对妇女工作的领导，充分发挥妇女的工作积极性，在场的队干部连连点头称是。

　　就这样，在一个月的时间里，雷尕曼跋山涉水，行程上千里路，走到哪儿，宣传到哪儿，把工作做到哪儿。

　　在工作中，雷尕曼对同志既热情又严格。有一次，雷尕曼到迭部县花园、益哇乡开展调查研究，乡上的妇女干部一问三不知。她当时就火了，当着群众面就是一顿毫不留情的批评，弄得那位妇女干事脸上红一阵白一阵。批评完后，她又耐心地开导，将如何开展工作，一再强调要经常深入群众，和群众打成一片。

牢记自己是人民的公仆，关心他人胜过关心自己

　　1976年，雷尕曼和几个县的妇联主任在40多天里，一连跑了临潭、迭部、舟曲三个县的19个乡。当到舟曲县城时，县招待所已住满，她们就住进了一家简陋的私人客店。第二天，县上同志闻讯后，特地在县招待所腾了间房，要她住进去。雷尕曼执意不肯，说："同志们都住旅馆，我怎能一个人住招待所呢？"

　　到丰迭乡后，乡干部准备杀一只羊招待大家，雷尕曼当即拦阻说："群众生活这么困难，不能杀羊！"结果到乡上妇女干部家中吃了顿家常饭——酸菜面。

　　在憨班、立节、巴藏等几个乡时，当地群众听说是他们敬重的雷主任来了，便相互邀约，提着核桃、柿子从四面八方赶来，硬要将东西往车里塞，并拉着雷尕曼的手，要她到家里吃顿饭。雷尕曼笑着谢绝了乡亲们的心意，又恋恋不舍地踏上了新的征程。

　　一次，全省妇女工作会议在平凉召开。会议活动期间，各地州市妇联主任都安排坐小车，而雷尕曼没坐小车，却和县妇联主任一起坐进了大车。

　　作为全国妇联执委，雷尕曼常去北京开会，但她却十分节俭，来去就是一个简单的小行包，只装一些换洗衣服。

　　而对同志们，雷尕曼却倾注了全部的热情。她常说："妇联是妇女的'娘家'，妇女干部要做妇女的贴心人。"她是这样说的，也是这样做的。每逢县上妇女代表来州上开会，她都要到住所一一看望，问洗澡水有没有，伙食怎么样，问她们的工作、生活和家庭情况，同大家一起畅谈，一时间欢声笑语满屋，使代表们如同到了家中一样。

　　临潭县三岔乡妇女干部孙冬梅在州上开会，快临产时，雷尕曼亲自送

到医院，接连到医院看望、送饭，并嘱咐大师傅："这是给月婆子的饭，要做好一点。"当孙冬梅的婆婆和丈夫赶来后，深受感动，说："原想没亲没故的会受罪，没想到州上领导照顾得这么好。"

临潭县妇联副主任徐丽英会议期间想做几件衣服，但不知上哪去做好。雷尕曼便抽空领她到合作被服厂，对裁剪师傅说："这是我们的妇联干部，衣服要尽量做好一点。"

现团州委副书记杨卓玛，是1984年西北民族学院毕业分配到州妇联的女大学生，开始时对妇联工作认识不足，雷尕曼便在工作上对她具体指导，在生活上处处关心，使她逐渐爱上了妇联工作。杨卓玛先后两次患重病住进了医院，父母亲不在身边，雷尕曼就像母亲一样时时看望和安慰她，出院时还亲自到医院去接。在雷尕曼的热情关心和支持下，杨卓玛很快成长起来，并走上了领导岗位，当谈及往事时，杨卓玛满含热泪："我的成长和进步，是同雷主任的大力帮助分不开的。"

在工作中，雷尕曼时刻牵挂着同志们的工作、学习和生活疾苦，把帮她们分忧解难、解决实际困难当作自己义不容辞的职责。她帮为调动工作犯愁的柴新尚办理工作调动手续；帮住房困难的韩彩莲找房子；创造条件让周秀文上州党校、进西北民院；派侯思莲进甘肃省妇女培训班学习；送东智卓玛上省政法学院法制培训班。同时，还积极为向上的妇女干部争取上学深造的机会。她说："打铁先要本身硬，妇女们要自立、自尊、自强，首先要提高文化素质。因此，要抓住一切机会去学习和提高。"

维护妇女合法权益，伸张正义。1981年5月，合作镇一名妇女干部被坏人打伤住进医院。雷尕曼闻讯后一边去医院看望慰问，一边及时地向政法机关反映情况，使问题得以顺利解决。

州邮电局线务站有一位女青年属包办婚姻，夫妻间没有感情，丈夫强行将其拉到夏河，不让她上班。单位不明情况，以"无故旷工"为由将这名女工除名，使这位女工痛苦不堪。雷尕曼得知情况后，四处奔走，向省妇联、全国妇联反映情况，并多次同原单位交涉，终于使这位女工重新回到了工作岗位。这位女工在妇联的支持下，勇敢地走上法庭，解除了痛苦的婚约，不久就成立了一个幸福的家庭。

卓尼县卡车乡妇女干部完玛草，是1953年同雷尕曼一起参加工作的老共青团员，在火红的20世纪50年代，两人结下了深厚的友谊。

然而，1958年，完玛草因向组织提意见，被错误处理遣送卡车乡劳动改造。雷尕曼时时惦念着这位蒙受冤屈的战友。1961年，国内政治气氛有所好转，雷尕曼便写信给完玛草，坚信她政治上没问题，要她振作精神，向上级党组织反映情况。

党的十一届三中全会以后，雷尕曼接连给完玛草发去两封信，要她尽快"出山"。完玛草见信后来到州上，向组织部门申诉了情况，组织上很快为她落实了政策，恢复了工作。当完玛草为自己20多年未能学习，怕跟不上形势而忧虑时，雷尕曼鼓励她："拿出50年代的拼搏精神，重新学习。"坚定了完玛草的工作信心。完玛草回去后，努力学习，勤奋工作，先后被省妇联授予"优秀妇女干部"、州妇联授予"三八红旗手"称号。而雷尕曼时常写信或去看望，关心着完玛草的工作情况。

理论联系实际，深入开展调查研究，调查就是解决问题

1973年春，临潭县妇联主任吕韵文到长川乡千家寨下乡时发现：有一部分妇女仍在缠足。便将这一情况向上级作了汇报。解放20多年了，封建陋习仍在残害姐妹同胞。雷尕曼十分重视，便同吕韵文一起到千家寨深入调查，根据调查的情况，写成专题汇报，上报省妇联。省妇联副主任李茹阁带人来千家寨，将调查情况以简报形式通报全省，组织妇女批判封建意识，移风易俗，转变观念，有效阻止了类似现象的再度发生。

1984年，雷尕曼正闹胃病，但为了工作，她顾不上治疗，拿了些药，便带着妇女干部们翻山越岭步行到卓尼县申藏乡的甘藏、小格、郭大村搞调查研究。下甘藏是个回族聚集村，群众的养羊业发展很有特色。调查中，雷尕曼认定这是一条脱贫致富的有效路子，便组织同志们总结经验，发现典型，撰写了专题调查报告，并在群众中广泛宣传，引起了普遍反响。雷尕曼又和同志们一鼓作气，先后搞了有关农、林、牧、副以及家庭、婚姻、法案等内容的6篇调查报告，既总结了妇女们在生产、生活中所发挥的作用，又使妇女干部们在工作实践中有了显著提高，学到了不少新东西。

改革开放，给我国带来了生机和活力，同时，一些社会不良现象也沉

渣泛起，死灰复燃。一度，临潭、卓尼一带农村吸食毒品、拐卖妇女现象异常严重。对此，雷尕曼忧心如焚。

1986年3月，由雷尕曼牵头，法院、司法部门的一批同志深入到临潭、卓尼两县的14个乡进行专题调查。他们走访被拐卖妇女的家庭，在当地群众和公安局配合下，调查人贩子的犯罪事实，分析原因，提出解决的办法。及时将调查的结果上报州委，州委以通报形式予以转发，全州妇联组织很快开展了一场"维护妇女儿童合法权益"的宣传活动。并结合普法教育和综合治理，有效打击了危害妇女儿童合法权益的犯罪活动，使越来越多的妇女增强了法制观念，并拿起法律武器捍卫自己的合法权益。

为幼教事业殚思竭虑，心血滋润着祖国的花朵

甘南藏族自治州地域偏远，经济、文化、教育十分落后，一直到20世纪70年代末，幼教事业还几乎是一片空白。对此，雷尕曼看在眼里，急在心上。经过一番摸底调查，提出了筹建合作保育院的规划。

万事开头难。尽管一无所有，但强烈的事业心和社会责任感，促使雷尕曼为把理想变成活生生的现实而奋斗。

雷尕曼多方奔走，耐心解释，配合有关部门，从舆论宣传入手，呼吁全社会都来关心祖国下一代的成长。她组织妇联的同志发出倡议，号召各行各业和每个公民为筹建合作保育院募捐投资。

没有地皮，她四处查看，经多方面考虑，选中了居于州外贸局和州民族学校之间的一块地皮。之后，她反复同两家单位的负责人交涉，多方疏通，硬是如愿以偿地要到了理想的地皮，接着，跑经费，要编制，抓基建，经过马不停蹄地紧张工作，1981年，初具规模的合作保育院顺利竣工。开院典礼上，望着孩子们一张张天真烂漫的笑脸，犹如春风扑面，雷尕曼舒心地笑了。

然而，艰巨的工作还在后头。雷尕曼并没有满足眼前的这些，她那颗博大的母爱之心仿佛听到更多的得不到学前教育的幼儿们和家长们在焦急地呼唤，稚嫩的花朵需要充足的阳光雨露的滋润。她把深沉的目光投向州府以外的地方，投向基层。

经过艰苦细致的工作，从1980年到1988年，经过持久的"八年抗战"，自治州七个县相连建起了保育院。从州府到县城，幼教机构形成了一定网络，而雷尕曼正是这张网络的穿梭引线人。

房舍是有了，可玩具匮乏。雷尕曼带着人四处求援，想方设法，不久，每个县的保育院都配备了价值3000多元的滑梯等玩具。

保育院刚开院时，工作人员一时适应不了新的"孩子王"的工作环境，业务生疏，面对一群又是跑又是闹的幼儿们，一时不知所措。

加强工作人员的业务培训，刻不容缓。

于是，雷尕曼带领12个"阿姨"专程去兰州省保育院、兰州五泉幼儿园学习。已经50岁出头的雷尕曼像小学生一样，同大家一起听课、记笔记。

回来之后，组织保育员根据所学知识，结合实际，展开讨论，制订保育院工作计划，使幼教工作逐步走上了正轨。

在繁忙的妇联工作中，她一直惦挂着全州的幼教工作，一有空，她就去保育院看望，检查工作。勉励工作人员搞好工作，并进厨房查看孩子们的饭菜，嘱咐炊事员："要想办法把饭菜做香，让娃娃们吃好，让家长放心。"

随着社会发展和人口的增长，合作保育院已满足不了幼儿入托的需求，急需扩建。雷尕曼和州妇联副主任格尔措一起四处奔走。为地皮问题，她同有关单位反复交涉，为疏通关系，她找州委书记、找州长。上省计委、省民委，她因整日奔波，累得一进家门浑身就像散了架。

只要是有利于人民的事，就放心大胆地去干

敢说敢干敢负责，这是雷尕曼的突出个性。她最反对工作上马虎、拖沓和畏畏缩缩。在她身上充分体现着共产党人全心全意为人民服务和密切联系群众、艰苦奋斗的优良传统。

在几十年的革命实践中，雷尕曼不仅是一位出色的妇女工作的宣传家，也是一位脚踏实地、雷厉风行的实干家，更是一位作风泼辣、富有魄力和号召力的组织家。

心底无私天地宽，正是雷尕曼一生坦荡胸襟的真实写照。

"只要是有利人民的事，就放心大胆地去干，有责任我承担。我们妇联要干社会看得见、摸得着的实事。"雷尕曼时常理直气壮地鼓励着身旁的同志们。

"有她在，事情就好办，我们的胆子就壮。有她这样的领导，我们干工作信心十足。"和雷尕曼共过事的同志们这样说。

1988年6月中旬，紧张的全州妇代会结束了。可雷尕曼却顾不上歇一口气，又和同志们忙着会议的收尾工作。会议期间，有几位妇女代表因病住院。6月25日下午，就在她一边考虑着下一步的工作，一边走向州医院，前去探望几位仍在住院的妇代会代表时，一辆违章的汽车将她撞倒……

待到山花烂漫时，她在丛中笑

又是一个明媚的春天。

五彩缤纷的孩子们，在老师指导下，加紧排练"六一"儿童节的节目。小喇叭、队鼓，表达着欢快的心声。

忙碌的妇女干部们正围绕着党的中心工作，又在新的蓝图上挥洒着"半边天"的豪情壮志，谱写着时代的新篇章。

岁月流逝，可人们更加怀念雷尕曼这一同自治州妇女事业联在一起的共产党人的名字，怀念着草原的女儿，怀念着她留在三河一江辽阔土地的一行行足迹……

人们仿佛觉得，她并没有离去：

——她仍走在四化建设的大军中，走在姐妹们前面，含笑于山花烂漫的90年代的春天里……

（原载于《甘南报》1991 年 6 月 11 日 1—3 版；

转自《陇原巾帼颂》，甘肃省妇女联合会主编，

甘肃人民出版社，1993 年 6 月第 1 版）

朴实的风采　闪光的年华

——雷尕曼传略

丁玉珍

  1988年6月27日下午，甘南藏族中专学校礼堂一派肃穆，人们满目萧索，默默肃立，痛苦的头颅低垂着。全国妇联执委、州妇联主任雷尕曼同志的追悼大会在这里举行。一鞠躬、二鞠躬、三鞠躬……他们当中有地方党政军的最高级领导；有省妇联副主任、临夏州妇联的负责同志和甘南各县的妇联负责人；有州党政军机关，州直各机关、部门、团体和企事业单位的代表。礼堂正中和两侧摆满了花圈和挽幛。全国妇联、省政协、省民委、省妇联等单位发来了唁电。发来唁电、送来挽幛及花圈的单位、机关和基层党政组织共有230个，参加追悼大会的干部、职工和群众有2000人之多。盛况空前，前所未有！大家怀着沉痛的心情，从四面八方前来悼念这位德高望重、深受全州各族干部、群众尊敬和爱戴的州妇联主任——雷尕曼同志。

  雷尕曼同志系卓尼县柳林镇人，藏族。1953年7月参加革命，1956年4月加入中国共产党组织。历任区妇联干事、县妇联主任、舟曲县副县长、卓尼县副县长、州妇联副主任、主任。是全国妇联四届、五届执行委员，甘肃省政协七届委员会委员，甘南州委五届、六届委员，甘南州人民代表大会八、九、十届常委会委员，州政协五届、六届委员会委员。因意外交通事故，身负重伤，经抢救无效，于1988年6月25日19时30分在州府合作溘然长逝，终年56岁。

一、少小有志、进取不息的人

雷尕曼同志1932年出生在卓尼县柳林镇。8岁时父亲离世，她较早地帮助母亲挑起了家中生活的担子。犟强的性格和吃苦耐劳的意志，是她从小就成为家中的主要劳力。15岁那年母亲给她寻了婆家。出了嫁的她同旧社会其他早婚的妇女一样，稚嫩的肩膀担挑着全家生活的重荷：做饭、打柴、播种、收割、侍奉公婆和丈夫。有所不同的是她的性格很要强，干活做事从不甘心落后于别人。田间地头、家务锅灶，一切做得井井有条。她就这样年复一年地忙里忙外，操劳度日。1949年9月，卓尼县城和平解放。从那时起，县城街上时常出现身着"列宁装"、留着齐耳短发、干练飒爽的女干部的身影。这使从未出过远门，整天围着家庭小天地转的她第一次感受到了"外面的世界好精彩"！她惊异地看到了一切她从未见过的东西，感叹地同其他姐妹议论着，她们均被所见所闻深深地震动着。每次去洮河边挑水，雷尕曼总是瞅着她们看个不够，望个没完，时时露出渴求的眼神。女干部们的衣装和进出机关大门的神态，使她那么羡慕，那么向往！她常常企盼着自己有一天也能像她们一样，拥有知识，拥有世界，自豪地踏进县委机关大院！1953年夏季，幸运之神真的降临到了她的头上。同她从小玩大的几个姐妹一窝蜂似的涌到她家，邀她一起去县委，请求参加工作，穿"列宁服"。在哥哥的支持和母亲的同意下，雷尕曼怀着激动的心情，告别了年仅1岁的儿子和家人，走出了养育她的家，踏上了寻求知识、寻求幸福的道路，成为我州解放初较早冲破封建思想束缚，争取妇女解放的人物之一。

走上工作岗位后，组织便派她同几位女同志一起，去夏河拉卜楞"甘南干部学校妇女班"学习，接受扫盲教育。她们乘着马车，经过5天的长途颠簸，终于到达了目的地。在老师和同学们的热情接待下，雷尕曼打消了胆怯的心理和学不好文化的担忧。学校里奋发读书、团结向上的气氛激励着她。她很快适应了学校的生活。在学习班里，她废寝忘食，夜以继日地刻苦学习。《识字课本》翻了一遍又一遍，自己写，自己记，和同学们互相考着记。经过三个多月的紧张学习，她熟练掌握了整个课本，摘掉了文盲的帽子。从此，她由一名家庭妇女一跃成长为国家干部，开始了革命的人生道路。

1954年春，雷尕曼被分配到县粮站做收购员工作。是年冬天，她又被派往卓尼县北山区负责妇女工作。在北山，她怀着对党的忠诚和对革命工作认真负责的精神，以自己的满腔热忱积极投入工作。她走乡串户，开展调查研究。发动群众，特别是妇女同志，动员她们走出家门参与社会，实行自我解放。她以自己扎实、朴素的工作作风，赢得了广大妇女的信赖，工作局面很快打开了。与此同时，她还不断地充实和提高自己，不失时机地抓紧学习。同年6月，她被评为县上的"甲等学习模范"，受到了县委的嘉奖。1955年3月，全州妇女代表大会在夏河召开。雷尕曼作为卓尼县妇女工作的先进个人参加了大会。两年的工作实践，使她深知女子要作出辉煌成就，就要面临比男子更激烈的世俗挑战，付出比男子更多的代价，而最终失去的只是怯懦和整个社会对女性的不公正。她拿着州妇联主任达芝芬为她准备的发言稿，迎着同志们和姐妹们信任的目光，第一次在大庭广众之前发了言。她的勇敢举动鼓励和带动了其他发言的姐妹们。在组织和同志们的培养帮助下，她的思想政治觉悟提高较快。1956年4月，雷尕曼同志光荣地加入了中国共产党组织，成为一名为共产主义事业而奋斗的战士。

1957年夏天，在杨复兴副州长的率领下，雷尕曼和其他几位同志一道，带着宿营的帐篷，来到卓尼县完冒乡，参加了建立全州第一个农业合作社的工作。在完冒乡，她住进了一户老阿婆家里。她为老阿婆担水、拾粪、挤奶、打酥油、熬曲拉。老人家逢人就夸，见人就讲"共产党派来了好干部"。雷尕曼同志以饱满的革命热情忘我地工作，她既是工作队员，又是大伙的"伙头军"，忙得不可开交。有一次，一处牛棚突然起火，为了抢救被火焰围困着的牛犊，雷尕曼一次次地冲进牛棚，冒火救牛，衣服和帽子上到处都是被火烧焦的窟窿。她泼辣、干练的工作作风得到了同志们的好评。事后，杨复兴副州长总称她"我们活泼、勇敢的雷尕曼同志"。为适应牧区工作，她学骑牦牛，一次次从牛背上滑下来，又一次次地骑上去，直到学会。为了进一步从理论上充实和提高自己，雷尕曼同志一边积极参加各种实践工作，一边认真攻读马列著作和毛主席著作及多种图书，她利用工作之余攻读了毛主席的《实践论》《矛盾论》《论人民民主专政》以及《共产党宣言》《刘胡兰》等理论书籍和青年读物，从中汲取"营养"，努力掌握和学习马列主义、毛泽东思想的基本理论知识。1955年和1956年，她又先后两次分别到甘南州干校和省团校学习。理论上的不断充实和实践中的努力锻炼，使她进步很快。1958年，她参加了全国社会主义建设积极分子代表大会。从此，她的眼界更开阔了。

二、为妇女事业忘我工作的人

1964年9月，雷尕曼同志调任甘南州妇联副主任。从此，成为直接为妇女解放事业而奋斗的妇联专职成员。她以全州广大妇女的解放和利益为己任，勤勤恳恳，不断开拓着全州妇女工作的新局面。在她36年的革命生涯中，有30年都是在妇联工作岗位上度过的。可以说她的名字是与我州的妇女事业紧紧联系在一起的。长期工作的实践，使她积累了丰富的工作经验，深入基层调查指导工作更是她的拿手好戏。她那朴实忘我的工作作风给大家树立了榜样，同时也给自己树立了崇高威望。

20世纪70年代初，由于受"文革"的冲击，各级妇联组织处于瘫痪状态。雷尕曼同志看在眼里，急在心上。在这段时间里，她主要抓了基层妇女组织的恢复和整建工作。在她和同志们的努力下，各级妇女组织机构逐渐健全，配备妇女专职干部达93.75％。结合妇女组织的整建，1972年雷尕曼同志在卓尼县车巴沟，组织并主持召开了"全州妇女工作现场会"。当时，车巴沟的"政治夜校"办得比较出色，且参加者多为妇女群众。她们能用藏、汉两文背诵《毛主席语录》和部分学习资料。她们中的一些人还在这个夜校里脱了"盲"，成为车巴沟妇女中最早有文化的人。政治夜校学习形式活泼多样，很吸引人，这是个难得的范例。虽然这时车巴沟的文明程度还不高，许多人还没见过汽车的模样，尽管对这儿的传说让人生畏，外界人不敢来这儿。然而，雷尕曼同志凭着自己的胆识，选定车巴沟为发动、组织妇女的示范点。在县妇联和当地积极分子的配合下，组织起了以宣传干事和记者为主的骨干力量，迅速成立了文艺宣传队、篮球队等，并将活动立刻展开。红红火火的文体活动，吸引了车巴沟众多的牧民群众，现场会开得生动活泼、令人兴奋。车巴沟第一次有了妇女干部，有了基层妇联组织，有了替妇女说话办事的"娘家"。妇女的社会地位得到重视和提高。这次现场会既宣传了党的方针政策和广大妇女的"半边天"作用，又极大地推动了其他各项工作的进行。而雷尕曼同志却在江车林边骑马赶路时被野兔惊扰的奔马摔伤，落下了最终没能医治好的腰痛病。

1973年春，临潭县妇联负责人到长川乡千家寨下乡时发现有一部分妇女仍在缠足，便立即将这一情况上报州妇联。雷尕曼十分重视，即刻同这位同志一起到千家寨深入调查，并将调查情况写成专题材料上报省妇联。省妇联副主任李菇阁等人又在雷尕曼的陪同下来到千家寨。解放20多年了，这一封建陋习仍在残害着姐妹同胞，她们的内心久久不能平静。她们所调查的情况，省妇联很重视，并以"简报"形式通报全省，号召全省各界妇女起来批判封建意识的残余，移风易俗，转变观念，有效地阻止了类似现象的再度发生。

1975年夏天，天气热浪袭人。就是在这样的三伏天里，雷尕曼同志不顾自己体虚气喘，带领卓尼县妇联的同志，深入到洮砚等乡，对该乡和附近三个乡的妇女干部进行培训。培训班一结束，她又忍着腰疼，拄着木棍带领大家到杜家川、结拉、达吾等大队了解妇女的生产、生活情况以及"四期"保护和男女同工同酬的落实情况。她每天翻山越岭，徒步行走约四五十里路，走到哪歇到哪。在新堡乡，遇到乡妇联干事周菊兰。她是从兰州分配来的一名中专生，雷尕曼一方面问寒问暖，一方面叮嘱乡上领导要多关心这位来自外地的知识分子。她说："知识分子来山区工作是很不容易的，要多关心才对。"到柏林乡石达滩村的那天，天色已是黄昏，雷尕曼不顾疲劳，组织召开了由支部书记和大队长参加的会议。在会上，她反复强调各级党组织"要切实加强对妇女工作的领导力度，要重视妇女工作，要搞好配合。因为妇女工作是一项社会性工作，相互间的协调和配合至关重要。要加大宣传力度，利用各种渠道宣传文明进步的妇女观"。使她们提高了思想认识。在这一个多月的时间里，雷尕曼走到哪儿，就把调查和宣传工作做到哪儿，在当地干部中传为佳话。

1984年，雷尕曼同志不顾自己正在闹胃病，就带着几位妇女干部去下乡。当她们来到卓尼县的甘藏、小格、郭大村等地时，发现那儿的群众养羊业搞得很有特色，其中女劳力近一半。雷尕曼认定这是一条致富的路子，便组织同志们总结经验，抓住典型，撰写专题调查报告，并在群众中倡导推广，引起了普遍反响。雷尕曼又和同志们一鼓作气，先后调查并拟写了有关农、林、牧、副及家庭、婚姻和妇女儿童合法权益为内容的几篇报告，总结了妇女在生产、生活中为社会所做的贡献，赞扬了妇女的聪明才智和她们的"四自"精神，向社会展示了改革开放给妇女的社会生活和家庭生活带来的新变化及妇女在社会发展中不可缺少的作用。使大家在实践中深深地懂得了"妇女实现自我解放，得到社会承认不是喊出来，而是干出来的"这个既通俗又深刻的道理。

改革开放带来了生机和活力，但同时也使一些社会不良现象沉渣泛起。一段时期，卓尼、临潭一带农村吸食毒品、拐卖妇女现象异常严重。1986年3月，由雷尕曼任组长，州司法局副局长宋有政为副组长，有州妇联、州法院等单位一行5人组成的联合调查组到卓尼、临潭进行调查。他们克服人员少、工作难度大等困难，马不停蹄地一连奋战了半个多月，在当地公安机关和群众的有力配合下，查清了问题。回到州上以后立即向州委作了汇报。州委用"通报"两次转发，有效地打击了危害妇女儿童合法权益的犯罪活动，使广大妇女增强了法制观念，并能拿起法律武器捍卫自己的合法权益。

高寒阴湿的甘南草原，使忘我工作、风雨无阻的雷尕曼同志患上了高血压、肾炎及风湿等多种病，但她仍然长年坚守在自己的工作岗位上。同志们常常看到她拖着带病的身子和浮肿的腿，奔波在基层……

三、甘为公仆、勤作妇女的"娘家人"

雷尕曼同志在多年的革命工作中，始终牢记自己是人民的公仆，走到哪儿从不搞特殊。她热爱基层，关心基层的妇女干部，关怀妇女群众的疾苦。1975年夏天，她在卓尼县新堡乡包舍口村下乡时，由于房东家被褥紧缺，她就同另外两位同志三人合盖一床。生活上也只让乡亲们做酸菜洋芋面，不搞特殊。在侯旗村，她冒雨看望了一位身患重病的老阿婆。在只铺有一张破席的炕上，她倚炕而坐，拉着老阿婆的手问寒问暖，并一再叮嘱老人家要及时看病，保重身体。看到雷尕曼就像自家人一样没架式，老阿婆感动得流下了眼泪。1976年雷尕曼和各县妇联主任，利用40多天的时间，一连走访了临潭、迭部、舟曲三县的19个乡。在舟曲县，碰巧刚到的那天县招待所已住满，她便带领大家住进了县城一家较为简陋的私人客店。第二天县里的同志知道后，特地在招待所腾了一间住房，让雷尕曼搬进去，她执意不肯。她对县上的同志说："大家都住客店，我怎能一个人住招待所呢？"在丰迭乡，乡上的干部准备宰一只羊招待大家，雷尕曼拒绝了。她知道这个乡的群众生活并不富裕。后来她只到乡妇女干部家中吃了顿家常便饭。到憨班、立节、巴藏等乡时，当地群众听说他们敬重的雷主任来了时，相约提着核桃、柿子等地方特产要送给雷主任，并争着拉雷主任去他们家吃饭，雷尕曼笑着谢绝了。1977年，到平凉参加全省妇女工作会议时，雷尕曼没按会议安排坐小车，却和县妇联主任们一起挤进了班车……她为政清廉，克己奉公，对自己严格要求。但对待同志却始终像是一盆火：县上来的同志要做衣服，她领着去；自己部门的同志生病住院，她均一一探望；住房有困难的，她帮着解决；想要学习深造的，她给创造条件……1986年，本部门一位同志的丈夫去世，因据说是患传染病而死的，大家都不愿接近。而雷尕曼同志却不顾一切亲赴灵堂，帮助处理后事。她就是这样一个把关心同志、替别人分忧解愁当作自己义不容辞的责任的热心人。

雷尕曼同志经常这样说："妇联是妇女的'娘家'，妇联干部要做妇女的贴心人。""妇联如果不了解妇女群众的疾苦，不倾听妇女们的呼声，就失去了存在的价值。"她是这样说的，也是这样做的。每逢县上妇女干部来州上开会，她总要赶到住地去关照，询问她们的生活、工作情况，了解她们对会议安排和会议伙食情况的意见，她那平易近人和耿直豪爽的性格常常使代表们的房间充满欢声笑语，使她们如同到了家里一样亲切。临潭县三岔乡妇女干部去州上开会时临近生产，雷尕曼亲自送她去医院，并时常去看望、送病号饭。卓尼县卡车乡妇女干部完玛草是20世纪50年代同雷尕曼一起参加工作的老同志。1958年因受不白之冤、被错误处理到卡车乡劳动改造。雷尕曼时常惦记着这位蒙屈受冤的老战友。早在60年代初，雷尕曼就写信给她，要她振作起来，向上级党组织反映情况。之后又几次写信劝说、鼓励，在她的帮助下，1978年组织上给完玛草落实了政策，恢复了工作。为了报答组织和雷主任对她的恩情，完玛草发奋工作，先后被省妇联、州妇联授予"优秀妇女干部"和"三八红旗手"等荣誉称号。刀吉草是迭部县电尕乡拉路村的党支部书记兼村妇联主任，今年已是60多岁的人了。她与雷尕曼的交情胜似亲姐妹。雷主任去世后她泣不成声，悲痛万分。因为她由一名不识字的家庭妇女成长为大队妇联主任，又参加了全国妇女代表大会，并在省、州多次获奖，她的成就倾注着雷尕曼的很多心血。

维护妇女合法权益乃妇联的神圣使命。1981年5月，合作镇一名妇女干部在工作时被人打伤住进医院。雷尕曼闻讯后一边去医院看望慰问，一边及时向政法机关反映情况，使问题得到顺利解决。州邮电局线务站有位女青年是包办婚姻，夫妻之间没有感情，丈夫强行将其带到夏河，不许她上班。单位不明情况，以"无故旷工"为由将这位女工开除了。她苦不堪言，终日消沉悲伤。雷尕曼得知情况后四处奔走，并及时向省妇联和全国妇联反映情况，随即又多次同女方单位进行交涉，终于使这位女工重新返回工作岗位。在妇联的支持下，这位女工勇敢地走上法庭，解除了痛苦的婚约。雷尕曼同志以自己火热的心肠为同志、为妇女姐妹们解决着一个又一个困难和问题，温暖了同志，感动了妇女姐妹，稳定了全州妇联队伍，大家尊称她为"我们的雷大姐"。

四、一片爱心在草原

罗曼·罗兰曾经说过："要散布阳光到别人心里，先得自己心里有阳光。"雷尕曼同志就是这样一个对妇女和少儿工作充满爱心和阳光的人。她任州妇联副主任、主任多年，任劳任怨，尽职尽责。她在甘南草原上为妇女儿童工作辛勤耕耘了30多年，并为此献出了自己的青春年华。特别是1981年党中央发出"全党全社会都来关心儿童少年的健康成长"的号召后，她不辞劳苦，积极奔走，联系社会各界，动员全社会的力量，为儿童少年的健康成长办实事、办好事，奉献了自己的一片爱心，有力地推动了甘南州托幼事业的发展，使甘南的儿童少年工作呈现出一派生机。

　　20世纪70年代，甘南由于地域偏远，文化教育仍较落后，幼教工作忽有忽无，极不正常。对此，雷尕曼同志焦急万分。她利用各种会议和机会，大讲全国、全省幼教事业的发展形势和我州儿童少年工作的差距，积极宣传儿童少年工作的重要性和紧迫性。1976年合作第一所公办幼儿园成立，但由于教室和师资力量所限，远不能解决合作地区干部和职工群众的要求。她又多次找州委、州政府的领导同志反映情况，提出在合作再修建一所保育院，以解燃眉之急。她的这一建议得到了州委和州政府的重视和支持。1980年，州委、州政府组织成立了"甘南州托幼工作领导小组"，雷尕曼同志任副组长兼办公室主任。她不失时机地多方奔走，耐心动员，并亲自带领工作人员深入到各机关单位进行宣传和募捐。她跑遍了合作地区的大小单位，有的一次不行就再跑一次、两次……在她的倡导和组织下，州妇联还向工作在外地的甘南籍人员发出了"为儿童少年健康成长而筹集资金"的倡议，号召他们捐款、捐物。她那颗赤诚的爱心深深打动了社会各界，1982年仅合作地区就捐款12000多元，州政府也拨了专款。资金有了，但地皮的落实又是一个问题。经过多方考察，她选中了居于州外贸局和州民族中专学校之间的一块地皮。通过与这两个单位的负责人交涉、协商和多方疏通，她成功了。之后她又抓基建、争取编制、选定人员。在她和同志们的紧张工作下合作保育院很快顺利竣工并开院招生。她还几次去省城，为初建的保育院添置了汽车、彩电、录音机和大、中、小型玩具200余件。

　　在缓解了州府合作的托幼院所紧张的困难以后，她又将目光投向了基层。玛曲县在她的指导帮助下，在高原上建起了一所比较正规的幼儿园。雷尕曼抓住时机带动全盘，于1985年7月在玛曲县组织召开了"全州托幼工作现场会"。玛曲县在那么艰苦的环境下办起了幼儿园，这一生动事实教育了大家。现场会有力地促进了甘南州托幼工作的发展。到1988年，全州七个县都相继建起了幼儿园（所）。雷尕曼同志还经常深入厂矿、单位进行调查，帮助解决职工孩子的入托难问题。在"两条腿走路"的办园方针指导下，她扶助女职工较多的州乳品厂、农机厂、运输公司等单位办起了幼儿园。这样，从州府到县城，幼教工作形成了一定的网络，而雷尕曼同志正是这网络的穿梭引线人。

为了使全州幼教事业尽快走入正轨，雷尕曼还亲自带领地、县和机关单位的部分保教人员去兰州学习，已是50多岁的她，像小学生一样同大家一起认真听课、记笔记、提问题，课余时间走访参观省上的部分幼儿园（所），学到了经验，取回了"真经"。幼儿园、保育院成了她的第二工作场所，不论是在州上还是去县城下乡，她都要经常过问和检查，她教育保教人员：孩子是祖国的未来，要培养好他们。我们的工作是神圣伟大而又光荣的！她的炽热爱心洒遍了甘南草原。

五、她走得太匆忙

1988年6月下旬，紧张的全州妇代会结束了，雷尕曼没顾上休息，和同志们一道忙于会议的扫尾工作。因会议期间有两位代表患病住院，雷主任时刻惦记着她们。6月25日下午，就在她前往医院探望她们的途中，一辆违章汽车将她撞倒在地……她走得太早、太匆忙了。她还有许多工作要做，未完成的事业在等待着她，家中的亲人盼望着她，同志们还有好多工作要同她商量……

雷尕曼同志一生忠于党，忠于人民，热爱妇女儿童事业。她呕心沥血，以一个共产党员的胸怀和品德，做出了自己应有的贡献。她的英名与甘南的妇幼事业紧紧相连。妇女姐妹怀念她，各族各界想念她。甘南的沟沟坎坎留下了她的足迹，甘南的山山水水留下了她的身影。她没有离开我们，她依然行进在广大妇女姐妹的行列中，同她们一起追赶着时代的步伐！

（选自《甘南党史资料》第六辑，
中共甘南州委党史资料征集办公室，1995年）

藏族知名学者杨生华

张丽丽

杨生华（1914—2004），又名塞外策仁，藏族人，出生于甘肃省卓尼县柳林镇，大学学历，1956年12月加入中国共产党。甘肃省藏族知名学者，诗文书画兼善，甘肃省老年书画研究会会员。

1930年至1937年先后在甘肃省第一师范、北平蒙藏学校上学。1946年协助杨复兴搞自卫特捐，并任副主任委员。1947年春偕同杨复兴去南京见蒋介石。先后任卓尼柳林小学校长、卓尼设置局教育科科长、洮岷路保安司令部参谋长、甘肃省参议员、国民党中央立法委员等职。

1949年9月，同杨复兴在卓尼起义，参加革命工作。同年11月至1950年2月，在第一野战军联络部学习，后任西北财经委员会委员、兰州革大三部教导主任。1952年3月，任西北农林部林业局副局长；1953年12月，调任北京市森林工业局副局长；1954年1月，任甘南藏族自治州人民政府秘书长；1966年"文革"开始后，受到不公正待遇，1982年甘南州委作出决定给予平反。1979年9月任政协甘肃省委员会文史资料办公室主任，1983年1月任政协甘肃省委员会文史资料委员会副主任，1984年7月任甘肃省文史研究馆馆长，是甘肃省第一届人民代表大会代表，政协甘肃省委员会第一、第二、第三届委员，政协甘肃省委员会第四、第五届常委。1981年、1983年两次被省政协机关党委表彰为优秀共产党员，1984年被评为甘肃省民族团结先进个人，1988年特邀为省民族团结大会代表。1988年3月离职退休。

他爱好文史、书法、绘画，从1930年起就举行个人画展，其书画作品在北京和省内外多次参展，著有《卓尼土司制度》《卓尼和平解放纪实》《甘南民变中的卓尼》等文。他的书画集于2002年6月由甘肃人民美术出版社出版发行。2004年11月6日在兰州逝世，享年91岁。

记卓尼县人大常委会副主任、
贡巴寺活佛宗周加措

格日才让

　　1986年6月，我从西北民院毕业后，被组织分配到卓尼县委党史资料征集办公室工作，当时宗周加措活佛任县政协常委，住在县人大与政协合署办公的一栋两层戴帽楼里，一楼是政协，二楼是人大，戴帽的三楼是两家共用的会议室，会议室隔壁有一间约16平方米的小屋子，那就是宗周加措活佛当时在卓尼县城的落脚点和办公室，也是当时卓尼县城最为时髦的楼房。

　　同是国家工作人员，加之又是在当时卓尼县城为数不多的车巴沟之老乡之一，所以他每次来卓尼我就去拜访他，逐渐我成了他家的常客，也对他有了更多的认识，几十年间我们相互交流，无所不谈，他成了我的好领导、好朋友。

　　宗周加措生于1943年5月，是卓尼县贡巴寺的活佛之一。1950年由十世班禅大师的经师、夏河拉卜楞寺高僧拉考·晋美赤列加措大师认定为贡巴寺第七世夏吾仓活佛的转世灵童，1952年开始在贡巴寺学习佛学知识，1958年刚满15岁时，在西北民族学院上学，之后进行民主改革和反封建斗争，使他的学业骤停，被迫返家。1960年7月参加集体生产劳动。1962年10月聘请为政协卓尼县委员会委员。1965年在甘南州政协学习。1968年又参加集体生产劳动。1979年5月县政协恢复工作后，先后当选为政协卓尼县第四、五、六、七届委员会常委兼副秘书长。1990年2月以后先后当选为政协卓尼县第八、九届委员会副主席。1998年3月当选为卓尼县人大常委会副主任。2002年12月当选为政协卓尼县第十一届委员会副主席。2006年12月又当选为卓尼县人大常委会副主任至今。

在半个多世纪与共产党人风雨同舟的工作中，他旗帜鲜明地坚持爱国主义立场，维护祖国统一，增进民族团结，是卓尼县民族团结的楷模，藏传佛教寺院爱国爱教的活佛。

20世纪60年代，在集体制时代，他是人民公社的电影放映员，穿着一件黄大衣，经常在村里放电影，从那时候开始我就知道他是个活佛。1979年人民政协恢复以后，他又被聘请为县政协委员，后担任县政协委员会常委、副主席等职，在政治上跟着共产党走，在行动上不论何时何地都尽职尽责，积极参政议政，积极拥护党的各项方针政策，拥护改革开放。他关心卓尼的经济文化建设，在每次省州县政协会议上中肯地提出适合本地区实际的意见和建议；在平时的工作实践中利用一切机会，总是积极协助县委、县政府认真贯彻落实民族、宗教、统战和其他各项政策；他十分重视民族团结，又保持和发扬了藏民族的优良传统。

1980年，为满足信教群众要求，他用自己的妙手给卓尼贡巴寺和卓尼禅定寺塑造了千尊宗喀巴药泥佛像。1980年至1990年，他任贡巴寺寺管会主任、刀告中心小学名誉校长期间，深感责任重大，经常深入村户，深入群众，积极动员适龄儿童入学，带头捐资助学，帮助学校克服困难，解决实际问题。经常深入学校和师生促膝谈心，关心教师的生活和教学工作，鼓励教师闲暇时多学习充电，力求改变办学条件，提高教学质量，让全社会来关心支持教育，树立良好的校风。每逢"六一"儿童节，他总是拿着贵重的物品鼓励老师和学生努力工作、努力学习。并结合当地实际，在建立健全有关寺院规章制度、树立良好的寺风和校风方面做出了一定的贡献，受到了党委政府的肯定和信教群众的普遍赞扬。

1981年上半年，省政协副主席嘉木样、省佛教协会副会长贡唐仓莅临卓尼县视察，他协助热旦加措活佛陪同视察，深入刀告、尼巴两村了解农牧民生产生活。1981年以后，他与爱国活佛热旦加措（已故），协助党委和政府积极参与调处各种纠纷，先后调处了尼巴乡格拉村与江车村之间、尼巴乡尼巴村与江车村之间的草山纠纷。特别是1989年3月尼巴乡江车村与刀告乡尕扎村之间发生草山纠纷时，他带领贡巴寺260多名僧人急行五个多小时，爬山60多公里，赶到出事地点，不顾个人安危，居中劝解，筑起一道人墙，置饥寒生死于度外，坚持两天两夜，做了大量的工作，避免了流血事件的发生。

1982年10月，第十世班禅大师莅临贡巴寺，他自始至终陪同班禅大师在卓尼地区视察工作。1983年他又给临潭县侯家寺亲手塑造了千余尊如来佛药泥佛像。1986年贡巴寺医药学院建成竣工后，他又用石膏给医药学院亲手塑造了千余尊药师佛像和不动阿嗍佛像。1989年投资近40万元给贡巴寺时轮金刚学院购置了宗喀巴大师铜佛像一尊。

1990年8月，尼巴乡江车村与刀告乡尕扎村之间又发生草山纠纷，形势非常严峻，他组织车巴沟有威望的老年人和政协委员进行调解，历经三个多月的思想教育工作，终于在10月16日达成了新的协议，受到了两乡群众的好评。1994年他又投资40万元给贡巴寺医药学院购置了安神开光的千余尊不动阿嗍佛铜质佛像。1999年，为重新修建反封建斗争和"文革"中被拆除的贡巴寺吉祥如意利见大宝塔，他省吃俭用，克服困难，在省州县有关部门和信教群众的大力支持下，历经7年的努力，2006年终于完成了主体工程。2000年投资50万元给四川阿坝州若尔盖县格登寺和夏河县拉卜楞寺各献铜质长寿佛佛像千尊，给岷县庞家寺亲手绘制了四幅法王像唐卡。2002年给贡巴寺释迦牟尼佛殿亲手绘制了巨幅法王像唐卡。2003年给贡巴寺时轮金刚学院亲手绘制了吉祥天母像唐卡。2004年给贡巴寺密教续部学院亲手绘制了密之阿尼像唐卡。2010年投资30万元给贡巴寺医药学院楼顶制作了金色钛金金瓦和金顶、金轮、宝瞳、祥麟法轮多。2014年翻修了贡巴寺吉祥如意利见大宝塔并在塔顶全部采用钛金金瓦，使宝塔金碧辉煌，熠熠生辉，成为贡巴寺院的一个亮点。

在满足信教群众的同时，他十分关心车巴沟的经济建设和社会进步，真心实意为当地藏族牧民办实事、办好事。2000年以后，他组织群众重新修建了在"文革"中拆除的扎西塘五月嘛呢法会活动场所（始建于1857年），购置了高七尺的主供铜质观音菩萨佛像一尊，重新修建了贡巴寺天葬沟雅都静修院并购置一仗的主供铜质无量光佛像一尊。在长期的工作实践中，充分运用了自己在本地信教群众中的影响，在县委、县政府的领导下，尽最大的努力先后多次参与对各种械斗的劝解和纠纷的调处工作。他不顾个人安危，调处了一系列矛盾纠纷，挽回了大量的经济损失。

1995年10月18日，尼巴乡尼巴村与江车村发生纠纷以来，他积极协助州县工作组，前往两村给双方讲道理，宣传民族宗教政策和富民政策，拿血的教训来教育他们，让双方停止械斗，采取各种措施和办法，做群众的思想工作。在双方关系极度紧张，双方互相残杀的情况下，他挺身而出，进行劝解，把自己的大量精力都投入到矛盾的劝解上，为了开展工作并节约国家开支，曾多次动用自己的车辆和钱财，及时赶到纠纷发生的现场，耗费了自己不少的财力和物力，他从不向组织提出补偿，这种高贵的品质，受到干部群众的一致赞扬。

2003年在防治非典型肺炎期间，他充分利用贡巴寺医药学院制药历史悠久的优势，捐资一万元资金积极帮助医药学院研制生产了"抗非"药丸和药水，亲自无偿发放到民间，并做"抗非"宣传工作，对稳定群众之心起到了积极的作用。

贡巴寺是卓尼县较大的藏传佛教寺院之一。宗周加措活佛虽任卓尼县政协领导，但他时常重视寺院的建设与管理，把贡巴寺院的管理牵挂在心上，把僧人的思想政治工作放在首位，并尽量做到经常化、制度化。经常组织僧人学习民族宗教政策和法律法规，不定期开展政治形势教育、社会主义、爱国主义教育，寺院僧众自愿接受党和政府的领导，执行党的各项方针政策，遵纪守法，坚持走社会主义道路，做爱国爱教的僧人。1989年，第十世班禅大师圆寂，藏区传播各种谣言，他及时深入寺院协助统战、民族宗教部门，组织僧侣学习中央领导的讲话精神，开展"四个维护"教育，宣讲维护祖国统一、反对分裂主义活动的重要意义，使僧众受到具体生动的爱国主义、社会主义教育，从而达到民族团结之目的。

一个地方经济的发展，社会的进步，群众生活水平的提高，与当地的民族教育、精神文明建设有着密切的关系。宗周加措活佛特别重视民族教育和精神文明建设，他相信党的领导，相信科学技术，反对封建迷信。多年来，他在各种场合倡导精神文明、民族文化建设及科学技术的应用，把热爱党、热爱人民、热爱民族作为自己行动的宗旨，大力提倡尊老爱幼，尊师重教，让群众广泛接受科学，运用科学，让群众增强商品观念，转变传统的放牧习惯，帮助解决牧民群众生产生活问题，加快脱贫致富的步伐。

宗周加措活佛还特别关注地方群众的生产生活和基础设施建设，以脱贫致富为己任，不管走到哪里，他都深入调查，掌握民情，与群众探讨科学种田、科学放牧等办法，为群众办实事、办好事已成为他的自觉行动，成了他爱国爱教爱民的良好习惯和追求。他是一名民族团结的楷模，爱国爱教的活佛，也是一位带头遵纪守法的领导。他心中追求的是国泰民安、宗教和顺；他弘扬佛法的真谛在于民族团结、人民幸福。

追忆家父赵国璋

赵继业　赵启业　赵旭业[*]

　　家父赵国璋，藏族，1909年出生于卓尼杨土司辖区城内十二掌尕杜盖掌尕。从1931年起在卓尼杨土司衙门当差，先后被卓尼第十九代土司杨积庆和卓尼第二十代土司杨复兴任命为录竹、下迭旗长宪和洮岷路保安司令部营副等职。1944年起先后任卓尼土司衙门所辖黑番四旗旗长（长宪）、洮岷路保安司令部团副、团长和卓尼设治局插岗乡乡长等职。1949年9月11日，随杨复兴起义后任卓尼藏族自治区行政委员会财政科科长。1953年10月1日甘南藏族自治区成立后，调任甘南藏族自治区工作，历任建设处处长、农林处处长等职。1958年11月在反封建特权斗争中被迫害。

　　我们的祖父赵应忠，于1880年生于现陕西省蒲城县，自幼勤奋好学，饱读诗书，于清同治、光绪年间来到巩昌府（陇西）。1895年左右在巩昌府与卓尼第十八代土司杨作霖偶遇，经与祖父赵应忠促膝长谈，杨作霖发现祖父不仅为人正直，而且具有一定的文化知识，于是便带他到卓尼土司衙门当差。在衙门当差期间，由于祖父对自己所承担的差役认真负责，而且秉性耿直，为人正派，处事有一定才能，遂提拔委任为土司衙门三总管。1896年，经杨作霖土司多方协商，让祖父入赘到其管辖的城内十二掌尕的杜盖掌尕（现柳林镇上城门村县幼儿园附近）卓尼最早住户且具有一定威望和势力的安家为婿（据当地群众说，安家是卓尼最早的住户，居住时间要比杨土司先祖到卓尼的时间还早，当地常有"先有安家，后有衙

　　* 作者赵继业系卓尼县乡镇联营公司三队队长；赵启业系卓尼县建筑公司经理；赵旭业系卓尼县乡镇联营公司六队队长、县政协十四届委员会委员。

门"之说）。1928年，受河湟事变的影响，祖父将家人全部迁移到博峪村
居住。后又深受卓尼第十九代土司杨积庆的赏识，先后被任命为土司衙门
二总管和大总管等职。1937年农历七月二十七日，卓尼博峪事变发生后，
祖父和家父连夜将班玛旺秀（杨复兴）及其家属移至卓尼禅定寺而幸免于
难。1949年5月，祖父被洮岷路保安司令杨复兴任命为中校军需官。1949
年9月11日，祖父跟随杨复兴和平起义。

家父赵国璋童年就读于卓尼初级小学（现卓尼县柳林小学前身），从
1931年（22岁）起在卓尼杨土司衙门当差。因他在当差期间工作尽职尽
责，一丝不苟，为人处世刚正不阿，具有一定的才能，深得杨积庆土司的
赏识。

1944年春，卓尼设治局在插岗推行编保甲时，任命原卓尼土司衙门所
辖黑番四旗（现舟曲县阳山、阴山、铁坝、代巴）长宪（旗长）赵国璋为
插岗乡乡长，前往插岗四旗逐户钉门牌，编立保甲时（规定每个门牌收费
五角，当地群众表示愿交门牌费，但不许钉门牌），遭到当地群众武装的
坚决反对。经过卓尼设治局和家父的再三斡旋和谈判，最终以插岗藏民赔
款15万元（伪法币）了事，使国民政府在插岗编制保甲工作圆满结束。

1946年春，洮岷路保安司令杨复兴在家父赵国璋、杨生华、杨景华等
的纷纷建议下，为了寻找政治靠山，借国民党甘肃省保安司令部充实地方
武装的机会，成立了卓尼自卫特捐委员会，杨复兴任主任，杨生华任副主任。自卫特捐委员会经过半年的自卫特捐，共捐集白洋2万余枚。之后，杨复兴派人用1.2万白洋从甘肃省保安司令部购置步枪200支，子弹2万发，其余白洋作为发展地方武装力量的费用开支。

1949年5月，中国人民解放军进军大西北，杨复兴当即召集参谋杨生华，骑兵团长杨景华、赵国璋、雷兆祥等进行商讨研究，最后取得

赵国璋年轻时的照片

一致意见。大家一致认为，中国人民解放军长驱挺进，所向披靡，且当年红军长征经过卓尼地区时，宣传民族平等政策，纪律严明，秋毫无犯。当时红军在紧邻卓尼的临潭一带休整达一个多月时，对卓尼藏民集居地区未踏进一步。同时，老司令杨积庆在红军长征经过迭部时没有进行堵截，而且暗中开仓供应粮食。因此，估计解放军来了，不会对卓尼藏民为难的。再则卓尼政治背景并不复杂，鉴于以上分析，决定解放军来了迎接、投诚。在这种思想的指导下，杨复兴一面复电应付赵文龙说，"正在设法准备撤退迭部"，并在迭部达拉沟和靠近迭山的仓科沟脑扎娄梁一带虚设帐房，制造声势；另一方面通过各种渠道暗中活动，想方设法和共产党取得联系。

1949年8月上旬，一野第一兵团司令员王震将军率部向临洮、临夏进军之际，派军部政工人员刘玉华由会川土司赵天乙领路来到卓尼，通过贾世杰首先同杨生华进行了会谈，秘密策动杨复兴起义。杨复兴根据司令部的决定，表示愿意起义。9月3日，第一野战军彭德怀司令员派任谦到达岷县，与周祥初商谈后，将王震给杨复兴的信件交给工作人员陆聚贤，并带着任谦和周祥初给杨复兴的信件，于5日来卓尼和杨复兴商谈起义事宜。7日上午会见了杨复兴后，杨复兴表示决定起义，至于起义时间，请三代表和周司令决定。9日，任谦又派康君实同志来卓尼向杨复兴通知起义时间为9月11日。10日，洮岷路保安司令杨复兴率参谋长杨生华、赵国璋、杨景华等官员赴岷县，受到了党组织的热情接待。11日，杨复兴率赵国璋等同国民党部周祥初、孙伯泉等在岷县简营校场正式宣布起义，次日向一野总部彭德怀等发出了和平起义、接受改编的通电。14日，起义部队被改编为中国人民解放军西北独立第一军。

1949年10月，家父跟随杨复兴、杨生华、杨景

身着藏服的赵国璋

华及卓尼各旗代表40多人，前往兰州西北大厦晋见了第一野战军司令员彭德怀将军。同时，家父参加了在西北大厦举办的革命大学为期一月的第三部藏民学习班。

1950年9月，中央慰问团来卓尼，传达周恩来总理对卓尼已故土司杨积庆在当年红军长征路过迭部时开仓济粮一事表示感谢时，给家父赵国璋及杨景华、雷兆祥每人赠送了杭州西湖景丝织、金笔、茶杯、纪念章等物品。

1950年10月1日，中国共产党卓尼自治区工作委员会和卓尼藏族自治区行政委员会成立，家父任行委财政科科长。

1951年6月，家父积极响应中国人民抗美援朝总会发出的号召，捐献白银1500两，捐献牛20头。

1953年9月25日，家父参加了在夏河县拉卜楞召开的甘南藏族自治区各族各界第一次人民代表大会，并任委员。同年，家父被调任到甘南藏族自治区工作，历任建设处处长、农林处处长等职。

1954年，在合作化运动中，家父将其名下的博峪村二层楼房（四合院）一座、平房（工作住房）一院、花园一座、约800平方米的打麦场一处、耕地15亩，卓尼县城平房一处、铺面11间、县城耕地18亩等全部贡献给了地方政府和农业合作社，得到了地方政府的高度好评。

1958年11月，在反封建特权斗争中被迫害。1979年6月5日，中国人民解放军兰州军区联合甘南州委统战部以兰字州统〔0018〕和州统字〔1979〕20号文件为家父作出了"按起义人员对待，恢复其政治名誉"的平反决定。

家父赵国璋的一生短暂而历经沧桑。他既是一位忠于职守、秉公办事、宽厚待人的好干部，也是一位忠于人民的爱国人士。他为卓尼和甘南社会所做出的贡献将永远铭记在我们心中，值得我们世代怀念。

卓尼枓哇和康多有影响的
两名宗教界上层人士

杨东华*

枓哇和康多是卓尼县比较偏僻的两个乡，位于卓尼县城北约70公里的北山地区，这里有三个规模不等的藏传佛教寺院，分别是枓哇寺、康多寺、多玛寺。这三座寺院与西藏的甘丹寺、色拉寺、哲蚌寺相媲美。

枓哇寺里有个名叫杨喇嘛的政协委员，多玛寺里有个名叫金旦增的政协委员，这两个人是县政协委员，所以我们认识。

杨喇嘛又名格桑洛哲，1923年生于康多乡地尕河村，1931年入枓哇寺为僧，先后在枓哇寺、拉卜楞寺学经17年之久，1948年返回枓哇寺，不久被卓尼禅定寺委任为枓哇寺法台。1958年7月被捕，在卓尼禅定寺受训改造。1959年6月无罪释放。1959年7月至1962年1月在康多乡扎地自然村参加生产劳动。1962年2月枓哇寺重新开放后，委任为寺院管理委员会主任，同年4月被聘请为政协卓尼县第三届委员会委员。1966年3月到甘南州政训班学习。1970年以搞封建迷信活动为名被捕入狱，劳动改造3年。1973年释放回家。1981年枓哇寺开放后，再次担任寺管会主任。1984年聘请为政协卓尼县第六届委员会委员。1995年2月24日病故，享年72岁。

在我的印象里，杨喇嘛是一位终身的宗教职业者，虔诚的佛教信徒，在康多、枓哇一带有极高的群众威信，在调解纠纷、宣传政策等方面做了许多有益的工作，是一位令人信服的政协委员。

金旦增，又名晒哇喇嘛，生于1925年2月，康多乡杓联自然村下寺巴村人。

1942年在康多乡多玛寺出家为僧，开始学经。1958年被赎为多玛寺活佛，并由卓尼禅定寺委任为多玛寺法台。同年7月被捕，集训8个月。1959年5月释放后一直在杓联自然村参加集体劳动。1963年戴反革命分子帽子，之后进行了一系列批斗。1973年摘掉反革命分子帽子。1979年政协恢复后聘请为政协卓尼县第四、五、六、七、八届委员会委员，政协甘南州第八届委员会委员。1995年3月12日赴卓尼参加政协会议的途中，在其娘家病故，享年60岁。

在我的印象里，金旦增是个为人忠厚老实、热心于宗教活动的人，他在康多、杓哇一带有一定的群众影响，在民族团结、草山纠纷、宣传政策等方面协助政府做出了许多有益的工作。

僧纲罗桑丹增陈勒嘉措

王星星

　　罗桑丹增陈勒嘉措（1933—2000），又名杨丹珠，是第十九代土司杨积庆的幼子，出生于卓尼世袭土司家庭，取名罗桑丹珠。1937年博峪事变，其父杨积庆与长兄杨琨遇害，次兄杨复兴继任洮岷路保安司令。罗桑丹珠按例出家入寺，8岁就任禅定寺僧官之职，在博峪拉仁巴·罗桑丹增座前受沙弥戒，命名为罗桑丹增陈勒嘉措。

　　1937年，南京国民政府函封"辅教普觉禅师丹珠呼图克图"名号，颁发有汉、藏、蒙三种文字、印章及授封文件。印章是一颗重达50两的银印。1940年袭卓尼禅定寺僧纲。

　　1949年9月与胞兄国民党洮岷路保安司令杨复兴率部起义。

　　1951年10月被推选为卓尼自治区各界人民代表会议协商委员会副主任。1952年赴中央民族学院政治系研究班学习，当年在"甘南藏区各族各界联谊会"上被推选为甘南藏族自治区筹备委员会委员。1953年9月当选为甘南藏族自治区各族各界人民代表会议协商委员会副主席。1955年后，历任政协甘南藏族自治州第一、二、三、四、五、六届委员会副主席。甘南州人大常委会第八、九、十届副主任。

　　杨丹珠精通藏、汉两文，从小爱好绘画，生平有百幅山水画作品。他作的"唐卡"画，融传统的佛教艺术与工笔画法为一体，细腻而精致，《下山虎》是他绘画艺术之精粹。中华人民共和国成立后还俗，名杨丹珠，2000年9月11日在禅定寺圆寂，享年67岁。

绽放的格桑梅朵

——记全国劳动模范树义毛

王　博

在广袤的甘南草原上，生长着一种弱不禁风的花朵——格桑花，它像星星般撒落在漫山遍野，可风愈狂，它茎愈挺，雨愈打，它叶愈翠，太阳愈曝晒，它开得愈灿烂。

树义毛，一位年近古稀的藏族妇女，慈祥和蔼、瘦削坚挺，看上去弱不禁风，就像那普普通通的格桑梅朵。偶尔闪烁的双眸，明亮深邃，似乎诉说着老人半个多世纪的奋斗历程。树义毛1982年获得甘肃省先进生产工作者，1983年获得全国三八红旗手，2010年4月又获得全国劳动模范。

52年前，16岁的义树毛当上了乡村畜牧兽医员。然而，这个岗位对于一个豆蔻年华的女孩来说，让她付出了常人难以想象的艰辛。"那时候识字的人不多，女的尤其少。我也就是念了几天小学，多认了几个字，可对兽医工作还是一窍不通。但那时候刚解放，人们的干劲很足，我也就毫不迟疑地担起了这份工作。"回想起当年的情景，树义毛仍然充满了自豪。她在这个岗位上一干就是8年，期间还担任了妇女队长。不懂业务，她抓住一切时间和机会，加强学习畜牧兽医知识。20世纪50年代的白土咀村非常偏僻落后，22户100多人的小村子被群山环抱，村民们逐草放牧，靠天养畜。"牛羊就是群众的命根子，我一定要对得起乡亲们对我的信任"，树义毛暗下决心。高原的初春几乎每年都要发生雪灾，冻死冻伤大批牲畜，树义毛就把铺盖搬到了牛棚里，在牛头（羊）圈里点起火堆，经常三更半夜起来为牛羊添草加料。由于交通闭塞，缺少药品是常有的事。"那时候去一趟县城，最快也要两天时间"，为了不耽误治疗，树义毛经常自己上山采草药，晾晒加工后存起来备用。群众不懂牲畜疫病防治知识，她就走东家、串西家，讲解抗灾防病保畜知识。在她的努力下，白土咀村的牲畜成活率和出栏率分别达到了60%和30%以上，这在当时是非常了不起的成绩。

1967年，树义毛开始担任白土咀村村支书，这一干就是整整22年。凭着对党和人民的忠诚，她任劳任怨，勤勤恳恳，为群众办实事、办好事，带领群众发展壮大集体经济，使白土咀村从一个落后村变成了全乡的先进村。村里没有学校，孩子们不得不到几里外的学校去上学，山高路险，孩子们的安全成了群众最担忧的问题。树义毛看在眼里，急在心里，她一方面积极争取县上的支持，另一方面发动群众投工，建起了村里有史以来的第一所小学。20世纪70年代，白土咀村没有一条通向外面的道路，树义毛一户一户地做工作，带领群众利用闲暇时间投工投料，硬是凭人力在大山中开出了一条村道，解决了群众"出行难"的问题。80年代初期，改革开放的春风吹到了这个偏僻的小山村，牛羊承包到了一家一户。作为村里的"领头羊"，她多次外出考察，探索着让村民尽快致富的路子。白土咀村是一个牧业村，村民们祖祖辈辈放牛养羊。由于受传统观念的束缚，畜牧业一直停留在靠天养畜的阶段，生产方式粗放。树义毛发动了几个志同道合的村民，投资办起了暖棚养畜，饲养优质肉牛（羊）、奶牛，有效缩短了大型牲畜的出栏时间，同时屠宰加工后向外销售肉、奶制品。在她的带动下，全村兴起了一股养殖热，牛、羊的出栏率、商品率大幅度上升，成为村民们发家致富的有效途径。

1989年由于长年劳累，47岁的树义毛不得不从村支书岗位上下来。虽然体弱多病，但她从来没有忘记一名共产党员的责任。"我是一名普通的放牛娃，解放后是党和政府帮助我上学，把我培养成一名基层村干部，并给了我那么高的荣誉。我要感恩图报，不辜负党的期望。"白土咀村是一个藏、汉杂居的民族村，由于生活习俗、文化信仰不同，或者为了生产、生活方面的利益，藏、汉村民之间难免有磕磕碰碰、矛盾争执。作为党培养的少数民族干部，树义毛经常在村里向藏、汉群众宣传民族团结的意义，并主动调解民事纠纷，尽最大努力化解村民之间的矛盾。一次，白土咀村委会的两个自然村发生了矛盾，眼看着一场群体性殴斗事件将要发生，树义毛立即向乡上汇报，并利用自己在群众中的威信，反复到两个村子去群众家中做思想工作，最终两个村子化解了矛盾，村民们握手言和。树义毛时刻把民族团结放在心坎上，时刻把民族团结落实到行动上，努力办好关系各族群众切身利益的好事实事。逢年过节，她总是不忘贫困群众。藏历新年前夕，她经常看望孤寡老人，为他们送去生活用品；当了解到村里的困难户无钱看病，她发动村民捐款，帮助他们渡过难关；新型农村合作医疗开始后，她又从自己微薄的村干部报酬中拿出200多元，帮助10户困难群众顺利参加了新型农村合作医疗；藏族女童拉毛草因家庭生活十分困难，辍学在家，她不仅自己出钱让拉毛草再次走入了校园，而且还上下奔走，协调学校减免了她的学费和书费。在树义毛的影响下，一些富裕起来的牧民转变观念，主动送自己的子女上学，还慷慨解囊资助其他贫困孩子上学。

康多乡白土咀村水草丰美。自然资源丰富。多少年来，生活在这里的牧民为了争夺草山和牧扬，县际之间、乡际之间、甚至村与村之间，草山纠纷事件时起时伏。尤其是改革开放以来随着人口的激增和经济建设的迅速发展，边界地区双方为开发利用矿产资源和森林、草原、土地等自然资源，不断发生权属争议，引发了多次群体性纠纷，直接影响了边界地区的社会稳定、民族团结和经济建设。21世纪以来，白土咀村就与临潭县八角乡的村民因争夺冶海天池的旅游资源开发权，多次发生群体性殴斗事件。树义毛积极配合县委、县政府工作组，深入牧民家中开展调解工作。她耐心教育群众必须以民族团结大局为重，要相信政府的裁定是公正的；她四处奔走，在群众中宣传党的民族政策，呼吁群众互相关心，互相爱护，和睦相处，早日实现和平稳定，专心发展生产。在她的带动和说服下，白土咀村的广大群众情绪稳了下来，为政府彻底解决权属问题奠定了基础。

树义毛，就如草原上盛开的格桑梅朵，以一片赤诚之心扎根牧区，把自己的青春热血、智慧和汗水奉献给生她养她的家乡，在奉献中体验着工作之美，生活之美，生命之美！

落红不是无情物　化作春泥更护花

——记"全国模范教师"卓尼县藏族中学教师尕藏加措

贡保吉[*]

20世纪80年代，沐浴着党的民族政策的春风，甘南民族教育迎来了发展的黄金时期，各县藏族小学、藏族中学如雨后春笋，纷纷成立。

当时，由于国家民族教育师资培养人数有限，藏汉"双语"类师资极度缺乏。为了满足"双语"类学校教育教学的实际需要，州县党政部门积极倡导文化程度较高、思想道德高尚的社会人士走进学校，挑起发展民族教育、培育民族人才的重任。

尕藏加措老师积极响应党和政府的号召，由一名宗教人士转变为一名光荣的人民教师，开始了他兢兢业业、无私奉献的从教生涯。

20年来，尕藏加措老师深深扎根于卓尼民族教育沃土，在平凡教育教学岗位上充分展现刻苦钻研、无私奉献的优秀品质，将自己广博的文化知识传授给每一位学生，将自己的一片爱心奉献给家乡的教育事业。

1995年8月，尕藏加措老师把自己从一年级带到七年级的54名学生全部带到卓尼县藏族中学上学。面对着54名稚气未脱的孩子，尕藏加措老师既要承担繁重的教育教学工作，又要担负54名孩子衣食住行的管理重担，付出了常人难以想象的艰辛。

由于当时学校基础设施简陋，学校既无学生大灶，又无学生宿舍，尕

＊　作者系卓尼藏族中学教师。

藏加措老师积极倡议学生家长与社会各界人士捐钱捐物，为学校筹建起了简易的学生大灶与学生宿舍。

在教育教学过程中，尕藏加措始终以一名严师形象出现在学生面前，在日常生活中他又以一名慈母般的形象走进学生幼小的心灵。在此后的6年中，尕藏加措老师尽自己最大的努力，不仅将这54名孩子引入知识的殿堂，而且将他们一个个塑造成勤学奋进的好学生。

功夫不负有心人。2001年尕藏加措老师的努力终于得到了回报。在当年度高考中，尕藏加措老师所带的54名高三毕业生中有52名学生被民族类本科院校录取，创造了甘南民族教育史上的佳绩。

因教育教学成就突出，尕藏加措老师被甘肃省委、省政府评为"甘肃省优秀教师"，被国家人事部、教育部评为"全国模范教师"。

我所知道的张建炳同志

郝　荣*

张建炳，男，出生于1959年8月15日，藏族，中共党员，大学学历，中学高级教师，甘肃省特级教师。1978年3月参加工作，干过教育，搞过行政，先后担任过班主任、少先队辅导员、教导主任、党支部书记、校长以及教育局、文体旅游局局长等职。在多年的教学和管理工作中，执着于党的教育事业，始终以一个党员的标准严格要求自己，兢兢业业，任劳任怨，走过了一条艰辛而闪光的路。

张建炳同志自任教以来，治学严谨，在教学中不断探索总结，不断改进，形成了独特的教学模式，所带学科成绩一直位居全县甚至全州第一，所带班级多次受到省、州、县教育部门的表彰奖励。1978年至1991年他在柳林小学任教期间，用孺子牛的精神在教育这片贫瘠但又充满希望的土地上默默耕耘着，也用无私的爱心感化着学生，教育着学生，深得社会、老师和学生的赞誉。他曾被授予甘肃省优秀教师、甘肃省优秀辅导员、全国优秀教师等荣誉称号。

1991年9月，张建炳同志担任柳林小学校长。他感到社会和家长寄予了他更多的厚望。在加强学校常规管理，提高教育教学质量方面和全体教师同心协力，齐抓共管，不断总结经验，使学校管理不断迈向科学化、规范化、制度化轨道。经过他的不懈努力，学校的校风、校纪、校貌有了很大改观，打开了学校教育教学的新局面。

1996年1月，张建炳同志被组织安排到县文教局任副局长兼卓尼县人民政府教育督学。对分管的工作，高标准、严要求，既坚持原则，善于提出个人观点、看法，又能服从大局，对组织安排的每项工作都是超前完成任务，连续3年年度考核被评为"优秀"。在他分管的督导工作中，针对乡以下学校质量低、办学效益差、长期拖全县教学质量后腿这一主要问题，对全县143所学校进行全面检查、评估。同时侧重于检查质量连年上不去的学校，帮助它们找根源、想对策、定措施，掌握第一手材料，为教育主管部门提供了决策依据。

2002年至2007年，张建炳调任县文体旅游局局长一职。从事25年教育工作的他，以文化与旅游结合为工作的切入点，不仅促进了旅游业的稳步发展，而且丰富了全县各族人民群众的文化生活。

2007年5月，张建炳又调回到县教育局工作，在2008年的"普九"工作中深入各学区（校），认真细致地统计核实"普九"表册、数据，统一规范了"普九"工作档案；编写了近3万字的各级各类学校管理制度和近2万字的《卓尼县教育状况简介》，为全县"普九"工作的顺利验收创造了有利条件，同时他本人也在2008年全县普九工作表彰大会上，受到了县委、县政府的表彰奖励。

2011年5月，他调任柳林中学校长。满怀对教育的执着和热爱，他带领班子成员在举步维艰的情况下顺利开办起学校。在学校管理工作中，他始终战斗在教育管理第一线，起早贪黑，任劳任怨，埋头苦干。他针对学校实际，认真研究对策，在广大师生中广泛开展民族团结教育、法制教育，并不断健全和完善学校各类规章制度，实现"依法依规管理"的目标。在他的多方努力下，学校基础设施日趋完善，办学规模不断扩大，赢得了上级部门的肯定和学生、家长、社会的广泛赞誉。学校先后被甘南州委、州政府评为"先进集体"，被评为甘肃省教育系统"先进基层党组织"、全国"特色品牌学校"，他个人在2012年获得"甘肃省特级教师"荣誉称号，2013年获得"甘南州先进个人"和"甘南州名校长"荣誉称号。

2014年2月起，张建炳因积劳成疾，先后在兰州、成都治病。2014年12月，学校领导班子进行调整时，他被县委、县政府任命为卓尼县柳林中学名誉校长。2015年2月3日因医治无效，在成都去世。

　　"捧着一颗心来，不带半根草去"。张建炳同志始终站在教育这块精神高地上，耕耘着自己的理想。三十多年来，默默奉献，呕心沥血，为推动全县教育发展，谱写了一曲平凡而卓越的乐章。

沥血为教育 丹心铸辉煌

——记卓尼县第一中学原校长王烈同志

后会科[*]

"实干是最好的管理方法"——这是在2011年第8期《甘肃教育》上刊载的介绍省园丁奖获得者、卓尼县第一中学校长王烈先进事迹的文章。10年来，卓尼一中抢抓机遇，加强队伍建设，强化目标责任，细化过程管理，提升校本科研水平，推进课堂教学改革，提高教育教学质量，促进学校内涵发展，全力提升办学品位，学校实现了跨越式发展。这都是王校长，带领全体师生奋力拼搏的结果，使一所只有600多名学生、80多名教师的学校，一跃成为甘南州规模最大的学校（2010年学生数达3220名、教师211名），如今的卓尼一中，已经成为卓尼县一颗璀璨的教育明珠。

在王烈35年教育生涯中，有31年从事学校管理工作，其中28年任校长职务，在教育管理上有很强的事业心和责任感，历练了一个思维缜密、作风踏实，严谨从严、经验丰富的教育工作者。

王烈校长1980年7月从甘南民校毕业后，分配到恰盖乡角缠小学从事教学工作，这是一个地理位置非常偏僻的乡村小学，交通不便，水电未通，村庄里藏族乡亲大多不会说汉语，交流起来相当困难，由于言语不通，给藏族小朋友们上课更是吃力。作为一个刚刚参加工作的毕业生，自己的身上稚气未脱，很多时候还要靠父母的庇护才能渡过人生的难关，但

* 作者系卓尼县第一中学教师。

在这里，年纪轻轻的他就要承担起教书育人的重任，远离家乡的他的确很不适应。王校长回忆起刚刚参加工作的情景："每当夜深人静的时候，我点着煤油灯，望着窗外茫茫无边的原始森林，时不时从远处传来狼虫猛兽的嗥叫声，本来我对未来抱有美好的梦想，这一刻便感到前途渺茫、心灰意冷，甚至产生了一走了之的想法，但第二天在教室里看着一张张可爱的脸庞，一双双求知的眼神，又不忍心离开这些可爱的孩子，我决定静下心来认真上课。于是，又开始一句一句地教孩子们发音，一笔一画地教孩子们写字。"村里的群众和孩子对这个教学认真负责的年轻老师异常喜欢，逢年过节经常叫他到家里做客，一年下来，他和村里的老人孩子建立了非常深厚的感情。

王烈回忆说："1981年9月，我接到县教育局要到兰州师专离职进修的通知，高兴至极，当时想着自己有一个更好的未来，也是一个大好的转行机会。但离开的那一天，乡亲和孩子们背着我的行李走了10多里山路，看着我坐上马车渐渐远去，才挥手依依惜别。这一刻，我转行的念头完全没有了，暗下决心，一心搞教育。"

在兰州师专数学系进修了两年后，王烈带着对教育事业的一片赤诚，放弃多次转行的机会，依然成为一名教师，并先后担任卓尼县卡车九年制学校、纳浪九年制学校、卓尼县藏族中学教导主任、校长等职务。1989年在纳浪九年制学校任校长期间因成绩突出，获得甘肃省"园丁"奖；在卡车九年制学校任校长期间，学校被评为"甘南州民族团结先进集体"；在藏中任校长期间，创造了55名毕业生中53名考入本科院校的佳绩，这在藏中办学历史上是绝无仅有的，学校被评为"甘肃省民族团结先进集体"。

这位在教育战线上奋斗了30多年的校长，以其扎实的工作作风和出色的工作成绩，得到社会各界人士的一致好评，他以人为本的教育理念引导着一代又一代学生的成长，他走过的是一条执着追求、辛勤耕耘之路。

2001年9月，王烈校长面对着别人都难以承受的困难和压力，接受了组织上的安排，走马上任，出任卓尼一中校长。困难和压力来自当时学校的现状，一位在卓尼一中从教20多年的老教师说："那时候，社会上用'楼在垃圾中，垃圾在楼中''一台散了架的机器'来评价我们的学校。当时学校仅有教职工80余人，学生不到600人，老师们都有走心没守心，再不用说教学质量了。"

王校长认为，一所学校必须以先进的办学理念为指导核心，先进的教育思想是学校办学的灵魂，也是学校办学成功的关键。上任后，通过深入调研，多渠道考察、了解，认真思索、分析，结合学校现状，确立了符合学校实际的办学理念："崇尚一流、追求卓越、超越平凡、拒绝平庸"，树立了正确的育人策略和"一年治理，二年规范，三年见成效"的近期奋斗目标，从重点解决涉及教职工实际利益的困难和矛盾着手，逐步规范办学行为，革弊创新、整章建制，强化常规管理、实干硬拼，经过三年艰苦努力，学校的教风、学风、校风发生了根本变化，实现了预期目标，办学规模、设备投资总量、高考升学率翻番增长。2004年学生人数达到1500多名，教职工109名。

三年目标实现后，又先后制定了以"两基"攻坚，普及九年义务教育为重点和跨越式内涵发展为重点的两个五年发展规划，规划确立了学校新的办学指导思想、办学理念、"四风"内容、办学原则；管理策略、育人策略和新的育人目标；确立了自己的教学思想、教育思想，使学校有了自己的灵魂，精神和特色，给学校的办学注入了鲜活的生命力。同时，确定了学校硬件建设、教师队伍建设、校园文化建设计划，借国家西部大开发政策机遇，在县委、县政府及教育主管部门的大力支持下"两基"攻坚顺利完成，通过省级、国家级验收。2010年，教学班级达48个，学生数达3200名、教师211名。

宋老师感叹道："这十余年，学校发展变化最大，困难最多，压力也最大，办学效益最为明显，昔日雨天两脚泥，晴天一身土，如今学校变成了花园。"卓尼一中这所当时在全州有名的后进校发生了翻天覆地的变化。2008年10月，甘南州第三届"两基"攻坚经验交流暨第四届项目建设现场推进会上总结评价到：卓尼县第一中学的教育和建设工作在全州教育史上创下了多项纪录，实现了两个突破：学生公寓化管理实现了零的突破；学生食堂用餐实现了零的突破。创下了"五个最高最大"：即学校发展变化最大，校园环境建设水平最高，校园文化建设品位最高，办学规模全州最大，寄宿制学校工程建设单体投资规模最大。赢得了十四个全州第一：校门设计理念，操场、主席台图案设计内涵，文化长廊和读书广场，草坪音响，仿石刻文化墙，日晷雕塑，草坪文化，休闲娱乐广场，墙壁浮雕，国旗升旗台，地面文化，门厅文化，楼道文化，中心广场。

一所出色的学校总是跟一个出色的校长联系在一起。王校长始终要求老师做到的自己首先做到，要求老师不做的他从来不做，每天来得最早的是王校长，走得最晚仍是王校长，别人上班他工作，别人休息他仍在校园内工作，师生都说王校长与校园形影不离。节假日和寒暑假，他总是牵挂着学校的平安，一心扑在学校的工作上，用心血和汗水抒写着自己的工作业绩。王校长无私奉献、艰苦奋斗、为人师表、开拓创新的精神和品质让他在校领导班子中产生出很强的向心力和凝聚力。

"校长对学校领导首先是教育思想的领导，其次才是行政上的领导。"王校长非常重视自身的学习与提升，虽然行政事务繁忙，但他从没有放松过自身的学习和进修。认真学习教育方针、政策法规、时事理论，使自己的思想能够与时俱进，视野更加开阔、头脑更加丰实、立场更加坚定。有很强的教育科研能力和科研组织管理能力，在任职期间完成了四届中学校长论坛的论文交流，论文《制度与人文管理并重，推动学校可持续发展》在《中国科教创新导刊》学术刊物上发表，《"双语"教育之我见》发表在《中国教育改革论坛》。

教育是一项需要长期坚持的事业，在这个平凡的岗位上，王烈校长多少年忘情工作，多少年不懈奋斗，如今已是满头白发，无情的岁月在他的额头上刻下了一道道沧桑，常年不懈地工作使他的身上落下了许多职业病，眼疾、腰痛常常折磨着他，整夜整夜睡不着觉，但第二天天还未亮，放心不下学校的他又要忙着起床，拖着疲惫的身子早早来到校园，看着一个个充满活力的身影，听着稚气的琅琅读书声，他的心里又充满了喜悦，辛勤耕耘的满足感让他暂时忘却了身上的病痛，新的一天又开始了……

在王烈校长的领导下，学校的办学条件及教师队伍素质不断提高，有150多位教师的300多篇教育教学论文在地级以上刊物发表。85名教师参加省、州、县优质课、说课竞赛分别获一、二、三等奖。教学质量逐年提高，2009年高考204名毕业生中，148名同学升入高一级学校，升学率73%；2010年高考289名毕业生中，被本科院校录取52人，大专、高职院校录取228人，录取率达到96.9%。美术、音乐学科已逐步形成学校的特色学科，成为第二课堂的主流。初中毕业会考均分及合格率连续三年获卓尼县第一。在初中全国各科奥林匹克竞赛中，获奖人数和获奖率成绩喜人。

学校2008年被甘南州委、州政府评为"甘南州教育系统先进集体"，2009年被甘南州委、州政府评为"两基"工作先进单位；被甘南州教育局命名为"甘南州示范性完全中学""甘南州示范性寄宿制学校""甘南州校园文化建设示范性学校""甘南州'四项工程'建设示范性学校""甘南州德育示范性学校"；2010年被甘肃省教育厅、省体育局评为"甘肃省贯彻落实中央七号文件和《学校体育工作条例》先进集体"，被甘南州教育局命名为"甘南州教育科研示范性学校""甘南州实验室建设达标学校""甘南州大灶建设工程示范学校""国家农村中小学现代远程教育工程项目学校"；2014年被省教育厅授予"甘肃省首批中小学德育示范校"，被甘南州委州政府联合授予"甘南州精神文明建设单位"，被省语言文字委员会授予"甘肃省语言文字规范化示范校"。

同时，王烈个人也受到了各种表彰奖励：2002年被卓尼县委县政府授予"优秀园丁"称号；2007年被卓尼县教育局党总支授予"先进党务工作者"称号，被卓尼县委县政府授予"先进党务工作者"称号；2008年被卓尼县委县政府授予"先进党务工作者"称号；2009年获得甘南州"思想政治工作先进个人"荣誉称号；是中共甘南州七次、九次党代会代表，卓尼县第十二次党代会代表，卓尼县第十五届人代会代表。2011年，被甘肃省教育协会授予"甘肃省第一届优秀校长"奖；2013年被甘南州委、州政府授予"两基先进个人"称号。

成绩与荣誉见证着卓尼一中的发展，见证着师生的成长，更见证着王校长的心血与汗水。"沥血为教育，丹心铸辉煌"，一个无私奉献的共产党员，一位敬业实干的优秀校长，铸就了卓尼一中的辉煌，为卓尼的教育事业添上了浓墨重彩的一笔。

为了卓尼县的统计事业

——记卓尼县统计局副局长杨淑英同志

杨其智*

　　杨淑英同志于1993年5月参加工作，先后在卓尼县扎古录镇和卓尼县统计局工作，现任卓尼县统计局副局长。在工作期间，她政治坚定，业务精湛，做事认真，做人诚实，工作出色。

　　杨淑英同志连续多年考核被评为优秀。2002年被扎古录镇党委评为优秀共产党员。2003年7月被卓尼县委组织部、团县委授予"卓尼县十大杰出青年"。2004年8月，甘肃省人口委因其事迹拍摄了专题片。2005年3月，甘肃省妇联授予全省三八红旗手；同年5月被省委、省政府授予省级先进工作者荣誉称号。2006年3月被国家妇联评为全国三八红旗手。在第二次农业普查中，被省统计局评为省级优秀普查员。2008年6月，被省妇联推荐为奥运火炬手。2010年9月，被省统计局评为第二次全国经济普查先进个人。2012年12月被省统计局评为"企业一套表"联网直报的先进个人。

严于律己　宽以待人

　　杨淑英同志能够认真学习党和国家的路线、方针、政策及党的理论知识，特别对所从事工作中涉及的政策、法律法规爱钻研，依法依规办事能

---

　　* 作者系中共卓尼县委办公室原主任。

力得到提高，对专业知识更爱钻研，从事一项工作，都能很快掌握业务技能，成为业务骨干。旗帜鲜明拥护党的领导和党的各项重大决定，自觉抵制不良倾向，积极参加"科学发展观"实践活动，注意用党员的标准严格要求自己，自觉维护党的形象，思想进步，具有牢固的为人民服务宗旨意识。杨淑英同志宽容大度，不计较个人得失，待人诚恳、友善。在不同的工作单位，都能够尊敬领导，团结同志，对人热心，更善于帮助和团结基层干部和农牧民群众，办事情既能坚持原则，又能主动解决遇到的困难和问题，展现出良好的工作作风和精神风貌。

工作扎实　业务过硬

　　杨淑英同志爱岗敬业，扎实工作，积极进取，在工作中注重学习，虚心向老同志请教。在扎古录镇13年工作期间，认真学习农牧村的惠民政策、人口与计划生育事业政策，对业务知识烂熟于心，并正确地运用到农牧村经济与计生工作中，常利用进村入户的机会，向村组干部和育龄妇女讲解党的惠民政策及致富的信息，特别是用谈心、拉家常的形式向育龄妇女宣传优生优育、生殖健康知识，改变了群众的生育观念。在13年的基层计生工作中，她始终把育龄妇女的困难和问题放在工作的首位，不计得失，用真情温暖着贫困山区的藏族同胞，把婚育新风吹进了藏家人的心窝。

　　调入统计局接手工业统计，在新的工作岗位上，努力钻研业务知识，时常向老同志请教统计技巧和方法，很快掌握了业务技能，成为统计局的行家里手。在工作中经常坚持深入各企业，搞调查研究，掌握各工业企业的生产运营情况，了解分析企业存在的困难和问题，并对存在的困难和问题进行汇总，根据掌握的生产经营情况，提出针对性很强的意见建议，为全县工业起了参谋作用。2007年7月，在全国第二次农业普查中，作为县农普办综合组主办干事，参加了全县农业普查的试点、培训、摸底、正式普查审核表等工作全过程，深入全县15个乡（镇）的部分农户家中，通过现场宣传，仔细询问，讲解统一各项指标的口径及取值范围，让基层普查员厘清了各指标间的逻辑关系。在2008年全省经济普查中，认真完成了各项工作任务，顺利通过了省级验收。2008年经济普查期间，为了充分发挥工业统计员的作用，她积极参加省、州业务培训，认真学习工业统计，掌握普查的摸底、登记、复查、抄录快速汇总等各项工作技能，并随时携带着一本笔记本，发现问题和弄不懂的情况，及时记录下来，请教领导与同事。她坚持实地访问登记原则，如实到企业入户进行登记，向业主和企业统计人员耐心细致地宣传农业普查的意义、内容、保密原则等，解除业主的思想顾虑，让他们积极配合工业增加值的统计，并耐心指导企业统计员不要急于求成，赶进度，要保证报表数据质量。

全县工业统计工作数据技术含量高，涉及的范围广，情况复杂，统计任务繁重而难度又大。为了确保普查工作顺利进行，面对繁重的任务，杨淑英同志和专业人员一起加班加点，忘我工作，以自己耐心细致的工作作风，为全县工业经济发展提供了决策依据，保证了全县工业经济工作有序开展。在卓尼县"企业一套表"改革中，始终奋战在工作的第一线，通过自身努力，不断学习提高，自从"企业一套表"改革开始以来，按时间节点努力工作，圆满完成了"企业一套表"的各项填报任务。

不懈努力 维护团结

杨淑英同志自担任副局长以来，团结同事，并通过自身努力不断维护班子团结，不仅对单位同事在工作中遇到的问题耐心讲解，还对同事们在生活中遇到的困难给予帮助。对分管的专业进度时时跟进，对报表报送过程中出现的问题及时同州局相关科室和企业之间协调解决，对专业人员撰写的分析信息认真审核把关，确保各项数据准确无误。工作中，她严把数据质量关，组织专业人员及时深入企业，确保了源头数据的准确性和真实性。

记一等功臣杨晓红烈士

杨卫东

杨晓红是我的老乡，又是我的长辈，但年龄我比他大3岁。小时候我们在卓尼县洮砚乡达勿村一起长大。8岁那年，他跟随在卓尼县城工作的父亲进柳林小学读书。1982年他考进卓尼县第一中学，1985年11月应征入伍，在某部八连任战士。

1985年12月27日，杨晓红所在部队奉中央军委命令赴老山前线对越防御作战。1986年该部队在云南麻栗坡地区进行参战集训。杨晓红把这次集训视作对越作战一样，刻苦训练，掌握每个军事要领，成绩突出，受到师、团首长的嘉奖。老山前线的战斗打响后，他作为连队的卫生员，既要打仗，又要冒着炮火抢救伤员。他和战友们接连打退了敌人13次偷袭，击毙敌军5人，打伤8人。1986年8月23日晚，敌军又向杨晓红所在阵地发起了袭击，炮火连天，有两名战友身负重伤，杨晓红采取紧急措施抢救受伤的战友。在转移伤员时，他发现一股偷袭的敌人，急忙向敌群甩出两枚手榴弹，当即炸死敌军2人，伤1人。他把受伤战友很快转移到安全地带。

1987年3月16日凌晨4时，敌军一个班的兵力又来偷袭我军阵地5号哨位。担任警戒的杨晓红和他的战友们，狠狠打退了敌军的两次进攻。敌人发动第三次攻击时，他发现敌军将一捆炸药包向5号哨位扔来，杨晓红毫不犹豫，只身猛扑过去，抱起炸药包向敌军奋力投掷，只听"轰隆"一声，杨晓红却被爆炸掀起的巨浪吞没了……战斗结束了，我军哨所阵地依旧巍然屹立。部队党委根据杨晓红生前的表现，追认他为中国共产党党员，荣立一等功。

1987年8月7日下午，"35174"部队一等功臣杨晓红烈士的骨灰送到卓尼，全县干部、群众夹道迎接。8日，治丧委员会举行干部、群众悼念烈士的活动。9日在原大礼堂（2000年拆除）召开追悼会，约100个单位的2000多人参加。中共甘南州委、州政府，中共卓尼县委、县政府、县人武部、洮河林业局等部门和单位敬献了花圈和挽幛，并举行了隆重的安葬仪式后，向烈士家属捐送慰问款1300元。10日，县委、县政府为一等功臣杨晓红烈士在原大礼堂举行庆功大会。州委常委、甘南军分区政委杨作彬讲了话，并颁发了立功证明书和军功章，副县长李生枝颁发了烈士证明书，追认为中共正式党员。副县长梁崇文和工人、武警战士、学生代表以及杨晓红烈士的父亲杨世才分别讲了话。县委书记包建荣宣读了县委、县政府《关于深入开展向杨晓红烈士学习的决定》，号召全县共产党员、共青团员和各族人民向一等功臣杨晓红烈士学习。

德高望重的恰盖寺高僧尕藏吾森

杨东华

尕藏吾森，卓尼县申藏乡郭大村人，生于1927年。5岁时，由叔叔久美慈诚带到恰盖寺院抚养；8岁时，在北山康多寺智贡巴活佛·加羊旦巴嘉措座前受沙弥戒。从此，他刻苦学习寺院僧侣必读基础课目，钻研显宗《五部大论》和密宗《四续部》，同时学习藏文文法和天文历算，吸纳佛学典故之精髓。20余岁时，在合作市佐盖美武旧寺活佛道旦俄热巴座前受比丘戒，此后，他严守比丘戒律，无一刻懈怠，成为全寺僧人中遵守戒律的典范。1958年时已成为学识渊博、闻名遐迩的格西。

1958年后，尕藏吾森随叔叔久美慈诚在恰盖乡郭大生产队入户，参加生产劳动。1960年，生产队考虑到他精通天文历算让他担任会计，为社员记工分和记生产队繁杂的收支账目，他的账目明细，结算精准，上级财务部门审核时，赞不绝口。参加生产队的劳动时，他无怨言，不懒惰，埋头苦干，非常积极。

1980年，党的民族宗教政策落实后，恰盖寺院开放，尕藏吾森重返寺院，筹备重建工作。当时，寺院经济条件非常差，无力修建僧舍，临时借住土桥生产队的住房；他在那里收徒弟，为首次出家的弟子传授沙弥戒，并教授佛学基础知识。同时，全力以赴地投入寺院的重建工作。1981年农历四月十五日，在信教群众的大力支持下，恰盖寺的简易经堂重建完成，并举行安神开光仪式，尕藏吾森首次任僧管之职，后又任第二任法台，为寺院日后开展各项佛事活动奠定了基础。

1984年，尕藏吾森担任寺管会第二届主任委员。在他的带动下，信教群众经过两年的努力，建起了壮观的大经堂，经堂内的佛像雕塑和其他设施先后购置完备。特别是藏经阁里，从拉萨及藏区各大寺院搜集佛教典故近万卷，为僧人苦读佛法提供了宝贵的学习资料，并带动僧人陆续雕刻了《恰盖洛智嘉措文集》和《卡卓乃旦洛桑丹增文集》的印版和其他寺院必读经的印版。为培养寺院的教育师资，他先后多次组织并亲自带领年轻僧人赴拉卜楞寺求学深造。学习期间，他不顾年迈体弱，积极热心负责、关心照顾学员们的衣食住行。他又为信教群众讲解"十恶""十善"和佛教基本知识，使广大信教群众思想明显进步，触犯法律法规的行为明显减少，信教群众履行"十善"、遏制"十恶"、遵守国法的意识明显增强。

尕藏吾森的言行举止，赢得了社会各界的赞誉，特别是得到了卓尼县、恰盖乡党委的重视。1983年起，他被聘请为政协卓尼县第五、六、七届委员会委员，第八届委员会常委，第九、十、十一、十二、十三届委员会委员。1983年，他担任恰盖学区名誉校长，期间，为提高学龄儿童的入学率，多次深入各村庄，敦促、动员农牧民让子女入学，恰盖乡的入学率大大提高。1986年以来，他曾多次深入民间调解草山纠纷，协助县、乡政府调解很多矛盾，特别是1989年5月，恰盖乡恰龙滩村与申藏乡斜藏沟村发生的草山纠纷，他对这起草山纠纷的有效解决起了决定性的作用，受到了纠纷双方群众的普遍好评。1989年"六四"动乱后，为了落实"稳定压倒一切"精神，尕藏吾森不顾年老，长途跋涉，深入恰盖乡所属各村庄，宣传嘉木样大师的讲话精神，为社会稳定做出了贡献。1991年，协助恰盖寺管会圆满完成了第四世恰盖仓晋美·图丹嘉措灵童迎请坐床事宜，并任经师。

尕藏吾森毕生奉献于佛教事业和民族文化兴旺，为继承和弘扬佛法、发展地方经济和民族文化做出了力所能及的贡献。

尕藏吾森于2016年农历三月六日去世，享年90岁。

好医生张才模

何月昌*

张才模，男，汉族，1931年6月8日生于上海市黄浦区，1958年7月毕业于青岛医科大学临床医学专业。1958年8月响应党中央的号召，自愿到艰苦边远的西北边疆从医。先后在甘南州人民医院，阿一山铜矿卫生所，卓尼县纳浪乡西尼沟麻风病院，卓尼县申藏乡、恰盖乡、阿子滩乡卫生院，卓尼县人民医院等单位工作。

张才模大夫的祖籍是浙江省镇海县，其外祖父通过努力，发展为资本家，之后由于许多原因败落，其父又带着一家人去上海创业，又一度兴旺起来，家境十分宽裕，他家的房子就处在上海黄浦区北京东路，当时已是该市的商贸经济中心，繁盛状况可想而知。他从小就在黄浦江边学习、成长，繁华的南京路，宽阔的黄浦江，林立的高层楼，闪烁迷离的霓虹灯，都让他难以忘怀。

1954年，他以优异的成绩考入青岛医科大学，成为该校的首届毕业生。毕业后家里曾替他安排好了留在上海的工作，但他响应祖国号召，报名支援远在西北的甘肃甘南。就这样，他不顾家人的反对，不留恋都市的繁华，义无反顾地来到甘南，并扎根于卓尼60年。1958年8月，组织分派张才模到甘南州人民医院从事儿科医治。那时的医院设备简单，条件差，出诊都要徒步行走，有马车和牛车坐已经是相当不错的待遇。他克服了高寒缺氧带来的头痛、胸闷，克服了语言交流上的障碍，努力为患者医病，

* 作者系卓尼县人民政府办公室副主任兼应急办主任。

得到了合作镇周围各族患者的好评。之后他又调到夏河阿一山铜矿卫生所。1959年12月调到卓尼，先后在卓尼纳浪乡西尼沟麻风病院、卓尼戒毒所、申藏乡卫生院、恰盖乡卫生院、阿子滩乡卫生院工作过，且一干就是30多年，直到快退休时，才调到卓尼县人民医院。张才模医生在基层40多年的工作中，共诊疗病人15000多人次。

在恰盖卫生院工作期间，他一个人一个药箱，徒步行走在该乡的各个村庄，温布滩、角缠、脑索都留下了他的足迹，有很多藏族患者在他的医治下康复，他本人也记不清医好了多少患者。当地农牧民群众回报他的是酥油拌炒面，有的还竖起两个大拇指说："我们的好曼巴。"

在申藏乡、阿子滩乡卫生院工作时，他边干边学，理论和实践相结合，总结出了很多治疗地方病的方法。对当地易发的肺心病、甲状腺肿大、贫血、风湿性关节类等疾病，他都有深刻的研究，并将治疗过程和用药效果都做过详细的记录。

由于他孜孜不倦的钻研精神，他的医疗水平提高很快。1980年9月5日晋升为卓尼县人民医院内科主治医师，1998年晋升为卓尼县人民医院内科副主任医师，1983年被中华人民共和国国家民委、人事部、中国科协授予"在少数民族地区长期从事科技工作荣誉证书"。

张才模医师来到高寒缺氧的西北高原，一干就是一辈子，但他没有后悔当初的选择。结婚第三年，妻子就患上严重的精神分裂症，生活无法自理，要管护病妻，还要养活、教育孩子，既要上班看病，还要干繁重的家务和重体力劳动，拾柴、做饭、种菜，样样都要他亲自动手。若没有相当的毅力和忍耐力，是承受不了的，尤其是三个女儿的吃饭、穿衣、上学、劳动直至成人，女儿的就业、结婚和妻子的日常生活，他都要操心料理，他的可贵行为成为当地的佳话。也有人说他读书读成书呆子，但他从不悲观厌世，怨天尤人。特别是在妻子生育第三个女儿后，病情加重，他一个人的工资养活五口之家，实在吃力，取暖要去山里拾柴、捡煤渣，为了全家人的生计他又设法在住房前的空地里种洋芋、白菜、葱等。常用的生活用品要徒步到几十里远的县城去购买，一去来回就需一整天时间，但他没有感到疲劳和痛苦。在乡下医院，不管是白天还是夜晚，他给一个个前来求医的病人诊断治疗，直至病人康复。

　　崇高的理想对张才模医师来说，就是不断地奉献自己，奉献青春，奉献学识，奉献爱心，把自己当成一支蜡烛，直至燃烧成灰烬。2000年退休后，他在卓尼县城继续开私人诊所，为周边干部群众诊断治疗疾病，甚得群众的爱戴和好评。

　　由于长期在高原工作，导致张才模医生患有严重的肺心病，只要天气变冷，就会发作。为了缓解病情，他设法前往兰州生活，但起居、饮食很不方便，后又不幸被小区单元门碰撞导致颅脑出血，随之瘫痪，随后由女儿女婿接回卓尼养病，至今仍在与病魔作斗争。

　　张才模医生走过的这段艰难路程，让人感到敬佩和震撼。几十年来，他从未向组织或单位提出过个人的困难。他晚年的希望就是有机会回到他魂牵梦萦的出生地。他时常嘱咐女儿女婿，他死后一定要把骨灰撒进黄浦江，让他的灵魂回到家乡。

记省级优秀教师靳芳琴同志

牛永刚*

靳芳琴，女，生于1968年8月，汉族，甘肃省卓尼县柳林镇人，2000年6月19日加入中国共产党，大专学历，1988年8月参加工作。

她坚持党的基本路线，热爱社会主义祖国，忠诚人民的教育事业，全面贯彻党的教育方针，模范践行社会主义核心价值观，遵守国家法律法规；为人师表，立德树人，爱岗敬业，团结协作，具有崇高的职业道德和奉献精神，在师德方面受到同行、学生、家长及社会的普遍好评，深受学生爱戴。

先后担任柳林小学少先大队辅导员、教研组长、教导主任等职，于2007年11月提任为卓尼县柳林小学副校长，2012年3月提任为卓尼县柳林小学校长。

在普通的"三尺讲台"上，她凭着一颗执着而热忱的事业心和强烈而紧迫的责任心，不懈努力，勤奋工作，具有系统的、坚实的理论基础和丰富的教学经验，根据学科教学特点，注重理想信念教育，积极推进素质教育，注重培养学生的核心素养，发展学生的创新精神和实践能力，关爱学生成长，促进学生全面发展，在教学领域形成风格、特色，教育教学效果显著，教学成绩突出。

撰写了《通分》《数学练习中如何培养学生的思维能力》《浅谈新课程背景下教师专业发展》等教育教学论文。先后被州教育局评为"甘

---

* 作者系卓尼县柳林小学教师。

南州青年教学能手""州级骨干教师"，被省教育厅评为"青年教学能
手""小学骨干教师"。2010年9月被省委、省政府评为甘肃省"优秀教
师"。

走上领导岗位后，她尽管工作很忙，但只要有时间，就深入课堂、走
近教师，和教师一起备课，一起评析。尤其是在主持"两基"工作的一年
里，更是付出了别人难以想象的辛苦和汗水，把自己的全部心思都用在了
学校的"两基"工作上。正是这种实干、无私奉献的工作精神，深深感染
了学校的每一位教师。在她的带动下，柳小形成了求真务实、忘我工作的
教师群体。

作为一名教师，兢兢业业，勤勤恳恳，为卓尼县的教育事业付出了心
血和汗水。作为一名校长，对党的教育事业无比忠诚，服从工作安排，处
处发挥党员的先锋模范作用，努力践行"三个代表"重要思想，积极推进
素质教育和新课程改革，具有强烈的事业心和责任感，以园丁精神，用一
片丹心诠释着一个共产党员的责任和信念。

· 历史珍档 ·

训　令

藏字第二零七二号二十六年四月二十六日

令甘肃卓尼禅定寺丹珠呼图克图

　　奉案

行政院二十六年四月二十二日第二二五一号训令开：

"案准国民政府文官处二十六年四月十七日第二五二三号公函开：奉。国民政府二十六年四月十六日令开：'丹珠呼图克图，禅教护国，克绍宗传，着给予辅教普觉禅师名号，用示优隆。此令。'等因；除由府公布外，相应录令函达查照，并转行知照。"等由；准此，合行令仰知照，并转行知照。此令。

　　等因：奉此，除咨请甘肃省政府查照外，合行令仰知照。

　　此令。

（原载于民国档案《蒙藏月报》第 32 页）

西北甘肃卓尼的一封信

李木兰

这封信本是李女士给邬女士个人的信，邬女士阅后，觉得它颇有趣味，又想凡边疆的消息，是本会一般挤在东南上的人士们，尤其是上海所乐闻。因此邬女士不敢将它私有，就来公诸本刊以飨阅者。

编者附志

……

西北地方实在广大，但惜没有开发。所以虽有广大地面，而仍多是荒原。我们从陕西坐汽车到兰州，一路尽是穿山越岭。人民住在山洞中。甘肃一省尽是大山小丘。我坐了十几天汽车到了兰州，又坐八九天骡轿，步步高升地到卓尼。一路之经过真是生平的第一次，亦满有趣味。

我们现在住的地方是在一个山谷中，四面皆高山，傍有洮河。现在因天气寒冷，河水已结成冰。若到了春天，则山清水秀，可说是一小桃源。但现在真是冷，我每天坐在炉旁，尚觉寒冷。我们的碗才洗好放下，便结冰于碗底。水才从河里挑来便结成冰。真冷得有趣味。

卓尼是番汉之交界。番子汉民皆有。他们说的话，一点也听不来。番子之奇风异俗甚多。他们食的多半是炒面加上牛奶与酥油（奶油）。有客来亦请客食这些东西。客人不食便是看不起他。他们送礼：一个大馍馍便是礼物，两个梨子亦可送客。有趣味得很。番女的头发，无论老少，皆分梳成三条辫。耳穿大银环，辫尾带大银牌。他们穿的衣服，男女皆穿红衣。男的多做阿姑（和尚），不准穿裤子，皆以大红布围起来，像古时女人穿的裙子一般。女的多于田地耕作，非常劳苦。番子迷信很大，他们信佛爷、活佛。有什么事便请阿姑念经。人有病了便说是"敲气"（魔鬼）附在他身上。阿姑们叫他要送敲气出去，病才能好。他们的迷信很多，此处说不尽。但因他们的迷信太深与信教之不自由，所以我们在此工作，甚觉困难。尚望时代祷告上帝，为西藏人开一福音之门，使不久有一般人可到主前来，做他的儿女。

现在有一对番子夫妇，天天学习背圣经章节。我们很感谢上帝，赐给这一对夫妇有智慧。我们盼望不久他们亦可进入教会。但是现在此地之环境不甚好，我们很难工作，仅有祈求上主而已。

我们在此地身体比以前好，此地生活程度甚低，本地之出产品物价甚廉。现在冬天菜蔬没有，但在春天有菜蔬时，都甚便宜。其他如牛奶、奶油、蜂蜜、皮毛等皆甚廉。不过此地商业不发达，商店毫无，除了本地出产外，其他的物件皆无。我们连买一信封亦没有。非常不便。他们番子汉民皆自耕自食。买卖少有。我们初到时甚觉不便。但此种农村生活，亦怪有趣！

……

（原载于中华民国《末世牧声》第十五卷第十一期）

甘肃卓尼土司　极诚拥护中央

僧俗各代表来京　谒吴忠信等报告边情

甘肃卓尼土司杨积庆代表宋堪布，禅定寺辅教普觉禅师，丹珠呼图克图代表滕祖周，及甘肃卓尼藏族四十八旗僧俗民众代表安云扎，（民国三十六年）六月二十九日抵京谒蒙藏委员长吴忠信，及中委戴传贤，陈报卓尼边情，并请领辅教普觉禅师封号印信，据各代表语往访记者，谓卓尼区域有人口十万，尚系原始游牧生活，英美人士前往传教或游历者颇多，藏番僧俗在杨土司领导下，极诚拥护中央，并承认中国为汉族统治，去年十月，冀东伪组织派人偕某国浪人前往游说，拟在卓尼地方开设行栈，以洋货交换土货，进作政治活动，经杨土司严词拒绝，并通传番地僧俗人等不准租房地与外人以防杜流弊，渠等此次来京，拟请求中央优给杨土司都统职，酌补枪械，俾负西北边防责任，并拟派代表一人常川驻京，传达中央政令。

（原载于《边疆时报》第 19 页，中华民国三十六年六月二十九日）

卓尼土司杨积庆电请出师抗敌

　　驻甘临洮卓尼土司兼洮岷路保安司令杨积庆，因日军犯芦异常激愤，昨特电请蒙藏委员会吴委员长忠信转呈中央，出师抗敌，兹特探录原电如下："蒙藏委员会吴委员长请转国府及军委会钧鉴，日军犯芦，举国激愤，增兵已见事实，和平必无诚意，当此忍无可忍之时，深望中央动员出师扫荡鬼类，凡我藏族，自当一致拥护中央，誓作后盾，为国效死，迫切陈词，不胜惶悚待命之至，职卓尼土司兼洮岷路保安司令杨积庆叩马印。"

（原载于民国档案《边疆时事·蒙藏月报》第 2 页）

人物新闻

　　杨复兴安多藏区甘南卓尼四十八旗一百寺代表团，包括甘南洮岷路保安司令杨复兴少将（十九岁）、佛爷锁藏仓及卓尼丹珠呼图克图秘书吴振刚等五人，近代表卓尼十万藏胞来京向元首致敬，并考察江南建设，六月十六日已于主席官邸晋谒蒋主席，呈献泥金释迦牟尼像及鹿茸、麝香等土产。杨氏等在京休息数日后，即赴上海、苏州、杭州等地考察。按安多藏区位甘肃西南部海拔二千四百五十米高原上，地滨洮河，面积约三万五千平方公里。宗教为佛教。林产畜产均丰。自明朝永乐十六年杨复兴少将之始祖"些尔地"领导各部落归化中国，已历五世纪余，现为甘肃省行政区域之一部。

（原载于民国档案《外交部周报》（第三版），
中华民国三十六年六月二十一日）

呈

案查关于国民政府册封甘肃禅定寺丹珠呼图克图辅教普觉禅师名号一案。

藏字第三六三四号二十六年七月十四日

前准国府文官参军两处分别函送册书印信，请查照颁发，等由到会，即于六月二十一日上午九时，在本会大礼堂举行授册授印典礼，由丹珠代表滕祖周等，代表接受，当经电饬丹珠呼图克图知照去后，兹据卓尼禅定寺丹珠呼图克图及卓尼土司兼洮岷路保安司令杨积庆仝俭电称：

［祃电奉悉。窃丹珠虔修无状，世受国恩，历明至清，屡叨荣封，兹蒙中央仁慈有加，从新颁授册印，并承委座，关怀栽培，谬沐盛典，感愧交深，唯以途远且阻，未克趋教叩谢，骧首云天，益滋葵忱，嗣后唯有勤究禅理，修己励人，誓以至诚，宣扬三民主义，拥戴中央，仰答盛怀，致电申谢。］

等情，据此，除电复嘉慰，并饬知俟滕代表等带回新印后将启用日期呈报备查，暨将旧印封存以免流弊外，理合具文呈报

钧院鉴核

谨呈

行政院

蒙藏委员会委员长　吴忠信

（原载于《蒙藏月报》第 16 页）

调查甘肃卓尼番民

　　卓尼世袭指挥土司，原源西藏王王族之东来，因番族之信仰，遂留居于卓尼，番民推戴为酋长，通称之曰西藏王爷。

　　自明朝永乐年，有功于国那，世袭土司千户职，至清初世袭指挥佥事。清康熙赐姓杨，加万户职，现任土司杨积庆系世传第二十一世土司，至今四百余年，与西藏信使往还，至为亲密。土地地处甘肃，西南多高山峻岭，旷野森林，西扼青海，南接西康松潘，东连甘肃武都文县，北界洮岷，幅员辽阔，人民稀少，人民尽属藏族，分四十八旗，每旗各有土官（即酋长），统辖于卓尼土司。有西顷山脉，横至城内，山前二十四旗，口里二十旗，接近临岷界，略沾文化，稍通汉语，名曰熟番；口里十二旗不通文化，不懂汉语，名曰生番。山后二十四旗名曰营番，心性愚野，较山前各旗尤甚，平时好骑射械斗之事以为常，尚武为天然之习惯生活，人民多数耕田为极，有在洮河沿岸一带者，植林木以为生，其余多游牧为业，逐水草而居，往来无定；每年冬季，用皮毛之类，在沿边各商埠换易杂粮，以资食用；性嗜酒，饮食多用牛羊肉牛奶酥油之类，生活极其简单；宗教信仰佛教最深，除崇拜佛寺院活佛而外，最信仰者为土司。番性最悍，脑海中只知有土司而不知有他，非土司之力，不能制服。往往发生匪患，纵横扰乱，无法遏止，非礼法之所能范围，所以国家称土司用以夷制夷之法，边疆赖以稍安法至良也。每家若生儿子，一送寺院为喇嘛，生三子送儿子为喇嘛，所以人口不甚发达，女子过剩。然有女子流传者名曰女户，当地婚姻，多属自由，订婚亦必得双方父母同意而后可，类似亲迎制，亲友之送观者，驰马荷枪，唱番歌以为颂。丧葬父母亡请喇嘛诵经，诵后即将尸体送往野外，任鹊类啄食，名曰天葬；聚柴焚尸名曰火葬；打入河中名曰水葬；均由喇嘛之卜筮而定。服装四季均以羊裘为衣，草履羝帽，类似古装，出必带刀以为习惯。住居，熟番以木为屋，生番以褐为屋，名曰帐房。随水草而迁居，携带殊便利也。兵制系征兵制，国家无事则归田为农，有事则应征为兵，每户必抽数丁，名曰门兵，届时按需兵多寡，按十户抽一兵或五户抽一兵名曰选。前清时代，因边地多事，依边城要道设四十暗门、七十二道口，均有士兵驻守。报部常备兵为二十名，民国成立，略列旧制云。

（原载于《蒙藏旬刊》时事纪要第 4—5 页）

甘肃临潭卓尼寺宋堪布活佛
为国宣传抗战胜利

（临潭讯）临潭卓尼寺宋堪布活佛，为甘省三议员，素来爱国心切，因此抗战军与以后，凡藏胞聚会之处，莫不法驾亲临，对众宣传敌人侵略之残暴，我国抗战之威利云。

（原载于《甘行边讯》第 141 期第 2 页）

卓尼起义消息

《甘肃日报》1949年9月15日头版头条消息，标题为：

"接受毛主席八项和平条件，周祥初等陇南起义，通电彭副总司令接受民主改编。"

消息原文为：

"（西北前线十四日电）前国民党甘肃省保安副司令兼师管区司令周祥初，代理第一区专员兼第一区保安司令孙伯泉及洮（州）岷（县）路保安司令杨复兴等接受毛主席八项和平条件及国内和平方案，于本月十一日在陇南岷县驻地率部举行光荣起义，岷县即告解放，并通电人民解放军彭副总司令及第一野战军张、赵副司令员，待命接受民主改编，为争取我国解放战争彻底胜利和建设新民主主义的中华人民共和国而忠诚奋斗。彭副总司令，张、赵副司令员当即复电，表示庆贺与欢迎。"

（原载于《甘肃日报》1949年9月15日）

·文苑撷英·

甘南卓尼诗组

高　平[*]

卓尼周围的山

卓尼周围的山
高高低低地八面回旋
重重叠叠地牵手并肩
每座山都有个神仙的名字
卓尼就在这灵气中繁衍

卓尼周围的山
都被翠绿浓浓地渲染
不给别的颜色留半点空闲
合成一个巨大的碧玉碗
卓尼古城就端坐在玉碗中间

我在大平原上度过了童年
之后就一直奔波于无尽的大山
西藏的山抬高了我的脚步
卓尼的山青春了我的诗篇

---

*　作者系甘肃省作协国家一级作家。

卓尼的风景

卓尼的景区像交织的蛛网

卓尼的景区像密集的蜂房

一道道沟是一声声优美的牧歌

一条条峡是一杯杯醉人的酒浆

大自然的鬼斧神工令人惊叹

历代人的光辉创造令人景仰

你想进入仙境就进入仙境

你想回到汉唐就回到汉唐

这里就是香巴拉

这里人称小西藏

这里给你心内的清泉

这里给你身外的清凉

还有你一见倾心的形象

还有你梦想不到的梦想

来吧

卓尼给你足够的风光

卓尼姑娘

卓尼姑娘晶莹的目光

像山泉迎着太阳闪亮

卓尼姑娘微笑的面庞

像山花迎着朝霞开放

卓尼姑娘苗条的身姿

像彩虹裹着细高的白杨

卓尼姑娘的三根发辫

像青稞麦穗编得很长

手一扬就是舞蹈

嘴一张就是歌唱

更有一颗菩萨的心肠

她们的美在深山

她们的美在远方

洮河水不会告诉你

不亲自跋涉见不上

卓尼的雨

卓尼的雨落在草地上

是向地毯上抛撒珍珠

声响全被吸走了

只绿了亮度

卓尼的雨落在帐篷上

不像打广东的芭蕉

不像敲新疆的手鼓

是白云被松林缠住的倾诉

卓尼的雨落在村庄上

天上的水浇活了地上的木屋

屋外的温柔和屋内的温馨

在时急时缓的节奏中跳舞

卓尼的雨飘向卓尼之外

连雷声也轻轻地走着

像"觉乃"藏族默默的祝福

2001 年 7 月 11 日至 13 日于卓尼

（摘自《格桑花》2001 年 3—4（总第 55—56 期）第 51 页）

喇嘛崖与洮砚（外一篇）

李振翼[*]

在卓尼洮砚乡喇嘛坪村西南，有悬崖三面环水，其崖深入洮河之中的大转弯处，河沿低处大岩石下有一大坑，攀岩而下洞坑已处于水面之下，这就是大名鼎鼎的洮砚名石开采地。初开于北宋年间，故称宋坑。宋代赵希鹄著《洞天清泉集》称："石在临洮大河深水之底，非人力所致，得之为无价之宝。"附近尚有"元坑""明坑"等。近人尚有在其崖间炸山取石者，尽皆中下等之石也。

历代文人墨客均论及洮砚。唐代大书法家柳公拟的《论砚》就写道："蓄砚以青州为第一，降州次之，后始重瑞、钦、临洮。"北宋时期王韶开边，洮河绿石得到进一步开发，至今已有1000多年，经久不衰，成为全国三大名石之一，与瑞、歙二砚齐名。它以"绿如兰，润如玉，发墨不减端溪下岩"名扬于海内外。宋代苏轼《洮砚铭》曰："洗之砺，发金铁，琢而泓，坚密泽，郡洮岷，至中国，弃于剑，参笔墨，岁丙寅，斗南北，归予者，黄鲁直。"米芾《砚史》之"绿色如朝衣，深者亦可爱"。黄庭坚的"洮砺发剑吐贯日，印章不琢色蒕粟"。金之元好问在《砚名》中也云："旧闻鹦鹉能化石，不数鹙鹅为莹刀。县官岁费六百万，才得此砚来临洮。"其中"洮州绿石含风漪""鹦鹉洲前抱石归，琢来犹自带清辉，

* 李振翼，男，汉族，出生于 1933 年 10 月，甘肃天水市人。1959 年毕业于兰州大学历史系。其后在甘南从事文物考古工作 30 余年，在《文物》《西藏研究》《兰州大学学报》《考古与文物》《文博》《西北史地》等刊发表学术论文，专著有《甘南简史》《甘南古城勘考》，合著多部。

芸窗近日无人到，坐看无云吐翠微"，令人吟咏至今。而当代诗词圣手赵朴初之"风漪分得洮州绿，坚似青铜润如玉。故人万里意殷勤，胜我荒斋九年蓄。西北东南辟砚田，精工方欲夺前贤。看教墨海翻澜处，喷薄风雷震大千"，更是将洮砚之好说得淋漓尽致。此外我们还可以从中得知洮岷地区早就以此为磨刀砺石，黄膘石为印材等。

自宋代以来，洮州地方大开砚田，为索一方佳砚，文人学士不惜重金，不避千里者大有人在。至明清，已形成一定的规模。当地农牧民每当农闲的时候，将开采得到的砚石，用人背、驴驮和车拉等各种办法运至洮州卫（厅）城，再由云集扁都一带的民间砚匠师傅们精雕细刻，砚制成后运至洮州新旧两城，乃至附近州县，省城兰州。直到解放初期这种情况开始有了新的改变，省州县均设厂制造，民间制砚开始大量集中在它的产地洮砚、藏巴哇和陈旗一带。他们就地销售，长途贩运，开始形成一定的格局。至于高级品，至今仍出于国家工艺厂，且远销国内外。

近年来洮石又开发出了许多新的品种，有色如羊肝的红石、喷墨绿石等多种，亦有不少佳作问世。对于中国传统的"文房四宝"之一的砚台不但要求石佳，而且还要工艺精细，只有两者相得益彰，才能创造出好的作品来。但要得到一方"黄膘水纹鹦哥绿"即石色润细如幼儿手臂，行云流水纹清晰流畅，而且富于变化，并附以大块有如寿山老坑之黄膘如蜡似珀，砚石呵气如雾，磨墨细，发墨快，池墨久宿不干的砚台，绝非易事。假如你能获得一方绝好的洮绿，又能由名师高手琢成，能宝而玩之，实乃是人生一大快事也。

洮水流珠

洮河古称洮水，因发源于洮台山而得名。古人云洮（洮）者羌音也，即为羌水，故流经之区称洮川。按现代地理而言，它发源于西倾山北麓的勒儿当草原，流至碌曲县城前均属大草原区，即古之洮川地。至西仓（唐之西仓州）后，渐入河谷川区，至拉仁关、双岔、阿拉、夏河县的下巴沟和卓尼的扎古录，其间两岸山势陡峻，峡谷百折千转，河水在石岸上左击右荡，水花乱飞，加之落差较大，滔滔河水每当冬季来临，气温骤降，湍激之河水溅起，即结成冰珠，落入水中来不及结成冰块便被推入中流，形成无数冰珠涌向下游，故有"洮水流珠"之称。于是每当入冬时节，其一改深秋容颜，在河面上浮动着一团团，一堆堆流凌，在水上面，时而聚合，时而分散，簇拥着向下游流着花团锦簇般的梨花雪浪。当你舀得一瓢仔细观察，这些流凌，却尽是颗颗晶莹透亮，不到半厘米的小冰珠。这一流动着的奇观，被洮河流域许多州、县列为当地名胜。

临潭《洮州厅志》中，理所当然地将它列为八景之一——"洮水流珠"。清代洮州诗人赵廷璋在他的《洮水流珠》中吟到："洮水含晶洁，严冬泛绿珠，浪翻圆影动，丹照动云浦。消息通元妙，流行在有无。何劳逢象罔，采取老龙须。"这不但是历代文人吟咏不完的诗歌主题，而且也是当地劳动人民传说故事和神话传说的重要题材。传说"洮水流珠"是一个被奴役被凌辱的农家淑女，泪珠洒在河中变成的，这些流珠是生活在社会最下层的劳动妇女，对万恶的剥削制度的控诉。

这些诗词的佳作和神话的传说把我们带到了另一个艺术王国中，让人们去品尝其中的真味。

（选自专集《甘南藏区考古集萃》）

卓尼赋

李德全

　　登高远望，山如波峰，壑为浪谷。极目环视，层峦崔嵬，云雾卷舒。天地苍茫兮，日月星辰以光华璀璨。风光无限兮，春夏秋冬而明丽煊妍。先民聪慧睿智，择居风水宝地。承世界屋脊之余脉，领黄土高原之灵气。何谓卓尼[①]，两棵马尾松是名。东接莽莽岷山之地气，西迎悠悠洮水之碧波，南映皑皑迭山之雪辉，北依巍巍莲峰之峻秀。中环临潭，宛若锁钥。堪称洮砚之乡，藏王故里[②]。卓尼神兮奇矣，苍翠且挺拔。

　　山水形胜，风光旖旎。洮水如练兮横贯西东，桃红柳绿兮莺歌燕舞；林海莽苍兮绵延逶迤，万木葳蕤兮隐天蔽日。车巴沟、卡车沟、大峪沟，沟沟交通，犹如银链串彩珠；云江峡、康多峡、九巅峡，峡峡迥异，恰似星汉耀光华。三月洮畔，桃花流水展画卷；十月康多，霜叶飞红醉长峡。扎尕梁云蒸而霞蔚，雨雪行其里；白石山峭拔乎霄汉，风云至此回。高原沐雨露，萋萋芳草衔珍珠；长河落日圆，浩浩碧波跃金鳞。清泉响亮幽谷，杜鹃笑红山岭。平湖百鸟翔集，原野彩蝶翩跹。修竹绕岭兮奇松临崖，崖高千仞兮丹气为霞。树隐奇禽兮林藏异兽，地生宝藏兮蛟龙。瀑流如练兮烟霞缥缈，紫气生虹兮清音缭绕。三角石，矗立天地，似雄鸡报

---

　　① 卓尼：县名。藏语"觉乃"之音变，意为两棵马尾松。

　　② 藏王故里：开创西藏策墨林传承制度的摄政王——一世策墨林·阿旺楚臣（1721—1791年），出生于卓尼县洮砚乡下达勿村。二世策墨林·阿旺江白楚臣嘉措（1792—1863年），出生于卓尼县唐尕川村。三世策墨林·阿旺罗桑丹白坚参（1858—1919年），出生于卓尼县唐尕川村。四世策墨林·阿旺土登凯珠格勒嘉措（1921—1948年），出生于卓尼县畜盖族村。

晓；九眼泉，冰瀑涌流，如仙女倾诉。洮水流珠，天下奇观；九天石门，
吞云吐雾。驭长风以览月，驾白鹿以饮神泉。阿角沟如梦如幻，赤橙黄绿
青蓝紫，七彩斑斓；旗布峡翠绿沉碧，倒影婆娑鸟鸣涧，心旷神怡。踏遍
山川君可见？青山滴翠，流水成韵；鹿鸣幽谷，长虹落涧。野鸭戏波，白
鹤亮翅；柳丝梳春，秋果摇红。苍山隐隐千秋画，流水悠悠万古琴。美
哉，卓尼，看山城如画，别具一格。青山四面环抱，洮河一水中流。城依
青山，咀天地之华英；水绕城郭，蕴文明之德馨。

　　洮河文化，历久绵长。寺洼齐家马家窑①，沧海桑田之见证。古城古
堡古之重镇，边墙关隘军事要冲。溯古源流，秦汉肇启，隶属变迁，世居
本土。兼容民族之成分，接纳戍边之兵民②。或开疆土，或逐水草，亦农
亦牧，各得其所。如今藏土习俗承袭原始古朴，汉回民风留存江南遗韵。
历代土司，政教合一，兵马屯田，寓兵于民。禅定寺，佛教圣地，安多古
刹，闻名遐迩，曾有属寺一百零八座；《大藏经》③，佛教经典，卓尼制
版，绝无仅有，开创地方印刷之先河。此举享誉日美英德俄，丰富藏学研
究之论坛。文脉涓涓，英贤济济。杨积庆秉明大义，笃献诚心，使红军突
破天险腊子口；肋巴佛弃教从戎，投身革命，率领饥民浴血白山黑水；杨
复兴正气凛然，率部起义，踏上民族和平解放之路。山不在高，卓尼身居
《中国的西北角》④；水不在深，洛克《生活在卓尼喇嘛寺》⑤。

　　物华天宝，金振玉声。卓尼三格毛⑥，本土藏族，融汇藏汉民俗之精

---

　　①　寺洼齐家马家窑：即在洮河流域出土的寺洼文化、齐家文化和马家窑文化。

　　②　戍边之兵民：《洮州厅志》记载："指挥佥事金朝兴，原籍南京纻丝巷人。洪
武十一年秋八月同西平侯沐英征洮州。"根据当时朝廷用兵规律，每占领一地，除了留
有大批官兵驻守外，其妻儿子女也随之迁去，并征召居民戍边屯田，最终定居下来，繁
衍生息。又据民间传说，明洪武年间，应天府（今南京）有次元宵灯节，纻丝巷有人希
望讨得皇上欢心，于是别出心裁，化装成猴子，倒骑于马背上大耍杂技，没想到结果却
得罪了朱元璋皇帝，被误解为有意污辱马皇后，一怒之下被统统发配到西北不毛之地。

　　③　《大藏经》：《甘珠尔》《丹珠尔》大藏经是藏传佛教之经典。1713年卓尼第
十一代土司杨汝松进京觐见康熙皇帝回来后，遵循其父母意愿开始刊刻大藏经。刊刻工
程历时10年之久，出版的《甘珠尔》共108卷，世称卓尼版大藏经。

　　④　《中国的西北角》：原《大公报》特约通讯员范长江新闻作品集。

　　⑤　洛克《生活在卓尼喇嘛寺》：美国地理学家约瑟夫·佛朗西斯·洛克（Joseph.
F. Rock，1884—1962），《生活在卓尼喇嘛寺》是洛克1926年先后考察卓尼时的著作，
1929年发表在美国《国家地理》杂志上。

　　⑥　三格毛：卓尼藏族，主要分布在洮河流域，从事半农半牧。

华，传承洮河文化之神韵。服饰独特而雍容华贵，勤劳勇敢且能歌善舞。"阿迦""善巴"[①]藏家吉庆之歌舞；巴郎鼓、牛角琴山乡丰收之音乐。更有洮河绿石砚，中华名砚之瑰宝。色呈绿翠之雅嫩，纹涌洮水之波痕。错透镂空，精雕细琢。或花草虫鱼，龙飞凤舞；或神话传说，名胜典故。上贡历代王朝，下藏墨客文人。深居喇嘛崖[②]，享誉东南亚。

自然资源，得天独厚。雉鸡、雪鸡、蓝马鸡，山间珍禽；鬣羚、麝鹿、梅花鹿，林中奇兽；黑熊、雪豹、金钱豹，深山精灵；蕨菜、木耳、羊肚菌，野味珍馐；鹿茸、麝香、冬虫夏草，药中名贵；金矿、银矿、铅锌矿，地下宝藏。山林原野，聚宝藏瑰；世间乐土，福我黎民。

改革开放，成果辉煌。周公吐哺，天下归心。农村包产到户，农民解甲归田。免除农牧赋税，实现义务教育。科教兴县是良策，万众一心奔小康。退耕还林，山清水秀；退牧还草，羊肥牛壮。科技进村，水电入户；"三农"反哺，衣食盈余；牧民定居，改天换地；村道牧道，畅通无阻。看今日之洮河流域，一座座电站星罗棋布，高峡出平湖；看两岸之万亩良田，一道道灌渠纵横交错，梯田翻金浪。湖光山色，柳暗花明；鱼跃鸟翔，游艇逐浪。草原丰美，骏马驰骋；雄鹰凌空，山河秀荣。

今日之卓尼，轻歌又曼舞，百福接千祥；

明日之卓尼，山高水且长，再著新华章。

2011 年 2 月

（原载于《甘南日报》，2011 年 3 月 11 日）

---

① "阿迦""善巴"：属卓尼藏族在举行节庆、婚嫁时演唱的歌舞。

② 喇嘛崖：位于今卓尼县洮砚乡。出产洮河绿石砚石料的矿藏。该矿开采于宋朝，史称"宋坑"，距今已有 1300 多年的历史。

洮水流珠的故事（叙事诗）

李 城[*]

序 歌

东山古柏西山松，
风过山谷起涛声。

涛声隆隆如雷鸣，
石媳妇崖上起回音。

日日夜夜响不停，
述说当年无限情。

1

洮河滚滚流向东，
河边有个梨花村。

拉力沟木头车巴沟的牛，
梨花村的姑娘真俊秀。

＊ 作者系甘南州文化艺术界联合会原副主席。现已退休。

村里村外开梨花，
有个姑娘叫堪卓玛。

堪卓玛长到一十八，
崖上山丹一枝花。

苗条身材红脸颊，
一对眼睛会说话。

手脚勤快秉性好，
姑娘里头数头梢。

爹妈的心头一块肉，
小伙们眼馋不到手。

2

二月的迎春三月的桃，
堪卓玛爱上了穷扎告。

粗眉大眼厚嘴唇，
扎告英俊又忠诚。

心肠虽好家里穷，
姑娘的爹妈不答应。

没有珍珠项链作聘礼，
别给我的姑娘打主意。

珍珠就在西天路，
西倾山下深峡谷。

采来送给堪卓玛戴，
才配她一表好人才。

3

五月里山丹红如血，
扎告和姑娘要分别。

手拉手拉儿依依情，
河水如镜照双影。

姑娘含羞低下头：
"我不要项链你别走。

西去路远人烟少，
沟深林密多虎豹。"

扎告笑着把话答，
"火海刀山我不怕，
洮河边上把我望，
蜜梨黄时我还乡。"

4

八月十五蜜梨黄，
堪卓玛洗菜河边上。

山芋木耳老蕨菜，
勇敢的扎告要回来。

蜜梨熟得断蒂，
等待亲人来解渴。

洮河的水呀青粼粼，
堪卓玛脸上起红晕。

手遮阳光朝西看，
心上人呀快回还。

回来一起把田种，
肩挨肩儿长精神。

5

北雁南归人字形，
路上不见扎告影。

堪卓玛河边日日望，
秋叶脸儿同样黄。

寒冬腊月风如刀，
堪卓玛瘦弱如木雕。

伫立河边面朝西，
昼夜不动如磐石。

大地有情呀路应短，

高山有情呀山应低……

忽然河中光灿灿，
珠宝滚滚到眼前。

千粒万颗随浪涌，
送给姑娘作聘金。

堪卓玛仰天叫一声：
"我不要珍珠要亲人。

穷阿哥扎告他回来，
千年万年我等待……"

时光如水冬夏春，
堪卓玛化成了石头人。

尾　声

河边自有石媳妇，
洮河千年水流珠。

石头有情水有情，
养育代代有情人。

情人们来到洮河边，
眼望河水忆当年。

掬一口冰珠盟誓愿，
天长地久心相连。

（原载于《格桑花》，1985 年第 2 期）

卓尼卓尼

完玛央金*

山回路转，从高坡上冲下，再不见两棵高大的、挂着鸟巢的白杨树了，也没有了到了家的感觉，那种温馨被见到一片一片新盖的瓦房的新鲜陌生所代替，空气里柴草的味道也减少了许多。

我似乎忘记了自己已是迈入中年，奶奶、伯父、大妈他们相继离世，通往土木建筑小院的泥土路，多年前就被柏油马路所代替，路边蹲着晒太阳的人，还是那些鬓发花白，泪眼迷蒙的老人，他们已经叫不上我的名字了，但是，我还能感觉到一些纤细、亲切的根须，快乐甜蜜地在心田滋长着……

路过正在加宽的水泥大桥，身着牛仔裤的姑娘和小伙，不时从身旁走过，那些穿着水红和天蓝长衫、长裤，梳着三根辫子的妇女，浑身透着古朴的气息，仿佛是我很多年不能谋面的姨娘、婶婶、表姐们向我走来……洮河上宽而长的木板软桥又在记忆中浮现。那时，我站在桥头，望着软桥晃晃悠悠，远远的桥的那边背着柴捆的亲人一个小圆点般慢慢移过来。

庄稼田没有以前多了，均被房屋占去。市中心盖了许多大楼，纵横泥土巷消失了踪迹。那些"××山""××家巷子"的名称很少被人提起，木板大门前端午插上的杨柳枝、婚事挂起的红绸缎和丧事燃起的草堆，更是躲进逝去的岁月里了。孩子们没地方玩捉迷藏了吧，妈妈们也不用爬上房顶，拖着长长的声调来喊他们吃饭了。只可惜躺在地里，跟表姐听豆荚

* 作者完玛央金，又名丁玉萍，系甘南州文联党组成员、副主席。

爆开的经历只有过那么一次，就着青葱吃青稞面"贴锅巴"，还没有尝够滋味。家就在"土司衙门"的旁边，对那深深的巷子和高大的门楼，却从未涉过足。土司二十代集地方政治、宗教权力于一身，五百年的烽火烟云今天在这里静静熄灭，只剩时间剥蚀的砖墙和青瓦房屋。为他们看守果园的老姨夫，偷偷带我和表姐进过果园。表姐一进去就手脚麻利地上树为我摘杏，我却被"寻麻"（一种带毒的植物）"咬"了，手又疼又痒，红肿了好几天。

少有人迹沾染的山沟，如今一条条都被建上旅游点，我们是坐着出租车进大峪沟的，司机操外乡口音，一路上吹着口哨。我担心路上的石块会把轮胎扎破，好几次想让他把车开慢一点，然而，这好像完全是多余，在我们个个用手或抓椅背，或拉车上把手的紧张状态中，年轻的司机依然将车开得飞快。

进得深远的山沟，除了掩映在树丛花枝中的平顶土屋，只有遍地阳光，只有声声虫叫。我将心放在这偌大的无声中，似乎看见17世纪九代土司才旺东主的属民在埋头专注地校刻经书，行云般舒卷的笔画闪耀银子的光芒，诵经声如松涛滚过头的上方。无限遗憾的是在纷争中，这些经卷20世纪30年代几次葬入熊熊火海，悲哀地掩上了那扇属于它的，民族文化的璀璨大门。时值午后，农家院落廊檐的圆柱上挂着绳子、镰刀和草帽，破旧的衣衫很随便地搭在铁丝上，门洞敞开，不见一个人影。我知道，这是下地的时候，家里只留老人和孩子，老人或许不堪午后的闷热，蜷曲在土炕上呼呼地睡了，小孙子无人可闹，也歪在爷爷身边好无趣地被瞌睡推倒了。矮腿的小炕桌上，一杯浓酽的茶渐渐熄了热气，一只小飞虫站在杯沿上。院门自是不须去关闭的，家家都这样。

接待我们的是那酒量极好、脾性极豪爽、让人顿觉天高地远的老朋友。四处鸟啼此起彼伏，草深没膝，五色野花点缀其中，一团团的白云从头顶游过，空气中弥漫着草木浓浓的香气。老朋友说有两只鸟在向我们要啤酒，一只说："给点啤酒！"一只说："不给！不给！"老朋友接着说听吧，又加入了第三只，它说："给一点儿！给一点儿！"我们仔细一听果真如此，都愉快地大笑道："那就给一点！"大峪沟的鸟从古时飞来，也能充当起现代生活的享受者。

　　我突然产生要编发许多条信息的愿望，给远在几百里外的亲人，给在更大的都市里的表姐、表哥，还要给长眠在家乡土地里，却时时活在心里的人们，我们的联系，是不顾岁月流逝，在人生沧桑中越来越紧密的。

　　（原载于《触摸紫色的草穗》，甘肃文化出版社，2008 年 12 月）

春到卓尼

杨述炯

一

一条笔直的马路，用石子铺成鱼脊形。这马路穿过了城心直通到河沿，沿着马路的两旁，长着翠绿而古老的大白杨树。这马路从城市到河沿来往的距离不过一箭之地，走起来使人感到轻松愉快，如果你随便散步，不知不觉就会到城市或是到河沿。每到早晨，这马路上就有很多的人——男女老少都在来往忙碌着，男人送粪，女人挑水，幼童放牧，年轻人背柴，三三五五，成群结队，非常愉快。这种景象，充分显示了在解放后的今天，在毛主席的光辉照耀下，藏族人民都在孜孜不息的劳动着，并认识了劳动是光荣的、伟大的。直至更深夜静，这条马路才会安息。

二

千百条葱绿的柳树，遮掩着城市，映绿了洮水，这就是全区胜景的"柳林"。柳林中长满了各种嫩绿的杂草，开放着各色的鲜花，好像是天然的地毯，并有十字交叉和弯曲旋转的小道，也有一座座的屋舍、碉楼。每到夕阳西斜，就有许多的男女学生和革命工作人员等，在这儿活动。风景幽美的"柳林"，给广大人民在工作上、劳动上、学习上、生活上增添着无限的力量。

三

洮水围绕着柳林，向东奔流，南山的翠影倒映在河水里，成了天然的照片。这碧绿的洮水，把每个人的"杂乱心思"，都清洗成了纯洁一致的革命思想，全心全意为藏族人民谋幸福的思想。每到晴天特别是礼拜天，就有很多成双成对的男女在这儿沐浴、洗衣，欢乐而愉快的笑声，震荡着水波，人们感到只有在共产党和毛主席的领导下，才有这样幸福、美满、自由的生活。

（原文载自《芳草地》，甘南报社编，1953年6月5日）

邂逅卓尼

唐为民[*]

一

中华民国十四年（1925年），甘肃卓尼。

四月的柳林，天气还没有一丝回暖的迹象。相反，一场场大雪的频繁造访，使那些刚刚吐绿的嫩芽在寒风中瑟瑟发抖，只有那些满山的落叶松，斜横着稀疏的枝杈，仍然硬硬地举着倔强的针叶。

这一天，约瑟夫·洛克已经在那座藏式四合院里待了很长时间，炉膛里大块的松木在燃烧，房间里到处弥漫着松香和酥油混杂的味道，漆漆夜色里，只有一盏油灯亮着，光线微晕。在柏木做成的炕桌上，早已摆上了纸和笔。洛克向远在美国的朋友写下了他到卓尼的第一封信。"当我们在卓尼逗留的日子里，卓尼嘉波（土司）给我们的款待是超乎寻常的"。

在此之前，约瑟夫·洛克，这位浪漫的，天性里带有诗人气质和想象力的美籍奥地利探险家，曾以美国农业部特派员的身份来到中国西南山区从事科学考察。民国十一年，洛克在云南腾冲遇见了一名刚从北京到拉萨旅行过的军官，他告诉洛克在他途经安多的时候，发现阿尼玛卿山主峰的高度超越了珠穆朗玛峰，生活在那里的藏人由一位女王统治，这些未加证实的信息无疑深深刺激了他的想象力和冒险欲望。他的野心告诉他：成为第一位证明阿尼玛卿山是世上最高峰的白人。1925年春天，站在四川边境

* 作者系临潭县工商行政管理局副局长。

的洛克面临着两条路，一条路直接去青海，另一条可去甘南，他最终选择了后者。

回想起从云南到四川再到卓尼这一路匪患的袭扰、兵乱的侵害和疾病的劫难，洛克感到胸口很堵。他推开房门，走到房外的高台，寒风吹着，那憋闷的肺腑暂时可以得到畅快的呼吸。他凝神远望，月光下的洮河在缓缓流动，像一条镀银的鞭子，闪烁着奇异的光泽，远山的树丛已看不出剪影，群山在熟睡。

这一切，在他眼里是那样安恬和静谧。

柳林是一处不大的地方，有四百来户人家，近四千人口，尽管这里的人们对这个金发碧眼的洋人充满了好奇与猜测，但洛克还是受到了极为友善的对待，它包括为洛克和他的考察队提供住所和存放动植物标本的仓

年轻的约瑟夫·洛克

库，派藏兵护送他到卓尼所辖的地区考察等，他们甚至还为洛克起了个藏族名字才巴洛，并且容忍这个叫才巴洛的洋人在柳林四处乱转，像贼一样突然出现在自己的院子里，尽管院墙很高而且大门紧闭。

二

1926年的春日，在柳林度过一个平静而惬意的冬天后，洛克去阿尼玛卿山的准备工作正紧锣密鼓地进行着。他的队伍是庞大的，因为除了牦牛和粮食、盐巴，还有来复枪、弹药和送给当地头人的贵重礼品。后来的事实证明，洛克的阿尼玛卿山之行只是一耗时费力的幻梦，他看到的阿尼玛卿山远非想象中的巨峰高耸入云，更遑论和珠峰媲美，几乎所有的植物都可以在洮河边找到，阿尼玛卿山留给他的只是头顶那湛蓝的没有一丝云彩的天空。

5月的草原，嫩绿的草芽已露出地面，苏鲁花也羞涩地孕育着花蕾。

身着藏服骑马的杨积庆

这一路的美景，却提不起返程的洛克任何兴趣，他摇摇欲坠地骑在马上，陷入苦思冥想之中，他怎么也想不到，那个像磁石一样吸引他到中国西北的阿尼玛卿山，竟如此让他失望。此时他是那样庆幸自己当时选择进入卓尼的决定是多么明智，也热切地盼望着尽快回到柳林，仿佛只有那里才能抚慰他疲惫而沮丧的心灵。

当然，更令他想不到的是，重返卓尼却使他站在一个植物学家新的起点，成就了他后来的光荣与梦想。

现在，让我们不妨大致描绘一下洛克在卓尼的考察线路，一路是从柳林为中心，向东经过博峪沟抵达大峪沟，沿大峪河溯源而上，到迭山主峰翻越到下迭部诸峡谷；一路从柳林向西经拉力沟、卡车沟再向西穿越车巴沟达光盖山到上迭部诸峡谷。这一东一西两条路线，连接了黄河和长江两大水系和卓尼、迭部的大部分地区，也成为他西北之行的成功福地。在随后的一年多时间内，洛克几近走遍了卓尼、迭部的深山峡谷，源源不断的植物种子、标本、球茎和插条邮寄到哈佛大学阿诺德植物院，这其中就包括后来以洛克本人命名的卓尼紫斑牡丹。如今，在美国西海岸温暖的阳光下，这些远涉重洋的树木和花朵依然在波士顿牙买加平原肥沃的土地上争奇斗艳。

三

即使在今天，也没有多少中国人知道卓尼究竟在地图的哪里，但是卓尼禅定寺却以其悠久的历史，恢宏的气势，精美的宗教文物，高深的佛学理论频频吸引世界藏学研究者的目光。尤其是刊刻的卓尼版《大藏经》之《甘珠尔》和《丹珠尔》更是名冠藏区。洛克写道："卓尼版《大藏经》，雕刻精确，文字秀丽，历历在目，内容准确无误，独具风格，在

藏文大《藏经》诸版本中
可称善本之一。"洛克在
亚洲腹地考察并在卓尼逗
留的消息传开后，美国国
会图书馆与他联系购买卓
尼版大藏经的事宜。在印
经院45个喇嘛的共同工作
下，历时9个多月完成《甘
珠尔》和《丹珠尔》全部
317卷的印刷，装进92个箱

洛克一行

子，于1928年运抵华盛顿。现在，它已经成为美国国会图书馆亚洲分馆的
经典性收藏。

洛克走后的第二年，在他印象中永远那么平静、安详的卓尼柳林，在
兵燹中历尽劫难，给了他家一般温暖的禅定寺在熊熊烈火中一片残垣断
壁，卓尼版大藏经印版也付之一炬。

正是由于洛克在卓尼的一系列记录文字及图片被美国《国家地理》杂
志的推出，深深触碰着作家詹姆斯·希尔顿的灵感，引发着他对香巴拉神
性的遐思，他的小说《消失的地平线》中，这样描写主人公康韦所见的那
座山峰："在铁蓝色夜空的映衬下，山峦的轮廓显得乌黑晶亮……那是
一座巍峨的山峰，沐浴在月光之下，幽明险峻，蔚为壮观。这无疑是世
界上最可爱的山峰，几乎就是一座美妙无比的金字塔。轮廓鲜明，仿佛一
个孩童两笔画出来的，然而它的高度，宽度和质感，却不可同日而语。"
今天，只有你踏上甘南这片土地，像一个虔诚的朝圣者匍匐在神山圣湖之
下，才能真正体会到希尔顿的那种震惊、激动和手足无措，诚惶诚恐的敬
畏感。

四

1962年，79岁的洛克带着一个有关东方的神奇梦想离开了这个世界。
洛克走了，但他所怀想和眷恋的晶莹的雪山，蔚蓝色的峡谷，碧绿的森

林，幽静的湖泊和青青的牧场依然存在。继洛克之后，又有多少人抛妻别子，漂洋过海而来，然而我相信，所有踏上青藏这片神性大地的人，没有谁能够和敢于成为它的征服者，而只能永远作为一个被征服者，作为一个朝拜者，寻梦者和精神上的还乡者，投入它的怀抱。

正如他写给萨金特教授的信中所说：谢谢你给我这次难得的机会，使我来到这片野性而又极其迷人的土地……

我的博峪

卢七主曼*

我的村庄坐落在卓尼县木耳镇的一方秀丽山水间，名叫博峪。

博峪，四面环山，三面临水，它的形状是一个"回"字形，外"口"是绵延不断的四方的巍峨群山，内"口"是低回柔婉的河水。这"回"字，只差了内"口"里的一横，也就是只少了南面的一条河，要不，它就是一方极好的天然山水城郭。我的村庄便是泊在这湾水里的一条鱼。故这里自古以来就有"金盆养鱼"之说。山是村子强大的外郭，水是村子柔韧的屏风，山郭水屏铸造了这里坚不可摧的自然屏障。因为这样的山管水护的有利地势条件，土司家族才把衙门行宫建造在了这里，使这里成了卓尼土司后期政治、经济的中心，一直到中华人民共和国成立。

这是一个充满了山情水意的地方。东西南北的四座大山依次是：达至山、阳婆山、纵尼尕山、羊鼻梁儿山。在达至山下，有一条河叫小沟河，是自南而北的流向；在纵尼尕庞大的山体之下，是一大片肥沃的平原，在阳婆山下有一条河，叫大沟河，也是自南而北的流向；在羊鼻梁儿山下自东而西流动着的是浩渺的洮河；大沟河和小沟河这两条护村河从深深的南山里一路奔来，急急匆匆地赶往洮河，找到了一条河的归宿。这里山有山的走向，水有水的流程；这里山山相连、水水相通；这里山水相安，物人相和；这里是山水奏响的一首经典山水田园曲，这里听似一首歌，看似一幅画。

在东南方小沟河流出的地方，有一条大约五十里深的山沟，进入小沟

---

* 作者系卓尼县教育和科学技术局教研室副主任。

大约一里向河阴面的第一个深沟里沿沟而上，直到左面山岭上，在满山的柏香树丛中，禾托寺便在其中（现有残垣断壁）。在西南方大沟河流出的地方，也有一条大约深一百里的山沟，而在进入大沟大约一里向河阳面的第一个深沟的阳面山腰，有一座尼姑寺（现仅存一方土台）。在小沟河的河阴河阳、大沟河的河阴河阳有着无数的山峰，尽管它们是非常的多，但它们都获得了一个只属于它们自己的名字。人们常说："名字是神仙起的。"我相信，博峪这块美丽的地方，最早这里肯定是神仙居住的地方。在这毓灵钟秀的山水间定有一位童颜鹤发修行的老神仙面对某一个美丽的春天他再也按捺不住心中跳动的激情，他亲临山界，不厌其烦地给这些个山们挨个地进行了命名，如果我们面朝南方，那么从外往里，左边（叫小沟）的山依次是芝日那、那日那、阿道那、阿道坡日艾……右边（叫大沟）的山依次是绍阿那、帮格那、才盖那、录安那、又录八达、可西那、录日那、那刚那……猜想总归是猜想，但从这些用藏语命名的山名中，我们还可以清晰地看出，村子原来的藏族民风是多么的淳厚，同时，在这些山的命名中，我们发现了老祖先他们的智慧与严谨。其实这每一座山都是相当的重要。它们每一座都有自己的作用，就像人身体上的器官一样，都在发挥着它们不同的作用。

　　阳婆山，是阳婆（俗称太阳）最早驻足的地方，这个山一寸一寸地记录着太阳的脚印。早上，太阳从达至山的顶上升起，照射到西边的阳婆山上，太阳照在山顶时、太阳照在山腰时、太阳照在山脚时，在不同的时段，村里的人们就要放牛放羊、吃早饭、下地干活、吃晌午，这种时间上的安排已经成了一种约定俗成的习惯；而阳婆山庞大的山体之上还放牛、放羊，是牛羊的温暖的摇篮；与它相向的达至山则成了村子里后半日的时间表，随着夕阳的渐渐上移，一天就要结束了，牛羊进圈，倦鸟归巢，劳作了一天的人们，也从不同的山里、沟里、田里纷纷回到了家中准备晚炊。这东西两座大山，就是白天里一个完整的时钟。到了晚上，也有它的时钟，那就是家家户户自家院子里养着的大公鸡，在静谧的夜里从一更叫到五更。村子里的夜与昼便在这样的标识之下有条不紊地运行着。但这种自然的时间规律也会有被破坏的时候——那就是阴雨连绵的时候，时钟不起作用了，因为太阳不出来，时针静止了，人们无法参照。我小时候就是这样，吃完早饭，玩儿一阵子，阴天瞌睡特别多，就倒头睡了，睡起来后，就不知道是当天还是另一天或者是上午还是下午。因此闹了许多笑话，一直到我长大了，大人们还要讲起，听着真觉得不可思议。那时候像我一样的岂止是我一人？在时间上犯糊涂的人多着呢。就连起睡像钟一样准确的老人们都要糊涂，可他们总是能为自己找到可以开脱罪责的理由，拖着长长的声音说："人一日里有'三昏'呢。"他们犯一次才是"一昏"，离达到"三昏"还远着呢！

纵尼尕山因山体太高，山上植被就有明显分界，上半部分是针叶林，均为连绵的青松，四季常青；下半部分是阔叶林，最多的就是白桦、白杨，春绿秋黄。村子里的山神，就供奉在这片古老的白桦、白杨林里，据村里老人们讲述，在很久很久以前，村子被外族入侵，男人们在和入侵者拼搏奋战时，抵挡不过，全部撤退，后面还有人马穷攻猛追，这时候，有一个勇士，骑着白马，挺身而出，掩护大家，最后，村子获救，可他，却死在了外族的箭簇之下。他死后，他的精魂化而为神，就成了村民们的保护神，这个山林故称为山神林。与其他的东、西、北各方的大山相比，这是一座圣山。无人敢轻易地砍伐它也无人敢轻易地走近它。我至今都没去过那个供奉着山神的神秘之地，村里每年农历五月十二日，就是攒山神的日子，当家家户户把七彩九色的嘛呢旗杆扛到山头的时候，山上沸腾起来了，鞭炮声、呼喊声、鼓声、钹声、诵经声、含着桑烟的风声，萦绕在村子里，使一向安静的村子显得分外热闹。可那都是男人们的快乐日子，女人们，尽管您已经是老阿保（奶奶）了，但还是不得上山去。这一天，女人们只能在家中准备饭菜，在山下面听着自家的男人或孩子他们的吆喝声，分享着他们的快乐，这一天，因为他们的快乐她们也快乐着。纵尼尕山脚正下面平地沃野，是土司衙门的深宫别院。而今，只有老城墙经历了那么多的风雨沧桑还完整的存在着。与纵尼尕山相对的则是巍峨高大的羊鼻梁儿山，它是村子里人的晴雨表，尤其是阴天，那儿若是白蒙蒙的雾罩着不开，那雨就马上要来了，你要是在山上或田里，就得赶紧回家，不然你就非得淋成个落汤鸡不可。在阳光明媚的日子里，那里是鹰盘旋的地方，听大人们讲，鹰能把羊羔、小孩叼走，还能啄掏人的眼睛，但那不是鹰的主张，而是神的旨意。这样鹰也被神化了，所以称为神鹰。羊鼻梁儿山，它在洮河的北岸，所以那只能是可望而不可即的一个咫尺却千里的地方。让我们的目光熟悉又让我们的脚步陌生。就因为这样它一直让我们很神往，它的山顶上只有一棵松树，我一直想：什么时候能高高地坐在那个大树底下俯瞰我们村子，但是，这个愿望对我而言，一直都没有实现。因为，家里的大人们从来都不让女娃娃自由的活动，而我们当中的一两个猴精般调皮的丫头们等到冬天结了冰桥时，都到过那座山上、那棵树下，听她们自豪地就跟登了月球似的讲在那里看到的壮观景象时，我羡慕得要死。回到家里，我就大骂家人，我阿保（奶奶）很怕我，就哄我说："明年，等你头发从领子上长下来了，你就去噢！"这样，哄骗了我几个年头哇？我也说不清了。至今，终是没有去成。

村子有两个门户：东北方有一个石门儿洞，西北方有一个石媳妇儿，这两处姊妹峰都是"一夫当关，万夫莫开"的险要关隘之地，是天设地造在博峪上下的两道天然大门，成了历代土司设卡防卫的上下卡子。这里便成了兵家的必争之地。把守好这上下两扇大门，别说是人，就是一只蚂蚁也难以进得来。这样的非常之地，便产生了非常的神话与传奇，让村子一享盛名，也为村子增添了几许神秘色彩。只是，美丽善良的姊妹俩在众说不一的传说中变得更为模糊轻飘了，那两座矗立在洮河边上的石峰，已被岁月改变了它们的容貌……

春天，冰雪消融，这里溪水唱歌、青山舞蹈，一派欣欣向荣的景象；夏天，万木葱葱郁郁，百亩良田泛着绿色的波浪，这是天上瑶池的美丽与碧绿呀；秋天，湛蓝的天，青澄的河，除此而外，金黄的山，金黄的地，村子是一片丰厚盈实粮多仓满之象；冬天，需要休整的人们和需要冬眠的土地，在纷纷扬扬的飞雪之中，围炉而坐，拥炕而眠，这是何等的安闲与自在？春夏秋冬，四时之景，在岁月的深处，就像是设置好的电脑屏保，定时定点地盛开着绚烂的季节之花。

这样的山，这样的水，这样的黑土地，养育了这里勤劳、智慧的藏羌民族，这里的男人强壮如山，这里的女人温柔似水，这里山与水互依，男人与女人共存，承续了这里男牧女种的古老而文明的山水田园牧歌般的生活。

台湾作家林清玄说过："山水是大地的文章"，而我则想说：村庄是记忆的文章，是人生的摇篮！

洮河放筏

赵新峰

有人赞美碧波涟漪的洮河水色，有人赞美神奇美妙的洮水流珠。然而，我却赞美洮河放筏，更赞美那些常年驭筏前进的木材水运工。

盛夏的一天清晨，我去河边散步。朝阳从山巅冉冉升起，放射出耀眼的光辉。青松苍翠欲滴，碧绿洮水腾着晨雾。忽然，"花儿"声声，由远而近，夹杂着"哗啦"和"扑通、扑通"的响声。我寻声望去，只见片片木筏从山后顺流而来，英姿潇洒的放筏工，面迎早霞，身披晨露，高卷裤腿，背携救生衣，赤脚站在木筏上。他们时而弯腰拨桨，时而抓桨顺滑，轻轻盈盈踏水破雾，优美的歌声此起彼伏。此刻，木筏一架追一架，水珠激起团团雪白的浪花。多美的一幅放筏图！

"不见九甸峡，不知放筏难。"这是熟悉洮河的人们对艰险的水运工作的描述和概括。8月中旬的一天，我有幸到了九甸峡的入口——燕子坪。这里绝壁陡立，险关狭隘几十处，十二里雾浪一线天，木筏一点随流穿，"好险哪，要小心！"我关切地对放筏勇士说。"水大正好抢运哩，驭筏工人不怕险……"这声音洪亮激昂，压浪涛，震峡谷，气吞河山。

傍晚的九甸峡，夜色早已很浓很浓了。我站在巨石上举目向河面俯瞰，皎洁的月光洒满峡谷，洒到撑在木筏上的白布帐子上，显得格外素净、美丽。那无数雪白雪白的帐子在河湾里不停地浮动、摇晃，犹如朵朵水莲花，怒放在水石上、峡谷里。此时，我好像看见了放筏工圣洁的灵魂、朴实的品格、和善的笑脸。他们就是这样的挚诚、憨厚、豪爽，从不计较工作条件的险恶，成年累月地放筏、放筏，把木材运出林区，把栋梁送到四化建设的前哨。

（原载于《芳草地》，甘南报社编，1980 年 10 月 22 日）

洮河赋

李德全

天下五湖四海，三江九河，溯流寻源，分派而出。西北鄙处边陲，山高地阔，汪洋江河，屈指不胜，唯洮河水势汹涌，翻流迅激。开天辟地，汇流泉涓溪以浩浩汤汤；追波逐浪，泻天河瑶池以葳蕤峥嵘。浩荡出西倾，挟青藏高原之雄风；蜿蜒入洮岷，滋草原平畴之物华。如丝绦嵌翠款款飘落，连缀四方胜境；似巨龙曜鳞铮铮有声，腾跃陇南川岳。看长河落日，遥听长江扬波气吞山河；听瀑流飞涧，远望壶口黄龙势贯长虹。

一曲洮水，地通血脉，山峦逶迤以拱日沐晖；千里草原，风情万种，彩云追月以心旷神驰。四时景色，万千气象。春风拂绿兮，桃花灼灼，鱼翔浅底；夏日炎炎兮，林海如黛，旖旎翠微；秋涌麦浪兮，原野摇金，牛肥马壮；冬雪飞舞兮，山川玉砌，银装素裹。粼粼波光映秋月，泱泱河水堆锦绣。

洮水流珠，冰清玉洁，浮光掠影，蔚为壮观。如倾万斛珠玑，堪称洮州胜景。洮河绿石，华夏瑰宝，洮水孕育，砚中奇绝。文人掌上稀珍，墨客案头极品。

洮水源远，一脉相承。流经千余里，宛转八县市。洮河文化五千年，逐水草，事稼穑，生息戎羌氏；民族纷争大迁徙，吐蕃族，吐谷浑，隶制频变迁。洮州一隅，战略要地，民族融合，风情淳朴。蕴草原民族骁勇耿直之秉性，存江南文脉儒雅清秀之遗风。中华一族，唇齿相依。

山川毓秀，风物钟灵。古塔古寺，缥缈晨钟暮鼓；香客香火，缭绕风铃梵音。商贸枢纽，通衢丝绸之路；东西交融，开辟唐蕃古道。游牧农耕，宗教土司；长城古堡，彩陶化石。悠久历史，璀璨文明。上下五千年，曲水流觞，润泽诗词歌赋，一代风流，与华夏儿女同风骚；曲折千余里，跌宕沉浮，载渡古今荣辱，江山一统，并中原文化共流长。

昔日木筏排排穿峡飞流，两岸莺歌燕舞，无边锦绣；今朝高峡处处湖光山色，仙鹤振羽戏波，风光无限。临崖观飞瀑，隔岭听清音。岚霭袅袅兮，隐约古刹钟声；烟雨蒙蒙兮，轻笼水榭山庄。桃红柳绿，修篁茂竹，小桥流水，疏影横斜，山花烂漫，暗香盈袖。青山隐隐藏古镇，碧水泠泠绕人家。

洮河文化，源远流长，古今中外，闻名遐迩。洮砚之乡，花儿之乡，当归之乡，彩陶之乡。洮水绿如带，缀嵌玉如意。神工鬼斧则岔石林，百鸟翔集高原尕海，天下奇观冶海冰图，九巅长峡日落平湖。洮河泻千里，投身刘家峡。青龙奋扑怀，戏珠龙汇口。偎依母亲河，汹涌向东流。

乱曰：洮水淙淙鸣古琴，长河处处耀明珠。山川为宣水为墨，心做画笔任尔书。

（原载于《藏羚羊走过的地方——甘南当代散文》，
中国藏学出版社，2013 年 8 月第 1 版）

今日柳林

——卓尼县首府纪行

洪　渊[*]

　　我站在洮河大桥南端的郭哇川（今称古雅川）山头，鸟瞰柳林新貌，那紫色的雾霭萦绕在山间，似一条轻纱披在金发女郎的肩上，把整个原野装扮得分外妖娆。上游那亭亭玉立的白塔与下游挺拔秀丽的青石孤峰，更如牛郎、织女隔河遥望，含情脉脉。再抬头朝对面眺望，金碧辉煌的禅定寺经堂屹立在山峦半腰，光彩夺目。不禁使我想起了关于卓尼地名的传说和解放前县城的概貌：传说，早在元朝时代，元世祖曾请了帕思巴（统称八思巴）大师到各地讲经。当大师行到洮州地面时，便令其弟子在这一带选址修寺。一天，这位弟子来到卓尼大山时，发现有两株马尾松并排生长，笔直苍劲。于是他灵机一动，就决定利用这两株松树做大经堂的前柱，并定寺名叫"觉乃"。今天的"卓尼"一名就是由此音演变而成的。然而，令人可惜的是：原来那座负有盛名的禅定寺经堂，早在50多年前遭浩劫火焚，成了一片废墟。眼前这座禅定寺经堂，是1982年重新修建的，它已成为全县藏族人民宗教活动中心。

　　解放前的卓尼县城，由于地处穷乡僻壤，交通闭塞，经济、文化十分落后，商业、手工业极为萧条。县城最高的学府就是杨土司（指卓尼第十九代土司杨积庆）于1922建成的柳林学校。商业仅有三五户私商，以经营布匹的为上等商户。在今上河村有两户外来的工匠，专为藏族群众加工

＊　作者系卓尼县广播电视局原局长。

日用铜器，堪称手工业之魁。

随着解放，卓尼县城的面貌有了很大变化。如今呈现在我眼前的是一座崭新的山城，簇簇杨柳，遮盖着卓尼县城，洮河水像一条银练穿过县城，时而涟漪碧波荡漾，时而激流飞珠。南北两岸各有一条长达千米的防洪大堤，绵延伸向远方。一座全长154米的水泥大桥，犹如彩虹凌空，飞架在洮河激流上面，把县城南北紧紧地连接起来，沟通了城乡政治、经济和文化，为卓尼人民提供了极大方便。

洮河南岸的郭哇川（今称古雅川）里，笔直的公路旁边，杨树成行，国营商店、职工住宅鳞次栉比。今年初，县人民政府从洮砚乡等地组织了八名民间艺人，在这里建成了卓尼县第一个洮砚工艺厂，专门从事砚石雕刻。根据甘南开发会议确定，洮砚加工将成为卓尼县的一项重要开发项目，这对促进本地对外贸易，搞活经济将发挥巨大作用。

透过洮河北岸的柳林，可以看到县文化馆那两幢各具特色的新楼。平时，这里设有图书阅览室，象棋、球类娱乐室，每天都吸引着男女老少，前来光顾，一到6月盛会，更有一番热闹，柳林中帐篷连营，人欢马叫，露天剧场被围得水泄不通，商摊茶馆星罗棋布，络绎不绝的人流彻夜不止。

沿街道往上，公路两侧是民族贸易、食品等门市部，以及县级党政机关。一排新疆白杨遮盖着县人大常委会、县政协办公大楼，把旁边那座20世纪50年代最时髦的建筑——人民大礼堂比得更为逊色了。街道东侧是1982年底建成的影剧院，设计新颖大方，容量达千座以上。再从这儿往东，可以看到在一幢黄绿相间的大楼周围，还有许多建筑物连成一片，这就是卓尼县第一中学。随着党的工作重点转移，近年来，卓尼县的教育事业也在蓬勃发展，各族群众日益重视起教育来了，积极筹集资金办学，主动送孩子上学求知，已成为人们的共同愿望。目前，仅县城的三个学校就有学生1500多人，教职工115人；同时，各校校舍、教室也在不断增加。另外，今年初，县妇联等部门还筹资创办了一所幼儿园，不仅使一批幼儿享受到了学前文化启迪，还为部分干部、职工解除了后顾之忧。

卓尼县的山山水水最美丽，生活在这里的各族人民更幸福。

1983 年 11 月 5 日

（摘自《芳草地》，甘南报社编）

扶贫路上

（卓尼县脱贫攻坚之歌）

牛彦俊 演唱

韩明生词
胡旭东曲

1=G 4/4
♩=68 深情朴实地

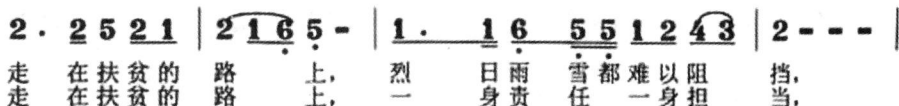

走 在扶贫的 路 上, 烈 日雨雪都难以阻 挡,
走 在扶贫的 路 上, 一 身责任一身担 当,

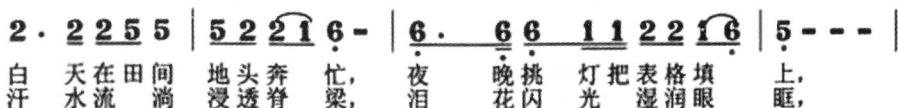

白 天在田间 地头奔 忙, 夜 晚挑灯把表格填 上,
汗 水流淌 浸透脊 梁, 泪 花闪光湿润眼 眶,

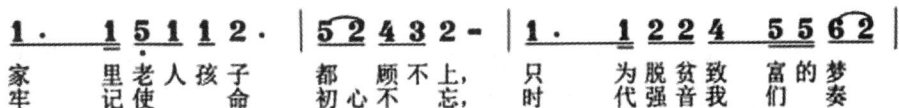

家 里老人孩子 都顾不上, 只 为脱贫致 富的梦
牢 记使 命 初心不 忘, 时 代强音我 们奏

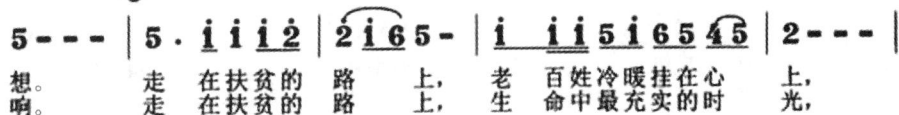

想。 走 在扶贫的 路 上, 老 百姓冷暖挂在心 上,
响。 走 在扶贫的 路 上, 生 命中最充实的时 光,

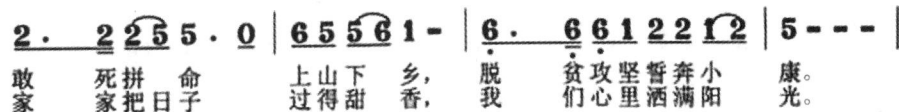

敢 死拼命 上山下乡, 脱 贫攻坚誓奔小 康。
家 家把日子 过得甜香, 我 们心里洒满阳 光。

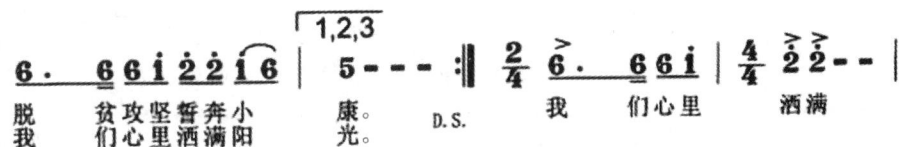

脱 贫攻坚誓奔小 康。 我 们心里洒满
我 们心里洒满阳 光。 D.S.

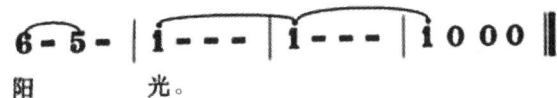

阳 光。

美丽卓尼

牛彦俊 演唱

杨晓南/韩明生词
李生贵曲

1=ᵇA 2/4
怀恋 思念地

```
(3656 | 1656 1 | 1566 | 2·5 | 3·1 | 1 23 | 5653 | 5·6 2321 |

6 636) | : 6·6561 | 6·56 | 1 1 1 1 65 | #6 - | 6·6561 |
         洮 河是      你 是你   奔腾的  血  脉      三 格帽是
         洮 砚是      你 是你   秀美的  脸  庞      大 峪沟是

2·12 | 3 22 23212 | #3 - | 1·1 23 | 2·16 | 166 123 | 2·3 |
你 是你  迷人的  梳            妆  马尾松上  刻 满 刻满了历  史
那 是那  人间的  天            堂  巴郎鼓  摇 圆了藏巴的月  亮

6·6561 | 6321·2 | 322 2323 | 6 6123 | 66561 | 6 5653 5 |
禅 定古刹把  古雅 山川  守望守   望噢   召呀呀里  嗦呀 啦里
红 色赞歌在  土司 故乡  传唱传   唱噢   召呀呀里  嗦呀 啦里

6 - | 6 - | 1·1 223 | 22 16 | 166 123 | 2 #2· | 1·1 223 |
嗦        卓尼是我  美丽的家  美丽的家  园    卓尼是我
嗦        卓尼是我  美丽的家  美丽的家  园    卓尼是我

                              (1 31 |
5653 | 533 5676 | 6 #6· | 6 - | 56 | 1 21 | 23 | 5 32 |
可爱的家  可爱的 故         乡
可爱的家  可爱的 故

                    2
17 | 6 - | 6 -) | : 6 #6· | 1·1 223 | 5653 | 566 2 | #3 - |
                      乡    卓尼是我  可爱的家  可爱的 故

3 - | 1 21 | 5·6 6 | 6 - | 6 - | 6 - | 6 0 |
       乡
```

冬日下的柳林镇

——写在1988年遭受特大泥石流灾害后

李　城

冬日照临柳林镇，恰似安抚受伤的女儿。

谁也没有体会过阳光是这样的温存。清晨，当太阳迈着胜利者的步伐，那红彤彤的脸膛显现在东山口时，梦魇笼罩着的柳林镇渐渐苏醒过来。

何须再沉入深梦？夏日的雷暴早已过去，报纸上《特大泥石流袭击卓尼》的惊悸已成为回忆。尽管泥沙能把它狰狞的爪印留在高高的楼壁上，但创造美和幸福的双手够得比那更高。

太阳从洒满寒霜的山冈上升起。

太阳从曾被摧折的树冠上升起。

太阳从建筑工地上升起。

太阳从每家每户重新修复的屋脊上升起。

屋檐上冰凌的矛戈被粉碎了，窗棂上霜花的封条被撕去了，连人们心灵上的迷惘和困顿都一时烟消云散。

初醒少女伸臂欠腰一般，那婆娑的柳树款款伸展着枝条。

也如才出浴的佳人口吐芝兰香气，大桥下的河面蒸腾起缕缕白雾。

人们匆匆地走向各自的岗位。县政府、县人民医院的职工们在暂借的十分简陋的房间里开始了艰辛的工作。

而一幢幢新楼，正在那曾被乱石和污泥占据的地面崛起，或有坚实的地基，正取代着洪水退去后的泥沼。

冬日深情地俯视着这片不甘沉沦的美丽土地。

歇息下来的田野，在静静地蓄养着地气。落叶的果树，也伸展着枝条，做着硕果累累的梦。远处的丛林静默着，山岩反照着橙色的阳光。

大山根的禅定寺，也显得布达拉宫般辉煌了。这西北地区的古老寺院，马尾松撑起的佛殿，千百年来曾作了藏胞的精神支柱。而今，以那悠久的历史，以那华丽的雕梁画栋及锦幕绣幔，以那传说奇异的金灯银盏……使它成为西北一大名胜，吸引来游人若云。

那遍布柳林镇的高大的柳树，贪婪地从晴空摄取阳光。那潇洒的枝干上，已绽出如星的苞芽——那便是太阳写下的文字，草拟着春天的宣言。

洮河中晶莹的冰珠结成团，连成块，像一河白天鹅畅游，似一河雪花银倾泻。

曾有这样古老的说法：河中冰珠越多，来年拌汤越稠。

然而时过境迁，如今有了新的象征。元旦之际，临河一家单位门口贴上巨幅对联，其中一联写道："迎新年一河春水一河酒。"

洪水后，柳林镇一度面目全非。当时流传这样的笑话：外地人来到卓尼，走完了柳林镇街道还在打问：卓尼县城在哪里？

勤劳的卓尼人，是能够在一穷二白的土地上重建自己的家园的。而在社会主义祖国大家庭里，这个受伤的女儿得到了更多的呵护，将重新焕发出她迷人的风采。

冬日下一切都显现着活力。

一切都预示着新生。

一切都为春天积蓄着力量。

（原载于《甘南日报》副刊，1989 年 1 月 16 日）

古刹禅定寺之春夏秋冬

卢七主曼

　　地处甘南卓尼的古刹禅定寺由八思巴主持，修建于公元1267年，后逐渐成为安多地区萨迦派之宗主寺。到1710年康熙帝敕赐"禅定寺"匾额，才更名为禅定寺。之前，称为"卓尼大寺"。其实，藏传佛教自公元8世纪左右，已由西藏及中原传入甘南卓尼。最早的记载可见于《洮州厅志》重兴寺碑文："洮古边地也，出城之域西二十步放，有寺焉，曰：'竹当恰盖'，此番名也。寺创于唐，自唐而宋，千年有余，其名不替，循故事也。讫止国朝洪武十六年，寺重修，改名重兴寺，敕赐也。"《洮州厅志》重兴寺碑文所记，应在八思巴主持建寺之前。茫茫时空，悠悠岁月，寺里多少事，因年代久远，都已无详细记述。即使从八思巴建寺算起，至今也已有754年的历史。古刹禅定寺坐落在"苍松翠柏、山清水秀"的甘南卓尼县城北的台地上，俯距县城约一里，北靠阿米日贡大山，俯临洮河，与古雅川静修院隔河相望。古老的船城——卓尼因有了"禅定寺"这一藏族文化的瑰宝的增姿添彩。卓尼曾被清人赞誉道："四山环拱，流水穿城，北部一梵刹，金顶耀目，洮流见底，隔河之山耸翠，烟树苍茫，为古雅川。"而这北部的梵刹，就是禅定寺，呈一城郭形，寺内有嘛呢房三面环绕，大殿经堂错落有致，昂欠僧房鳞次栉比，其间花木葱郁，石径曲回，紫斑牡丹，属世罕见。这一金碧辉煌、飞檐流虹、桑烟氤氲、梵天佛地的偌大的建筑群就像是卓尼这座山城的眼睛，它明眸善睐。不管是春秋冬夏，日日闪耀着迷人的光辉……

春

春天，禅定寺静躺在阿米日贡山脚下，安详地沐浴着和风细雨，晒着山城最充足的阳光。故而，在山城它是绿的最早最透彻的地方。当洮河南岸还是春寒料峭时，它已是"草色遥看近却无"的浅春了；而当洮河南岸草色微露时，这洮河北岸的高地上的禅定寺，寺里寺外的树啊、草啊、花啊、麦地啊都先夺一时，将人们因隔了年而遗忘了的"绿"很纯粹地展现在人们的面前，此时的绿，它绿得纯、绿得浅、绿得朴拙、绿得让丹青高手难以描摹。禅定寺的绿，就这样憨憨的绿在那里，绿在山城那些个善男信女的眼里，绿在禅定寺静穆而又清越的晨钟暮鼓里……山城的人们，不为别的只为看绿，看古刹焕发出来的春韵，也要忙中抽闲不忘了去欣赏卓尼这座山城最早最美的春的色泽啊！

夏

春渐行渐远，夏天已不知不觉间随一阵暖风来到了这些掩映在青松、翠柏、绿杨之中的氤氲的禅院。树们在烈日的曝晒下，将繁重的头垂得很低很低，叶儿们也片片沉重，重重叠叠的挨挤着，渴望一缕微风的抚慰。稠密的树枝间，鸟雀们在这里筑巢鸣叫，"蝉鸣林逾静，鸟鸣寺更幽"，这里的午后沉浸在深深的静谧中。浓绿的树荫下的树杆旁斜躺着几个因难抵夏日困倦与慵懒而不去诵经在此偷懒打盹儿的小僧，他们白皙的脸上、棕红的袈裟上印着透过树缝射进来的阳光的碎影，斑斑点点的竟成世上少有的最美的花纹。他们酣酣的呼噜儿和草丛里蛐蛐儿的叫声协奏在一起此起彼伏……驻足倾听，这是一种别样的人与自然间的二重奏鸣，谐和至极。正当我们享受古刹午后特有的虚静之时，却看见远处一老僧狼顾左右疾步朝林子奔来，想必是在寻这些个不去诵经而打盹儿的僧徒，于是我们掉头改道行至哲学院，但还是牵心那几个可爱顽皮的小僧炎炎夏日里的美梦被因寻他们不着已气不可耐的师傅如何惊醒，回去之后是挨了师傅的怎样的揍或者是接受了什么别的惩罚？因有了这样的牵挂，这个散乱而漫长的夏日午后越发显得漫长而难以打发了。

秋

　　秋天，漠漠秋云，苍苍远山。小城的秋有别样浓淡繁杂、深浅层叠的色彩来竞相展现着秋天独有的成熟、浪漫与热情。与之相比，寺里的秋就略显单调，它虽有络绎不绝的香客，但大自然已不是十分垂恋它了，倒是在寺外古老、斑驳、残败的围墙上，秋把最绚烂最流畅的色彩涂抹在这里了——赭红的艾蒿，杏绿的苔草、青紫的草叶、橘黄的沙棘、火红的杨芍、深青的苜蓿、绛红的秋果、土黑的藤蔓、一丛丛绽放的野菊、一树树冒险的将根倒扎在墙壁上的毛山桃……它们把这一段千年的老墙点缀装饰得美艳而雅致，一点都不逊色于西安钟鼓楼的那被修剪得堪称园艺绝品的墙景。在我看来，禅定寺的古朴、沧桑、自然确是达到了"浑然天成""天然去雕饰"的境地。它不是艺术，但胜似艺术，它没有人为的刻意雕琢，纯属是大自然的鬼斧神工、天地造化使然也。

　　秋天，最好是趁着月色上寺。当秋天的明月洒落一片皎洁的清辉，人在月中、月在寺中、寺在月中、人在寺中，那种物我相融的互牵互连，那种月人一体的相依相恋才是这座寺的如梦如空的最美的写真，也才是佛家"无我无欲心则休息，自然清静而得解脱"的形神皆忘的至高境界。在峨眉山万年寺中，唐代李白与广俊和尚抚琴夜话，天上的仙女被他们的琴声所迷，甘愿下界化作池塘里的青蛙，久而久之，院中池塘里的青蛙的叫声也如琴声了，故有了"蛙声如琴"的佳话；宋代陆游与印觉高僧也在万年寺里品诗论道……万年寺因有了这些文人才子的履痕才赢得了万古的芳名。那么禅定古刹呢？它在元、明、清政教一体的年代里，多少宗教界的精英们，也曾坐在古刹里，以身许寺，一心侍佛，他们苦读经书，终成为一代代的博古通今、学识渊博、品德高尚、乐善好施、普度众生的经师名僧。他们当中有的摄政朝务；有的弘扬佛法教义；有的著书立说；有的校订刊印佛经，这些在当时的藏区政教史上都达到了登峰造极、空前绝后的盛况。为民族、为国家乃至为世界创造了丰富多彩的民族宗教文化，对民族、对国家、对世界而言都贡献了一笔丰厚的精神财富。因此，禅定寺因有了他们才留下了不朽的美名也终成了中国六大佛教寺院之一，由此，我们可以想见禅定寺在700多年的漫长历史中曾经有过的辉煌与荣光……

今夜，这轮明月还是百年前照耀大师们的那轮吗？今夜，那一个个因慈悲因普度众生功德圆满后涅槃了的灵魂在西方遥远的极乐世界里，能否感知一个女子望月凭吊表达对他们由衷的敬仰与缅怀？

冬

冬天落雪的日子，禅定寺少了游人但香客依旧。寺里寺外一片洁白，偌大的古刹矗立在于一片冰清玉洁之中，天地更显苍茫，禅院越发静穆。这让人不禁发出与日本禅师良宽相同的问语："试问何物堪留尘世间？"不是功，更不是名，亦绝不是利，"唯此春花秋月夏杜鹃"啊！

在这样寂静清冷的时刻，小僧们扫几条小道，煨一炉桑火，敬几炷香，生一盆炭火，在缭绕的烟香中，众僧们虔诚的跪拜心中的真佛。而与他们不同的是那些不管春夏秋冬、不管刮风下雨从不间断上寺敬拜的香客，在他们的眼里，早晨的日出、寺里的古树、寺外的石狮子、一根嘛呢旗杆、一扇大门、一堵老墙、一座小塔都是佛，他们在无佛中见佛，因而，他们那么虔诚的日复一日，年复一年的顶礼膜拜，在这里无处不是佛，佛无处不在处处在。其实佛是茫茫宇宙、苍苍大地、渺渺尘世的一种唯心而虚幻的存在，而根却牢牢扎在那些至真至善，至虔至诚的信仰者、朝拜者的心中……这样的雪天里，寺里的僧人们盘腿而坐或是诵经打禅，或是讲经辩道，虽然有点儿清寒，但那绝对有超绝尘寰飘飘乎如神似仙的感觉。

朋友，我们已感受了古刹禅定寺的春、夏、秋、冬，品茗了千年古刹的禅意与禅韵。当你被艰辛的生活折磨得身心都极度疲惫了的时候，当你被人到中年的重荷压得你透不过气来的时候，你千万别忘了来这座老寺来寄放你尘世的烦忧和郁闷。这里会洗涤你的灵魂，会还给你一双自由飞翔的翅膀——让你翱翔于天地之间。就像我，在人生的最低谷的时刻觅到了这方精神的归宿之后，每天围着这座老寺用虔敬的心丈量岁月的高度，用至诚的脚步丈量时光的长短。我日日转、月月转、年年转，许多抑郁的岁月便在这里随着日出月落、日落月出悄悄地流逝……禅定寺——它静穆里的神秘，它神秘里的玄虚，它玄虚里的空蒙，它空蒙里虚无，它虚无的真实……佛法无边，千百年来，谁又能诠释、破译一座老寺蕴藏着的玄妙的禅机哲理呢？"春花秋月夏杜鹃，冬雪寂寂溢清寒"，这是佛家对四季之美的讴歌，那么让我在此也借用这充满了禅宗意味的诗句，来赞美禅定寺的四季之美吧！

（原载于《西藏文学》第二期，2011 年）

善巴颂

闹尕东主[*]

善巴是一首歌
一路唱着进田野
牧场森林
善巴是一段故事
说在人群聚集区
讲在重大节日里

善巴听在耳里
阿爷的脸上露出了笑容
阿婆在人群中哈哈大笑

善巴是博大的
有宇宙的形成
有人类的起源

说唱都可以的善巴
过年唱，结婚唱
乔迁之喜又在唱

---

* 作者系卓尼县党史地方志编纂委员会办公室副主编。

村里村外都在唱

童年在善巴中度过的
原来善巴是一部经卷
一部伦理
一部规则

（善巴为卓尼藏区民间的一种说唱艺术，可以说也可以唱，内容丰富，意为宇宙的形成）

（原载于《甘南日报》第三版，2014 年 7 月 7 日）

九甸峡

朱良英

奔腾咆哮的洮河水，在九甸峡流泻，像一条巨大的白龙凌空而降，如同一匹脱绳的骏马，奔腾向前。它像一群奔跑的羊羔，顺着峡谷欢跳。它像一串串国庆礼炮，在欢呼歌唱，迎接黎明的曙光。

九甸峡是我的故乡，我为这条日夜奔流不息的洮河水而自豪！大自然造化了神奇峻峭的石山、峡谷，河水发出巨响，直泻而下。绕过不断出现的险滩、暗礁，奔流不息地流着，一直流淌着到炳灵寺和刘家峡的交界处汇入黄河。

这是一条充满着诗情画意的河流，每到春天，原野上绿意葱茏，青翠的柏香树在峻峭的悬崖上倒挂，高大的钻天白杨映掩在洮河岸边。桃花、梨花、杏花竞相绽放，纯洁的莲花盛开。千里田畴如画，更显得绿意使人心醉。

我小时就常常到洮河边去玩儿，观看水手打着筏木排子在峡谷中同大浪搏斗的惊险壮观景象，一旦卷入高高的巨浪，水手们双手紧抓钢丝绳，身材紧贴在木排上，半天时间才漂浮在水面上。若碰上暗礁把筏木排子打得落花流水，粉身碎骨，在峡谷中连尸体都无法找到。我的记忆中，那体壮如牛的水手们真是勇敢的人。

在藏巴哇乡包舍口一带河道宽浅，水流清澈而平缓，没有涛声大浪。洮河上游还架有一座索桥，是南北两岸学生上学，牧民放牧的必经桥。若遇到大洪水之年，河水暴涨，桥上铺设的小木板被冲得一干二净，悬吊的钢丝绳漂打着水面，时而溅起高高的水花，两岸的人，互相望着却不能桥上行。洮河从碌曲郎木寺发源地流经卓尼县城，从岷县又折回到卓尼县藏巴哇乡包舍口村，流淌两公里到古麻窝的燕子坪，也就到了大名鼎鼎的九甸峡。

河道在上游平均80—90米宽，进入九甸峡后紧缩到了3—5米，峡长10多公里，奔腾咆哮，汹涌澎湃。水浪拍击石崖，水花溅起数丈高，湍急的河流，耳旁传来隆隆的吼声，有种撼天动地的气势。只见礁石高昂不屈的头颅，屹立如中流砥柱。我站在峡底仰望，那雄峙的山峰，像一把斧子劈开的一样，只见高高的一线天，山峰莽莽苍苍直插云霄，悬崖壁立；有的顶部巨岩突起，像是几位巨人坐在那里，低头俯视洮河的奔流。远望，那山峰似乎和青天连接起来了，山顶伸入云端，山腰缠着雾纱，山脚下洮河在奔流，它时而汹涌澎湃，一泻千里，时而又流动迟缓，礁石嶙峋。

九甸峡水利枢纽工程是2002年12月开工建设的。工程指挥部先从渭源县会川镇申家滩村顺洮河逆流而上至藏巴哇乡修通了宽阔的公路。昔日悬崖上腾空凌飞的栈道，现已被现代化的公路代替。汽车从九甸峡半山腰盘旋而过，那里千峰万壑，奇花怪石，翠柏苍松，杜鹃花盛开，红、黄、紫、白、浅蓝的颜色，鲜艳夺目。山下看不到尽头，只见山谷中嶙峋的岩石，千姿百态，有的好像巨人屹立，有的如野兽卧状，有的似羊群顺着河道奔跳。

去年，我经过九甸峡后汽车停在公路的半山腰间，跨步过去，站在岩石上，向峡谷深处眺望，河流声势浩大，惊天动地，雪白的银花，飞溅在附近的大大小小的石头上，化为一粒粒珍珠，无数的珍珠变成流沫，像是煮沸的开水，这沸水的激流，流入深渊，在激流中奇形怪状的巨石，由于水的流动，那些怪石好像都有生命，仿佛在水中游动。

我们驾车继续向前，深谷开阔了，视野也开阔了，面前矗立着一座又一座险峰，山峰以外又有山峰，层峦叠嶂，仿佛离天咫尺。

不久前，国务院常务会议又审议通过了引洮供水一期工程和九甸峡水利枢纽工程可行性研究报告。它是以解决我省中部干旱贫困地区城镇生活及工业用水、农村人畜饮水、生态环境用水为主，兼有发电、灌溉、防洪等综合功能的大型跨流域调水工程，涉及兰州、定西、白银、平凉、天水

5个市辖属的11个县区155个乡镇，九甸峡里飞流澎湃的洮河水将使近300万人受益。

（原载于《甘肃日报》，2007年6月11日）

引洮梦

朱　鑫*

引洮是一个梦，是一个很长时间的梦，是一个残缺不全的梦，是一个噩梦，也是一个美丽的圆梦。

中国西部的干旱问题，是世人关注和破解的难题。严重缺水，称全国第一，世界之最。十年九旱，是陇中地区的基本气候特征。联合国组织的官员在对定西考察后做出结论：这里不具备人类生存的基本条件。

追梦洮河水，是陇中人民由来已久的祈祷梦。

据考查，早在东汉年间，马援引东峪沟水教民种稻。宋代郑宪民在临洮城南开渠引洮河水灌田。明代杨继盛教民制桔槔引洮河水灌溉。清代引三岔河水灌溉十八里川。民国时期，提出引洮济渭设想。1944年5月，甘肃省农会召开第一次会员代表大会，陇西代表王利仁等连署，重新提出引洮入渭。历次提案几经沉浮，最终石沉大海。

到了20世纪50年代的1958年，一个充满着诗情画意的浪漫主义和空想共产主义的狂热甜梦开始了。

引洮工程上马了。

1958年6月17日，是当年所有的引洮人都难以忘怀的日子。甘肃岷县梅川镇沉浸在一片欢腾中，引洮工程开工典礼在那里隆重举行。时任甘肃省委书记的张仲良，省长邓宝珊等省上领导和各厅局负责人参加了开工典礼。张仲良在大会上讲话并宣布：引洮工程正式开工。大家在那里庄严宣

---

* 作者系西北师范大学环境保护工程在读博士研究生。

誓，头可断，血可流，引洮工程不完成死不休！

《甘肃日报》报道：由20万民工组成的基建大军，山山扎寨，步步为营，红旗飘扬，漫卷西风，高唱征服大自然的战歌，拉开千里长阵，他们要用勤劳的双手，冲天的干劲，智慧的头脑，钢铁般的决心，劈山平岭，让滚滚的洮河水上华家岭，上董志塬。

当时设计的引洮工程干渠总长1130千米，需穿越崇山峻岭200多座。在开工初期，工程每天以挖土石方43.7万立方米的速度向前推进，但难题也接踵而至：大坝两次决堤，损失惨重。所蓄水量以每秒2000立方米的流量倾泻而下，人们的顽强努力在自然面前竟然显得如此的脆弱，所有的付出在顷刻间付之东流，人们在思索中绝望了。1959年底，虽然古城大坝成功合拢，但当时已经毫无价值意义了——因为无法承担起蓄水的任务，引洮工程成了塑料泡沫。

1960年，全国性的大饥饿像瘟疫一样蔓延着。许多农工都饿得浑身浮肿，都不得不到农民收割过的庄稼地里挖菜根，借以充腹。接着，"大跃进"把中国经济推向了崩溃的边缘。

1962年4月18日，引洮工程宣告下马。

教训是沉重的，代价是惨痛的。陇中人民刚刚燃烧起来的引洮梦想，在追梦之始就梦断魂飞。引洮工程盲目立项，仓促上马，忽视科学，违背自然规律，在技术及财力等条件都不具备的情况下，失败是必然的。

为了一个引洮梦，全省几十万民工在恶劣的生活环境中苦苦挣扎着，拉着手推车，用铁铣、镢头，挖山填沟，在陡峭的万丈悬崖上，用绳子吊人打眼放炸药，随着轰隆的炮声巨响，不知多少人为之付出了年轻的生命。

一个神话般美丽传说的引洮梦，却成了一场震撼陇原大地的噩梦悲剧。

追忆往事，如烟如梦。如今，从岷县古城到卓尼县洮砚、藏巴哇的山梁上，到处仍能看到引洮工程留下的印记，犹如一排排，一道道的伤痕，在默默地向人们叙说着当年那段艰难的岁月。

我站在引洮平台凝望，遗址上农家庄院错落，菜园子里栽满了梨树、桃树、苹果树、核桃树、花椒树等。这些果木夏天绿色成荫，秋天果实累累。土壤比较好的地方整理成基本农田，成了农民的"吃饭碗"。寸草不长的无人区，库区移民时开辟了一条逶迤而去的山路。一株株小草从断壁缝隙中，从路旁的乱石缝中挣扎地生长着，失去了绿意，失去了蓬勃向上的力量。秋风吹来，仿佛在向我们诉说当年的艰难与遥远。

流淌不息的洮河，忘不了那段悠悠的往事。在那个浪漫而狂热的年代里，引洮梦完全破灭了。但引洮激情在燃烧着，人们在沉痛的教训中一步一步地探索前进。实践证明，如果要完成一项伟大的工程，就必须立足现实，着眼当前，实事求是，科学发展，尊重自然规律。一个沉睡了50多年的梦，随着国力强盛，甘肃经济腾飞发展，人们的认识也从空想主义逐步转向科学发展。经过认识到实践，再认识到再实践的过程，这个引洮梦终于还是姗姗地走来。

2005年5月30日，甘肃省引洮工程专用公路开工典礼在渭源县峡城乡磨沟口举行，使半个世纪之梦的引洮工程重新进入人们的视野。12月16日，洮河九甸峡水利枢纽及引洮供水一期工程奠基仪式，在甘肃省卓尼县藏巴哇乡燕子坪举行。这在甘肃水利建设史上可谓盛况空前，标志着引洮工程再次上马，也掀开了九甸峡历史崭新的一页。陇中人民期盼已久的世纪引洮之梦，从此走上了圆梦里程。

古往今来，人类就是通过实现梦想推动事物发展和社会进步的。

引洮梦成真，从空想梦跨入到现实梦，这是陇原儿女的梦圆时刻。

2013年12月7日，中国梦国际研讨会在上海举行，引起世界的关注。人民对民族复兴的期盼，对美好生活的向往，对人生出彩的渴望，使中国梦产生了巨大的凝聚力和感召力。中国梦是国家富强、民族振兴、人民幸福的梦，是中华儿女的共同期盼和精神旗帜，已成为引领中国进步发展的强大正能量。13亿中国人民实现梦想将是人类历史上的大事件，不仅将使中国的面貌焕然一新，也必将对人类做出新的重大贡献。

引洮梦，圆了陇中人民几代人的梦，也是甘肃人民盼望已久的梦想。

2011 年 6 月 26 日

白石崖*

李 城

　　一位矫健的女人，从这片荒原上飞奔而过。她的长发随风飞扬，兽骨和石子儿穿成的项链嚓啦作响，敲打着她丰硕的胸部。山花在她身后一路铺陈，直达白云飘拂的天际。

　　而我在白石崖看到的，只是她留在岩石上的足迹。

　　白石崖离羚城合作市不远，当天即可往返。

　　清晨搭去往临潭的班车向东，颠簸两个小时左右，就看见路旁完冒学校的土墙边，弥勒佛模样的胖校长已等候在那儿。胖子是我的藏族朋友，他的行囊里装着煮熟的羊肋条和啤酒。

　　向北，向上。经过一个藏族村庄时，每家的狗都叫起来。"巧德冒！""巧德冒！"胖子与村巷里的人们大声打着招呼，那些狗也就渐渐默不作声了。

　　穿过村子，进入簸箕状的大山之腹。白石崖由中间高、两边低的三座山岩组成，虽然不是纯白色，但在墨绿色的群山中还是格外显眼，远看恰似一个巨大的象形"山"字。

　　那天是农历六月初一，朝山的人很多。他们在山岩下煨起滚滚桑烟，一边呼喊着，一边抛撒风马纸片。纸片蝴蝶般翻飞，落在夏季的草地上如同积雪。

　　胖子要我分享一下他的发现，领我攀到了白石崖后面。那儿是一面缓

---

　　* 白石崖：在卓尼县完冒乡境内。

坡，崖顶与背后青山连为一体，而前面是悬崖，垂直高度约莫有三十层楼高。在中间最高峰，草地与岩石相接处，胖子指着一块裸露出来的平坦岩石说：

你看，你外婆的脚印！

灰白色的岩石上嵌着一只脚印。脚形微胖，五趾岔开，脚掌上的纹路清晰可辨。经大致测量，其长度可穿三十八码女鞋，宽度嘛，恐怕如今的鞋店里难以找到适合的型号。我想，她也许应该试试牛皮束鞋——将泡软了的牛皮边沿用皮条穿起来，束成脚的形状，然后钉上鞋底、接上鞋腰即可。那是我小时候常穿的真皮靴子，里面塞上青稞草可以安全过冬。

我对胖子说，这是你外婆。看她野的，整天疯跑，脚丫子都跑散了。

可以想见，当时的"外婆"年轻健美，跑起来步履如飞。脚尖前方，有一尖状凸起的石块，无疑是脚丫带起的淤泥。

那么，附近有没有另一只脚印呢？应该有吧，只要揭开松软的草皮，一定会满足我的好奇心。可是我压抑了一时的冲动，也没有对胖子说出来。

胖子是个细心人，他说，其实她不是在山顶奔跑。当初这里可能是一处河床，难说也是一片海滩——没听说吗，整个青藏高原，曾经就是喜马拉雅古海？

我说，那么，你外婆可能是在打鱼。

我外婆不吃鱼，胖子不悦地说。

我才想起来，他的民

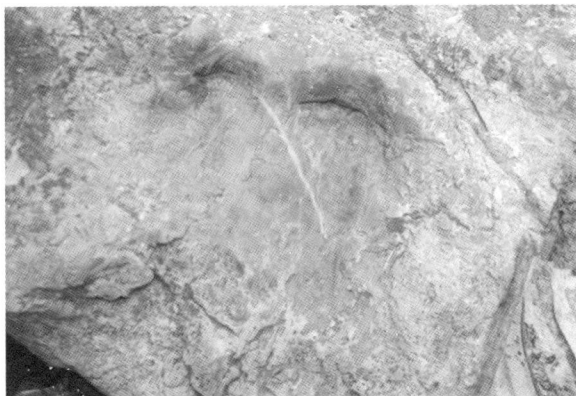

卓尼县完冒乡白石崖山上传说中的神牦牛蹄印

卓尼县完冒乡白石崖山上传说中的孔雀翼

族是很少吃鱼的。于是就改口说，她可能和你外公在散步……兴许她是个浪漫女人，那天约了另一个男人。

胖子反而得意地说，那当然。只有你们汉人，一辈子会吊死在一棵树上。

那个花草丰茂的山谷，便被我们命名为外婆的山谷。

在那山谷，让我感兴趣的不止一只脚印。

胖子说，山谷里还有一匹金马驹，隐藏在光影里。清晨和黄昏，老人们会在太阳的斜影里看到它一闪而过的身影，甚至能听见"哒哒"的蹄声。它也会出现在朦胧的雨雾里，从东到西，从西到东，不停地奔跑撒欢。据说地质队曾经很感兴趣，只是他们带着仪器来了几次，什么结果也没找到。

有些东西，你是没有办法抓住的，胖子说。

山谷里还有一种神秘植物，谓之无影草，医治骨伤有奇效。胖子说，那细如韭叶的草会转色，周围的草是黄的，它显现的就是黄色，周围是绿的，它也是绿色。只有在雨后彩虹出现的时候，它的叶片会映现彩虹的颜色，但也是一闪即逝，难以捕捉。

有一种方法可以找到无影草。媒介是一种鸟儿，小如蜂鸟，在灌丛里筑巢。在它准备孵卵的时候，人们找到鸟巢，拿铅笔在蛋上画一道细细的印痕。小鸟回来，以为那只蛋可能开裂了，就急忙衔来无影草贴住画痕。因而手脚足够敏捷的人会跟踪那小鸟，找到无影草的所在。只是如今，连那作为媒介的小鸟也没人可以辨认了。

我笑而不语，怀疑那些说法的可信度。胖子说，你认为你看到的就是世界的全部？NO！

他突然冒出这样一句外语来。接着他说，我们看到的只是这个世界的三分之一，另外还有未知的和不可知的部分。

过了两个星期，我带了家人同去朝拜外婆的山谷。由于已熟悉地形，没去打扰忙于教学和管理的胖子。我们带了足够的石膏粉和水，将外婆的脚印完整地拓了下来。

正当我们埋头那精细的工作时，一个牧人晃荡过来，不屑地说，那有什么，才一只脚印。他用嘴指着另一侧山谷说，那儿有块大石头，一座房子那么大，上面全是小孩的脚印。老人们说过，那是小仙童们跳舞的宫殿。

小仙童们跳舞的宫殿！我不知道在那氤氲着白色雾霭的山谷里，还"存在"着怎样金碧辉煌的楼阁亭榭。

白石崖岩壁之下，朝山的人们点燃桑烟的地方，保留着不少早年的铜钱和碎银子，没有人会去翻动那些东西。白石崖的岩缝里栖息着许多灰鸽子和红嘴鸦，朝山的人们抛撒给它们的粮食在岩壁下茂盛地生长，我们第二次去的时候，青稞已经抽穗了。

（原载于《散文》第二期，2009 年）

朱发祥*诗三首

偶　感

初春雨后柳色青，桃红李白映船城。

晓闻窗外鸟鸣频，晚揽西岭彩霞虹。

乡村闹元宵

玉兔东升过树梢，乡村多彩闹元宵。

沙目纸马争相秀，圆月西落兴未消。

除　夕

辞旧迎新已更年，老少远亲聚堂前。

佳肴美酒天伦乐，指点春晚笑语欢。

＊　朱发祥，曾任卓尼县委副书记、临潭县委副书记、州环保局局长等职，现退休。

石堡城

秦　谷

　　滚滚洮河流经卓尼县卡车乡羊坝村前约两公里处，被一座突兀而起的千仞石壁拦住了去路，迫使它转了一个300度的大转弯。这座岗上有一古城，它就是唐代著名的"石堡城"，吐蕃又称作"铁仞城"，现今俗称"羊巴城"。

　　此城在海拔2800米高处，跨岗连川，凭河临险，城外墩台相望，隔洮河筑垒建关，构筑壕障，层层设防，与对岸主城相呼应，成为唐蕃两大王朝多次争夺和经营之名城。

　　其城在东面河滩尚留200多米一段城垣，与山顶天然石壁相连，并与西边残垣相对，使我们略可勾勒出一个0.5平方公里的近似方形的城池。墙垣之上板筑夹棍眼排列有序，筑法迥异于明清工艺。岗上系出唐代细绳砖之地，就是当年出土过《石堡城战楼颂》碑（即"八棱碑"）的旧地。原碑早在民国初年被窃运至美国，现置于纽约博物馆，实在令人惋惜。在其东侧石崖上有一石阁，其上有一半大白粉所书梵文佛号，佛座下刻有莲花一枝。岗上南部接大山处，有唐代"万人冢"，临村录巴寺有唐墓群。

　　近年来，在石堡城出土文物中，主要有32厘米见方的十字花科团花簇锦式的忍冬纹铺饰花砖，高34厘米，宽25.5厘米，顶部削成拱形阁窟式的浮雕彩绘佛陀画像砖，造型丰满、面阔重颔，颈下有堆积肉纹，大耳垂肩，两眉间有白毫肉痣，袈裟丝绸质感甚强。面部和蔼虔诚，双手合于胸前，似做虔诚状。另一块残高29.5厘米，宽25.7厘米，顶部残损的浮雕施彩画像砖，中有一羽化登仙者，右臂下垂，反掌外伸，左臂高举，做翩翩起舞状。下肢为鹤肢鸟爪，足登五彩祥云，身后两侧有翅，做奋飞状，尾下托，右出。造像面胸有残损，砖背饰纵斜向细绳纹；出土的铁铸实心弟子头，全长22厘米，颈长4厘米，造型结构得体，真实性极强，面部丰满适中，眉目鼻口秀俊，似有稚憨之气，表情恬淡，若有所思，亦是当地出土唐代佳作。唯未见其全貌，当属憾事。这里出土的唐代"开元通宝"更是屡见不鲜的常事。另外还有瓦面纹灰陶罐、青铜镜、铜马饰、门枕石等。

在距离此城1公里处远的录巴寺的唐墓中出土的彩绘骆驼，造型逼真，工艺考究，菱花铜镜花纹繁缛，图案富丽，亦均为盛唐遗物。

像这样具有历史价值的文化遗址，在甘南州内还有一大批，如能得到上级主管部门和广大人民群众的重视和保护，将无疑对宣传甘南、开发甘南，促进我州旅游事业，借以推动物质和精神文明建设具有十分重大的意义。

（原载于《甘南报》第三版，1990 年 9 月 20 日）

悠悠洮河

张　健[*]

悠悠洮河，流淌悠悠情思。

青藏阿妈的乳汁，汇成了你奔腾的流水；迂回曲折山谷高原，那是翩翩起舞的嫦娥不慎曳落的罗裙彩带；粼粼河水，有时柔和得像青纱帐里熟睡的少女带笑的脸。夕阳的晚照中，你的雄浑又胜于西子的"浓妆艳抹"。

春日山上杜鹃的啼鸣，深秋烟霭中的红枫飘摇之态，两岸杨柳，袅袅炊烟，两岸四季芳香的野花，给你编织了不少绚丽的梦。清晨，你迎接朝霞；黄昏，你作别西天的云彩；夜里，你满载一身斑斓星辉。

你注入黄河的躯体，孕育了黄河的情愫，有多少墨客骚人在你面前驻足顾盼，挥毫留下千古情思的吟咏赋唱。秦时的明月扰过你，汉时的清风拂过你，纤夫的船歌，是记载你永不止息的历史乐谱。

在你的波涛里，我甘心做一粒黄沙；在你的岸边，我愿是一株野花、小草；在你的情愫里，我情愿做你梦魂牵萦的小情人。

夕阳西下，独坐在你的身边，倾听你流畅的欢歌，不禁轻轻唱起"小河流，我愿待在你身旁，听你唱永恒的歌谣……"

悠悠洮河，流淌悠悠情思。

（原载于《格桑花》，2000年卓尼专刊）

---

* 作者系卓尼县委正科级组织员。

记卓尼篝火晚会[*]

周吉中

火树银花不夜天，良宵盛会喜空前。

各族人民大团结，党政军民共联欢。

滨河两路灯似海，大桥南北人如山。

物阜民康贞观治，歌舞升平尧舜天。

---

* 卓尼篝火晚会于 2007 年 7 月举办。

卓尼，关乎故乡的记忆碎片

拉毛扎西[*]

与生俱来的情怀，融入骨髓的声音
命中注定的宿命，游子的心胸如此坦荡
您，是谁丢掉梦想的初衷
是谁从童话世界打开岁月的痕迹
只是，我不再孤独的行走

从前，羊肠小道的徒步
溪流声伴着牧童的一次次远行
阿爸的心事是家族命定的因缘
占卜的喇嘛望着谁的背影
转经的人们讨论着时光的变迁

一座神山的礼赞，是对故乡的眷恋
坚定着向上的路，脚步沉重
呼唤和呐喊声穿越的山谷
风马飞翔，经幡舞动

像风一样在青稞地里奔跑的孩子
前世的一颗念珠，在这里遗落
白塔，或者屹立在土地的信念

（原载于《卓尼文艺》）

---

[*] 作者系玛曲县文联主席。

古刹灵光

薛永明[*]

一

第一次去禅定寺是15岁的时候。当时的情景已不甚明了，只是清楚地记得，在这之前，我还从来没有见过如此高大华丽的建筑群。我和几个小伙伴走进大殿，那神圣的殿堂高大幽深，闪烁的酥油灯照着大小各异的佛像，森严的感觉使人有点儿害怕，于是我们便草草地一转就退了出来。此后20年来，我去过一次拉卜楞寺，也去过两三次禅定寺，但每次都只是随便转转，没有产生太多的感触。

因为工作的需要，近来翻阅了《卓尼县志》和觉乃·洛桑丹珠、冰角·婆帕次仁二位先生合著的《安多古刹禅定寺》以及一些地方史料，才使我大吃一惊：禅定寺的历史变迁、宏伟壮美的建筑群、博大精深的藏传佛教文化以及出类拔萃的僧侣名人，都让我深深地敬仰。

公元1206年，一代天骄成吉思汗率领他的蒙古铁骑漫过草原，摧毁了本就四面楚歌、风雨飘摇的南宋王朝，建立了大元帝国。48年后，即公元1254年，西藏萨迦第五代法王八思巴应忽必烈邀请，赴内地讲经传法。他跋山涉水，风餐露宿，千里迢迢而来，途经卓尼时发现这里群山环拱，流水潺潺，松柏掩映，水草丰茂。大师的慧眼被宜人的灵山宝地所吸引，遂指定弟子萨迦格西喜饶益西留下来，在这里建造萨迦大寺，并赠蛇心檀木

* 作者系卓尼县人民法院副院长。

雕刻的一尊释迦牟尼站像、佛经和佛塔三宝作为奠基。

斗转星移，历史的车轮已经滚过了700余年。在漫长的岁月中，禅定寺经卓尼历任土司、寺院活佛及信教群众的鼎力资助，先后建起了佛殿、经堂、活佛府邸、佛塔、僧舍、尚书楼等多达32处楼阁。正方形高峻围墙内，坐落着一个庞大的建筑群，占地79亩。这些建筑布局对称，层次明晰，丹墙碧瓦，雕梁画栋，上接蓝天白云，下临悠悠洮水，成为古时洮州、岷州、迭部、宕昌、内蒙古等地区一百零八寺之首，也凝聚了这一广大地区藏族群众的佛教情缘。

面对如此宏伟的建筑，我不止一次地思索：在那个生产力水平十分低下的年代，人们从事自给自足的农牧业生产，生活水准仅能保持最基本的吃穿用度，为什么会心甘情愿修建如此富丽堂皇的寺院？又是哪里来的能工巧匠，把建筑与彩绘结合得如此完美？难道建构一处精神家园的意义就如此重大？更令我惊奇的是，禅定寺的"四大天王殿"竟然是纯汉族式三层楼阁建筑，就连作为招牌的、用来登堂入室的门楼也是纯汉族式三层楼阁！我知道，自从大唐文成公主远嫁西藏，成为吐蕃王松赞干布的妻子之后，汉族和藏族就结成了亲戚。但我更知道，寺院是藏族群众心目中至高无上的圣地，一个人如果在寺院里发过誓，就是断头流血也不会更改。禅定寺这纯而又纯的藏传佛教圣地的门楼，居然是纯汉族式的结构，这显然有着非同寻常的意义。我不知道开创了大唐"贞观之治"的古代明君李世民在送嫁公主时流泪了没有；也不知道美丽的文成公主在"离愁渐远无穷"的出嫁路上，经过蛮荒的高原地区，身处条件迥异的藏族王宫的时候，除了切肤的故园之思之外还产生别的什么想法了没有。但从这距离西藏2400公里的卓尼禅定寺的天王殿和门楼上，我解读出了1356年前，文成公主哭嫁的泪珠，在加强汉、藏友好关系和藏族社会发展中的分量了。

二

禅定寺各个建筑物的内墙和屋檐上，到处都有绘画，经堂和佛殿内的墙壁上都有五彩斑斓的壁画装饰。据觉乃·洛桑丹珠先生推算，如果把这些壁画连缀起来，它们的长度可达3000米以上。珍贵的唐卡与壁画把神话传说、佛祖教义和天文地理历算、医药科学常识用艺术的形式展示出来，色泽厚重，历久弥新，把充满丰富想象的浪漫主义与充满生活气息的现实主义相结合，给人以很高的艺术享受。除此之外，禅定寺还有造型各异的雕塑、图纹精巧的佛像和刺绣、堆绣，以及包括外城、内城、火焰、人类、各种动植物、楼阁殿堂的沙盘造型和数百年风吹日晒、色彩不剥不裂的面具裱塑艺术，更有质感与色感都很好的酥油花艺术。据记载，禅定寺一年一度制作的酥油花，耗酥油达2000多斤，70余名僧侣在严冬季节用一个多月的时间方可制作完成。19世纪20年代，美国地理学家约瑟夫·洛克在他的《生活在卓尼喇嘛寺》一文中，记载了每年农历正月十五日群众观灯会赏酥油花的盛况："卓尼挤满了参观者，他们来自各处，到这里观看一年一度最盛大的节日。""这里聚集了成千上万的观众，妇女们半裸着上身，冒着严寒，带着她的婴儿，这里的游牧妇女甚至在0℃的天气下，也把一只臂膀和一半胸部露在外面，婴儿就被包在唯一的羊皮袄里休息。"

我还想说一说禅定寺的四大学院。在广大藏区，遍布于各地的寺院是藏族文化教育的中枢，寺院喇嘛既是文化教育对象，又是文化知识的传承者。卓尼禅定寺设有显宗哲学院、密宗续部学院、天文历算学院和法舞学院，统称四大学院。每个学院囊括了文史、全集、文学、佛学、哲学、因明、医学、舞蹈、音乐及天文历算、辞藻、声明、韵律、正字学等，是一所实实在在的综合性大学。740多年来，先后培养和造就了一大批精通五明，擅长辞藻，出类拔萃，颇有佛学造诣的名僧学者，他们的姓名和杰出成就在禅定寺都有记载，并且他们几乎都去过西藏深造。

卓尼距西藏不下2000公里，我不敢想象，凭着两条腿在海拔3000米以上的世界屋脊踽踽独行，他们是如何翻越高山峡谷的？他们是如何度过严寒酷暑的？在杳无人迹的荒原上，他们饿了吃什么、渴了喝什么？在高原烈日暴晒下，他们如何赶路？在绵绵秋雨的夜晚，他们如何住宿？在学业有成声名远播的背后，他们求学的艰辛我们能够知道多少？究竟是什么力量，促使他们朝圣的脚步如此坚定而执着？当这一连串的疑惑变成一连串的感叹之后，我的心潮更加无法平静。从资料中我看到，卓尼禅定寺与夏河拉卜楞寺、青海塔尔寺、西藏四大寺，内蒙古、北京、山西五台山，以及新疆等地诸多佛教寺院都建立了法缘关系，有汉传佛教，也有藏传佛教，各寺之间互派高僧讲经辩理，进行学术交流。正是这种开放性的送出去、请进来的积极态度，才使佛学文化源远流长，发扬光大。

在翻阅资料中，一幅根据19世纪20年代约瑟夫·洛克的照片绘制的卓尼大寺全景图和一幅卓尼经堂、佛殿、拉章、佛宫建筑分布图，吸引了我的目光。图上的建筑物密密匝匝，井然有序，显示着昔日的强盛与辉煌。可叹的是，在禅定寺的历史变迁中，壮美的建筑和珍贵的文物曾多次遭到破坏，其中毁灭性的有两次：一次是民国十八年马仲英和民国十九年马尕西顺侵扰临潭、卓尼，纵火焚烧禅定寺，大火数日不灭，驰名中外的卓尼版《大藏经》及其印经院惨遭毁灭，数不清的珍贵文物被烧毁和劫掠；另一次是在1958年，寺院各种历史文物、经卷、印版、古籍被全部销毁。这两次重大毁坏，造成了禅定寺及整个安多藏区民族文化难以挽回的巨大损失。

抚今追昔，我想起了当代大学者余秋雨先生论说清朝的一句话："满族是中国的满族，清朝的历史是中国历史的一部分……"我深有同感：禅定寺被破坏，是藏传佛教文化的一大损失，也是中华民族的损失。值得欣慰的是，我们已步入了一个民主、和平的新时代，昔日的硝烟已经散去，历史的悲剧不会重演。

我与江河的记忆

傅卓瑛[*]

洮河少年

20世纪50年代的夏日，我和小玩伴们瞒着家中大人，约定好在县城边的洮河里游玩嬉闹。玩儿累了就在河中间的沙滩上沐浴阳光，光着屁股相互追逐戏耍。那时洪水过后，河中的沙滩上经常浮现着上游冲下来的树木和很粗的木材，我们几个10来岁的男孩子，在岸边聚集着的大人们惊悚的喊叫声中，潇洒自如地几个来回"狗刨"，就将河中沙梁（滩）上的木材运到岸边。早有好事者已给我父母告密了，待费力将木柴背回家时，往往要受到父母的因打"交水"（游泳）的训斥。

童稚和少女

1963年7—8月，刚刚升到初中二年级的同学张旭（1989年病逝）在一个酷暑下午，乘自习课老师不在的空间溜出教室，去一中校门对面200米外的洮河里游泳（今县委党校门口位置），那时正在伏天，天气炎热无比，树林里静悄悄的。我俩正在洮河里惬意地玩着，我突然发现岸边大白杨树下，不知啥时候坐着三四个穿着打扮很洋气的年轻女演员，她们面前放着一块不小的纸板，聚精会神拿着笔，一边低头在纸板上画着，一边不

──────────

* 作者系卓尼县财政局原职工。

停地看着我们在河中游泳，并不时地手指着我俩指指画画，说说笑笑。她们长得很漂亮，脸都很白。她们不时地嘻嘻哈哈地招着手叫我俩从河水中出来，待我俩从河里光溜溜地爬上岸望着她们，她们笑着招手让我们去她们身边。她们银铃般的笑声回荡在树林里河岸边，漂亮的脸蛋白嫩的皮肤，很洋气的服装和悦耳动听的笑声，一看就知道她们是从省城兰州来的，是参加庆祝甘南藏族自治州成立十周年的省上剧团的演员，到各县慰问演出的。当时，她们中最大的年龄也不过是20岁，而我也只有14岁。她们的画板上分别画着两个小孩在河水中游玩和赤身裸体站在河岸边望着她们的写生画。在她们的说笑中，我猛醒到我还光着屁股站在女陌生人前面呢，转身要跑时，屁股上被一女的轻轻地"啪"拍了一掌，身后传来她们的笑声。

白龙江"救人"

　　1973年8月，在舟曲憨班乡香椿沟村，村小学民办教师谭雨生，被白龙江旋涡卷入江中，我恰巧骑自行车路过，十几个小学生惊恐地喊着"救人"，我凭着在卓尼洮河里"狗刨"的经验，跳进了白龙江，向四五米外的落水处游去。我探了探水深，乖乖，一房深还不见底！而谭雨生距我还有2米多，只见头发还浮在水面上。"狗刨"的速度快但姿势不太好看，我就势抓住漂流而来的一根木头，推到谭老师手边，淹急的人不管三七二十一，一把抱住木头死不放手，我连人带木头用强有力的"狗刨"脚蹬游至岸边，随后给谭倒水，不一时谭也醒了过来。

　　谭老师是家中独子，父亲是憨班坡（村）有名的木匠。为感谢我救了他儿子的命，特意做了一对椴木箱子，谭木匠和儿子一人一只步行3里，背到白龙江林管局憨班经营所我的宿舍里，付给谭木匠工料费拒收，后来我找机会去憨班坡村谭木匠家放了20斤粮票。我从白龙江里救了谭老师的事在香椿沟村和憨班坡村无人不晓。

沁园春·洮河颂

闹尕东主

　　滚滚河流，澎湃飞花，万姿千态。越三地①15县，惊涛拍岸，烟波浩瀚，峡谷奔流。洮河水，育生灵繁衍，沃野良田，酿造出洮河之砚。灿烂史，三土司②光耀几世代，洮州文化之发源。洮水滔滔，润泽两岸，白活佛③，肋巴佛，多少英雄事迹传。九甸峡，刘家峡，峡峡闻名遐迩。万里长堤，虹桥壮美，峡谷天然成大观。喜今朝盛世，红光照耀，国泰民安。波浪涌，写文明洮州，壮烈诗篇。

---

① 三地即甘南州、临夏州、定西市。
② 三土司即卓尼杨土司、岷县后土司、会川赵土司。
③ 白活佛为清代抗俄英雄第一世喇嘛噶绕仓。

家乡的特产——麦索

石文才[*]

　　这几天，清晨去锻炼，经常见到卓尼县城街道旁有妇女在叫卖，旁边围了好多人。近前一看，一位妇女刚打开背篼里的大塑料袋，正抓了一把麦索抖擞着往碗里放。一股青稞的香味扑鼻而来，随即在清爽的晨风中随风飘荡，醇香四散，引得路人驻足观看，一饱眼福。那黄澄澄的麦索酷似刚从机子里打出来的牛筋面，颤巍巍，粉嫩嫩的。又活脱脱刚出锅上架的粉条，迎风摆动着纤细的身姿，缠绵柔韧，富有灵性。在朝阳的映照下，虽无耀眼之光，但也鲜艳夺目，使人观之食欲大增，馋涎欲滴。买一碗带回家，拌上蒜泥和香菜，加上油盐酱醋，就会色香味俱全。直接食用，不仅鲜美可口，而且回味悠长。它是家乡的特产，只飘香在青稞收割前的极短时间里，可谓昙花一现。要是错过节令，或在其他地方，任你掷地千金，也无法享受到如此的醇香美味了。

　　麦索，顾名思义，应该是小麦做成的绳索状食品。其实不然，它是用高原特产青稞做成的，和青玉米棒子、青豆子一样，都是在农作物刚成熟而未枯黄时摘的一种尝鲜食品。可它吃起来比那两种味道鲜美，口感更好。相对来说制作加工也复杂得多，要经过选穗、蒸煮、脱壳、上磨等多道工序后，才能将青稞穗子变成金灿灿的柔丝食品。

　　记得小时候，每到夏末青稞由绿变黄的时节，看到别人家做麦索，就和弟妹们联手哭闹着要妈妈也做。那时候是生产队，大人们都非常忙，晴

---

* 作者系卓尼县木耳镇多坝小学退休教师。

天下地，阴雨天修梯田。终于在一个雷雨的黄昏，妈妈乘避雨的机会，拿着镰刀和绳去自留地割了三捆半绿半黄的青稞，撇下后上工去了。我们兄妹几个如获至宝似的忙了一下午，将三捆青稞扎成盈手小把，拿镰刀割去秆子和穗芒。等妈妈收工后蒸了四笼，不到一小时后取出来，装进麻布口袋里，在地上轮流摔打，然后倒出来用簸箕簸去外壳和芒，一颗颗琥珀色的青稞终于呈现在我们眼前，装了足足一大盆。我见天色已晚，就说，明天再去磨里拉吧。可妈妈说，那不成，隔了夜就跑味儿了，不香了，再说凉一夜青稞水汽一干，就拉成羊羔料（米粒状）了。

金乌西坠，玉兔东升，我和妈妈踏着银白色的月光，向村里唯一幸存下来的一座水磨走去。到那里一看，啊！人真多，大娘，大嫂，阿姨一大群人，都是来拉麦索的。还有不少和我一样的小孩子，在磨坊周围追逐嬉闹着。女人们坐在一起，利用等待的机会互相比较着谁家的青稞颜色俊，谁家拉的麦索长，同时交流着做麦索的经验……我在外面和小伙伴们玩儿了一会，顿觉肚子饿得咕咕叫，忙跑进磨坊对妈妈喊，我饿死了！还没等妈妈开口，就见邻居大娘抓了一大把她家刚从磨盘里拉下来的麦索，放到我手里。我急忙捧起来，狼吞虎咽般地吃着。也许是饿了的缘故吧，我觉得那晚吃的麦索是那么的香甜可口，沁人心脾，比起想象中的山珍海味强十倍百倍。这是我这辈子吃过的最香最可口的麦索了，至今回忆起来醇香满口，回味无穷。

现在水磨已随着社会的变迁，成为人们的美好记忆。可家乡的特产——麦索，依然被勤劳淳朴的乡民们传承了下来，馨香四溢，清醇诱人。虽然它只是乡野土餐，难以入席进宴，称不上美味佳肴，登不了大雅之堂，但它仍旧是高原青稞盛产地的骄子。我深信，随着科技的日新月异，它昙花一现的保质期定会延长。在不远的将来，它必将会成为《舌尖上的中国》家族里的一员，备受美食家的青睐，为美食王国增光添彩。

卓尼，卓尼（散文诗）

薛　贞[*]

一

卓尼，一个温暖而神秘的地方。

一个涛声如诉，弦歌悠扬，月光和梦想一起生根开花的地方。

流水喂养的乳名，光洁质朴，暗香浮动。

洮河，是大山里流出的一滴泪，润泽了森林里每一枚青叶和细碎的纹理。

我把灵魂，安放于这一页翠绿的纸上。

而鹰，衔起如沙风雪，掠过大山神的肩头。

二

桑烟袅袅，经幡猎猎。

卓尼，有着刚劲有力的步履，健壮挺拔的背影！

一处处民居，是古朴的逗号；一座座寺院，是空灵的句号。

一部部经卷，喂养了卓尼人憨厚正直的思想。

月亮升起在小桥流水。羊奶头熟了，像一串串甜蜜的童谣。

村头那三棵古老苍翠的大树下，外婆的小山村——扎古录升

---

*　作者系卓尼县教育和科学技术局局干部。

起蓝色的炊烟。

所谓年轮，是每一次思念，刻下的烙印。

三

阿子滩、纳浪、申藏的万亩油菜花绽开了金黄的笑靥，汹涌的芬芳黏住一双双匆忙的步履。

尼巴、完冒、喀尔钦草原野花如海，紫色的益母草映红了半边天空。

此时此刻，蝴蝶歌吟，清风弹唱，青春的眼眸里，朵朵鲜花摇曳生姿！

暮春踏青，碧夏野炊，金秋携一缕青稞的香味，在煦暖的阳光下回味曾经的艰辛与轻狂。

有人放牧时间，有人收割月光。

而禅定寺的暮鼓晨钟，叩响了我们心中清脆悠远的回音，绵绵不息。

四

一定有什么，和卓尼唇齿相依，就像我早已远去的童年，和风雨斑驳的记忆。而一些往事，拂去面纱，慢慢呈现。

寺院与民居，小巷和广场，一砖一瓦，一草一木，都是文化的沉淀，岁月的见证。只有风，这个无处不在的使者，在日复一日，年复一年中，带走了时光，带不走生生不息的人事！

洮河岸边，柏香山下，酸瓜籽树旁，是我儿时最留恋的地方。

一只渡船，渡我到草木葳蕤繁华如锦的家园。

（原载于《散文诗世界》第六期，2017 年）

禅定寺印记

娜木嘎*

1

禅定寺开光如意八宝塔

座座犹如

那些曾经尊为甘丹赤巴的一代名僧

巍然屹立

在漫漫八百载厚重的史册上

从此

卓尼远处的山也是塔

每一个人心中也就有了一座佛塔

2

阳光

洒在塔上

也洒在流动的经筒上

轻声诵读

那行古老的梵语

* 作者系卓尼县刀告乡党委书记。

午后是安静的
那个转经人
迷茫心事也是安静的

3

走出寺门
一群鸽子飞过头顶
翅膀拍打着阳光
佛铃轻轻响起
朵朵白云触手可及
很多故事在天宇间慢慢悠扬

4

盏盏酥油灯
点点滴滴
风中微微颤抖着
轮回祥瑞图
为黑夜里弥漫的灵魂
照亮了回家的路

附　录

卓尼百年大事记

（1912—2011年）

1912年

9月，甘肃省议会以土司制度和千百户制度"非民国所宜"，决议仿照云南、四川等省成案，一律"改土归流"。但鉴于卓尼土司千百户制度在藏区沿袭已久，根深蒂固，"改土归流"之议，未能付诸实施。

1913年

2月7日，甘肃省改定各道县制，改置洮州厅为临潭县，卓尼归其辖领。

11月，为逐步实现"改土归流"计划，甘肃省议会决定，停止土司"岁俸支银"制度，政府不再发给土司银两。

是年，西固县铁坝瓜子沟苟占鳌、石彦龙拥立一俗名为"大耳朵"的小孩为"真龙天子"，并自封为左、右丞相，聚众造反。省政府令卓尼土司剿办。土司杨积庆派杨楹、安维贞将苟、石缉拿，悬首示众。

1914年

5月25日，白朗义军从岷县来攻洮州（今临潭），卓尼土司杨积庆率藏兵至野狐桥防守。白朗义军系绳布为桥渡河，布桥中断数百人淹死。白朗义军遂拆民房木料架桥，击败藏兵，攻陷临潭。旋于旧城败绩，后撤离临潭赴岷县。

是年，西固（舟曲）藏汉农民2000多人，发动武装暴动，提出"抗粮抗款"口号，在平定关、九原里一带与反动军激战，历时一个月，最后失败。

1915年

9月，迭部群众抢劫录巴寺（今卓尼喀尔钦境）福音堂教士，酿成外交讼案，甘肃总督奉令派洮州厅振武军统领姚秉义剿办。姚会同卓尼土司杨积庆、临潭土司昝天锡率藏兵进击，追还赃物。

1917年

9月，卓尼恰盖温布滩村发生腺鼠疫，发病5人，死亡4人。次年温布滩村又发病3人死亡。同时附近恰龙滩村和卡地拉尕村以及他乍村发生肺鼠疫，发病24人，死亡20人。

1919年

美国传教士僖得生将卓尼阳坝城"八棱碑"（唐《石堡战楼颂》碑）窃运美国。事发后，当地知名人士曾联名向政府揭露控告，未果。

1921年

6月，迭部电尕地区的藏族群众，反对传教士在当地建立教堂，拒绝做工，并将所建教堂烧毁。

1922年

土司杨积庆创办卓尼高等小学（今柳林小学前身）。

1924年

冬，美国地理学会派遣以洛克为首的考察团20余人由云南来卓尼，在卓尼禅定寺、电尕、光盖山、阿尼玛卿山（积石山）等地进行考察，前后三年之久。临行时洛克以廉价购走卓尼禅定寺包括《甘珠尔》《丹珠尔》在内的全套《大藏经》。

1925年

4月23日，美国人洛克撰写的考察文章《卓尼禅定寺的喇嘛生活》《羌海探险记》，分别在美国《国家地理学》杂志发表。

10月25日，卓尼籍第四世策墨林·阿旺土登凯珠格勒嘉措在西藏举行坐床庆典。

1926年

9月，甘肃督军刘郁芬为了疏通甘川"松茶"渠道，利于控制松潘的军事目的，命土司杨积庆修筑卓尼至松潘公路，杨积庆征集大量民工，自备口粮，进入施工路段，于年底完成筑路工程。

1927年

临、卓地区大旱，田禾枯焦，牧草干萎，农区颗粒不收，牧区牲畜饿死甚多，农牧民纷纷离乡逃难。

1928年

4月，马仲英起事，国民军河州镇守使赵席任命杨积庆为洮岷路游击司令。

4月12日，卓尼土司杨积庆派藏兵3000余人抵土门关，与马仲英部遭遇，藏兵不敌而溃败，损失马匹、辎重甚多。杨积庆畏马仲英挟仇报复，遂于7月初，派部下赴河州向马贡币赔情，马仲英遂加委杨积庆为南路司令。

秋初，卓尼、临潭连降冰雹，稼禾受灾严重。入冬牧区瘟疫流行，牲畜大量死亡。

10月25日，马仲英率骑万余抵卓尼，杨积庆退守博峪，马仲英下令焚烧土司衙署及城区房屋，杀死僧侣数人，于29日率部前往岷县。

11月28日，马仲英部军长马廷贤带40余骑自河州败逃临潭，在完禾洛（今卓尼完冒乡境）遭到藏民截击，马与少数随从脱逃，所携眷属财物被夺。

12月5日，河湟起事军自岷县闾井到卓尼，烧毁禅定寺密宗续部学院经堂及上印经院的《大藏经》印版等。

1929年

4月22日，临潭回民马尕西顺起事，滥杀无辜。杨积庆率藏兵扎营山头，形成对峙。

5月10日，康乐回军首领张彦明等率500余人来旧城援马，杨积庆败退。

5月17日，马率部至卓尼，将上年焚烧时幸存的禅定寺佛殿、经堂、僧舍及附近民房付之一炬。

7月，杨积庆受刘郁芬、戴靖宇之电令，办理"善后"，同国民军师长李松昆、临潭县长魏锡周在临潭旧城以召集难民"上庄"为名，使许多参与事变者和无辜回民蒙难。

11月27日，河州马廷贤率部数千人由沙冒入旧城，李松昆与卓尼藏兵支队长杨锡龄率部会合拉卜楞番兵会剿，马部败逃岷县。

是年，卓尼临潭连降冰雹，庄稼毁伤十之七八，入冬牧区瘟疫流行，牲畜大量死亡。

是年，基督教安息日会德籍传教士舒雅哥和兰州人陈子新来卓尼传教；次年在木耳桥附近修建教堂，发展教徒。

是年，杨积庆设立驻兰办事处，委王佐卿（贡觉才让）任处长。

1930年

甘肃省主席刘郁芬调离甘肃。临潭县县长崔璠弃职他往，将县印交与杨积庆，引起鲁大昌不满。鲁派李和义带兵在羊化桥攻打杨部，事态日趋扩大，临潭绅士陆子明等出面从中调解，遂将县印交与鲁大昌。

1931年

国民党在舟曲三角、武坪一带藏族聚居区，实施"分而治之"的政策，挥戈动武，强迫"归化"，屠杀藏族180余户。

1932年

杨积庆用大量劳力、财力重建禅定寺和土司衙门，历时5年竣工。

1934年

杨积庆出资，由兰州俊华印书馆铅印了《洮州厅志》。书前附"重印洮州厅志缘起"为序文。

1935年

8月20日，《大公报》记者范长江来西北地区考察旅行，途中曾抵卓尼博峪衙署，访问土司杨积庆。在其所著《中国的西北角》一书里，对卓尼进行了部分描述。

9月5日，中国工农红军一军团，从四川北部先期到达迭部俄界（今迭部县高吉村）驻扎。

11日，毛泽东、周恩来率领中央军委直属纵队和三军团同时到达俄界，与红一军团会合。当晚，党中央向张国焘发出了《中央为贯彻战略方针再致张国焘令其即行北上电》。

12日，党中央在俄界召开政治局扩大会议。毛泽东在会上作了《关于与四方面军领导者的争议及今后的战略方针》的报告，会议通过了《关于张国焘同志的错误决定》。会后党中央向全军发出了《为执行北上方针告同志书》。

13日，党中央率一、三军团和军委直属纵队从俄界出发，到达旺藏寺后经险峻的九龙峡栈道抵麻牙寺。

16日，红一方面军大部队途径然尕沟崔谷村，土司杨积庆密饬部署让道，并提供了当地储存仓粮，支援红军北上。

17日，由红四团政委杨成武指挥与鲁大昌部激战一昼夜，攻克天险腊子口。

1936年

2月7日晚8时，卓尼地震，旧房倒塌有压伤人畜者。

　　8月初，红军二、四方面军在朱德、徐向前、任弼时、刘伯承、贺龙、关向应等人率领下，沿着红一方面军长征路线，经过迭部。

　　20日，红四方面军十二师和妇女先锋团占领临潭新、旧城。土司杨积庆秘密派人星夜到新城红军总部呈送书信和礼物（两匹马，六七只羊），因此，红军在临潭进行的"反富打霸"活动，未进入卓尼辖区。

1937年

　　8月25日（农历七月二十日），土司杨积庆部属姬从周等在鲁大昌支持下发起兵变，于午夜将杨积庆及长子杨琨夫妇等7人枪杀于博峪土司官邸。次日，姬从周等在博峪召开大会，成立"卓尼临时维持委员会"，姬从周为主席，方秉义等为委员。

　　9月14日，北山土官杨麻周率藏兵200多人攻打卓尼临时维持委员会，姬从周战死，方秉义逃岷县避难。

　　15日，国民党甘肃省政府派田昆山来卓尼查办"博峪事变"。决定：杨积庆次子杨复兴继任洮岷路保安司令部司令，由杨守贞（杨积庆夫人）暂时摄政，并成立卓尼设治局，暂由临潭县县长薛达兼任局长。

1938年

　　4月1日，卓尼设治局与洮岷路保安司令部协同筹备成立了卓尼卫生院。

　　5月18日，历史学家、地理学家、民俗学和红学研究专家顾颉刚赴卓尼视察柳林小学、博峪土司官邸等。

　　6月，卓尼设治局划归第一行政督察区，其专员公署设于岷县。

　　是年，国民党甘肃省党部卓尼直属区党部建立，书记祁文敏，干事2人。

　　是年，国民党政府在卓尼推行实施"保甲"制度，将全区编为9乡1镇，85保，890甲，以团长兼任区长，旗长充任乡长，头人们为保长、甲长。结果，除洮南、柳林、洮北等毗连汉区和交通沿线的少数几个地方改编保甲外，绝大多数地区实际均未改编。

1939年

3月，禅定寺经师宋堪布创办卓尼禅定寺喇嘛半日制学校，时有学生70人。

是年，卓尼柳林小学新招女生5人，为当地女子入学之先例。

是年，国民党政府开始重视边地国民教育，卓尼除柳林小学外，所有学校名称均改称为保国民学校。

1940年

5月，省政府重新厘定各县等级，卓尼为六等县。

夏，卓尼连降冰雹，田禾被毁，粮食歉收。

1941年

农历三月初，卓尼北山与夏河陌务引起草山纠纷。

7月15日，临潭羊化村（今划归卓尼）人高凤西编著的《五凤苑汉藏字典》经顾颉刚推荐给国民政府教育部审查批准，在临潭新城维遐印刷局出版发行。

是年，卓尼禅定寺喇嘛半日制学校改名为甘肃卓尼喇嘛教义国文讲习所。

是年，卓尼地区赤痢流行，仅城区周围死亡达70余人。

1942年

3月，甘肃省水利林木公司森林部在卓尼成立第一林区管理处。次年5月17日改组为洮河林场。

4月1日，卓尼卫生院筹备成立，章诚任院长。

是月，北山与美武两个相连的部落发生草山纠纷。

6月29日，岷县专员公署派临潭保安大队队长罗元金带160余人前往北山缉拿杨麻周，在恰盖沟遭到藏民伏击，死伤30余人。省政府派保安处处长吉章简来卓查办，强令北山出乘马15匹，步枪15支，由卓尼司令部负责赔偿抚恤金白洋15万元。

9月，陌务土官杨世杰率番兵300人攻入北山恰盖寺。岷县胡受谦专员派刘济清前往制止。

是年，卓尼设治局柳林小学改为省立。

是年，三民主义青年团甘肃支团卓尼直属区队筹备成立，杨生华任区队长。

是年，康多水磨川寺活佛怀来仓·金巴加木措（肋巴佛）在康多、杓哇一带组织了"草登草哇"（即"七部落会"，穷人的组织），开展抗粮、抗款斗争。

1943年

3月28日，肋巴佛率临、卓僧俗民众3000多人在冶力关泉滩誓师起义，提出"官逼民反，民不得不反；若要不反，免粮免款"的口号，公推肋巴佛为义军司令。

29日，义军向临潭开进，次日攻克县城，焚烧县政府，击毙县长徐文英、国民党县党支部书记赵廷栋、邮电局局长苟克俭等。

4月5日，肋巴佛率义军去岷县，在峡城与王仲甲率领的义军会师。肋巴佛被推选为副司令及藏兵师师长。

8月，国民党第三军周体仁部十二师师长吕继周进驻北山杓哇、康多地区，以"清剿"肋巴佛为名，并电邀卓尼洮岷路保安司令部参谋长杨一俊等30多名官员赴北山参加"剿灭残匪"军事会议。会议期间，北山部落小头人杨才尕率40多名青壮年夜袭多玛寺周军二十团营部，杀死营长、连长、排长和士兵100多人。周体仁速命重兵进攻北山，迫使北山民众赔偿白洋10万元、马500匹、枪500支，并将杨一俊等6名藏族官员先后枪杀于北山、冶力关、新城、临洮、兰州等地。

10月，岷县专员胡受谦亲自来卓尼整编洮岷路保安司令部，任命刘济清为参谋长，刘修月任副司令。并督饬设治局与司令部合署办公。

1944年

6月16日，一架美国飞机在卓尼县境插岗区五花山坠毁。该飞机系美国最新式超级空中堡垒，是6月15日夜在昆明轰炸日军返航失踪的四架之一。

夏，卓尼开展禁烟运动，保安司令部派兵到迭部等地武力禁烟，强行铲除种植的罂粟，并严令全区不准吸食鸦片。

8月，卓尼设治局户籍室主任寇德昌协同赵国璋等去插岗编制保甲，遭到当地藏族群众的武装抵抗。岷县专员张仰文带保安队前往镇压，在力族村被四旗聚集的千余人包围，编制保甲工作被迫停止。

是年，卓尼等地大旱，颗粒不收，人民四处逃荒。

1945年

4月，卓尼设治局临时参议会成立，由马全仁等13人组成。

11月，岷夏公路修筑工程卓尼民工承修段竣工。公路全长254.7公里，卓尼支线5.5公里。

1947年

夏河县属日扎与卓尼碌竹乡乩力达加发生草山纠纷，并引起械斗。后经岷县专员张仰文调解，判明草山仍归乩力达加，并令双方各守疆界，互不侵犯。

春，肋巴佛经陇右工委书记高健君、副书记牙含章介绍，加入中国共产党。

春，洮岷路保安司令部司令杨复兴同杨生华等以卓尼48旗代表团的名义，前往南京，晋见蒋介石。

6月，肋巴佛随牙含章赴延安学习，在平凉安国镇附近的三十里墩因车祸不幸遇难，时年31岁。

6—7月间，卓尼部分地区遭受雹灾，洮北5乡镇受灾人数5420人。

9月，在国民党大选中，卓尼代表杨生华被选为国民党中央立法院立法委员，马全仁为国民代表大会代表，杨复兴为安多藏区国大代表，并报省选举事务所审核。

冬，国民党国防部电调杨复兴赴南京陆军大学受训。

1948年

10月24日，禅定寺辅教普觉禅师丹珠呼图克图举行坐床大典，藏汉僧俗1万余人聚会庆贺。

1949年

1月，杨复兴自中央陆军大学毕业飞返兰州，以陆军少将保安司令身份返卓尼任职，卓尼各界人士隆重欢迎。

3月，省保安司令部派刘济清任洮岷路保安副司令，协助杨复兴举办了卓尼军官训练班，有学员60人，受训4个月后毕业，大部分配备到新组成的警卫营任职。

7月29日，在中国人民解放军第一野战军的强大攻势下，国民党119军王治歧残部撤至临、卓一带，骚扰地方，两县（局）人民携家逃往卓尼洮河两岸躲避，时人称"跑王军"。

8月上旬，中国人民解放军一野一兵团司令员王震率部向临夏进军，派政工人员刘玉华由会川土司赵天乙陪同秘至卓尼，策动杨复兴起义。杨洞察形势，派副官陈世昌携信件致岷县周祥初司令，表示愿意起义并接受中国人民解放军的改编。

9月5日，一野驻岷县军代表任谦派陆聚贤携带王震、任谦、周祥初的联名信来卓尼商谈起义事宜。

9月11日，杨复兴与周祥初、孙伯泉、杜凌云等在岷县正式宣布起义，卓尼即告和平解放。次日向一野总部彭德怀等发出和平起义、接受改编的通电。

9月14日，彭德怀、张宗逊、赵寿山复电周祥初、杨复兴等予以嘉勉，起义部队改编为中国人民解放军西北独立第一军。

是日，在卓尼县城禅定寺召开由各界代表参加的庆祝解放大会，同时成立军管会。杨复兴任主任、李启贤任副主任，接管国民党卓尼设治局。

10月1日，中华人民共和国成立，卓尼军民集会庆贺。

10月2日，岷县分区行政督察专员公署派军区副司令员李启贤来卓尼执行接管任务。

10月，杨复兴等各旗代表40多人赴兰向彭德怀等致敬，参加了在兰州革命大学的学习。

是月，卓尼公安局成立，程自强任局长。同时召开旗长、总管联席会议，讨论肃反问题。

11月5日，陕甘宁边区政府岷县分区行政督察专员公署（以下简称岷县专署）派杨培才等同志以工作组名义进驻卓尼，开展工作。工作重点是"团结上层，了解情况，宣传政策，深入群众"。专署先后派来干部19名，其中党员9名。

是月，成立了中共卓尼第一个机关党支部，程自强任支部书记。

是月，成立地干班，首批招收学员32名（藏5名），成立土产推销合作社，方便群众，搞活经济。

12月1日，召开第一次各界人民代表会议，宣传党的少数民族政策，安定社会秩序。

是月，洮岷路保安司令部（以下简称司令部）起义部队排以上干部集中学习，宣传政策，改造思想。在提高觉悟、统一认识的基础上，次年1月抽调一批会藏语的深入藏区宣传党的政策，当时有排以上干部75名，战士310名。

1950年

1月26日，中共卓尼机关支部召开第一次党员大会，出席党员13人。会议在总结工作的同时改选了支委，新的支委由三人组成，王永德任支书，武索梅任组织委员，冯国栋任宣传委员。

2月13日，首批发展青年团员8名，其中女团员1名。

2月18日，军民集会庆祝《中苏友好同盟互助条约》签订。

3月，卓尼临时党委成立。先后由杨培才、高曾汉、王永德负责。

4月22日，发展青年团员6名，共有团员18名。之后成立了第一个机关团支部。

5月15日，高增汉调卓尼，接替杨培才主持党政工作。

5月25日，卓尼设治局改称卓尼藏族自治区。

是月，调整充实了科室干部，加强了机关工作。当时全区有党政干部61名，党委5名，政府26名（其中领导1名，一科8名，二科5名，三科3名，四科3名，秘书室6名），政法13名，青年、妇女8名，税务局3名，合作社4名，书店2名。

6月9日，中共卓尼机关党支部首批接受孙廷祥、孙彦芳、邢树义、刘治文四同志为中国共产党候补党员。

7月1日，党支部召开全体党员座谈会，庆祝"七一"建党节。

8月，宣传贯彻第一届全国民政会议精神，本着民主建政的原则，着手筹备卓尼自治区。

9月2日，岷县专署撤并武都，卓尼划归省人民政府直辖，副专员赵毓文同志调卓尼接替高增汉主持党政工作。

是月，中央慰问团传达了周恩来总理对卓尼土司杨积庆在当年红军长征路过迭部时开仓济粮一事表示感谢，并给杨复兴赠送了毛主席丝织肖像一幅，紫红色缎子4匹；给杨景华、雷兆祥、赵国璋每人赠送了杭州西湖景丝织、金笔、茶杯、纪念章等礼品。

9月26日，召开卓尼藏族自治区第一次各族各界人民代表大会，宣传党的少数民族政策，做安定社会秩序的工作。

10月1日，卓尼藏族自治区正式成立，赵毓文任中共卓尼工作委员会书记，杨复兴任卓尼藏族自治区行政委员会主任。

10月中旬，中央少数民族访问团西北分团，在马玉槐副团长带领下，抵达卓尼进行访问。

是月，成立中国新民主主义青年团卓尼工作委员会，曹文蔚兼任书记。

是月，成立卓尼藏族自治区妇联筹备委员会，杨木兰任主任。

是月，工商小组成立，刘汉臣任组长，文安邦任副组长。

11月13日，卓尼民兵司令部召开党政干部会议，讨论拟定了《冬防治安剿匪计划》，之后，各旗、村分别成立了剿匪联合会和剿匪联络小组，发动群众，组织民兵，开展了剿匪斗争。

12月，中央第七防疫大队来卓尼开展卫生防疫工作，并实行免费医疗。

12月8日—11日，召开卓尼藏族自治区第二次各族各界人民代表会议，杨复兴当选为行委主任，赵毓文当选为副主任。

是年，国家接收了国民党设在卓尼的洮河林场、冶力关林场，并成立了第一个木材采运企业——洮河林业局，下设下巴沟、车巴、卡车、大峪、新堡、羊沙、冶力关7个林场。

是年，卓尼派出工作组，在各民族、宗教界人士的配合下，逐步建立起区、乡人民基层政权。

是年，卓尼自治区广播站成立。

1951年

1月，召开卓尼自治区青联代表会议，讨论安排有关抗美援朝、增产节约问题。同时，选举邢树义为青联主任。

2月14日至16日，召开首次全区劳动模范代表会议，出席代表32名，会议选举洮南杨双哥、柳林杨凤鸣、洮北赵拉目肖、录竹尕拉才让为出席全省劳模代表会议代表。

3月，开始开展爱国丰产运动，号召全区人民每亩多拔一次草，多上两车肥，多打三年粮；宣传互助合作，引导农民组织起来，发展生产。

4月，工委决定以行政委员会的名义给柳林、洮南、洮北、北山、录竹、贡巴六个地区派出工作组。

5月26日，中共卓尼机关党总支成立。选举王永德、赵生鹏、刘维汉、高守仁、安邦汉、杨炳文、冯永炳7名同志为中共卓尼机关总支委员会委员，王永德为总支书记。

6月16日，工委安排，在柳林、洮南、洮北、录竹、贡巴始建基层政权。

7月1日，工委主持召开干部职工、群众抗美援朝捐款大会，当场捐资3000元，至年底共捐款约14600元。

7月15日，召开干部大会，由杨复兴、赵毓文、霍学浩分别作了审干动员，从此开始在党政军161名干部中开展清查运动，历时25天，基本搞清了108名干部的历史问题。

8月，卓尼初级师范学校成立，校址设木耳桥，赵文炯任校长。

9月1日，卓尼干部学校成立。第一批招收学员60名，主要学习《青年休养》《对知识分子的改造》《中国共产党30年》《论人民民主专政》《社会发展简史》等。

10月2日—8日，召开卓尼藏族自治区第三次各族各界人民代表会议，杨复兴兼任主任，赵毓文（兼）、杨丹珠任副主任。

12月，甘肃省人民政府、省民族事务委员会派出工作组来甘南。会同夏河、卓尼县对夏、卓部分地区的草山纠纷，本着"民族团结、互助互让"的原则，在临潭县旧城进行调解达成协议。

是月，柳林、洮南、洮北三地区建起了乡人民政府。

1952年

1月8日，中央人民政府政务院人民监察委员会发出关于反贪污、反浪费、反官僚主义斗争的指示。

1月20日—3月25日，在党政机关内部开展反贪污、反浪费、反官僚主义的"三反"运动（注：重点查贪污问题）。

2月1日—30日，区直机关内开展整党，对全体党员干部进行共产主义和党员标准的教育。

2月29日—3月27日，在工商界开展了反行贿、反偷税漏税、反盗窃国家资财、反偷工减料、反盗窃国家经济情报的"五反"运动。

3月15日，成立中国人民银行卓尼支行，雷兆祥兼行长。

4月15日，卓尼"三反"运动全面结束，运动中查出有贪污问题的190人，金额29500多元。

是月，中共卓尼工委创办的《新卓尼报》创刊发行。

6月27日，西北军政委员会甘南藏区访问团第二分团，由马辅臣任团长，赴临、卓藏区进行访问。

6月29日，卓尼邮电两局合一工作完毕，刘永祯任局长。

7月16日—19日，召开卓尼藏族自治区第四次各族各界人民代表会议，会议重点讨论部署了镇反、禁烟、农牧业生产工作。

11月12日—18日，召开卓尼藏族自治区第五次各族各界人民代表会议，会议重点讨论部署了区域自治、剿匪肃特和冬季生产。

12月，西北访问团来甘南访问期间，协助地方政府调解了卓尼北山与夏河美武两部落间的草山纠纷、夏河日扎与卓尼沙冒间的草山纠纷及尕巴与上下力加等部落间的草山纠纷。

12月6日，卓尼藏族自治区剿匪委员会成立。

1953年

6月20日和8月10日，卓尼街道两次遭受水灾，冲毁房屋10间，冲走居民衣物、钱粮和商品等物，损失价值约2.8万元。灾后在党和政府的支持领导下，拨款5万元，从8月15日—11月20日修防洪渠1条，全长900多米，宽5.2米。

10月1日，甘南藏族自治区成立，卓尼划归甘南藏族自治区辖属，杨复兴被选为自治区副主任。卓尼自治区改称卓尼县，行委改称县人民政府。

是年，牛肺疫病大面积流行，牲畜死损严重，党、政部门组织兽防技术人员，分头加强医治和防范措施。

是年，全县普遍遭受霜、旱、雹、洪、虫等自然灾害。农作物受灾48000多亩，受灾1451户，7000多人，损失牲畜400多头（只），毁坏民房66间。

是年，中央访问团来卓尼演出。

1954年

2月15日，召开全县第一次县、区、乡（旗）三级干部会议，参加会议的共340人，会议在总结上年工作的基础上，重点讨论部署了剿匪和农牧业生产的各项工作。

3月15日，中共甘南工委通知，杨培发任中共卓尼工委书记兼行政委员会副主任，免去赵毓文工委书记职务。

4月，工委决定撤销柳林、洮南、洮北工作组，建立柳林、洮南、洮北区公所。

4月14日，会川县第六区（即新堡区）划归卓尼。辖新堡、柏林、拉扎、洮砚4个乡、11个行政村、34个自然村、1194户、6372人（藏357户、1994人）。

6月，工委贯彻"坚决禁种，慎重稳进"的方针，组织279人的禁烟工作队，深入上、下迭部、插岗等重点地区，发动群众开展禁烟活动，至8月共铲除种植烟苗10546.59亩。

7月12日，原称为归安里的岷县西尼沟村划归卓尼管辖。

8月16日，中共甘南工委通知，曹文蔚任中共卓尼县委副书记兼纪律检查委员会主任。

30日，通知由曹文蔚、程自强、郑绍云、高守仁、同志金组成纪律检查委员会。

9月13日，经省委批准，由杨培发、曹文蔚、郑绍云、霍学浩、程自强、王克勤、胡宗彦、高守仁、同志金9名同志组成中共卓尼工作委员会，杨培发、曹文蔚、郑绍云、霍学浩、程自强5名同志为常委。

10月20日—27日，召开全县三级干部会议，参加330人。

12月21日，甘南工委组织部任王克勤、何建基、秦维荣、杨国栋为团卓尼工委委员。

12月中旬，召开卓尼县第一次妇女代表大会，出席代表90名。达芝芬当选为主任，陈树梅、雷尕曼当选为副主任。

1955年

1月13日，卓尼县人民行政委员会更名为卓尼县人民委员会。

3月1日，全县开始发行新人民币。

4月19日，卓尼县劳动工资编制工作委员会成立，杨培发任主任，杨复兴、同志金、高守仁、李绍堂为委员。

5月18日—22日，召开中国人民政治协商会议卓尼县第一届委员会第一次全体会议，出席委员33人。杨培发（兼）当选为政协主席，蒙杰道当选为副主席，统战部部长高守仁当选为秘书长。

5月20日—24日，召开卓尼县第一届人民代表大会第一次会议，出席代表128名。杨复兴当选为县长，曹文蔚、杨景华、雷兆祥为副县长。选举张凤旌为县人民法院院长。

7月11日，临潭、卓尼两县公安机关配合侦查，破获了"香灯会"反革命组织，经检查机关批准，将10余名罪犯逮捕。

7月18日，工委决定由张凤旌、李廷秀、陈瑞云组成县人民法院审判委员会，同志金任县人民检察院检察长。

8月11日，工委研究决定杨培发、安邦汉、郑绍云、同志金、胡宗彦、赵生鹏、张凤旌、张双义、解忠秀、陈树梅、冯国栋、王世昌、何建荣、慕孝信14名同志为出席甘南州党代会代表。

9月1日，临潭县贸易公司卓尼购销组，改为卓尼贸易商店，史朝安任主任。

10月20日—27日，召开全区三级干部会议，参加330人，会议重点讨论部署了征收农业税和粮食统购工作。

11月9日，中共甘南工委通知，何建基任团卓尼工委副书记，侯正文任中共卓尼纪委副书记。

11月15日，第一批"肃反"从洮河林业局开始。

12月15日，秘书室改称办公室。

12月17日，工委召开部分区书会议，汇报讨论建立乡级政权问题。

12月25日，工委讨论通过了开展合作化运动的规划，并印发各区执行。

1956年

1月16日，工委发出建立基层政权计划，要求北山、录竹、插岗在第一季度建起乡政府；上、下迭在年底建起乡政府。

2月22日—3月4日，召开县、区、乡、社四级干部会议，参加1000余人，会议重点讨论部署了农业合作化问题。

3月，新堡、柳林、洮南、洮北4区在互助组的基础上，建初级农业社27个，入社1017户，占4区总农业户的20%。新堡农业合作社是全县第一个农业社。

3月22日，召开全县先进生产者会议。会上柳林区二乡木耳村24岁的青年农民张俊德，介绍了1955年种小麦1斗（1亩2分），产粮800斤的经验。一乡下所藏农民陈洛藏旦子介绍了1955年种青稞7斗（8亩多），产粮3300斤的经验。

4月2日，甘南工委通知"中国共产党卓尼工作委员会"更名为"中国共产党卓尼县委员会"。

6月2日—6日，召开中国共产党卓尼县第一次代表大会。出席代表38名（代表279名党员），列席20名。杨培发当选为书记，曹文蔚、王克勤当选为副书记。选举县委监察委员会委员7名，王克勤兼任书记，陈瑞云任副书记。

6月7日，县委发出《关于禁种大烟的指示》，并组织工作组赴迭部、插岗等地发动群众进行查铲。

6月27日—30日，召开青年团卓尼县第一次代表大会，卢良才当选为书记，奚佐秦当选为副书记。

7月11日—18日，召开政协卓尼县第一届委员会第二次会议。

7月19日，为了切实做好第一年的集体分配，县委发出预分工作的指示，强调指出"少扣多分"，保证90%以上社员增加收入。

8月1日，卓尼县药材公司成立，由张志义负责工作（后任副经理）。

9月23日—27日，召开政协卓尼县第二届委员会第一次会议。曹文蔚（兼）当选为主席，杨麻周、杨道嘉、苏奴旦巴、杨才华当选为副主席。统战部部长史朝安当选为秘书长。

9月24日—28日，召开卓尼县第二届人民代表大会第一次会议，出席代表203名。杨复兴当选为县长，杨景华、雷兆祥为副县长。

10月29日，甘南地委通知，曹文蔚任中共卓尼县委书记。

10月31日，县委发出《关于今冬明春建社扩社计划》，要求柳林、新堡、洮南、洮北四区，今冬明春扩大建社面，入社农户达到60%—70%，基本实现半社会主义的农业合作化。插岗区试建1—2个初级农业社。北山、录竹区试建1—2个初级牧业社，以作示范。上、下选着重办好互助组，为建社创造条件。

1957年

1月13日，甘南州委通知，曹文蔚任卓尼县政协主席。杨麻周、杨道加、苏奴旦巴、杨才华、阿他任政协副主席。

2月11日，县委召开扩大会议，决定抽调县直机关干部加强基层工作。

3月15日，成立卓尼县第一届总工会，周维民任工会副主席。

4月中旬，新堡、柳林、洮南、洮北四区共建起农业生产合作社60个，入社农户2300多户。

5月，卓尼禅定寺82户喇嘛和民主人士都加入了农业生产合作社。

5月20日—25日，召开卓尼县第三届人民代表大会第一次会议，出席代表151名。杨复兴（兼）当选为县长，雷兆祥、卢映春当选为副县长。

6月26日—7月1日，召开中国共产党卓尼县第二次代表大会。王克勤兼任书记，程瑞云任副书记。

7月1日，召开中国共产党卓尼县第二届一次全委会议，选出县委常委7名，曹文蔚当选为书记，王克勤、丁应华当选为副书记。

7月17日，县委常委讨论安排了反右派斗争问题，要求机关单位和附近（指城关）好的农业社掀起一个群众性的反对右派分子的运动。

7月26日，县委5人小组总结了肃反工作。卓尼第二批肃反运动从1959年3月中旬开始，至1957年7月下旬基本结束。

8月1日，为加强农村工作，县委决定成立县委生产办公室，郭满清任办公室主任，梁东升、张志平任副主任。

9月2日—3日，召开县委扩大会议专门研究讨论了农业合作化问题。

9月25日，县委整风领导小组成立，曹文蔚任组长，王克勤、赵生鹏、米世恩、同志金、赵文炯、杨述炯6名同志为组员。

10月1日，"卓尼县民主妇女联合会"改称"卓尼县妇女联合会"。

10月13日，整风运动进入反右派斗争阶段。

11月3日，县委发出在全县开展学习讨论《全国农业发展纲要修改草案》的通知。要求通过学习讨论，掀起生产高潮。

11月6日，北山区的拉代、公岔、根沙、卡洋和录竹区的完冒、沙冒建起了第一批牧业生产合作社。

11月28日，下选区报告，已建立了7个乡人民政府，即上卡巴乡、下沙录哇乡、桑巴乡、达拉乡、尖尼安子乡、多尔乡、阿夏乡（后多尔、阿夏合并）。插岗区报告，已建立了4个乡人民政府，即阴山乡、阳山乡、博峪河乡、铁坝乡。

12月8日，5区1镇已有29个农业社开展了大辩论，辩论中捕办地、富、反坏和其他犯罪分子33人，受批斗的107人。

1958年

1月20日，全县全面实现了农业合作化，共建农牧业生产合作社314个，入社14391户，占总户数的99.9%。

1月22日，县委决定，从县、区、乡抽调干部150名，下放上选、下选、插岗、录竹、北山五区驻社，任农牧业社会计（实际下放124名）。

1月30日，县委决定，撤新堡区、柏林乡并新堡乡，拉扎乡并洮砚乡；撤柳林区、大峪乡并博峪乡，原大峪乡的秋古、大扎村划给纳浪乡；立洛乡的四下川划给新堡乡；结拉、沙扎、羊沙口划给洮砚乡，与临潭插花村庄划给临潭县；撤洮南区，朱札乡并大族乡，玛麻、卡车乡并达子多乡，朱盖乡划给城关镇；撤洮北区，目地坡乡并申藏乡，盘元乡并阿子滩乡（简称"八乡一镇"）。

是月，县人委购进了第一部解放牌汽车。

3月1日，县委正式通知，撤新堡、柳林、洮南、洮北4个区公所，并为"八乡一镇"。

3月11日—23日，召开政协卓尼县第二届委员会第二次全委扩大会议，补选吉一九、阿塔为副主席。改选统战部部长慕孝信为秘书长。

5月20日—25日，召开卓尼县第三届人民代表大会第一次会议，出席代表151名。选举杨复兴（兼）为县长，雷兆祥、卢映春为副县长，米世恩为法院院长，同志金为检察院检察长。

5月21日，根据州委和军分区指示，将所有参战民兵组成卓尼民兵大队。大队长赵生鹏，政委曹文蔚，下编3个连，配合部队，清剿叛匪。

6月25日，成立中共卓尼县委党校，曹文蔚兼任校长。同时区、乡成立业余党校，由区委书记、乡总支书记兼任校长。

7月3日，"统计科"改为"计委"。

7月5日，县委决定在北山区的卡加、土桥，录竹区的车巴沟，上迭区的扎尕纳等地建立牧场，由乡党政领导兼任牧场党政领导，主要经营战场缴获和没收的所有牲畜。

7月10日，卓尼造纸厂成立，州委通知丁应华调任副厂长。

7月28日，禅定寺"双改"运动开始，至11月4日结束。

7月30日，州委批准增补卢迎春、程自强、刘登水3名同志为县委委员。

8月13日，县委发出"整党、整团、整社"的指示，全县发动建立"人民公社"的紧急通知后，"卫星""金星"2个人民公社相继诞生。

8月21日，县委指示"八乡一镇"总支委员会改为党委会。

8月27日，县委发出《在全县掀起宣传和建立人民公社的紧急通知》。要求"八乡一镇"在8月底实现人民公社化，录竹、北山、上、下迭部在9月5日前实现人民公社化。

12月9日，最高人民检察院副检察长谭政文来卓视察工作。

12月20日，国务院第83次会议决定：将原卓尼县属插岗、铁坝等4旗及下迭8旗（今迭部县）划归舟曲县管辖。

12月31日，卓尼县与临潭县合并，撤销卓尼县建置，称临潭县，治所设旧城。

是年，叶儿电站落成发电，装机容量49千瓦。

1961年

12月25日，国务院批准"恢复卓尼县，以合并于临潭县的原卓尼县行政区域，为卓尼县的行政区域"。原上迭公社区域划归迭部县。

1962年

1月1日，卓尼县行政建置全部恢复。省委通知，李培贤任县委第一书记，刘枢、秦维荣任书记处书记，杨复兴兼任县长，田生义、张宗发、韩蓬薪、陈国兴、雷尕曼任副县长。雷森任县人民法院院长，李庭秀任副院长。刘聚永任县人民检察院检察长，李富春任副检察长。

是月，恢复卓尼县总工会，蔡绍德任县总工会主席。恢复卓尼县妇女联合会，赵为、李扎什草为县妇联副主任。

1月3日，县委决定成立中共卓尼县委甄别委员会，由刘枢任主任委员，田生义任副主任委员，贺芝瑞、康振锡、路占才、刘聚永、李廷秀为委员。

1月6日—10日，召开第一次乡（镇）书记会议，贯彻中央"调整、巩固、充实、提高"的八字方针，安排了调整生产关系和社队规模、下放核实单位和区域划分工作，贯彻按劳分配政策，布置了做好收益分配和群众生活安排工作。

1月11日—2月7日，县委第一书记李培贤和副书记刘枢参加党中央在北京召开的扩大工作会议。

2月2日，甘南州委通知，李培贤、刘枢、秦维荣、田生义、张宗发、韩蓬薪、程自强、雷森、贺天文、康振锡、路占才、史朝安、杜智春、王全海14名为中共卓尼县委委员。

2月8日，甘南州委通知，李培贤、刘枢、秦维荣、田生义、张宗发为县委常委。

2月14日，县委决定，开放宗教寺院。至年底开放藏传佛教寺院9座，即禅定寺、贡巴寺、柏哇寺、沙冒寺、恰盖寺、白石崖寺、康多寺、雅路寺、力族寺，入寺僧人139人；开放下甘藏清真寺，入寺阿訇1人。

5月2日，精兵简政，压缩城镇供应人口工作开始。州下达卓尼精减城镇供应人口800人，国家职工160人。

5月9日，卓尼县精减领导小组成立，秦维荣任组长，梁富坚（洮局副局长）、田生义任副组长，门进安、路占才、卢文炳、史朝安、朱绍卿、肖栏为成员。

5月14日—20日，召开县委扩大会议，讨论安排了精兵简政问题。

5月27日，县委通知由秦维荣、田生义、雷森、门进安、康振锡、贺芝瑞、李富春7名同志组成中共卓尼县委监察委员会。

5月30日，县委撤销农工部、财贸部、工交部和总工会。

5月，纳浪、柏哇、新堡等乡麻疹流行，发病254人，死亡15人。

7月29日—8月3日，县委在阿子滩乡召开牧区和半农半牧区9乡党委书记会议，研究讨论了发展畜牧业生产问题。

10月3日—19日，政协卓尼县第二届委员会第三次会议召开全委扩大会议，参加99人。李培贤（兼）当选为主席，补选杨道嘉、热旦加措为副主席，统战部部长程自强为秘书长，杨图旦为副秘书长。

10月4日—20日，卓尼县第四届人民代表大会第二次会议召开，出席代表59人，补选杨复兴（兼）为县长，田生义、张宗发、韩蓬薪、陈国兴、雷尕曼为副县长，杨吉轩为县人民法院院长。

1963年

2月1日，恢复县委农村工作部，贺天文任部长。

3月11日，县委抽调78名干部组成工作组，分赴康多、沙冒、完冒、扎古录、尼巴、刀告6乡开展以处理平叛、反封建斗争遗留问题为中心的社会主义教育运动。

4月9日，县委召集牧区、半农半牧区处理平叛、反封建斗争遗留问题工作组组长回县汇报工作。会议期间适逢省委副书记高健君同志来卓。在听了各组汇报后，对订正阶级成分、摘帽子、计算剥削量等有关政策性问题作了指示，并共同研究了处理办法。

4月26日，县委副书记刘枢同志带7名干部去沙冒乡沙冒后人民公社进行社会主义教育试点。

5月20日，全县普选工作结束，选出县人民代表138名，乡人民代表589名。

6月6日—14日，召开卓尼县第五届人民代表大会第一次会议，出席代表96人，会议选举杨复兴（兼）为县长，田生义、韩蓬薪、陈国兴、雷尕曼为副县长，选举杨吉轩为县人民法院院长，路占才为县人民检察院检察长。

8月20日，开始在县级党政机关和企事业单位开展"五反"（反行贿、反偷税漏税、反盗骗国家财产、反偷工减料、反盗窃国家经济情报）运动。

9月12日，配合"五反"运动，县委发出《关于在全体职工中开展一个公物还家运动的指示》。

10月23日，调整职工工资工作开始，州分配升级面365人，占9月底职工人数890人的41%，11月底基本搞完，从8月份补发了工资。

11月1日，经请示省委同意，第一批在尼巴、刀告两乡组织29人的青年参观团赴省内参加学习。

1964年

1月6日—20日，县委书记李培贤同志带工作组在城关镇上卓公社进行宣传学习中央"双十条"的试点。

1月16日—20日，召开全县农牧业生产先进集体、先进个人生产者代表座谈会，到会代表136人。

2月19日—22日，召开县委扩大会议，参加31人。会议传达贯彻了"中央关于加强学习，克服故步自封、骄傲自满的指示"。

4月1日，县委发出《关于在全县党员和干部中开展学习赵全同志忠心耿耿为党为人民工作的革命精神和艰苦朴素克己奉公的优良作风的决定》。

4月7日—10日，召开中国共产党卓尼县第三次代表大会，出席代表140名。会议选举出席州党代会代表45名。

4月11日，召开中共卓尼县三届一次全体委员会议，李培贤当选为书记，刘枢、秦维荣、史朝安当选为副书记。

5月21日，第二次人口普查工作开始。

6月中旬，召开卓尼县首次贫下中农代表大会，出席代表99名。会议选举产生了卓尼县贫下中农协会第一届委员会，刘枢（兼）当选为主席，雷森当选为副主席。

7月13日，经省计委批准投资19.5万元兴建麻（路）—尼（巴）公路。

9月7日，县委根据中央西北局和省、州委指示，研究决定抽调40名干部由李培贤同志带领参加夏河县阿木去乎乡社会主义教育试点。

12月7日，麻（路）—尼（巴）公路竣工通车，全长26.7公里。

12月，甘肃省确定卓尼县为半农半牧县。

1965年

2月21日—3月5日，召开四级干部会议，参加1199人（包括洮局所属干部281人）。会议传达学习了中央"二十三条"，讨论安排了1965年的各项任务。

3月5日，县委抽调史希贤等51名干部配合省州工作组，分赴洮砚、拉扎、大族、卡车、纳浪、多坝、木耳、那子卡、扎古录、恰盖、申藏、康多、杓哇、沙冒、完冒、城关镇进行面上社教。同时派工作组先后去申藏的俄藏队和尼巴乡的格拉公社进行了宣传。

7月26日，县委发出《关于进一步开展学习毛主席著作的安排意见》，要求把全县学习毛主席著作的群众运动推向一个新的高潮。

8月9日—19日，召开政协卓尼县第三届委员会第一次会议。陈国兴、杨道嘉、热旦加措当选为副主席。

8月10日—20日，召开卓尼县第六届人民代表大会第一次会议，出席代表101人。禹涉川当选为县长，高彦飞、韩蓬薪为副县长。李廷秀为县人民法院院长，选出出席州人代会代表50多名。

9月2日，县委批复由禹涉川、高彦飞、韩蓬薪、史朝安、刘裕金、肖俊林组成人委党组，禹涉川任书记，高彦飞任副书记。

9月15日，州委通知刘枢任卓尼县委书记，史朝安任副书记、常委。

11月15日—21日，召开全县农牧区"五好社队""五好干部""五好社员"代表会议，参加122人。

12月15—23日，召开首次农村党支部书记联席会议，参加95人，会议在总结工作的基础上，着重讨论了党的自身建设和政治思想工作。

1966年

2月17日，县委作出安排，在全县党员干部中开展学习焦裕禄同志英雄事迹活动。

4月1日，多坝乡并入木耳乡，乡址设多坝；那子卡乡并入阿子滩乡，乡址设古战川。全县共设1镇15乡。

5月6日，县委发出《关于开展政治与业务关系大辩论的安排意见》。

6月5日，卓尼数名小学教师创办的"砂砾社"诗刊被迫停刊为导火索，以此拉开了"文化大革命"运动在卓尼的序幕。

10月下旬至11月，县委、县人委和公检法等单位组织职工开垦荒地，为来年开展机关生产做了准备。

12月，以中小学教师为主，成立了"红十二团"。

1967年

1月28日，县委批转县武装部《军事管制方案》。从此，对公、检、法实行军管。

1968年

4月30日，经"甘肃省革命委员会"批准，成立了"卓尼县革命委员会"。

9月，多坝电站落成发电，装机容量450千瓦。

1969年

1月中旬，首批知识青年上山下乡。

2月，在木耳和沙冒后公社试点的基础上，全县开始分期分批划定农村、牧区阶级成分，年底完成任务。

3月10日，县办麻路"五七干校"开学，先后有200多名干部入学劳动。

8月19日，"县革命委员会整党办公室"成立。

12月中旬，甘南州麻风病疗养院在卓尼县西尼沟筹建成立，开始收治患者。

12月16日，经"州革命委员会"通知，刘枢同志为"县革命委员会"第一副主任、常委、委员。史朝安同志为"县革命委员会"常委。

1970年

11月5日，报经"州革命委员会"批准，调整了除新堡公社外的15个"公社革命委员会"领导班子。

18日，"县革命委员会"决定，政治部、生产指挥部和办公室下设10个组，并配备了正副组长。

12月25日，卓尼洮河大桥开工建设。

1971年

9月10日—13日，召开中国共产党卓尼县第四次代表大会。刘宗礼当选为县委书记，王玉玺、李青山当选为副书记。

12月12日，卓尼洮河大桥举行通车典礼。

1972年

1月下旬，县委派干部去尼巴公社尼巴大队进行党的基本路线教育，5月结束。

3月12日，临、卓两县搭界的洮砚桥动工修建，至10月1日竣工通车。

3月31日，中共甘南州委决定：从卓尼县城关、洮砚公社移民150人到扎古录、卡车公社定居，由国家补助安置费1万元。

5月4日，县委批复，"县革命委员会""三部一室"分别建立党委会。

7月17日—30日，由政治部主持先后在阿子滩、柏林、城关三地分片召开组织工作会议，重点讨论了党员教育发展、新党员和整顿基层党组织等问题。

1973年

6月22日，根据省委通知，高云翔、赵守德任县委副书记、"县革命委员会"副主任。

9月10日，成立"县革命委员会"知识青年上山下乡安置办公室。

1974年

2月17日—25日，"县革命委员会"在纳浪公社召开第五次全委扩大会议，会议通过了《关于在全县学习推广纳浪公社坚持党的基本路线，实现两年大变经验的决定》。

9月中旬，"县革命委员会"召开知识青年上山下乡工作会议。会议分析了全县知识青年上山下乡的形势，总结交流了经验。

10月14日，省、州委调整了卓尼县委、"县革命委员会"领导班子，高云翔任县委书记、"县革命委员会"主任，李国栋任县委副书记、"县革命委员会"副主任，包建荣、李治东任县委副书记。杨道尕、旦正甲、苏奴吉（女）任"县革命委员会"副主任。同时，免去刘宗礼、赵守德同志的职务。

10月19日，县委派工作队，在阿子滩公社进行路线教育。

12月27日，县委通知，成立"卓尼县农副公司"，蔡永晨任公司"革命委员会"主任，曲连喜、梁崇文任副主任。

1975年

1月20日—29日，召开全县四级干部会议。会议讨论制定了全县1975年国民经济计划。

2月15日，县委决定成立"卓尼县民兵指挥部"，李治东任总指挥，赵生文、王志俊、范瑞景、蒋如南任副总指挥，郭振华、马登峰、李扎什草、苏宪治为委员。

5月5日—14日，举办县、社、队三级领导干部和部分理论骨干共196人参加的理论学习班。

5月15日，县委决定，成立"卓尼县广播事业管理局"。

5月16日—22日，召开全县财贸战线"学理论、抓革命、促生产"经验交流会，会议在总结交流财贸工作经验的基础上，树立和表彰了11个先进集体，13个先进个人。

5月30日，成立县计划生育委员会。

9月1日，县委通知，设县委组织部、宣传部、统战部，撤销"县革命委员会"政治部、生产指挥部，保留县委、"县革命委员会办公室"。

11月15日，县委通知，成立卓尼县档案馆。

1976年

2月25日，车巴沟治河造地工程开工。将刀告乡盘桥大队当尕村东北的荒滩300余亩辟为良田，移民成立车巴新村。2月27日，县委派工作队在尼巴、扎古录进行路线教育，8月结束。

5月16日—18日，召开县委工作会议，讨论了在全县"掀起一个高潮，打好两个硬仗"的问题。

7月17日—21日，召开县委扩大会议，重点研究了搞好全县农村党的基本路线教育的问题。

8月6日，县委邀请工农知识青年代表"倒蹲点"，参加县委整风会议，评论县委。

8月6日—17日，召开全县教育工作会议。会议期间参观学习了临潭一中实行开门办学的经验，集中讨论了搞好教育革命、抓好普及教育、加强教师队伍建设等问题。

10月10日，县委派工作队在城关、卡车进行路线教育。10月22日，全县各地举行游行和集会，热烈庆祝党中央粉碎"四人帮"反革命集团的伟大胜利。

11月18—21日，召开县委工作会议，会议分析了全县农牧业生产形势，安排了开展揭批"四人帮"群众运动和各项工作。

12月6日，卓尼洮河大桥竣工，全长154.4米，高12.24米，宽7米，为五孔双曲拱桥，总造价55.6万元。

12月10日—27日，全国第二次农业学大寨会议在北京召开，县委副书记包建荣参加了这次会议。

1977年

1月，州委派工作队在完冒、阿子滩、申藏三社进行路线教育。

1月8日—14日，召开全县四级干部会议，会议宣布，纳浪公社和木耳公社的秋古大队，尼巴公社的格拉大队基本建成大寨式社队。

2月22日，卓尼县纳浪公社被命名为"全州大寨式公社"。

4月下旬，由于推行早播，违背自然规律，全县普遍出现春小麦缺苗现象。

5月12日，州委派工作组在卓尼县委机关和燃料公司进行整党整风试点。

1978年

1月19日，州委通知，刘肇雄调任卓尼县委副书记。

1月14日，县委发出《关于开展"双打"运动的安排意见》，要求把"双打"运动同学大庆、学大寨，普及大庆式企业、普及大寨县的群众运动紧密结合起来，形成统一的群众运动。

1月16日，县委发出宣传、学习全国五届人大会精神的通知。

1月27日，成立县委落实干部政策办公室，由张维敏、刘裕金、马登峰负责，全面开展落实党的干部政策。

4月1日，县委决定，成立车巴沟公安派出所。

4月15日，州委联合工作组对纳浪公社农业学大寨的情况进行了检查验收。为此，经县委研究，纳浪公社由大寨式公社降为学大寨的先进公社。

7月15日，县委批转县委调查组关于《刀告公社落实湘乡县经验的调查报告》。"报告"反映，刀告公社在7个方面存在着农牧民负担不合理的问题。

7月28日，县委决定成立卓尼县第二中学（校址设麻路）、第三中学（校址设新堡）。原卓尼中学同时改称卓尼县第一中学。

9月7日，全县发生洪灾，淹没农田8561亩，毁坏水渠19条，桥梁27座，河堤178.2米，输电线路9.5公里，变压器6台，通信线路7.5公里，死亡3人，冲走粮食155万斤，饲料8万斤，受灾面积达121个生产队，3800户，20058人，直接损失达165万元。

9月，申藏人民公社在甘肃省第五届运动会上获"群众体育先进单位"称号。

11月11日，县委、"县革命委员会"决定，树立刀告公社龙多大队合作医疗站为先进集体，次正、刘建礼、金杰道草、李象景为先进个人。

11月12日，县委发出《关于开展实践是检验真理的标准问题学习和讨论的通知》。

11月20日—24日，召开县委扩大会议，传达了州委揭批"四人帮"运动和落实党的干部政策汇报会议精神，总结和部署了全县落实中央两个文件（37号、42号）、落实干部政策、"双打"运动和农牧业生产工作。

11月23日，县委宣布对"砂砾社"彻底平反，原组织处理"砂砾社"成员所形成的全部材料，当众烧毁。

11月29日，县委召开全县干部职工大会，为在"文革"期间被打成"黑帮"的"砂砾社"及其成员宣布彻底平反。

12月24日，党政正式分家，原县委、"县革命委员会办公室"分设。

1979年

1月6日—10日，中国共产党卓尼县第五次代表大会召开，出席代表224人，高云翔当选为县委书记，刘肇雄、杨积德当选为副书记。刘肇雄兼任纪委书记，魏尚武、贺芝瑞当选为副书记。

1月中旬，设立了中共卓尼县纪律检查委员会。

1月10日，县委发出宣传、学习党的十一届三中全会公报的通知。

5月4日—9日，召开政协卓尼县第四届委员会第一次会议。高云翔

（兼）当选为政协主席，杨道嘉、热旦加措、赵全、杨佐清当选为副主席。统战部部长刘裕金当选为秘书长。

5月6日—10日，卓尼县第八届人民代表大会第一次会议召开。杨积德当选为"县革命委员会"主任，李治东、张福海、胡国鼎、旦正甲当选为副主任。选举梁治林为县法院院长，张国祥为县检察院检察长。

6月22日开始（农历六月初四至初十），举行物资交流大会。

6月26日，县委通知，恢复县计划生育办公室，莫润娥任主任。

6月28日，县委批复，原卓尼县建设银行办事处改为卓尼县建设银行。

7月19日，县委、"县革命委员会"联合发出计划生育工作的安排意见，要求把全县人口自然增长率降低到11‰（机关单位6‰）。

7月30日，县委、"县革命委员会"联合发出《关于划分作业组中一些具体问题的意见（试行稿）》。

7月31日，县委批复恢复北山公安派出所，地址设恰盖。

11月15日，县委批复，恢复卓尼县农业银行。

11月20日，卓尼县第一座10W小功率电视差转台在朱围山开机试播，并于1980年1月15日举行了开机典礼。

1980年

1月4日，县委批复，恢复卓尼县统计局，成立卓尼县民族宗教事务局。

2月28日，县委批复，卓尼县供销社和农副公司分设，卓尼农科所改称卓尼县农业技术推广站。

3月18日，县委批复，恢复卓尼县公安局党委；恢复卓尼县人民法院党组；成立卓尼县档案管理局，与县档案馆合署办公；成立卓尼县信访办、卓尼县药政局、卓尼县文艺工作队。

4月14日，州委通知，卢兴业、史希贤提任卓尼"县革命委员会"副主任。

6月13日—17日，召开政协卓尼县第四届委员会第二次会议，刘肇雄当选为政协卓尼县第四届委员会主席。

6月30日，州委通知，刘肇雄任卓尼县委书记，卢良才、旦正甲任副书记。

7月3日，州委通知，杨茂春任卓尼"县革命委员会"副主任，景丹珠、段经天、陈维邦提任"县革命委员会"副主任。

7月9日，省委书记宋平来卓尼视察工作。

7月30日，县委通知，在申藏公社下甘藏生产队开设伊斯兰教活动点；"卓尼县科技局"改为"科学技术委员会"；成立卓尼县科学技术普及协会，与县科委一套人马，两个牌子；成立卓尼县草山管理委员会。

9月18日，县委、"县革命委员会"发出《关于县级直接选举工作的安排意见》，要求全县工作从9月6日开始，12月20日结束。从此，全县每三年换届选举形成制度。

10月19日，州委通知，孙维杰任卓尼县委副书记。

11月1日，县委通知，成立卓尼县科学技术职称评定委员会、卓尼县地名普查领导小组、卓尼县城镇待业人员安置领导小组。

11月8日，县委通知，成立卓尼县司法局。

11月10日—15日，县委召开各公社书记会议，专门总结和部署了进一步在全县半农半牧和牧区全面落实生产责任制的问题。会后组织5个工作组到尼巴、完冒、恰盖、刀告和康多公社进行调查研究。

11月15日，禅定寺和贡巴寺开放，核定禅定寺入寺僧人不超过30人，贡巴寺入寺僧人不超过20人。

是年，根据放宽政策的精神，全县实行生产责任制，牧业上允许社员不限数量饲养大牲畜，经营管理上实行"两定一奖"的责任制。在尼巴、完冒、恰盖三个纯牧业公社和康多公社的卡围大队共69个生产队，划畜群作业组1250个。在农业上推行生产责任制的形式有4种：实行联产计酬、超产奖励责任制的195个生产队，466个作业组；实行大包大干到组的113个生产队，582个作业组；以生产队作业，不分组的168个队；实行责任田大包大干到户的17个生产队。

1981年

1月8日，县委向甘南州委提交了《关于牧区、半农半牧区落实生产责任制的情况》。报告提出，尼巴、恰盖、完冒、康多、刀告等5个公社的22个大队98个生产队中，经群众充分酝酿，确定21个大队、97个生产队实行大包干到户的生产责任制，1个大队、2个生产队实行专业承包、联产计酬的责任制。

1月23日，县委批复，开放恰盖、康多、杓哇、白石崖等4个藏传佛教寺院。

是月，"公社革命委员会"改称"管理委员会"。

2月25日，县委通知，成立卓尼县佛教协会，热旦加措被聘为名誉会长，宗周加措任会长，陈香巴、梁高超、余赛外任副会长。

2月26日，县委通知，成立卓尼县药政局。

3月5日—10日，召开卓尼县第九届人民代表大会第一次会议。选举张福海为县人大常委会主任，蒙俊臣、韩培德为副主任；选举杨积德为县长，景丹珠、李生秀、史希贤、陈维帮为副县长；选举陆聚贤为县法院院长，武光辉为县检察院检察长。

3月10日，撤销"县革命委员会"，成立卓尼县人民政府。撤销"卓尼县革命委员会"党组，设立县人大党组和县政府党组。

3月14日—21日，召开政协卓尼县第五届委员会第一次会议，胡国鼎当选为主席，杨茂春、热旦加措、刘裕金、赵全、杨佐清、安尼麻当选为副主席。康克明（兼）当选为秘书长。

是月，全县有92个（共93个）牧业生产队实行包干到户生产责任制。

4月17日，县委批复，成立卓尼县劳动人事局和卓尼县工商行政管理局。

4月28日，县委批复，成立县委农村工作部。

5月15日—22日，召开卓尼县第一次佛协代表会议，会议选举热旦加措为会长，安尼麻、宗周加措、陈香巴为副会长。

5月21日，兰州军区政治委员、甘肃省委书记肖华来卓尼视察工作，对卓尼牧业生产推行大包干到户生产责任制表示赞赏和支持。

5月26日，县委通知，成立党史资料征集小组。

6月13日—25日，省委民族政策执行情况检查团甘南分团来卓尼检查工作。

6月15日，卓尼县委向甘肃省委办公厅报送了《落实生产责任制情况》的报告。报告着重汇报了全县牧区、半农半牧区，对各类牲畜折合羊单位，按人头分摊、合理搭配、包干到户的具体做法。

8月17日—21日，县委召开工作会议，传达省委召开的地县书记会议精神。

8月30日，卓尼、夏河两县历史遗留的扎尕梁草山纠纷案终获解决。

9月16日，州委通知，李明辉任县委常委。

10月9日，县委通知，成立卓尼县委财贸部和卓尼县人民政府财贸办公室，两个机构合署办公。

12月18日，州委通知，杜世昌提任卓尼县副县长。

1982年

1月7日，县委批复，开放大扎寺宗教活动点。

3月2日，县委批复，撤销农牧局，成立农林局、畜牧局。

3月3日，县委通知，恢复卓尼县编制委员会。

3月5日，县委、县政府召开卓尼城关地区全民文明礼貌月活动动员大会，800多人参会。文明礼貌月活动在继续提倡"五讲四美"的基础上，增加"三热爱""四提倡""四反对"的新内容。

4月18日—21日，县委召开人口普查工作会议。

5月10日—12日，全县出现晚春寒潮，使全县大牲畜死损2734头，羊死损8647只，正值花期的果类绝收。

6月10日—12日，召开共青团卓尼县第七次代表大会。

6月23日，县委通知，卓尼县人大常委会下设办公室、财经科、法制科、文卫科等工作机构。

6月29日，县委批复，开放扎古录公社雅路寺、完冒公社沙冒寺、康木车红教寺、木耳公社旗布寺、洮砚公社石门寺、康多公社多玛寺等藏传佛教寺院。

10月10日，全国人民代表大会常务委员会副委员长、全国佛教协会名誉会长班禅额尔德尼·确吉坚赞一行13人，在省、州领导的陪同下来卓尼视察，受到各族群众和机关干部、工人、学生的夹道欢迎，并在禅定寺、贡巴寺等寺院举行了佛事活动。

11月30日—12月6日，召开政协卓尼县第五届委员会第二次会议。

12月31日，县委通知，成立卓尼县麻路林场，接管洮河林业局移交的车巴林场辖区内河阴坡面林地面积12990亩，总蓄积66734立方米的经营管理。

是年，经省人民政府批准，划定卓尼县属郭扎沟为紫果云杉自然保护区，面积37635亩。

1983年

3月27日，县委派工作组在木耳公社七车大队占占村进行"军民共建"社会主义精神文明的试点工作。

4月7日，县委通知，增补柴有栋同志为县人大常委会党组成员，并任党组副书记。

4月12日—16日，召开全县新闻工作会议，总结了全县近两年的新闻工作，提出了今后一段时间新闻工作的任务和报道重点。

4月29日，县委通知，成立卓尼县委党史资料征编办公室。

5月27日—30日，召开卓尼县第五届妇女代表大会。

6月10日，县委批复，开放雅当寺和知智寺。

6月7日—11日，召开全县教育工作会议，贯彻中共中央、国务院《关于加强和改革农村学校教育若干问题的通知》精神，研究如何开创我县教育工作新局面的问题。

8月21日，公检法统一行动，严厉打击现行犯罪分子。

10月22日，根据州委通知，调整了卓尼县党政领导班子。旦正甲任卓尼县委书记，景丹珠、杨濯汉、段经天任副书记；张福海任中共卓尼县纪律检查委员会书记；景丹珠任卓尼县县长，陈维邦、韩培德、张乃桐、杨正任副县长；卢良才任卓尼县人大常委会主任，蒙俊臣、李生秀、孙维杰、柴有栋任人大常委会副主任。

11月25日，经州委批准，卓尼县党政设置如下机构。

①县委工作部门设：办公室、组织部、宣传部、统战部、农村工作部、政法委员会。

②政府工作部门设：办公室、经济计划委员会、科学技术委员会、体育运动委员会、计划生育委员会、统计局、劳动人事局、民政局、司法

局、公安局、农林局、畜牧局、水利电力局、工业交通局、审计局、财政局、税务局、粮食局、商业局、工商行政管理局、文化教育局、卫生局、宗教事务局。

③按照党章规定设置：中共卓尼县纪律检查委员会。

④人民群众团体设：卓尼县总工会、共青团卓尼县委、卓尼县妇女联合会。

⑤按照《宪法》规定，设卓尼县人大常委会、政协卓尼县委员会、卓尼县人民法院、卓尼县人民检察院。

12月3日，县委通知，原卓尼县供销社改为"卓尼县供销合作联合社"。

12月27日，县委通知，成立中共卓尼县委政法委员会。

12月，根据《地方组织法》和《选举法》规定，撤销人民公社，建立乡（镇）人民政府。

1984年

1月6日—12日，召开政协卓尼县第六届委员会第一次会议。胡国鼎当选为主席，刘裕金、热旦加措、杨茂春、杨佐清、安尼玛当选为副主席，杨克智当选为秘书长。

1月7日—12日，卓尼县第十届人民代表大会第一次会议召开，卢良才当选为县人大常委会主任，蒙俊臣、李生秀、孙维杰、柴有栋当选为副主任；景丹珠当选为卓尼县县长，陈维帮、韩培德、张乃桐、杨正当选为副县长。选举刘贵金为县法院院长，武光辉为县检察院检察长。

2月28日，县委、县政府召开开展"五讲四美三热爱""全县文明礼貌月"活动广播动员大会。

3月，县委通知，成立卓尼县信访办。

4月4日—7日，召开中国共产党卓尼县第六次代表大会，旦正甲当选为县委书记，景丹珠、吴连有、杨濯汉、段经天当选为县委副书记；张福海当选为纪律检查委员会书记。

5月9日—11日，召开全县纪律检查工作会议，参加58人。传达了中纪委和省、州纪律检查工作会议精神，研究了全县实现党风明显好转和根本好转的任务、要求和措施。

5月25日—31日，县委、县政府召开全县农村工作会议。会议首先传达了全州牧区草场承包工作会议精神，讨论了全县草场承包问题；讨论了进一步清除"左"的影响，解放思想，落实政策，积极引导，鼓励和扶持农牧民努力提高生产力水平，发展商品生产，治穷致富，在1988年实现三个（工、农、牧业总产值和社员人均收入）翻一番的问题。

6月9日—7月17日，县委副书记段经天带工作组14人，在恰盖乡进行草场承包试点。

9月，县人大常委会增设法制、民族、财经、文卫四科。

10月12日—15日，召开全县首次勤劳致富先进集体、先进个人代表大会，分别授予申藏乡大族村民小组、完冒乡沙冒后村委会、城关砖瓦厂等3个单位为勤劳致富"先进集体"称号，同时授予中国农业银行卓尼县支行多坝营业所为扶持"两户"治穷致富"先进集体单位"称号，授予孟学胜等31人勤劳致富"先进个人"称号。

10月，经国务院批准，新堡乡更名为藏巴哇乡。

1985年

4月1日，甘南州委通知，史希贤调任卓尼县委常委、纪检委书记。

4月，在省、州广播电视部门的支持下，在县城朱圉山开通了发射功率为50瓦的无线调频广播台，并架设了高75米的信号发射铁塔，开创了卓尼无线广播事业的先例。

4月24日—29日，召开政协卓尼县第六届委员会第二次会议。

4月25日—29日，召开卓尼县第十届人民代表大会第二次会议，选举了卓尼县林区基层法院院长。

6月13日，成立中共卓尼县委整党指挥小组，并于7月17日开始在县直机关单位进行全面整党，历时半年。

9月10日，县委、县政府发出《关于表彰奖励全县民族教育先进集体、先进个人的决定》，对在为民族教育事业的发展取得优异成绩的王爱菊等10名先进个人给予表彰奖励；对恰盖乡党委等8个先进集体和汪玉兰等18名先进个人予以表扬。

12月，州歌舞团与卓尼县文工队联合编排的6场大型藏族舞剧《顿月顿珠》参加全省戏剧调演。

1986年

1月9日，甘南州委通知，蒙炯明任卓尼县委书记，赵永昌提任县委副书记。

1月13日，州委通知，代定产任卓尼县副县长。

3月21日，县委、县政府做出《关于兑现1985年经济责任书的决定》，对基本完成各项经济指标的刀告、卡车、康多三乡书记、乡长给予二等奖（250—200元），尼巴、扎古录两乡书记、乡长给予三等奖（180—150元），对完成单项经济指标的柏林、洮砚、木耳三乡书记、乡长给予单项奖（120－150元），对基本完成经济责任书的税务局、乡镇企业管理局局长各发300元奖金。对没有完成任务的藏巴哇乡书记、乡长各罚60元。

3月25日—27日，召开中国共产党卓尼县第七次代表大会，包建荣当选为县委书记，赵德臣、段经天、严肃成当选为县委副书记；朱发祥当选为纪律检查委员会书记，杨述炯、张维敏当选为纪律检查委员会副书记。

3月31日，县委、县政府发出《关于全县贫困地区扶贫工作的安排意见》，为加快贫困地区的经济发展，尽快解决群众的温饱问题，提出坚决贯彻落实省、州委提出的"三年吃饱，五年温饱"的指导思想，要求从1986年起，每年要有1/3的村或户人均纯收入达到200元（包括500斤粮食），解决吃饱问题。

4月10日，县委、县政府发出《关于1986年工作安排意见》，提出工农业总产值争取达到2459万元，农牧民人均纯收入达到245元。

4月28日—5月2日，召开卓尼县第十届人民代表大会第三次会议。

5月5日，甘南州委通知，史希贤任县人大常委会副主任。

5月10日，据民政厅复字〔1986〕7号批复和州人民政府发〔1986〕32号通知，城关镇更名为柳林镇。

6月，根据中发〔1986〕5号文件规定，将中国人民解放军卓尼县人民武装部改归地方建制，称甘肃省卓尼县人民武装部。

是月，成立卓尼县区划办公室和卓尼县扶贫办公室。

7月25日，甘南州委通知，李志英任卓尼县委常委。

8月14日，县委发出《关于表彰党风工作先进集体（先进支部）、优秀党员的决定》，对全县在整党、端正党风工作中做出成绩的纳浪乡党委等6个先进集体和杨濯汉等20名优秀党员给予表彰和奖励。

8月21日—23日，召开政协卓尼县第六届委员会第三次会议。

10月25日，成立杓哇土族乡人民政府。

11月8日，甘南州委通知，包建荣任卓尼县委书记，赵德臣、严肃成任副书记，杨正、王珍任县委常委。

11月，卓尼县卫星电视地面接收站建成开通。

1987年

3月4日，县委通知，首批提升后永昌等11名同志为主任科员，高文龙等87名同志为副主任科员。

3月25日—27日，中国共产党卓尼县第七次代表大会召开，包建荣当选为县委书记，赵德臣、严肃成当选为副书记，选出县委常委7名，朱发祥当选为县纪律检查委员会书记。

4月4日—15日，召开政协卓尼县第七届委员会第一次会议。胡国鼎当选为主席，刘裕金、热旦加措、安尼玛当选为副主席，统战部部长杨金智当选为秘书长。

4月10日—13日，召开卓尼县第十一届人民代表大会第一次会议，史希贤当选为县人大常委会主任，孙维杰、李自清、杨世英当选为副主任；选举杨正为县长，代定产、李生枝、梁崇文、杨士鸿为副县长。选举何克敏为县法院院长，杨春景为县检察院检察长。

是月，卓尼县人民法院和卓尼县人民检察院升格。

是月，撤销县人大常委会下设的法制、民族、财经、文卫四个科。

5月，卓尼县遭受了历史上罕见的特大洪灾，造成直接经济损失达48.7万元。县城大街小巷淤泥堆积达6800平方米，粮站、医院、银行等单位全被水淹，死8人，伤64人，牲畜死损6243头（匹、只），倒塌房屋3939间。

5月7日，县委、县政府发出《关于继续抓紧抓好计划生育工作的通知》，要求各级党政要加强对计划生育工作的领导，切实把计划生育工作摆到重要议事日程，抓紧抓好，千万不能放松，为确保今人口计划的完成，做出积极努力。

5月10日，卓尼县科学技术协会成立。

是月，恢复卓尼县地震办公室。

8月7日，"35174"部队一等功臣杨晓红烈士的骨灰送到卓尼。随即，县委、县政府作出了《关于深入开展向英雄烈士学习的决定》。

9月1日，县居民身份证办公室与县城建局联合为县城规划道路统一命名。

10月，卓尼县地方史志编委会成立，下设办公室，并抽调三人率先进行筹备工作。

1988年

1月，县科委在实施县列"塑料大棚种植蔬菜"项目中选定了74户重点培训试验种植。

2月4日下午2时左右，木耳沟下磨湾发生山火，烧毁森林面积达200余亩。晚8时，叶儿沟又发生山火，火毁面积达20亩。

3月4日，县委、县政府发出《关于实行县、乡两级干部岗位责任制（试行稿）的决定》。从德、能、勤三方面对干部职工进行考核。

3月8日，县委通知，撤销县委农村工作部。

3月9日，县委通知，县档案馆移交县政府，与档案局合署办公，两个牌子，一套人员。

3月10日，卓尼县刀告乡个体运输户班地牙，被选为全国人大代表，参加了在北京召开的第七届全国人民代表大会第一次会议。

3月19日—22日，召开全县文化教育工作会议。

3月24日—28日，召开政协卓尼县第七届委员会第二次会议。

3月25日—29日，召开卓尼县第十一届人民代表大会第二次会议。

4月25日—29日，召开卓尼县第十一届人民代表大会第二次会议，选举产生了出席甘南州第十届人民代表大会代表。

5月1日—3日，召开卓尼县佛教协会第二届代表大会，选举产生了县佛协第二届理事会：名誉会长杨丹珠，会长热旦加措，副会长宗周加措、安尼玛、陈香巴、吴森，秘书长尕藏加措。

7月1日，在县城古雅川召开肋巴佛烈士纪念亭落成典礼和骨灰安葬仪式大会，省上领导杨植霖、马祖灵、嘉木样、邢树义、甘南州领导旦正甲、马登昆和临夏州、平凉地区等地的有关部门负责同志参加了会议，并送来挽幛和锦旗。

7月3日—9日，省佛协考察组嘉木样、热旦加措、融开法师等来卓尼县，先后考察了禅定寺、牙路寺、白石寺、贡巴寺、沙冒寺等5个寺院，宣传了党的宗教政策。

7月6日夏令时20时10分，卓尼县城突降暴雨，持续30分钟，降雨量达60毫米，顷刻间洪水流量每秒达114平方米。上卓沟洪峰量最高达每秒150—160平方米，洪水挟带大量砂石，摧毁正在修筑的排洪道，冲入县城各街道、政府机关和居民住宅，县城顿时成了积水潭。这场暴雨使上卓沟、冰角沟、绍藏沟爆发泥石流，造成41人死亡，损失大牲畜684头（匹），冲毁房屋483间，造成危房1124间，264人无家可归，农作物受灾3万余亩，冲走粮食18万公斤，泥水浸泡损失粮油近35万公斤，冲走汽车、拖拉机12台，冲走木材225立方米，冲毁公路5.7公里，中断水电和电信交通，毁坏排洪工程设施，直接经济损失达675万元。同时，完冒、卡车、阿子滩、大族等乡部分村庄亦遭到雹灾和洪水袭击，大族乡被洪水冲走1人。水灾后动员全县职工、干部，经过一个月苦战，到8月5日基本完成清理泥沙的任务，灾后省州和兄弟县给予了无偿援助，共收到捐集人民币37289.75元，粮票8545.5斤，面粉2000斤，粮食50000斤，水泥40吨，衣物7231件，被褥472床，鞋袜102双。

7月9日，扎古录乡遭受冰雹、洪水袭击。

是月，日本政府给遭受洪水袭击的临卓两县捐赠救灾款15万美元（折合人民币56万元），用以维修倒塌的灾民房屋。

8月6日，县委、县政府发出《关于开展非农业用地清查工作的安排》。

8月13日，卓尼县抽调200名干部，首先在柳林镇、完冒乡和木耳乡的木耳村、叶儿村试点的基础上，对全县非农业用地进行了全面清理，清查工作将于10月20日结束。

8月20日，台胞、台"青年党"中央委员李锦春到卓尼探访学友陆聚贤。

9月7日，县委、县政府发出《关于表彰在抗洪救灾中做出突出成绩的先进集体和先进个人的决定》，决定授予县人行梁建伟等36名同志"抗洪救灾先进个人"光荣称号，授予县人武部等12个单位和部门"抗洪救灾先进集体"光荣称号。

9月15日，县委通知，设立县委政策研究室。

9月16日，县委、县政府发出《关于党政机关必须保持廉洁的决定》，要求各级党组织要在党政机关廉洁上让广大群众监督，严格党的组织、思想、作风建设，充分发扬和行使民主权利，增强党政机关工作的透明度，及时发现和解决不廉洁问题。

10月6日，县委通知，杨志红任县委书记，王化国任县委副书记，康尔寿提任县委副书记。

11月，加拿大驻华大使鄂毕先生和夫人莱克女士，从大使基金中给完冒小学捐赠人民币25783元。完冒小学用这笔款购置了拖拉机、教学仪器、图书图片、体育器材、乐器、医疗器械及药品等。

12月1日，县委组织部、县劳动人事局发出《关于抓紧落实县、乡两级干部岗位责任制奖惩兑现的通知》，要求各乡（镇）、各单位、各部门根据德、绩、勤三方面认真抓紧进行考核奖惩兑现。

12月5日，卓尼县第一所乡（镇）党校在扎古录乡成立。

1989年

4月23日—27日，召开政协卓尼县第七届委员会第三次会议，补选梁学文为第七届委员会副主席。

4月24日—28日，召开卓尼县第十一届人民代表大会第三次会议。

6月5日夏令时21时10分，卓尼城关地区突降暴雨，持续约20分钟，降雨量达40.6毫米，卡石山沟、古雅川沟、木耳沟、叶儿沟山洪暴发，造成1人死亡，全城停电、停水，人畜伤亡，房屋倒塌，交通阻塞。

8月，省电视台摄制组一行40余人，在车巴沟贡巴寺附近拍摄《肋巴佛传奇》电视剧外景。

10月20日，县柏林粮点工程竣工，该工程是实行民办公助、集资办点的，在卓尼粮食建设史上尚属首次。

是年，卓尼县看守所荣获省公安厅"百日安全无事故奖"。

1990年

2月15日—18日，中国共产党卓尼县第八次代表大会召开，杨志红当选为县委书记，李生枝、王化国、朱发祥、康尔寿当选为县委副书记；毛育林当选为县纪律检查委员会书记。

2月23日—27日，政协卓尼县第八届委员会第一次会议召开。杨志红当选为主席，梁崇文、安尼玛、肖维扬、宗周加措当选为副主席，杨克智当选为秘书长。

2月23日—28日，卓尼县第十二届人民代表大会第一次会议召开。史希贤当选为县人大常委会主任，孙维杰、杨世荣、杨志新、朱梅荣为副主任；李生枝当选为县长，杨春景、徐登、常根柱为副县长；选举邱建义为县法院院长，张新民为县检察院检察长。

4月，甘肃省人大常委会主任许飞青等一行到卓尼，对乡（镇）人大主席团及常务主席的工作等问题进行了视察。

7月28日—31日，以西藏自治区政协副主席多杰扎·江白罗桑活佛为团长，益西旺秋为副团长，策墨林·单增赤列活佛为秘书长的西藏代表团一行22人到卓尼考察指导工作。

8月9日，根据国家建设三个"一点"（国家投资一点，地方政府拿一点，群众集资一点）的精神，全县干部职工、离、退休人员、城镇居民、干部职工家属和牧民群众按照各自的收入情况，为多架山电站建设集资500万元。

12月，由县委组织部、党史办、档案馆组织人员，经过3年多时间汇编的《中国共产党甘肃省卓尼县组织史资料》问世。

是年，团县委、县税务局、县工商局、县个体劳动者协会荣获国家税务局、团中央"全国个体工商户税法宣传普及教育活动最佳组织奖"。

是年，柳林小学被省委、省政府评为"全省教育系统先进集体"。

是年，团县委、柳林小学少先大队部、藏族小学第五中队被团省委、省教委、省少工委评为"甘肃省学赖宁组织奖""学赖宁红旗大队"和"学赖宁红旗中队"。

是年，中国农业银行卓尼县支行麻路营业所被省农行评为"全省金融先进单位"。

是年，恰盖乡在国家投资66.4万元的条件下，自筹14万元，经过三年的努力，架设10千伏高压农电线路67公里，低压线路23公里，安装变压器23台，于10月实现了全乡通电。

1991年

1月4日，经政协卓尼县八届三次会议讨论决定，设立政协民族宗教、文史资料、学习提案三个委员会。

1月12日，卓尼县土地局被甘肃省土地局授予"土地管理先进单位"；恰盖乡被甘肃省土地局授予"土地管理先进乡"，副局长包新天被甘肃省土地局授予"土地管理先进工作者"。

1月21日—26日，召开政协卓尼县第八届委员会第二次全体委员会议。

4月20日—28日，召开卓尼县第十二届人民代表大会第二次会议。

是月，政协文史资料委员会出版了《卓尼文史资料》第三辑，计18篇，8万余字，印刷2000册。

5月7日，成立了卓尼县社会治安综合治理委员会，下设办公室，与县委政法委合署办公。

6月5日，卓尼县恰盖寺院发生特大盗窃案。寺院大经堂内第一世恰盖佛灵塔室陈列的10件珍贵文物被盗，价值1.38万元，案犯于12月17日在西藏拉萨市被抓获。

7月2日，政协卓尼县委员会向卓尼县委提交了《关于建立古雅山小型自然保护区的建议案》。

8月6日—7日，甘肃省委书记顾金池视察了卓尼县扎古录乡录日岔村、麻路村和卡车乡大力村。

是月，正式开通卓尼县城柳林镇至扎古录乡的客运线路，每日由县城至麻路往返发车1次。

是年，中国农业银行卓尼县支行麻路营业所职工杨才让被农总行授予"全国扶贫先进个人"，被农行甘肃省分行授予"甘肃省金融标兵"。

1992年

1月20日，卓尼县政府批复成立卡车、扎古录农林区站及阿子滩农林区站。

3月21日，全州土地管理工作会议上，卓尼县土地管理局被授予"土地管理工作先进单位"。

4月29日—5月5日，召开卓尼县第十二届人民代表大会第三次会议，出席代表121名。

4月30日—5月5日，召开政协卓尼县第八届委员会第三次会议。

5月9日，甘南、定西两地（州）在定西召开了第一次两地（州）联合勘界工作会议，经卓尼县和渭源县、漳县、岷县与会人员共同核定，取得认线一致边界线68千米，占全长123千米的55％。

8月18日，多加山电站举行开工庆典，甘肃省委副书记卢克俭、省民委主任杨应忠、甘南州委书记赫洪涛参加了庆典仪式。

10月17日（农历九月二十二日），禅定寺举行了第五世古雅仓·洛藏·爱周加措活佛坐床仪式。

12月23日，甘肃省人大常委会副主任杨复兴为奖励卓尼县优秀学生，捐赠人民币6000元。

12月31日—1993年1月6日，政协卓尼县第九届委员会第一次会议召开。梁崇文当选为政协主席，安尼玛、宗周加措、吴月梅（女）为副主席，杨克智为秘书长。

1993年

1月1日—7日，召开卓尼县第十三届人民代表大会第一次会议，选举孙维杰、杨志新、朱梅英、杨克智为人大副主任；徐登当选为县长，万德扎西、刘培春、杨自才、马建功当选为副县长。邱建义当选为县法院院长，张新民当选为县检察院检察长。

1月5日，出席政协卓尼县第九届委员会第一次会议的委员到多架山电站工地进行视察。

3月10日，在甘南州土地管理工作会议上，授予卓尼县土地管理局"土地管理先进单位"称号。

7月，卓尼县农技站、农林站、林业站合并为卓尼县林业工作站。

10月，政协文史资料委员会出版了《卓尼文史资料》第四辑，合计16篇，约12万字，印刷1000册。

10月29日，甘肃省政府表彰全省土地管理先进单位，卓尼县政府荣获"土地管理先进县"称号。

是年，在甘肃省第三届残运会上，卓尼县肢残青年宁旦巴荣获青年男子组标枪第二名，获银牌1枚。

是年，建成卓尼县第一个敬老院——柳林镇敬老院，供养"五保"老人6人。

1994年

1月10日，甘南州土地局对上年度土地管理目标责任制工作中取得优异成绩的卓尼县土管局予以表彰奖励。

4月20日—28日，召开卓尼县第十三届人民代表大会第二次会议，会议补选康尔寿为县人大常委会主任。

4月21日—25日，召开了政协卓尼县第九届委员会第二次会议。会议改选杨克智为政协主席，拉目道吉为秘书长。

4月25日—27日，甘南州委书记郝洪涛在卓尼县现场办公，先后视察了卓尼县风味食品厂、地毯厂、多架山电站。

5月28日，甘南雪羚交通实业集团有限责任公司第一届股东代表大会召开，卓尼县通安运输公司经理曲通安当选公司副董事长。

7月，农工民主党甘肃省委组织医疗专家来卓尼行医，对260多名干部职工和农牧民开展了医疗咨询服务。

8月2日，申藏乡旦藏村，完冒乡出纳、俄化村，阿子滩乡下板藏、足子村，恰盖乡脑索村，刀告乡英加山村遭受历年罕见的特大雹灾。

9月25日21时30分，卓尼县柳林镇禅定寺闻思院经堂失火，烧毁建筑、文物、宗教用品价值280万余元。

是月，恢复卓尼县工商联合会。

11月，卓尼县8乡（镇）发生"流行性出血热"疫情，全年有173人染病，其中5人死亡。

是月，《卓尼县志》出版，该书约120万字，印数2000册，是甘南州最早公开出版发行的一部县志。

是年，卓尼县城镇地籍调查成果资料通过了省级评价验收。

1995年

3月18日—26日，卓尼县第十三届人民代表大会第三次会议召开，会议补选张振国、卢芳莲为县人大常委会副主任。

3月19日—22日，召开政协卓尼县第九届委员会第三次会议。

4月21日—23日，甘南州州长杨镇刚来卓尼县调研。

4月30日，多架山电站举行竣工庆典，甘肃省人大咨询员杨复兴、甘南州州长杨镇刚等为电站运行发电剪彩。

是月，引进天水中新矿产品经销公司，投资兴办了下拉地选矿厂。

是月，卓尼县土地管理局局长李志杰获省土地局授予的"土地管理宣传工作先进个人"称号。

5月16日，卓尼县委、县政府作出《关于实施科教兴县战略的决定》。

5月19日，甘肃省委常委、统战部部长牟本理等一行莅临卓尼视察。

5月23日—26日，林业部西北林业调查规划设计院检查组对卓尼县1994年人工造林进行了核查。

是月，国家土地局授予卓尼县土地局职工金世荣同志土地估价应用成果"二等奖"。

7月，卓尼县青稞酒厂开始筹建。

7月，甘肃省土地局授予卓尼县藏巴哇乡"省级三无乡镇"称号。

是月，私营企业卓尼县硅铁厂开始筹建，1996年正式投产。

9月底，纳浪乡、阿子滩乡普及了初等义务教育，实现了建县以来普及初等义务教育零的突破。

10月18日，卓尼县尼巴乡尼巴村与江车村因木材问题发生械斗，造成死亡6人、伤亡28人的流血事件。

11月6日，甘肃省政协副主席嘉木样·洛桑久美·图丹却吉尼玛莅临恰盖乡恰盖寺视察。

是年，甘肃省人大咨询员杨复兴为柳林小学捐赠5000元。

是年，基础教育工作按照"分类指导、分步规划、分类要求、分步推进"的工作思路，加大了普初工作力度。

是年，卓尼县城区一期供水工程建成投入使用，供水能力为2500吨/日。

1996年

4月3日—18日，卓尼县第十三届人民代表大会第四次会议召开，补选房玉安为县人民法院院长。

4月14日—17日，政协卓尼县第九届委员会第四次全委会议召开，选举李志杰为政协卓尼县第九届委员会副主席兼秘书长。

4月20日，卓尼县下拉地日选200吨的选矿厂建成投产运行。

4月22日，经卓尼县委批准，正式成立了卓尼县地质矿产管理局。

4月24日，经国务院批准，卓尼县被列为全国第三批300乡农村水电初级电气化县。

5月2日16时，阿子滩乡坐车首村突遭暴雨，形成泥石流，将正在放牧的2名少年冲走。

6月18日，卓尼县城区国有土地价正式施行。

8月，卓尼县青稞酒厂建成投产，开创了卓尼县白酒酿造业的先河。

8月18日，引入省商阳公司计划投资750万元，动工兴建卓尼县硅铁厂。

9月，卓尼县锑冶炼厂建成投产。

1997年

2月24日—27日，政协卓尼县第九届委员会第五次会议召开。

2月24日—28日，卓尼县第十三届人民代表大会第五次会议召开，补选夏吉录为县人民检察院检察长。

4月7日—8日，甘肃省委常委、统战部部长牟本理一行12人组成的省委扶贫督察组，在甘南州州长贡保甲，常务副州长拜一民，州委常委、秘书长陈志逊，州政协副主席、统战部部长仁青才让的陪同下来卓尼县调研扶贫开发工作。

7月9日，甘肃省人民政府副省长韩修国一行来卓尼视察。

9月22日，援藏基金会援助修建的卓尼县洮砚乡达勿小学举行迁建竣工和建校10周年庆祝活动，援藏基金会办公室主任黄京、副主任兼总会计师拉姆参加了庆祝活动。

是年，甘肃省人大常委会咨询员杨复兴为柳林小学捐赠3000元。

是年，安玛尼被甘肃省残联授予"甘肃省自强模范"称号。

是年，县、乡继续加大普初工作力度，柳林镇、大族、卡车乡实现了"普初"目标。

1998年

2月15日—20日，政协卓尼县第十届委员会第一次会议召开，卢仲勇当选为县政协主席，赵佐民、安尼玛、李志杰当选为副主席，李志杰当选为秘书长。

2月16日—21日，卓尼县第四届人民代表大会第一次会议召开，康尔寿当选为县人大常委会主任，杨世英、宗周加措、杨麻尼九、蒋慧琴为副主任；杨宇宏当选为县长，杨自才、范武德、安兴虎、姬世德为副县长；房玉安为县法院院长，夏吉录为县检察院检察长。

7月1日，全国行政执法单位实行持证上岗、亮证执法，卓尼县法制局为165名执法人员颁发了行政执法证，为41名监督人员颁发了行政执法监督证。

9月，扎古录乡、卡车乡、申藏乡、杓哇乡实现"普初"目标。

10月1日，国家全面停止国有天然林采伐决定出台，随后卓尼县境内天然林停采停运，采伐工人全部下山，伐木工具全部封存。

是年，"国家贫困地区义务教育工程"项目在卓尼县实施。

是年，首次召开了"全县教师培训工作会议"，制定了《1998年至2002年卓尼县教师培训规划》，加大了教师培训和教师继续教育的步伐。

是年，"国家贫困地区义务教育工程"项目在卓尼县实施。

1999年

2月1日，成立卓尼县护林刹风专项斗争领导小组，办公室设在卓尼县农林局。

3月至6月，开展了机关作风整顿工作。

3月16日—20日，政协卓尼县第十届委员会第二次会议召开，虎龙日当选为秘书长。

3月18日—20日，卓尼县第十四届人民代表大会第二次会议召开，补选康尔寿、安锦龙为出席州第十二届人代会代表。

5月29日，举行了革命烈士杨积庆同志陵园修缮开工仪式。

6月2日—4日，在四川省若尔盖县召开了卓尼与若尔盖县第一次勘界会议，在这次会上协商一致边界线4千米，占全长18.5千米边界线的22%。

6月12日18时40分，柏林乡柏林、巴都两个村委会的11个村民小组573户2515人遭受暴雨洪涝灾害，造成5人死亡，1人失踪。

9月20日，接受甘肃省政府、甘南州政府对卓尼县普初工作的整体验收。报经教育部审核，批准卓尼县基本普及初等义务教育。

10月11日，国家林业局苏春雨司长一行到卓尼县调研天保工程。

是年，黄金生产实现了"零"的突破，生产黄金2.2公斤，白银32公斤，完成了硅铁生产1800吨，完成矿业总产值900万元。

是年，卓尼县被列为全州实施"两基"（基本普及初等义务教育、基本扫除青壮年文盲）的县之一。在全县各级党政、教育部门和全体教职工的努力下，顺利通过省、州验收。

是年，制定了《中共卓尼县委卓尼县人民政府关于深化教育改革加快教育发展的决定》和《1999年普初扫盲工作安排意见》，刀告、尼巴、完冒、恰盖乡实现"普初"目标。

2000年

1月1日，全国政协委员、甘肃省人大常委会咨询员杨复兴因病在北京逝世，享年71岁。

3月19日—24日，卓尼县第十四届人民代表大会第三次会议召开。

3月19日，政协卓尼县第十届委员会第三次会议召开，补选杨完么扎西为政协卓尼县第十四届委员会副主席。

4月，卓尼县退耕还林试点工作启动实施。

5月，成立了卓尼县乡（镇）土地利用总体规划编制工作领导小组，开始了乡级土地利用总规划的编制工作。

6月8日，甘肃省委统战部二处处长秦耀、甘南州委统战部副部长张毅等一行4人莅临卓尼县对全县基督教和藏传佛教工作进行调研。

7月18日—19日，在木耳镇大峪沟森林生态旅游景区成功举办了"回归大自然——新千年卓尼藏族风情旅游节"。

8月，纳浪乡羊化村被省政府确定为全省第二批扶贫综合示范点，投资70万元，开始建设。

9月11日，中国佛协常务理事、甘肃省佛协副会长、甘南州佛协会长、甘肃省佛学院副院长、甘南州政协副主席杨丹珠在禅定寺圆寂，享年69岁。

是年，卓尼县"九五"计划评估获得"全省残疾人事业工作先进县""全州残疾人事业工作先进县"荣誉称号；卓尼县残联获"全省残疾人扶贫工作先进单位"荣誉称号。

2001年

1月，甘肃省政府命名卓尼县为"计划生育工作基本实现三为主县"。

3月7日，引入天水荣浩公司，投资150万元开发下拉地银矿，新建日处理50吨选矿厂1座。

3月15日—22日，卓尼县第十四届人民代表大会第四次会议召开。

3月15日—19日，政协卓尼县第十届委员会第四次会议召开，会议改选杨世英为县政协主席。

4月18日，卓尼县成立尼江地区社会治安专项治理领导小组，办公室设在县公安局。

4月20日，引入浙江省开化县铅锌矿投资，在藏巴哇乡鸡儿沟开展铅矿勘查开发试验。

4月22日，组织开展了"4·22"世界地球日宣传活动。

4月26日，在尼江地区专项治理领导小组的统一组织下，从县公安局、法院、检察院、司法局、洮河林业局森林公安分局抽调200余名精兵强将，赴尼巴乡尼江地区开展社会治安"严打"整治行动。

5月15日，成立卓尼县"尼江"事件裁决善后领导小组办公室，办公室设在县民政局。

6月，引入湖南省郴州市隆兴贵金属冶炼厂，投资150万元，兴建了日处理50吨的麻路黄金选矿厂。

7月22日，由甘南州委、甘南州政府主办，甘肃省藏学研究所、州文联协办的"藏族文化与甘南旅游产业研讨会"，在卓尼县大峪沟森林生态旅游景区召开。

7月24日—26日，甘肃省人大常委会副主任姚文仓带领部分省人大常委会委员到卓尼视察引洮"九甸峡水利枢纽工程"的立项筹备情况。

8月10日，甘南州政协副主席赵永昌、洛赛带队的州种草种树调研工作组来卓尼县进行调研，听取了县经计委、农林、畜牧等单位的汇报。

9月6日，省政协常委、民族宗教和三胞联络委副主任刘学福一行9人来卓尼，对民族地区基础教育和科技人才情况开展调研活动。

9月27日，全州缉枪治爆现场会在卓尼县尼巴乡召开。

10月，配合省州电视台、中央电视台及天津电视台成功完成了《中国洮砚》《洮砚人家》《柏林乡药材种植》等3部大型专题片的拍摄工作。

12月5日—7日，甘南州部分县（市）农村灾民建房工作会议在卓尼召开。卓尼县人民政府、纳浪乡人民政府、纳浪乡羊化村三个先进单位及李沙念草、杨新华、姜凌燕三个先进个人受到了州政府表彰。

12月28日，省政府召开第144次常务会议，对卓尼与漳县、渭源、和政、康乐四县边界争议地段做出了裁决，将卓尼与和政、康乐两县的争议区划归省林业厅太子山自然保护区。

是月，卓尼县档案馆晋升为省一级档案馆。

是年，赛日欠金银为主的多金矿普查项目经争取列入了国家资源补偿费地勘项目，争取项目经费150万元。

是年，卓尼县藏族中学在高考中取得优异成绩，以藏为主类55名毕业生，高考成绩500分以上有35名，本科院校录取53名，专科院校录取2名，升学率100%，班主任教师尕藏加措获得了"全国模范教师"称号。

2002年

3月15日—19日，卓尼县第十四届人民代表大会第五次会议召开。

3月15日—17日，政协卓尼县第十届委员第四次会议召开，虎龙日增选为县政协副主席。

4月，退耕还林工程在卓尼县全面启动实施。

4月，私营企业卓尼县俄吾多水电站破土动工。

5月，正式开展人工防雹工作，设有申藏、柏林两处防雹点，防雹保护面积达2.5万亩。

6月28日，卓尼县委第三次常委会议研究决定，成立卓尼县森林公安局，并加挂卓尼县公安局森林警察大队牌子，一套人马两块牌子，为副科级行政单位。

7月5日，卓尼县公安局车巴公安分局正式挂牌运行。

7月10日，按照县委、县政府机构改革方案，正式组建县国土资源环保局。

8月4日，卓尼县气象局建成气象卫星资料接收站，投入运行。

9月5日，甘南州政协副主席洛赛一行9人来卓尼县视察交通、水力、电力、城镇改造等基础设施建设方面的工作。

10月17日，经甘肃省林业厅批准，洮河林业局建立了"大峪省级森林公园"，经营面积27014公顷。

是月，卓尼县肢残青年宁旦巴被甘肃省人事厅、省残联授予"甘肃省自强模范"荣誉称号。

12月14日，召开政协卓尼县第十一届委员会第一次会议，杨世英当选为主席，宗周加措、杨完么扎西、虎龙日、才让道吉、杨德格才让当选为副主席，杨永福当选为秘书长。

12月15日—20日，召开卓尼县第十五届人民代表大会第一次会议，张振国当选为县人大常委会主任，高瑞鹏、安尼玛、杨麻尼九、黄卓生、梁继先当选为副主任；杨昌德当选为县长，范武德、于旻、李生周、李志明、卢菊梅当选为副县长。

12月28日，杨积庆烈士纪念馆和土司历史陈列馆举行开馆仪式，并被卓尼县委命名为"卓尼县爱国主义教育基地"。

是月，根据甘肃省民政厅《关于甘南藏族自治州七县一市十二个乡撤乡建镇的批复》（甘民区复字〔2002〕21号）和州人民政府《关于全州七县十二个乡撤乡建镇的通知》（州政知字〔2003〕31号），撤销扎古录乡、木耳乡，设立扎古录镇、木耳镇。撤乡建镇后，政府驻地、行政区域、管理范围不变，并实行镇管村体制。

是年，甘肃省内16所高校对口支援甘南民族教育第三届校长联席会议在卓尼县召开，进一步明确了今后"对口支援"的重点，除继续在物资上给予支援外，着重在智力与软件方面给予扶持。

是年，各学区（校）聘任了法制副校长24名，加强了各学区（校）领导机构。

2003年

1月28日，卓尼县俄吾多电站正式开工建设。

3月11日，因柳林镇滨河东路18号楼起火，致使15至21号七户商业楼相继引发火灾；16至21号六户砖木结构商业楼34间全部烧毁，共烧毁房屋面积达252平方米，造成房屋损失29.8万元，烧毁各类货物损失31.7万元。

3月17日—19日，卓尼县第十五届人民代表大会第二次会议召开。

3月28日，在全国国土资源工作会议上，授予卓尼县国土资源环保局"2002年国土资源目标管理一等奖"。

4月21日，卓尼县首届国土资源环境保护工作会议召开。

6月28日，卓尼县东部藏巴哇、洮砚、柏林三乡发生地震。

8月1日，卓尼县实现第二轮持证上岗、亮证执法，共有198名执法人员取得了行政执法证，46名监督人员取得了行政执法监督证。

8月12日，在建州50年庆典暨第四届甘南香巴拉旅游艺术节上，卓尼县组织200人的莎目巴郎舞主题方队获演出一等奖。

8月16日，全国佛协理事、省佛协常委、县政协副主席、贡巴寺活佛宗周加措前往夏河，迎接十一世班禅大师。

8月20日—23日，甘肃省人大常委会副主任石作锋在甘南州人大常委会副主任赵润田的陪同下，赴卓尼县现场办理甘肃省第十届人大代表杨昌德在省第十届人大一次会议上提出的《关于加大对卓尼县乡村医疗卫生设备、资金投入的建议案》，落实资金120万元。

9月，政协文史资料委员会出版了《卓尼文史资料》第七辑，共计32篇文章，12万字，印刷400册。

9月9日，甘南州政协副主席仁青才让来卓尼县调研农牧村经济发展、全面建设小康社会方面的情况。

10月，卓尼县档案局被州人事劳动局、州档案局评为"全州档案工作先进集体"。

是月，国家林业局西北林业调查规划设计院对洮河林业局的6个林场进行了外业综合科学考察。

是月，国家林业局森林公园管理办公室主任王兴国率4名专家教授，对洮河林业局大峪森林公园进行了实地考察。

12月15日，卓尼县林木种苗管理站和县林业勘察设计队成立。

12月23日，国家林业局批准大峪省级森林公园晋升为国家级森林公园。

12月31日，甘肃省林业厅批准洮河林业局下巴沟、车巴沟、卡车沟、羊沙四个森林公园为省级森林公园。

是年，卓尼县文体旅游局被国家体育总局评为"全民健身周先进单位"。

是年，邀请甘肃省电视台拍摄制作了《卓尼散记》10集，在《美丽甘肃》节目中连续播出；拍摄制作了"西部热土，雪域明珠——卓尼风光风情"光盘10000张。

是年，完成了"卓尼县地质灾害调查与区划"项目，并通过了省厅专家组评审。

是年，卓尼县教育委员会更名为"卓尼县教育局"。

2004年

2月18日—21日，政协卓尼县第十一届委员会第二次会议召开。

2月18日—22日，卓尼县第十五届人民代表大会第三次会议召开。

4月，私营企业俄吾多水电站破土动工。

5月28日，甘南雪羚交通实业集团有限责任公司第一届股东代表大会在卓尼召开，县通安运输公司经理曲通安当选为公司副董事长。

6月25日，卓尼县通安汽车运输公司正式改组为甘南雪羚交通事业集团有限责任公司支公司，当天挂牌营运。

9月10日，卓尼县非公有制经济发展局成立。

11月24—25日，甘南州人大常委会副主任李生枝来卓调研最低生活保障政策落实情况。

2005年

3月11日—14日，政协卓尼县第十一届委员会第三次会议召开。

3月12日—15日，卓尼县第十五届人民代表大会第四次会议召开。

4月，卓尼县最大的购物中心——佳美超市开业。

5月1日，卓尼电视台自办节目正式开播。

6月7日，甘南州政协主席范志斌带领州畜牧、农林、经计、国土资源等部门负责人一行8人，来卓尼县视察农牧互补战略实施情况和矿产资源开发与促进可持续发展工作。

8月19日，甘南州政协副主席旦正甲带领部分政协委员、州委统战部、州民族宗教局的负责人到禅定寺调研视察寺院自主管理工作。

10月14日，甘南州政协主席范志斌在卓尼县木耳镇视察县政府在落实"2213"工程中投资10万元解决麻地湾和力赛村52户农牧户建设沼气池情况和争取20万元修建麻地湾村村道建设情况。

是月，国营企业多架山水电站产权转让出售私人经营。

11月，投资380万元的私营企业柳林宾馆建成开业。

2006年

2月27日—3月1日，政协卓尼县第十一届委员会第四次会议召开。

2月28日—3月2日，卓尼县第十五届人民代表大会第五次会议召开。

5月30日，甘南州人大常委会副主任兼秘书长刘培春一行对卓尼县固定资产投资情况和扶贫资金使用情况进行调研。

是月，卓尼县扎古录、木耳两个公用型汽车站建成并投入运营。

6月21日，香港友人汤锦成、陈慧姿夫妇援建卓尼县木耳镇"大扎博爱小学"。

8月19日—20日，州人大常委会副主任刘培春带领部分省、州人大代表视察组，视察了卓尼县下拉地铅锌矿的开发和生态环境保护情况。

8月23日—27日，政协卓尼县第十一届委员会第五次会议召开，补选黄正勇为政协卓尼县第十一届委员会副主席。

9月26日，卓尼县乡人大换届选举工作会议召开。

11月2日，甘南州人大常委会副主任周党生带领州人大督察组检查指导卓尼县县乡两级人大换届选举工作。

12月8日—12日，政协卓尼县第十二届委员会第一次会议召开，杨世英当选为政协主席，杨完么扎西、杨德格才让、赵永兴、喇嘛嘎绕仓当选为副主席，赵永兴当选为秘书长。

12月9日—12日，卓尼县第十六届人民代表大会第一次会议召开，张振国当选县人大常委会主任，卢劲松、高瑞鹏、宗周加措、黄卓生当选为副主任；杨武当选为县长，王忠、李志明、卢菊梅、旦正才让当选为副县长；选举闫增光为县法院院长，黄正勇为县检察院检察长。

12月17日，召开了卓尼县"两基"工作推进会。

是年，卡车乡与大族乡合并，称喀尔钦乡；藏巴哇乡与柏林乡合并，称藏巴哇乡。

2007年

4月17日，甘南州委、甘南州政府在卓尼县召开甘南州九甸峡库区移民工作推进会。

是月，藏巴哇乡汽车站投入运营。

5月22日，甘南州人大常委会副主任黄新生一行4人来卓尼调研《中华人民共和国土地管理法》贯彻实施情况。

6月6日，甘肃省人大常委会副主任嘉木样·洛桑久美·图丹却吉尼玛视察刀告、尼巴学区。

6月16日—18日，省政协副主席德哇仓一行10人来卓尼县调研乡镇卫生院建设情况。

7月24日，甘南州人大常委会副主任周党生一行来卓尼县调研经济运行情况。

是月，洮河干流上总投资2.37亿元的扭子水电站开工建设。

8月2日，教育部副部长陈小娅来卓尼县视察"两基"攻坚进展情况。

8月8日，甘南州"两基"攻坚领导小组副组长、州教育局局长召玛杰督察完冒等12所学校"两基"攻坚工作。

8月4日，橡树摄影网兰州俱乐部为刀告乡石矿小学开展捐资助学活动。

8月20日，州政协主席丹智草带领调研组深入九甸峡库区了解移民工作进展情况。

9月10日，香港金佳殿、金娑婆公司为木耳镇中心学校开展捐资助学活动。

10月29日，甘肃省省长助理郝远视察卓尼县寄宿制学校建设及"两基"攻坚工作。

是月，洮河干流上总投资为1.6亿元的小族坪水电站开工建设。

是月，洮河干流上总投资3.5亿元的录巴寺水电站开工建设。

是月，九甸峡库区移民搬迁工作全面展开。

是月，卓尼县洮珠公交有限责任公司成立。

12月1日，甘南州人大常委会副主任黄新生一行3人来卓尼督察《关于进一步发挥全州各级人大代表作用，加强各级人大及其常委会制度建设的意见》的贯彻执行情况。

12月18日—22日，政协卓尼县第十二届委员会第二次会议召开。

12月19日—22日，卓尼县第十六届人民代表大会第二次会议召开，补选王力为卓尼县出席甘南州第十四届人民代表大会代表。

12月19日，卓尼县委组织召开了全县"两基"攻坚专题会议。

2006年至2007年，在尼巴、扎古录、卡车、纳浪、完冒、阿子滩、恰盖、康多、藏巴哇等九所学校实施了2319.06万元的一期寄宿制学校项目工程；为实现"两基"攻坚，全县干部职工共集资342.78万元。

2008年

3月，卓尼县营运客车全部安装了GPS车载终端。

4月8日，甘南州"两基"办领导督察"两基"攻坚工作。

4月11日，召开卓尼县"两基"攻坚工作会议。

4月21日—5月，九甸峡库区洮砚、藏巴哇两乡15个自然村共479户2131人分8批次，顺利搬迁到瓜州县广至乡。

是月，洮河干流上总投资2.54亿元的扎古录水电站开工建设。

6月19日，甘肃省教育厅白继忠厅长视察全县"两基"工作。

7月15日—17日，甘肃省教育督导团办公室副主任朱进一行对全县"两基"工作进行督察指导。

7月18日，天津市河东区实验小学为申藏中心学校开展捐资助学活动。

8月14日—15日，政协卓尼县第十二届委员会第三次会议召开，补选陈顺福为副主席。

8月25日，州政府秘书长杨自才、副秘书长刘毓临等一行对卓尼县"两基"攻坚工作进行督察验收。

12月22日—25日，政协卓尼县第十二届委员会第四次会议召开。

12月22日—25日，卓尼县第十六届人民代表大会第三次会议召开。

2009年

6月13日—14日，甘南州政协副主席杨桑杰带领调研组一行10人，深入卓尼县木耳镇、喀尔钦乡实地察看牛羊育肥点、暖棚养畜、农牧互补、"一特四化"和项目实施等情况。

6月26日—30日，全国政协常委、甘肃省政协副主席德哇仓，省政协副主席侯生华带领调研组一行8人，对卓尼民族地区经济社会发展情况进行了调研。

8月4日—5日，省政协副主席侯生华带领的省政协国有重点林区森工企业（国有林场）调研组，深入洮河林区了解国有森工企业（国有林场）职工收入情况及职工养老保险、医疗保险落实情况。

8月16日，甘南电视台首个"影视拍摄基地"在卓尼县大峪沟国家4A级旅游风景区藏族风情苑挂牌成立。

是年，卓尼县进行新一轮学校布局结构调整，共撤销学校34所（含已停办未正式注销的学校17所），改制学校17所。学校数量由2008年的150所减少到116所。整合二期寄宿制学校项目工程资金2100万元，灾后重建资金2076万元，筹建卓尼县柳林中学。

是年，首次实行绩效工资制。根据国务院2008年12月21日审议通过的《关于义务教育学校实施绩效工资的指导意见》，从2009年1月1日起，在卓尼县实施绩效工资的同时，对义务教育学校离退休人员发放生活补贴。

2010年

1月7日—10日，政协卓尼县第十二届委员会第五次会议召开。

1月8日—11日，卓尼县第十六届人民代表大会第四次会议召开。

4月23日—25日，甘肃省政协副主席、党组副书记张津梁一行8人先后深入完冒乡沙冒后村、下路村、拉代村，扎古录镇扎古录村、强岔村、八什卡村，纳浪乡羊化村、纳浪村、西尼沟村等地，围绕编制今后十年扶贫开发《纲要》、"十二五"扶贫开发规划以及扶贫开发等工作进行了专题调研。

8月9日，卓尼县直各部门、单位干部职工共2010人，在洮砚文化广场举行为舟曲遭受特大暴洪泥石流灾害捐款仪式，现场捐款共475300元。

9月，政协卓尼县文史委出版了《卓尼文史资料》第八辑，印刷800册。

10月14日—15日，政协卓尼县第十二届委员会第六次会议召开，朱凤翔当选为政协主席。

10月15日—16日，卓尼县第十六届人民代表大会第五次会议召开，补选王忠为县人大常委会主任，黄卓生、宗周加措、郭兴荣、赵怀云为副主任。

11月28日，甘南州政协副主席马昕明一行对卓尼县藏医药发展情况进行了调研。

是月，卓尼县乡镇企业管理局和卓尼县经济贸易委员会办公室合并为卓尼县经济和信息化局。

是年，分配了2009年通过考试选招的28名选招生和16名"三支一扶"生到农村任教，分配了6名本科毕业生，17名支教大学生；招录了14名西北师大本科毕业生，分配到一中和藏中任教，解决了县直中学教师紧张局面；评定了120名教师初级专业技术职务任职资格，并对参加教师资格认定的33名教师进行了资格审查工作，经过资格审查和对非师范类毕业人员进行教育教学能力测试，32人具备小学教师资格。根据州上分解的选拔生名额，择优录用31人，其中本科5人，专科26人。

是年，洮河林业局职工子弟学校移交地方管理，隶属卓尼县教育局。

2011年

1月9日—12日，卓尼县第十六届人民代表大会第六次会议召开，补选张世虎、王忠为甘南州第十四届人民代表大会代表。

5月22日—23日，州人大常委会副主任黄新生带领执法检查组对贯彻执行《中华人民共和国水土保持法》情况进行执法检查。

5月31日—6月1日，州人大常委会副主任恒考一行来卓尼检查指导医药卫生体制改革工作。

6月11日，省人大常委会委员、省人大民族侨务委员会副主任委员冯树林一行来卓尼调研经济社会发展工作。

8月4日—5日，州人大常委会副主任周党生对卓尼县2011年上半年国民经济和社会发展计划执行情况及财政预算执行情况进行专题调研。

10月15日—18日，政协卓尼县第十三届委员会第一次会议召开，朱凤翔当选为政协卓尼县第十三届委员会主席，赵永兴、喇嘛噶绕仓、陈顺福、杨东华、闫晓慧当选为副主席，闫晓慧当选为秘书长。

10月16日—19日，卓尼县第十七届人民代表大会第一次会议召开，王忠当选县人大常委会主任，卢菊梅、郭兴荣、宗周加措、赵怀云、杜发明为副主任；韩明生当选为县长，杨卫东、岳新江、宋文洲、陈丽娟、金国正、贡去达吉为副县长；选举方耀东为县法院院长，选举黄正勇为县检察院检察长。会议选举出第十七届人大常委会委员11名，出席甘南州第十五届人代会代表37名。

后　记

　　为了贯彻落实新时期中央统战工作会议精神及中央民族工作会议精神，根据全国政协文化文史和学习委员会、甘肃省政协关于《少数民族百年实录征集编辑方案》的相关要求，中共卓尼县委、县人民政府高度重视此项工作，在积极向上级报送相关史料的基础上，同步启动实施《百年卓尼实录》的征编工作。

　　由政协卓尼县委员会牵头组织实施，经过三年多艰辛编纂而成的《百年卓尼实录》终于付梓。这本书的出版，将为传播卓尼声音，讲好卓尼故事，助推卓尼长治久安，谱写中华民族伟大复兴中国梦卓尼新篇章，做出人民政协文史资料工作应有的贡献。

　　本书的史料稿件主要来源于省、州、县政协《文史资料》刊登的文章及各类报刊发表的有关卓尼方面的作品。但为了拓展"三亲"史料征集空间，编辑部多方联系曾在卓尼工作过的老干部、卓尼籍老同志、专家学者和知情人士并向他们约稿；在卓尼县电视台两次播放史料征集启事，面向社会公开征集资料图片。同时，编辑部有重点地拟定题目，安排有关乡镇、部门、单位撰稿，收到了明显的成效。书中图片主要来源于中共卓尼县委宣传部、卓尼县杨土司革命纪念馆和网络，有些照片来自民间和作者提供，还有部分图片是后俊、拉毛扎西、柴勇、訾平平、张丽丽、王星星、周煜、顾志峰、尚学文所拍摄。编辑部对每篇文章和每张照片从文字、史料的真实性等各方面进行严格筛选、审核、把关。

在框架结构上，我们认真研究，从政治、经济、社会、文化等内容设计所有篇章，梳理百年历史，从"考察闻见""岁月留痕""往事钩沉""红色记忆""建政前后"依次展开，体现了"古为今用、立足当代、特色鲜明"的编辑原则。本书共收集史料240多篇140余万字，重点围绕卓尼发生的一些重大的、有代表性的历史事件和重大活动，站在全局的高度，选稿、用稿，统筹兼顾，综合考虑，合理安排。

征编出版文史资料是人民政协独具特色的一项重要工作，它不像纪传体、编年体等史学著作那样规范和严谨，也不追求面面俱到，但突出"亲历、亲见、亲闻"这个最鲜明的特性。以"亲历者说"的形式，用一个个具体、生动、鲜活的"三亲"故事，把历史发展进程中的重要节点连接起来，把重要历史人物凸现出来，全面展现百年来卓尼各族人民从封建社会到社会主义社会的历史跨越，特别是在中国共产党领导下从贫穷愚昧走向繁荣富强的篇章。

本书在编纂过程中，得到了县委、县政府主要领导，有关专家、学者及社会各界的大力支持；杨正、杨士宏、鲁太科、张亚辉、姬振中等先生对本书的编纂工作提出了宝贵的意见建议；有关乡镇、部门、单位为本书的顺利出版积极配合，提供了便利条件。在此，我们谨向关心支持和为《百年卓尼实录》付出了心血的各级领导、专家学者及干部群众表示衷心的感谢！

由于我们知识欠缺，经验不足，能力有限，征编过程中难免存在不足或纰漏之处，敬请大家批评指正。

《百年卓尼实录》编辑部

2019 年 8 月